LES
EXPLOITS DE RAVACHOL

SCEAUX. — IMP. CHARAIRE ET Cie.

LES
EXPLOITS DE RAVACHOL
L'HOMME A LA DYNAMITE
ÉTRANGES ÉVASIONS. — MYSTÉRIEUX ASSASSINATS. — CURIEUSES RÉVÉLATIONS

L. BOULANGER, éditeur, 90, boulevard Montparnasse, PARIS.

LES
EXPLOITS DE RAVACHOL
L'HOMME A LA DYNAMITE
ÉTRANGES ÉVASIONS. — MYSTÉRIEUX ASSASSINATS. — CURIEUSES RÉVÉLATIONS

PREMIÈRE LIVRAISON GRATUITE. — 2 PAR SEMAINE
Demander la suite chez tous les marchands de journaux.

LES
EXPLOITS DE RAVACHOL
L'Homme à la Dynamite

PREMIÈRE PARTIE

LE CRIME DE CHAMBLES

I

L'AUBERGE DE LA GROTTE

En écrivant les *Exploits de Ravachol, l'homme à la dynamite,* nous n'écrirons pas un roman, mais une histoire.

D'ailleurs, pourquoi nous donnerions-nous la peine d'inventer, quand il nous suffira, pour faire le récit le plus passionnant, le plus original et le plus dramatique qui se puisse imaginer, de laisser seulement la parole aux faits si étranges et si saisissants, aux faits complètement ignorés que nous allons avoir à faire connaître, — et de raconter simplement la vie de l'homme qui, après avoir été faux monnayeur et assassin à Saint-Étienne, s'est acquis à Paris l'horrible célébrité que l'on sait.

Non, nous n'inventerons rien, mais nous tâcherons de mettre autant que possible en pleine lumière l'étrange personnalité de ce bandit devenu déjà légendaire.

Ceci dit, nous entrons dans notre sujet.

Le 21 juin 1891, un peu avant la tombée du jour, un jeune homme et une jeune femme, très proprement vêtus, presque élégants même, débarquaient à Unieux, riche et gros village, qui se trouve non loin de

Firminy et dans une des parties les plus pittoresques du département de la Loire.

Nous disons que nos personnages débarquèrent, car personne dans le pays n'avait l'air de les connaître, et cependant, d'un autre côté, chose assez étrange, ces voyageurs ne portaient avec eux ni la moindre valise, ni le plus léger bagage.

L'homme, d'une taille un peu au-dessus de la moyenne, pouvait avoir de trente à trente-deux ans.

Très maigre, le visage osseux, il avait le nez long et fort, le teint jaune, l'aspect maladif, les cheveux châtain foncé comme sa barbe qu'il portait entière.

Son regard était hardi et rusé, et son front, où se voyait une assez large cicatrice, dénotait l'intelligence et la volonté.

Quant à la femme qui l'accompagnait, il aurait été assez difficile de lui donner au juste son âge.

N'avait-elle que vingt-cinq ans ou bien avait-elle dépassé la trentaine, c'est ce qu'il eût été impossible de dire.

D'ailleurs, toute petite, toute chétive, le teint très noir, les lèvres épaisses, elle n'avait pour elle que des yeux superbes, des yeux magnifiques, mais dont le regard était peut-être encore plus hardi, et, disons le mot, plus cynique que celui de son compagnon.

Pourtant, tout en allant lentement à travers les rues du village, l'homme semblait chercher autour de lui, et ce qu'il cherchait c'était sans doute une auberge, car dès qu'il en apercevait une, il s'avançait vivement jusque vers la porte, hésitait pendant quelques secondes, puis repartait.

— Eh bien! pourquoi n'entrerions-nous pas là? dit vivement la femme en le voyant s'arrêter une fois de plus.

Mais lui avait déjà repris son chemin.

— Non, non, plus loin! répondit-il brusquement. Je sais ce que je fais.

Et il n'avait pas parcouru plus de cinquante pas, que cette fois encore il s'arrêta net.

Puis, montrant la maison qui se dressait en face de lui :

— Tiens! voilà ce que je voulais!... voilà ce que je cherchais! reprit-il.

— Cette turne-là?

— Ne blague pas !... Je sais ce que je dis... La meilleure auberge du pays !...

Puis, ayant levé le nez vers l'enseigne, il lut tout haut :

THIBAUT AINÉ

AUBERGE DE LA GROTTE

Voitures à volonté. — Excursions à Notre-Dame-de-Grâce.

Nous ne savons quelle pensée ces derniers mots avaient fait naître dans l'esprit de l'inconnu, mais il eut, en les prononçant, un très étrange et très singulier sourire.

— Allons, arrive ! cria-t-il.

Et ils entrèrent.

Comme l'auberge était vide, l'inconnu frappa du poing sur la table :

— Eh bien ! est-ce qu'il n'y a personne ici ?

Et au même instant le patron parut, tout souriant, tout empressé.

— Voilà ! voilà !... Que faut-il vous servir ? dit-il.

— A dîner d'abord ! reprit le jeune homme. Mais, sacrebleu ! dépêchons, car j'ai une vraie faim de loup...

Mais déjà maître Thibaut avait disparu avec la rapidité de l'éclair, et le jeune homme et la petite femme restaient seuls assis en face l'un de l'autre.

Alors celle-ci, se penchant vers son compagnon, et la voix très basse :

— Voyons, maintenant, parle ! dit-elle. Pourquoi avons-nous quitté Saint-Étienne ? Pourquoi diable m'as-tu amenée ici ?...

— Je t'ai déjà dit que j'avais eu une idée, répondit-il, et une idée fameuse, et une idée qui vaut son pesant d'or, c'est le cas de le dire...

Et le jeune homme, dont le regard étincela, eut encore un nouveau sourire au moins aussi étrange, au moins aussi singulier que celui qu'il avait eu tout à l'heure.

— Et quelle idée, mon petit Ravachol ? demanda vivement et curieusement la femme.

Mais à ce nom, qu'elle avait prononcé presque à voix haute, l'autre avait eu un violent soubresaut ; puis, mettant vivement un doigt sur sa bouche :

— Chut! fit-il impérieusement. Je t'ai déjà prévenue que je ne voulais pas que tu cries mon nom sur les toits !...

— A Saint-Étienne !

— A Saint-Étienne comme ici... à Saint-Étienne comme ailleurs...

Et il ajouta :

— Puisque mon prénom te déchire la bouche...

— Non, mon Léon ! fit-elle en riant.

— Appelle-moi Léger, si tu veux, c'est encore un de mes noms.

— Ou Kœningstein, comme ton vilain Allemand de père ?

— Ou Kœningstein, si tu y tiens... Mais Ravachol, jamais! fit-il la voix brève, presque furieuse.

Et il se tut brusquement, car l'hôtelier revenait apportant le dîner commandé.

Puis, quand celui-ci les eut de nouveau laissés seuls, ce fut à son tour Ravachol qui se pencha vers sa compagne.

— Vois-tu, ma fille, reprit-il, il n'y a pas d'illusions à se faire, la fausse monnaie ne va pas, la fausse monnaie ne va plus!... Dans les premiers temps et quand je suis entré dans la bande de Fachard, — ce qui m'a procuré le plaisir de faire ta connaissance, — on pouvait encore s'en tirer et faire ses petites affaires...

— Ça, c'est vrai! interrompit-elle avec un soupir de regret. A cette époque-là, on empochait tout de même de la belle galette !

— Eh bien! oui, mais on a été trop vite et l'on a éventé la mèche, si bien qu'aujourd'hui, — et je ne parle pas seulement de Saint-Étienne, pas seulement de Saint-Chamond, mais encore de Montbrison, mais encore de partout, — le truc ne vaut plus rien et on ne peut plus seulement écouler une misérable pièce de cent sous.

— A qui le dis-tu! soupira-t-elle encore. Est-ce que l'autre jour je n'ai pas moi-même failli être coffrée?

— Eh bien! dit-il vivement, si je t'ai amenée ici, c'est que je rêve une grosse affaire... c'est que je rêve un grand coup qui nous enrichira tout de suite, tout simplement.

— Tout de suite?

— Tout de suite!... *Illico!*

— Ah çà! tu n'es pas fou?

— Regarde-moi bien! Est-ce que j'en ai l'air?... Non, je ne suis pas fou et je te parle très sérieusement...

« Oui, demain, oui, dans quelques heures peut-être, ma chère Julie, nous aurons de l'or plein nos poches, et du bon, et du vrai, celui-là!... pas de l'or fabriqué par Fachard!...

Et tous les deux se mirent à rire.

Puis, comme il y avait eu un silence, Ravachol s'était brusquement retourné, comme s'il eût eu peur que quelqu'un eût entendu ses paroles.

Et soudain il eut un mouvement de surprise, car son regard venait de rencontrer par hasard, accrochée en face de lui, une peinture assez grossière, un portrait qui représentait un homme à cheveux blancs, vêtu d'une longue robe de bure.

— Ah bah! s'écria-t-il à demi-voix. Mais ce doit être lui!... Mais ce doit être mon homme!...

— Ton homme, ce calotin-là?... Que veux-tu dire? fit vivement Julie qui avait suivi son regard.

— Oui, c'est lui, j'en répondrais!... Oui, ce doit être le saint ermite de Notre-Dame-de-Grâce! cria Ravachol.

Puis, comme en ce moment l'aubergiste se montrait sur le seuil de sa cuisine, il l'appela :

— Hé! dites donc, patron?... un petit renseignement, s'il vous plaît?

— A votre service.

— Quel est donc ce bonhomme-là?

— Ce bonhomme-là?... Mais c'est Jacques Brunel, notre ermite, notre saint homme.

— Il a une bonne tête! ricana de nouveau Ravachol.

— Un roublard, allez! fit l'aubergiste en clignant de l'œil, un malin qui a dû comprendre la vie et qui n'a pas besoin de se donner autant de mal que les camarades pour faire sa petite pelote...

— Ah! il est riche?

— Tiens! vous me faites rire!... Un gaillard qui reçoit de l'argent de tout le monde et qui ne dépense jamais rien... Avez-vous vu sa grotte? son ermitage?

— Non, mais j'ai bien envie d'aller voir ça...

— Eh bien! quand vous irez, je serais bien étonné que vous vous y trouviez seul. Il y a toujours là-haut un tas d'imbéciles qui viennent lui demander des prières, des miracles, et qui n'oublient jamais, en s'en allant, de lui graisser la patte avec de jolies pièces blanches...

— Est-ce que vous pourriez m'y faire conduire? dit vivement Ravachol.

— Mais certainement. Vous n'avez donc pas lu mon enseigne : *Excursions à Notre-Dame-de-Grâce!...*

— Mais voilà! dit le jeune homme, le diable, c'est que je n'ai pas beaucoup de temps devant moi... Est-ce que l'on ne pourrait pas m'y mener ce soir?

— En effet, vous êtes bien pressé, répondit l'aubergiste. Mais pourquoi pas? Je vous dirai cela au juste tout à l'heure, quand mon garçon sera rentré.

Cependant la nuit était depuis longtemps tout à fait venue, et il pouvait être maintenant un peu plus de neuf heures.

Ravachol, qui machinalement avait écarté le rideau de la fenêtre contre laquelle il se trouvait, regarda dans la rue, et fut tout surpris de la trouver si sombre et si noire.

En effet, sauf à l'*Auberge de la Grotte*, il n'y avait plus nulle part aucune lumière, aucune clarté.

Le faux monnayeur s'en étonna tout haut :

— Pas gai, votre pays ! fit-il. On s'y couche comme les poules...

Mais le visage de l'hôtelier était devenu subitement très grave.

— Oui, n'est-ce pas? répondit-il. Mais il n'en a pas toujours été de même ; et c'est depuis quelque temps seulement que sitôt la nuit venue chacun s'empresse de faire le mort et de s'enfermer à double tour chez soi...

— Depuis quelque temps?

— Oui, depuis tous ces crimes, tous ces assassinats qui ont ensanglanté la région. Ainsi cela a commencé par l'affaire de Varizelle...

Ravachol était devenu subitement très pâle et il n'avait pu s'empêcher d'avoir un brusque tressaillement.

— Varizelle? fit-il, la voix un peu sourde.

— Oui, oui... Est-ce que vous n'avez pas entendu parler de ce crime-là?

— Ma foi non.

— Oh! un crime atroce, odieux, épouvantable, et qui, malheureusement, est resté impuni...

— Racontez-nous donc ça! s'écria Julie. Que s'est-il donc passé là-bas, à Varizelle?

Ravachol, toujours pâle, venait de lancer à sa maîtresse un coup d'œil furieux, un coup d'œil terrible dont elle ne s'aperçut pas.

— Oh! mon Dieu, madame, en deux mots voici l'histoire, dit l'hôtelier.

« Il y avait à Varizelle un homme, un vieillard que tout le monde aimait, que tout le monde adorait.

« Cet homme avait pu amasser une petite fortune, et comme ce n'était pas un égoïste, il s'en servait pour faire autour de lui le plus de bien possible. Aussi n'y avait-il pas beaucoup de malheureux autour du « Petit bon Dieu »...

— Du Petit bon Dieu? fit Julie étonnée.

— Oui, c'était ainsi que, dans le pays, on appelait le vieillard dont je vous parle.

« C'était là le sobriquet qu'on lui avait donné et qui suffirait à peindre la bonté de cet homme.

« Mais, un beau jour, on est tout surpris de voir sa maison rester fermée.

« On cogne à sa porte : rien!

« On l'appelle : rien!

« Un sinistre pressentiment s'empare alors de tout le monde. Enfin, las de frapper, las d'appeler, on applique une échelle contre une des fenêtres et l'on pénètre chez le « Petit bon Dieu ».

— Et alors?

— Et alors, madame, tout le monde recule avec un cri d'horreur, avec un cri d'épouvante... Le « Petit bon Dieu » est là, le crâne ouvert à coups de hache, et près de lui, dans une mare de sang, sa bonne, sa vieille bonne de quatre-vingt-huit ans, la tête également ouverte, également fracassée...

— Et l'on n'a pas arrêté le coupable?

— Non, madame, le coupable court encore...

— Et l'on n'a soupçonné personne?... Et l'on n'a trouvé aucun indice? aucune trace?

LES EXPLOITS DE RAVACHOL

Ravachol dans sa mansarde à Saint-Mandé.

— Que tu es bête! s'écria Ravachol avec un rire forcé. Puisque monsieur te dit que ce crime est resté impuni... Est-ce clair?

— Puis, à quelque temps de là, reprit l'aubergiste, ce fut encore un autre crime aussi atroce et aussi épouvantable...

— Où ça? fit Julie.

— A Granay.

— A Granay? Connais pas!

— C'est près de Rive-de-Gier.

— Ah bien! Et que s'est-il passé là?

— Eh bien! là, c'est un cultivateur qui a subi le même sort que le « Petit bon Dieu ». Et comme le « Petit bon Dieu » il n'a pas non plus été la seule victime des assassins, car sa jeune femme a été également trouvée à ses côtés criblée comme lui de je ne sais combien de coups de couteau.

— Mais c'est affreux! s'écria Julie.

— Et cette fois la justice a-t-elle été plus heureuse? demanda doucement Ravachol. A-t-on pu enfin mettre la main sur les meurtriers?

Mais l'aubergiste venait de secouer la tête, tandis qu'un sourire ironique glissait sur ses lèvres.

— Non, non, répondit-il, et cette fois aussi le coupable court encore... Ah! chez nous, messieurs les assassins peuvent se vanter d'avoir de la chance!

« Mais ce n'est pas tout, ajouta-t-il vivement. Après le double crime de Varizelle et le double crime de Granay, nous avons eu encore le meurtre de la Côte-Bois...

— La Côte-Bois!... Mais c'est ton pays! s'écria Julie en regardant Ravachol.

— En effet, se contenta de répondre doucement celui-ci.

— Je vous parle de la Côte-Bois, dans la banlieue de Saint-Chamond, dit l'hôtelier.

— Oui, oui...

— Eh bien! là encore, c'est un vieillard que l'on a assassiné pour le voler. Mais puisque vous êtes du pays, ajouta-t-il, vous devez sans doute connaître cette affaire-là beaucoup mieux que moi...

— C'est possible... J'ai peut-être pu en entendre parler... Mais je ne m'en souviens pas, dit vivement Ravachol.

Puis, changeant brusquement de ton :

— Dites donc, patron, le temps passe, et si ça continue, je ne pourrai pas accomplir mon pèlerinage. Est-ce que votre garçon n'est pas encore rentré?

— Si, je crois que je l'entends.

Et faisant quelques pas du côté de la cuisine, il cria :

— Hé! Germain, es-tu là?... Voilà plus d'une heure qu'on t'attend.

Alors Germain, c'est-à-dire un jeune et grand garçon, à l'air un peu niais, s'avança lentement et lourdement.

— Tu vas atteler, et lestement! dit l'aubergiste.

— Atteler?

— Oui, oui... Et surtout ne traînons pas. Monsieur veut aller rendre une visite à notre ermite. Allons, file, décampe... Je te donne cinq minutes.

Et cinq minutes plus tard, en effet, la voiture qui emportait Ravachol et sa maîtresse filait au grand galop sur la route de Chambles, c'est-à-dire dans la direction de Notre-Dame-de-Grâce.

— Oh! la belle nuit! s'écria tout à coup Julie en se serrant plus étroitement, plus amoureusement encore contre son amant.

Mais celui-ci ne répondit pas.

II

PREMIER EXPLOIT

Les bras croisés, les sourcils froncés, l'œil fixe, il semblait s'abîmer dans nous ne savons quelles sombres et sinistres pensées.

Alors Julie le regarda, puis, lui prenant la main :

— Que vas-tu faire là-bas?... Voyons, dis-moi tout, lui glissa-t-elle dans l'oreille.

— Là-bas?

— Oui.

— Est-ce que tu n'as pas déjà compris?

— J'ai peur de comprendre!

Il haussa les épaules.

— Allons donc!... n'as-tu pas entendu tout à l'heure ce brave homme d'hôtelier?... Est-ce qu'il ne te disait pas, en te racontant ces histoires : « Chez nous, messieurs les assassins peuvent se vanter d'avoir de la chance » ?

Mais Julie n'avait pu s'empêcher de frissonner.

— Et si tu n'en avais pas! fit-elle vivement. Et si on te pinçait!... Et si un jour ou l'autre on me condamnait comme ta complice!

Mais Ravachol ricanait.

Elle insista.

— Non, non, écoute-moi, dit-elle, écoute-moi pendant qu'il en est temps encore... N'allons pas plus loin... Retournons à Saint-Étienne...

— Sans le magot! fit le bandit. Jamais de la vie!

Et la voix forte, il cria :

— Cocher, plus vite!... Vous ne roulez pas!

Le cocher cingla ses chevaux, puis Ravachol attirant plus près de lui Julie :

— Et toi, dit-il, écoute-moi aussi, écoute-moi à ton tour, et tâche d'avoir plus de calme, plus de sang-froid... Si je fais le coup, ce n'est pas seulement pour moi, mais c'est bien aussi pour que tu en profites un peu... Est-ce vrai?

— Eh bien?

— Eh bien! je pense bien que ce n'est pas toi qui iras me dénoncer... Et alors, pourquoi me pincerait-on? Encore une fois, ajouta-t-il avec un étrange accent, a-t-on pincé ceux de Varizelle?... a-t-on pincé ceux de Granay?... a-t-on pincé ceux de la Côte-Bois?...

— Mais ce n'était pas la même chose! s'écria Julie.

— Pas la même chose?

— Mais sans doute. Ils n'avaient pas de témoin de leur crime ; personne ne les avait vus, personne ne pouvait déposer contre eux, tandis que toi tu auras pour te désigner à la police, tu auras pour te perdre d'abord cet aubergiste que tu as très longuement interrogé sur l'ermite, puis ce garçon-là, ce cocher qui nous conduit.

« Et alors, comment pourrais-tu t'en tirer?... Dis, comprends-tu?

Mais Ravachol n'eut pas le temps de répondre.

La voiture venait de se ralentir et le cocher s'était tourné vers eux.

— Nous sommes au pied de la montagne, dit-il. Encore quelques minutes et nous serons arrivés.

Puis, désignant du bout de son fouet un point noir qui s'enlevait sur le ciel lumineux, il ajouta :

— Tenez, regardez... Voilà l'ermitage.

— Bon! bon! fit Ravachol. Mais ce n'est pas la peine de fatiguer vos chevaux... Attendez-nous là.

Il avait déjà mis pied à terre et, suivi de sa maîtresse, il disparut rapidement à travers les sinuosités de la montagne.

Julie était très pâle, toute tremblante, toute frissonnante, mais Ravachol faisait déjà preuve de cet extraordinaire sang-froid qui, plus tard, devait étonner chez lui.

Quelques minutes après, en effet, ils arrivaient devant la demeure de l'ermite.

De plus en plus, Julie tremblait, frissonnait.

— Allons-nous-en!... Allons-nous-en!... Écoute-moi! supplia-t-elle encore.

Mais Ravachol venait brusquement de la saisir par le poignet et lui parlait à voix très basse comme si, dans cette solitude, il avait eu peur encore que quelqu'un pût l'entendre.

Et il ajouta, très vite :

— As-tu compris ?

— Oui, oui.

— Cet homme pourrait peut-être faire du zèle. Il pourrait peut-être venir nous chercher jusqu'ici. Dans ce cas-là tu me préviendrais. Est-ce dit ?

— Oui, fit-elle la voix encore plus sourde.

Et elle n'avait pas encore achevé que Ravachol était déjà loin.

La grotte de l'ermite, tapissée de verdure, n'avait pour porte qu'une très mince cloison qui restait toujours entre-bâillée et au travers les fentes de laquelle il était très facile, surtout le soir et à la lumière, de distinguer ce qui se passait à l'intérieur.

Ravachol colla son œil contre une de ces fentes et regarda.

Puis, si près de commettre un crime, si près de jouer sa tête, il se mit à rire.

— Ah! l'animal! murmura-t-il. Si les pèlerins le voyaient!...

Et toujours immobile, toujours son sourire gouailleur sur les lèvres, il continuait de regarder dans la grotte.

Le teint très animé, l'œil très brillant, l'ermite demeurait attablé devant les restes d'un repas qui semblait avoir été assez copieux.

De temps à autre il se versait encore une rasade, la buvait d'un trait, puis un sourire gourmand, un sourire plein de béatitude sur les lèvres, il croisait ses deux mains sur son ventre et reprenait la pose un peu somnolente dans laquelle Ravachol l'avait trouvé.

Et le bandit, à présent, semblait mesurer du regard sa victime.

Un vieillard et à moitié endormi, à demi ivre, peut-être...Oh! la lutte ne serait pas longue et la besogne allait être vite faite!...

— Et à moi le magot!... A moi les économies du saint homme! se dit-il.

Puis, tout à coup, un très long, un très large couteau étincela dans sa main.

Il s'était retourné.

Julie était à son poste.

Aucun bruit dans ce désert.

— Allons-y! dit-il.

Et très doucement, très lentement, il poussa la porte, avança la tête, regarda.

L'ermite, maintenant les yeux clos, les mains toujours croisées sur le ventre, n'avait pas bronché, pas remué.

Debout en ce moment sur le seuil et un peu pâle quand même, Ravachol promenait autour de lui un regard surpris.

Le mobilier de la grotte, nous n'avons pas besoin de le dire, était des plus sommaires.

Une petite table, un escabeau; dans un coin, un espèce de grabat; contre les parois, des plantes sèches suspendues, et des chapelets, de pieuses images accrochées, et c'était tout.

Alors, où donc le saint personnage enfermait-il son argent?

Dans quel coin? dans quel trou? dans quelle cachette?

Cela commençait à intriguer et à inquiéter aussi un peu Ravachol qui craignait de ne pouvoir faire le coup assez promptement.

— Il l'a peut-être sur lui? se dit-il. Ah bah! nous allons bien voir!

Et il bondit, rapide comme l'éclair.

La gorge ouverte, l'ermite tomba sans un cri, sans un râle, sans une plainte.

Pourtant il remuait encore, les poings crispés, la face livide, une écume sanglante aux lèvres.

Ravachol avait jeté son couteau et s'était accroupi sur lui.

Il le tâtait, le palpait, cherchait l'argent, mais rien...

Dans les poches du mort, il n'y avait qu'un vieux livre de prières et une petite tabatière.

Ravachol se releva furieux, indigné, et de nouveau son regard chercha, fureta autour de lui.

Brusquement il courut vers le grabat, croyant qu'il trouverait sans doute là le trésor.

Mais non !

Là encore il n'y avait rien !

C'était désespérant.

Ravachol avait pris la petite lampe de fer qui brûlait sur la table, puis à présent penché, agenouillé, il inspectait le sol, cherchant un trou...

Mais il n'y en avait pas !

La colère du bandit croissait, devenait de la rage.

Ah çà ! est-ce qu'il allait avoir tué pour rien !

Est-ce qu'il allait être obligé de retourner à Saint-Étienne les poches vides !

— Et pourtant ce farceur-là devait avoir de l'argent ! dit-il tout haut. Mais où diable le serrait-il ?... où diable l'enfouissait-il ?

Et comme il venait de revenir près du mort, il le secoua furieusement, comme si celui-ci avait pu parler.

— Allons, voyons, réponds donc ! lui cria-t-il. Qu'as-tu fait de ta monnaie ?

Et comme maintenant, sa lampe levée, il tâtait les parois, il eut tout à coup un geste de saisissement, un cri de joie.

Il venait d'apercevoir une pierre branlante, une pierre qui dissimulait un trou.

Enlever cette pierre, enfoncer son bras dans ce trou assez large et assez profond, ce ne fut pour Ravachol que l'affaire d'une seconde.

Enfin il tenait le magot !

Enfin il tenait l'argent des offrandes, l'argent de ces imbéciles de pèlerins !

Enfin il n'allait pas avoir chargé pour rien sa conscience de ce crime!
Mais, dans sa joie, le bandit éprouva cependant une déception.

Oui, il y avait bien là une très belle, une très grosse somme, une petite fortune, mais sauf quelques louis, sauf quelques écus, dont il commença à garnir ses poches, tout le resté était du billon, des gros sous, et il y en avait tant, un poids si lourd, si énorme, qu'il était impossible qu'un homme pût s'en charger.

Et Ravachol songeait, réfléchissait.

Que faire?

Quel parti prendre?

Il ne pouvait pourtant pas être assez bête, assez stupide, pour laisser cet argent-là, cet argent dont d'autres qui se seraient donné moins de mal que lui profiteraient quand on aurait découvert le meurtre.

Mais Ravachol n'était pas seulement un homme énergique et plein de résolution, c'était encore un esprit ingénieux et inventif.

La seule chose à faire, c'était donc de repartir immédiatement pour Saint-Étienne...

Là-bas, il prendrait une voiture sur laquelle il reviendrait charger le trésor, et il verrait aussi son ami Fachard, le chef de la bande des faux monnayeurs, qui ne refuserait pas, certainement, de lui donner un coup de main.

Mais il n'y avait pas une minute, pas une seconde à perdre, si on voulait être de retour ici de bonne heure, c'est-à-dire avant que le crime pût être découvert.

Déjà Ravachol s'était élancé hors de la grotte et courait rejoindre sa maîtresse.

— C'est fini! dit-il.

— Ah! fit Julie toute saisie.

— Oui, il est refroidi... Mais il y a un cheveu!

— Quoi?

Le bandit fit tinter ses poches :

— J'ai bien là quelques beaux écus tout neufs, quelques belles pièces d'or toutes reluisantes, mais impossible d'emporter le magot...

— Impossible?

— Tout de la mitraille!

— Des gros sous?

LES EXPLOITS DE RAVACHOL

Il luttait des pieds et des mains contre les agents de la police de Saint-Étienne.

— Oui, des gros sous!... Et il y en a... et il y en a... je ne te dis que ça!... Oh! c'est une bonne affaire!... Seulement, ce n'est pas fini et il va falloir se dégourdir un peu... il va falloir retourner lestement à Saint-Étienne et revenir presto ici... J'ai mon plan... Hardi, arrive !

Et cinq minutes plus tard, Ravachol et Julie étaient revenus au pied de la montagne.

Alors le bandit eut encore une idée.

Pourquoi ne proposerait-il pas à un garçon de l'aubergiste de les ramener à Saint-Etienne?

— Et vous savez, lui dit-il, je ne lésine pas !... Il y aura un bon pourboire pour vous?... ça va-t-il?...

— Oui, ça va, répondit l'autre enchanté de l'aubaine.

— Mais je suis pressé... il s'agit de brûler le pavé...

— Oh! soyez tranquille, vous serez content.

Et la voiture, en effet, fila du côté de Saint-Étienne dans un galop vertigineux.

Quelques heures après, c'est-à-dire un peu après le lever du jour, Ravachol était de retour dans la demeure de l'ermite.

Plongeant ses bras dans le trou, le bandit faisait tomber les gros sous que Fachard et un autre copain, qui faisait également partie de la bande des faux monnayeurs, empilaient dans des sacs qu'ils avaient apportés.

Dès qu'un sac était plein, un des hommes allait le charger sur une charrette qui stationnait devant la porte.

— Eh bien ! ça ne finit donc plus? dit tout à coup Fachard. Est-ce qu'il y en a encore !

— Oui, oui !... Oh! vous pouvez trimer! répondit Ravachol en riant. Tenez ! écoutez-moi plutôt cette jolie petite pluie-là... Hardi, attrapez !...

Et plongeant de nouveau son bras dans le trou, il en fit ruisseler des gros sous...

Mais cependant, malgré tout son aplomb et tout son sang-froid, il y avait des moments où l'assassin n'était pas sans appréhensions et sans inquiétudes.

Alors il interrompait son travail et courait se camper sur la porte.

Quelquefois même il faisait quelques pas dehors, épiant et guettant le moindre bruit qu'il pouvait entendre, le moindre bruit qui pouvait lui parvenir.

Puis, brusquement, il rentrait et se remettait à la besogne.

Et toujours la mitraille, toujours les gros sous tombaient, pleuvaient, et tandis que les deux autres, éreintés, les reins cassés, continuaient de remplir vivement les sacs, lui, tout joyeux, éclatait d'un grand éclat de rire cynique.

— Ah! le cochon!... en avait-il des économies!... Ce que c'est pourtant de ne pas travailler!

Mais, enfin, maintenant c'était fini.

La main de Ravachol ne trouvait plus rien dans le trou.

A présent, les trois copains se traînaient sur le plancher, à la recherche des quelques gros sous qui avaient pu s'égarer.

— Mes enfants, il ne faut rien perdre, ricanait encore le bandit. Et d'abord voilà deux ronds, puis deux autres encore qui font quatre, puis deux autres encore qui font six.

« Cherchez bien!... L'argent est si dur à gagner!...

Et comme on ne trouvait plus rien, Ravachol chargea lui-même le dernier sac sur son épaule et vint le jeter dans la voiture.

On avait déposé le cadavre de l'ermite sur son grabat, et son assassin, toujours riant, toujours ricanant, était allé prendre un des chapelets accrochés au mur et le lui avait enroulé autour des doigts.

— Comme ça, avait-il dit, il priera pour le repos de son âme!

Mais le soleil montait, montait de plus en plus, et si l'on ne voulait pas s'exposer à être surpris, il n'était que temps de reprendre le chemin de Saint-Étienne.

On se dépêcha donc de jeter une bâche sur la charrette, de façon à dissimuler les sacs qui renfermaient l'argent du mort, les trois hommes montèrent sur le siège, et l'on partit.

III

LA SOURICIÈRE

Ravachol n'était pas encore de retour à Saint-Étienne que déjà on avait découvert le cadavre de l'ermite, et ce crime survenant après plusieurs autres encore récents et restés impunis, ce n'était là-bas, dans les environs de Notre-Dame-de-Grâce, qu'un long cri d'indignation et d'épouvante.

Comme tous les assassins, Ravachol espérait bien échapper à la justice, mais il avait cependant pensé qu'il serait peut-être plus prudent en ne gardant pas chez lui l'argent volé à l'ermite.

On avait donc fait trois parts de cet argent, dont l'une avait été confiée à Julie, la maîtresse du bandit, dont l'autre avait été recelée par l'ami Fachard, le chef des faux monnayeurs, et dont la troisième, enfin, avait été cachée chez l'autre copain qui avait aussi donné un coup de main pour enlever le trésor.

Son magot une fois en sûreté, Ravachol songea à changer de linge.

Au lieu de se rendre chez lui, dans le taudis qu'il habitait dans une des petites rues les plus noires et les plus sales de Saint-Étienne, il alla donc rue de la Grange-de-l'Œuvre, chez sa mère.

La pauvre femme, que la fainéantise et les allures louches de son fils désespéraient depuis longtemps, ne put retenir un cri de surprise en l'apercevant.

— Eh bien ! qu'as-tu donc ? lui dit-elle vivement. Je te trouve un air tout drôle aujourd'hui... D'où viens-tu ? D'où sors-tu ? Ah ! si tu savais les soucis que tu me donnes !

Ravachol la regarda bien en face, bien dans le blanc des yeux, puis, très rudement, très brutalement :

— Tu vas taire ton bec, hein, la vieille ! dit-il.

D'habitude, en effet, il n'avait qu'un mot à dire pour faire taire sa mère qui tremblait devant lui.

Mais, cette fois, la pauvre femme avait le cœur trop gros et il fallait qu'elle parlât.

— Voyons, tu ne veux donc pas travailler ? reprit-elle doucement. A quoi penses-tu ? Depuis que nous avons quitté Saint-Chamond tu n'as jamais pu rester dans une de tes places. Tu as roulé à peu près chez tous les teinturiers de Saint-Étienne et partout on t'a congédié, et partout on t'a remercié.

« Et maintenant tu passes ta vie à faire la noce avec cette femme, avec cette Julie que tu as eu le toupet d'amener chez moi.

« Et avec quoi bambochez-vous ? Où prenez-vous l'argent ? Ce n'est pas ta maîtresse qui peut t'en fournir, puisqu'elle n'en a pas même pour s'acheter des savates... Eh bien alors ?

Et elle venait de regarder son fils, attendant une réponse.

Mais lui allait et venait à travers la chambre, les dents serrées, sans un mot.

Alors elle reprit :

— Et pourtant, si un jour ou l'autre tu tournes mal, comme bien souvent je l'appréhende, si un jour ou l'autre tu finis comme finissent tous les hommes de ton espèce, tu ne pourras pas dire que c'est à moi que tu le dois et que je t'ai donné de mauvais exemples, de mauvais conseils.

« Ah ! non, pour ça, tu ne pourras pas le dire ! J'ai, au contraire, toujours travaillé, toujours trimé comme une mercenaire pour vous nourrir tous les quatre, et si je suis une pauvre gueuse, et si je suis souvent talonnée par la misère, je peux cependant passer partout la tête haute.

« Mais j'ai bien peur, mon pauvre garçon, que tu ne puisses pas en dire autant !

Mais, brusquement, elle recula avec un cri d'effroi.

Ravachol très pâle, l'œil plein de colère, venait de s'emparer d'une pelle, et la main levée sur elle, la voix menaçante :

— Ça me plaît comme ça, lui cria-t-il, file ton chemin ! Ça ne te regarde pas !

Puis, toujours furieux, il prit une chemise dans la commode et passa dans une autre chambre.

Et quand il reparut :

— Vieille, dit-il, la chemise que je viens de quitter a quelques traces de sang aux manchettes. Je me suis un peu cogné hier. Mais tu n'as pas besoin de jaser... Tu m'entends ?

Et là-dessus, il sortit.

La pauvre mère était demeurée toute livide, toute saisie.

Est-ce que son fils ne lui avait pas menti ?

Est-ce que ce sang dont il lui avait parlé provenait bien d'une bataille ?

Et elle était encore toute tremblante quand sa fille rentra, revenant de faire quelques petites provisions dans le quartier.

— Tu sais qu'il y a encore du nouveau ? dit-elle vivement.

— Quoi donc ?

— Un nouveau crime.

La vieille femme avait tressailli.

— Un nouveau crime ! s'écria-t-elle. Où ça ? A Saint-Étienne ?

— Non, non, à Chambles. Tu sais qu'il y avait là-bas un vieil ermite?
— L'ermite de Notre-Dame-de-Grâce. Oui, j'en ai entendu parler. Eh bien ?
— Eh bien ! il paraît que ce matin on l'a trouvé assassiné dans sa grotte. C'est quelqu'un qui revient d'Unieux qui racontait ça tout à l'heure.
— Et connaît-on les coupables ? demanda d'une voix un peu sourde la vieille femme qui, sans savoir pourquoi, ressentait comme une sorte de frisson.
— Mais il paraîtrait que l'on a quelques soupçons...
— Sur qui ?
— Sur un homme et une femme que l'on a vus hier dans un auberge d'Unieux. Mais je n'en sais pas davantage.

Et la vieille mère resta longtemps silencieuse, longtemps pensive.

Malgré elle, elle ne pouvait s'empêcher de se répéter les dernières paroles que Ravachol lui avait jetées avant de sortir :

« Vieille, la chemise que je viens de quitter a quelques traces de sang aux manchettes... Je me suis un peu cogné hier... Mais tu n'as pas besoin de jaser... Tu m'entends? »

Et elle pâlissait sous le coup d'une idée qu'elle repoussait avec horreur.

Non, non, elle était folle !

Pourquoi avait-elle ces sinistres pressentiments-là ?

Pourquoi voulait-elle à toute force voir une affreuse coïncidence entre cette chemise tachée de sang et le crime de Chambles ?

Non ! non ! puisque son fils lui avait dit qu'il s'était battu, pourquoi ne voulait-elle pas le croire ?

D'ailleurs était-il capable d'un pareil forfait ?

Non ! non ! elle le calomniait et elle n'était qu'une mauvaise mère d'avoir eu seulement une seule minute, seulement une seule seconde cette atroce arrière-pensée.

Mais elle avait beau faire, elle ne parvenait pas cependant à se rassurer et elle voyait toujours devant ses yeux Ravachol avec cet air si étrange, cet air tout drôle dont elle avait été si vivement frappée.

Mais cet air-là, cet air un peu sombre et un peu fébrile, maintenant le bandit ne l'avait plus.

Très joyeux et très gai, au contraire, il s'amusait à faire danser avec Julie les écus de l'ermite.

Il avait bien, comme tout le monde, entendu parler de l'assassinat, mais comme il ne savait pas que maître Thibaut, le patron de l'auberge de la Grotte, avait parlé de lui à la justice, il était de plus en plus rassuré.

— Oh! la rousse, c'est moi qui m'en bats l'œil! disait-il à Julie.

Et pendant deux jours, ce fut entre le bandit et sa maîtresse une vraie noce à tout casser.

Et le deuxième jour, Ravachol ne pensait déjà pas plus à son crime que s'il ne l'eût jamais commis.

Mais, comme on va le voir, le futur dynamiteur n'avait peut-être pas raison de se montrer aussi tranquille.

En effet, quelque chose d'étrange, quelque chose d'insolite, se passait autour de la maison de Ravachol dans le milieu de la nuit du deuxième jour.

Cinq ou six hommes étaient là embusqués et tapis dans l'ombre.

Ils ne se parlaient pas, mais le cou tendu, ils écoutaient, ils épiaient.

Et comme il allait être deux heures du matin, tout à coup l'un d'eux tressaillit.

Au bout de la rue le bruit d'un pas s'était fait entendre et une ombre était apparue.

— Je crois que c'est lui! dit-il très vivement et très bas. Attention!

C'était, en effet, Ravachol, Ravachol très tranquille toujours et les deux mains dans ses poches.

Mais comme il arrivait devant sa maison, il fit brusquement un bond en arrière.

Il venait de s'apercevoir, mais trop tard, qu'il était tombé dans une souricière.

Et déjà les agents s'étaient élancés sur lui, tandis que le commissaire qui les commandait lui criait d'une voix forte:

— Au nom de la loi, je vous arrête !

Mais le bandit, qui écumait de colère, se défendait follement, désespérément.

Un moment il avait pu se dégager de l'étreinte des agents, et tout en se défendant des pieds et des poings, il hurlait :

— Ah ! vaches, vous ne me tenez pas encore!

Mais les agents l'avaient enfin ressaisi, et maintenant, devenu plus furieux, il mordait.

Il avait les vêtements en lambeaux, le visage en sang, et il tâchait de lutter, de résister encore.

— Allons, finissons-en! cria le commissaire. Enchaînez-le!

Et ce fut encore une nouvelle lutte, mais cette fois plus courte.

Les mains liées derrière le dos, Ravachol fut placé au milieu des agents et l'on prit le chemin de la prison.

Le bandit était plein d'une rage terrible.

Comment avait-il été assez bête pour se laisser prendre!

Comment avait-il été assez stupide pour tomber dans ce traquenard!

Et déjà devant ses yeux effrayés, épouvantés, il voyait passer la sinistre vision de la cour d'assises, la sinistre vision de l'échafaud.

Mais non, l'heure de l'expiation n'était pas encore venue pour Ravachol, et un hasard allait le sauver.

Comme le cortège tournait l'angle d'une rue, soudain un ivrogne vint le heurter en titubant.

Instinctivement, les regards des agents avaient suivi le pochard.

Cela ne dura que quelques secondes, mais ces quelques secondes suffirent à Ravachol pour s'échapper.

D'un violent coup de tête dans le flanc il envoya rouler à trois ou quatre pas celui des agents qui le serrait de plus près, puis, rapide comme l'éclair, il disparut dans la nuit.

Certes, avec les mains liées derrière le dos, cette course folle, cette course vertigineuse, n'était pas sans danger, et Ravachol, à chaque pas qu'il faisait, pouvait se briser le crâne sur le pavé.

Mais qu'était-ce, pour le bandit, que ce danger-là, en comparaison de l'autre, de celui qu'il fuyait, en comparaison de l'échafaud qui avait failli le prendre?

Et il courait, et il courait toujours, haletant, le front en sueur, plein de fièvre.

Il y avait beau temps que la police avait perdu sa piste, et cependant il croyait toujours l'entendre derrière lui.

Tout à coup, pourtant, il s'arrêta.

Il n'en pouvait plus.

Le souffle lui manquait.

LES EXPLOITS DE RAVACHOL

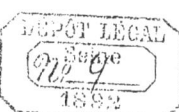

— C'est toi, Ravachol ?

Il avait de grands bourdonnements dans les oreilles et des éclairs lui passaient devant les yeux.

Il s'appuya contre un mur.

Il lui sembla que la terre tournait sous ses pieds.

Enfin, un peu remis, il écouta.

Mais rien.

Aucun bruit.

Il eut un éclair de joie dans le regard, un sourire de triomphe sur les lèvres, puis il respira longuement.

C'était tout de même bon de se sentir libre quand on avait été entre les griffes de la police et si près de porter sa tête au bourreau!...

Mais ce n'était pas tout...

Il ne pouvait pourtant pas rester là.

D'un moment à l'autre une ronde d'agents pouvait survenir qui le coffrerait encore.

Il lui fallait donc tout de suite se cacher, tout de suite trouver le moyen de se mettre en sûreté.

Mais où pourrait-il bien aller?

Mais où pourrait-il bien se réfugier?

C'était là le problème, c'était là la question la plus ardue et la plus difficile à résoudre.

Un moment l'idée lui vint d'aller demander l'hospitalité à sa maîtresse, à Julie.

Mais, à moins d'être fou, c'était là une idée à laquelle il ne pouvait donner suite, à laquelle il ne pouvait s'arrêter, même une minute.

Puisqu'on savait maintenant que c'était lui qui était l'assassin de l'ermite de Notre-Dame-de-Grâce, il était bien clair, il était bien évident qu'on devait aussi savoir le reste, c'est-à-dire savoir que sa maîtresse était avec lui là-bas quand il avait fait le coup.

Dans ces conditions-là, n'allait-il pas s'exposer à tomber dans un nouveau piège, dans une nouvelle souricière s'il allait chez Julie?

— Non, décidément, cette idée-là ne vaut rien, se dit-il. Il faut donc trouver autre chose, un autre plan... Mais lequel?

Il y avait bien aussi sa mère.

Il y songea.

Mais, tout à coup, hochant la tête :

— Non, non, s'écria-t-il, absurde aussi, stupide aussi, cette idée-là!... Ma parole, je perds mon sang-froid et je ne raisonne plus...

« Est-ce que cette sale *rousse* n'a pas dû commencer par faire une tournée chez la vieille?

« Est-ce qu'elle n'y reviendra pas tous les jours?

« Non, décidément, je n'y suis plus et il faut trouver autre chose... Mais quoi?

Et il cherchait encore, et il cherchait toujours.

— Il y a bien Fachard, murmura-t-il, mais on sait qu'il est mon ami, et la rousse viendrait m'y cueillir que je n'en serais pas autrement surpris.

« Laissons donc Fachard de côté et voyons!... voyons! ajouta-t-il. Il n'y a donc pas une porte à laquelle je puisse frapper? Il n'y a donc personne chez qui je puisse aller me cacher?

Et tout en songeant, tout en réfléchissant, Ravachol avait parfois de vives alertes, de brusques transes.

Non loin de lui, c'était un bruit de pas qui retentissait.

Là-bas, c'était, tout à coup, une ombre inquiétante qui surgissait.

Et il croyait toujours que c'était la police qui le rattrapait et qui allait encore lui sauter à la gorge.

Mais non... C'étaient tout simplement des passants, des noctambules qui regagnaient tranquillement et paisiblement leurs logis.

Ravachol alors respirait de nouveau, mais ce n'était pas pour bien longtemps, car il sentait qu'il était imprudent de s'éterniser là, dans la rue, et, d'un autre côté, ses mains enchaînées, ses mains très vigoureusement ligottées commençaient à le faire cruellement souffrir.

— Ah! les salauds!... les salauds! cria-t-il une fois presque à voix haute. Mais ils ne perdront rien pour attendre!... Si jamais je peux en pincer un dans un coin, il passera pour sûr un mauvais quart d'heure!...

Et il n'avait pas encore achevé sa pensée que, brusquement, sa colère tomba, son regard rayonna.

Il avait enfin trouvé le gîte qu'il cherchait!... le gîte qu'il lui fallait!...

Comment diable n'y avait-il pas songé plus tôt?

— Mais oui, parbleu, voilà mon affaire! se dit-il. Je vais aller chez Thomas... Ce n'est pas très loin d'ici, et je suis bien certain qu'il ne refusera pas de me recevoir...

Il jeta un dernier regard derrière lui pour s'assurer qu'il était bien seul et que personne ne pouvait le suivre, puis, rasant les murs, il reprit sa course.

Il était maintenant dans un des endroits les plus déserts et les plus isolés de Saint-Étienne.

Et il courait encore, toujours, repris de plus belle par la peur atroce qui lui donnait la fièvre.

Enfin il s'arrêta, hors d'haleine.

Il était arrivé.

En face de lui, une petite maison noire et basse, très vieille, très ancienne, se dressait.

Et là, Ravachol siffla d'une façon particulière, deux ou trois fois et à courts intervalles égaux.

Enfin une fenêtre s'ouvrit, et un homme que l'obscurité empêchait d'apercevoir, demanda :

— C'est toi Ravachol ?

— Oui.

— Que me veux-tu ?

— Ouvre, tu le sauras... Mais dépêche-toi, je suis pressé...

Et plusieurs fois encore le bandit répéta :

— Dépêche-toi !... Dépêche-toi !

Cinq minutes à peine s'écoulèrent, mais ces minutes-là parurent à l'assassin de l'ermite aussi longues que des siècles, tant la peur le tenait toujours.

Enfin la porte s'ouvrit, puis retomba sur lui.

Ravachol n'avançait que très lentement, que très prudemment dans l'escalier plein de ténèbres, tantôt se heurtant à une marche, tantôt se cognant contre un mur.

Enfin on arriva au second étage et l'on entra chez Thomas.

Mais celui-ci n'eut pas plutôt aperçu les mains enchaînées de Ravachol qu'il eut un étrange sourire.

— Eh bien, on t'a bien arrangé ! fit-il. Qui donc t'a ficelé comme ça ?...

— Je vais te raconter cette histoire, répondit tranquillement le bandit. C'est la *rousse* que j'ai rencontrée tout à l'heure devant chez moi et qui a voulu me pincer...

— Et pourquoi ?

— Est-ce que je sais !... Peut-être est-ce parce que j'ai fait autrefois de la contrebande et de la fausse monnaie...

Mais Thomas hochait la tête et ricanait.

— Non, non, dit-il, ce n'est pas pour ça... c'est pour quelque chose de plus grave...

— Pour autre chose ?... et pour quoi donc ?

— Oh ! tu le sais bien !... Ne fais donc pas le roublard avec moi !... Eh bien ! puisque tu veux que je te le dise, c'est pour le joli coup que tu as fait là-bas...

— Là-bas ?

— Oui, là-bas, à Chambles... Allons, voyons, ne prends donc pas un air étonné... On ne parle plus que de toi, et si tu en veux la preuve...

— Quelle preuve ?

— Eh bien ! tiens, lis ce journal-là... c'est un journal de ce soir, et l'on y raconte tout au long l'assassinat de l'ermite de Notre-Dame-de-Grâce.

Mais Ravachol venait d'avoir un sourire ironique, puis, haussant les épaules :

— Tiens, dit-il, fais-moi d'abord le plaisir de m'enlever ça... Ces brigands m'ont si fortement serré qu'ils ont dû me briser les poignets.

— Oui, répondit Thomas en riant, ils n'y ont pas été de main morte. Mais, tu sais, à te parler franchement, tu ne l'avais pas volé...

Ravachol ne répondit pas.

Plein de colère, il regardait ses mains enflées, tuméfiées.

— Voilà le canard en question, reprit Thomas en ouvrant un journal qui se trouvait sur la table... Tiens, écoute-le... Voilà ce qu'il raconte :

« Dans notre numéro d'hier nous avons parlé à nos lecteurs de l'épouvantable assassinat qui venait d'être commis sur la personne d'un vieillard nommé Jacques Brunel, et que tout le monde connaissait dans notre département sous le nom de l'ermite de Notre-Dame-de-Grâce.

« Ainsi que nous l'avions fait pressentir, le vol a bien été le mobile de ce crime odieux.

« L'ermite, qui recevait de nombreuses offrandes de la part de ses visiteurs, passait pour avoir d'assez belles économies.

« On évalue, en effet, à une trentaine ou à une quarantaine de mille francs la somme qui a été dérobée dans la cachette où l'ermite dissimulait sa petite fortune.

« Mais il n'en sera pas heureusement de ce crime-là comme de tant d'autres qui ont depuis quelques années ensanglanté notre région et qui sont jusqu'à présent demeurés impunis... »

Ici Thomas s'interrompit.

— Écoutes-tu, Ravachol ?

— Parbleu ! fit celui-ci avec un ricanement.

— Alors écoute bien toujours... Voilà le passage intéressant !

Et Thomas continua :

« En effet, nous apprenons à la dernière heure, et d'une source très sûre, d'une source très certaine, que, cette fois, on serait sur les traces de l'assassin.

« Celui-ci ne serait autre qu'un nommé Ravachol, dit aussi Léon Léger, dit aussi Kœningstein, et que quelques-uns avaient baptisé du sobriquet les *Yeux-Noirs*.

« Cet homme, qui est originaire de la Côte-Bois, banlieue de Saint-Chamond, habitait depuis quelques années seulement Saint-Étienne.

« Il avait, dit-on, avec sa mère, de fréquentes querelles, au cours desquelles il menaçait de la tuer.

« La malheureuse femme vivait dans une terreur perpétuelle.

« Les voisins racontent qu'elle s'enfermait à double tour dans sa chambre, et que, craignant l'arrivée subite de son fils, elle plaçait son lit contre la porte pour qu'il ne pût entrer.

« Il travailla assez longtemps à la teinturerie Fessy, à la teinturerie Coron, à la Rivière.

« Puis il s'affilia à la bande de faux monnayeurs de Patron, dirigée par Fachard.

« Il fut arrêté en 1886, avec la bande, puis relâché, sa culpabilité n'ayant pas été prouvée.

« La mère de Ravachol travaille encore comme dévideuse, rue Grange-de-l'Œuvre, n° 28, mais lorsqu'elle a su que son fils était accusé de l'assassinat de l'ermite de Notre-Dame-de-Grâce, elle a pris la résolution d'aller se fixer à Givors avec sa fille.

« Peut-être, à l'heure où paraîtront ces lignes, l'assassin sera-t-il déjà tombé entre les mains de la justice.

« Dans tous les cas, nous allons donner ici son véritable signalement qui nous a été communiqué. »

Thomas venait encore de s'interrompre.

— Écoute!... écoute bien toujours, fit-il, et dis-moi si ce portrait-là n'est pas frappant!

Puis il continua de lire :

« *Signalement de Ravachol :*

« Taille, 1ᵐ,663.

« Envergure, 1ᵐ,78.

« Buste, 0,877.

« Tête, longueur 0,176, largeur 0,157.

« Oreille droite, longueur 6,2, largeur 3,2.

« Longueur du pied gauche, 27,9.

« Médius gauche, 12,2.

« Auriculaire gauche, 9,8.

« Coudée gauche, 46,6.

« Couleur de l'iris gauche : auréole jaune or, périphérie verdâtre.

« Renseignements descriptifs :

« Front haut, nez moyen, oreille droite bien bordée, barbe châtain, cheveux châtain foncé, corpulence moyenne.

« Signes particuliers :

« Cicatrice ronde sur le carpe gauche... »

— Cette cicatrice, dit Thomas en s'emparant de la main de Ravachol, la voilà!

Et il poursuivit :

« Une sur la bosse frontale gauche... »

— Et celle-ci aussi, la voilà! ajouta Thomas.

Puis il reprit :

« Marque sur poitrine à 0,16 à gauche de la médiane.

« Marque sous épaule gauche à 0,07 de la médiane. »

Ravachol s'était assis et restait les bras croisés, les jambes allongées, un petit sourire ironique et gouailleur sur les lèvres.

Thomas venait d'achever sa lecture.

Il jeta le journal sur la table, puis debout en face de l'assassin, il reprit :

— Eh bien! qu'est-ce que je te disais!... Est-ce assez ressemblant!...

Est-ce assez frappant!... Oh! quand tu as été arrêté avec ta bande de faux monnayeurs, il faut croire que l'on t'a joliment palpé, joliment retourné pour te connaître ainsi sur toutes les coutures...

« Aussi, veux-tu que je te parle franchement?

— Parle.

— Eh bien! je crois que tu ne profiteras guère de la monnaie de l'ermite, et je ne voudrais pas être dans ta peau...

— Bah? fit dédaigneusement le bandit.

— Car il ne faut pas se monter le coup, mon cher!... Avec ce signalement-là, ce signalement si complet et si précis, tu ne pourras plus mettre les pieds dans la rue sans te faire immédiatement coller au bloc.

— Oui, c'est possible.

— C'est possible?... C'est certain!

— Aussi, mon vieux Thomas, ai-je compté sur toi pour me rendre service...

— Service?

— Eh bien! est-ce que tu ne comprends pas ce que je veux te dire?... Est-ce que tu crois que si je suis venu chez toi tout d'une haleine, c'est seulement pour avoir le plaisir de te souhaiter le bonsoir?

« Non, mon cher, je suis venu pour autre chose... je suis venu pour te demander l'hospitalité...

Mais Thomas venait brusquement de froncer les sourcils.

— D'ailleurs, que pourrais-tu avoir à craindre? reprit vivement Ravachol. Depuis mes derniers démêlés avec la justice, c'est-à-dire depuis que je m'étais trouvé englobé dans le procès des faux monnayeurs, nous ne nous sommes vus que si rarement que personne ne pourra soupçonner que tu es mon ami et que j'ai pu trouver un asile dans ta maison.

« Tu seras donc parfaitement tranquille et moi, grâce à toi, je pourrai sauver ma tête.

Et il attendit, toujours les bras croisés, la réponse de son ami.

Celui-ci demeurait silencieux et son front était devenu plus sombre.

Il était évident que la proposition que venait de lui faire Ravachol était loin de lui sourire et qu'il ne cherchait qu'un prétexte pour refuser.

Enfin, tout à coup :

— Mon cher, ce que tu me demandes là est impossible, dit-il.

LES EXPLOITS DE RAVACHOL

Ravachol tremblait à chaque seconde d'entendre la police.

— Impossible?... Tu me refuses? s'écria le bandit avec un éclair de colère dans le regard.

— Ne te fâche pas... Laisse-moi te parler...

— Oui, oui, parle! s'écria Ravachol devenu plus pâle. Explique-moi pourquoi tu te conduis avec moi comme une rosse?...

— C'est que j'y suis forcé, dit Thomas.

— Forcé?

— C'est que, dans ton intérêt même, je suis obligé de te refuser l'hospitalité que tu me demandes...

— Ah çà! qu'est-ce que tu me chantes!... dit avec violence l'assassin. Ne mens donc pas!... Avoue-moi donc plutôt que tu as peur de te compromettre...

— Non, non, ce n'est pas ça... Mais il faut que je te dise une chose que tu ne sais pas...

— Quelle chose?

— Eh bien! c'est que depuis quelque temps je ne suis plus seul... J'ai ici un camarade qui partage cette chambre avec moi...

— Un camarade?... Des blagues!

— Ma parole!

— Alors où est-il donc?... Montre-le-moi!... Est-ce qu'il se cache? ricana Ravachol dont le regard ironique fouillait la chambre.

— Non, tu as tort de rire, fit Thomas avec plus de force. Je te parle très sérieusement.

— Farceur!

— Il y a des semaines où il travaille de nuit...

— Oui, parfaitement!... Compris!... Tu m'excuseras seulement de t'avoir dérangé, dit le bandit la voix sifflante.

Et il venait brusquement de se lever.

Mais il ne partit pas. Il venait de se remettre à réfléchir.

Puisque Thomas ne voulait pas le recevoir, puisqu'on le chassait de cette maison, où allait-il aller?... où allait-il pouvoir se réfugier?

Et le même problème qu'il avait déjà cherché à résoudre après sa miraculeuse évasion recommençait.

Mais ce qui rendait à présent la situation beaucoup plus grave, beaucoup plus dangereuse encore, c'est que le jour allait bientôt venir et qu'à tout prix il ne fallait pas qu'il se trouvât dehors à ce moment-là.

Alors, se retournant tout à coup vers Thomas :

— Écoute, mon vieux, lui dit-il, sur un ton presque suppliant, sois gentil avec moi et je te jure que tu ne t'en repentiras pas... Tiens ! il me reste encore sur moi une somme assez ronde... En veux-tu ta part ?

— C'est l'argent de l'ermite ?

— Parbleu !... Mais qu'en saura-t-on ?

— Non, merci, fit sèchement Thomas.

Et montrant la fenêtre que les premiers rayons de l'aube commençaient à blanchir faiblement :

— Et je crois que tu feras bien de filer, ajouta-t-il, car si tu veux trouver encore le moyen de te cacher il n'est que temps !

Et deux minutes après Ravachol se retrouvait dans la rue.

— Oh ! toi, sois tranquille ! s'écria-t-il blême de fureur et en se retournant le poing fermé vers la maison de Thomas. Un jour ou l'autre j'aurai bien le plaisir de te régler ton compte !

Puis les oreilles bourdonnantes, plein d'une peur de plus en plus grande, il reprit sa course à l'aventure.

IV

L'HOMME AUX CENT VISAGES

A cette heure-là les rues étaient presque encore complètement désertes et ce n'était que de loin en loin que l'assassin croisait quelque passant.

Mais à chaque pas qu'il faisait, à chaque seconde qui s'écoulait, il n'en tremblait pas moins d'être reconnu.

Puis, redevenu plus calme, il ne cessait, tout en courant, de repasser dans sa mémoire tous les noms de ceux qu'il connaissait, tous les noms des camarades chez lesquels il pensait pouvoir trouver un asile.

Tout à coup un de ces noms le fit tressaillir :

Berthollin !

Oui, oui, il n'y avait que chez celui-là qu'il pouvait frapper encore... Oui, il n'y avait qu'en s'adressant à celui-là qu'il pouvait garder l'espoir d'échapper à la police et de se mettre en sûreté.

Mais cet ami, mais ce sauveur demeurait dans un faubourg encore assez loin de l'endroit où se trouvait en ce moment Ravachol.

Et le jour de plus en plus montait, de plus en plus grandissait, c'est-à-dire qu'à chaque minute, à chaque seconde, le danger que courait le misérable augmentait.

Aussi maintenant filait-il dans une course encore plus rapide, encore plus vertigineuse.

Enfin, tout à coup, le faubourg où il allait apparut, et la maison de Berthollin se dressa devant lui.

Ce dernier habitait tout à fait sous le toit, et dans une espèce de grenier si sombre que c'était à peine si on y avait un peu de clarté, même à midi.

Il venait de se lever quand il eut soudain un sursaut de surprise.

On venait de frapper très violemment à sa porte, et une voix qu'il ne reconnaissait pas l'appelait, criant :

— Berthollin !... Berthollin !... Ouvre vite !... Ouvre donc !... C'est moi !...

Et l'on frappait toujours, quand Berthollin, une lampe à la main, alla ouvrir.

Et il n'eut pas plus tôt aperçu l'assassin de l'ermite que son étonnement redoubla.

— Ah ! bah !... C'est toi, Ravachol ! s'écria-t-il.

Mais Ravachol venait de repousser brusquement la porte derrière lui.

— Tais-toi !... Tais-toi !... fit-il vivement et à voix basse.

Berthollin venait d'avoir un mouvement d'inquiétude.

— Je connais l'histoire, dit-il. Est-ce que la police te file ?... Est-ce que la police est à tes trousses ?... Alors, sale affaire !... Tu vas peut-être me faire coffrer aussi ?...

Mais Ravachol avait vivement secoué la tête.

— Non, non, tu n'as rien à craindre, dit-il. Personne ne m'a vu entrer ici ; personne ne sait que je suis chez toi. Mais je puis dire que je l'ai échappé belle.

— Quand ça ?

— Cette nuit.

— La police a failli te pincer ?

— La police?... Elle me tenait!... Mais j'ai pu jouer des jambes tout de même... Et me voilà!... Maintenant, mon vieux, je te préviens d'une chose, c'est que jusqu'à nouvel ordre je ne bouge plus d'ici.

Et puis, sans laisser à Berthollin le temps de lui répondre, Ravachol aligna plusieurs louis sur la table, puis ajouta :

— Mais je ne veux rien pour rien... Tiens! voilà pour ta peine.

Berthollin n'était pas homme à avoir les mêmes scrupules que Thomas.

Aussi mit-il sans la moindre hésitation les pièces d'or dans sa poche.

— Soit! fit-il. D'ailleurs, on ne peut pas refuser un service à un ami. Seulement tu sais, tu ne vas pas être à ton aise dans mon taudis.

— Oh! je m'en fiche! ricana Ravachol. Je ne tiens pas au luxe.

Mais Berthollin venait de jeter autour de lui un regard inquiet, puis vivement :

— Parle plus bas! dit-il. Ici je ne suis pas chez moi et j'ai là deux vieilles voisines qui constamment me mouchardent, qui constamment m'espionnent.

— Ah!

— Et comme elles savent que je suis toute la journée dehors, si tu ne veux par éveiller leurs soupçons, tu seras donc obligé de ne pas bouger, de ne pas remuer, en un mot de faire le mort.

— Je me coucherai.

— Et maintenant autre chose. Il est presque impossible dans cette cambuse de se passer de lumière, et cependant, si tu veux être prudent, et si tu tiens à garder ta tête sur tes épaules, il faudra bien que tu t'en passes.

— Pourquoi ça?

— Pourquoi ça!... Et ces vieilles sont donc aveugles?... Elles ne s'étonneraient donc pas de voir toute la journée de la lumière chez moi?..

— Bah! je boucherai le trou de la serrure, dit Ravachol.

— Et les trous de la porte!... Et les fentes du mur! s'écria Berthollin. Ah! non, non, pas de bêtises, tu me le promets?

— Mais oui! ne tremble donc pas.

Et très lestement, très rapidement, Berthollin acheva de s'habiller.

Puis cela fait :

— Tu dois avoir faim ? reprit-il. Je tâcherai de venir à midi t'apporter de quoi boulotter. En attendant, tu as l'air de ne plus pouvoir te tenir debout et je crois que tu ne ferais pas mal de pioncer. Hein ! qu'en penses-tu ?

Pour toute réponse, Ravachol venait déjà de se jeter sur le lit.

— Au revoir ! Je file à l'usine, dit Berthollin.

Et il disparut.

Quelques minutes après, accablé de fatigue, l'assassin de l'ermite dormait d'un sommeil profond, d'un sommeil qu'aucun rêve sinistre ne troublait.

Mais comme midi venait de sonner, il se réveilla brusquement, avec un cri sourd, un œil hagard.

Une main venait de s'abattre sur lui et il avait cru que c'était la main de la police.

Mais il se remit vite en reconnaissant Berthollin.

— Ah ! quelle frousse j'ai eue ! dit-il en riant.

Et il se mit debout, ajoutant d'une voix rapide et curieuse :

— Eh bien ! as-tu des nouvelles ?... que dit-on ?

— Oui, oui, j'ai des nouvelles ! répondit Berthollin en déposant sur la table les provisions qu'il apportait. Mais nous allons causer de ça en mangeant, car tu sais que dans une demi-heure il faut que je retourne à la boîte. Tiens ! assieds-toi et surtout n'oublie pas de mettre une sourdine à ta langue.

— Oui, oui... Eh bien, jase ! fit vivement Ravachol déjà la bouche pleine.

— D'abord, reprit Berthollin, je dois te dire que l'on ne comprend rien à ton évasion et que la population est furieuse contre la police.

Le bandit se mit à rire.

— Mais ce n'est pas là ce qui t'intéresse le plus, et j'ai d'autres nouvelles plus importantes, d'autres nouvelles plus graves à t'annoncer.

— Quelles nouvelles ? demanda vivement Ravachol, qui dressa l'oreille.

— Primo : Fachard est au clou !

— Fachard !

— Oui, on l'a arrêté ce matin.

— Mais ce n'est pourtant pas lui qui a fait le coup !

— Non, mais c'est lui qu'on accuse d'avoir recelé une partie de l'argent que tu as trouvé dans la grotte.

— Ah ! diable !... et la police a pincé la galette ?

— C'est probable.

— Canailles !

— Ensuite Julie a été également empoignée !

— Julie !

— Oui, ce matin aussi et à peu près à la même heure que Fachard.

— Mais alors je suis volé, dépouillé ! s'écria Ravachol indigné. Mais alors, il ne me reste plus rien ou presque plus rien de tout cet argent !

— Le compte est facile à faire, répondit Berthollin.

— Comment ça ?

— Dame oui !... Le vol, à ce qu'on raconte, se monterait à une trentaine ou à une quarantaine de mille francs.

— N'exagérons pas. A trente mille seulement, dit tranquillement Ravachol.

— Or, la police, en faisant des perquisitions chez Fachard et chez Julie, n'aurait mis la main que sur une quinzaine de mille francs environ.

— C'est déjà joli.

— Par conséquent, c'est donc à peu près la moitié de l'argent de l'ermite que tu garderais encore dans ta poche.

— Dans ma poche ou ailleurs, ricana le bandit. Et après ?

— Après ? Eh bien ! il paraît que la rousse a fait aussi une descente chez ta mère.

— Chez ma mère !... Ils me prennent donc pour un idiot !... Comme j'aurais été me cacher ou cacher quelque chose chez la vieille !... Non, ma parole, c'est trop bête !

— Et comme la brave femme a éprouvé un tel saisissement qu'elle s'est évanouie, tout le monde la plaint, tout le monde se lamente sur elle.

— Oh ! ça, passons... Je m'en moque ! dit Ravachol. Et encore ?

— C'est tout, dit Berthollin. Seulement, mon cher, comme l'affaire fait un bruit énorme, un tapage de tous les diables, et comme, bien entendu, la police fera du zèle afin de réparer la gaffe qu'elle a commise en te laissant filer, n'oublie pas ce que je te disais ce matin.

« De la prudence !

« Et maintenant, je vois qu'il est temps que j'aille turbiner... A ce soir !... Si j'apprends encore quelque chose, je te tiendrai au courant.

Deux ou trois jours se passèrent et, comme l'avait très bien prévu Berthollin, la police de Saint-Étienne restait sur pied jour et nuit et semblait en effet déployer le plus grand zèle pour remettre enfin la main sur l'assassin de Jacques Brunel, le vieil ermite de Notre-Dame-de-Grâce, sur le fameux Ravachol, qu'on pouvait déjà appeler l'Introuvable.

Mais ce zèle des policiers était-il bien réel, était-il bien sincère ?

Chose curieuse, chose étrange, il paraît qu'une assez grande partie du public stéphanois semblait en douter, et que quelques-uns, voulant sans doute paraître mieux renseignés que les autres, allaient jusqu'à dire, en hochant la tête d'un air sceptique et railleur :

— Ah ! Ravachol !... Le célèbre Ravachol !... Oh ! vous pouvez être tranquille, on ne le trouvera pas !

Qu'est-ce que cela voulait dire ?

Quel pouvait bien être le sens exact de ces paroles mystérieuses et singulières ?

C'est ce que nous tâcherons d'expliquer plus tard et quand le moment sera venu.

Mais ce que nous pouvons affirmer dès à présent et ce qui semblerait donner tort à ceux qui prétendaient que la police le cherchait peu ou le cherchait mal, c'est que Ravachol qui avait eu déjà, ainsi que nous l'avons vu, de si belles transes après son évasion, était loin encore maintenant d'être aussi tranquille et aussi rassuré qu'il affectait de le paraître quand il se trouvait en face de Berthollin.

Non seulement il restait des journées entières au lit afin d'éviter de faire du bruit et d'être entendu par les vieilles voisines de son camarade, mais même il en était arrivé à trembler à chaque minute, à chaque seconde d'entendre la police frapper tout à coup à sa porte.

Et là, dans ce taudis obscur, dans ce taudis ignoble et presque sans air, le misérable guettait, épiait, l'haleine courte, une sueur froide au front.

— Si l'on venait à apprendre que je connais Berthollin ! se disait-il

LES EXPLOITS DE RAVACHOL

La police faisait parfois irruption chez la mère de Ravachol.

Liv. 6.

parfois avec épouvante. Si d'un moment à l'autre la police allait tout à coup tomber ici !... Ah! c'est moi qui serais propre !... pas même moyen de gagner les toits!... pas même de fenêtre, mais un trou large seulement comme la tête... mais un trou large seulement comme la lunette de la guillotine !

Pour être plus sûr de ne pas faire de bruit, il marchait sans ses souliers.

Quelquefois, pris d'un soudain tressaillement, il courait coller son oreille contre la porte, et là, livide, il écoutait encore.

Est-ce qu'on ne marchait pas ?

Est-ce qu'il ne venait pas d'entendre là tout près, là à deux pas de la porte, des chuchotements et des murmures ?

Et c'était ainsi, presque à chaque instant, de nouvelles peurs et de nouvelles transes qui saisissaient le misérable...

Mais le temps passait, une quinzaine de jours encore s'écoulèrent, et comme les journaux, que lui apportait très régulièrement chaque soir Berthollin, commençaient à parler un peu moins de lui et du crime de Chambles, Ravachol peu à peu se rassura.

Il arriva même un moment où il lui fut impossible de rester plus longtemps enfermé dans ce taudis où il étouffait.

— Mon cher, dit-il à Berthollin, je commence par en avoir assez d'être enfermé tout vivant entre ces quatre murs, de ne pouvoir seulement remuer, seulement faire un pas sans trembler et sans me dire : Est-ce qu'on ne t'a pas entendu?... Est-ce que les voisins n'ont pas déjà été chercher la police ?

« Non, non, j'ai besoin de respirer, de voir un peu de lumière et de coudoyer des vivants.

« Il est bien entendu que je ne vais pas pour ça déménager de chez toi... Mais enfin, je ne serais pas fâché de pouvoir flâner un peu et de savoir ainsi ce que l'on dit.

Mais Berthollin avait aussitôt froncé les sourcils.

— C'est bien imprudent ce que tu vas faire là ! dit-il. Tu vas tout simplement risquer ta tête.

— Bah ! fit Ravachol d'un air dédaigneux.

— Et à ta place, avant d'aller montrer mon nez dans la rue, je voudrais attendre encore...

— Attendre quoi?

— Attendre les événements... Attendre, par exemple, de trouver une occasion pour pouvoir filer de Saint-Étienne... Voyons, réfléchis... Est-ce que je n'ai pas raison ?

Mais Ravachol, très entêté, secouait la tête.

D'ailleurs, il lui paraissait beaucoup plus téméraire, beaucoup plus dangereux d'essayer de quitter la ville que de s'y promener un peu de temps à autre en ayant soin de prendre les précautions nécessaires.

— Et tu verras, mon vieux, ajouta-t-il, si je sais me faire une tête!... Oh! sur ce point-là, il n'y a pas de mouchard, il n'y a pas non plus de cabotin qui m'en revendrait.

— Ne t'y fie pas! dit Berthollin. Il n'en faut qu'une... Il y a malheureusement dans la rousse des gaillards qui sont aussi malins que toi...

— Laisse-moi donc tranquille! s'écria l'assassin. Je te dis que je veux t'étonner toi-même... Seulement, ajouta-t-il, j'aurai besoin de certains accessoires, de certaines défroques, et pour me les procurer je vais être encore obligé de compter sur toi...

« Est-ce dit?

— Puisque tu le veux... Mais encore une fois...

— Oh! c'est assez! fit Ravachol sur un ton impérieux. Je ne veux plus rien entendre... Mais écoute-moi... Nous sommes à peu près de la même corpulence, de la même taille...

— Eh bien?

— Eh bien! sans avoir une garde-robe très bien garnie, tu dois bien posséder quelques vêtements de rechange?...

— Des vêtements de travail, si tu veux, mais pas d'autres... Et encore, je t'en préviens, il y a déjà longtemps qu'ils ne sont plus neufs... Du reste, tu vas voir...

Et déjà Berthollin venait de faire un mouvement pour aller ouvrir l'unique placard du grenier quand, brusquement, Ravachol l'arrêta.

— Ce n'est pas la peine, dit-il. Tels qu'ils sont ils feront ma balle... Maintenant, pour me procurer le reste, c'est dit, n'est-ce pas, je puis compter sur toi?...

— C'est dit, répondit Berthollin d'un air résigné.

Et dès le lendemain, avec un sang-froid inouï, une audace rare, Ravachol, redevenu le dangereux bandit dont le nom seul effrayait, s'aventurait hors du taudis de son ami.

Berthollin était cependant revenu à la charge pour le faire renoncer à son idée ou, tout au moins, pour obtenir de lui qu'il ne sortît que le soir...

Mais Ravachol ne lui avait d'abord répondu que par un haussement d'épaules, puis, tout à coup :

— Tiens, poltron, attends un peu... Tu vas voir ! s'écria-t-il.

Et en quelques minutes il lui était apparu si bien grimé, si complètement méconnaissable que Berthollin n'avait pu s'empêcher de jeter un cri de surprise et d'admiration.

En effet, l'individu qu'il avait maintenant sous les yeux n'avait plus rien du sinistre Ravachol.

C'était, sanglé dans une vieille redingote achetée d'occasion, un bon petit vieux rentier à la figure placide et bonasse.

Berthollin, enfin rassuré, n'avait pu s'empêcher de rire.

— Je ne te connaissais pas ce talent-là, dit-il. Ces sourcils en broussailles, ce collier de barbe blanche, ces rides... Mais c'est que c'est ça, mon vieux, tout à fait ça !

— Et voici ma canne... Tiens, regarde-moi cette dégaine...

— Et la démarche aussi !... Épatant ! s'écria Berthollin de plus en plus enthousiasmé.

— Et là-dessus, je vais faire un tour... A ce soir !... dit Ravachol.

Et sans la moindre émotion, le plus tranquillement du monde, il sortit.

A partir de ce jour-là, et jusqu'au moment où il lui arriva une aventure que nous raconterons, l'assassin de l'ermite ne rentra plus chez Berthollin que pour se coucher.

Chaque fois, nous n'avons pas besoin de le dire, il avait soin non seulement de changer et de varier son accoutrement, mais encore sa physionomie, si bien que Berthollin, qui n'avait plus peur, ne l'appelait plus maintenant que « l'homme aux cent visages ».

V

LA MÈRE DE RAVACHOL

Or, tandis que l'assassin de l'ermite, grâce à ses divers travestissements, pouvait courir impunément les rues de Saint-Étienne, la police continuait à faire parfois de brusques irruptions chez sa mère.

Mais si à chacune de ces visites la pauvre femme restait toute glacée d'épouvante et d'effroi, c'était surtout la première fois, c'est-à-dire le jour où elle n'avait plus pu douter de la culpabilité de son fils, que le coup avait été le plus affreux et le plus terrible.

Ce jour-là, — comme toujours d'ailleurs, — Mme Ravachol s'était mise de bonne heure au travail, et tout en faisant tourner sa mécanique elle ne pouvait s'empêcher de se laisser aller encore à ses sombres pressentiments, quand tout à coup elle tressaillit.

— Est-ce qu'on ne vient pas de frapper? dit-elle en s'adressant à une jeune femme qui allait et venait par la maison, et qui n'était autre que la sœur de Ravachol. Va donc voir...

Mais la jeune femme venait à peine de se diriger vers la porte qu'elle recula tout à coup, toute saisie, toute glacée à son tour.

En effet, la porte venait de s'ouvrir violemment et plusieurs hommes étaient entrés.

C'étaient des agents de la sûreté que précédait un commissaire de police ceint de son écharpe.

Mme Ravachol avait senti un froid mortel l'envahir.

La police venait chez elle!

Mais alors ces sinistres pressentiments qu'elle n'avait pu vaincre allaient donc se réaliser!

Mais alors c'était donc vrai que cet enfant qu'elle avait tant aimé, tant adoré...

Elle n'osait pas achever sa pensée tant elle la faisait frissonner.

Et toute tremblante, la voix à peine distincte, elle demanda, s'avançant vers le commissaire et ses agents :

— Messieurs, que me voulez-vous?... qui demandez-vous?

— Votre fils! répondit brutalement le magistrat...

— Mon fils?

— Oui, votre fils !...

Et sans en dire davantage, sans ajouter un seul mot de plus, le commissaire l'écarta d'un geste et passa.

L'appartement de la Grange-de-l'Œuvre où habitait Mme Ravachol n'avait que deux pièces, c'est-à-dire qu'il ne fallait pas beaucoup de temps pour se rendre compte que l'assassin de l'ermite de Notre-Dame-de-Grâce n'y était point caché.

— Votre fils n'est pas ici, reprit le magistrat en se tournant d'un air sévère vers la pauvre femme qui l'avait suivi. Où est-il ?

— Je n'en sais rien.

— Depuis combien de temps n'est-il pas venu vous voir ?...

— Depuis quelques jours...

Mais le commissaire n'insista pas.

La pauvre mère était si livide, si défaite, qu'il en avait eu probablement pitié.

Puis, aidé de ses agents, il se mit à fouiller les meubles, les tiroirs, examinant lentement et minutieusement chaque papier qui lui tombait sous la main.

Comme il venait d'ouvrir un petit carton, la mère de Ravachol dit vivement :

— Ce sont nos papiers de famille, monsieur.

— Je le vois bien, répondit le commissaire. Voici précisément l'acte de naissance de celui que nous cherchons.

Et toujours très lentement il se mit à lire pour lui seul cet acte que nous allons retranscrire ici :

« L'an mil huit cent cinquante-neuf, le samedi quinze octobre, à deux heures du soir, devant nous, maire et officier de l'état civil de la ville de Saint-Chamond (Loire), s'est présenté à l'Hôtel de Ville, Jean-François Ravachol, maçon, cinquante-sept ans, aïeul maternel de l'enfant, lequel nous a déclaré que Marie Ravachol, sa fille, célibataire, vingt-six ans, ouvrière en soie, native d'Izieux, fille légitime des vivants Jean-François Ravachol et Antoinette Rivoy, est accouchée le quatorze octobre, à huit heures du matin, dans le domicile qu'elle occupe rue de l'Oie, maison Lambert, d'un enfant du sexe masculin, auquel il a donné les noms de François-Claudius. Cette déclaration faite en présence de... » (Ici suivaient les noms des témoins.)

En marge de l'acte, le commissaire put lire aussi la mention suivante :
« Par acte civil de mariage célébré le trois février mil huit cent soixante-deux, à la mairie d'Izieux (Loire), les époux Kœningstein (Jean-Adam) et Ravachol (Marie) ont reconnu et légitimé l'enfant dénommé dans le présent acte. »

Puis, comme le commissaire venait d'achever sa lecture, la mère de Ravachol, les yeux pleins de larmes et la voix très sourde, reprit :

— Enfin, monsieur, pourquoi la justice recherche-t-elle mon fils?... Que lui veut-on?... De quoi l'accuse-t-on?

— De quoi on l'accuse?... Ah! ma pauvre femme, j'aimerais beaucoup mieux ne pas vous le dire! répondit le magistrat qui, malgré lui, finissait par se laisser attendrir.

« On l'accuse tout simplement d'être l'auteur du meurtre commis tout récemment sur un vieillard de quatre-vingt-deux ans, sur la personne de Jacques Brunel, l'ermite de Notre-Dame-de-Grâce!...

— Oh! mon Dieu! murmura la pauvre mère, brisée, anéantie.

Et, brusquement, elle ajouta :

— Mais, monsieur, pour l'accuser, il faut des preuves... A-t-on des preuves contre lui?

— On en a. Et ce n'est pas tout. On accuse encore François-Claudius Kœningstein, dit Léon Ravachol, d'être l'auteur de plusieurs autres assassinats, de plusieurs autres crimes dont on avait jusqu'à ce jour recherché vainement les auteurs.

Mme Ravachol demeurait stupide, hébétée, le cerveau plein de vertige.

— On l'accuse notamment d'un double meurtre commis à Varizelle.

— A Varizelle?

— D'un double meurtre encore commis à Grenay, près de Rive-de-Gier...

« On l'accuse aussi d'un assassinat commis à la Côte-Bois, dans la banlieue de Saint-Chamond, son pays natal.

« Enfin, c'est aussi lui qu'on accuse d'avoir causé la mort des sœurs Marcou, les deux quincaillières de Saint-Étienne.

« En tout, on lui demande compte de huit assassinats, avec vol.

La pauvre mère venait de se laisser tomber sur une chaise et il lui semblait qu'elle allait mourir.

— Maintenant, madame, reprit le commissaire, je ne vous dirai pas que pour tous ces crimes-là il y ait contre votre fils des preuves aussi certaines, des preuves aussi évidentes que pour le crime de Chambles.

« Non.

« Mais enfin, c'est lui que l'opinion publique dénonce aujourd'hui comme le coupable et il aura également à s'en défendre...

La mère de Ravachol maintenant sanglotait, éperdue, tandis que debout tout près d'elle, sa fille pleurait, toute frémissante et toute livide aussi.

Et tout à coup la vieille femme s'écria d'une voix déchirante :

— Mon fils un meurtrier !... Mon fils un voleur !... Est-ce possible !... N'est-ce pas un mauvais rêve que je fais !... Un enfant que j'ai tant aimé et pour lequel j'ai tant travaillé !

— Vous avez eu d'autres enfants ? reprit le commissaire.

— Oui, monsieur, oui, j'en ai eu quatre, répondit la pauvre mère à travers ses sanglots.

« Celui-là, celui qui a si mal tourné, c'est l'aîné, il a aujourd'hui trente-deux ans.

« Puis j'ai eu aussi deux filles, mais il ne m'en reste plus qu'une, cette malheureuse femme que vous voyez aussi pleurer, sangloter à côté de moi.

« Enfin j'ai aussi mon fils cadet, l'honneur, la droiture, la loyauté même, et qui habite Givors.

« Ah ! quel coup, monsieur, quel coup aussi une pareille nouvelle va lui porter !

— Votre fils aîné n'habitait-il pas avec vous il n'y a que peu de temps encore ? demanda le commissaire.

— Oui, monsieur.

— Et quelle était sa conduite à votre égard ?

Un sourire plein d'amertume crispa les lèvres de la mère de Ravachol.

— Oh ! mauvaise, monsieur, très mauvaise, je suis bien obligée de le reconnaître, dit-elle douloureusement. Chaque jour il m'insultait, chaque jour il me faisait de nouvelles scènes de plus en plus violentes, de plus en plus terribles.

— Les voisins m'ont dit qu'il vous faisait peur ? Est-ce vrai ?

— Oui, monsieur, oui, c'est vrai. Et pourquoi le cacherais-je ? Et pourquoi mentirais-je ?

LES EXPLOITS DE RAVACHOL

La sœur de Ravachol sanglotait devant le lit de sa mère.

« Est-ce que tout le monde dans cette maison ne le sait pas? Est-ce que tout le monde ne l'a pas vu ?

« Mais une mère qui tremble devant son fils, mais une mère qui en est arrivée à avoir peur de son enfant, est-ce que vous connaissez, monsieur, quelque chose de plus horrible, quelque chose de plus atroce ?

Puis tout à coup et comme si elle s'en voulait, comme si elle se reprochait déjà d'avoir parlé avec trop de franchise, elle ajouta très vivement :

— Mais si je veux être juste, il faut bien aussi que je dise tout, il faut bien que je reconnaisse aussi qu'il ne s'est pas toujours conduit avec moi comme un mauvais sujet.

« Mais c'est sa maîtresse, c'est cette Julie qui l'a perdu.

« Une gueuse qui, pour le suivre, a quitté son mari et planté là ses trois enfants, ses trois pauvres enfants !

« Et c'est à partir de ce moment-là que la vie entre lui et moi n'est plus devenue tolérable.

« Cette femme venait le chercher à son atelier à trois heures de l'après-midi, et tout l'argent gagné passait dans ses mains, tandis que moi je n'avais pas même de quoi manger.

La vieille femme fit une pause, puis, comme si elle ne parlait plus que pour elle-même, elle reprit plus lentement :

— Ah ! si l'on m'avait prédit ça quand il était enfant ; si l'on m'avait dit qu'il deviendrait un jour non seulement ma terreur et mon épouvante, mais encore ma honte, je vous jure bien que jamais je n'aurais voulu, que jamais je n'aurais pu le croire !

« Il était si bon, si doux, si gentil !

« Oh ! cela vous étonne, monsieur, mais je ne vous mens pas.

« Il avait une très grande mémoire, une mémoire qui étonnait tout le monde, et je me rappelle que lorsqu'il revenait de la messe, il s'amusait à me raconter tout ce que le curé avait dit en chaire.

« Et maintenant !... maintenant il me tue !

Et la pauvre femme venait de nouveau d'éclater en sanglots.

Sa fille, qui venait de s'élancer vers elle, la serra fortement, éperdument contre son cœur.

— Mère ! s'écria-t-elle, je t'en prie, je t'en supplie, pense à moi !... pense à nous qui te restons... à nous qui t'aimons !

Et elle couvrait de baisers le front livide et les cheveux blancs de la vieille femme.

Il y eut encore un silence, puis, la voix très douce, le commissaire reprit :

— Vous êtes veuve, madame?

— Oui, monsieur.

— Depuis combien de temps?

— Depuis cinq ans.

— Votre mari n'avait-il pas été employé à l'usine des Forges et Aciéries de la Loire?

— Oui, monsieur, mais je n'ai pas eu non plus beaucoup à me louer de lui.

— Ne vous battait-il pas, ne vous maltraitait-il pas aussi?

— Oui, monsieur. Oh! si vous connaissiez toute ma vie, toute mon histoire... oh! si je pouvais tout vous dire, je suis bien sûre que vous me plaindriez plus encore que vous devez me plaindre... car j'ai été une femme bien malheureuse, je vous assure.

« Mon mari était un ivrogne et un brutal.

« Il travaillait bien, mais c'était à peu près pour moi, pour notre ménage, comme s'il n'avait pas travaillé.

« Je ne voyais jamais la couleur de son argent et il mangeait toute sa paye au jeu.

« Aussi combien de fois, grâce à lui, la maison n'a-t-elle pas manqué de pain, manqué de feu, manqué de tout!

« Combien de fois, aussi pendant des nuits entières, ne l'ai-je pas attendu dans des transes terribles!

« Puis enfin, un beau jour, ç'a été la ruine complète, la ruine définitive, la débâcle...

« Ce jour-là, il a fini par m'abandonner en emportant non seulement le peu d'argent que je possédais, mais encore tous mes effets.

« Et alors, monsieur, savez-vous à quoi j'en ai été réduite, savez-vous ce que moi, qui avais toujours été courageuse, qui n'avais jamais rien demandé à personne et qui n'avais jamais vécu que de mon travail, j'ai été obligée de faire?

« Eh bien! pour pouvoir donner du pain à mes enfants, pour pouvoir nourrir ces pauvres petits que leur père avait abandonnés, j'ai été obligée, après avoir vendu mon anneau de mariage, mon alliance, de tendre la main! j'ai été obligée de mendier!

Et la vieille femme s'arrêta, suffoquée par les larmes.

Puis, brusquement, nerveusement, elle ajouta soudain :

— Oh! ce temps-là, monsieur, j'ai eu beau faire, je n'ai jamais pu parvenir à l'oublier!

« Que d'humiliations j'ai subies!

« Que de fois j'ai pleuré comme je pleure en ce moment!

« Que de fois, à bout de force, à bout de courage, à bout d'espoir, j'ai eu la pensée d'en finir avec l'existence!...

« Mais je n'étais pas seule au monde, mais j'avais mes enfants qui ne pouvaient compter que sur moi, et je n'avais pas même le droit de m'affranchir de ma misère, et je n'avais pas même le droit de mourir!

Et depuis longtemps, très longtemps déjà, le commissaire de police et ses agents étaient partis, que la vieille femme, toujours toute pâle et toute blanche, demeurait encore immobile, l'œil fixe et l'air hagard.

Quelle horrible, quelle sinistre vision voyait-elle donc passer en ce moment devant ses yeux?

Était-ce son fils se ruant sur l'ermite et rougissant ses mains du sang de ce vieillard?

Était-ce l'échafaud qu'elle voyait déjà se dresser pour cet enfant qui lui avait tenu autrefois si profondément au cœur?

Et ses lèvres décolorées, ses lèvres tremblantes murmuraient aussi parfois des lambeaux de phrases inintelligibles, des mots à peine balbutiés et qu'il était impossible de comprendre.

Sa fille lui parlait, essayait de lui donner du courage, mais elle n'avait pas même l'air de savoir qu'elle était là, mais elle n'avait pas même l'air de l'entendre.

Et soudain un frisson passa sur sa face, sa tête retomba lourdement sur sa poitrine, ses yeux se fermèrent...

On pouvait la croire morte.

Sa fille alors jeta un grand cri d'effroi, un grand cri d'épouvante.

La tête perdue, pleine de folie, elle venait encore de se jeter sur elle et elle l'appelait :

— Mère, parle-moi!... Mère, réponds-moi!...

Mais rien.

Pas un mot.

Ce fut pour la sœur de l'assassin un moment d'inexprimable angoisse, un moment terrible et qu'elle n'a jamais pu oublier.

Est-ce que son frère avait aussi tué leur mère?

Est-ce que cet homme, que l'on accusait de tant de crimes, avait encore commis ce crime-là?

Et la pauvre jeune femme, de plus en plus inquiète, appelait encore sa mère.

Mais elle aurait pu l'appeler encore longtemps sans recevoir une réponse, car Mme Ravachol restait si complètement insensible, si complètement inerte qu'on aurait pu la croire morte.

Sa fille avait eu un geste de désespoir, puis, brusquement, elle la souleva, l'emporta, la coucha dans son lit.

Et maintenant elle l'appelait encore, elle l'appelait toujours, tandis que de grosses, de lourdes larmes roulaient sur ses joues.

Et tout à coup la jeune femme se trouva stupide de pleurer, de se lamenter ainsi.

Les pleurs, les larmes, les cris de désespoir, qu'est-ce que cela prouvait?

Sa mère se mourait.

Elle avait le front si froid, les mains si glacées, qu'elle ressemblait à un cadavre...

Ce qu'il lui fallait, c'étaient des soins, et des soins tout de suite.

Mais la jeune femme n'avait rien sous la main et, à tout hasard, la tête toujours perdue, elle s'élança dans la cuisine et en revint avec un linge qu'elle avait imbibé de vinaigre.

Elle mouilla lentement, longuement, le visage de sa mère, puis elle se pencha sur elle et la regarda, guetta son souffle, le moindre mouvement qu'elle pouvait faire.

Et, soudain, elle eut un cri de joie.

Elle oubliait tout, elle ne voyait plus que sa mère qui vivait, qui respirait encore, et qui, pour la rassurer, trouvait encore la force, trouvait encore le courage de lui serrer la main et de lui sourire.

Mais cependant l'émotion que la jeune femme avait éprouvée avait été trop violente, et maintenant la sœur de Ravachol, tombée à genoux, sanglotait devant le lit de sa mère.

— Ne pleure pas, ne pleure pas, dit celle-ci, la voix encore éteinte et en posant la main sur la tête de son enfant. Mais écoute-moi... Il ne faut pas penser qu'à nous.

La sœur de Ravachol venait de relever son visage baigné de larmes.

Elle ne comprenait pas encore ce que ces mots-là : « Il ne faut pas penser qu'à nous » voulaient dire.

Et elle attendait.

Sa mère reprit, la voix toujours aussi faible, toujours aussi sourde :

— Il faut aussi penser à celle qui est là-bas, à celle que cette nouvelle-là pourrait peut-être encore tuer plus sûrement que moi.

« Tu vas donc écrire à Izieux... écrire tout de suite...

— A ma grand'mère?

— Oui, à ta grand'mère... Et tu lui diras...

Mme Ravachol s'interrompit.

Elle hésitait, elle cherchait.

Puis, au bout d'un instant :

— Mon Dieu! reprit-elle, je ne sais pas, moi, ce que l'on pourrait lui dire; je ne sais pas, moi, ce que l'on pourrait trouver.

« Mais enfin il me semble que l'on pourrait s'y prendre de telle façon que, dans le cas où elle apprendrait quelque chose, elle pût encore avoir des doutes sur la culpabilité de ton frère...

— Oui, oui, je comprends.

— Tu sauras bien lui expliquer cela, n'est-ce pas?

— Oui, mère.

— C'est un mensonge que nous allons lui faire, mais ne sommes-nous pas obligées de lui mentir?...

« Écris-lui vite... Ne perdons pas une minute... Demain, elle en saurait peut-être aussi long que nous, et qui sait? il serait peut-être trop tard...

Et comme la jeune femme hésitait, Mme Ravachol ajouta :

— Va, va, mon enfant... Maintenant tu peux me laisser... Je me sens plus forte... Va, dépêche-toi...

Et quelques minutes après, la sœur de Ravachol écrivait à sa grand'-mère la lettre suivante :

« Chère Bonne-Maman,

« Nous avons en ce moment, au sujet de mon frère aîné, de très grands ennuis, de très grands chagrins, mais qui certainement ne dureront pas.

« Je dois donc vous prévenir que, par suite de je ne sais quelle erreur qui ne s'explique pas, mon frère est aujourd'hui recherché par la justice...

« Mais il faut que vous me compreniez bien, que je m'explique plus clairement, et que je vous donne plus de détails sur cette affaire dont tout le monde parle et se préoccupe en ce moment.

« Vous m'avez très souvent parlé de Jacques Brunel, l'ermite de Chambles, que, dans les beaux jours, tout le monde va voir en pèlerinage.

« Vous-même, bonne-maman, vous m'avez dans le temps, si je m'en souviens bien, rapporté d'un voyage que vous avez fait là-bas un rosaire et quelques jolies images.

« Eh bien! ce vieillard a été trouvé l'autre jour assassiné dans la grotte dont il avait fait sa retraite.

« Le vol a été, paraît-il, le mobile de ce crime.

« Or, grand'mère, la fatalité qui n'a jamais cessé de s'acharner après nous, continue à nous poursuivre encore.

« Je n'ose pas aller plus loin et cependant il le faut, et cependant c'est mon devoir de tout vous apprendre et de tout vous dire.

« Aussitôt que l'assassinat a été découvert on s'est mis à la recherche du coupable, et savez-vous sur qui les soupçons se sont portés, et savez-vous qui l'on accuse, et savez-vous quel est l'homme que l'on voudrait rendre responsable de cet acte odieux?

« Grand'mère, peut-être avez-vous déjà compris?... peut-être avez-vous déjà deviné?

« Oui, c'est lui, oui, c'est mon frère, oui, c'est votre petit-fils que vous avez tant choyé, que l'on désigne comme le meurtrier.

« La police est même venue tout à l'heure chez nous et elle l'accusait non seulement de ce crime-là, mais encore de je ne sais combien d'autres, dont jusqu'à présent elle avait été impuissante à découvrir les auteurs.

« Peut-être, grand'mère, tous ces bruits-là vous seront-ils déjà parvenus; mais ne vous alarmez pas, mais ne vous effrayez pas : mon frère ne peut être coupable et le moment n'est certainement pas éloigné où l'on reconnaîtra que l'on avait eu tort de l'accuser.

« Du reste, vous le connaissez assez pour pouvoir le juger vous-même, et je n'ai pas besoin de vous en dire davantage, et je n'ai pas besoin d'ajouter un mot de plus.

« Je vous en prie, je vous en supplie, quoi qu'on dise autour de vous, restez donc aussi forte, aussi confiante que nous le sommes, ma pauvre mère et moi.

« Au revoir donc, bonne-maman, et croyez toujours à l'affection bien sincère et bien profonde de :

« Votre Petite-Fille. »

Et la sœur de Ravachol allait signer, mais elle n'en eut pas le temps.

La porte venait de s'ouvrir brusquement, et elle resta toute saisie, toute tremblante de surprise.

Une vieille femme venait d'entrer, toute pâle, toute blanche, les cheveux au vent, l'œil étincelant d'indignation et de colère.

— Ah! grand'mère! s'écria la sœur de Ravachol en tombant dans ses bras.

C'était, en effet, la grand'mère de l'assassin.

Elle arrivait d'Izieux, elle arrivait de son village en courant.

Elle mit un baiser rapide au front de la jeune femme, puis dit vivement, la voix sourde :

— Et ta mère?

— Elle est là.

— Couchée?... Malade?... Il y a de quoi!

Et malgré ses quatre-vingt-quatre ans, très ferme, très droite, elle s'avança vers le lit, écarta les rideaux, puis croisant brusquement les bras en face de Mme Ravachol, qui la regardait toute honteuse, toute saisie aussi :

— Oui, c'est moi, Marie, oui, c'est ta mère, s'écria-t-elle. Oui, j'arrive de là-bas et je sais tout, et l'on m'a tout dit, et l'on m'a tout appris...

« Eh bien! qu'en dis-tu?

« Eh bien? qu'en penses-tu?

Puis, comme Mme Ravachol mettait la main sur ses yeux, la vieille grand'mère reprit plus vivement et sur un ton plus affectueux :

— Oh! ce n'est pas à toi, ma pauvre Marie, ce n'est pas à toi, pauvre femme, que j'en veux.

LES EXPLOITS DE RAVACHOL

Ravachol lui mit un genou sur la poitrine.

« Tu es assez frappée, tu es assez affligée pour que je ne vienne pas t'accabler à mon tour.

« Tu as toujours fait ton devoir, et même plus que ton devoir.

« Tu t'es toujours oubliée, toujours sacrifiée...

« Mais que penses-tu de cette canaille qui nous déshonore?... Mais que penses-tu de ce bandit qui va peut-être porter sa tête sur l'échafaud?

Elle secoua brusquement la tête, puis ajouta :

— Vois-tu, si tu m'avais vue quand j'ai appris cette nouvelle, j'étais plus blanche que ça... Il me semblait que j'étais ivre et je voyais tout tourner autour de moi...

« Et cependant je ne voulais pas y croire... Et cependant je m'entêtais à me dire que tout ça c'étaient des inventions et des mensonges...

« Eh bien, non!... Eh bien, non!... Il paraît que c'était vrai!... Il paraît que c'était bien lui qui avait fait le coup!... que c'était bien lui qui était allé là-bas assassiner le vieux de Notre-Dame-de-Grâce!

Mme Ravachol venait de se soulever.

Elle prit vivement dans ses mains les deux mains sèches et osseuses de sa mère, puis, avec un accent suppliant et douloureux :

— Qui sait? fit-elle. Tout le monde l'accuse, c'est vrai; tout le monde dit que c'est lui qui a commis ce crime, mais peut-être parle-t-on aussi sans savoir, sans être bien sûr; mais peut-être aurions-nous tort, nous aussi, de le juger et de le condamner...

Mais le visage de la vieille grand'mère venait de s'assombrir davantage encore.

— Tu le défends, dit-elle, et tu as raison... C'est ton fils, ton enfant... Et moi aussi j'aurais voulu le défendre, mais je ne peux pas...

— Mère!...

— Non, je te le dis en pleurant, je te le dis désolée, désespérée, folle de douleur, non, je ne peux pas!... je ne peux pas!...

« Car, vois-tu, il y a le passé... le passé qui me faisait tant appréhender, qui me donnait tant de craintes, et qui me revient, et que je ne peux oublier...

« S'est-il toujours conduit avec toi comme il aurait dû se conduire?

« Non, n'est-ce pas?... Et peut-être même ne m'as-tu pas tout dit... Et peut-être même ne sais-je pas tout encore!...

« Et n'y a-t-il pas eu aussi chez lui le dégoût du travail, l'atelier déserté?...

« Et n'y a-t-il pas eu la bande Fachard... la fausse monnaie?...

« Non, vois-tu, ne cherche pas à le défendre... C'est un misérable et un vaurien!...

Et subitement attendrie, les lèvres frémissantes, de grosses larmes roulant dans ses yeux, la vieille grand'mère reprit la voix plus lente :

— Ah! on parle quelquefois des mauvais exemples que les enfants peuvent avoir sous les yeux ou des mauvais conseils qu'ils peuvent recevoir, et quand un mauvais sujet, quand un mauvais garnement fait quelque mauvais coup, il y en a qui disent : « Ce n'est peut-être pas sa faute. »

« Mais celui-là, mais ce chenapan que je n'ose plus appeler ton fils, est-ce que ce sont les mauvais exemples, qui ont pu le gâter, est-ce que ce sont les mauvais conseils qui ont pu le perdre?

« Ah! oui, chez nous, c'était la gêne, la misère, mais, grâce à Dieu, on n'a jamais vécu que de ses coudes.

« Il a passé, étant enfant, d'assez longues années auprès de moi, et m'a-t-il vue quelquefois par hasard rêver de vivre sans rien faire comme une fainéante?

« Non, pour ça il ne pourra pas le dire, et il ne pourra pas dire non plus que mon pauvre homme, que ton pauvre père n'était pas courageux...

« Et toi aussi, quand je pense à tout ce que tu as fait pour lui!...

« Ah! non, vois-tu, j'en veux au bon Dieu de ne pas m'avoir fait mourir plus tôt...; je lui en veux de m'avoir fait vivre si vieille puisque je devais avoir une telle douleur, puisque je devais avoir une telle honte!...

Et en achevant ces mots, que des sanglots avaient entrecoupés, la vieille grand'mère tomba dans les bras de Mme Ravachol, et rien n'était plus touchant, et rien n'était plus saisissant que de voir ces deux femmes en cheveux blancs s'étreindre dans la même douleur, dans le même désespoir, et pleurer comme deux enfants.

VI

LES GAIETÉS DE RAVACHOL

Nous avons dit que Ravachol, qui courait les rues de Saint-Étienne sous une foule de déguisements, ne rentrait plus dans le taudis de son camarade, dans le taudis de Berthollin, que pour se coucher.

Dans les premiers temps, il avait encore malgré lui une certaine prudence qui l'avait fait s'écarter des rues trop populeuses et trop fréquentées.

Mais maintenant il en prenait à son aise et ne se gênait plus, et l'on aurait pu le rencontrer sur tous les points de la ville.

Les journaux qui continuaient à s'occuper de son affaire, lui fournissaient bien quelques renseignements dont il pouvait faire son profit, mais ces renseignements-là ne lui paraissaient pas toujours suffisants.

D'ailleurs, les journaux, comme cela arrive le plus souvent, n'étaient pas toujours d'accord entre eux.

Tantôt les uns disaient que la police, loin de se décourager, mettait toujours le plus grand zèle à découvrir la retraite de l'assassin de l'ermite de Chambles.

Tantôt les autres affirmaient que, lasse, découragée et ne sachant plus sur quelle piste se lancer, la police avait renoncé à mettre la main sur le meurtrier.

Que pouvait-il y avoir de vrai dans ces renseignements qui se contredisaient?

Est-ce qu'on le traquait toujours?

Est-ce qu'au contraire on allait l'oublier?

Pour tâcher de savoir à quoi s'en tenir, Ravachol se dit qu'il ne ferait peut-être pas mal de tâter un peu l'opinion publique.

Il alla donc dans les cabarets, dans les cafés, épiant et guettant, sans en perdre un seul mot, sans en perdre une seule syllabe, tout ce que l'on pouvait dire autour de lui.

Mais là encore tous les renseignements qu'il recueillait étaient contradictoires.

Mais bientôt le hasard, ou plutôt son incroyable audace, allait lui permettre de quoi pouvoir enfin s'éclairer.

Ce jour-là, l'assassin de l'ermite, toujours si habilement et si admirablement grimé que personne certainement n'aurait pu le reconnaître, allait tout droit devant lui, au fond d'un des faubourgs de Saint-Étienne.

D'ailleurs, l'endroit où il se trouvait était si désert, si peu habité, qu'il aurait presque pu s'y promener très tranquillement, sans prendre aucune précaution et le visage découvert.

C'était un matin, et il faisait très beau, l'air était très pur.

Et Ravachol, qui pensait à la prison à laquelle il n'avait échappé que par miracle, ricanait d'aise en se félicitant de sa chance.

Et il pensait à l'ami Fachard, l'ancien chef des faux-monnayeurs, et il pensait aussi à Julie, à sa maîtresse qui, tous les deux, étaient maintenant à l'ombre.

Comment avaient-ils été assez bêtes pour se laisser prendre?

Comment n'avaient-ils pas réfléchi que si l'on apprenait que c'était lui, Ravachol, qui était l'auteur du crime de Chambles, ils allaient être compromis aussi?

— Julie, je n'en dis rien, pensait-il. Mais, Fachard, je le croyais plus à la coule.

Puis, après un moment, il ajoutait :

— Il est vrai que nous ne savions rien, et que si tout le monde parlait du crime, personne ne parlait encore de moi, et que j'ai bien failli me faire pincer aussi...

« Ah bah! Fachard n'en mourra pas... Il en sera quitte pour aller faire un petit tour là-bas à la Nouvelle...

Et lentement, les deux mains dans ses poches, Ravachol continua d'avancer.

Mais, tout à coup, il tressaillit.

D'une petite maison d'aspect assez misérable et qui s'élevait à quelques pas seulement devant lui, un homme aux allures assez louches venait de sortir, et le regard de cet homme s'était, pendant une seconde, rencontré avec celui du bandit.

Les poings de Ravachol s'étaient crispés, ses yeux étincelaient, il était blême de colère.

Et comme l'homme s'éloignait dans la même direction que lui, il se mit à le suivre en réglant son pas sur le sien.

De plus en plus l'endroit devenait isolé et désert.

Pourtant le bandit se retournait souvent comme s'il eût pu craindre d'être suivi aussi.

Puis son regard de plus en plus furieux toujours fixé sur l'homme qui continuait tranquillement son chemin :

— Oh! toi, je te reconnais bien, va! grommela-t-il entre ses dents. Tu es de la rousse!... Je t'ai déjà vu dans l'affaire des faux-monnayeurs... Et peut-être qu'à cette heure, tu me cherches encore...

« Eh bien! attends, mon vieux, c'est moi qui vais te régler ton compte...

« Attention !

Et les poings toujours fermés, l'assassin venait de prendre une allure plus rapide.

Mais, tout à coup, il s'arrêta net, puis se mit à rire sourdement de son rire cynique et gouailleur.

— Ah! la blague serait bonne! s'écria-t-il. Pourquoi pas?... Qu'est-ce que je risque?... D'abord il ne me reconnaîtra pas... Puis, s'il me reconnaît, j'en serai quitte pour lui serrer la vis... Et de cette façon peut-être finirai-je par en savoir un peu plus long sur ce qui se passe...

« Allons! de l'audace et de l'aplomb!... Nous allons rire!

L'agent que suivait Ravachol avait pris une certaine avance, mais celui-ci l'eut bientôt rattrapé.

Alors, brusquement et d'un bond, il lui sauta à la gorge.

L'autre avait voulu se défendre, mais l'attaque avait été si prompte, si soudaine, qu'il n'en eut pas le temps.

Ravachol venait déjà de mettre un genou sur la poitrine de l'agent et le serrant toujours à la gorge, il cria :

— Ah! je te tiens!... je te tiens, bandit!... Je te reconnais... Tu ne nous échapperas pas toujours!

Puis il cria plus fort, et comme s'il voulait appeler à son aide :

— A moi!... A moi!... C'est Ravachol!... Je tiens Ravachol!...

L'autre avait pourtant pu se dégager un peu.

— Vous vous trompez! hurla-t-il. C'est de la folie!... Je suis agent de police!...

— Agent de police?

— Oui, agent de police!

— Ah bah! un collègue! dit Ravachol. Relevez-vous, mon vieux, et recevez, je vous prie, toutes mes excuses... Mais on pouvait s'y méprendre... Vous avez le nez fort, le teint pâle, les cheveux châtain foncé... Enfin vous ressemblez trait pour trait à ce bandit...

« Mais encore une fois ne me gardez pas rancune et topez-là !

Mais l'autre, encore tout étourdi de l'aventure, regardait curieusement et fixement Ravachol.

— Ah ! vous êtes de la police ? finit-il par dire. Comment se fait-il que je ne vous connaisse pas ?... Moi, voilà plus de douze ans que je suis à Saint-Étienne.

— C'est possible, répondit l'assassin avec un sang-froid imperturbable. Mais moi je viens de plus loin...

— De plus loin ?

— De Paris.

— Alors vous êtes !...

— Agent de la Sûreté... J'appartiens à la brigade de Jaume...

— Et vous êtes venu ici pour ?

— Vous venez de le voir !... Pour Ravachol, parbleu ! Comme vous n'arrivez pas à dénicher ce gredin-là, on m'a expédié à Saint-Étienne.

« Malheureusement, ajouta-t-il en riant, je viens de débuter assez mal.

« Mais on tâchera de se rattraper et de vous montrer ce que l'on sait faire.

L'agent de police, qui était au fond un naïf, avait déjà la plus grande considération pour Ravachol.

Un agent de la Sûreté de Paris !

Un de ces fameux agents qui passent pour être si malins et si retors !

Pas une seconde il n'eut le moindre soupçon.

Alors l'assassin, se retournant et semblant chercher autour de lui, reprit :

— Vous qui êtes d'ici vous devez bien connaître par là quelque petit bouchon, quelque petit cabaret où l'on pourrait avoir le plaisir de trinquer et de faire plus ample connaissance ?

« Eh ! mais, ajouta-t-il plus vivement et sans laisser à l'agent le temps de lui répondre, je crois que j'aperçois là-bas ce que je cherchais...

« Eh bien ! camarade, voulez-vous me faire l'honneur de vider une bouteille avec moi ?

— L'honneur sera pour votre serviteur, répondit l'autre très flatté.

En effet, un petit cabaret s'apercevait à environ cent mètres de là, à l'angle d'un chemin.

Deux minutes après, Ravachol et l'agent y faisaient leur entrée.

L'assassin, qui affectait de se montrer très rond et très gai, commença par pincer la taille de la servante qui était accourue au-devant d'eux.

— Tenez, mon cher, dit-il, regardez-moi ces yeux-là ! Pour une jolie fille, voilà ce que j'appelle une jolie fille !...

« Allons, mademoiselle, servez-nous une bouteille, s'il vous plaît ?

Les deux hommes étaient seuls.

Ravachol emplit les verres, puis trinqua :

— A la vôtre, mon cher collègue !

— A la vôtre !

— Mais, avouez, reprit-il en riant, que nous venons de faire connaissance d'une assez étrange façon... Ah ! pour une gaffe, c'est une belle gaffe !... Et si l'on pouvait savoir ça à la boîte, j'en mourrais de honte...

« Il est vrai que je ne suis pas coutumier du fait, mais enfin une seule fois, c'est déjà de trop.

« Ah ! oui, pour sûr, c'est bien la première fois que je me fourre ainsi le doigt dans l'œil... Et moi qui d'habitude ai pourtant tant de flair !... On ne le croirait pas !... A la vôtre !

— A la vôtre ! répondit l'agent.

Puis, ayant vidé son verre, il ajouta :

— Et il y a longtemps que vous faites partie de la Sûreté ?

— Oh ! non, pas très longtemps, dit négligemment Ravachol.

— Combien de temps ?

Deux ou trois ans.

— Diable ! fit vivement l'agent. Il faut que vous ayez déjà bien marché pour que l'on vous confie des missions comme celle que vous êtes venu remplir ici.

— Mon Dieu ! vous savez, on n'est pas trop bête, répondit modestement l'assassin. Et puis je ne vous cache pas que j'avais toujours eu

LES EXPLOITS DE RAVACHOL

Il se laissa glisser par la corde.

le goût du métier.. Enfin je ne suis pas non plus trop poltron, et avec ces qualités-là, on peut tout de même essayer de faire son petit chemin...

— Vous avez dû déjà jouer un rôle dans de grandes affaires ?

— Parbleu !... Mais pour finir de me mettre en vedette, c'est sur celle-ci que je compte...

— Sur l'affaire Ravachol ?

— Oui, sur l'affaire de Chambles.

Mais l'agent de police hochait la tête, clignait de l'œil.

— Vous savez, le coquin n'est pas bête non plus, dit-il, et il vous donnera certainement du fil à retordre...

— Vous croyez ?

— Non seulement je le crois, mais j'en suis sûr. D'ailleurs, vous savez bien ce qui est déjà arrivé ?

— Quoi donc ?

— Eh ! l'affaire de la souricière !

— Ah ! oui !... Elle est bien bonne ! dit l'assassin en riant.

— Eh bien ! le diable m'emporte si je sais comment il a pu nous échapper !

— Vous en étiez donc ?

— Parbleu !

— Ah ! ah !

— Oui, nous étions quelques-uns embusqués là-bas, et nous nous étions dit que dès que notre homme paraîtrait nous lui fourrerions le grappin dessus...

— Et alors ?

— Et alors nous attendons. Défense de parler ! défense de bouger ! et l'œil aux aguets !... Enfin, on entend tout à coup un bruit de pas qui se rapproche, puis on aperçoit dans l'ombre une forme qui s'agite, qui se desssine...

« On se dit : c'est lui ! c'est Ravachol !... On se tient prêt... On le laisse s'avancer, puis, d'un bond, on lui saute dessus...

— Et qu'a-t-il dit ?

— Rien, ou plutôt si... Il hurlait comme un possédé, il se débattait comme un beau diable. Nous étions six, et six gaillards solides, et six gaillards à poigne, pourtant, mais pas moyen d'en venir à bout... On a dû finir par l'enchaîner...

— Et il a pu se sauver?

— Attendez donc! On s'était contenté de lui attacher les mains derrière le dos, puis on l'avait placé au milieu de nous, et on s'était mis en route.

« Mais, tout à coup, voilà un ivrogne qui débouche d'une rue et qui vient trébucher sur nous...

« On le repousse, on le suit de l'œil une seconde, et plus de Ravachol!

— Il avait filé?

— Oui, il avait filé!... Naturellement, on se jette à sa poursuite, mais le gredin avait déjà une telle avance sur nous que bientôt on le perd de vue.

— Et il court encore? dit vivement Ravachol, qui avait envie de rire.

— Malheureusement.

— Mais qu'a-t-on dit, qu'a-t-on pensé de cela à Saint-Étienne?

— A Saint-Étienne?... Ah! vous comprenez bien que l'aventure a fait jaser... Savez-vous ce que l'on a même osé dire?

— Non.

— Eh bien! il y en a beaucoup qui ont prétendu que cette histoire n'était pas claire, et que si Ravachol avait pu s'échapper, c'est que la police y avait peut-être mis un peu de complaisance...

— C'est absurde!

— C'est absurde, mais voilà ce que l'on a dit.

— Mais, depuis ce temps-là, qu'a-t-on fait, que s'est-il passé? demanda l'assassin, devenu très attentif.

— Eh bien! depuis ce temps-là on le cherche et on ne le trouve pas.

— C'est qu'il n'est peut-être plus à Saint-Étienne?

— Oh! que si!

— En est-on sûr?

— Oh! parfaitement sûr.

— Cependant puisqu'on ne le trouve pas?

— Mais qu'est-ce que cela prouverait? Il a parfaitement pu s'y cacher.

— On ne connaît donc pas ses amis, ses camarades, les gens qu'il avait l'habitude de fréquenter?

— Mais si! Mais vous comprenez bien qu'on ne les connaît pas tous.

« D'ailleurs, si Ravachol est aussi malin qu'on le dit, je crois qu'il fera bien de rester ici, car je n'ai pas besoin de vous dire que les gares sont très étroitement et très rigoureusement surveillées et que surtout la police ouvre l'œil.

Il y eut un moment de silence, puis l'assassin de l'ermite reprit :

— Et il paraît que ce Ravachol n'en est pas à son coup d'essai.

— Oh! pour sûr. Ainsi il avait déjà été compromis dans un procès intenté à une bande de faux monnayeurs dont il faisait partie...

— Et il n'a pas été condamné?

— Oui, voilà ce qui m'étonne. On l'a relâché faute de preuves.

— Et que raconte-t-on encore sur lui?

— Oh! une foule de choses!... Avez-vous entendu parler du crime de Varizelle?

— De Varizelle? Mais non.

— Eh bien! on lui met encore sur le dos deux assassinats qui ont été commis dans ce pays.

« Puis il y a aussi l'affaire de Granay, encore un double assassinat dont on l'accuse.

« Enfin il y a aussi celle de la Côte-Bois, un meurtre.

« Que sais-je?

« J'en passe peut-être.

« Il est vrai, ajouta l'agent, que dans toutes ces affaires-là, il n'y a peut-être pas contre lui des preuves bien évidentes et bien certaines. Mais enfin quand on en parle tout le monde s'écrie : C'est lui!... c'est Ravachol qui a fait ces coups!...

Puis au bout d'un moment de silence l'agent de police reprit en riant :

— Mais je dois vous prévenir d'une chose, mon cher collègue, c'est que si vous tenez à pincer Ravachol...

— Certes!...

— Eh bien! moi, je tiens presque autant que vous à lui mettre la main au collet.

— Parbleu! je comprends ça, dit vivement l'assassin. Si vous aviez cette veine-là, vous obtiendriez certainement tout de suite un très joli avancement.

— D'abord! Et je pense bien que ce ne serait pas tout.

— Comment?

— Mais oui ! Mais je pense bien que l'on ne voudrait pas se faire tirer l'oreille pour m'accorder une petite prime...

« Eh bien ! à vous parler franchement, comme on doit se parler entre amis, voilà surtout ce qui me tente.

— La prime ?

— Oui.

— Tâchez d'avoir bonne chance, dit Ravachol en riant, et je n'en serai pas jaloux.

— Et vous, si vous réussissez, je vous en donne bien ma parole, je ne vous en voudrai pas.

« Allons, touchez là, camarade !

Puis, quand ils se furent donné une vigoureuse poignée de main, l'agent continua :

— Aussi depuis l'affaire de la souricière, depuis que ce bandit nous a si habilement et si adroitement glissé entre les doigts, je ne vis plus.

« Tenez, quand vous m'avez rencontré tout à l'heure et que vous vous êtes jeté sur moi, j'allais précisément me remettre encore en campagne, car, je vous le répète, je suis convaincu que Ravachol est toujours à Saint-Étienne, et je me demande pourquoi le hasard ne me permettrait pas de le pincer un moment ou l'autre.

« Je n'ai pas besoin de vous dire, n'est-ce pas, que je connais à fond son signalement. Aussi si j'ai quelque chose à lui souhaiter, c'est de ne jamais se trouver en face de moi.

— Vous le reconnaîtriez tout de suite ?

— Oh ! pour ça, ce ne serait pas long. J'ai déjà cru le reconnaître huit ou dix fois, mais, malheureusement, ce n'était pas lui.

« Il n'y a qu'une seule chose qui pourrait peut-être en embarrasser un autre, qui pourrait peut-être vous embarrasser vous-même, mon cher collègue, mais qui ne m'embarrassera pas, moi, je vous en réponds.

— Quelle chose ?

L'agent de police venait de prendre un air très important.

— Je ne sais pas si je dois vous dire cela, fit-il.

— Pourquoi pas ?

— C'est que vous me faites concurrence et que vous allez en savoir autant que moi... Mais, bah ! j'aime encore mieux, si je vous bats, pouvoir me dire que je vous ai battu à armes égales.

Il se pencha vers l'assassin, puis sur un ton confidentiel :

— Eh bien ! dit-il, il paraît que ce gueux de Ravachol se déguise.

— Ravachol ?

— Oui, mon bon !... Et l'on prétend même que pour se grimer, que pour savoir se faire une tête, il vous enfoncerait, vous et tous vos amis de la police de Sûreté...

— Est-ce bien sûr ?

— Je puis vous l'affirmer. Je tiens de très bonne source ce renseignement...

— Mais alors, dans ce cas-là, vous aviez raison, ce gaillard-là va nous donner du fil à retordre...

— Quand je vous le disais !...

— Mais, tant mieux, sapristi, tant mieux ! s'écria l'assassin en frappant un grand coup de poing sur la table. Moi j'aime la lutte, les prises difficiles, les captures dangereuses...

« Allons, mon cher collègue, encore une fois à votre santé !

Et comme la bouteille commandée par Ravachol était vidée, l'agent de police, qui voulait à son tour faire une politesse, en fit apporter une autre.

— Et du bon !... du fameux !... cria-t-il.

Une demi-heure après, l'assassin de l'ermite de Chambles et le policier étaient devenus les meilleurs et les plus intimes amis du monde.

Bref, Ravachol savait à présent tout ce qu'il pouvait désirer savoir.

— Allons, ça va bien, pensa-t-il. Ils ne me tiennent pas encore.

Mais, comme il allait se retirer, l'agent de police se campa devant lui.

— Tiens ! tiens ! pensa Ravachol un peu saisi.

Puis, comme il s'était mépris sur le mouvement que venait de faire son nouveau camarade, une étrange idée lui traversa tout à coup l'esprit.

Est-ce que, par hasard, il s'était trompé ?

Est-ce que ce gaillard-là n'était pas aussi naïf et aussi bête qu'il en avait l'air ?

Est-ce que, malgré son déguisement, il avait été assez malin pour le reconnaître ?

Est-ce qu'enfin, en faisant cette bonne plaisanterie, cette « bonne blague », Ravachol avait tout simplement réussi à se jeter dans la gueule de loup?

Sans être comme son père, comme Kœningstein, d'une force incroyable, d'une force surhumaine, l'assassin de l'ermite de Chambles n'en était pas moins très solide et très vigoureux.

— Oh! s'il veut m'arrêter, se dit-il, il va s'apercevoir qu'il a affaire à plus forte partie qu'il ne pense, et il peut être bien sûr que je défendrai chèrement ma peau.

Toutes ces réflexions, l'ancien faux-monnayeur les avait faites en moins d'une seconde.

Mais il s'était trompé, car si le policier s'était tout à l'heure campé devant lui et lui avait brusquement barré le passage, c'était tout simplement parce qu'il entendait ne pas le quitter ainsi.

— Dites donc, camarade, fit-il, je ne vous demande pas ce que vous allez faire tantôt, car, naturellement, vous aussi, vous allez vous mettre immédiatement en campagne pour tâcher d'avoir des nouvelles de ce gredin...

— Dame! vous pensez bien que je ne vais pas m'amuser à perdre mon temps, répondit Ravachol.

— C'est évident. Mais enfin on pourrait bien, sans négliger le service, trouver tout de même le moyen de passer encore un moment ensemble cette après-midi...

« Eh bien! camarade, ça vous va-t-il?

— Mais, oui, parbleu!... On a toujours du plaisir à se retrouver avec un bon garçon comme vous...

— Eh bien! si vous voulez, dit le policier, je vous attendrai à quatre heures, place du Peuple?...

— A quatre heures?... place du Peuple?... Entendu!

Ils se donnèrent encore une vigoureuse poignée de main, puis se séparèrent.

VII

OU LA POLICE BRULE

Le soir, vers neuf heures, l'assassin de l'ermite revenait tout joyeux vers son ami Berthollin.

— Eh bien ! s'écria-t-il en entrant, as-tu des nouvelles?... Moi j'en ai d'excellentes...

— D'excellentes?

— Oui, mon vieux !... La police patauge...

— Ah ! bah?

— La police se doute bien que je suis encore à Saint-Étienne, mais elle désespère de me trouver.

— Qui te l'a dit?

— Eh ! parbleu, la police elle-même !

— Qu'est-ce que tu me chantes-là ?

— Ou plutôt un brave mouchard à qui j'ai joué un très joli tour qu'il faut que je te raconte.

« Tiens, écoute-moi ça !

Et Ravachol raconta en riant son aventure avec le policier.

— Mais tu penses bien, ajouta-t-il, que je me suis bien gardé d'aller à quatre heures, place du Peuple... Ah ! non, pas si bête !... Cette fois la plaisanterie aurait pu peut-être mal tourner...

Mais tout en écoutant le récit de Ravachol, de temps à autre Berthollin secouait la tête.

Puis, tout à coup :

— Eh bien ! mon cher, dit-il, si tu as d'excellentes nouvelles, moi je ne dois pas te cacher que j'en ai de mauvaises...

— De mauvaises?

— Oui, de très mauvaises !

L'assassin venait de le regarder avec étonnement.

— Alors je n'y comprends plus rien, fit-il. Est-ce que ce mouchard ne saurait rien ou m'aurait menti ?... Est-ce que la police m'aurait découvert?... Est-ce qu'elle saurait où je suis ?

LES EXPLOITS DE RAVACHOL

— Vieille, si tu bouges, je te brûle la cervelle, dit l'agent.

— Je crois qu'elle s'en doute... Je crois que tu n'es plus en sûreté ici...

— Plus en sûreté chez toi !... Et depuis quand ?

— Depuis deux ou trois jours, depuis que je me suis aperçu que l'on me filait...

— Toi ? s'écria Ravachol. Allons donc !... C'est-à-dire que tu prends peur et que tu t'effraies de ton ombre...

« Et pourquoi te filerait-on, s'il vous plaît ?... Nous sommes bien de bons amis, de vieux copains, c'est vrai, mais enfin, j'ai cette chance que la rousse ne te connaît pas...

— Eh bien ! c'est une erreur !... La rousse me connaît, la rousse sait que je suis ton camarade... Et comme tu n'as pas l'air de me croire, je vais t'en donner la preuve...

— Quelle preuve ?

— Eh bien, mon cher, dit vivement Berthollin, je ne puis plus maintenant sortir de mon usine sans que tantôt un individu, tantôt un autre m'emboîte le pas et marche derrière mes talons.

« Je ne t'en ai pas parlé tout de suite parce que j'ai cru d'abord que je pouvais me tromper, mais à présent le doute n'est plus possible.

« Ainsi, tiens, aujourd'hui encore, à midi, j'avais quelque chose à venir chercher ici...

« Je sors de ma boîte et j'aperçois aussitôt de l'autre côté de la rue un individu planté sur le trottoir.

« Tu sais que je reconnaîtrais un mouchard entre mille, et celui-là en était un, j'en mettrais la main au feu.

« Je m'en vais tout doucement, très tranquillement et du coin de l'œil je le vois qui me suit.

« Alors je veux en avoir le cœur net et j'entre dans un café.

« Mais quand j'en ressors, je retrouve encore mon individu debout en face de la maison.

« Bref, j'ai dû renoncer à venir ici si je n'ai pas voulu qu'il pût savoir où je demeure...

— Mais, mon cher, s'écria vivement Ravachol, veux-tu me permettre de te faire une simple observation ?... veux-tu me permettre de te dire seulement un mot ?

— Eh bien ?

— Eh bien ! même en admettant pour une seconde que la police puisse supposer que je me cache chez toi, comment aurait-elle besoin de te faire filer pour connaître ton adresse?... Mais, naïf que tu es, elle n'aurait eu qu'à s'adresser à ton usine pour la savoir tout de suite.

— C'est ce qui te trompe.

— Comment ! tes patrons, les contremaîtres ne savent pas où tu demeures?

— Mais non.

— Et les camarades?

— Mes camarades? Je n'en ai pas. De temps à autre on va boire ensemble un verre sur le zinc, et c'est tout... En un mot, il n'y a que très peu de temps que je travaille dans cette usine, et je te répète que personne ne connaît mon taudis...

— Enfin, passons, dit brusquement Ravachol. Est-ce tout?

— Non, ce n'est pas tout, répondit Berthollin, et cette scène qui durait depuis deux ou trois jours, qui s'était passée encore ce matin, s'est aussi renouvelée ce soir, car à la fin de ma journée, j'ai encore retrouvé un roussin que j'ai eu toutes les peines du monde à semer...

— Alors tu crois que c'est sérieux?

— Oui, je crois que tu feras bien d'ouvrir l'œil... et moi aussi !

— Soit. Mais que faire?

— Déménager! répondit Berthollin. Trouver un autre gîte!... Il n'y a pas d'autre moyen...

Mais Ravachol vivement :

— Tu en parles à ton aise, toi ! fit-il. Et où irai-je?... Dans un garni?... Dans un hôtel?... Alors pourquoi pas tout de suite dans un poste de police?... Alors pourquoi pas tout de suite chez le chef de la Sûreté?...

Il ricana de nouveau, les dents serrées, puis se levant brusquement d'un bond, il se mit à arpenter la chambre, très fiévreux, très agité.

— Ne marche donc pas si fort ! dit doucement et vivement Berthollin... Mes vieilles vont t'entendre !...

— Oh ! tes vieilles, je m'en fiche ! cria-t-il.

Et toujours marchant à grands pas, la tête baissée, les mains croisées derrière le dos, il songeait, réfléchissait.

Quel parti devait-il prendre?

Que devait-il faire ?

Malgré tout ce que lui avait dit le policier des gares si bien gardées, des gares si bien surveillées, l'idée lui était venue pendant quelques secondes de quitter Saint-Étienne, mais presque tout de suite il avait trouvé de bonnes raisons pour y renoncer.

D'abord avec l'argent qu'il avait encore sur lui, était-il assez riche pour aller bien loin et pour pouvoir vivre longtemps ?

Ensuite, puisque la police avait fait main basse sur l'argent qu'il avait caché chez son ami Fachard et chez sa maîtresse Julie, ne devait-il pas tout au moins, avant de s'éloigner, rentrer en possession de la monnaie qui était chez Crozel, c'est-à-dire chez l'autre copain qui lui avait donné un coup de main pour transporter de la grotte de Notre-Dame-de-Grâce ici, la galette de l'ermite ?

Plusieurs fois déjà Ravachol avait été sur le point d'aller trouver Crozel pour lui faire restituer l'argent qu'il lui avait confié, mais toujours il avait été retenu par la crainte de tomber encore là dans quelque souricière, de tomber encore là dans quelque embûche dressée par la police.

Il est vrai qu'il aurait bien pu envoyer Berthollin là-bas, pour voir ce qui se passait, pour sonder le terrain ; mais comme il avait peur aussi que son camarade, en raison des services qu'il lui avait rendus, ne le fît chanter plus tard, il avait cru prudent de ne pas le mettre dans la confidence de cette affaire.

Enfin, s'il se décidait à sortir, coûte que coûte, de Saint-Étienne, était-il bien sûr de pouvoir y revenir, c'est-à-dire de pouvoir régler ses comptes avec Crozel ?

— Ah ! ma foi, je vais jouer la partie jusqu'au bout !... Décidément, je reste ! finit-il par se dire presque à voix haute.

Berthollin venait de relever la tête.

— Eh bien ! qu'est-ce que tu grommèles-là ? fit-il en souriant. Tu parles tout seul ?

— Oui, je cherche, je combine, je rumine, et je ne trouve rien... Allons, voyons, puisque c'est si grave, puisque la police te piste, puisque d'un moment à l'autre tu crois qu'elle peut venir m'empoigner ici, aide-moi donc, donne-moi donc un conseil.

Mais sans dire un mot, Berthollin venait de tirer lentement de sa poche une clef qu'il posa sur la table.

— Tiens, mon vieux, dit-il, voici ma réponse.
— Cette clef?
— Oui, cette clef.
— Je ne comprends pas.
— Eh bien! tu vas comprendre... Ceci te prouve, puisque tu me demandes de t'aider, puisque tu me demandes un conseil, que je m'étais occupé de toi...

« Hein! suis-je un bon zig!... suis-je gentil?

Un éclair de joie venait de briller dans le regard de Ravachol.

— Oui! oui! s'écria-t-il. Mais, voyons, explique-toi... Qu'est-ce que c'est que cette clef?... Tu m'as donc trouvé un gîte?...

— Oui, mon vieux!... Et un gîte où tu pourras dormir tranquille comme Baptiste, et un gîte où la police n'ira pas fourrer son nez, c'est moi qui t'en réponds...

« Mais puisque tu veux en savoir plus long, ajouta vivement Berthollin en s'apercevant que Ravachol ouvrait la bouche, tu me laisseras bien te parler, n'est-ce pas?

— Oui, oui, parle, je t'écoute!... Mais laisse-moi d'abord te serrer la main!... Vois-tu, mon vieux, si le père Deibler ne me fauche pas, c'est désormais entre nous à la vie et à la mort!...

— Eh bien! voici mon histoire, qui [d'ailleurs ne sera pas longue.

« Je t'ai dit tout à l'heure que ce soir, à ma sortie de l'usine, j'avais encore trouvé un mouchard, qui se disposait à me filer?...

— Oui, oui...

— Et je t'ai dit que je l'avais semé?

— Parfaitement.

— Eh bien! comme à ce moment-là, j'errais à travers les rues, sais-tu sur qui je suis tombé?

— Sur qui?

— Sur ce grand diable de forgeron que tu as vu, je crois, quelquefois avec moi... sur ce grand bon garçon que l'on appelle le Lyonnais... Est-ce que tu ne te souviens pas de lui?...

— Ma foi, non.

— Nous avons pourtant bu deux ou trois fois ensemble.

— C'est possible. Eh bien?

— Eh bien!! le Lyonnais m'empoigne par le bras, me pousse chez un mastroquet et m'offre une tournée.

« Je lui en offre une autre et nous causons.

« Il m'apprend alors qu'il va prendre le train le soir même pour Lyon où l'appellent des affaires de famille, et qu'il restera là-bas tout un grand mois, peut-être même davantage...

« Je n'avais pas d'abord prêté beaucoup d'attention à ce qu'il me disait, car je ne pensais qu'à toi et au danger qui te menaçait.

« Mais, brusquement, je fus frappé par les derniers mots qu'il avait prononcés : « Il allait s'absenter de Saint-Étienne pour un mois et peut-être davantage. » C'est-à-dire que sa chambre, qui allait rester vide, pourrait t'offrir un abri, un asile...

« Et alors comme nous sommes assez liés, et que je sais qu'il a le cœur sur la main, je me mis à lui raconter, en lui demandant de me garder le secret, je ne sais plus quel roman qui l'apitoya.

« Il s'agissait, je crois, là-dedans, d'un ami malheureux et sans travail, d'un ami qui m'avait demandé l'hospitalité et que je ne savais comment recevoir, comment coucher...

« Enfin, bref, ce que j'avais prévu ne manqua pas de se réaliser.

« Moins d'une heure après le brave forgeron était en route pour Lyon et j'avais sa clé dans ma poche...

« La voilà !

— Tiens, je t'embrasserais ! s'écria Ravachol, qui venait de se jeter sur Berthollin et qui voulait le prendre dans ses bras.

Mais celui-ci, très sérieux, l'avait repoussé assez brusquement.

— Non, non, je t'en dispense, dit-il vivement. Ce n'est pas le moment de rire... Il s'agit de filer... Hardi ! prends ton bagage, et suis-moi !...

— Oh ! ce ne sera pas long ! répondit l'assassin qui déjà faisait un paquet de toutes les défroques qui lui servaient à se travestir.

Et cinq minutes ne s'étaient pas écoulées qu'il était déjà prêt.

— Eh bien ! filons, dit-il. Je crois que je n'oublie rien...

— Je donnerai un coup d'œil en rentrant, dit Berthollin.

— Allons-nous loin d'ici ?

— A dix minutes environ... Allons, marchons !... Et pas de bruit surtout !...

Puis, comme ils arrivaient dans l'allée, Berthollin fit signe à Ravachol de s'arrêter.

— Attends-moi là! dit-il.

— Pourquoi?

— Je veux jeter un coup d'œil dans la rue.

Mais il était déjà tard et la rue était complètement déserte.

— Nous pouvons déguerpir, reprit-il. Dépêchons!

Et sans se parler, mais tout en jetant de temps à autre un furtif regard autour d'eux, les deux amis, on pourrait dire les deux complices, se dirigèrent d'un pas rapide vers la maison du forgeron.

Cette maison, qui n'avait que deux étages avec un rang de lucarnes, devait être de construction très récente.

— Mon cher, souffla Berthollin à l'oreille de Ravachol, tu ne pouvais pas mieux tomber qu'ici, car tu y seras seul ou à peu près seul...

« Regarde plutôt!... Les deux boutiques sont à louer et la plupart des appartements attendent encore des locataires.

« Mais, vite, grimpons!

Comme Berthollin était venu plusieurs fois chez le forgeron, il n'eut donc pas à chercher la porte.

Et celle-ci ouverte, une bougie allumée, l'assassin de l'ermite se montra satisfait.

Oui, oui, il serait très bien ici... Grâce à cette grande lucarne qui donnait sur le toit, il devait au moins y avoir de l'air et de la lumière... Et quant au lit du forgeron, il lui paraissait excellent.

— Oh! la rousse peut battre le pavé pour me découvrir! dit-il en riant. Quant à moi, je sens que je vais ronfler comme un sonneur...

« Au revoir, Berthollin!... Bonne nuit aussi, mon vieux!... Mais je tiens à te répéter encore une fois que tu viens de me rendre un service que je n'oublierai pas.

— Oh! nous reparlerons de cela plus tard, dit vivement celui-ci. Mais pour le moment il s'agit de jouer serré... Par conséquent, si tu veux m'en croire, tu feras bien de ne pas bouger pendant quelques jours...

— Et pour ça? fit Ravachol en jetant dans un geste trivial sa main vers sa bouche, et pour boulotter, est-ce qu'il ne faudra pas que je bouge?... Non, non, laisse-moi faire, je serai prudent.

« Mais quand te reverrai-je?

— Oh ! pas demain, bien entendu... Dans quelques jours... Je verrai... Il faut d'abord que je sois bien sûr que l'on ne me file plus et que l'on ne peut pas te pincer... Allons, bonsoir !

— Bonsoir !

Et Berthollin s'en alla.

Ravachol avait bien dit : « Je sens que je vais ronfler comme un sonneur » et il n'avait point menti en parlant ainsi, car il se sentait, en effet, les jambes très lasses, les paupières très lourdes ; mais l'air qui lui arrivait par la lucarne grande ouverte était si doux et si pur qu'il se sentit subitement réveillé.

Alors, d'un bond, il grimpa sur le toit.

Mais il n'y avait pas encore fait deux pas qu'il laissa échapper un juron formidable.

Son pied venait de rencontrer un obstacle et il avait failli tomber.

C'était une planche très longue, assez épaisse, et qui avait été oubliée là on ne pouvait trop s'expliquer comment.

Et, tout près de cette planche, le pied de l'assassin s'était encore embarrassé dans une grosse corde qui paraissait toute neuve.

Ravachol s'assit là, ou plutôt s'allongea là, le coude replié et la tête appuyée sur sa main.

Il leva les yeux et regarda le ciel, le ciel tout étoilé, magnifique et splendide.

Puis sa vue se porta en face de lui, là-bas, vers la ville dont il entendait encore les rumeurs lointaines, les rumeurs assourdies.

Et, chose étrange, cet homme qui avait saigné avec tant de sang-froid le vieil ermite de Notre-Dame-de-Grâce, cet homme dont l'existence était déjà si tragique et qui devait plus tard, et qui devait bientôt, par de nouveaux exploits criminels, faire tant parler de lui, était devenu subitement tout attendri et tout ému.

Oh ! ce qui occupait en ce moment sa pensée, ce n'était plus la police qui le pourchassait, ce n'était pas non plus le châtiment qui l'attendait, mais c'étaient les souvenirs de son passé, les souvenirs de sa vie d'autrefois qui se réveillaient en lui.

Il se revoyait, dans un songe qu'il faisait tout éveillé, là-bas, à Izieux, dans la petite maison de sa grand'mère où il avait passé plusieurs années de son enfance.

LES EXPLOITS DE RAVACHOL

L'assassin de l'ermite se cachait maintenant dans le bois de Rochetaillée.

Il se revoyait aussi, un peu plus tard, à l'âge de dix à douze ans, gardant des troupeaux de moutons dans les environs de Saint-Chamond.

Il était alors très bon, très doux, le meilleur et le plus inoffensif des êtres.

Son plus grand plaisir alors — il s'en souvenait bien — était d'inventer des jeux pour amuser et distraire les autres enfants, les autres bergers plus jeunes que lui.

Puis il se revoyait aussi, quelques années après, apprenti teinturier, puis ouvrier, et c'était maintenant toute son adolescence, c'était toute sa jeunesse qui se dressait devant ses yeux.

Il resta longtemps le regard fixe, puis, tout à coup il eut comme un brusque mouvement de colère.

Une larme — la seule qu'il eût versée depuis bien longtemps — avait roulé dans ses yeux, puis glissé sur sa joue.

Alors il se redressa d'un bond, tandis qu'il partait d'un petit éclat de rire nerveux.

Ah çà ! est-ce qu'il allait être assez faible et assez lâche pour pleurnicher comme une femme !

— Je suis stupide ! s'écria-t-il. Décidément je ferais mieux d'aller me coucher.

Et dix minutes après, redevenu complètement maître de lui, il dormait le plus tranquillement et le plus paisiblement du monde.

Quand le jour parut, Ravachol ouvrit les yeux et il eut d'abord comme un mouvement de surprise en se trouvant dans cette chambre qui n'était pas celle de Berthollin et qu'il ne reconnaissait pas.

Mais la mémoire lui revint presque aussitôt, et alors, tout en sautant lestement hors du lit, il ne put s'empêcher de sourire.

Oh ! oui, la police maintenant pouvait le chercher, elle le chercherait longtemps, car, grâce à ce brave garçon de forgeron, il pouvait attendre là en toute sécurité et sans la moindre inquiétude des jours meilleurs, c'est-à-dire le moment où il pourrait trouver l'occasion de filer enfin de Saint-Etienne.

Mais si Ravachol avait pu savoir ce qui se passait précisément à cette heure, peut-être n'eût-il pas eu en songeant à la police, qu'il croyait désormais de plus en plus impuissante à le découvrir, ce sourire ironique sur les lèvres.

En effet, cette police qu'il croyait si loin était, au contraire, bien près de lui !

A travers les rues encore endormies de Saint-Étienne, un groupe d'hommes courait.

C'étaient des agents de la Sûreté qui venaient d'apprendre, on n'a jamais su par qui, on n'a jamais su comment, la retraite de l'assassin de l'ermite.

Et maintenant sans bruit, retenant leur souffle, ils montaient l'escalier du forgeron.

Puis, arrivés devant la porte, ils écoutèrent.

A l'intérieur quelqu'un marchait...

C'était Ravachol qui allait et venait, tout en remettant un peu d'ordre dans ses travestissements que, la veille, il avait emportés à la hâte de chez Berthollin.

Mais tout à coup, il se redressa tout pâle, l'air effaré.

On venait de frapper violemment à la porte, et une voix pleine d'autorité criait :

— Ouvrez !... Au nom de la loi, ouvrez !

Ravachol venait de passer sa main sur son front.

Ah çà ! est-ce qu'il rêvait ?... est-ce qu'il devenait fou ? N'avait-il pas cru entendre la police heurter à sa porte ?

Mais on continuait de frapper, et la même voix criait toujours, avec plus d'autorité :

— Ouvrez !... Au nom de la loi, ouvrez !

Cette fois, il n'y avait plus moyen de douter.

Oui, c'était bien la rousse qui l'avait découvert et qui venait le prendre.

Et comme on frappait toujours de plus en plus brutalement, de plus en plus violemment et que l'on menaçait d'enfoncer la porte, Ravachol, redevenu subitement très calme, cria à son tour d'un ton gouailleur :

— Voyons, ne faites donc pas tant de tapage ! Qui est là ?

— La police !... Ouvrez !

— La police !... Pourquoi diable vous êtes-vous dérangés de si grand matin !...

Mais les coups redoublaient et la voix devenait de plus en plus menaçante.

— Oh! ne vous fâchez pas! dit tranquillement l'assassin sur un ton toujours ironique. Laissez-moi seulement m'habiller... Mais, vous savez? ce n'est pas gentil de venir réveiller les gens de cette façon-là!...

« Et moi qui pensais que vous pataugiez toujours!... Ah çà! vous avez donc fini par avoir un peu de flair!... Tous mes compliments, messieurs!

Puis se mettant à rire, l'assassin de l'ermite ajouta :

— Là!... Maintenant je suis prêt... Vous pouvez entrer... Ne vous gênez pas! Ah! vous allez enfoncer la porte? A votre aise!... Quant à moi, messieurs, j'ai l'honneur de vous saluer... Au revoir!

Et en effet, la porte à présent craquait, cédait sous les efforts des agents exaspérés et furieux.

Et, brusquement, le revolver au poing, ils se ruèrent dans la chambre.

Mais, soudain, ils se regardèrent tout étonnés, tout saisis.

La chambre était vide!

Ravachol n'était pas là!

— Ah! le gredin, est-ce qu'il nous échapperait encore! s'écria tout blanc de colère, tout pâle de rage, le commissaire qui commandait l'escouade.

Mais déjà un des agents venait de montrer la lucarne ouverte.

— Il a dû filer par là, dit-il, mais nous le tenons!

Et suivi de trois ou quatre de ses collègues, il grimpa sur le toit.

Mais là, la surprise, ou plutôt l'ahurissement des agents, redoubla.

Pas de Ravachol!

Qu'est-ce que cela voulait dire?

Il n'avait pourtant pas pu s'envoler!

Et cette disparition, cet évanouissement de l'assassin était d'autant plus étrange, d'autant plus extraordinaire qu'il y avait entre le toit de cette maison et le toit de la maison voisine un espace si large qu'il était absolument impossible de le franchir.

Alors tout honteux d'avoir été ainsi joués, les agents revinrent dans la chambre, puis s'étant emparés des travestissements de Ravachol, ils s'éloignèrent enfin, muets, la tête basse, et songeant encore à la chose vraiment extraordinaire, vraiment incroyable qu'ils venaient de voir.

VIII

RAVACHOL AMOUREUX

En effet, comment l'assassin de l'ermite de Chambles avait-il pu s'évader?

En effet, comment si près de tomber une fois de plus entre les griffes de la police avait-il pu lui échapper encore?

Oh! Ravachol — comme on va le voir — n'avait pas été embarrassé pour si peu.

A son réveil, et dès qu'il avait été debout, sa première pensée avait été de monter encore sur le toit pour y respirer l'air pur du matin...

Et là il avait revu encore la longue planche et la grosse corde qui l'avaient fait trébucher la veille.

Et alors une idée soudaine avait jailli de son cerveau.

Certes, il se croyait bien en sûreté ici, mais enfin, comme il fallait tout prévoir, est-ce que cette planche, est-ce que cette corde ne pourraient pas lui être d'un utile secours en cas d'alerte?

Il y avait, comme il s'en était déjà rendu compte, entre la maison du forgeron et la maison voisine, un espace si large qu'il lui aurait été absolument impossible de fuir par là.

Mais cette planche ne pouvait-elle pas lui servir à faire un pont? et cette corde très longue, très solide ne pouvait-elle pas aussi, en l'attachant à une cheminée ou à une fenêtre, lui aider à prendre la clé des champs?

Aussi, dès qu'il s'était aperçu que les agents de plus en plus furieux, de plus en plus exaspérés, commençaient à enfoncer la porte, Ravachol s'était-il empressé de mettre avec le plus grand sang-froid son plan à exécution.

Il avait vivement ramassé la corde, puis s'était servi très lestement, très rapidement de la planche pour s'en faire un pont improvisé, et c'était ainsi qu'en quelques secondes seulement il avait pu gagner le toit de la maison voisine.

Une fois là, il avait eu un instant d'hésitation.

Qu'allait-il faire maintenant?

Allait-il se blottir et se cacher derrière une cheminée ?

Allait-il se servir de sa corde pour tâcher de descendre dans la rue ?

Mais son indécision ne fut pas de longue durée.

Il venait d'apercevoir une lucarne ouverte.

Il y plongea son regard.

Il n'y avait dans cette chambre qu'une femme qui paraissait profondément endormie et dont il ne pouvait distinguer le visage.

Alors, sans plus réfléchir, Ravachol jeta sa corde dans la chambre, y fit glisser doucement sa planche, puis se laissa tomber à son tour.

Mais à peine ses pieds avait-il touché le sol que deux cris retentirent.

La femme, brusquement réveillée, avait jeté un cri d'effroi, et Ravachol un cri de surprise.

— Ah bah ! fit-il, c'est vous !... Comme on se retrouve !... Mais ne vous effrayez pas... Je vous expliquerai ça...

La chambre, très étroite, était assez longue, et Ravachol venait d'y coucher la planche contre le mur :

— Là !... Ni vu ni connu ! pensa-t-il. Maintenant la rousse pourra venir me chercher sur le toit... Je m'en fiche !...

Pourtant il s'était rapproché de la fenêtre, et il écoutait.

Des bruits de voix lui parvenaient.

C'étaient les agents qui, en ce moment, venaient d'arriver sur le toit de la maison du forgeron.

Puis, au bout de quelques instants, les voix se turent.

— Je ne suis pas curieux, mais je voudrais bien voir la figure qu'ils doivent faire, se dit alors l'assassin qui se mit à rire.

Puis revenant vers la jeune femme :

— Voyons, voyons, dit-il, ne faites pas l'enfant... Je ne veux pas vous manger.

« Mais causons plutôt.

Il prit une chaise et tranquillement s'assit tout près du lit.

— Ma foi, reprit-il, je vous avoue que je ne suis pas encore revenu de ma surprise.

« Il y avait si longtemps que je ne vous avais plus rencontrée, si longtemps que je vous avais perdue de vue !

« J'avais même fini par penser que vous aviez peut-être quitté Saint-Étienne.

« Mais cependant je ne vous avais jamais oubliée et je vous aime toujours...

Toute frissonnante, la jeune femme, une petite blonde très pâle, très délicate, ne le quittait pas des yeux.

— Oui, c'est vrai, continua Ravachol, je vous aime toujours, ou plutôt je vous aime et je vous désire plus que jamais.

Il la regarda un moment, puis avec un sourire :

— Et d'ailleurs, dit-il, comment ne serait-on pas fou de vous ?

« Vous êtes si jolie !

« Mais vous êtes aussi très fière et vous n'avez jamais voulu m'entendre, et vous n'avez jamais voulu m'écouter.

« Dès que je voulais vous dire que je vous aimais vous vous fâchiez.

« Il vous est même arrivé quelquefois de vous enfuir dès que vous m'aperceviez.

« Eh bien ! voyons, maintenant que le hasard nous remet en présence au moment où je m'y attendais certainement le moins, serez-vous toujours aussi méchante ?

« Voyons, donnez-moi un baiser !

Mais la jeune femme de plus en plus effrayée, de plus en plus épouvantée, venait de le repousser d'un geste violent.

— Partez ! partez ! s'écria-t-elle. Vous me faites peur.

— Ah bah !

— Oui, vous me faites peur !... Partez !... Allez-vous-en !...

Et elle ajouta, la voix sourde :

— Est-ce que vous croyez que je ne connais pas votre histoire ?

« Est-ce que vous croyez que je n'ai pas entendu parler comme tout le monde de l'horrible crime de Chambles, de ce pauvre vieillard que vous avez assassiné ?

« Ah ! malheureux, qu'avez-vous fait !

« Aujourd'hui tout le monde vous maudit, tout le monde vous exècre, tout le monde ne prononce plus qu'avec indignation le nom de Ravachol !...

— Bah ! fit-il cyniquement. Pourvu que vous le prononciez avec tendresse, je ne demande pas autre chose...

— Et quand je pense, continua-t-elle avec plus de force, que vous avez une mère, une mère que j'ai vue hier encore, et qui se désespère, et qui se meurt de honte !

« Oh ! ne riez pas !... car cette femme qui vous aimait tant... cette femme qui a toujours été si bonne, si tendre et si dévouée pour vous, peut-être allez-vous la tuer à son tour !...

« Oui, hier, je n'ai pu la voir sans pleurer, et elle m'a fendu l'âme.

« A tout moment elle tremble, à tout moment elle croit voir se dresser déjà l'échafaud où vous monterez un jour...

— Pas sûr ! fit-il toujours cynique.

— Hélas ! ce n'est que trop sûr... trop sûr pour elle !... Car si vous êtes ici, n'est-ce pas, c'est que sans doute la police est sur vos traces, c'est que sans doute la police vous poursuit et qu'elle allait vous saisir !...

» Mais je vous le répète, vous me faites peur !...

— Que vous êtes bête ! ricana Ravachol. Eh bien ! oui, la police était sur mes traces, eh bien ! oui, elle allait me prendre, eh bien ! oui, elle allait me saisir !...

« Mais, à présent, elle doit faire une jolie grimace, la police !

« Tenez, je ne puis m'empêcher d'en rire, rien que d'y penser...

Et, en effet, l'assassin de l'ermite venait de se mettre à rire d'un rire très bruyant, d'un rire de plus en plus cynique.

Puis il reprit, le ton brutal :

— Mais ce n'est pas de cela qu'il s'agit entre vous et moi, ma petite :

« Que j'aie assassiné le vieux Jacques Brunel, le vieil ermite de Chambles, et que je puisse, un jour ou l'autre, porter ma tête sur l'échafaud, tout cela en ce moment est secondaire.

« Car vous comprenez bien que si je voulais recevoir des conseils et me faire faire de la morale, ce n'est pas à vous que je m'adresserais.

« Mais voici pour l'instant ce que j'ai à vous dire et qui est beaucoup plus intéressant, beaucoup plus important que tout ce que vous me débitiez tout à l'heure.

« Vous étiez placée comme bonne, comme domestique dans le voisinage de ma mère, et c'est chez votre patron, où j'avais parfois l'occasion de m'arrêter quelques minutes, que j'ai eu le plaisir de vous connaître.

« Vous étiez et vous êtes encore très jolie, et, ma foi, je n'ai pu m'empêcher de penser plus souvent à vous que peut-être vous ne l'auriez désiré.

LES EXPLOITS DE RAVACHOL

Le misérable venait de faire sauter le couvercle du cercueil.

« J'ai essayé non pas une fois, mais vingt fois, mais cent fois, de vous faire comprendre mon amour, ou si ce mot-là vous paraît un peu exagéré, de vous faire partager mon désir.

« Mais, comme je vous le rappelais tout à l'heure, vous êtes toujours restée sourde et vous n'avez jamais rien voulu entendre.

« Il paraît que je n'avais pas le don de vous plaire.

« Eh bien ! soit.

« Je ne vous chicanerai pas là-dessus.

« Mais, ma chère, puisque le hasard nous met encore en présence, puisque le hasard fait que je vous tiens, vous conviendrez bien que je serais trop niais et trop bête si je ne profitais pas de cette occasion qui très certainement ne se représentera jamais...

« Ici, nous sommes seuls...

« Ici, personne ne peut nous entendre.

« Ici, vous pouvez appeler à votre secours, à votre aide, et personne ne viendra, c'est moi qui vous le certifie, c'est moi qui vous l'affirme.

« Vous allez donc, par conséquent, m'appartenir; vous allez donc, par conséquent, être à moi, être à ce Ravachol qui vous inspire tant d'épouvante et tant d'effroi.

« Oh! pas de cris, pas de larmes, pas de supplications, pas tant d'histoires !...

« Je vous ai dit que vous alliez être à moi et je n'entendrai rien de plus.

Était-ce vrai ?

Était-il capable, pour assouvir sa passion, d'aller jusque-là, jusqu'à cette monstrueuse violence, jusqu'à ce nouveau crime ?

Très probablement n'était-ce là de sa part qu'une intimidation et qu'une menace.

Mais, quoi qu'il en soit, la jeune fille s'était redressée si énergique et si résolue que, cette fois encore, il recula.

Pourtant la petite bonne n'était pas aussi isolée dans sa chambre que l'assassin de l'ermite de Chambles avait pu le supposer.

Il y avait là tout près, et séparés d'elle seulement par un mince briquetage, par une mince cloison, deux voisins, deux jeunes gens qui habitaient ensemble.

Or, depuis un moment déjà, ils avaient dressé l'oreille.

Le nom de Ravachol, ce nom qui était dans la bouche de tout le monde à Saint-Etienne, et que la jeune bonne avait prononcé plusieurs fois, leur était parvenu.

D'abord ils avaient voulu croire qu'ils avaient mal compris, qu'ils avaient mal entendu, mais comme ce nom fameux avait encore été répété très nettement et très distinctement, ils avaient bien été obligés de se rendre à l'évidence.

Oui, là, à deux pas d'eux, se trouvait cet homme que la police recherchait toujours et ne pouvait jamais trouver.

Oui, là, à deux pas d'eux, se trouvait cet individu audacieux et que l'on appelait déjà l'Insaisissable!

Et alors les deux jeunes gens se regardèrent.

— Voyons, dit vivement le plus âgé, je ne suis pas sourd, n'est-ce pas?... J'ai bien entendu?... j'ai bien compris?... Notre petite voisine a bien prononcé le nom de Ravachol?

— C'est ce que j'allais te dire.

— Tu en es sûr?

— Parbleu!

— Ravachol?

— Oui, Ravachol!... Ravachol!... Oui, c'est lui qui est là... Oh! il n'y a pas à douter.

Et ils se regardèrent encore.

Ils s'étaient compris.

Promptement, lestement, le plus âgé des deux jeunes gens s'habillait.

— Tu vas le faire coffrer? dit l'autre.

— Parfaitement. Oh! ce ne sera pas long!... Et tu vas voir si l'on a des jambes!... Seulement pas de bruit!... Ne bouge pas!... Fais le mort!...

— Compris!... Dépêche-toi!

Mais déjà le jeune homme était loin.

Il y avait, non loin de là, un poste de police.

Il y courut.

Il y entra comme une bombe en criant :

— Voulez-vous prendre Ravachol?... Voulez-vous prendre l'assassin de l'ermite de Chambles?... Eh bien! suivez-moi!... Mais vite!... vite!... Dépêchons!...

Mais il n'y avait là en ce moment qu'un agent qui paraissait d'assez mauvaise humeur, et qui se mit à hausser les épaules :

— Vous savez, jeune homme, cria-t-il d'un air menaçant, il ne faudrait pas vous moquer du monde !... il ne faudrait pas vous amuser à faire des blagues comme ça !...

— Comment ! des blagues comme ça ! dit le jeune homme tout interloqué.

— Oui, des blagues, des fumisteries !...

— Mais quand je vous dis...

— Et moi je vous dis de vous taire, entendez-vous !... Et moi je vous dis de me ficher la paix !... Et moi je vous dis que je vais vous fourrer au bloc si vous continuez à me prendre pour un jobard !

— Pourtant, monsieur l'agent...

— Pourtant quoi ?... Pourtant qu'est-ce ?... Que me racontez-vous ?... Que me chantez-vous ?...

« Ah ! vous avez vu Ravachol !... Ah ! vous l'avez découvert !... Ah ! vous êtes plus malin et plus roublard que la police, vous !

« Allons, faites-moi le plaisir de faire vivement demi-tour, ou sinon...

Puis, poussant le jeune homme par les épaules, il le mit brutalement à la porte.

— Ah ! pour une brute, voilà une belle brute ! pensa celui-ci.

Et il venait de reprendre sa course, quand il eut tout à coup un petit cri de surprise et de joie en même temps.

Au tournant d'une rue, il venait de tomber sur un groupe d'hommes au milieu duquel marchait le commissaire de police ceint de son écharpe.

C'étaient précisément les mêmes agents qui s'étaient présentés tout à l'heure au domicile du Lyonnais pour y arrêter l'assassin de l'ermite de Chambles, et qui, pour l'acquit de leur conscience, cherchaient, rôdaient encore dans le quartier.

Encore tout essoufflé le jeune homme s'approcha d'eux.

— Monsieur le commissaire, je suis enchanté de vous rencontrer, j'allais précisément vous chercher...

« Je vous apporte un très grosse, une très importante nouvelle !

— Quelle nouvelle ?

— Je puis vous livrer Ravachol !

— Ravachol !

— Oui, Ravachol!... Croyez-moi, je sais ce que je dis...

Le commissaire de police n'avait pu s'empêcher d'avoir un bond de saisissement, et tous les agents avaient eu également un tressaillement de surprise.

— Et où est-il?... Et où l'avez-vous vu? reprit vivement le magistrat.

— A côté de chez moi, monsieur le commissaire, c'est-à-dire dans une chambre qui est contiguë avec la mienne... Mais je crois qu'il faut se hâter et qu'il n'y a pas une minute à perdre...

Le visage du commissaire de police était tout à coup devenu radieux.

Enfin il allait donc prendre sa revanche de sa déconvenue de tout à l'heure!

Enfin il allait donc avoir l'honneur de mettre la main sur celui que l'on désespérait déjà d'arrêter.

— Oui, marchons, monsieur! s'écria-t-il.

Mais ils ne marchaient pas, ils couraient.

Est-ce qu'en effet, d'un moment à l'autre, d'une minute à l'autre, l'assassin ne pouvait pas disparaître et leur échapper encore ?

Enfin ils arrivèrent.

— C'est là! dit le jeune homme dans un souffle.

— Cette porte?

— Oui.

— Vous êtes bien sûr de ce que vous venez de me dire?

— Si je n'en était pas sûr, si je pouvais avoir le moindre doute, est-ce que je me serais dérangé pour aller vous chercher, monsieur le commissaire?

— En effet. Et quel est le locataire de cette chambre?

— C'est une jeune fille.

— Ah!

— Une bonne de la maison.

— Très bien!

Et le magistrat se tut, réfléchissant.

Allait-il encore frapper comme il avait fait tout à l'heure chez le Lyonnais?

Allait-il encore, en sommant l'assassin d'ouvrir, lui donner peut-être le temps de filer ?

Non! Non!

Mieux valait être plus prompt, plus expéditif.

En un mot, mieux valait enfoncer la porte tout de suite.

Et comme ses agents l'entouraient et le regardaient, attendant ses ordres, il leur fit d'un signe comprendre sa pensée.

Mais si doucement que fussent montés les agents, depuis quelques minutes déjà, Ravachol avait dressé l'oreille.

Il s'était redressé, puis avait écouté.

Est-ce qu'il se trompait?

Est-ce qu'on ne montait pas?

Est-ce qu'il ne se faisait pas un bruit sourd dans l'escalier?

— Je crois bien que c'est encore la rousse! se dit-il. A tout hasard, je crois que je ferai bien de décamper.

Il venait déjà d'attacher solidement sa corde à la fenêtre et de sauter sur le toit...

— Au revoir, mignonne, dit-il en s'adressant à la jeune fille encore toute tremblante et toute pâle du rude assaut qu'elle avait eu à repousser. Je ne vous en veux pas!...

Et Ravachol courut au bord du toit, se jeta dans le vide, et se laissa glisser par cette corde.

Au même moment la porte tombait et les agents, toujours le revolver au poing, s'élançaient dans la chambre.

Mais cette fois encore, pas de Ravachol!

Mais cette fois encore, ils allaient revenir bredouilles!

L'assassin avait déjà gagné la rue.

Et comme un des agents se penchait au bord du toit, on l'entendit qui criait :

— C'est encore trop tard!... Vous repasserez une autre fois!...

Et il disparut.

IX

LA FEMME DU MINEUR

Ravachol courut longtemps, puis tout à coup s'arrêta hors d'haleine.

Comme il avait eu assez de sang-froid, assez de présence d'esprit pour savoir se diriger, c'est-à-dire pour avoir eu soin de laisser derrière lui les quartiers populeux ; comme aussi il n'avait pas oublié, avant de s'enfuir de chez le Lyonnais, d'endosser encore le même déguisement qu'il portait déjà la veille, et grâce auquel la petite bonne elle-même ne l'aurait peut-être pas reconnu si tout d'abord il ne lui avait parlé et si elle n'avait été depuis longtemps habituée à ses métamorphoses, il se sentait donc bien calme et bien tranquille.

— On peut bien pourtant souffler un peu! se dit-il.

Et il s'assit sur une grosse pierre qui était au bord du chemin.

Puis il réfléchit et se demanda ce qu'il allait faire.

Impossible maintenant de retourner chez Berthollin, où la police pouvait d'un moment à l'autre faire une descente!

Impossible aussi d'aller se réfugier dans n'importe quel hôtel où l'on donnerait encore son signalement et où il était sûr d'être pincé!

Impossible enfin de rester très longtemps dans la rue, même loin de la ville, même dans un endroit écarté comme celui où il se trouvait en ce moment.

— Mais cependant, s'écria-t-il en frappant du poing sur son genou, il faut bien que je trouve un trou où je puisse être à peu près en sûreté, un trou où je puisse être à peu près certain que la rousse ne viendra pas me chercher.

« Mais voilà le *hic!*... Et ce trou-là, où le trouver?

Et toujours songeant, toujours réfléchissant, il avait fini par se lever et par continuer son chemin.

Mais depuis un instant, et sans qu'il s'en doutât, quelqu'un le suivait et cherchait à se rapprocher de lui.

Et, brusquement, il tressaillit.

Il venait de sentir une main se poser sur son épaule.

Et comme il se retournait vivement, l'œil déjà menaçant, il se mit à sourire.

Il venait de reconnaître en face de lui son ami de la veille, ce brave homme d'agent à qui il avait essayé de tirer les vers du nez en lui faisant cette bonne « blague » dont il était si fier.

— Eh! c'est bien vous! s'écria l'autre tout joyeux. Aussi, je me disais : Voilà un individu que je dois connaître, que je connais très certainement...

Puis il ajouta, toujours très amical :

— Eh bien! mon cher, vous savez? je ne veux pas me plaindre, je ne veux pas vous faire de reproches, mais vous pouvez tout de même vous flatter d'être un joli lâcheur.

— Un joli lâcheur?

— Comment! vous avez encore l'air de faire l'étonné!... Et notre rendez-vous d'hier?... A quatre heures précises, j'étais sur la place du Peuple et j'ai posé là je ne sais combien de temps. Mais personne.

— Oh! il ne faut pas m'en vouloir, répondit Ravachol avec un sang-froid imperturbable, mais hier, sur le coup de midi, j'ai reçu une dépêche de là-haut...

— Une dépêche de Paris?

— Oui, une dépêche de la Boîte.

— Ah!

— Et j'ai dû m'absenter toute la journée de Saint-Étienne pour affaire de service.

— Bon! bon! fit vivement l'autre. Mais s'il s'agissait de celui dont nous parlions hier, s'il s'agissait du fameux Ravachol, je dois vous avertir qu'en quittant Saint-Étienne, vous lui tourniez tout simplement le dos.

« Car, vous savez, j'avais parfaitement raison, notre gaillard est bien toujours dans la ville, et depuis vingt-quatre heures l'affaire a marché.

« Il y a du nouveau.

— Tant mieux! Mais pouvez-vous me raconter ça?

— Parbleu!

— Alors qu'est-ce qu'il y a de nouveau, mon cher collègue?

L'autre prit un air très mystérieux, puis baissant la voix comme s'il eût eu peur que l'on pût l'entendre :

— Ah! bien des choses, dit-il, et des choses assez drôles, assez étranges, comme vous allez pouvoir en juger.

« D'abord, on avait pu réussir à savoir chez qui notre homme vivait et où il se cachait.

— Ah!

— C'était chez un de ses amis, chez un nommé Berthollin.

« Dès qu'on a su la nouvelle, vous pensez bien qu'on n'a pas perdu de temps, et que l'on est tombé immédiatement chez celui-ci.

« C'était ce matin et c'est à peine s'il faisait jour.

LES EXPLOITS DE RAVACHOL

Des gendarmes avaient ramassé un vagabond sur une route.

« Et vous voyez d'ici la tête de ce Berthollin quand il entend la police le sommer d'ouvrir au nom de la loi.

« Il fait d'abord des manières, il parlemente, il demande ce qu'on lui veut, puis enfin comme on le menace d'enfoncer la porte, il finit par se décider à ouvrir.

« Mais malheureusement, on était venu trop tard, car Ravachol n'était plus là.

« Alors on a voulu savoir ce qu'il était devenu et notre Berthollin s'est mis à faire la bête.

« Et il a dit au commissaire :

« — Ma foi, monsieur, il me serait bien difficile de pouvoir vous renseigner à ce sujet.

« D'ailleurs, je n'ai pas besoin de vous dire que si je pouvais vous aider à le retrouver, je n'y manquerais pas.

« Car voyez-vous, monsieur, si j'ai consenti à recevoir Ravachol ici, Ravachol chez moi, ce n'était pas pour le soustraire à la justice.

« Mais je le connais depuis longtemps et il m'avait juré avec tant de force qu'il était innocent et que la police se trompait en voulant le rendre responsable de l'assassinat de l'ermite de Chambles que j'avais été assez naïf pour le croire.

« Mais hier soir, obéissant à je ne sais quelle pensée, il s'est mis à tout me dire, à tout m'avouer. Et c'est alors que ne voulant pas me compromettre, je me suis empressé de le jeter à la porte en le priant d'aller se faire pendre ailleurs. »

« Le commissaire de police insista, mais Berthollin continua à soutenir mordicus qu'il avait dit toute la vérité et qu'il ne savait pas un traître mot de plus.

— Et alors?

— Et alors, mon cher collègue, qu'auriez-vous fait si vous aviez été à la place du commissaire de police?

— Moi? Parbleu, c'est clair! s'écria Ravachol. J'aurais d'abord commencé par coffrer Berthollin...

— Eh bien! c'est ce qu'on a fait.

— A la bonne heure! le drôle ne l'a pas volé.

— Mais attendez! attendez!... Ce n'est pas tout, s'écria l'agent.

« Voilà maintenant le plus intéressant.

— Je ne perds pas un mot de ce que vous me dites.

— On venait donc de coffrer Berthollin, quand presque au même moment on apprit où Ravachol s'était réfugié.

— Ah bah!... Et par qui a-t-on appris cela?

— Oh! je ne sais pas par qui. Mais peu importe. Tout ce que je puis dire, c'est que le commissaire de police et ses hommes s'empressent de courir à l'endroit désigné. Et là, mon cher, il se passe quelque chose de tellement inexplicable, de tellement extraordinaire, que vous ne voudrez pas le croire.

— Que s'est-il passé? dit vivement l'assassin qui paraissait s'intéresser beaucoup au récit de l'agent.

— Eh bien! voici, reprit celui-ci.

« On arrive à la maison désignée et l'on frappe à la porte de Ravachol.

« Mais il ne se trouble pas pour si peu.

« Comme Berthollin il commence par parlementer avec la police, puis il finit par se moquer d'elle.

« Comme on s'aperçoit qu'il ne veut pas se décider à ouvrir, on se met en devoir d'enfoncer la porte.

« Alors Ravachol devient d'une gaieté folle...

— Comment! d'une gaieté folle?

— Oui, oui, parfaitement!... Et il se met à crier aux agents : « Oui, oui, enfoncez la porte!... Ne vous gênez pas!... Quant à moi, messieurs, j'ai bien l'honneur de vous saluer! »

« Quelques secondes après, la porte tombe...

« Et savez-vous ce que l'on voit?

— Non.

— Eh bien, on ne voit plus rien!

— Ah çà! vous fichez-vous de moi?

— Non, ma parole!... Cette fois encore Ravachol n'était plus là!

— Mais enfin, quand le diable y serait, il ne pouvait pas être bien loin! s'écria l'assassin toujours avec le plus grand sérieux.

— C'est d'abord ce que l'on pensa.

« On se dit qu'il avait dû grimper sur le toit et qu'on allait certainement le pincer là.

« Mais voilà où la chose prend des proportions fantastiques.

« Il n'y avait pas plus de Ravachol sur le toit qu'il n'y en avait dans la chambre !

L'ancien faux-monnayeur se mit à rire aux éclats.

— Ah ! par exemple, elle est bonne, celle-là, elle est bien bonne !... Mais où avait-il pu passer ?...

— On n'en sait rien... On n'y comprend rien... Je vous dis que l'on n'a jamais rien vu de si extraordinaire.

— Parbleu ! dit Ravachol, il avait dû gagner le toit de quelque maison voisine...

— Non, non, c'était impossible ! Il y a entre la maison où il se trouvait et la maison la plus rapprochée un espace au moins aussi grand que d'ici à là-bas, tenez !... Et jamais il n'aurait pu d'un bond franchir cet espace, si leste et si agile qu'il puisse être...

— Enfin quoi ?... Il n'a pas pu s'envoler cependant ?

— Qu'est-ce que vous voulez que je vous dise ?... C'est à en devenir fou, fit l'agent avec un air si piteux, que l'assassin ne put s'empêcher de sourire.

Puis relevant brusquement la tête :

— Mais ça ne fait rien, reprit le policier. Comme vous le voyez, maintenant on le serre de près, et si ce matin il a pu encore s'éclipser, on finira bien par le tenir une bonne fois.

« Et là-dessus, portez-vous bien.

« Nous aurons bien sans doute le plaisir de nous rencontrer encore.

— Je l'espère bien, répondit Ravachol. Allons, au revoir !

Et il s'éloigna très tranquillement, murmurant dans un petit rire ironique :

— Quel godiche !... Si je n'avais à mes trousses que des gaillards de cette force-là, c'est moi qui pourrais en prendre à mon aise !

Et il marcha assez longtemps encore.

Maintenant Saint-Étienne était bien loin derrière lui, et il était déjà dans la pleine campagne.

Alors soudain il se sentit mordu par une faim atroce.

Et tout en marchant il tournait la tête de tous les côtés pour voir s'il ne trouverait pas un cabaret ou une auberge où il pourrait manger un morceau, lorsque sur le seuil d'une vieille cabane, ou plutôt d'une vieille masure, une femme, la face toute ridée et les cheveux tout gris, apparut.

Le regard de l'assassin ne fut pas plus tôt tombé sur cette femme qu'il ne put retenir un vif mouvement de surprise, tandis qu'il jetait un sourd cri de joie.

Il s'avança vivement vers elle, puis, tout bas et avec un sourire :

— Bonjour, madame Blanchard! dit-il. Comment vous portez-vous ?

Assez étonnée, la vieille femme le dévisagea.

— Mais je ne vous connais pas, dit-elle.

— Si! si!... Dites plutôt que vous ne me reconnaissez pas.

Puis baissant encore davantage la voix :

— Voyons, dit-il, vous avez donc perdu le souvenir de vos meilleurs amis? Je m'appelle Ravachol.

La vieille femme venait de tressaillir d'étonnement, mais ni dans son regard, ni dans l'expression de son visage, il n'y avait eu la moindre terreur, ni le moindre effroi.

Au contraire, son regard avait pris subitement une expression de contentement.

— Comment! c'est toi, mon garçon? Ma foi, je crois bien que si tu ne m'avais pas dit ton nom, je ne t'aurais jamais reconnu.

« Mais entre donc, nous causerons.

— Vous êtes seule?

— Oui, toute seule.

— Et votre mari?

— Il est à la mine.

— Et vos fils?

— Et mes fils aussi... Entre donc!

Puis comme Ravachol venait de la suivre, elle s'empressa de lui avancer une chaise, et se mit à le regarder très attentivement et très curieusement.

— Eh bien! tu sais, mon garçon, tu as changé, reprit-elle après un moment de silence.

« Il est vrai qu'il y a au moins dix ans que je ne t'avais plus revu. Et ta mère?

— Elle va bien.

— Et la grand'mère?

— La grand'mère aussi.

— Elle est toujours là-bas à Izieux, dans sa petite maison?

— Oui, toujours.

— Ah! c'étaient bien deux braves femmes! dit Mme Blanchard.

Et tout en parlant, elle continuait à dévisager Ravachol de plus en plus attentivement, de plus en plus curieusement.

— Voyons, petit, dis-moi la vérité, fit-elle tout à coup. Qu'est-ce que c'est donc que tous ces bruits, que toutes ces histoires que l'on fait courir sur ton compte?

« Moi je n'y crois pas, car tu penses bien que si j'y croyais, je ne t'aurais pas reçu chez moi.

« Mais c'est mon homme qui, l'autre jour, m'a raconté ça.

« Il m'a dit :

« — Il paraît que l'on vient d'assassiner le vieil ermite de Notre-Dame-de-Grâce... Et sais-tu qui l'on accuse d'avoir fait ce joli coup-là?

« — Qu'est-ce que tu veux que je sache? lui ai-je répondu.

« — Oh! non, tu ne devinerais jamais, a-t-il ajouté. Eh bien! celui que l'on recherche, celui que l'on accuse, celui à qui l'on voudrait demander compte de ce crime, c'est tout simplement Ravachol.

« Les mains m'en étaient tombées!

« Non, c'était impossible, je ne pouvais croire cela de toi, et je te répète que je ne le crois pas encore.

« Car enfin, je ne te connais pas seulement d'hier, puisque avant que nous venions habiter ici, nous avons été pendant très longtemps vos voisins là-bas, à Saint-Chamond.

« Tu te rappelles bien de ça, petit?

— Parbleu!

— Quel âge pouvais-tu avoir à cette époque-là? A peu près dix ans, onze ans, et tu gardais les moutons pour les gens de Lavallat.

« Tu faisais quelquefois aussi le polisson avec mes deux fils, avec Firmin et Claude.

« Mais enfin, je m'en souviens très bien, tu étais très doux, très gentil, très poli avec tout le monde.

« Tu ne me rencontrais jamais sans te mettre aussitôt à me courir après pour me crier :

« — Bonjour, madame Blanchard!

« Ou bien :

« — Portez-vous bien, madame Blanchard!

« Et tu dois bien te rappeler aussi que mon homme n'était pas non plus méchant pour toi et qu'il te donnait presque tous les dimanches deux ou trois sous pour faire le gourmand et t'acheter des friandises.

« Et tu étais alors si content, si heureux, si reconnaissant, que vrai, sur ma parole, nous avions encore plus de plaisir que toi.

« Et tu venais aussi quelquefois après la messe jouer à la maison.

« Ah! m'as-tu fait rire de belles fois quand tu grimpais sur une chaise et que tu te mettais à nous refaire le sermon du curé.

« C'était si bien ça, si bien sa voix, si bien ses gestes, si bien lui, que nous ne pouvions nous empêcher de pouffer de rire.

« Et mon homme, qui riait plus que nous tous encore, te disait :

« — Oh! toi, petit, tu seras un jour, pour sûr, un excellent comédien!

« Que sais-je encore!

« Que de souvenirs je pourrais te rappeler!

« Eh bien! quand on m'a dit que c'était toi qui étais accusé d'avoir tué le vieil ermite de Chambles, comment aurais-je pu le croire?

« Voyons, petit, explique-moi ça.

— Eh bien! oui, oui, c'est vrai, on m'accuse, répondit vivement Ravachol. Mais je vous jure, madame Blanchard, je vous jure sur ce que j'ai de plus sacré que ce n'est pas moi et que l'on se trompe.

— Mais enfin, pourquoi t'accuse-t-on, mon pauvre garçon?... Comment a-t-on pu croire que c'était toi qui étais l'auteur de ce crime-là?

— Est-ce que je sais? fit doucement l'assassin. Par malheur il m'est arrivé d'aller par hasard du côté de Notre-Dame-de-Grâce le jour même où cet horrible crime s'est commis, et alors, peut-être n'en a-t-il pas fallu davantage pour que tout de suite les gens de là-bas me désignent comme le meurtrier.

— Et alors tu te caches? La police te poursuit?

— La police?... Elle ne me laisse plus un moment de répit. Je ne sais plus où donner de la tête... Je deviens fou... C'est ainsi que ce soir je ne sais même pas où je coucherai.

Et les deux coudes repliés sur la table, Ravachol venait de laisser tomber sa tête dans ses mains, comme s'il eût été en proie à la plus violente, à la plus profonde émotion.

L'air très triste aussi, Mme Blanchard semblait réfléchir.

— Écoute, petit, dit-elle tout à coup, veux-tu que je te donne un conseil?

— Un conseil?

— Oui, un conseil que je crois très bon.

— Parlez, madame Blanchard.

— Eh bien! moi, à ta place, je ne me cacherais pas, et j'irais tout de suite trouver la justice.

« Puisque ce n'est pas toi qui as assassiné le vieil ermite et que tu es innocent, comme tu me le dis et comme je le crois, tu ne dois pas avoir peur que l'on te coupe le cou.

« Eh bien! oui, voilà ce que je ferais si j'étais à ta place.

« Qu'en dis-tu?

— J'y avais déjà songé.

— Et pourquoi ne l'as-tu pas fait? Tu as peut-être eu tort.

— Si je ne l'ai pas fait, madame Blanchard, c'est que vous ne savez pas ce que c'est que la justice. Quand une fois elle vous tient, elle ne vous lâche plus, et on a beau être innocent, on ne s'en tire jamais sans faire de longs mois de prison, de longs mois de prévention.

« Et c'est cette perspective-là qui, jusqu'à présent, m'a effrayé, qui, jusqu'à présent, m'a fait reculer.

— Cependant, puisque tu n'es pas coupable, on ne peut pas avoir de preuves contre toi.

— En effet, quelles preuves pourrait-on avoir?

— Alors quand la justice reconnaîtrait son erreur, quand elle reconnaîtrait qu'elle a fait fausse route en te poursuivant, elle serait bien obligée de te relâcher.

— Sans doute, mais savez-vous d'abord ce qui se passerait?

— Que se passerait-il, mon garçon?

— Eh bien! ces preuves qui n'existent pas et qui ne peuvent pas exister, la police ne s'entêterait pas moins à vouloir les découvrir, à vouloir les trouver. Et pendant qu'elle se livrerait à ses recherches, combien de temps resterais-je à l'ombre?

« Qui peut le dire?

« Et puis, ajouta-t-il, si je ne suis pas allé me livrer tout de suite à la justice, comme j'en avais eu d'abord l'intention, c'est que j'ai fait une autre réflexion, madame Blanchard...

LES EXPLOITS DE RAVACHOL

Une vieille servante vint lui ouvrir.

— Quelle réflexion, mon pauvre garçon?

— Oh! mon Dieu, une réflexion que tout le monde aurait faite à ma place.

« Je me suis dit qu'en me cachant je gagnais du temps, et que peut-être la justice finirait-elle par reconnaître l'erreur qu'elle avait commise en me poursuivant comme l'auteur du crime de Chambles.

« En effet, ne peut-elle pas d'un moment à l'autre arrêter le vrai coupable, mettre la main sur le véritable meurtrier?

« Et alors pourquoi irais-je tout naïvement, tout bêtement, m'exposer à faire de longs mois de prison?

Mme Blanchard avait une telle confiance en Ravachol, elle était si complètement convaincue de son innocence qu'elle finit par accepter son raisonnement.

Et tout à coup l'assassin de l'ermite reprit presque gaiement :

— Dites donc, madame Blanchard, vous savez bien que je ne me gêne pas avec vous...

— Et tu aurais bien tort, mon garçon. Voyons, de quoi s'agit-il?

— Eh bien! il s'agit que je casserais tout de même une petite croûte avec plaisir.

— Ah! mon pauvre garçon! s'écria la vieille femme très apitoyée. Tu avais faim et tu ne le disais pas, et je ne le devinais pas!...

« Attends!... attends!... Il doit me rester encore quelque chose.

Elle courut ouvrir un petit placard, puis ajouta :

— Oui, oui, voilà encore un peu de viande... un peu de fromage... une demi-bouteille de vin... Tiens, régale-toi!

Ravachol venait déjà de se mettre vivement à table.

— Je vais faire honneur à votre menu, dit-il, vous allez voir!

Et, en effet, il ne mangeait pas, il dévorait.

Quant à la vieille femme, elle le regardait, pleine de compassion.

— Tu n'as donc pas d'argent? fit-elle.

— Mais si, répondit Ravachol, j'ai bien quelques sous...

— Alors comment se fait-il que tu te laisses mourir de faim?

— C'est que j'y suis bien un peu forcé...

— Comment ça?

— Mais, dame! Est-ce que toutes les fois que je rentre dans une auberge je ne risque pas d'être reconnu, c'est-à-dire d'être pincé?

« Alors, vous comprenez, je tâche d'ouvrir l'œil et d'être prudent.

« Quand je rencontre sur mon chemin quelque auberge ou quelque cabaret, je commence d'abord par me rendre compte de ce qui se passe là-dedans.

« S'il n'y a personne, pas de clients, pas de consommateurs, ce qui, heureusement, arrive assez souvent, je me risque et j'avale lestement et en quelques minutes ce que je me suis fait servir.

« Mais s'il y a quelqu'un, je m'empresse de filer, et je crois que je fais bien.

Et la bouche pleine, Ravachol, qui voulait prendre un air triste, ajouta :

— Oui, voilà où j'en suis réduit !... oui, voilà ma vie à présent, madame Blanchard !...

« Je n'ai plus une minute de tranquillité, plus une seconde de repos... A tout instant j'ai des transes, des *favettes*, comme si réellement j'avais tué l'ermite.

« Aussi, je ne vous le cache pas, il m'est arrivé plus d'une fois d'avoir l'idée d'en finir...

— De te tuer !

— Oui, de me tuer !

— Mais que dis-tu là, malheureux !... Mais si jamais tu faisais cette bêtise-là, est-ce que tu ne t'accuserais pas toi-même ?... Est-ce que tu ne donnerais pas le droit de penser que c'était bien toi qui étais l'assassin de Chambles?

« On n'attribuerait pas ton suicide au chagrin, mais à la peur, et l'on dirait : « La preuve que la justice ne s'était pas trompée, la preuve que « c'était bien Ravachol qui avait fait le coup, c'est qu'il s'est fait justice « lui-même. »

— Oui, madame Blanchard, et c'est cette réflexion-là qui m'a toujours retenu... Mais c'est égal, si vous saviez quelle existence je mène !

Mais de plus en plus attristée, la vieille femme songeait, réfléchissait.

Puis enfin, relevant la tête et regardant Ravachol qui finissait d'avaler les dernières bouchées :

— Et ne viens-tu pas de me dire aussi, reprit-elle doucement, que tu ne savais pas où tu coucherais ce soir?

— Ma foi non. Quand la nuit sera venue, je chercherai par là, dans la campagne, quelque coin, quelque trou... Mais vous pensez bien que je ne fermerai pas l'œil, car si on me trouvait là, ne serais-je pas encore perdu ?

Alors elle lui posa la main sur l'épaule.

— Écoute, petit, dit-elle, il me vient une idée...

— Ah !

— Oui, oui, écoute-moi... Nous avons là une petite chambre que je vais te montrer... Oh ! elle n'est pas luxueuse, mais enfin, dans la situation où tu te trouves, elle pourra tout de même faire ton affaire.

— Parbleu !

— Seulement comme ici ce n'est pas moi qui porte la culotte, il faudra d'abord que j'en touche deux mots à mon homme.

« Mais comme le père Blanchard t'aime aussi, et comme il est bien aussi convaincu que moi que tu es toujours un brave garçon, je suis bien sûre qu'il ne refusera pas de te rendre ce service-là.

« Tiens, en attendant, viens toujours voir la chambre.

Elle venait d'ouvrir une porte et de pousser devant elle Ravachol.

— Mais oui !... mais je serai très bien là ! s'écria celui-ci.

— Il faudra donner un coup de balai, mais je m'en charge...

— Non, non, ceci me regarde... C'est bien la moindre des choses que je mette un peu d'ordre là-dedans...

— Et voilà le lit...

— Un lit de sangle. Parfait !... Jamais je n'aurai été mieux logé...

Ravachol s'approcha de la fenêtre, puis après avoir constaté qu'elle donnait sur la pleine campagne :

— Pas de voisin ! fit-il. De mieux en mieux !

— Non, pas de voisins, répondit Mme Blanchard, mais, c'est égal, il faudra tout de même te méfier...

— Ah !

— Oui, car je reçois quelquefois la visite de quelques amies, de quelques femmes de mineurs qui viennent bavarder avec moi...

« Et alors si elles pouvaient t'apercevoir et si elles savaient que nous cachons un homme chez nous, cela pourrait leur donner à réfléchir.

— Parfaitement. Mais soyez tranquille. On ne me verra pas, on ne m'entendra pas. Mais donnez-moi vite un balai, vous allez voir si je sais faire mon ménage !...

Et la chambre balayée, les murs nettoyés, Ravachol se mit en devoir de dresser le lit comme si déjà il était chez lui.

Puis, comme Mme Blanchard venait de le laisser seul, il s'y étendit.

Et, de nouveau, il se mit à songer et à réfléchir.

X

MADAME LAMBERT

Cette mère Blanchard, quelle bonne pâte de femme !

Comme elle avait bien gobé tout ce qu'il avait pu lui dire !

Comme elle était à cent lieues de le soupçonner !

Décidément il avait eu de la veine de tomber ici, dans ce trou perdu où certainement la police ne s'aviserait jamais de venir le chercher.

Et Ravachol n'avait pu s'empêcher d'avoir un sourire de satisfaction, quand tout à coup il dressa l'oreille.

Il lui semblait que, dans l'autre pièce, Mme Blanchard n'était plus seule.

Il écouta.

Il ne s'était pas trompé.

En effet, il entendait bien une autre voix de femme, sans doute une de ces amies, une de ces femmes de mineurs dont Mme Blanchard lui avait parlé tout à l'heure.

Et comme il écoutait toujours, soudain l'assassin tressaillit et devint tout pâle.

Cette femme avait prononcé son nom.

Est-ce que, par hasard, elle le savait déjà là ?

Mais c'était impossible.

Mais alors qu'était-ce donc ?... de quoi s'agissait-il donc ?

Et l'oreille à présent collée contre la porte, il écouta de plus en plus attentivement.

— Oui, madame Blanchard, disait la femme qui venait d'entrer, il paraît que ce matin le fameux Ravachol a failli être arrêté deux fois... Mais, malheureusement, au moment où on allait le saisir, il a pu s'échapper encore...

— Ah ! fit Mme Blanchard la voix un peu sourde.

— Oui, oui... J'arrive de Saint-Étienne et l'on raconte là-dessus des histoires incroyables, invraisemblables...

« C'est ainsi qu'au moment où la police n'avait plus qu'à étendre la main pour le prendre, il a brusquement disparu sans qu'on ait pu savoir ce qu'il était devenu...

« Et notez que, cette fois, ça ne se passait pas dans la rue comme la fois de la souricière... Non, non, ce matin Ravachol était dans une chambre, on enfonce la porte, et il s'évanouit !... Plus rien !... N'est-ce pas un peu fort ?...

— Mais enfin, dit vivement Mme Blanchard, on n'entend plus parler que de cet homme-là, et cependant est-on bien sûr que c'est bien lui qui a fait le coup ?

— Le coup de Chambles ?... Le coup de l'ermite ?... Mais certainement qu'on en est sûr.

— Eh bien ! moi, je ne peux pas le croire.

— Pourquoi ?

— Une idée !

— Mais enfin, vous avez bien une raison ?

— Eh bien ! s'il faut tout vous dire, la voici en peu de mots cette raison. Telle que vous me voyez, j'ai connu autrefois Ravachol.

— Vous ?

— Oui, madame Lambert. Mais il y a longtemps de cela. Ravachol était alors un enfant et nous étions, à Saint-Chamond, les voisins de ses parents.

« Et il avait alors si bon cœur, et il était alors si loin d'être un mauvais sujet, que je ne pourrai jamais croire ce que l'on raconte de lui.

Mais Ravachol, toujours caché derrière la porte, venait de froncer les sourcils.

— Ah ! la vieille bête !... la vieille bête ! s'écria-t-il furieux. Elle me dit d'être prudent, de faire le mort, et quelle gaffe elle vient de commettre !... Tout le monde maintenant va savoir qu'elle m'a connu, et que ce bruit arrive jusqu'aux oreille de la rousse, et je serai encore obligé de filer d'ici comme j'ai déjà été forcé de filer de chez Berthollin.

Il grommela encore entre ses dents quelques paroles de colère, puis continua d'écouter.

La femme que la mère Blanchard avait appelée Mme Lambert venait de reprendre :

— Eh bien ! oui, je ne dis pas le contraire, je ne dis pas qu'à l'époque dont vous venez de parler Ravachol n'était pas un très bon sujet.

« Mais enfin, vous savez aussi bien que moi que les enfants, en grandissant, changent quelquefois de caractère.

« Enfin, bref, moi je n'en sais pas plus que vous, n'est-ce pas ? et je n'étais pas avec lui là-bas, à Notre-Dame-de-Grâce, quand il a assassiné l'ermite pour s'emparer de ses picaillons.

« Mais, cependant, il faut bien aussi tâcher de raisonner et de se rendre compte des choses.

« Or, vous aurez beau dire, il y a des faits qui sont très concluants contre Ravachol.

— Et quels faits, s'il vous plaît ? dit vivement Mme Blanchard avec un accent d'incrédulité.

— D'abord, la veille du crime, il paraît qu'il a quitté Saint-Étienne pour aller à Unieux.

— La belle affaire !... Est-ce que ce garçon-là n'avait pas, comme tout le monde, le droit d'aller à Unieux ?

— Sans doute. Mais je ne vous ai pas encore tout dit, madame Blanchard.

— Alors, je vous écoute. Dites-moi tout. Mais, je vous le répète, vous aurez beaucoup de peine à me faire entrer là-dedans, à me faire entrer dans la caboche que mon petit Ravachol est l'assassin de l'ermite.

— A Unieux, Ravachol est descendu à l'auberge de la Grotte.

— Que ce soit à l'auberge de la Grotte ou dans une autre, qu'est-ce que cela peut faire ?

— Laissez-moi donc parler !... Attendez donc !

— Oui, oui, j'attends !... Continuez, madame Lambert.

— Et il n'était pas seul... Il était avec une femme, avec sa maîtresse !

— Et après ?

— Encore une fois, ne soyez donc pas si pressée !... Et après, dites-vous ?

— Oui.

— Eh bien ! voici ce qui s'est passé. Tout en dînant, Ravachol a engagé la conversation avec le patron de l'auberge et il l'a longuement, très longuement interrogé sur le vieux Jacques Brunel, c'est-à-dire sur l'ermite.

— Ensuite?

— Et vous savez que celui-ci passait pour être riche, ou tout au moins pour avoir dans sa grotte, dans son ermitage, d'assez belles économies !

— Ce qu'il y a de certain, c'est qu'il devait en avoir plus que nous, madame Lambert. Mais passez !

— Le patron de l'auberge, qui n'est pas un sauvage et qui ne demande pas mieux que de trouver l'occasion de faire marcher sa langue, n'a donc pas oublié de raconter ce détail-là. Et alors, savez-vous ce qui est arrivé ?

— Eh ! comment voulez-vous que je le sache ? Allez toujours !

— Eh bien ! Ravachol a absolument voulu se faire conduire à Notre-Dame-de-Grâce.

— Ah bah ! s'écria Mme Blanchard en se mettant à rire d'un grand rire ironique. Mais il me semble, cependant, qu'il n'était pas le premier à avoir cette idée-là ?... Mais il me semble qu'il y en avait pas mal d'autres qui, avant lui, avaient fait la même excursion? Mais, si je ne me trompe, il me semble que c'est tous les jours là-haut de nouvelles visites de curieux et de nouveaux pèlerinages de dévots?

— Oui, c'est possible, répliqua Mme Lambert, mais ces visites-là, mais ces pèlerinages-là n'ont jamais eu lieu à des heures indues.

— Comment, à des heures indues?

— Et, cette fois, c'était bien le cas... Il était déjà très tard, on dit plus de neuf heures du soir, et cependant Ravachol voulut absolument se faire conduire tout de suite, se faire conduire immédiatement à l'ermitage.

« Et je n'ai pas besoin de vous en dire davantage, n'est-ce pas ? je n'ai pas besoin de vous raconter le reste?

— Pourquoi pas?

— Car vous savez bien comment, le lendemain matin, on a découvert le cadavre de l'ermite ?

LES EXPLOITS DE RAVACHOL

Ravachol ne perdait pas un mot de la conversation des deux paysans.

— Mais non, mais je ne sais rien du tout. Comment l'a-t-on découvert ?

— Eh bien ! voici ce que les journaux ont raconté à ce sujet : Il paraît que chaque matin des gens d'Unieux montaient à Notre-Dame-de-Grâce porter à l'ermite quelques petites provisions.

« Or, comme malgré ses quatre-vingt-deux ans, il était encore très robuste, très actif et qu'il ne pouvait demeurer en place, ils le cherchèrent d'abord dans les endroits où, à cette heure-là, ils avaient l'habitude de le rencontrer.

« Comme ils ne l'avaient pas trouvé, ils poussèrent plus loin leurs recherches qui, naturellement, cette fois encore, ne devaient pas donner de résultats.

« Enfin, de guerre lasse, ils prirent le parti de revenir sur leurs pas et d'entrer dans la grotte.

« D'ailleurs, ce jour-là, peut-être le vieux était-il un peu souffrant, un peu malade, ce qui, à son âge, ne pouvait avoir rien de bien extraordinaire, ni de bien surprenant.

« Mais à peine ces gens dont je vous parle avaient-ils fait un pas dans l'ermitage, qu'ils reculèrent tout saisis, tout épouvantés.

« Ils venaient d'apercevoir le vieux Jacques Brunel étendu sur le dos, les bras en croix et la gorge ouverte par un furieux coup de couteau.

« Et, moins d'une heure après, tout Unieux connaissait la nouvelle, tout Unieux était sens dessus dessous.

« Le maire s'empressa d'avertir la justice et l'on commença une enquête.

« Comme vous le pensez bien, le patron de l'auberge de la Grotte, qui aurait eu peur de se compromettre, ne garda pas le silence.

« Très fier, au contraire, de jouer un rôle dans cette affaire qui allait faire beaucoup de bruit, il donna, sur la conversation qu'il avait eue la veille avec cet étranger qui était descendu chez lui, c'est-à-dire avec Ravachol, tous les détails qu'on lui demandait et même ceux qu'on ne lui demandait pas.

« Et c'est alors qu'on demeura très vivement frappé de l'insistance que ce voyageur avait mise pour se faire conduire tout de suite, malgré l'heure déjà très avancée, à l'ermitage de Notre-Dame-de-Grâce.

« Dès ce moment-là, les premiers soupçons commencèrent à peser sur Ravachol, et comme, après avoir entendu le patron de l'auberge, on avait voulu entendre aussi son garçon, c'est-à-dire le jeune homme qui l'avait conduit à l'ermitage, ces soupçons ne tardèrent pas à se changer en certitude.

— En certitude?... C'est là où je ne comprends plus, dit Mme Blanchard. Comment pouvait-on être certain, après avoir entendu le garçon de l'auberge de la Grotte, que c'était bien Ravachol qui avait assassiné l'ermite?

— Ah! oui... Mais je m'en vais vous dire, répondit Mme Lambert.

« Quand la justice a interrogé Germain...

— Germain?

— C'est le nom de ce garçon.

— Ah! bon!

— Elle lui a demandé si pendant le trajet d'Unieux à Notre-Dame-de-Grâce, le voyageur et la femme qu'il conduisait n'avaient pas eu dans leurs allures et dans leur langage quelque chose qui avait pu attirer son attention.

« Et alors, très fier, lui aussi, de l'importance qu'on lui donnait, très fier, lui aussi, de jouer un rôle dans cette affaire qui faisait déjà tant de tapage et qui certainement allait passionner vivement l'opinion publique, vous pensez bien que ce garçon n'a pas été là sans trouver quelque chose à dire...

— Et qu'a-t-il dit?

— Il a dit d'abord que depuis le départ de l'auberge, c'est-à-dire que depuis Unieux jusqu'à Notre-Dame-de-Grâce, ou plutôt jusqu'au commencement de la montagne au sommet de laquelle est situé l'ermitage, Ravachol et sa maîtresse n'avaient fait que chuchoter et se parler à voix basse...

— Parbleu!... Deux amoureux!... Est-il drôle, ce garçon-là!

— Non, non, il prétendait avoir saisi quelques mots...

— Ah!

— Quelques lambeaux de phrases...

— Et lesquels?

— Il prétendait qu'il avait vu plusieurs fois la femme tressaillir tandis que Ravachol se penchait à son oreille.

« Et il prétendait aussi qu'elle s'était écriée : « Et si toi l'on te « trouvait!... Et si toi tu ne parvenais pas à t'échapper!... Et si l'on « m'arrêtait comme ta complice!... »

« Comme il n'était pas au courant de la conversation, Germain n'avait pas prêté beaucoup d'attention à ces mots-là, si étranges qu'ils fussent.

« Peut-être, après tout, ces mots ne faisaient-ils partie que d'une histoire qu'ils se racontaient.

« Enfin, comme ils arrivaient au pied de la montagne et comme on pouvait déjà apercevoir la demeure de l'ermite, Ravachol avait lestement mis pied à terre avec sa compagne.

« Puis, s'enfonçant brusquement dans l'ombre, il avait dit :

« — Ce n'est pas la peine d'éreinter vos chevaux... Attendez-nous là.

« Et il avait attendu longtemps, très longtemps.

« Enfin, tout à coup, les deux voyageurs avaient reparu, la femme toute pâle, et l'homme très nerveux, très fébrile.

« Et Germain, continuant sa déposition, avait raconté aussi que le voyageur lui avait demandé s'il voulait consentir, en lui donnant un bon pourboire, à les ramener à Saint-Étienne.

« Et le garçon de l'auberge, que le gain à faire avait naturellement alléché, ne s'était pas fait prier deux fois pour accepter la proposition.

« Mais jamais, disait-il, il n'avait vu un voyageur comme celui-là, un voyageur plus impatient et plus nerveux.

« Les chevaux dévoraient l'espace et jamais, très certainement, ils n'avaient fourni une course semblable, une course aussi rapide.

« Mais le voyageur ne se montrait pas moins toujours très mécontent.

« Constamment il harcelait Germain.

« Constamment il se plaignait qu'il ne marchait pas.

« A chaque seconde il lui criait :

« — Eh! sacrebleu, que fichez-vous donc?... Vous dormez donc sur votre siège?... Hardi, plus vite!... plus vite que ça!...

« La justice demanda alors à Germain s'il pourrait désigner la maison où ces deux étranges voyageurs étaient descendus.

« Mais, sur ce point, le garçon de l'auberge n'avait rien pu répondre, car les deux voyageurs l'avaient quitté à l'entrée de la ville...

Mais depuis un moment, la mère Blanchard, tout en écoutant très attentivement Mme Lambert, souriait doucement et ironiquement.

— Comme vous avez pu vous en rendre compte, dit-elle, je vous ai écoutée de toutes mes oreilles et je n'ai pas perdu un seul mot, une seule syllabe de ce que vous venez de me dire.

« D'ailleurs, comme je ne connaissais pas ces détails-là, je ne vous cache pas qu'ils m'ont paru assez intéressants.

« Mais enfin, je dois vous avouer aussi que je ne trouve là-dedans rien de décisif, rien de concluant contre Ravachol.

« Non, dans tous les faits que vous m'avez racontés, je ne trouve rien qui puisse faire disparaître mes doutes et me prouver que ce garçon-là est bien l'assassin de l'ermite.

« Car enfin, madame Lambert, vous qui ne pouvez pas avoir de parti pris dans cette affaire...

— Oh! certainement... Quel parti pris pourrais-je avoir, puisque je ne connais pas Ravachol et que je n'avais même jamais entendu prononcer son nom avant cette aventure?

— Eh bien! voyons, dit la mère Blanchard, réfléchissez un peu et tâchez de vous rendre compte des choses.

« Quelles sont les charges, ou plutôt les prétendues charges, qui, jusqu'à présent, s'élèvent contre Ravachol?

« On s'étonne d'abord qu'il soit venu passer quelques heures à Unieux...

« Mais je vous ai déjà répondu qu'il avait bien, comme tout le monde, le droit d'aller là comme ailleurs.

« Ensuite il aurait, paraît-il, interrogé assez longuement le patron de l'auberge de la Grotte sur le vieil ermite de Chambles.

« Mais enfin, est-ce que tous les voyageurs qui vont à Unieux n'en font pas autant?

« Est-ce que tous ceux qui s'y arrêtent seulement une heure n'interrogent pas les gens du pays sur le vieux Jacques Brunel?

« Donc, dans ces conditions-là, je me demande ce que la curiosité de Ravachol pourrait prouver contre lui.

« Ensuite on veut l'accuser parce qu'il a voulu se faire conduire à l'ermitage malgré qu'il était déjà nuit et que l'heure se trouvait déjà assez avancée.

« Mais la curiosité de Ravachol avait dû certainement être de plus en plus éveillée par ce que le patron de l'auberge avait pu lui dire de l'ermite, et son insistance à vouloir se faire conduire immédiatement vers lui ne s'explique-t-elle pas très naturellement par cette curiosité même, et par ce fait aussi que Ravachol n'avait peut-être pas le temps de rester jusqu'au lendemain à Unioux ?

« Ensuite, pendant le trajet de l'auberge de la Grotte à Notre-Dame-de-Grâce, Ravachol et sa maîtresse se parlaient bas et chuchotaient.

« Je vous ai déjà dit, madame Lambert, ce qu'il fallait penser de ça.

« Oh ! je sais bien que le garçon de l'auberge, que ce Germain veut mettre dans la bouche de la jeune femme des paroles compromettantes.

« Mais enfin, il faudrait bien que ce garçon se mît aussi un peu d'accord avec lui-même.

« Si Ravachol et sa maîtresse chuchotaient et se parlaient si bas, comment pouvait-il entendre ce qu'ils se disaient ?

« Il faudrait donc supposer que les deux jeunes gens auraient exprès élevé la voix à ce moment-là pour se trahir ?

« Non, c'est vraiment trop bête, c'est vraiment trop niais, et je ne puis m'empêcher de hausser les épaules.

Et la brave mère Blanchard, en effet, venait de hausser brusquement les épaules, en accompagnant ce mouvement d'un nouveau petit rire ironique.

Puis, vivement, elle reprit :

— Ensuite, qu'a raconté encore ce Germain ? Il a raconté que lorsqu'ils étaient arrivés au pied de la montagne, Ravachol lui avait dit :

« — Ce n'est pas la peine d'éreinter vos chevaux... Attendez-nous là.

« Eh bien ! est-ce que c'est encore là une preuve de la culpabilité de Ravachol ?

« Mais, comme tout le monde, j'ai été aussi dans le temps faire mon petit pèlerinage là-haut, à l'ermitage de Notre-Dame-de-Grâce.

« Et je connais la montagne.

« Elle est très rapide.

« Or, il est bien certain que si Ravachol était pressé et voulait aller vite, il faisait beaucoup mieux de laisser là sa voiture et de grimper à pied jusqu'à la demeure de l'ermite.

« Enfin, quand Ravachol et sa maîtresse sont revenus, il paraît, toujours, d'après le dire de Germain, qu'elle était toute pâle et que lui était très fébrile.

« Mais comment le sait-il?

« Mais comment a-t-il pu s'en rendre compte, cet imbécile de garçon?

« D'abord il faisait nuit et il n'aurait rien pu voir.

« Mais admettons qu'il ne se soit pas trompé... supposons, en effet, qu'il ait dit vrai et que la jeune femme ait été un peu pâle en revenant de voir l'ermite...

« Est-ce que cela ne s'expliquerait pas encore le plus facilement et le plus aisément du monde?

« Il était nuit, et, la nuit, tout le monde sait qu'il y a des moments où il fait un froid de loup au sommet de la montagne...

« Quant à Ravachol, s'il était si nerveux, c'est que très probablement le garçon de l'auberge était trop mou.

« Mettez-vous à la place de Ravachol.

« Il est pressé de revenir à Saint-Étienne, il est pressé de rentrer chez lui, et il se trouve en face d'un endormi qui a de la peine à bouger, à se remuer...

« Alors, il le houspille, il le secoue, il s'énerve...

« Et voilà, parbleu, toute l'histoire!

« Eh bien! madame Lambert, qu'en pensez-vous?

Mais Mme Lambert hochait la tête, l'air de plus en plus sérieux, de plus en plus grave.

— Je pense, répondit-elle, que vous ne serez peut-être pas tout à l'heure aussi convaincue de l'innocence de Ravachol que vous l'êtes en ce moment...

— C'est ce qu'il faudra voir. Mais continuez, s'il vous plaît, madame Lambert!

— Car il y a encore d'autres faits que vous ignorez... d'autres faits que je n'ai pas eu encore le temps de vous apprendre.

— Parbleu! on ne peut pas tout dire à la fois. Eh bien! voyons, faites-moi le plaisir de me dire quels sont ces faits nouveaux qui doivent me convaincre que la justice ne se trompe pas, et que c'est bien Ravachol, et que c'est bien ce brave garçon que j'ai connu qui a fait passer le goût du pain au vieux Jacques Brunel, au vieil ermite de Notre-Dame-de-Grâce.

— Eh bien! madame Blanchard, reprit Mme Lambert, vous savez maintenant qu'après sa visite à l'ermite, Ravachol s'était montré très pressé de retourner à Saint-Étienne?

— Parfaitement.

— Et vous savez aussi que son impatience était telle qu'il trouvait toujours que les chevaux de Germain ne marchaient pas assez vite?

— Oui, oui... Je sais tout cela... Eh bien?

— Eh bien! madame Blanchard, on prétend aujourd'hui, car ce n'est pas moi qui parle, vous m'entendez bien?

— Oui, oui...

— Ce sont les journaux... C'est le bruit public.

— Oui, je comprends bien que vous ne faites que répéter ce que tout le monde dit, n'est-ce pas?

— Pas autre chose.

— Allez! Allez!

— On prétend donc que Ravachol n'avait rendu visite à l'ermite qu'avec l'arrière-pensée de trouver là-haut un bon coup à faire...

« Du reste, Jacques Brunel n'attachait pas, comme on dit, ses chiens avec des saucisses, et comme il recevait pas mal de cadeaux, pas mal d'offrandes, tout le monde était persuadé qu'il devait avoir un bas de laine assez bien garni...

« Or, après avoir tué l'ermite, Ravachol s'était mis à la recherche du trésor et il avait fini par le découvrir.

« Mais, voilà le diable! c'est que ce trésor-là, c'est que cet argent-là n'était pas aussi facilement transportable que l'on aurait pu le croire...

— Comment ça? fit vivement la mère Blanchard. Des pièces de cent sous, des pièces de vingt francs... On en bourre toutes ses poches, on les empile au besoin dans un mouchoir, en ayant soin de s'arranger de façon à ce qu'elles ne fassent pas de bruit, et tout est dit...

— Oh! vous en parlez à votre aise! dit vivement Mme Lambert, qui se mit à rire.

« Mais ce qu'il faut que vous sachiez, c'est que le magot de l'ermite n'était pas en pièces de vingt francs, ni en pièces de cent sous...

« Parbleu! il y avait bien quelques louis, quelques écus, mais, enfin,

LES EXPLOITS DE RAVACHOL

Une grande foule de curieux assiégeaient les abords du Palais de Justice.

Liv. 16.

le magot, la forte somme se composait de monnaie de cuivre, c'est-à-dire de gros sous...

« Or, savez-vous à combien on estime les petites économies que le bon Jacques Brunel avait pu mettre de côté?

« On les estime à une trentaine ou à une quarantaine de mille francs.

« Eh bien! madame Blanchard, allez donc emporter sur votre dos un pareil poids, un pareil fardeau!

« La chose n'est pas possible, n'est-il pas vrai? et elle n'était pas plus possible pour Ravachol que pour un autre.

« Alors savez-vous ce qu'il a fait?

« Alors savez-vous l'idée qui lui est venue?

— Quelle idée, madame Lambert?

— Eh bien! il lui est tout simplement venu l'idée de courir à Saint-Étienne chercher une autre voiture qui pourrait lui servir à emporter l'argent de l'ermite.

« Mais comme il n'y avait pas de temps à perdre, mais comme, si l'on voulait mettre la main sur le magot, il était indispensable d'être de retour à Notre-Dame-de-Grâce avant que le crime ne fût découvert, il fallait donc absolument se hâter d'agir.

« Et voilà pourquoi Ravachol était si pressé, si fébrile en partant d'Unieux...

« Et voilà pourquoi il trouvait toujours que les chevaux de Germain ne couraient pas assez vite.

— Et qui dit cela?

— Qui?

— Oui?

— Mais tout le monde... Mais, attendez!... attendez encore!...

« Arrivé à Saint-Étienne, Ravachol a, en effet, loué une voiture, puis, accompagné de deux de ses camarades, de deux de ses amis, il est revenu, sans perdre une minute, à Notre-Dame-de-Grâce.

« Les trois hommes ont alors empilé dans des sacs les gros sous de Jacques Brunel, ont chargé ces sacs sur la voiture, puis, fouette cocher! En route pour Saint-Étienne!...

— Et la suite?

— Et la suite, madame Blanchard, la voici : Comme Ravachol avait bien prévu que sa présence à Unieux, coïncidant avec l'assassinat de l'ermite, ne pouvait pas manquer d'attirer les soupçons sur lui, son premier soin fut de faire disparaître cet argent qui aurait pu le compromettre...

« Quand je dis qu'il le fit disparaître, c'est tout simplement une façon de m'exprimer, vous me comprenez bien?

« Je veux dire qu'il ne le garda pas dans sa maison et qu'il en fit trois parts...

— Trois parts?

— Oui, trois parts. Sa maîtresse en cacha une, et les deux autres furent confiées aux deux amis, aux deux camarades qui l'avaient accompagné à Notre-Dame-de-Grâce.

— C'est toujours ce que l'on raconte?

— Bien entendu!

— Et qu'en sait-on?... Ce n'est pas, je suppose, celui que l'on accuse d'être le coupable qui aurait été raconter tout cela?...

— Non, non, très certainement. Mais attendez toujours!

— Oh! j'attends bien! dit Mme Blanchard avec un sourire qui prouvait très clairement qu'elle n'était pas encore convaincue.

— Voilà donc, n'est-ce pas, que le crime est découvert, continua Mme Lambert. Voilà donc que le patron de l'*Auberge de la Grotte* et que son garçon ont été interrogés par la justice, ont jasé, et que les soupçons se sont définitivement portés et arrêtés sur Ravachol.

« On donne aussitôt son signalement à tous les agents de Saint-Étienne et à toute la police du département de la Loire.

« Et on le recherche.

« Ravachol, qui ne savait pas ce qui s'était passé à Unieux, c'est-à-dire que le patron de l'auberge avait parlé, avait fini par devenir très tranquille et ne s'inquiétait guère.

« On raconte même que pendant que la police le recherchait, il passait assez gaiement ses journées et qu'il s'amusait à faire la fête avec sa maîtresse.

« Enfin, un beau soir, ou plutôt une belle nuit, il tombe dans une souricière que la police avait organisée autour de sa maison.

« On se jette sur lui, on l'arrête, on l'enchaîne, mais cependant tout d'un coup, profitant très habilement d'une courte distraction des agents, il se met à jouer des jambes.

« Les agents se lancent à sa poursuite, mais comme il est beaucoup plus leste qu'eux, ils ne le retrouvent plus.

« Mais alors, madame Blanchard, qu'arrive-t-il ?

— Qu'arrive-t-il, madame Lambert?

— Eh bien ! il arrive que quelques heures après, c'est-à-dire à la première pointe du jour, on coffre la maîtresse de Ravachol et l'un des deux amis.

« Et alors la police acquiert la certitude que l'argent trouvé chez eux est bien l'argent qui a été dérobé dans l'ermitage de Notre-Dame-de-Grâce.

« Et voilà, madame Blanchard.

« Maintenant, concluez.

Mais la vieille femme du mineur continuait à ne pas vouloir se rendre.

— Non, non, s'écria-t-elle, tout ça ce sont des histoires dont on finira bien, un jour ou l'autre, par connaître le fin mot.

« Mais que je puisse croire que mon petit Ravachol a pu commettre ce crime-là, non, voyez-vous, c'est impossible !

« Et j'irai même plus loin. Il viendrait lui-même me dire que c'est lui qui a fait le coup, que je ne sais pas si je le croirais encore.

« Oui, oui, madame Lambert, regardez-moi bien, c'est comme ça.

« Oui, allons, au revoir !... Le bonjour chez vous... Mais vous verrez plus tard si je n'avais pas raison.

Et Mme Lambert n'était pas plus tôt partie que la mère Blanchard se précipita dans la chambre où se trouvait Ravachol.

— Eh bien! s'écria-t-elle, tu as entendu cette vieille bête, cette vieille folle ?

« Elle a l'air de croire toutes les sornettes des journaux, toutes leurs inventions, tous leurs mensonges.

« Mais tu as bien dû entendre aussi comme je l'ai remouchée?...

— Oui, oui, madame Blanchard, et je vous en remercie, dit vivement Ravachol. Mais, que voulez-vous? ils sont tous comme ça. Ils veulent tous que ce soit moi qui ait fait le coup.

« Mais enfin, comme vous venez de le dire vous-même, on finira bien, un jour ou l'autre, par connaître le fin mot de toutes ces histoires.

« Seulement, madame Blanchard, ajouta-t-il, voulez-vous me permettre de vous parler en toute franchise?... voulez-vous me permettre de vous dire très sincèrement ce que je pense?

— Mais oui, mais certainement, mon garçon. Eh bien! qu'est-ce que c'est?

— Eh bien! ne vous semble-t-il pas que vous avez été très imprudente tout à l'heure?

— Imprudente?

— Oui, madame Blanchard.

— Mais comment ça, mon petit? A propos de quoi?

— A propos de moi. Est-ce que vous n'avez pas eu tort, par exemple, de dire à cette femme que vous m'aviez beaucoup connu autrefois?... N'est-ce pas là peut-être une grosse faute que vous avez commise?

— Une grosse faute?

— Dame, madame Blanchard, moi, j'en ai peur. Je ne connais pas cette femme qui sort de chez vous; je ne connais pas cette Mme Lambert, mais enfin elle me paraît passablement bavarde.

« Par conséquent, elle ne manquera donc pas de répéter à qui voudra l'entendre ce que vous lui avez dit.

« Elle ne manquera donc pas de raconter à tout le monde que vous m'avez connu dans le temps à Saint-Chamond. Et que la police finisse par en apprendre aussi long qu'elle, aussi long que tous vos voisins, et qui peut me répondre qu'un beau jour elle n'aura pas l'idée de venir me chercher ici?

— Tu es fou!

— Pas si fou que ça, madame Blanchard!

— Mais si, mon garçon. J'ai bien dit en effet à la mère Lambert que je t'avais connu quand tu étais tout enfant, tout gamin, mais elle doit bien croire aussi que depuis cette époque-là, c'est-à-dire que depuis que nous avons quitté Saint-Chamond, je t'ai complètement perdu de vue...

— Oui, oui, fit Ravachol en secouant la tête. Mais, dans tous les cas, madame Blanchard, puisque vous êtes une bonne femme et que vous ne voudriez pas me compromettre...

— Moi!... Ah! mon pauvre garçon!... Qu'est-ce que tu dis là!...

— Eh bien! une autre fois, vous me feriez bien plaisir si vous vouliez vous taire...

— Oui, sois tranquille. A l'avenir, on gardera sa langue.

Et la femme du mineur sortit, laissant encore Ravachol seul dans la chambre qu'il considérait déjà comme la sienne.

Pourtant, il faut bien le dire, après y avoir plus longuement et plus sérieusement réfléchi, l'ancien faux-monnayeur avait fini par se rassurer, et il n'était plus aussi ému de ce qu'il avait appelé « l'imprudence » de la mère Blanchard.

Et il en arrivait même à présent à sourire en pensant à la police qui, sûrement, à moins d'être avertie, — ce qui était plus qu'improbable, — ne viendrait jamais le chercher là, dans ce coin si désert et si perdu.

— Oui, oui, se disait-il, la mère Blanchard avait raison : j'étais fou !

« Car enfin la mère Lambert jaserait bien que rien ne prouve que l'on attacherait beaucoup d'importance à ce bavardage-là.

« Et puis, en effet, la mère Blanchard a bien dit qu'elle m'avait connu quand j'étais moutard, mais elle n'a fait aucune allusion qui pourrait laisser croire qu'elle m'a revu depuis, et surtout qu'elle m'a revu aujourd'hui.

« Je n'ai donc, par conséquent, qu'à ne pas me faire de bile et qu'à attendre très tranquillement les événements.

« Après, l'on verra.

Mais, comme on va le voir, quand il raisonnait ainsi, il comptait, comme on dit, sans son hôte.

Comme après s'être retourné maintes et maintes fois, il n'avait plus senti la police derrière lui, il avait imprudemment pensé qu'il avait enfin réussi à lui faire perdre sa trace ; mais il s'était étrangement trompé.

La police, en effet, avait bien été un peu déconcertée, un peu décontenancée, quand, grâce à la corde trouvée sur le toit du Lyonnais, il avait pu lui glisser entre les doigts une seconde fois, en s'échappant de la chambre de la petite bonne.

Mais elle s'était aussi très vite remise de son émotion et de sa surprise.

Du reste, après avoir été ainsi jouée plusieurs fois, c'était pour elle à présent — et plus que jamais — une question d'amour-propre de s'emparer enfin de l'assassin de l'ermite de Chambles.

Et l'amour-propre, pour les policiers, c'est peut-être le plus grand des stimulants.

D'abord le commissaire avait voulu interroger la petite bonne et tâcher de tirer d'elle quelques éclaircissements, quelques renseignements dont il pourrait peut-être faire son profit.

Quelques mots, en effet, entendus et répétés au commissaire par le jeune voisin qui s'était donné, quelques instants auparavant, la mission de faire arrêter Ravachol, pouvaient laisser supposer que la jeune fille connaissait celui-ci.

Mais la petite bonne s'était renfermée dans un mutisme absolu et il avait été impossible de lui arracher un seul mot, une seule parole.

— Je dormais, dit-elle. Tout à coup j'ai été réveillée en sursaut par un bruit qui venait de se faire tout près de mon lit. C'était cet homme qui venait de s'introduire ici par la fenêtre. Mais je ne sais rien de plus.

— Pourtant vous avez dit son nom, dit le commissaire.

— Son nom?

— Certainement, je le sais. Vous avez dit Ravachol. Allons, voyons, ne mentez pas.

La petite bonne était bien restée interdite pendant quelques secondes, mais elle n'avait pas tardé à reprendre tout son aplomb.

— Ah! oui, c'est vrai, fit-elle. Oui, je crois me rappeler, en effet, que j'ai dit : Ravachol...

— Eh bien?

— Mais si j'ai prononcé ce nom-là, ce n'est pas parce que je connaissais déjà cet homme, mais bien parce que cet homme en me voyant me dresser en face de lui, tout effarée, toute tremblante, a pris le soin de se faire connaître lui-même.

— Lui-même?

— Oui, monsieur.

— Comment ça?

— Comme il avait probablement peur que je crie à l'aide, que j'appelle au secours, il m'a fait un signe pour me supplier de me taire et il m'a dit : Je suis Ravachol, ne me perdez pas!... D'ailleurs, vous n'avez rien à craindre de moi, je vous le jure!...

« Et alors, oui, je m'en souviens très bien maintenant, je n'ai pu retenir un mouvement de surprise, un mouvement de saisissement et je me suis écriée : Ravachol!...

« Mais, je vous répète, monsieur, que je ne sais rien et que malgré toute ma bonne volonté, il me serait absolument impossible de vous dire et de vous apprendre quelque chose de plus.

Du reste, la jeune fille, après tout, ne mentait qu'à moitié.

Elle connaissait bien, certainement, et d'assez longue date, l'ancien faux-monnayeur, mais en supposant même qu'elle eût voulu le trahir et se faire l'auxiliaire de la police, quel renseignement utile aurait-elle pu fournir sur lui?

Connaissait-elle ses relations et ses habitudes?

Mais lui avait-il fait ses confidences et aurait-elle pu indiquer l'endroit où il espérait se cacher, le lieu où il pensait se réfugier?

Assurément non.

Dans ces conditions-là, il était donc beaucoup plus sage de ne pas perdre un temps précieux en inutiles bavardages et de se remettre immédiatement en campagne...

C'est ce que le commissaire lancé aux trousses de Ravachol, fut assez avisé pour comprendre.

D'ailleurs, comme nous venons de le dire, l'amour-propre s'en mêlant, l'entêtement de la police à vouloir mettre la main sur l'assassin égalait presque maintenant l'entêtement que celui-ci mettait à lui échapper.

Cette fois, d'ailleurs, le commissaire et ses agents — il faut leur rendre cette justice — firent preuve d'assez d'intelligence et d'assez de flair.

Pensant avec raison que Ravachol ainsi poursuivi, ainsi traqué, n'avait pas été assez bête pour rester dans le centre de la ville, ils dirigèrent leurs recherches du côté de la campagne.

Et alors, chemin faisant, ils continuèrent leur enquête.

Ils ne se contentaient pas seulement d'entrer dans toutes les maisons, du reste assez rares, qu'ils rencontraient sur leur route, mais encore ils arrêtaient et interrogeaient tous les passants.

Et cependant toujours rien, toujours aucun indice qui pût les mettre sur la piste de Ravachol!

C'était vraiment à désespérer, et le commissaire de police commençait à se dire qu'il ferait peut-être beaucoup mieux de revenir sur ses pas et de rentrer à Saint-Étienne, quand tout à coup, il eut un mouvement.

Là-bas, tout au fond de la route, il venait d'apercevoir encore quelqu'un, encore un passant qui semblait se diriger de leur côté.

— Allons, pensa-t-il, questionnons encore celui-là!... S'il n'en sait

LES EXPLOITS DE RAVACHOL

La police et des paysans avaient fait plusieurs battues dans les bois.

pas plus long que les autres, nous aurons toujours le temps de ne pas aller plus loin...

Puis, comme si une impatience plus grande encore venait de le saisir, il fit signe à ses hommes de hâter le pas...

Pendant ce temps, le passant aperçu au loin continuait d'avancer de la même allure paisible, de la même allure tranquille.

Comme il faisait déjà une chaleur assez lourde, il cheminait sans se gêner, sa veste sur le bras.

C'était un vieillard d'environ soixante-cinq à soixante-dix ans et qui avait l'air d'un paysan aisé.

Il habitait précisément pas très loin des Blanchard et le hasard avait justement fait qu'environ une demi-heure ou trois quarts d'heure auparavant il avait, en passant devant la maison, ou plutôt la masure du mineur, aperçu la vieille femme en train d'échanger les premiers mots avec Ravachol.

Il avait même levé son chapeau et souhaité le bonjour à celle qu'il appelait sa « voisine », mais la vieille femme était en ce moment sous le coup d'un trop grand étonnement et d'une trop profonde surprise pour avoir eu le temps de l'apercevoir.

Et tout en s'appuyant lourdement sur son énorme bâton, le vieux paysan continuait d'avancer.

Soudain il s'arrêta court, tout saisi, tout effaré. Le commissaire de police et ses agents venaient brusquement de lui barrer le passage.

— Pardon, dit vivement le magistrat, un mot, s'il vous plaît ?

L'autre les regardait de plus en plus abasourdi, de plus en plus ahuri, ne comprenant rien à une attaque aussi soudaine et aussi brusque.

— Je suis commissaire de police et je veux vous demander un renseignement.

— Un renseignement !

— Oui. Venez-vous de loin ?

— D'assez loin.

— Eh bien ! n'auriez-vous pas rencontré sur votre chemin un individu qui pourrait répondre à ce signalement-là ?

Et le commissaire de police se mit à dépeindre minutieusement Ravachol tel que l'un des agents qui l'accompagnaient l'avait vu après sa fuite de la chambre de la petite bonne.

Le vieux paysan avait baissé la tête, puis cherchait, réfléchissait.

— Mais, monsieur, non, finit-il par dire, je ne me souviens pas d'avoir rencontré un individu comme celui-là.

Mais le commissaire de police insiste.

— Vous n'avez pas l'air bien sûr de vous, dit-il. Voyons, cherchez encore, tâchez de rappeler vos souvenirs.

« Que diable ! vous devez bien avoir encore assez de mémoire pour vous rappeler à peu près la mine des gens que vous avez pu rencontrer depuis que vous êtes sorti de chez vous !

— Oui, je cherche bien, je cherche bien, balbutia le vieux paysan tout intimidé.

Puis au bout d'un instant de silence :

— Ah! mais, attendez donc!... attendez donc! s'écria-t-il, tout à coup d'un air triomphant... Oui, je crois, en effet, que j'ai vu notre homme !

Tous les agents avaient tressailli, puis s'étaient regardés.

— Où ça ? fit vivement le commissaire.

— Oh! là-bas... pas loin de chez moi.

— Alors il y a longtemps ?

— Une demi-heure, trois quarts d'heure... Mais ça ne fait rien, vous pourrez le rattraper tout de même.

— Qu'en savez-vous ?

— Je vais vous dire, répondit vivement le vieux paysan. Comme en partant de chez moi je passais devant la porte de la mère Blanchard...

— De la mère Blanchard ?

— C'est une voisine, ou plutôt, je l'appelle ma voisine parce que, bien que nous soyons encore assez éloignés l'un de l'autre, c'est sa maison qui est la plus rapprochée de la mienne.

— Allez ! allez !

— C'est la femme d'un mineur, d'un très brave homme, monsieur le commissaire, ça, tout le monde peut le dire.

— Mais parlez donc, morbleu ! parlez donc !

— Oui, monsieur le commissaire.

— Après?

— Eh bien ! comme je passais devant la porte de la mère Blanchard, je l'ai aperçue qui causait avec un individu qui est étranger au pays et qui répond très exactement au signalement que vous venez de me donner.

« Je me rappelle même que j'ai été un peu étonné et que je me suis retourné pour mieux le voir.

« Et si je vous ai dit tout à l'heure que malgré la grande avance qu'il a sur vous vous pourriez le rattraper tout de même, c'est qu'à ce moment-là cet individu était dans la maison de la mère Blanchard où, très probablement, il doit être encore.

Le commissaire de police venait de se redresser brusquement avec un éclair de joie dans les yeux.

Est-ce que c'était vrai ?

Est-ce qu'il allait enfin prendre sa revanche et tenir Ravachol ?

Est-ce qu'il allait enfin avoir la chance de pouvoir ramener à Saint-Étienne, solidement enchaîné, solidement garrotté, l'audacieux auteur du crime de Chambles ?

Et de plus en plus impatient, de plus en plus fiévreux, il allait encore poser d'autres questions au vieux paysan, quand celui-ci ne lui en laissa pas le temps.

Plein de zèle, à présent qu'il s'apercevait combien le magistrat était satisfait de ses réponses, il continuait en indiquant l'endroit exact où se trouvait située la maison des Blanchard.

— Oh ! vous ne pouvez pas vous tromper, dit-il vivement. La maison est à droite, et c'est la première que vous rencontrerez sur la route.

— A droite ?

— Oui.

— La première ?

— Oui.

Le magistrat n'en écouta pas davantage.

Il venait déjà de faire un signe à ses agents, qui se mirent à galoper derrière lui.

Quelques minutes après ils étaient déjà si loin, que le vieux paysan, qui venait de se retourner, ne les aperçut plus que comme des points noirs qui se perdaient et s'effaçaient au fond de la route.

Or, pendant ce temps-là, pendant qu'il allait être une fois de plus si sérieusement menacé, que faisait Ravachol ?

Ravachol se félicitait encore de l'heureux hasard, de l'heureuse chance qui lui avait fait rencontrer sur son chemin la bonne mère Blanchard.

Ravachol se croyait plus sûr que jamais de l'impunité, plus sûr que jamais de pouvoir attendre le moment favorable, le moment propice pour filer de Saint-Étienne.

Quant au maître du logis, quant au père Blanchard qu'il n'avait pas vu encore, il ne se préoccupait guère de l'accueil que celui-ci pourrait lui faire.

— Il est comme sa femme, se disait-il, il n'y voit pas plus loin que son nez... Rien ne me sera plus facile que de dissiper ses soupçons si par hasard il peut en avoir.

Mais cependant, tout en réfléchissant, l'assassin de l'ermite avait fini par avoir une légère appréhension, un léger souci.

Il venait de penser tout à coup à la situation plus que pauvre, presque misérable de la famille dans laquelle il était tombé.

Car il n'avait eu qu'à jeter un coup d'œil dans la maison pour se rendre compte tout de suite que c'était à peine si l'on devait, là dedans, arriver à joindre les deux bouts.

Il y avait bien, il est vrai, trois hommes qui travaillaient, le père Blanchard et ses deux fils, mais ce n'était pas avec leur maigre salaire de mineurs qu'ils pourraient, malgré toute leur bonne volonté et tout leur bon cœur, se payer le luxe de l'entretenir.

— Oui, parbleu, pensa Ravachol, je sais bien que l'on se gênera et que pendant quelques jours tout ira bien... Mais pourra-t-on se gêner toujours?... Mais n'arrivera-t-il pas un moment où l'on me fera comprendre que je ne ferais pas mal de déguerpir?

Et c'était maintenant cette réflexion-là, cette réflexion qui s'était présentée soudainement à son esprit, qui absorbait tout entier Ravachol.

Mais comme il venait de glisser la main dans son gousset et de faire sa caisse; comme il venait de constater qu'il était encore possesseur d'une petite somme assez ronde sans compter, d'ailleurs, l'argent qu'il espérait bien pouvoir d'un moment à l'autre retirer de chez Crozet, il finit par se rassurer complètement.

— Je serai quitte pour donner de temps à autre à la mère Blanchard une pièce de cent sous, se dit-il, et je pourrai passer ici de beaux jours encore.

Quant à la mère Blanchard, tandis que l'assassin se livrait ainsi à ses réflexions, c'était précisément la même pensée qui lui était venue et qui lui rendait le front un peu plus sombre.

Assise tout près de la table et les deux mains abandonnées sur ses genoux, de temps à autre la femme du mineur secouait la tête et marmottait entre ses dents des paroles que l'on n'aurait pu comprendre.

Certes, ce n'était pas qu'elle n'eût le meilleur cœur du monde, car, au contraire, c'était certainement la créature la plus compatissante que l'on pût rencontrer, et tous ceux qui la fréquentaient, et tous ceux même qui l'approchaient, avaient pu plus d'une fois constater sa grande bonté, son grand dévouement pour tous les malheureux qui pouvaient être plus à plaindre qu'elle.

Combien de fois n'avait-elle pas pris sur ses nuits ou sur sa maigre part de pitance, pour aller donner ses soins à d'autres femmes de mineurs tombées malades, ou pour rassasier un peu quelque petit affamé !

Mais enfin, comme se disait en ce moment la vieille femme, il ne suffit pas toujours d'avoir bon cœur, mais il faut encore en avoir les moyens.

Et sans regretter une seule seconde d'avoir offert l'hospitalité à Ravachol, elle se demandait cependant comment, avec la maigre paye de son homme et le mince salaire de ses deux fils, elle allait pouvoir faire vivre maintenant toute la maisonnée.

Parbleu ! il était bien entendu que, quant à elle, elle saurait bien s'arranger de façon à ne pas avoir trop d'appétit.

Mais enfin, tout compte fait, il n'en restait pas moins vrai qu'elle allait avoir une bouche de plus à nourrir, et c'était là, pour elle, le très grave, le très difficile problème à résoudre.

Et comme elle continuait à demeurer assise, toujours absorbée, toujours pensive, soudain la mère Blanchard se redressa.

Toute pâle, elle écoutait un bruit qui venait de lui parvenir du dehors et qui lui avait fait courir un frisson dans les veines.

C'était comme le bruit d'une grande galopade, d'une course folle, comme le bruit qu'elle avait entendu hélas ! dix fois, hélas ! vingt fois, quand après une explosion de grisou dans la mine, les mineurs affolés, blêmes de terreur, l'œil hagard, passaient en hurlant et en courant devant sa demeure.

Et la vieille femme trembla.

Est-ce qu'il venait encore d'arriver là-bas, dans cet enfer où son homme et ses deux fils risquaient chaque jour à toute minute et à toute seconde leur existence, est-ce qu'il venait encore d'arriver quelque épouvantable catastrophe, quelque effrayant sinistre?

Et en moins de quelques secondes, la vieille femme de plus en plus pâle, de plus en plus tremblante, revit passer devant ses yeux les horribles scènes auxquelles elle avait pu assister et dont elle n'avait jamais pu parvenir à perdre le souvenir.

Elle revit les hommes que l'on retirait du puits, les uns broyés, les autres à demi calcinés, d'autres encore devenus subitement fous.

Elle revit les cadavres mutilés, les cadavres sanglants, entassés dans le bureau de la recette.

Elle entendit encore les cris terribles, les cris désespérés des mères, des femmes et des filles qui venaient chercher là des nouvelles, qui venaient là anxieuses, voir si celui qu'elles aimaient allait leur revenir vivant ou sortir mort de ce trou noir, de ce trou si profond qui allait se perdre si loin, si avant dans les entrailles de la terre.

Et toujours sous le coup de cette pensée sinistre, de ce lugubre pressentiment qui lui mettait une sueur froide au front, elle courut ou plutôt elle s'élança d'un bond vers la porte,

XI

ENCORE A REFAIRE !

Mais alors elle recula.

Non, cette course qu'elle avait entendu, cette grande galopade qui l'avait tant effrayée, ce n'était pas celle des mineurs fuyant le grisou, mais celle de la police à la recherche de l'assassin de l'ermite.

Et comme à la voix du commissaire elle avait fait encore instinctivement un mouvement pour reculer :

— Vieille, si tu bouges, je te brûle la cervelle! dit un agent.

Et il venait en effet de braquer sur elle son revolver.

— Et vous, dit le commissaire en s'adressant aux autres hommes qui l'accompagnaient, cherchez! cherchez bien!... Il ne faut pas que, cette fois, il nous échappe encore!

Mais où chercher?

La grande pièce où ils se trouvaient était à moitié nue, à moitié vide, et il était bien facile de se rendre compte tout de suite qu'il était impossible à Ravachol de pouvoir s'y dissimuler.

Mais cependant le commissaire venait d'apercevoir la petite porte de la chambre où se tenait l'assassin.

Il s'y élança lui-même, y entra plus rapide que l'éclair, mais cette fois encore comme chez le Lyonnais, comme chez la petite bonne, il n'y arriva que pour voir Ravachol s'enfuir et que pour l'entendre lui crier dans un grand éclat de rire ironique :

— Pas de veine, mon vieux!... C'est encore à refaire!

En effet, le bruit de cette course rapide, le bruit de cette course qui avait si vivement ému la vieille femme du mineur, n'avait pas non plus échappé à Ravachol qui, bien qu'il voulait se croire très tranquille et très rassuré, n'en était pas moins très prudemment sur le qui-vive.

Aussi, dès qu'il avait entendu la porte de la mère Blanchard s'ouvrir avec tant de violence, dès que ces mots : « Vieille, si tu bouges, je te brûle la cervelle! » lui étaient parvenus, avait-il d'un bond sauté par la fenêtre.

Et maintenant il détalait à travers la campagne.

Quant au commissaire, ce nouvel insuccès l'avait rendu si furieux que, les poings crispés, les lèvres frémissantes, il resta pendant plusieurs minutes immobile et comme cloué à la même place.

Et pendant quelque temps encore il put suivre des yeux Ravachol, puis, peu à peu la silhouette de celui-ci se perdit, se fondit dans le lointain.

Il était bien loin maintenant.

Mais, en effet, ce n'était pas de veine!

Mais en effet c'était encore à refaire.

Puis, brusquement, toujours furieux, le commissaire revint dans la première pièce où la pauvre mère Blanchard, toujours menacée par le brutal agent, continuait à demeurer plus morte que vive.

LES EXPLOITS DE RAVACHOL

C'était dans cette cave ou plutôt dans cette tombe qu'il passait à présent ses journées.

Et alors, comme il fallait bien qu'il se vengeât sur quelqu'un, naturellement il se vengea sur elle.

Prenant donc son air le plus important, ou plutôt le plus menaçant, il se mit à lui faire subir un très long interrogatoire.

— Vous connaissez cet homme? dit-il.

Oui.

— Vous savez que c'est Ravachol?

— Oui.

— Vous savez aussi de quoi on l'accuse? vous savez pourquoi on le recherche, vous savez enfin que c'est lui qui a tué Jacques Brunel, l'assassin de Chambles?

Rien n'avait été plus facile à la mère Blanchard que de mentir et de répondre que, vivant si loin de la ville, elle ne connaissait pas encore la terrible accusation que l'on faisait peser sur Ravachol.

Mais elle était brave, et le moindre mensonge lui répugnait.

D'ailleurs, en avouant à la police qu'elle savait tout, elle pensait encore servir les intérêts de Ravachol, car elle témoignait ainsi combien elle avait confiance en lui et combien elle le croyait incapable d'avoir commis le crime qu'on lui imputait.

— Oui, dit-elle, je sais en effet que Ravachol est accusé d'avoir assassiné l'ermite de Chambles pour le voler.

« Oui, je sais que toute la police le poursuit et le traque comme une bête fauve.

— Et cela ne vous a pas empêché de le recevoir dans votre maison! dit brutalement le commissaire dont l'attitude était devenue plus menaçante encore. Et cela ne vous a pas empêchée de tâcher de le soustraire à la justice en l'accueillant, c'est-à-dire en le cachant chez vous!

— Non, répondit très carrément la vieille femme. Mais si je lui ai ouvert notre maison, mais si j'ai consenti à le recevoir chez moi, ce n'est pas, comme vous semblez le croire, pour soustraire un assassin à la justice, mais pour essayer de défendre et de protéger un innocent contre une erreur que la justice était en train de commettre.

« D'ailleurs, ajouta-t-elle plus vivement, puisque vous prenez la peine de m'interroger, c'est bien, je pense, pour que je puisse vous répondre.

« Eh bien! avant de me reprocher d'avoir donné l'hospitalité à

Ravachol, il faut bien que vous sachiez aussi comment les choses se sont passées; il faut bien que je vous apprenne aussi par suite de quelles circonstances vous l'avez trouvé chez moi.

« Il y a très longtemps que je connais Ravachol et sa famille, mais il y a de longues années aussi que je les avais tous perdus de vue.

« Je les avais connus à Saint-Chamond, puis, quand nous avons quitté cette ville pour venir nous établir ici, nous avons cessé de nous voir.

« Pourtant le petit Ravachol, — car ce n'était encore qu'un gamin, — m'était resté très sympathique et il m'arrivait très souvent encore d'y penser.

« Or, il y a quelques heures, je venais de me planter sur le seuil de ma porte, quand tout à coup j'eus la surprise d'apercevoir un homme qui devait être étranger au pays.

« Je dis que j'étais surprise, car, en effet, les étrangers qui passent par ici sont très rares.

« Mais ma surprise redoubla quand je vis cet homme s'avancer vers moi et que je l'entendis me saluer par mon nom :

« — Bonjour, madame Blanchard!

« Pour le coup, je fus ahurie.

« Qu'est-ce que cela voulait dire?

« Comment cet individu, dont le visage ne me rappelait rien, pouvait-il me connaître?

« Mais je n'eus pas même le temps de l'interroger.

« A son tour, il venait de se nommer.

« — Comment! s'écria-t-il, vous ne me connaissez pas!... Dites plutôt que vous ne me reconnaissez pas?

« Puis il ajouta vivement : « Je suis Ravachol! »

« Et alors, comme je venais de le faire entrer, le pauvre garçon qui n'en dormait plus et qui mourait littéralement de faim, se mit à me raconter tous ses ennuis et toutes ses tribulations.

« Il était bien innocent du meurtre de l'ermite, — il le jurait sur ce qu'il avait de plus sacré, — mais comme la police ne lui laissait pas un moment de répit; comme, d'un autre côté, son signalement était connu de tout le monde, il n'osait même plus, me disait-il, se présenter dans un cabaret ou dans une auberge pour s'y faire servir à manger.

« Enfin, ce n'était pas tout.

« Il ne savait pas non plus où coucher, car toutes les hôtelleries où il aurait pu vouloir passer la nuit pouvaient être pour lui autant de souricières où il risquait de se laisser prendre, où il s'exposait à se faire pincer.

« Encore une fois, ce n'était pas parce qu'il était coupable, ce n'était pas parce qu'il était l'auteur du meurtre de l'ermite qu'il avait peur.

« Non, non!...

« Mais en fuyant, mais en se cachant, mais en essayant de se dérober aux recherches de la police, il avait l'espoir de gagner du temps, c'est-à-dire de permettre à la justice, qui l'accusait injustement, de trouver enfin l'occasion de pouvoir mettre la main sur le véritable assassin de Jacques Brunel.

« Et je dois vous avouer, monsieur le commissaire, que j'étais émue jusqu'aux larmes en l'écoutant, et que je ne pouvais m'empêcher de le plaindre comme j'aurais plaint un de mes fils s'il avait été sous le coup du même malheur que lui.

« Et comme il m'avait parlé de coucher dans n'importe quel coin, dans n'importe quel trou qu'il rencontrerait, c'est alors que l'idée m'est venue de lui offrir cette chambre où vous êtes entré tout à l'heure.

« Et voilà, monsieur le commissaire, acheva la mère Blanchard très calme, comment il s'est fait que j'ai donné l'hospitalité chez nous à Ravachol.

« Et voilà comment j'ai commis, moi aussi, le crime que vous me reprochez.

Les agents regardaient le commissaire, et celui-ci restait les yeux fixés devant lui.

Il songeait en ce moment à Berthollin qui, lui aussi, avait caché chez lui Ravachol et qu'il avait fait coffrer.

Mais pourtant il y avait entre le cas de Berthollin et celui de la mère Blanchard une différence qui sautait aux yeux et qui s'imposait.

En effet, Berthollin avait eu beau protester de la pureté de ses intentions, il avait été trop facile de s'apercevoir que ce n'était qu'un roublard qui voulait faire l'imbécile et qu'il n'avait jamais cru à l'innocence de Ravachol.

Par conséquent, s'il avait consenti à recevoir celui-ci chez lui, il n'avait donc pas eu d'autre but que de tâcher de le soustraire au châtiment qui l'attendait.

En un mot, en agissant ainsi, Berthollin s'était fait en quelque sorte le complice de Ravachol ; mais la femme que le magistrat avait en face de lui, mais la mère Blanchard, dont l'attitude était si naturelle et dont chaque parole était empreinte d'une si profonde sincérité, n'avait pas eu certainement le même but.

Celle-ci n'avait pas été une complice, mais une aveugle, mais une naïve, mais une brave femme qui était parfaitement convaincue que Ravachol était une victime, un martyr, et pour laquelle on aurait été certainement injuste en se montrant trop sévère.

Mais le commissaire de police connaissait trop son métier pour ne pas faire entendre encore des paroles de menace.

Il ne quitta donc la mère Blanchard qu'après lui avoir dit qu'il allait faire son rapport et que le parquet verrait quelle conduite il aurait à tenir à son égard.

Et pour l'acquit de sa conscience il voulut essayer une fois de plus de retrouver la piste de Ravachol.

Pendant plusieurs heures il battit donc encore le pays, entrant dans toutes les maisons qu'il rencontrait sur sa route, interrogeant tous les passants qu'il rencontrait.

Mais personne ne pouvait rien lui dire, mais personne ne pouvait lui lui fournir le moindre renseignement, le plus léger indice sur l'assassin de l'ermite de Chambles.

C'était à croire que Ravachol était rentré sous terre.

Comme on le pense bien, malgré toute son énergie, ce n'était pas sans une violente émotion que la mère Blanchard avait assisté à la scène qui venait de se passer chez elle.

Aussi, quand vers le soir le père Blanchard rentra accompagné de ses deux fils, ne put-il s'empêcher de remarquer tout de suite la figure toute bouleversée de sa femme.

Alors se campant en face d'elle et la regardant bien en face :

— Eh bien ! qu'est-ce donc ? dit-il avec inquiétude. Tu me sembles toute chose.

Puis s'adressant à ses deux fils qui, de leur côté, regardaient anxieusement la vieille femme, il ajouta :

— N'est-ce pas que la mère a l'air d'avoir deux airs ?
— Mais oui, répondirent vivement les deux jeunes gens qui parurent inquiets à leur tour.

Et ils ajoutèrent aussi :
— Qu'est-ce donc ?... Il y a donc du nouveau ?
— Oui, il y a du nouveau! dit Mme Blanchard.
— Alors, raconte-nous vite ça! dit le mineur.

Mais déjà la vieille femme s'occupait de dresser le couvert de ses hommes.
— Attendez d'abord que je vous serve la soupe, répondit-elle. Après nous causerons.

Et la soupe servie, tout le monde installé autour de la table, elle reprit :
— Oui, pour du nouveau, il y a du nouveau, et je suis bien sûre que vous ne devineriez jamais ce que j'ai vu et ce qui vient de m'arriver...

« Du reste, c'est si singulier, si étrange et si extraordinaire que si j'étais à votre place je ne devinerais pas davantage.

Le père Blanchard et ses deux garçons venaient de se redresser et la regardaient de plus en plus curieusement.
— Enfin, voyons, dit le mineur, il ne s'agit pas de faire tant de mystère. Parle vite... Que t'est-il arrivé ?

La mère Blanchard venait de hocher lentement la tête.
— Eh bien! dit-elle, savez-vous qui j'ai vu ?... savez-vous qui j'ai reçu tout à l'heure ?

« Non, moi-même je n'en reviens pas, non, moi-même j'en reste encore toute surprise.

« Eh bien! pour vous le dire d'un mot, c'est tout simplement celui dont nous avons parlé l'autre jour, c'est tout simplement Ravachol.
— Ravachol! s'écrièrent ensemble les trois hommes.
— Oui, Ravachol!... Et s'il n'est pas en ce moment entre les mains de la justice, il peut bien dire que c'est par miracle, car une minute, une seconde de plus, et elle le pinçait.
— Voyons, voyons, femme, fit vivement le père Blanchard en repoussant son assiette vide et en s'accoudant sur la table. Explique-nous ça!... Comment as-tu pu voir Ravachol et comment se fait-il qu'il est venu chez nous ?

« Il y avait cependant beau temps que nous n'avions plus entendu parler de lui et que nous l'avions perdu de vue.

— C'est le hasard.

— Le hasard?

— Oh! pas autre chose... Comme il se sauvait de Saint-Étienne, toujours traqué par la police, il est venu à passer devant cette maison.

— Et il est entré?

— Non! non!

— Alors!

— Mais au même moment je venais d'ouvrir ma porte, et il m'a aperçue.

« Oh! tu comprends bien que j'étais à cent lieues de me douter que c'était lui qui était là et qui passait si près de moi, et je lui aurais très bien laissé filer son chemin sans le reconnaître.

« Mais à peine avait-il jeté les yeux sur moi ; mais à peine m'avait-il vue qu'il s'arrêta tout net avec un tressaillement.

« Et moi j'avais bronché.

« Je me disais :

« — Voilà un singulier individu, un drôle de particulier... Qu'est-ce qu'il peut bien avoir à me dévisager ainsi?

« Puis, très vivement et un sourire sur les lèvres, il s'avança vers moi.

« Et, bref, il se nomma.

« Tenez, ajouta la mère Blanchard, vous avez tous trouvé tout à l'heure quand vous êtes entrés que j'avais l'air toute chose, très drôle, mais je parierais bien qu'à cette seconde-là je devais avoir l'air plus drôle encore.

« Ravachol!

« Le petit Ravachol!

« Ce gamin que nous avions vu pas plus haut que ça!

« Cet homme, dont le nom était aujourd'hui sur toutes les lèvres; cet homme dont tout le monde aujourd'hui s'occupait; cet homme que tout le monde désignait comme l'auteur du meurtre de Notre-Dame-de-Grâce!

« Était-ce bien vrai?

« Est-ce que je ne rêvais pas?

« Était-ce bien lui?

« Et ma surprise était d'autant plus grande, et mon étonnement était d'autant plus extrême, que je n'aurais jamais pu croire que je reverrais Ravachol tel qu'il m'apparaissait en ce moment.

« Quand nous les avons quittés c'était, n'est-ce pas, un petit paysan, un petit berger, assez espiègle et assez éveillé d'esprit, il est vrai, mais enfin tout de même un peu épais, un peu lourd, un peu gauche.

« Et ce Ravachol qui venait de se dresser en face de moi était un monsieur avec de beaux habits et une très belle tournure.

— Ah! vraiment! dit le père Blanchard.

— Oui, oui... Oh! tu ne le reconnaîtrais plus... Mais finissons... Du moment où le hasard nous faisait nous rencontrer, je ne pouvais pas, malgré tout ce que l'on dit, malgré tout ce que l'on raconte, le chasser comme un chien.

« Et puis, je ne vous cache pas que j'étais assez curieuse de savoir ce qu'il pourrait me dire sur tous les bruits que l'on fait courir sur son compte.

« Et, comme je m'en doutais bien, le pauvre garçon n'a jamais fait le coup.

— Jamais? s'écria le père Blanchard avec un sourire incrédule.

— Non... Il le jure ses grands dieux... D'ailleurs, il n'avait pas besoin de dire tant de paroles, car j'étais bien convaincue qu'il était incapable d'être un scélérat.

« Et puis si vous l'aviez entendu comme moi vous ne pourriez plus douter de sa sincérité.

« A mesure qu'il parlait, à mesure qu'il m'expliquait par suite de quelle fatalité on l'avait soupçonné, il devint tout pâle et il avait des larmes dans les yeux.

— Va toujours! dit le mineur avec un singulier accent.

— Enfin il ne s'était pas encore écoulé dix minutes que nous étions redevenus ce que nous étions autrefois à Saint-Chamond, c'est-à-dire les meilleurs amis du monde.

« Comme il mourait de faim j'ai cherché s'il me restait quelque chose et je lui ai donné à manger.

« Je n'ai pas eu tort, mon homme?

— Non, non... Continue, dit le père Blanchard.

LES EXPLOITS DE RAVACHOL

On recula épouvanté en apercevant les deux cadavres.

— Puis, comme il venait de me dire aussi que pour échapper à la police, il en était réduit à coucher dehors, l'idée m'est venue de lui offrir cette chambre dont nous ne nous servons pas.

« Mais je n'ai pas besoin d'ajouter que, cependant, je n'avais rien voulu prendre sur moi et qu'il était bien entendu que je me réservais d'avoir ton autorisation.

— Et après?

— Alors, comme cette chambre n'était pas en très bon état, Ravachol s'est occupé à y mettre un peu d'ordre, et il venait même de dresser le lit quand j'ai reçu la visite de la mère Lambert.

— Ah!

— Oui. Elle arrivait de Saint-Étienne, et, précisément; s'est mise tout de suite à m'entreprendre sur Ravachol et sur le crime de Chambles.

« Et il fallait l'entendre!... Tu en aurais été indigné comme moi!

— Indigné!

— Oui, oui, indigné!

— Pourquoi donc?

— Pourquoi donc!... Mais parce que, sous prétexte de me faire connaître ce que l'on disait dans le public et de me tenir au courant de ce qu'elle avait lu dans les journaux, elle accablait ce pauvre Ravachol.

Mais le père Blanchard venait d'avoir un sourire ironique.

Puis, croisant les bras :

— Ah! elle l'accablait? fit-il. C'est-à-dire qu'elle le croyait coupable?

— Oui.

— C'est-à-dire qu'elle croyait que c'était lui qui avait assassiné l'ermite et qui avait pillé la grotte de Notre-Dame-de-Grâce?

— Parfaitement. Mais comme je n'ai pas non plus la langue dans ma poche, je ne me suis pas gênée pour lui dire très carrément que je ne croyais pas un traître mot de ses sornettes.

« Et elle venait à peine de passer la porte quand j'ai eu tout à coup une peur terrible, une peur affreuse et dont je tremble encore...

— Quelle peur, femme?

— Je venais d'entendre un grand bruit au dehors, un bruit de gens qui couraient, qui galopaient, et j'avais eu tout de suite comme le pressentiment d'un malheur.

« Je me disais :

« — Oh! mon Dieu, pour sûr c'est encore le grisou qui vient de faire des siennes!... pour sûr il doit y avoir encore des morts là-bas... des morts dans la mine! »

« Et plus blanche qu'un linge, la tête déjà pleine de vertige, j'allais m'élancer dans la rue quand, brusquement, je vis surgir en face de moi un commissaire de police escorté de ses agents.

— Ils venaient chercher Ravachol?

— Oui.

— Mais comment avaient-ils pu savoir qu'il était chez nous?

— Ah! ça, je n'en sais rien, et tu penses bien que je n'ai pas été le leur demander.

« Mais enfin ils venaient en effet pour le pincer.

« Et comme, malgré moi, j'avais fait un mouvement pour courir dans la chambre et pour crier au pauvre garçon de filer au plus vite, un des agents me braqua son revolver sur le front en me disant : « Vieille, si tu bouges, je te brûle la cervelle! »

— Et Ravachol? dirent vivement les deux fils.

— Ravachol?

— Oui.

— Parbleu! ils lui ont mis le grappin dessus, dit le vieux mineur en ricanant.

— Le grappin dessus!... Jamais de la vie! s'écria la mère Blanchard d'un air triomphant. Oh! le petit est plus malin que ça, allez!... Et la preuve, c'est que le commissaire de police qui s'était jeté comme un fou dans la chambre en est ressorti tout bête.

« Ravachol avait décampé.

« Ravachol avait pris la clef des champs!

« Mais c'est égal, si je suis tentée de rire maintenant en pensant à la drôle de figure que faisaient le commissaire et ses agents, je dois bien avouer aussi que je n'étais pas tout à fait si brave, tout à fait si vaillante tout à l'heure et que je tremblais dans ma peau que le pauvre garçon ne fût arrêté. Puis, son front s'assombrissant tout à coup, elle ajouta :

« Il est vrai qu'il n'est pas hors de danger pour cela, et que s'il n'a pas été pris aujourd'hui, il peut fort bien l'être d'un moment à l'autre.

« Mais enfin, comme il le disait lui-même, l'essentiel pour lui, c'est de gagner du temps : la justice finira peut-être bien par reconnaître son erreur et par mettre la main sur le vrai coupable.

Mais le père Blanchard, sans rien dire, hochait lentement la tête, l'air de plus en plus sérieux, de plus en plus grave, et comme son silence se prolongeait, la vieille femme en parut inquiète.

— Eh bien ! fit-elle vivement, pourquoi ne dis-tu rien ? Pourquoi ne me réponds-tu rien ?... A quoi diable penses-tu avec cette mine-là ?

— A quoi je pense ? fit lentement le mineur.

— Oui.

— Eh bien ! je pense que tu te fais peut-être des illusions sur Ravachol.

— Des illusions sur lui !... Ah çà ! es-tu fou ?

— Et je pense aussi que c'était peut-être la mère Lambert qui avait raison et que c'était peut-être toi qui avais tort...

— Voyons ! voyons ! s'écria la mère Blanchard au comble de la surprise, tu ne parles pas sérieusement ?

— Très sérieusement.

— Tu croirais ce garçon-là capable d'avoir fait un coup pareil ? d'avoir commis un crime pareil ?... Allons donc !... Ce n'est pas possible !...

Mais le mineur venait de l'interrompre d'un geste.

— A ton tour, femme, dit-il, tâche de taire ta langue et de m'écouter un peu.

« Je viens de m'apercevoir que tu aimais toujours beaucoup Ravachol et tu dois savoir que, quant à moi, je ne lui ai jamais été hostile.

« Bien loin de là.

« Quand nous étions ses voisins à Saint-Chamond, je l'aimais presque autant que j'aimais mes deux garçons, presque autant que j'aimais Claude et Firmin.

« Du reste le petit gaillard savait bien que je le gâtais, car, si tu t'en rappelles, il était plus souvent chez nous que chez son père.

« Aussi quand il y a quelques jours je t'ai appris l'assassinat de l'ermite de Chambles et que je t'ai dit que celui qu'on accusait de ce crime-là n'était autre que Ravachol, tu dois te souvenir que j'ai partagé ton incrédulité.

« Comme toi, mon premier mouvement a été de hausser les épaules.

« Comme toi je me suis senti plein de colère et d'indignation contre tous ceux qui allaient colportant ce bruit qui me faisait l'effet d'un affreux mensonge et d'une horrible calomnie.

« Comme toi, enfin, je me suis écrié :

« — Non, c'est de la folie, c'est de la démence!... Non, ce n'est pas Ravachol qui a tué le vieux Jacques Brunel et pillé l'ermitage de Notre-Dame-de-Grâce ! »

« Mais depuis ce moment-là, depuis que je t'ai appris cette nouvelle, d'autres faits ont surgi, on a appris d'autres détails, et à moins de vouloir s'aveugler soi-même, on est bien obligé aujourd'hui d'être un peu moins sûr de l'innocence de Ravachol.

— Mais cependant...

— Laisse-moi donc finir!

— Oui, parle, parle, mon homme.

— Car si je m'en rapporte aux derniers bruits qui courent, aux dernières informations publiées par les journaux, plus l'instruction de l'affaire se poursuit et plus on trouve de nouvelles preuves écrasantes contre lui.

« Enfin, femme, dans le cas de Ravachol, non seulement tout est loin d'être très clair, mais encore tout devient chaque jour de plus en plus louche.

« Et voilà ce que j'avais à te dire.

« Et voilà pourquoi je crois que tu ferais peut-être bien d'attendre encore un peu avant d'être aussi convaincue que la justice se trompe.

La mère Blanchard tombait positivement des nues.

Quoi! son mari aussi, son homme aussi semblait condamner Ravachol!

Quoi! pour lui aussi c'était bien lui qui avait trempé ses mains dans le sang du vieil ermite et qui avait été l'auteur de ce crime horrible, de ce crime qui avait jeté l'épouvante partout.

Et, brusquement, elle venait de passer la main sur son front, car il lui semblait qu'elle rêvait et qu'elle devenait folle.

Était-ce donc bien vrai que Ravachol lui avait menti!

Était-ce donc bien vrai qu'en protestant de son innocence et en prenant un air si malheureux il n'avait joué avec elle qu'une infâme comédie !

Était-ce donc bien vrai qu'elle avait tout à l'heure abrité sous son toit un assassin!...

Et la vieille femme demeurait toute pâle, toute saisie.

Non, non, cela elle ne pouvait le croire !... Non, non, pour sûr, c'étaient les autres qui se trompaient, c'étaient les autres qui avaient tort de se laisser prendre à tous ces bruits, à tous ces racontars, à toutes ces calomnies dont un jour ou l'autre — très certainement — il ne resterait plus rien.

D'ailleurs, comment ce garçon qu'elle avait connu à douze ans si bon, aurait-il pu tourner comme ça ? finir comme ça ?

Et maintenant elle riait, haussant les épaules, pleine de pitié pour tout le monde.

— Tiens, vois-tu, mon homme, restons-en là, dit-elle tout à coup, car je sens que je me fâcherais.

— Diable !

— Oui, oui, garde ton opinion, moi je garde la mienne.

— Oh ! moi, répondit tranquillement le mineur, je n'ai pas d'opinion, mais j'ai voulu connaître l'opinion des autres...

« Et là-dessus, ajouta-t-il, en se levant, il me semble que nous ne ferions peut-être pas mal d'aller nous coucher.

« Hein ! qu'en dites-vous, vous autres ?

Et moins de dix minutes après le plus grand silence régnait dans la vieille masure des Blanchard.

Mais si le mineur et ses deux garçons, harassés de fatigue, ne tardèrent point à ronfler à poings fermés, il n'en fut point de même de la vieille femme.

Elle qui ne savait pas ce que c'était que l'insomnie, il lui était impossible, cette nuit-là, de fermer les yeux et de trouver le repos.

Et toute fiévreuse, elle pensait sans cesse, elle pensait toujours à Ravachol.

Où le malheureux garçon pouvait-il être à cette heure ?

Et elle se le figurait tout blême, tout livide, tout frissonnant de peur, caché au fond de quelque fossé ou blotti dans quelque coin perdu, dans quelque coin désert de la campagne.

Et là elle le voyait le cou tendu, l'haleine courte, l'œil fixé dans l'ombre, épiant le moindre bruit, le plus léger souffle, le plus faible murmure, et frémissant encore à chaque minute, à chaque seconde, de sentir tout à coup la lourde main de la police s'abattre sur son épaule.

Et avec son bon cœur de brave femme elle se mettait parfois à le plaindre tout haut!

— Ah! le pauvre garçon!... le pauvre garçon! s'écriait-elle.

Et pendant longtemps, très longtemps encore elle fut obsédée et poursuivie par le souvenir de l'assassin de l'ermite de Chambles.

Quand elle ne le voyait plus tapi dans les ténèbres comme une bête fauve, il lui apparaissait au milieu des gendarmes qui l'entraînaient lié, garrotté, tandis qu'une multitude folle de colère, folle d'indignation, l'accablait de ses huées et de ses menaces...

Puis c'étaient d'autres visions encore, d'autres visions plus terribles et plus terrifiantes les unes que les autres, qui continuaient à passer devant les yeux de la vieille femme et lui serraient le cœur d'une angoisse, atroce.

C'était d'abord la prison, le sombre cachot où Ravachol attendait, plein d'appréhension et plein de fièvre, l'heure de comparaître devant ses juges.

C'était ensuite la cour d'assises avec ses débats imposants et solennels...

C'était enfin, dans le pâle crépuscule, l'échafaud dressé sur une place publique... l'horrible échafaud auquel il lui était impossible de penser sans un frisson.

Et c'était en vain que la pauvre vieille voulait s'arracher à ce rêve hideux qu'elle faisait tout éveillée.

Cependant, comme l'aube allait bientôt paraître, elle sentit enfin les paupières plus lourdes et il lui sembla que le sommeil allait venir.

Mais déjà ses hommes venaient de se lever; mais déjà c'était l'heure où son mari et ses garçons devaient reprendre le chemin de la mine.

— Allons, debout, fainéante! cria-t-elle.

Et elle sauta hors du lit d'un bond, encore toute pâle, encore toute brisée par la nuit blanche qu'elle venait de passer.

XII

UN AGENT QUI A DU FLAIR

Il s'était écoulé trois ou quatre jours depuis que s'étaient accomplis les événements que nous venons de raconter.

Tout ce que l'on avait pu apprendre de plus sur la fameuse affaire de Chambles, c'est que Berthollin, arrêté pour avoir donné l'hospitalité à Ravachol, était toujours au secret, mais quant à savoir ce que ce dernier était devenu et de quel côté il avait dirigé ses pas après s'être enfui de la maison du mineur, c'est ce que personne n'aurait pu dire.

Cependant, pour être juste, il faut bien reconnaître que ce n'était pas la faute de la police si elle ne parvenait pas à s'emparer de Ravachol.

Comme dans le public on avait fait des gorges chaudes des trois ou quatre évasions du meurtrier, comme après avoir commencé par s'étonner de voir toujours la police revenir bredouille on avait fini par prendre le parti de rire de ses déconvenues, les agents chargés de donner la chasse à l'assassin de l'ermite s'étaient de plus en plus piqués d'amour-propre et n'avaient jamais dépensé autant de zèle, autant d'efforts.

Mais le plus furieux et le plus vexé de tous, c'était encore le chef des policiers, c'était encore le chef de la Sûreté.

L'étonnante évasion de Ravachol, la nuit où il était tombé dans la souricière, l'avait d'abord rempli de rage, mais cette rage n'avait fait que s'accroître quand il avait appris que trois fois encore dans la même journée, l'ancien faux monnayeur avait été assez habile pour jouer des jambes au moment même où l'on se croyait très sûr de le tenir.

Et ce matin-là, le chef de la Sûreté était peut-être encore d'une humeur plus massacrante que jamais.

Les sourcils froncés, le front très sombre, il arpentait à grands pas son bureau, tout en grommelant entre ses dents des paroles qui ressemblaient à des menaces.

Il venait de passer plusieurs heures à dépouiller un tas énorme de rapports qui lui avaient été adressés de différentes localités du département, et tous ces rapports ne lui apprenaient rien et ne contenaient aucun renseignement qui pût lui permettre de retrouver la piste de Ravachol.

Enfin, après avoir marché longtemps à grands pas, il revint s'asseoir devant son bureau.

Il lui restait, en effet, à prendre encore connaissances de deux ou trois de ces rapports qui l'exaspéraient.

Il ouvrit donc le premier qui lui tomba sous la main, puis, haussant brusquement les épaules :

LES EXPLOITS DE RAVACHOL

Le juge d'instruction interrogea d'abord les voisins.

— Ça, c'est de Saint-Chamond, fit-il avec un petit sourire ironique : Parions qu'ils en savent tout autant que les autres, c'est-à-dire rien !

Et les coudes repliés sur la table et la tête dans ses mains, il lut :

« Ainsi que vous nous l'avez prescrit, nous avons recherché tous ces jours-ci et nous continuerons à rechercher encore le sieur Ravachol, auteur présumé de l'assassinat du sieur Jacques Brunel dit l'ermite de Chambles.

« Mais jusqu'à présent ces recherches n'ont donné aucun résultat.

« Des habitants avaient bien cru reconnaître il y a quelques jours Ravachol dans un passant qu'ils avaient rencontré près de l'église Notre-Dame, mais, renseignements pris, ce passant était tout simplement un voyageur de commerce qui n'avait même aucune ressemblance avec celui que l'on recherche.

« S'il venait à se produire quelques faits nouveaux de nature à vous éclairer, nous nous empresserions de les porter à votre connaissance... »

— Quand je le disais ! s'écria le chef de la Sûreté en frappant un formidable coup de poing sur la table, quand je le disais !... Eux non plus ne savent rien !... Personne ne sait rien !... C'est incroyable !... c'est inouï !

Ses lèvres se plissèrent du même sourire ironique, puis, lentement et machinalement, il décacheta un second rapport.

— Montbrison !... Oh ! nous allons être bien avancés ! ricana-t-il sourdement.

Et cette fois, renversé dans son fauteuil, il lut presque à voix haute :

« Il nous est impossible jusqu'à présent de vous donner des nouvelles de Ravachol, mais nous avons bien cru, avant-hier soir, qu'il était tombé entre nos mains... »

— Ah çà ! est-ce qu'ils se moquent de moi ! s'écria le chef de la Sûreté dont l'œil étincela de colère. Ils ont cru !... Voilà tout ce qu'ils ont à m'apprendre !... Voilà tout ce qu'ils ont eu à me dire !

Et il continua :

« En effet, deux de nos agents en tournée sur le boulevard, avaient croisé un individu qui leur avait paru avoir des allures étrangement suspectes.

« Cet individu, qui ne se doutait nullement de la surveillance dont il était l'objet, avait fini par entrer dans une petite auberge située à peu de distance de la sous-préfecture.

« Nos deux agents, qui y étaient entrés derrière lui, avaient pu alors l'examiner plus attentivement.

« Cet homme répondait bien au signalement de Ravachol.

« Il avait le même âge et la même taille, et il portait aussi au front, comme l'assassin présumé de l'ermite de Chambles, une cicatrice assez visible.

« De plus, nos deux agents avaient pu s'apercevoir aussi que cet homme, tout en mangeant le modeste repas qu'il s'était fait servir, avait l'air inquiet, préoccupé, et qu'il jetait souvent de furtifs coups d'œil autour de lui... »

— Eh bien! puisque ce n'était pas lui, pourquoi tous ces détails-là? pourquoi tous ces bavardages-là? s'écria encore le chef de la Sûreté. Ma parole, on n'est pas plus stupide!

Puis tout en frappant nerveusement du pied, il n'en poursuivit pas moins sa lecture :

« Un de nos agents prit alors le parti de se détacher et d'aller chercher immédiatement du renfort.

« Car ce Ravachol passe pour très dangereux, et ils ne voulaient pas prendre sur eux la responsabilité de l'arrêter, dans la crainte qu'il ne parvînt à leur échapper.

« Il entra donc dans le premier poste de police qu'il rencontra sur son chemin. Et l'on accourut. On sauta sur l'individu. Et comme il avait l'air de protester, comme il faisait même mine de se défendre, on fut obligé de l'enchaîner.

« En moins de quelques minutes le bruit s'était répandu dans tout le quartier que l'on tenait enfin le célèbre Ravachol.

« Mais quand enfin l'individu fut au poste de police, on fut bien forcé de constater que son arrestation était le résultat d'une méprise.

« Il fut en effet reconnu pour un très honnête et très honorable citoyen des environs de Montbrison.

« Après lui avoir adressé une très vive admonestation pour ne pas avoir parlé plus tôt, on a fini par le relâcher. »

Il serait impossible de dépeindre la figure du chef de la Sûreté à ce moment-là.

— Non, c'est idiot!... c'est idiot!... c'est idiot! hurla-t-il au comble de la fureur. Ah! si nous marchons de ce train-là, c'est Ravachol qui pourra rire!

Il venait cependant de s'emparer du troisième et dernier rapport.

Celui-ci, qui lui était adressé de Roanne, s'exprimait en ces termes :

« Hier matin, nous avons été prévenu que Ravachol était en train de boire dans un cabaret borgne et mal famé, qui se trouve derrière la caserne.

« Nous nous sommes aussitôt transporté à l'endroit qui nous avait été indiqué.

« Il y avait là, en effet, un individu en état d'ivresse et qui paraissait avoir une certaine ressemblance avec le meurtrier de Notre-Dame-de-Chambles.

« Nous avions eu soin de faire garder très étroitement les abords de la maison, puis, suivi de deux ou trois de nos agents, nous avons pénétré dans le cabaret.

« Comme nous ne voulions agir qu'à coup sûr et ne pas nous exposer à faire une arrestation arbitraire, ce qui produit toujours le plus déplorable effet, nous nous sommes donc arrangé de façon à pouvoir pendant un moment observer cet individu sans éveiller ses soupçons.

« Cet homme racontait à un consommateur installé à la même table que lui le crime de Chambles dans tous ses détails.

« Plusieurs fois même il s'était écrié, en se mettant à rire :

« — Oui, tel que vous me voyez, c'est moi qui ai garni mes poches avec le magot de saint Jacques Brunel!... Oui, tel que vous me voyez, c'est moi qui suis le célèbre Ravachol dont on parle tant!

« Oh! la rousse peut me chercher!... Je m'en moque de la rousse!... Elle ne me tient pas encore ! »

« Mais comme il venait de recommencer une fois de plus son étrange récit; comme il venait de répéter une fois de plus avec un air de défi qu'il était bien Ravachol, nous l'avons brusquement empoigné.

« Comme cet individu est doué d'une grande force musculaire, il a fallu, pour s'en emparer, livrer une véritable bataille.

« Enfin on a fini par s'en rendre maîtres et par l'entraîner.

« Quand nous sommes sortis, il y avait déjà une foule énorme, une foule immense qui stationnait devant la porte du cabaret et tout le monde criait : « C'est lui !... C'est Ravachol !... C'est l'assassin de l'ermite ! »

« Mais, malheureusement, nous nous sommes aperçu bientôt que l'on se trompait et que cet individu n'était qu'un farceur qui dans son ivresse avait eu la singulière idée de se faire passer pour Ravachol.

« C'est un nommé Revol, marchand ambulant, que tout le monde connaît depuis de longues années dans tous les environs de Roanne.

« Après lui avoir dressé un procès-verbal pour ivresse manifeste, nous avons donc été dans la nécessité de le relâcher.

« Les choses en sont là. »

Le chef de la Sûreté demeurait pétrifié, anéanti.

« Les choses en sont là ! »

Ces derniers mots surtout lui paraissaient superbes de désinvolture.

Brusquement il se leva et se remit à marcher, arpentant de nouveau la chambre d'un pas rapide et fiévreux.

Et les deux mains dans ses poches, le regard fixe, le front creusé d'une ride profonde, il réfléchissait, il ruminait.

Cette affaire de Chambles avait trop fait parler d'elle et il fallait absolument en finir, et il fallait absolument frapper un grand coup, un coup décisif.

Tous les jours les journaux revenaient sur ce même sujet et se livraient à des allusions plus ou moins blessantes, à des plaisanteries plus ou moins de bon goût sur l'impuissance de la police.

Oui, il fallait en finir, en finir tout de suite, cela s'imposait.

Mais comment s'y prendre, puisque plus on cherchait Ravachol, plus on semblait perdre sa trace ?

Le chef de la Sûreté avait bien eu d'abord la pensée qu'en se voyant serré de si près l'assassin de l'ermite avait pu prendre la résolution de quitter Saint-Étienne et d'aller se cacher dans quelque autre ville du département.

Mais ces rapports qu'il venait de dépouiller, et dans lesquels on ne pouvait lui fournir aucun indice sur l'ancien faux monnayeur, l'ébranlaient fort maintenant dans sa première opinion.

Alors tout à coup croisant les bras, il s'écria tout haut :

— Mais dans ce cas-là, il serait donc encore ici !... il serait donc encore tout près de nous qui nous braverait !

« Oui, oui, c'est peut-être possible.

« Mais alors où se cacherait-il?... Dans un hôtel?... Dans une chambre meublée?... Non, car il est trop malin et trop habile pour commettre cette faute-là!...

« Chez un ami?... chez un autre individu comme Berthollin et que nous ne connaissons pas?

« Oui, peut-être?... Oui, c'est cette dernière hypothèse-là qui est la plus probable, la plus vraisemblable.

« Et la preuve, c'est que lorsqu'il ne s'est plus senti en sûreté chez Berthollin, on l'a encore retrouvé chez ce forgeron, chez ce Lyonnais...

« Et la preuve aussi, c'est que lorsqu'il a été obligé de déguerpir de ce dernier domicile, on l'a retrouvé encore chez ce Blanchard, chez ce mineur...

« Oui, oui, plus j'y songe, plus j'arrive à être convaincu que Ravachol ne doit pas être aussi loin que je l'avais cru d'abord.

« Oui, oui, plus je réfléchis, plus j'acquiers la certitude qu'il a dû découvrir encore quelque camarade, quelque connaissance qui le cache.

Le chef de la Sûreté réfléchit encore pendant un moment, puis finit par hocher la tête.

Après la longue, la minutieuse enquête qui avait été faite et qu'il avait dirigée lui-même, la police était arrivée à connaître — du moins le croyait-elle — non seulement tous les amis et tous les camarades de Ravachol, mais encore tous ceux qui avaient pu l'approcher d'un peu près, mais encore tous ceux qui avaient pu avoir — ne fût-ce qu'accidentellement — des relations avec lui.

Et cela compliquait encore cette affaire déjà si compliquée.

Et cela augmentait encore les difficultés que l'on avait à vaincre et contre lesquelles depuis trop longtemps déjà on se débattait inutilement.

Le chef de la Sûreté ne savait décidément plus comment se guider ni quel parti prendre.

Enfin l'idée lui vint de faire une nouvelle perquisition et une nouvelle visite domiciliaire chez les gens qui avaient pu connaître l'assassin de l'ermite de Chambles.

Peut-être Ravachol, ne songeant pas à une nouvelle descente de la police, était-il revenu chez l'un d'eux?

Peut-être aussi, si on ne le découvrait pas dans une de ces maisons, pourrait-on cette fois avoir la chance de mettre la main sur quelque indice, sur quelque renseignement sérieux, qui permettrait de diriger plus sûrement les recherches?

Et le chef de la Sûreté en était là de ses réflexions, quand il entendit frapper doucement à sa porte.

— Entrez! dit-il.

Et un homme parut.

C'était un individu de trente-cinq à trente-huit ans, petit, râblé, et qui frappait non seulement par son regard vif et intelligent, mais encore par son air plein d'énergie et de résolution.

C'était là, certainement, un des meilleurs et des plus fins limiers de la police de Saint-Étienne.

— Eh bien! Cormon, dit le chef de la Sûreté après un court instant de silence? Qu'est-ce qui vous amène?... Avez-vous quelque nouvelle à m'apprendre? Avez-vous quelque chose à me dire?... Allons-nous pouvoir enfin en finir bientôt avec ce fameux Ravachol qui, je ne vous le cache pas, me rend fou et m'exaspère?

Et sans laisser à l'agent le temps de lui répondre, il ajouta :

— Vous, Cormon, vous êtes un malin, un gaillard qui a du flair, et vous avez déjà à votre actif dix ou vingt prouesses qui, je vous le dis entre nous, auraient dû vous mériter un avancement plus rapide.

« Eh bien ! mon cher ami, vous n'aurez jamais pu trouver une plus belle occasion de montrer ce que vous savez faire.

« Tenez! voilà des rapports que je viens de recevoir ce matin... des rapports de Saint-Chamond, de Montbrison, de Roanne... et d'autres encore, un tas d'autres, ma table en est pleine!

« Et savez-vous où j'en suis à présent que j'ai eu toutes ces paperasses-là?

— Oh! je m'en doute bien! dit doucement l'agent avec un sourire.

— Eh bien! je suis tout aussi avancé qu'auparavant!

— Parbleu!

— On me raconte des histoires ridicules, des histoires grotesques, et voilà tout.

L'agent souriait toujours.

— Mais quant à Ravachol, reprit le chef de la Sûreté, oh! quant à

Ravachol, — car on a arrêté un peu partout des gens qui lui ressemblaient, — il ne faut pas en parler...

« On n'a rien vu et l'on ne sait rien!... C'est désespérant!

— Désespérant, cela dépend, fit vivement l'agent.

— Que voulez-vous dire?

— Je veux dire que pour trouver Ravachol il est d'abord indispensable de le chercher où il peut se trouver.

« Or, si je ne me trompe, il n'est pas à Saint-Chamond.

— Plaît-il?

— Il n'est pas non plus à Montbrison...

— Qu'en savez-vous?

— Enfin il n'est pas davantage à Roanne...

Le chef de la Sûreté s'était brusquement redressé; puis regardant fixement l'agent :

— Voyons, Cormon, ne me faites pas languir, dit-il vivement. Vous devez certainement m'apporter quelque importante nouvelle?...

— Mieux que cela, peut-être...

— Quoi donc?

— Je vous apporte peut-être Ravachol!...

Cette fois le chef de la Sûreté avait bondi, un éclair de joie et de triomphe dans les yeux.

— Voyons! voyons! fit-il la voix un peu sourde. Asseyez-vous vite et causons.

« Vous avez retrouvé sa trace? Vous avez découvert sa piste? Vous savez où je pourrai le prendre?

— Oui, répondit l'agent d'une voix ferme. Oui, je crois que cette fois, si l'on veut suivre mon conseil et se presser un peu, il ne nous échappera plus.

Et comme le chef de la Sûreté, penché vers lui, le regardait de plus en plus curieusement, l'agent reprit aussitôt :

— Car il faut vous dire que, moi aussi j'ai fait de mon côté ma petite enquête et une petite enquête assez bien menée, j'ose m'en flatter.

« J'ai commencée d'abord par me rendre là-bas, vers la maison de ce mineur...

— Vers la maison de Blanchard?

— Oui, vers la maison de Blanchard. Puisque c'était de ce côté-là

LES EXPLOITS DE RAVACHOL

Cet homme, prétendait-on, couchait le plus souvent à la belle étoile.

que Ravachol avait disparu une dernière fois, c'était donc de ce côté-là aussi qu'il fallait reprendre et continuer les recherches.

« J'ai rôdé d'abord un moment autour de la maison de Blanchard et j'ai voulu voir la fenêtre par laquelle Ravachol avait pu filer.

« Il faut vous dire qu'il n'y a là aucune autre maison, et que la fenêtre donne sur la pleine campagne.

« Je me suis donc figuré que j'étais à la place de l'assassin et que j'avais la police à mes trousses.

« Puis je me suis posé cette question : « Tu viens de franchir la « fenêtre... Maintenant de quel côté vas-tu décamper, de quel côté vas-tu « te sauver pour disparaître le plus promptement possible ? »

« Et comme je venais de jeter un coup d'œil autour de moi il ne me fallut pas bien longtemps pour trouver une réponse à cette question.

« En effet, il n'y avait pas deux chemins à prendre, et le seul moyen d'avoir la chance d'échapper et de faire perdre sa trace était de courir tout droit, jusqu'à un petit bois dont on apercevait la masse sombre à quelques centaines de mètres de là.

« C'était donc de ce côté que notre homme, que le fameux Ravachol avait dû s'éclipser, il n'y avait pas à en douter.

« Mais où ce bois aboutissait-il ?

« Pour m'en rendre compte, je n'avais donc qu'une chose à faire, c'était de le traverser à mon tour, et il n'y avait pas encore dix minutes que j'y étais engagé quand je me trouvai tout à coup en face d'une petite hutte, d'une petite cabane de bûcherons.

« Une vieille femme se trouvait là, assise sur le seuil.

« Je pensai que cette femme pourrait peut-être me fournir quelques indications utiles, quelques renseignements dont je voulais faire mon profit, et à tout hasard je l'interrogeai.

« A peine avais-je prononcé les premiers mots que la vieille hocha vivement la tête.

« — Oui, oui, j'ai bien vu, en effet, l'homme dont vous me parlez, me dit-elle, et j'ai été d'autant plus surprise qu'il était très pâle et qu'il courait comme un fou.

« — Et de quel côté a-t-il disparu ? demandai-je. Pouvez-vous me le dire ?

« Alors la vieille, étendant la main devant elle :

« — De ce côté-là, monsieur, me répondit-elle ; par ce petit sentier qui conduit tout droit vers Rochetaillée.

« Je n'en demandai pas davantage et je pris à mon tour le même chemin qu'avait pris Ravachol.

« Enfin, bref, une fois arrivé à Rochetaillée, je tâchai de pouvoir obtenir encore d'autres renseignements, et je ne tardai pas à acquérir la certitude que l'assassin n'était pas allé plus loin, et que c'était bien là-bas, que c'était bien dans les grands bois de Rochetaillée qu'il devait se cacher et se blottir.

« Mais ce n'est pas tout...

— Ah !

— Non, non, ce n'est pas tout, fit vivement l'agent. Comme je venais de faire ma petite excursion, un journal me tombe par hasard sous la main, et ce journal donnait sur le village de Chambles, sur le hameau de Notre-Dame-de-Grâce et sur l'ermite lui-même les détails les plus curieux et les plus intéressants.

« Du reste, vous allez pouvoir en juger.

« Écoutez !

Et tirant vivement un journal de sa poche, l'agent se mit à lire les quelques lignes suivantes :

« Ceux qu'intimident les longues courses à pied peuvent, moyennant un long détour, grimper jusqu'à Chambles en carriole.

« On va de Saint-Étienne à Firminy d'abord.

« De là, jusqu'au nid d'aigle où Ravachol monta, la route est d'une surhumaine beauté : deux heures de course à travers les gorges arides du Forez, sillonnées tout au fond par les eaux claires d'un torrent, — la Loire.

« La commune de Chambles, formée de quelques pauvres cabanes, est là comme retenue au bord du précipice par le vieux castel en ruines qui la domine, et aux murailles noires duquel elle s'accote.

« La tour, déchiquetée au sommet par l'usure des siècles, est vide.

« Le château est devenu l'église ; on en touche la toiture avec la main.

« Le cimetière est auprès, surplombant le gouffre : un jardinet désolé, où se dressent quelques croix rouillées, plantées de travers sur des tertres.

« Et parmi ces vieilles tombes, une petite sépulture neuve, appuyée au mur.

« L'ermite de Chambles, la victime de Ravachol, est là.

« Point d'inscription.

« Rien qui me rappelle le crime, ni le mort.

« Un amas de terre bossuée où pousse l'herbe, et au bout, sur un socle bas, une croix de pierre, si basse, elle aussi, qu'une couronne d'immortelles la couvre toute.

« Je demande à visiter l'ermitage.

« On me montre, à deux kilomètres de là, dans un pli de montagne, un hameau, — Notre-Dame-de-Grâce.

« Il faut grimper encore.

« Et me voici chez l'ermite, — chez le « Frère », comme disent les bonnes gens d'ici.

« La maisonnette n'est point, vue du dehors, d'aspect si misérable que j'avais cru.

« Elle appartient, me dit-on, à l'hospice de Saint-Rambert ; l'hospice la prêtait au vieil ermite.

« Elle est entourée d'un petit potager que borde un mur bas, et au fond duquel est la niche, recouverte de tuiles, où le vieillard passait une partie de ses nuits à prier.

« Sous la niche, il y a une grosse pierre et une croix faite de deux lattes pourries jointes au centre par un clou.

Je prie la jeune femme qui nous a ouvert la porte de l'enclos de me vouloir bien donner cette croix en échange d'une pièce d'argent : « Vous ferez dire une messe pour *le Frère*... » Elle accepte avec un soupir.

« La cabane est vide... Des murs nus, de la paille... J'y retrouve un des fourreaux de calicot pourri où le « Frère » empilait ses sous.

« Et, muni de ces pauvres reliques, je regagne Chambles, et de là, par des chemins terribles, Saint-Victor.

« Mes compagnons de route sont pleins de souvenirs.

« L'aubergiste de Saint-Victor, surtout, à qui l'ermite rendait de fréquentes visites, et qui s'amusait de sa bonne humeur, de son énergie à courir les routes sans bâton, de sa soutane trouée et de son « gibus » sans couleur, et aussi de l'extraordinaire pudeur du vieux qui jamais ne toucha la main d'une femme, « crainte de tourment », disait-il.

« L'ermite n'avait point d'illusion sur son sort.

« Il annonçait partout qu'un jour on le tuerait.

« Une fois déjà, il y a cinq ou six ans, une somme de six mille francs lui fut volée. Il n'osa pas dénoncer le voleur, craignant qu'on n'apprît ainsi qu'il était riche. »

— A peine avais-je achevé de lire ces lignes, poursuivit l'agent, que je me sentis tout à coup une envie folle d'aller faire à mon tour un petit voyage là-bas.

— Un petit voyage à Chambles ?...

— Oui, un petit voyage à Chambles, un petit voyage sur le lieu du crime. Et comme je ne suis jamais long à me décider, je mis donc sur-le-champ mon projet à exécution...

« Mais, comme vous le pensez bien, mon voyage ne s'est pas borné à une visite à la demeure du vieil ermite.

« Non, non... Mais j'ai voulu aussi faire ma petite enquête, j'ai voulu interroger les habitants, j'ai voulu, en un mot, tâcher de recueillir, si c'était possible, de nouveaux renseignements sur le crime.

« Je ne me suis pas donné, bien entendu, comme agent de police, mais comme un simple curieux attiré là par le bruit qui s'est fait autour de cette célèbre affaire.

« Mais avant de vous dire ce que j'ai pu apprendre là-bas, je crois que je ne ferais peut-être pas mal de vous lire le premier rapport qui avait été fait après la découverte de l'assassinat.

« Voulez-vous me permettre de vous le lire ou plutôt de vous le faire relire ?

— Oui, oui, allez ! fit le chef de la Sûreté.

— Voici donc, dit l'agent, comment s'exprimait le rapport en question... Il est peut-être un peu long, mais je lirai vite.

— Allez donc !

Alors ayant tiré un papier de son portefeuille, l'agent lut :

« Très connu dans les campagnes environnantes où il allait quêter et qu'il parcourait à pied en toute saison, Jacques Brunel recevait souvent dans son ermitage de nombreux visiteurs.

« Dépensant fort peu, accumulant jour par jour, sou par sou, le produit des dons et aumônes qu'il recevait depuis plus de cinquante ans, l'ermite s'était constitué un pécule dont plus d'un soupçonnait l'existence sans pouvoir en déterminer le chiffre

« Le 21 juin 1891, quelques habitants du hameau de Notre-Dame-de-Grâce, surpris de ne pas voir l'ermite dans les endroits où ils avaient l'habitude de le rencontrer, pénétrèrent dans son domicile.

« Là, ils trouvèrent le cadavre de Jacques Brunel dont la figure était contractée et maculée de sang.

« Autour de lui, dans tous les recoins de la maison, étaient épars les débris de ses quelques meubles éventrés.

« Tout dénotait qu'une main criminelle avait procédé à un véritable pillage, suivi d'une longue et minutieuse inspection.

« Sur le plancher de la chambre était répandue une somme en monnaie de billon, résidu dédaigné du trésor de l'ermite, duquel avaient été soigneusement extraites toutes les pièces d'or ou d'argent.

« Sur la porte extérieure de la cave, restée entr'ouverte, furent relevées des traces d'effraction récente, indiquant le passage du criminel auteur de la fin violente à laquelle Jacques Brunel paraissait avoir succombé.

« L'autopsie médicale releva que la mort avait été causée par suffocation : les narines et la bouche avaient été comprimées par une main étrangère, sans qu'il existât de traces d'une lutte, que l'âge et la faiblesse du vieillard rendaient, d'ailleurs, improbable sinon impossible.

« La victime a dû être surprise par l'arrivée subite de l'assassin.

« Recueillant leurs souvenirs, quelques voisins se rappelèrent avoir vu pour la dernière fois Jacques Brunel dans son jardin, le matin.

« Dans la même journée, et à diverses reprises, avaient été remarquées, autour de Notre-Dame-de-Grâce, les allées et venues d'un individu étranger au pays.

« On acquit bientôt la certitude que cet inconnu était l'auteur principal du crime de Notre-Dame-de-Grâce.

« Venu de Firminy, l'assassin avait quitté le chemin de fer à la gare de Saint-Victor, muni d'un billet d'aller et retour.

« La trace fut suivie jusqu'à Notre-Dame-de-Grâce, où il fut aperçu vers midi, après avoir été déjà rencontré aux environs par de nombreux témoins.

« Le soir, on le voit porteur d'un lourd paquet, se dirigeant sur

Saint-Victor-sur-Loire, comme s'il voulait prendre le prochain train pour Saint-Étienne.

« Mais il retourne dans la maison du crime, où il a dû passer la nuit.

« En effet, il revient à Saint-Victor le lendemain, plus chargé que la veille, ayant surtout tout préparé en vue d'une expédition qui devait se faire la nuit suivante.

« On apprit ensuite, au cours des recherches actives pratiquées en vue de l'arrestation de l'inconnu, qu'une nuit un homme et une femme, partis de Firminy, avaient fait un voyage en voiture, un voyage des plus suspects, jusqu'à Notre-Dame-de-Grâce, et étaient rentrés à Saint-Étienne porteurs de lourds paquets, le lendemain matin, dès la première heure.

« Le sieur Fraisse, qui avait amené les voyageurs, fut entendu et donna des explications qui permirent de retrouver la maison où ils étaient descendus à leur retour à Saint-Étienne.

« Cette maison était située dans la banlieue, au lieu dit Villebœuf-le-Haut.

« Là, vivait depuis quelques mois, sans se livrer à aucun travail et sans moyens d'existence connus, le nommé Kœningstein dit Ravachol.

« Le signalement de ce Ravachol correspond à celui de l'individu recherché.

« De plus, les relations de cet homme étaient bien connues de la police de Saint-Étienne.

« Les soupçons conçus sur le compte de Kœningstein et de sa maîtresse se changèrent bientôt en certitude après la découverte, au domicile de cette femme, de plusieurs milliers de francs en monnaie de billon, provenant du vol de Notre-Dame-de-Grâce.

« Kœningstein put s'échapper des mains des agents qui l'avaient arrêté, mais sa maîtresse, interrogée et confrontée avec le témoin Fraisse, reconnut avoir accompagné son amant à l'ermitage de Notre-Dame-de-Grâce, et avoir porté, avec son aide, l'argent soustrait dans le domicile de son mari, où il fut découvert.

« L'information a établi que la participation de la maîtresse de Kœningstein dit Ravachol au fait du vol avait été des plus actives.

« Après avoir passé avec son amant la nuit qui a précédé l'assassinat, ils se rencontrèrent le lendemain, ils arrêtèrent ensemble leurs dispositions pour un nouveau voyage sur les lieux du crime.

« La maîtresse de Ravachol débat elle-même les conditions de transport et affecte de chanter pendant la route pour détourner l'attention du conducteur.

« Elle reste seule ensuite avec ce dernier, faisant le guet pendant près de deux heures, pour laisser à son complice le loisir de dépouiller la maison de l'ermite.

« Enfin elle aide au transport de l'argent volé, à sa conversion en or et en billets, dont elle s'approprie une grande partie.

« En même temps, elle loue une chambre sous un faux nom pour dissimuler, sans doute, l'autre partie, qui est celle de son amant, et remet à son mari une assez forte somme provenant du vol, que ce dernier accepte sans explications.

« Toutes ces circonstances établissent, à l'encontre de ses protestations, qu'elle a sciemment accepté d'être le co-auteur de Kœningstein dans la soustraction frauduleuse commise à l'ermitage de Notre-Dame-de-Grâce, et dont le produit devait être partagé entre eux.

« Les sommes soustraites paraissent s'être élevées à quinze mille francs environ.

« En ce qui concerne son mari, dans les vêtements duquel on a trouvé une somme excédant de beaucoup ses ressources, sans compter les sommes plus considérables dissimulées dans son domicile, la complicité par recel résulte également de toutes les constatations de l'information.

« Il était au courant des allées et des venues de sa femme qu'il savait parfaitement être la maîtresse de Kœningstein, avec lequel cette dernière a passé les deux nuits qui ont précédé ou suivi le crime commis à Notre-Dame-de-Grâce.

« En dehors du crime de Chambles, l'information a encore relevé les deux faits suivants à la charge de Ravachol.

« Au cours des perquisitions opérées au domicile de ce dernier, il a été retrouvé une grande partie des objets mobiliers soustraits au préjudice des consorts Loy, à Saint-Étienne, dans le courant du mois de mars 1891.

« A cette date, des malfaiteurs pénétraient la nuit, avec escalade et

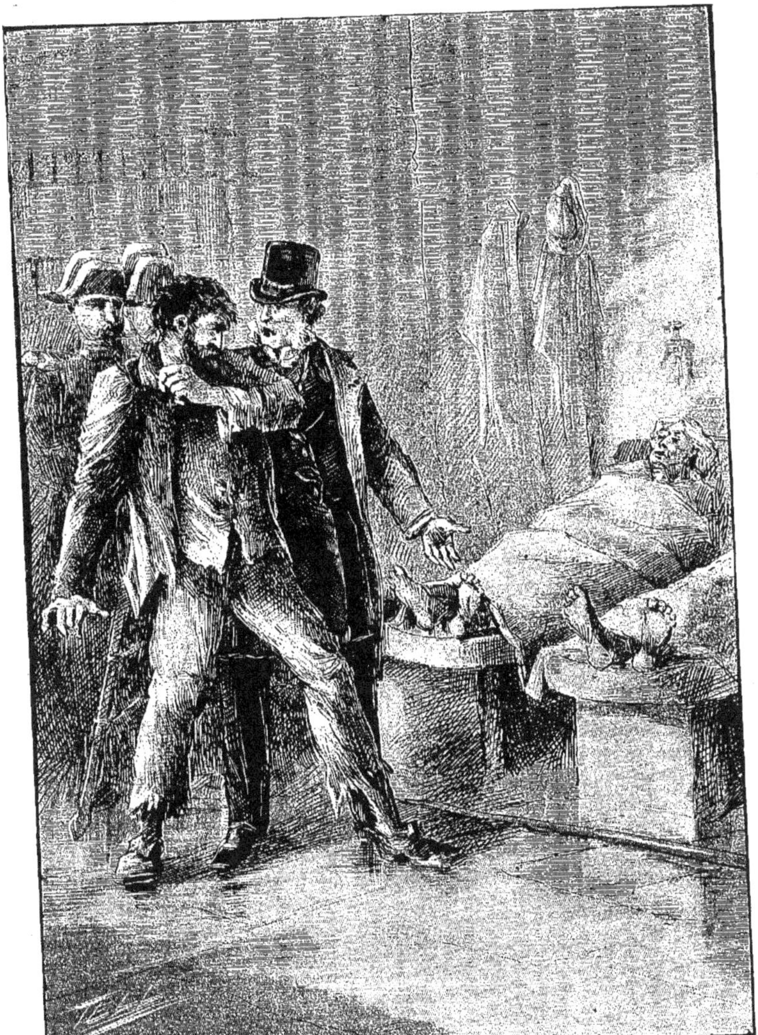

LES EXPLOITS DE RAVACHOL

Tout pâle, tout défait, l'individu regardait les deux cadavres.

effraction extérieure et intérieure, dans la maison de campagne des consorts Loy, au lieu dit de la Côte.

« Ils enlevèrent de nombreux objets de literie, vêtements, linge, mobilier et effets de toute sorte en quantité considérable, exigeant nécessairement le concours de plusieurs auteurs.

« Le vol opéré, les malfaiteurs allumèrent, dans la maison, un incendie qui, grâce aux prompts secours des voisins, put être facilement éteint.

« La possession par Kœningstein de la plupart des objets volés ne peut s'expliquer que par sa participation effective au double crime de vol et d'incendie volontaire commis au préjudice des consorts Loy, à Saint-Étienne.

« De plus, les traces laissées par l'effraction ont été vérifiées et reconnues comme s'adaptant parfaitement à un outil trouvé à son domicile.

« Plusieurs autres objets, provenant des mêmes vols, ont été saisis au domicile de la maîtresse de Ravachol et d'un autre individu, avec lequel l'auteur du crime de Chambles entretenait des relations étroites.

« La participation directe de cet individu et de la maîtresse de Ravachol n'a pas été établie, mais les explications mensongères fournies par eux sur la provenance des objets soustraits dont ils étaient détenteurs dénote, jusqu'à l'évidence, qu'ils connaissaient le vice d'origine de ces objets et accusent, par conséquent, leur complicité par recel dans le vol qualifié commis à la Côte au préjudice des consorts Loy. »

L'agent venait enfin d'achever sa longue lecture.

Il remit lentement le papier dans son portefeuille, serra le portefeuille dans sa poche, puis reprit :

— Voilà donc le premier rapport qui a été fait sur le crime de Chambles.

« Mais comme il avait été rédigé un peu hâtivement et alors que l'on se trouvait encore sous le coup de la première surprise et de la première émotion, il n'est donc pas surprenant, ainsi que vous le savez mieux que moi, que sur plusieurs points il ne soit peut-être pas aussi complet qu'il aurait pu l'être, et que sur d'autres il fourmille d'inexactitudes...

Mais le chef de la Sûreté venait brusquement d'interrompre son subordonné.

— Pardon! fit-il. Oui, ce que vous venez de dire était vrai, il y a quelque temps, mais ne l'est plus aujourd'hui, car ce rapport a été complété et toutes les lacunes, toutes les erreurs qu'il contenait n'existent plus...

— Eh bien! c'est ce qui vous trompe, interrompit à son tour vivement l'agent, et voilà précisément où je voulais en venir quand je vous parlais tout à l'heure du voyage que j'ai été faire à Chambles...

« Oh! je sais bien que ce premier rapport a été modifié!... Oui, parbleu!... Mais enfin, tel qu'il est à présent, il n'en reste pas moins très inexact, ainsi que j'aurai l'honneur de vous le démontrer si vous voulez bien prendre la peine de m'écouter et me laisser vous dire quels sont les nouveaux renseignements que j'ai pu recueillir là-bas...

Le chef de la Sûreté n'avait pu s'empêcher d'avoir un sourire d'incrédulité.

Certes, l'agent Cormon, comme nous l'avons dit, avait déjà fait ses preuves et c'était un garçon très actif et très intelligent, mais, pourtant, comment diable avait-il pu découvrir encore quelque chose de nouveau sur le crime de Notre-Dame-de-Grâce?

Comment diable, à lui tout seul, avait-il pu, comme il avait l'air de le prétendre, réussir à en savoir plus long que toute la police?

— Allons, voyons, parlez, dit le chef de la Sûreté toujours avec le même sourire. Quels sont les nouveaux renseignements que vous avez à me communiquer? Quels sont les faits nouveaux que vous avez à me faire connaître?

Mais à peine avait-il achevé qu'il ne put réprimer un mouvement de surprise et de mauvaise humeur.

On venait de frapper à la porte et un homme était apparu sur le seuil.

C'était un brigadier de sergents de ville spécialement attaché au parquet.

— M. le procureur de la République vous demande, dit-il vivement. Et c'est pressé!

— Si pressé que ça?

— Oui, oui, très pressé, à ce qu'il paraît... Et il vous attend sur-le-champ... Est-ce dit?

— Oui, c'est dit... Je vous suis.

Puis quand le brigadier fut sorti :

— Très pressé ? Qu'est-ce que cela peut bien vouloir dire ? fit le chef de la Sûreté dont le front s'était soudainement rembruni. Est-ce que par hasard vous auriez déjà jasé ?

— Moi ? s'écria l'agent, l'air indigné.

— Oui. Est-ce que, par hasard, vous auriez été déjà raconter à d'autres que vous pensiez avoir retrouvé la piste de Ravachol ?

— Non ! non ! Je n'en ai soufflé mot à personne, je vous en donne ma parole.

— Pourtant cette insistance du procureur à vouloir me voir tout de suite, sur-le-champ, m'étonne beaucoup. Il doit certainement y avoir au parquet quelque chose de nouveau. Pourvu qu'il n'ait pas, lui aussi, grâce à un de ses agents, découvert la nouvelle retraite de l'assassin de l'ermite... Ce ne serait pas de chance pour nous, vous en conviendrez, Cormon ?

— Oui, ce serai vexant ! dit l'agent, le front plus sombre.

— Enfin je vais toujours aller voir ce que l'on me veut... Quant à vous, vous allez m'attendre ici...

— Entendu !

— Et si quelqu'un venait pendant mon absence, pas un mot, n'est-ce pas ? pas la moindre allusion à ce que nous venons de dire !

— Est-ce que vous croyez que je suis aussi bête ! ricana l'agent. Est-ce que la prise de Ravachol n'est pas un honneur que nous nous réservons à nous deux ?

« Mais, comme je vous le disais tout à l'heure, ajouta-t-il plus vivement, si nous voulons enfin pincer notre homme, il n'y a pas un instant à perdre et il faut agir promptement.

— Nous agirons dès que je serai de retour. Mais en attendant installez-vous là.

— A votre bureau ?

— Oui, à mon bureau... Voici une plume, du papier et de l'encre. Écrivez-moi sous forme de rapport tous les nouveaux renseignements que vous avez rapportés de Chambles.

Puis, sur ces mots, le chef de la Sûreté sortit vivement, tandis que l'agent, qui venait déjà de s'asseoir au bureau, se mettait à écrire d'une main rapide.

XIII

LA CHATELAINE DE SAINT-JEAN-BONNEFOND

Or, tandis que cette scène se passait dans le cabinet du chef de la Sûreté, là-bas, à Saint-Jean-Bonnefond, village situé au nord-est de Saint-Étienne, le glas des morts emplissait l'air de ses tintements funèbres.

Et devant la vieille église, toute débordante d'une foule immense et dont la façade était entièrement cachée sous de longues draperies de deuil, de nombreux groupes de paysans stationnaient, les hommes l'air profondément consternés, les femmes toutes pâles et les yeux rougis par les larmes.

Et pendant que l'on se parlait à voix très basse, à voix très sourde, c'était toujours le même nom qui revenait sur toutes les lèvres, le nom de la jeune châtelaine du pays dont on célébrait en ce moment même les funérailles.

Mais si la jeune baronne de Rochetaillée laissait derrière elle une si vive douleur et de si profonds regrets, c'est qu'il faut bien dire aussi qu'elle avait été en quelque sorte la providence du pays.

Combien de misères, en effet, n'avait-elle pas secourues !

Combien de larmes, en effet, n'avait-elle pas séchées !

Dans sa bonté toujours en éveil et dans son grand besoin de dévouement, elle n'attendait pas que les malheureux vinssent à elle, mais c'était elle, le plus souvent, qui allait à eux.

Et c'était précisément de ces choses-là, de la grande compassion, nous dirions presque de la grande tendresse de la défunte, pour tous les souffrants et tous les déshérités, que l'on s'entretenait dans les groupes qui stationnaient devant l'église.

— Oh! oui, c'est bien un grand malheur, allez! un grand malheur pour nous tous! disait à quelques-unes de ses voisines qui l'entouraient une très vieille femme en portant son mouchoir à ses yeux.

« Et quand je dis que c'est un grand malheur pour nous tous, un grand malheur pour tout le pays, je devrais d'abord commencer à parler de moi, je devrais d'abord commencer à parler de ce qui me concerne.

« Car vous connaissez bien cette histoire-là, n'est-ce pas, vous autres ? Je veux dire que vous la connaissez bien du moins par moi, car ce n'est pas elle, car ce n'est pas Mme la baronne qui, pour sûr, aurait été vous la raconter.

« Eh bien, oui, quand ma pauvre fille, quand ma pauvre Marie-Rose, que je vois encore, que je vois toujours devant mes yeux, si pâle et si triste, est morte de chagrin d'avoir perdu d'abord son mari, puis ensuite son enfant, notre pauvre petit Pierre, que serais-je devenue si cette bonne dame n'avait eu pitié de moi ?

« Oh ! voyez-vous, je vous le jure... oui, je vous le jure sur son cercueil qui est là, ajouta-t-elle en étendant la main du côté de l'église, je n'oublierai jamais, non jamais, que c'est à elle que je dois encore le pain que je mange, que je dois encore le toit qui m'abrite !

« Et j'étais d'autant plus désolée, d'autant plus désespérée, que je sentais bien que j'étais beaucoup trop vieille, beaucoup trop faible pour pouvoir encore travailler, et que personne ne voudrait plus, plus de moi.

« Alors, quoi ?

« J'allais donc être, à mon âge, obligée de courir les grands chemins comme une vagabonde ?

« J'allais donc en être réduite, après avoir si longtemps travaillé, si longtemps peiné, à aller frapper de porte en porte pour mendier un asile afin de ne pas mourir de froid, ou pour mendier un morceau de pain afin de ne pas mourir de faim !

« Et je m'en souviens bien, — oui, je m'en souviens, comme si ce n'était que d'hier, — j'étais en train de pleurer et de sangloter accroupie dans un coin de ma maison, quand tout à coup la porte s'ouvrit.

« C'était elle.

« C'était Mme la baronne.

« Mais j'avais la tête si pleine de vertige et les yeux si pleins de larmes que d'abord je ne la reconnus pas.

« Alors lentement et doucement elle s'avança vers moi avec un sourire plein de douceur et de bonté.

« Puis, comme c'était plus fort que moi et que je pleurais encore, que je pleurais toujours, son sourire brusquement s'éteignit, une ombre passa sur son visage, et elle se mit à me gronder comme elle aurait grondé un enfant.

« Pourquoi, puisque j'étais si triste et si malheureuse, n'avais-je pas plus tôt pensé à elle?

« Pourquoi n'étais-je pas tout de suite montée au château pour lui faire connaître tous mes soucis et tous mes chagrins?

« Et comme je balbutiais je ne sais plus quelles paroles, elle m'interrompit vivement en me prenant la main.

« Et maintenant chaque mot qu'elle disait était pour moi une consolation et une joie.

« Cette maison où j'avais vécu tant d'années avec Marie-Rose, tant d'années avec les vieux, avec tous ceux dont le souvenir me restait si cher; cette maison dont je croyais être chassée d'un moment à l'autre, allait rester ma demeure.

« Et la pauvre chère dame ne s'était pas seulement contentée de m'assurer un asile et un abri, mais elle avait encore voulu me procurer la certitude du lendemain.

« — Voilà, mère François, me dit-elle au moment de s'en aller, ce que j'étais venu vous dire... Mais vous allez me promettre de ne plus pleurer et d'avoir du courage... Du reste, je vous le répète, à présent tout est arrangé et tout ira bien...

« Et sans me laisser même le temps de la remercier, sans me laisser même le temps de lui dire un seul mot de reconnaissance, elle s'en alla.

« Aussi je n'ai pas besoin de vous dire quel coup terrible je reçus lorsque, l'autre jour, une de ses femmes de chambre entre en courant chez moi, et me crie, toute tremblante et toute pâle :

« — Venez!... venez vite, mère François? Mme la baronne se meurt et elle veut vous voir!...

« Non, voyez-vous, personne ne pourra jamais savoir l'effet que ces quelques mots-là : « Mme la baronne se meurt! » produisirent sur moi...

« J'avais bien entendu dire comme tout le monde, comme tout le village, que depuis quelque temps la pauvre chère femme était souffrante, mais qu'elle fût si gravement atteinte, mais qu'elle fût si dangereusement malade, jamais je n'aurais pu le croire...

« Aussi, tout en courant vers le château, ou du moins tout en courant aussi vite que mes pauvres jambes que je sentais se dérober sous moi pouvaient me le permettre, essayai-je d'interroger la femme de chambre.

« Était-ce bien vrai que Mme la baronne était perdue?

« Était-ce bien vrai que cette pauvre femme encore si jeune allait mourir?

« Mais la femme de chambre venait de me regarder avec une expression si pleine de douleur et si pleine d'angoisse qu'il ne me fut plus possible d'avoir le moindre doute.

« — Oui, me répondit-elle en faisant un immense effort pour contenir ses larmes, dans quelques heures Mme la baronne aura cessé de vivre!... Oui, dans quelques heures Mme la baronne qui était, il y a si peu de temps encore, si rayonnante de jeunesse et de beauté, ne sera plus!

« Et comme elle venait de dire ces mots, bientôt le château se dressa en face de nous.

« Alors elle me prit par la main, puis me faisant monter l'escalier d'une petite tourelle :

« — Suivez-moi!... me dit-elle.

« Puis, comme nous venions de gravir quelques marches, elle ajouta la voix très basse :

« — Venez!... Entrez!...

« Une porte s'était ouverte et je me trouvais dans la chambre de Mme la baronne.

« Mais à peine avais-je fait quelques pas que je ne pus retenir un cri de surprise, ou plutôt un cri de joie.

« Car, en effet, je ne comprenais plus maintenant ces paroles que la femme de chambre m'avait jetées en entrant chez moi : « Venez!... venez vite!... Mme la baronne se meurt! »

« Je m'étais attendue à la trouver râlante et agonisante, et je la voyais, au contraire, qui, un sourire sur les lèvres, ce si bon et doux sourire que vous avez tous connu, me tendait la main en m'appelant.

« — Approchez... approchez, mère François, dit-elle.

« Puis, comme je venais de faire quelques pas encore et que je la regardais toujours avec une extrême surprise, avec un extrême étonnement, elle reprit, très calme et très tranquille :

« — Mère François, c'est la dernière fois que nous nous voyons, car nous allons bientôt nous quitter, bientôt nous dire adieu, ma pauvre femme...

« Oh! ne cherchez pas à me dissuader et n'essayez pas de me donner

LES EXPLOITS DE RAVACHOL

Mme de Rochetaillée à son lit de mort.

un espoir que je ne peux plus avoir, ajouta-t-elle plus vivement en s'apercevant que je venais de faire un mouvement pour l'interrompre.

« Oui, je suis très malade... je m'en vais... et dans quelques heures, je ne serai plus...

« Aussi ai-je tenu à vous rassurer sur votre sort et à vous dire, dans cette dernière entrevue, que je ne vous avais pas oubliée.

« Tenez, mère François, ouvrez ce meuble...

« Et Mme la baronne me montrait un petit meuble placé tout près de son lit.

« — Le premier tiroir, ajouta-t-elle.

« Je fis ce qu'elle me commandait, puis elle reprit :

« — Il y a là deux papiers, n'est-ce pas ?

« — Oui, madame la baronne.

« — Prenez-les.

« Je venais de m'emparer des papiers et j'allais les lui remettre quand elle me dit :

« — Non, non, gardez-les, mère François... Ces papiers sont à vous... ces papiers vous appartiennent...

« Vous pouvez juger de ma stupéfaction.

« Ces papiers étaient à moi !

« Ces papiers m'appartenaient ?

« Que voulait-elle dire ?

« Qu'est-ce que cela signifiait.

« Mais alors, toujours la voix très douce, toujours très calme et très tranquille, Mme la baronne reprit :

« — Oui, ces papiers sont à vous, et vous allez me comprendre... L'un d'eux est un acte de vente, un acte en vertu duquel vous demeurez propriétaire de votre petite maison.

« Vous aurez donc désormais un abri assuré, un asile que l'on ne pourra plus vous prendre...

« Mais à votre âge, ajouta-t-elle, il ne s'agit pas de savoir où reposer sa tête, mais il faut bien aussi ne pas avoir l'affreuse incertitude du lendemain, l'effrayante angoisse de la misère.

« J'ai donc aussi pensé à cela, et l'autre de ces papiers, ou plutôt l'autre de ces actes vous constitue une petite rente qui vous permettra de finir assez doucement, assez paisiblement votre vie.

« Puis, me tendant les bras et avec une voix de plus en plus douce, de plus en plus touchante :

« — Allons, mère François, ajouta-t-elle, embrassez-moi et surtout ne pleurez pas!

« Ah! elle en parlait à son aise, la noble et sainte femme!

« Comment aurais-je pu entendre ce qu'elle venait de me dire, comment aurais-je pu voir tant de bonté et tant de courage sans que tout mon être se fondît de douleur et de reconnaissance!

« Je venais de lui prendre la main, — sa main que je sentais déjà froide, — et la portant à mes lèvres, je me mis à éclater en sanglots.

« Enfin, que vous dirai-je encore?

« La pauvre femme ne s'était pas trompée quand elle m'avait dit que bientôt nous allions nous quitter, que bientôt nous ne nous reverrions plus.

« Quelques heures après, en effet, et comme je pleurais encore toute seule dans ma maison, tout à coup je tressaillis.

« Je venais d'entendre le glas des morts!... Je venais d'entendre ces cloches lugubres, qui tintent encore!

Puis, sur ces derniers mots, qu'elle avait dits toute saisie, la vieille femme se tut, puis, se tournant du côté de l'église, elle se signa lentement, les lèvres balbutiantes, comme si elle priait tout bas pour celle qui avait été sa bienfaitrice.

Mais c'était maintenant une autre paysanne, une autre femme du groupe qui venait de prendre la parole.

Celle-ci, jeune encore, avait le front pâle et l'air triste des veuves.

Elle dit doucement :

— Oui, celle qu'on enterre aujourd'hui, celle que tout le monde pleure aujourd'hui était une sainte!...

« Mais, madame François, laissez-moi vous dire que vous ne serez pas la seule à garder son souvenir, que vous ne serez pas la seule à lui conserver au fond de votre cœur une éternelle reconnaissance.

« Est-ce que par exemple, moi qui vous parle, je ne lui dois pas aussi de ne pas être tombée dans la plus noire et la plus atroce misère?

« Est-ce que je ne lui dois pas, moi aussi, le toit qui abrite mes pauvres enfants, mes pauvres petits orphelins?

« Vous connaissez tous, n'est-ce pas, ma lamentable et triste histoire?

« Vous savez tous comment il y a quelques mois mon pauvre mari, qui était terrassier, a trouvé une mort horrible là-bas, au fond de ce puits.

« Ah! quand on me l'a rapporté la poitrine défoncée, la tête broyée, je ne sais pas comment j'ai pu lui survivre, je ne sais pas comment je ne suis pas tombée raide morte à mon tour.

« Et je ne sais pas non plus, je ne m'explique pas non plus comment je ne suis pas devenue folle.

« Et pour comble de malheur, et pour comble de fatalité, il n'y avait pas encore trois semaines que l'on avait emporté sa bière, il n'y avait pas encore trois semaines qu'on l'avait couché au cimetière, quand tout à coup tout le village s'emplit d'une immense lueur d'incendie...

« C'était notre pauvre maison qui brûlait!... c'était notre pauvre maison qui flambait!

« En moins d'une heure, il n'en restait plus que les quatre murs prêts à tomber.

« Et maintenant que faire?

« Et maintenant où aller avec mes pauvres enfants, qui se suspendaient désespérément à moi et qui, me voyant pleurer, sangloter, pleuraient, sanglotaient aussi.

« Ah! ce fut une heure horrible, une heure affreuse, je vous le jure!

« Et j'étais là, rôdant comme une insensée autour de mon foyer détruit, autour de mon toit devenu fumant, quand je sentis tout à coup une main se poser doucement sur mon épaule.

« Et comme je venais de me retourner, le visage baigné de larmes, j'aperçus Mme la baronne presque aussi pâle, presque aussi défaite que moi.

« Elle commença d'abord par me parler de mes enfants en termes si touchants et si émus que j'aurais voulu l'entendre toujours.

« Puis, comme je lui parlais de ma misère, de ma détresse et de mon désespoir, elle ne me laissa pas achever.

« — Est-ce que je ne suis pas là? me dit-elle. Est-ce que vous n'avez pas le droit de compter sur moi?

« Et me faisant signe de la suivre :

« — Venez, venez, ma pauvre femme! me dit-elle.

« Et pendant plus d'une semaine nous vécûmes au château, mes pauvres petits et moi... mes pauvres petits qu'elle aimait, qu'elle adorait comme s'ils eussent été les siens.

« Enfin, un jour, je la vis venir à moi avec un éclair de joie, un éclair de bonheur dans les yeux.

« — Madame Martin, me dit-elle avec un sourire, croyez-vous aux songes?

« Et comme je la regardais toute surprise :

« — Moi j'y crois un peu, ajouta-t-elle presque gaiement. Eh bien! cette nuit, j'ai fait un rêve qui, s'il se réalisait, vous rendrait bien heureuse.

« — Quel rêve, madame la baronne? demandai-je.

« — Je voyais là-bas, tout près de l'église, une jolie petite maison qui était devenue la vôtre... une jolie petite maison qui remplaçait celle que vous avez perdue.

« Et comme je venais de baisser brusquement la tête, reprise par tous mes chagrins et par toutes mes douleurs :

« — Allons, voyons, me dit-elle avec une douce autorité, ne soyez plus triste ainsi, mais venez plutôt avec moi, voir si mon rêve ne serait pas, par hasard, devenu une réalité.

« Puis doucement elle m'entraîna.

« Quelques minutes après nous arrivions devant une petite maison blanche, une petite maison dix fois plus belle que celle qui avait été la proie des flammes.

« Mme la baronne sortit alors une clé de sa poche, puis me la tendit.

« — Ouvrez vous-même la porte, me dit-elle.

« Et comme je la regardai ne comprenant pas encore, ou plutôt n'osant pas encore comprendre :

« — Ouvrez!... ouvrez, vous dis-je! insista-t-elle.

« Et la porte ouverte, elle ajouta avec un petit sourire plein d'une malice bienveillante :

« — Eh bien! madame Martin, répondez-moi, vous plairez-vous ici?

« Mais comment aurais-je pu lui répondre!

« Mais comment aurais-je pu même trouver en ce moment un mot pour la remercier!

« Mais les larmes que je versais — des larmes de joie maintenant —

lui parlaient plus éloquemment et lui en disaient certainement plus long que toutes les paroles que j'aurais pu prononcer.

« Et les mains jointes, éblouie, je ne pouvais me lasser de regarder autour de moi.

« Tous les meubles qui m'entouraient étaient de beaux meubles tout reluisants, de beaux meubles tout neufs, et rien n'y manquait, et rien n'avait été oublié.

« Oui, voilà ce que Mme la baronne a fait pour moi, acheva Mme Martin avec un accent profondément pénétré. Elle ne nous a pas seulement sauvés de la misère, mes enfants et moi, mais elle nous a peut-être sauvé la vie !

Et alors chacun voulut aussi raconter son histoire, chacun voulut aussi faire à son tour l'éloge de la défunte.

Mais brusquement toutes les voix se turent, tous les fronts se découvrirent.

Le glas funèbre qui, depuis quelques instants, avait cessé d'emplir le village de sa voix désolée, venait de retentir encore, un grand mouvement s'était fait sur le seuil de l'église et le cercueil de la baronne était apparu.

Et très lentement maintenant le triste cortège se déroulait à travers la campagne, se dirigeant là-bas vers le petit cimetière du village.

Et tandis que les prêtres chantaient les prières des morts, derrière le cercueil, dans cette foule immense et recueillie, pas un murmure, pas un souffle, ne s'élevait... Et l'on marcha longtemps encore...

« Brusquement, au détour d'un chemin, le cimetière apparut, un cimetière triste et pauvre comme tous les cimetières de campagne et dont le mur, assez élevé, çà et là s'effritait, tombait en ruines.

« La foule s'y engouffra, s'y serra...

« Puis, soudain, il y eut un arrêt, un plus grand silence encore.

La tête du cortège venait d'arriver devant le mausolée de la famille de Rochetaillée et le cercueil de la baronne venait d'être descendu avec un bruit sourd, un bruit sinistre dans la profondeur du caveau.

La voix du prêtre qui officiait s'éleva de nouveau pour dire les dernières prières... on entendit le bruit de quelques sanglots... Puis ce fut tout.

La foule à présent s'écoulait, le petit cimetière redevenait désert, et la morte restait seule.

XIV

LES BIJOUX DE LA MORTE

La nuit était maintenant depuis longtemps tombée et il devait être déjà très tard, environ onze heures et demie.

A ce moment-là, si quelque habitant du village eût passé tout près du cimetière, il n'eût pas manqué de s'enfuir plein d'épouvante et plein d'effroi.

En effet, depuis quelques instants déjà, une ombre rôdait là, une ombre mystérieuse et inquiétante.

L'homme qui se trouvait dans ce lieu si triste et si désolé, à une heure pareille, ne cessait d'épier et de guetter.

Qui épiait-il, qui guettait-il? c'est ce que nous ne saurions dire. Mais ce qu'il y a de certain, c'est qu'à mesure que l'étrange faction qu'il faisait là se prolongeait, il devenait de plus en plus fébrile, de plus en plus impatient.

Déjà plus de dix fois il s'était arrêté net, prêtant l'oreille au moindre bruit qu'il pourrait entendre, au moindre écho qui pourrait lui arriver.

Mais c'était toujours autour de lui le silence le plus profond, le plus solennel, le plus farouche.

Seul, parfois, quelque oiseau de nuit jetait son cri lugubre, son cri sinistre.

Tout à coup, dans le lointain, une demie sonna.

— Onze heures et demie! s'écria l'homme avec un accent furieux. Ah çà! que font-ils donc?

Et il se remit à marcher, longeant de si près le mur du cimetière que parfois son pied butait contre les pierres tombées du mur.

C'était un individu d'une trentaine d'années environ, petit et trapu, à l'air énergique et résolu.

Il était coiffé d'un chapeau de feutre et vêtu d'une longue houppelande sous laquelle il semblait dissimuler quelque chose.

Et toujours épiant, et toujours écoutant, il continuait sa promenade mystérieuse.

Et comme il venait une fois de plus de s'arrêter et de prêter l'oreille, soudain il eut un tressaillement.

— Enfin, grommela-t-il, ce n'est pas trop tôt !

En effet, à peu de distance de lui, le bruit d'un pas rapide venait de se faire entendre, puis, tout à coup, émergeant de l'ombre, un autre homme apparut.

Alors, le premier, avec colère :

— Oh ! il ne fallait pas vous gêner ! dit-il. J'ai cru que vous alliez me faire poser ici jusqu'à demain matin.

Et il ajouta aussitôt :

— Eh bien ! est-ce que tu viens seul ?... Et lui ?

— Est-ce qu'il n'est pas venu ? dit l'autre individu. Alors il ne va pas bien tarder... D'ailleurs nous ne sommes pas en retard...

— Comment ça ?

— Le rendez-vous n'était que pour onze heures et demie !

— Pour onze heures et demie ! ricana l'autre. Pour onze heures !... Au surplus il est bientôt minuit.

Et ils se turent.

Tous les deux, maintenant appuyés contre le mur du cimetière, regardaient le ciel très sombre, très noir.

Puis, avec un étrange sourire, le second personnage reprit :

— Voilà une belle nuit pour nous !

Et il ajouta :

— J'ai apporté une pince-monseigneur.

— Bon.

— Et une lanterne.

— Parfait.

— Mais peut-être nous aurait-il fallu aussi un levier... Je n'y ai pas pensé.

— J'en ai un, dit l'autre.

Et il entr'ouvrit sa houppelande pour montrer à son ami le levier assez long et assez gros qu'il cachait sous son vêtement.

Puis, après un nouveau silence, pendant lequel il avait encore prêté l'oreille, il reprit :

— Je suis ici depuis midi...

— Ici ?

— Oh ! je ne te parle pas d'ici, devant le cimetière...

— Ah ! bon !

— Mais ici, à Saint-Jean-Bonnefond... Et j'ai vu les funérailles...

LES EXPLOITS DE RAVACHOL

— Nous n'avons pas ici cet homme-là, répondit la patronne de l'hôtel.

— Les funérailles de la baronne!...

— Oui, mon bon. Et tu sais, très chouettes!... Épatantes!...

— Parbleu! ricana l'autre, des funérailles de millionnaire!...

— Oh! ce n'est pas ce que je veux dire...

— Alors?

— Mais il paraît que c'est bien vrai et qu'on la gobait pour tout de bon, cette femme... Tout le village, mon cher, était au convoi, et tout le monde pleurait.

— Excepté toi? dit le second personnage en riant.

— Oui, excepté moi.

— Car tu as bien dû suivre aussi le cortège?

— Et pourquoi me serais-je dérangé et serais-je venu si tôt ici si ce n'avait été pour le suivre?...

« Et je ne m'en repens pas, mon cher, car je sais maintenant tout ce que je tenais à savoir.

— Oui, oui, je comprends... Tu voulais te rafraîchir la mémoire?

— Parfaitement.

— Relever le plan du cimetière?

— Oui.

— Et t'assurer que le tombeau de la famille de Rochetaillée était bien toujours à la même place?

— Oui.

— C'est de la prudence, ricana le second personnage, mais tu t'es donné une peine bien inutile, mon pauvre vieux.

« Moi, j'irais vers ce tombeau les yeux fermés... Du reste, tu pourras te convaincre tout à l'heure que je ne blague pas.

Puis, après une pause, il ajouta :

— Seulement, moi, j'ai un autre souci, une autre inquiétude...

— Quel souci?

— Je me demande si nous ne nous sommes pas emballés en faisant cette expédition-là.

— Comment?

— Je me demande si nous n'allons pas en être pour nos frais.

— Alors, tant pis!... Mais ce n'est pas probable... Quand le diable y serait, nous trouverons bien toujours quelques bijoux, quelque chose qui vaille la peine d'être emporté.

— Enfin nous verrons, dit l'autre... Mais minuit sonne. Est-ce que nous allons poser encore longtemps!...

Mais il n'avait pas encore achevé qu'ils virent brusquement une ombre surgir en face d'eux.

C'était le troisième personnage attendu, un gaillard qui par ses allures semblait encore plus décidé et plus résolu que les deux autres.

D'ailleurs, comme il avait relevé le collet de son paletot et rabattu son chapeau sur son front, on ne pouvait distinguer de son visage que ses yeux qui brillaient, étincelaient étrangement.

Les deux autres avaient bien essayé de murmurer quelques reproches et de se plaindre du retard qu'il avait mis à venir au rendez-vous, mais il les avait fait taire d'un mot bref.

— C'est assez! dit-il. Je ne suis pas venu ici pour discuter.

Puis, levant la tête, il sembla mesurer du regard la hauteur du mur du cimetière.

— Tiens! c'est drôle, dit-il, je le croyais plus élevé.

Et s'adressant en même temps à ses deux complices :

— Vous avez les ustensiles? demanda-t-il.

— Oui.

— La lanterne?

— Oui.

— Le levier?

— Oui.

— La pince?

— Oui.

— Allons-y!... Qui me prête ses épaules?

Et très leste, très agile, en moins d'une seconde il avait atteint la crête du mur.

— Hardi, vous autres! cria-t-il.

Et non moins agile, non moins leste que lui, un de ses complices, celui qui avait apporté le levier, s'enleva à son tour.

— Et de deux!... A moi! dit vivement le troisième individu.

Alors, profitant très habilement et très adroitement des trous que les pierres tombées avaient laissés dans le mur, il eut bientôt rejoint les deux autres.

A ce moment, le ciel qui depuis quelques instants déjà était devenu de plus en plus sombre, de plus en plus noir, tout à coup s'illumina.

Les trois hommes eurent la même exclamation :

— Tiens ! un éclair !

C'était, en effet, un éclair et le temps tournait à l'orage.

— Dépêchons ! reprit celui qui paraissait le chef.

Et, le premier, il se laissa tomber dans le cimetière.

Les deux autres venaient à présent de le rejoindre encore, et tous les trois, l'oreille tendue, l'œil ouvert dans les ténèbres, ils écoutaient.

— Rien ! dit le chef. D'ailleurs, nous sommes stupides, le cimetière n'est pas gardé...

— Oh ! il serait bien gardé que nous nous en moquerions tout de même, répondit l'homme au levier en faisant un geste menaçant.

Et il ajouta :

— Mais il fait noir comme dans un four... Attention !...

Et la nuit semblait en effet devenir plus noire, les ténèbres plus épaisses.

Aussi les trois hommes n'avançaient-ils que lentement, tantôt butant contre une croix, tantôt se heurtant contre une tombe.

Tout à coup l'homme qui portait la lanterne laissa échapper un juron terrible, formidable.

Il venait de tomber dans une fosse à demi creusée.

— Tonnerre de Dieu ! hurla-t-il. Cet animal de fossoyeur a failli me faire casser le cou !

Et comme si à ce blasphème le ciel eût voulu répondre, soudain le tonnerre retentit.

Et maintenant les éclairs étaient si fréquents, si rapprochés que l'on peut dire qu'ils ne cessaient plus.

— A la bonne heure ! ricana le chef. Au moins on peut se guider !...

Et ils marchèrent encore pendant quelques minutes, toujours poursuivis par le tonnerre qui grondait.

Brusquement l'homme qui portait le levier s'arrêta.

— Halte ! fit-il.

— Est-ce là ?

— Oui, nous y sommes. Voilà le mausolée...

Et comme le chef venait de se rapprocher du monument que son complice lui montrait, le ciel de nouveau s'embrasa, et à la lueur des éclairs il put lire ces trois mots gravés dans la pierre :

FAMILLE DE ROCHETAILLÉE

— Oui, en effet, c'est bien là, dit-il. Maintenant il s'agit de ne pas perdre son temps... La porte d'abord... Oh! elle a beau être solide, on en viendra tout de même à bout...

Et dans la paix profonde du cimetière et troublant le sommeil des morts maintenant le bruit d'un travail étrange, un bruit qui ressemblait à celui d'un marteau, retentissait.

— Là, reprit-il. La porte y est... Ce n'est pas plus malin que ça... Mais chut!... Personne, n'est-ce pas?

— Non, non, personne! répondirent les deux autres. Oh! nous pouvons être tranquilles comme si nous étions chez nous.

Pourtant ils avaient encore prêté l'oreille, écouté encore.

— Maintenant, reprit le chef, le plus gros de la besogne n'est pas fait. Il s'agit d'enlever cette pierre.

— Quelle pierre?

— Eh! parbleu, la pierre du sépulcre! Hardi, mon vieux, dépêche-toi à allumer ta lanterne.

Et la lanterne allumée :

— Pose-la ici, dans ce coin... Très bien... Et toi, mon fiston, passe-moi ton levier.

Mais celui qui commandait cette lugubre expédition, et à qui ses deux camarades obéissaient très ponctuellement, ainsi qu'on a pu déjà s'en apercevoir, devait être un homme d'une rare énergie en même temps que d'une rare audace.

D'ailleurs, ce devait être aussi, sous des apparences ordinaires, un gaillard d'une force musculaire certainement peu commune, car maintenant, armé du levier, il soulevait seul et sans aide la dalle d'un poids énorme sous laquelle était caché le cercueil de la baronne de Rochetaillée.

— Ça vient!... Je sens que ça vient! disait-il de temps à autre, pâle de l'effort.

Et de plus en plus, en effet, la pierre se soulevait, et de plus en plus en effet, le trou au fond duquel dormait la morte apparaissait, s'élargissait.

— Vous voyez, vous autres, que ce n'est pas bien difficile, ricana le sinistre ouvrier. Encore un peu d'huile de coude, encore un petit effort et cette chère baronne va nous apparaître en train de faire son petit dodo.

« Hardi, levez la lanterne!... Plus haut!... Oui, comme ça!... Et attention!... Hardi!... Reculez-vous!... Hardi!... Hardi!... Houp!... Ah! je crois que c'est fini!...

Mais le gredin, qui se pressait trop, venait cette fois de faire une fausse manœuvre, et l'énorme dalle retomba.

Ce fut un bruit effroyable, un bruit qui dut s'entendre très loin du cimetière.

Et tout saisis, pâles de peur et de colère, les trois complices se regardèrent.

Le chef essuya avec son coude la sueur qui découlait de son front, puis essayant de ricaner encore :

— Ça, c'est bête! fit-il. Pourvu qu'on n'ait rien entendu!... Allez donc voir.

Et il resta seul dans le caveau, tandis que les deux autres allaient explorer le cimetière, se heurtant encore aux tombes et risquant encore parfois de rouler tout au fond de quelque fosse qui s'ouvrait sous leurs pas.

Et le bruit que la dalle avait fait en retombant avait été si formidable qu'ils croyaient encore en entendre l'écho.

Et rien n'aurait été plus étrange, et rien n'aurait été plus saisissant que l'apparition de ces deux hommes en un endroit pareil à cette heure de minuit, et qui sous la pluie qui tombait à torrents et sous les éclairs qui les enveloppaient restaient tout pâles, tout livides de leur sacrilège et de leur crime.

Mais non, ils avaient eu tort de trembler, tort de s'alarmer.

Autour d'eux c'était toujours le même calme profond, la même paix solennelle, et les morts dormaient bien.

Pourtant ils restèrent là longtemps, le cou tendu, retenant leur souffle, épiant.

— Je n'entends rien, dit enfin l'un d'eux, rien que le cri des oiseaux de nuit.

— Et moi rien que le bruit du tonnerre, dit l'autre.

« Mais bien qu'il n'y ait pas de gardien dans ce cimetière, ajouta-t-il, il ne faudrait peut-être pas se montrer trop imprudent.

« Il y a non loin d'ici — tiens! de ce côté-là, sur la gauche — des cabanes, des bicoques de paysans, où certainement le bruit a pu s'entendre.

« Il s'agit donc d'ouvrir l'œil et le bon.

Et ils écoutèrent encore.

Parfois une feuille se détachant d'un arbre venait tomber à leurs pieds, et il n'en fallait pas davantage, pour que ces hommes, pourtant capables de tout, tressaillissent soudain de terreur et d'épouvante.

Parfois aussi ils se retournaient brusquement, effarés, le regard plein d'inquiétude, et toujours l'haleine courte, l'oreille méfiante, ils sondaient longuement les ténèbres épaisses qui s'étendaient derrière eux.

C'est qu'alors ils croyaient entendre sortir de toutes les tombes comme une longue plainte sourde, comme un long murmure d'indignation.

— Ah! bah! pas de frousse à avoir! dit l'homme qui avait apporté le levier. Si nous avions eu quelque chose à craindre, il y aurait déjà quelqu'un ici... Revenons.

Et très lentement, très prudemment, attendant parfois qu'un éclair leur indiquât leur chemin, ils revinrent vers le caveau.

Mais à peine en avaient-ils franchi le seuil qu'ils s'arrêtèrent très étonnés.

La dalle maintenant était enlevée, et leur complice, très fier de lui, l'air triomphant, leur montrait le cercueil de la baronne.

— Eh bien! qu'en dites-vous, fistons? s'écria-t-il. A-t-on de la poigne ou n'en a-t-on pas?... C'est bibi qui a fait ça tout seul! Voilà comment je travaille.

Puis coupant brusquement la parole aux deux autres qui s'extasiaient, il ajouta :

— Et là-bas que se passe-t-il?

— Personne.

— Pas de curieux?

— Pas un chat.

— Alors nous sommes chez nous?... Très chic!... Où est la pince?

— La voilà.

— Nous allons maintenant travailler le cercueil... Oh! il a beau être solide, ça ne sera pas long.

Et il n'avait pas encore achevé les dernières paroles qu'il s'était déjà laissé glisser dans le trou noir au fond duquel reposait la châtelaine.

Et, brusquement, de grands coups retentirent, de grands coups frappés à pleines volées et qui trouvèrent un écho jusqu'au fond du cimetière

— Du nerf!... Du nerf! ricanaient les autres, écoutez-moi ça!... Et ça!... Et ça!... Est-ce que ça sonne?

Et les coups tombaient, tombaient, les planches craquaient.

Mais soudain les trois hommes eurent un cri de colère.

Dans la fièvre qu'il avait d'en finir, le lugubre travailleur venait, en faisant un faux mouvement, d'éteindre la lanterne.

Et la voix furieuse, il criait du fond du trou :

— Tonnerre!... encore un accroc!... Et je ne retrouve pas la bougie!

Puis, tandis qu'il restait accroupi dans l'ombre, tâtant, cherchant, on l'entendait se répandre encore en jurons formidables.

Et, tout à coup, il cria encore, de plus en plus exaspéré, de plus en plus fou de colère :

— Mais bougez-vous donc!... Mais remuez-vous donc!... Que faites-vous donc là-haut, tas de flémards!... Une allumette!

— Voilà! voilà! répondit vivement l'homme au levier.

Et ayant frotté une allumette, il ajouta :

— Mais ne ronchonne pas, mon vieux... Ce n'est qu'un petit accident... Attends un peu, on va réparer ça... j'ai une idée.

— Et moi aussi! dit l'homme qui avait apporté la lanterne. Comme il fait humide ici, nous allons nous payer un petit feu de joie.

Il y avait tout autour du caveau un grand nombre de vieilles couronnes.

En un tour de main, il les eut décrochées, entassées, puis s'adressant à son camarade, à l'homme au levier :

— Et toi, fais-moi flamber ça, ajouta-t-il.

De grandes flammes s'élevèrent et l'horrible travail continua.

Le misérable venait de faire sauter maintenant le couvercle du cercueil, et il était en train d'arracher l'enveloppe de plomb qui le recouvrait.

LES EXPLOITS DE RAVACHOL

En effet, Benoît Charpieu tenait, non loin de là, une toute petite auberge.

— Allons, ça commence, dit-il. Encore un peu de turbin et nous allons avoir le magot.

Les deux autres bandits alimentaient le feu, jetaient d'autres couronnes, et toujours de grandes flammes montaient.

Et soudain, à la lueur fantastique qui éclairait le caveau, le cadavre de la châtelaine apparut.

Déjà l'homme qui avait brisé le cercueil s'était jeté sur elle avec un cri de surprise.

Il fouillait dans les chairs, il soulevait les bras, il examinait les doigts où il comptait trouver des bagues, il tâtait dans le fond du cercueil.

Et rien !

Pas le moindre bijou !

Pas le moindre objet à emporter, à voler !

Cependant la déception du chef de la bande était si grande qu'il ne pouvait s'y résigner, et qu'il continuait à fouiller encore, à fouiller toujours.

Maintenant le caveau était plein d'une épaisse fumée qui les étouffait, et il se dégageait du cercueil ouvert une odeur horrible ; mais cependant les trois bandits persistaient à rester là, ne pouvant se résigner à s'en aller les mains vides.

Enfin le chef sortit du trou.

Il était livide de l'effort qu'il avait fait, et livide aussi de colère.

— Nous sommes flambés ! fit-il la voix sourde. Elle n'avait rien !

Et sans ajouter un mot de plus, il poussa brusquement ses deux complices devant lui, puis sortit à son tour du caveau, après avoir jeté encore sur la morte un regard plein de fureur et de rage.

XV

A LA RECHERCHE DES COUPABLES

Quelques heures s'étaient écoulées depuis que les trois misérables avaient commis cet horrible sacrilège.

Le front pâle de son immense douleur, le cœur serré par une atroce angoisse en songeant à la perte cruelle qu'il venait de faire, M. le baron de Rochetaillée se promenait à pas lents et la tête baissée dans le parc de son château,

Et il était là tout à ses souvenirs et tout à ses pensées, quand tout à coup il tressaillit.

Un pas rapide se rapprochait de lui.

Il se retourna vivement et se vit en face d'un vieillard qui était son intendant.

— Eh bien ! qu'avez-vous donc, Laurent? demanda le baron un peu saisi.

En effet, l'intendant paraissait sous le coup de la plus vive, de la plus violente émotion.

Plus pâle qu'un mort, les lèvres tremblantes, le regard plein d'effroi, il resta plusieurs secondes devant son maître sans pouvoir prononcer autre chose que des phrases entrecoupées et que des mots inintelligibles.

Et le baron, de plus en plus surpris, de plus en plus saisi, venait d'avoir soudain comme le pressentiment qu'un nouveau malheur venait de fondre sur lui.

Et un peu plus nerveux, un peu plus impatient, il répéta sa question :

— Eh bien ! qu'avez-vous donc, Laurent?

Alors la voix très sourde, toute tremblante :

— Monsieur, répondit le vieillard, je viens du cimetière...

— Du cimetière?

— Oui, monsieur. Et si vous saviez ce que j'ai vu !... Et si vous saviez quel spectacle j'ai eu sous les yeux !...

Et comme il hésitait, n'osant pas aller plus loin :

— Voyons, voyons, achevez donc ! s'écria le baron. Qu'avez-vous vu?... Que voulez-vous dire?

— Monsieur, dit le vieillard, la voix plus sourde et plus tremblante encore, cette nuit on s'est introduit dans le caveau où repose Mme la baronne, et des misérables ont violé sa sépulture.

Et alors, pendant que le baron restait tout blême, tout défait, le vieil intendant donna des détails.

Il était allé au cimetière pour porter des fleurs à sa pauvre maîtresse.

Et il avait reculé d'horreur, reculé d'épouvante en voyant la porte du caveau enfoncée, la dalle qui recouvrait la sépulture enlevée, le cercueil brisé...

Et il avait éprouvé à cette vue un tel saisissement qu'il s'était enfui en criant comme un fou.

A ses cris, des gens qui se trouvaient dans le cimetière étaient accourus et l'avaient interrogé.

Alors, comme une traînée de poudre, l'horrible nouvelle s'était répandue, et il y avait maintenant une foule énorme, une foule immense devant le caveau.

Et le vieil intendant n'exagérait pas.

C'était bien, en effet, comme une traînée de poudre et avec la rapidité de l'éclair que la nouvelle de l'attentat s'était propagée, non seulement à Saint-Jean-Bonnefond, mais encore dans tous les villages voisins.

Et de toutes parts on accourait...

Et parmi la foule qui encombrait le cimetière et qui, à chaque minute, augmentait, grossissait, on n'entendait que des cris d'indignation et de colère :

— Quelle impiété !

— Quel sacrilège !

— Quels sont les misérables qui ont pu commettre un crime pareil, une infamie pareille ?

Et vers midi, le petit cimetière de Saint-Jean-Bonnefond débordait de monde quand enfin un juge d'instruction apparut, suivi d'un commissaire de police et de deux agents.

Les rangs de la foule s'étaient respectueusement ouverts devant les magistrats et un grand silence s'était fait.

Arrivé devant le caveau, le juge d'instruction, malgré tout son sang-froid, ne put s'empêcher de tressaillir.

— C'est horrible ! dit-il. Quelle profanation !

Mais, quand il eût vu le cercueil brisé, l'enveloppe de plomb arrachée, tout ce sinistre travail de vampire, ce ne fut plus seulement du saisissement qu'il éprouva, ce fut de l'épouvante.

Le commissaire et lui se regardèrent.

Rarement on avait vu des misérables commettre avec autant d'audace un crime aussi monstrueux.

Cependant les deux agents avaient déjà commencé leurs investigations.

Ils cherchaient si, dans le caveau, ils ne trouveraient pas quelque objet oublié, quelque objet perdu qui pourrait les mettre sur la trace des coupables.

Mais rien.

Aucun indice.

Mais peut-être seraient-ils plus heureux en fouillant dans le sépulcre.

Un des agents y descendit.

Mais là, rien encore, aucun objet pouvant servir à éclairer la justice.

D'ailleurs, on ne retrouvait ni la pince, ni la lanterne, ni le levier que les trois bandits avaient emportés.

— Oui, oui, dit le juge d'instruction, les scélérats qui ont commis ce crime odieux, ce crime épouvantable, ne doivent pas être les premiers criminels venus.

« Pour s'en convaincre, il n'y a qu'à reconstituer la scène qui a dû se passer ici et qu'à se rendre compte des obstacles qu'ils avaient à vaincre.

« D'abord il leur a fallu enfoncer la porte, puis soulever cette dalle dont le poids est énorme, puis aussi briser le cercueil.

« Tout ce travail-là a dû non seulement prendre assez de temps, mais encore faire assez de bruit.

« D'autres bandits moins bien trempés et moins audacieux auraient tremblé à chaque minute, à chaque seconde, d'être découverts, mais ceux-là, très patiemment, très tranquillement, et avec un cynisme dont il y a peu d'exemples, ont continué leur besogne.

Le magistrat s'interrompit, puis s'adressant aux agents :

— Ainsi vous n'avez rien trouvé?

— Non, monsieur.

Et le commissaire de police ajouta :

— Voyez! Ils ont aussi fait un feu de joie des couronnes!

Mais le juge d'instruction, qui réfléchissait, ne répondit pas.

Jamais, comme dans cette affaire-là, il ne s'était trouvé en face de pareilles difficultés.

Certes, toutes les affaires criminelles ne marchaient pas toutes seules, et il en avait bien eu quelquefois à instruire qui étaient très embrouillées et très difficiles...

Mais dans presque toutes il avait eu au moins un indice, un soupçon, et là rien, rien !...

Et le magistrat se disait que si le hasard ne lui livrait pas les coupables, ils allaient certainement échapper au châtiment qu'ils méritaient.

Et cette pensée-là, surtout dans les circonstances actuelles, n'était pas faite pour le réjouir.

N'y avait-il pas déjà cette fameuse affaire du crime de Notre-Dame-de-Grâce, cette fameuse affaire Ravachol qui ameutait contre la police et contre la magistrature toute l'opinion publique ?

Ravachol, qu'on avait été assez maladroit pour laisser s'échapper alors qu'on le tenait, était assez habile pour dépister les plus fins limiers et continuait à demeurer introuvable, insaisissable.

Et maintenant c'était ce nouveau crime qui surgissait, ce nouveau crime dont très probablement on n'allait pas pouvoir non plus s'emparer des auteurs.

Et de plus en plus le front du juge d'instruction s'assombrissait, se rembrunissait.

Cependant, bien qu'il fût convaincu de l'inutilité de ses efforts, il lui fallait bien, ne fût-ce que pour donner satisfaction à l'opinion publique, avoir l'air de procéder à un commencement d'instruction.

Alors, comme la foule était toujours là, entourant le caveau, l'idée lui vint d'interroger les quelques personnes qui demeuraient dans le voisinage du cimetière.

Le premier témoin entendu, si toutefois on peut appeler témoins des gens qui n'ont rien vu et qui ne savent rien, ce fut le fossoyeur dont la maison, une petite et misérable cabane, était située à peu de distance de là.

— Comment vous appelez-vous ? demanda le magistrat.
— Claude Vernet.
— Quel âge avez-vous ?
— Cinquante-cinq ans.
— C'est vous qui êtes le fossoyeur du cimetière ?
— Oui, monsieur, depuis bien longtemps, depuis plus de vingt ans.
— Et c'est vous qui en êtes aussi le gardien ?...
— Non, monsieur, non, le fossoyeur seulement. Si j'avais été chargé

de garder le cimetière, je réponds bien que ce crime atroce ne se serait pas commis.

Le juge d'instruction se souvint en effet que le cimetière de Saint-Jean-Bonnefond, comme, d'ailleurs, presque tous les cimetières de campagne, n'avait pas de gardien.

Et tandis qu'un des agents écrivait sur un petit calepin les renseignements recueillis, le magistrat continuait d'interroger le fossoyeur.

— Il paraît que vous demeurez assez près d'ici...

— Je n'en demeure pas très loin, c'est vrai, à environ cent cinquante mètres.

— Et vous n'avez pas eu l'occasion, hier soir ou cette nuit, de remarquer rien de suspect aux alentours du cimetière?

— Hier soir, non, monsieur, mais je dois cependant avouer que cette nuit j'ai eu pendant quelques secondes une assez vive surprise.

— Comment ça?... De quelle surprise entendez-vous parler?

Tous les regards venaient de se fixer sur le fossoyeur.

— Voici simplement ce que je voulais dire. Cette nuit je dormais depuis plusieurs heures déjà, je dormais même très profondément, quand tout à coup je fus réveillé dans un brusque sursaut.

« Il me semblait que je venais d'entendre un bruit formidable qui partait du cimetière.

« Maintenant je comprends très bien ce que c'était : c'était cette grosse, cette énorme dalle que les coupables étaient en train de soulever et qui avait dû retomber.

« Mais sur le moment comment aurais-je pu soupçonner la vérité, comment aurais-je pu soupçonner qu'il se passait là quelque chose d'aussi horrible et d'aussi monstrueux?

« Aussi, après avoir encore prêté l'oreille pendant quelques secondes, je finis par croire que je m'étais trompé, ou bien que le bruit que j'avais entendu provenait tout simplement de l'orage.

— Alors vous ne savez rien?

— Non, monsieur, je ne sais rien de plus.

Le juge d'instruction sembla réfléchir pendant quelques secondes, puis continua :

— Vous étiez certainement ici, certainement au cimetière au moment des obsèques de Mme la baronne de Rochetaillée?

— Oui, monsieur. Et j'ai même donné un coup de main aux porteurs pour descendre dans le sépulcre le cercueil de Mme la baronne.

— Eh bien! à ce moment-là, n'avez-vous remarqué aucun individu suspect dans la foule qui se pressait au cimetière?

— Non, monsieur.

— Ne répondez pas si vite et tâchez de recueillir vos souvenirs...

Le fossoyeur réfléchit pendant environ une minute, puis hochant la tête :

— Non, monsieur, finit-il par dire, ni à ce moment-là ni à un autre je n'ai remarqué ici d'individu suspect.

« Il n'y avait aux funérailles de Mme la baronne que les gens de Saint-Jean-Bonnefond et que les gens des villages voisins.

« Je les connais tous, car tous sont mes camarades, mes amis.

« Mais, encore une fois, je n'ai pas vu d'étranger ici ce jour-là.

— C'est bien, dit le juge en faisant signe au fossoyeur que son interrogatoire était fini.

Et il resta les bras croisés, tout pensif.

Puis il passa à un second témoin, ou plutôt à un second voisin.

— Comment vous appelez-vous?

— Benoît Charpieu.

— Quel âge avez-vous?

— Soixante-deux ans.

— Quel est votre profession?

— Aubergiste.

En effet, Benoît Charpieu tenait, non loin de là, une toute petite auberge adossée au mur même de l'ancien cimetière.

— Vous venez d'entendre les questions que j'ai posées au témoin qui vous a précédé, dit le magistrat.

« Avez-vous, au sujet du crime qui a été commis ici cette nuit, quelque chose à me dire, quelque chose à m'apprendre qui puisse éclairer la justice?

— Tout ce que je puis dire n'a pas, je crois, une bien grande importance.

— C'est ce qu'il m'appartient d'apprécier, dit le juge. Qu'est-ce que c'est?

— Eh bien! monsieur, cette nuit et pendant un assez long moment,

LES EXPLOITS DE RAVACHOL

— Les individus de mauvaise mine, ce n'est pas ce qui manque par ici comme ailleurs.

il m'a semblé que l'on frappait au dehors et pas très loin de moi comme de grands coups de marteau.

« Alors je me suis levé et j'ai écouté...

« Les coups me semblaient venir du côté du cimetière, mais comme cela me paraissait impossible, j'ai pris le parti de ne pas y faire autrement attention...

— Et vous aussi vous n'avez pas remarqué dans la journée ou dans la soirée d'hier des individus suspects dans ces parages?

Le cabaretier se mit à rire.

— Oh! les individus suspects, monsieur, répondit-il vivement, les individus de mauvaise mine, ce n'est malheureusement pas ce qui manque, par ici comme ailleurs.

« Ainsi il ne s'écoule guère de jours sans que quelque rôdeur, sans que quelque trimardeur passe devant mon auberge.

« Ils me font même quelquefois l'honneur de s'arrêter chez moi pour y boire un coup, ce qui ne m'amuse guère.

« Car je n'ai pas besoin de vous apprendre, monsieur le juge, que rien ne déconsidère une maison comme la clientèle de ces gens-là.

— Oui, oui, allez! fit avec un peu d'impatience le magistrat.

— Mais hier, ni le matin, ni dans la journée, ni le soir, je n'ai vu aucune de ces figures-là, ajouta le cabaretier.

Le juge d'instruction était suffisamment édifié.

En voilà encore un qui avait bavardé pour ne rien dire, encore un qui ne savait rien. Décidément, l'affaire restait toujours des plus obscures et des plus mystérieuses.

Et il était déjà si découragé qu'un moment il fut sur le point de s'en aller tout de suite et de ne pas pousser les interrogatoires plus loin.

Mais que dirait cette foule qui l'entourait?

Est-ce qu'elle ne jaserait pas de lui?

Est-ce qu'elle ne l'accuserait pas de s'être montré un peu mou et d'avoir mené un peu légèrement l'affaire?

Est-ce qu'enfin, en brusquant ainsi les choses, il n'allait pas encore aggraver sa responsabilité dans le cas où, malgré toutes les recherches, on ne parviendrait pas à mettre la main sur les coupables?

Et alors, grâce à ses réflexions, d'ailleurs très justes et très sages, il se ravisa.

Il fit donc signe à une autre voisine, à une femme, de s'approcher.

— Et vous, comment vous appelez-vous? fit-il brusquement et avec un accent qui laissait percer toute sa mauvaise humeur.

— Mariette Salomon, répondit la vieille très intimidée.

— Quel âge avez-vous?

— Je suis de 1823. Comptez. Ça doit faire tout près de soixante-huit ans...

— Quelle profession exercez-vous?

— J'ai été autrefois dévideuse. J'ai travaillé à Saint-Étienne et à Saint-Chamond. Mais comme je ne suis plus bonne à rien, il y a déjà beau temps que je ne travaille plus. Mais heureusement qu'il y a des gens comme Mme la baronne de Rochetaillée, je veux dire des personnes bonnes et charitables, des personnes qui veulent bien venir de temps en temps en aide aux pauvres vieux qui n'ont rien...

Le magistrat avait déjà essayé plusieurs fois de couper court à ce bavardage, sans pouvoir y parvenir.

Enfin la vieille s'arrêta.

— Et vous aussi, naturellement, fit le juge d'instruction avec un accent légèrement ironique, vous ne savez rien non plus?

Mais il ne put s'empêcher de faire un mouvement de surprise lorsqu'il entendit la vieille femme lui répondre :

— Je vous demande pardon, monsieur.

« Moi, je sais quelque chose!

— Oh!

— Oui, je puis peut-être fournir un important renseignement à la justice.

Tous les paysans s'étaient rapprochés et ne quittaient plus des yeux la vieille Mariette.

Quelques-uns aussi se parlaient à voix basse ou bien échangeaient des coups d'œil ironiques.

Est-ce que la vieille ne s'était pas trop avancée?

Que diable pouvait-elle bien savoir?

Quel renseignement vraiment sérieux, vraiment important allait-elle bien pouvoir fournir à la justice?

Mais ni l'air incrédule des uns, ni les chuchotements ou les coups d'œil ironiques des autres n'avaient eu le don d'émouvoir la bonne vieille.

Très calme, au contraire, elle ajouta :
— Oh! mais, monsieur le juge, comprenez-moi bien.

« Quand je dis que je puis peut-être fournir un important renseignement à la justice, il ne faudrait pas croire que j'en sais assez long pour que vous puissiez tout de suite mettre la main sur les coupables...

« Mais enfin, puisque personne ici n'a vu d'individu suspect dans le pays le jour des funérailles de Mme la baronne, il faut bien que je vous apprenne que, moi, j'en ai vu un.

Le magistrat devenait de plus en plus attentif.

— Oui, oui, expliquez-vous ! fit-il très vivement. Comment cet individu a-t-il pu vous paraître suspect?...

« Comment se fait-il que vos soupçons se portent maintenant sur lui?

— Je vais vous dire, monsieur le juge, répliqua la vieille femme. D'abord j'avais commencé à remarquer cet homme aux abords du château...

— Aux abords du château de Rochetaillée?

— Oui, monsieur le juge.

— A quel moment?

— Un peu avant le moment de la levée du corps... Et il avait la mine si louche, des allures si peu convenables que je ne sais pas comment les gendarmes ne l'ont pas empoigné!]

— Que faisait-il donc?

— Il se moquait de tout le monde. Il affectait de ricaner parce que l'on pleurait autour de lui. Puis, quand les grilles du château se sont ouvertes et que les porteurs ont chargé le cercueil sur leurs épaules, comme ils avaient de la peine à le soulever, je l'ai entendu qui disait, en ricanant toujours :

« — Oh! oh!... Mais elle est rudement lourde, la défunte... Est-ce que, par hasard, on l'enterrerait avec tout son saint-frusquin?...

Mais le juge d'instruction venait d'interrompre vivement la vieille femme.

— Je dois vous prévenir d'une chose, dit-il. C'est que vous ne devez rapporter ici, c'est que vous ne devez rapporter à la justice que les faits dont vous êtes absolument sûre, absolument certaine...

— Mais, monsieur, je ne suis pas une menteuse, je n'invente rien...

Et puis pourquoi voudrais-je mentir, pourquoi voudrais-je vous raconter des histoires, je vous le demande?...

— Bon! bon! continuez, fit le magistrat. Ainsi vous pouvez affirmer que cet homme a bien prononcé ces paroles-là, qu'il a bien dit :

« — Mais elle est rudement lourde, la défunte... Est-ce que par hasard on l'enterrerait avec tout son saint-frusquin? »

— Mais oui, monsieur, que je l'affirme. D'ailleurs il ne se gênait pas tant que ça, et à moins que d'être sourde, j'étais bien forcée de l'entendre.

Le magistrat venait de se pencher vers l'agent qui prenait des notes.

— Vous écrivez toujours? dit-il.
— Oui, monsieur.
— Et vous n'oubliez rien?
— Non, monsieur.
— Car cette déposition me paraît très sérieuse, très importante, dit le juge.

Puis, s'adressant de nouveau à la vieille femme, il reprit :

— Et après?... Racontez-nous ce que vous pouvez savoir encore.

— Après, monsieur, répondit la vieille femme, je ne pensais déjà plus à cet individu et je pensais bien ne plus jamais le revoir, quand j'ai été toute surprise de me retrouver encore face à face avec lui devant l'église.

— Devant l'église?
— Oui, monsieur.
— Il avait donc suivi le convoi?
— Mais il faut croire.
— Et alors?

— Et alors, comme il y avait beaucoup de monde aux funérailles de Mme la baronne et que l'église est très petite, plus de la moitié des gens avaient donc été obligés de rester sur la place.

« Et là on avait formé des groupes et l'on causait à voix basse... Chacun racontait les traits de bonté qu'il connaissait de Mme la baronne. Et pendant ce temps cet individu avait toujours la même attitude qu'il avait eue devant le château; pour mieux dire son attitude me semblait encore beaucoup plus étrange, beaucoup plus louche...

« Ainsi, par exemple, il plaidait le faux pour savoir le vrai, et il avait l'air de s'indigner que l'on eût enterré Mme de Rochetaillée avec tous ses bijoux.

« — Oh! je suis bien sûr, disait-il encore, qu'on a dû la parer comme une châsse et qu'elle s'en va avec toutes ses bagues, tous ses bracelets, tous ses diamants... N'est-ce pas malheureux de perdre tout cet argent avec lequel on aurait pu faire tant de bien? »

— Et quand il parlait ainsi, était-ce toujours à vous qu'il s'adressait?

— Oui, monsieur, à moi surtout. Mais je n'ai pas besoin de vous dire que je me suis bien gardée de lui répondre et de lier conversation avec lui.

« Je lui ai même tout à coup si brusquement tourné le dos qu'il a grommelé des injures et qu'il m'a lancé un coup d'œil, oh! mais un coup d'œil dont je me rappellerai longtemps...

« Et voilà, monsieur le juge, tout ce que je puis dire à la justice.

Mais non, pour le magistrat, la vieille femme ne lui avait pas dit tout ce qu'elle devait lui apprendre.

Il restait à connaître le signalement de ce personnage qui, en effet, paraissait assez louche.

Aussi s'empressa-t-il de lui poser encore quelques questions.

— Et si vous revoyiez cet homme, dit-il, le reconnaîtriez-vous?

— Comment, si je le reconnaîtrais! s'écria la vieille. Mais, monsieur, il me semble que je le vois encore devant mes yeux!...

— Comment était-il?

— C'était un homme d'une quarantaine d'années environ, ni grand ni petit, mais cependant assez bien planté...

— Brun ou blond?

— Châtain. Il portait la barbe entière. Et très pâle, très maigre. Mais ce qui m'a frappé surtout chez lui, c'est son regard... Non, je n'ai jamais vu un regard aussi audacieux et aussi hardi.

— Et comment était-il vêtu? demanda le juge.

— A ce moment-là, il était coiffé d'un chapeau noir en feutre mou, et il portait un long paletot, une sorte de grande houppelande qui lui tombait presque jusque sur les talons.

« Oh! je vous assure qu'il ne me faisait pas l'effet d'être bien cossu, mais c'était surtout sa mine qui ne me revenait pas.

Et comme elle venait d'achever ces mots, la vieille Mariette se recueillit pendant quelques secondes, comme si elle cherchait encore si elle avait bien tout dit et si elle n'oubliait rien.

— Non, non, voilà bien tout ce que je sais, finit-elle par dire. Je ne sais pas autre chose.

Quant au juge d'instruction, le visage maintenant radieux, le visage maintenant épanoui, il venait de s'avancer vivement vers le commissaire de police.

— Eh bien ! monsieur le commissaire, dit-il, vous venez d'entendre cette brave femme. Que pensez-vous de sa déclaration? Est-ce qu'il ne vous semble pas que cette affaire, que je désespérais tout à l'heure de pouvoir tirer au clair, vient de faire un pas énorme, un pas immense?...

« Car, enfin, ajouta-t-il, nous possédons maintenant le signalement de l'un des coupables, et il faudrait vraiment que nous soyons bien maladroits si nous ne parvenions pas à le pincer d'un moment à l'autre.

— Oh! soyez tranquille, répondit le commissaire, l'affaire sera menée rondement.

Et là-dessus, les deux magistrats quittèrent le cimetière de Saint-Jean-Bonnefond.

Mais, comme on va le voir, les recherches faites pour retrouver l'individu qui avait parlé à la vieille Mariette ne devaient pas aboutir aussi promptement que le juge d'instruction avait eu la naïveté de l'espérer.

XVI

OU LA POLICE EST DE PLUS EN PLUS EMBARRASSÉE

Huit jours environ s'étaient écoulés depuis que l'on avait appris avec indignation l'horrible profanation de la tombe de Mme la baronne de Rochetaillée.

Et ce jour-là, comme la première fois où nous l'avons vu, le chef de la police de Saint-Étienne, à qui décidément rien ne réussissait, était d'une humeur massacrante, d'une humeur de dogue furieux.

Et tout en parcourant à grandes enjambées la vaste pièce qui lui servait de cabinet, il ne cessait de tourner la tête du côté de la porte, car il attendait son agent favori, l'agent Cormon, celui-là même qui était venu quelques jours auparavant lui dire que Ravachol devait être caché dans les bois de Rochetaillée.

Et comme l'agent se faisait attendre, il se mit à frapper de formidables coups de poing sur la table, jurant, sacrant, de plus en plus furieux, de plus en plus plein de colère.

Enfin, l'air très calme, très tranquille, Cormon parut et tout de suite son chef l'apostropha.

— Enfin, vous voilà!... Enfin, vous vous décidez à venir! s'écria-t-il. Savez-vous qu'il y a plus d'une demi-heure que je vous attends! Savez-vous qu'il y a plus d'une demi-heure que je pose?

Et il le regardait les bras croisés, le regard foudroyant.

Mais l'autre, qui était habitué à ces bourrasques, gardait toujours le même sang-froid.

— Oui, oui, c'est vrai, dit-il, je suis un peu en retard, mais j'ai été retenu par des affaires de service.

A ces mots, le chef de la police avait bondi.

— Par des affaires de service! s'écria-t-il,

— Oui, monsieur.

— Par des affaires de service!

Et partant d'un grand rire ironique :

— Oh! pour les résultats que nous obtenons, vous auriez aussi bien fait de rester tranquille, allez!

Puis, brusquement, enfonçant les deux mains dans ses poches et se campant en face de l'agent :

— Eh bien! voyons, fit-il, que savez-vous? Eh bien! voyons, quelle fameuse nouvelle m'apportez-vous encore aujourd'hui? Eh bien! voyons, quelle blague à sensation allez-vous encore me raconter?

Et comme Cormon, un peu intimidé cette fois, baissait la tête, soudain le chef de la police, qui sans doute venait de s'apercevoir qu'il était allé trop loin, se radoucit.

— Voyons, mon brave Cormon, dit-il en frappant doucement et amicalement sur l'épaule de l'agent, ne me gardez pas rancune de ces paroles un peu vives.

« Oui, oui, je connais depuis longtemps tout votre zèle, tout votre dévouement, et je viens de me montrer injuste envers vous.

« Mais que voulez-vous? Cette satanée affaire Ravachol, cette affaire

LES EXPLOITS DE RAVACHOL

Le chef de la police interrogeait les témoins.

aussi de là-bas, du cimetière de Saint-Jean-Bonnefond, toutes ces déceptions que j'éprouve m'exaspèrent et me rendent fou.

Il eut un geste de découragement, puis il ajouta :

— Et toujours rien, n'est-ce pas? Nous pataugeons toujours?

— Est-ce de l'affaire Ravachol que vous voulez me parler? demanda l'agent.

— De l'affaire Ravachol comme de l'autre.

— Non, répondit Cormon, en ce qui concerne Ravachol, il n'y a pas de nouvelles, ou du moins il n'y a pas d'autres nouvelles que celles que vous connaissez aussi bien que moi...

« Nous avons fait, non pas une, mais au moins dix battues dans les bois de Rochetaillée, et nous n'y avons pas découvert l'assassin de l'ermite de Chambles.

« Et cependant, j'aurais parié ma tête, et je la parierais encore, que le bandit devait se cacher par là...

« Maintenant, quant à l'autre affaire...

— Oh! quant à l'autre affaire, interrompit vivement le chef de la police avec un petit sourire ironique, c'est positivement la même chose...

« Car nous ne savons rien, car nous n'avons trouvé aucun indice et nous pataugeons horriblement.

« A moins, ajouta-t-il toujours avec son même sourire railleur, que vous n'ayez été plus heureux que tous vos collègues et que vous ne m'apportiez quelque nouvelle...

— Aucune.

— Aucune?... oui, parbleu... Le diable lui-même n'y verrait goutte... Aussi voilà-t-il deux affaires à classer...

— Oh! à classer! s'écria vivement Cormon. Comme vous y allez!...

« D'abord on ne peut pas classer l'affaire de Chambles, puisque l'on connaît le coupable.

« Ensuite on ne peut pas non plus enterrer l'affaire de Saint-Jean-Bonnefond, puisque le crime ne remonte qu'à quelques jours...

« Et puis, entre nous, monsieur le commissaire, figurez-vous que l'on cesse les recherches, figurez-vous que l'on cesse les poursuites, est-ce que vous pensez que l'opinion publique, qui est très surexcitée, se contenterait de cette solution-là? Est-ce que vous pensez que les journaux, qui depuis quelque temps déjà ne nous ménagent guère, ne profiteraient pas de l'occasion pour redoubler de violence contre nous?

Puis, plus doucement :

— Mais j'ai tort de vous en dire si long et de prendre au sérieux ce qui n'est chez vous que le résultat d'un moment d'énervement et d'impatience, reprit l'agent.

« Et tenez, je vous connais si bien, je connais si bien votre caractère, que si demain le procureur de la République vous faisait appeler et vous disait de ne plus vous mêler de ces deux affaires, je suis sûr que vous seriez le premier à protester, le premier à vous indigner...

« Est-ce que je me trompe?

Le chef de la police venait d'avoir un sourire.

— Ah! vous voyez bien! n'est-ce pas que j'ai touché juste? s'écria Cormon d'un air triomphant. N'est-ce pas que lorsque vous disiez tout à l'heure que ces deux affaires allaient être à classer, vous ne disiez pas votre façon de penser et que ce n'était chez vous qu'une boutade, qu'un mouvement de mauvaise humeur?

Puis, devenant tout à coup plus grave :

— Oh! nous aurons du fil à retordre... nous en avons eu déjà, ajouta-t-il, mais cependant il ne faut pas désespérer.

« En ce qui concerne Ravachol, que je me sois ou ne me sois pas trompé, qu'il se cache ou ne se cache pas dans les bois de Rochetaillée, ce n'est là, après tout, qu'un détail.

« L'essentiel, c'est que nous ayons la certitude qu'il n'a pas osé quitter Saint-Étienne, et cette certitude-là nous l'avons complète et absolue.

« Donc, si nous n'avons pas été jusqu'à présent très heureux avec ce gaillard-là, pourquoi ne le serions-nous pas davantage demain, ce soir, d'un moment à l'autre?

« Voilà, pour ma part, ce que je me dis et ce qui m'encourage.

« Quant à l'affaire de violation de sépulture, quant à l'affaire du cimetière de Saint-Jean-Bonnefond, elle est un peu plus compliquée, je le reconnais.

« Mais cependant, quand on réfléchit un peu, le problème qu'elle pose ne paraît peut-être plus aussi impossible à résoudre.

« Ainsi, par exemple, dans cette affaire-là, nous avons la déposition de cette vieille femme, la déposition de Mariette Salomon, et cette déposition-là est certainement un atout dans notre jeu puisqu'elle nous donne le signalement très complet, très détaillé d'un individu qui, j'en mettrais la main au feu, doit être un des complices du crime.

« En un mot, dans l'affaire de l'assassinat de Chambles, notre jeu est bon, puisque nous savons que c'est Ravachol qui a fait le coup, que Ravachol est toujours à Saint-Étienne, et que nous avons cent chances, mille chances de le saisir...

« Et quant à l'affaire de Saint-Jean-Bonnefond, nous aurions peut-être aussi mauvaise grâce de trop nous plaindre, puisque nous avons une piste qui me paraît très sérieuse et que nous ne marchons plus tout à fait dans les ténèbres.

Mais le chef de la police venait de regarder longuement et sympathiquement l'agent.

— Ce diable de Cormon! fit-il en souriant. Il ne se laisse jamais abattre, lui!

— Oh! pour ça, c'est vrai, répondit vivement celui-ci, je ne me décourage pas facilement...

— Parbleu, je le vois bien!

— Et si j'ai eu le bonheur de faire quelquefois d'assez bonnes captures et d'assez bonnes prises, et si j'ai pu réussir quelquefois dans des affaires que l'on disait assez difficiles, savez-vous à quoi cela a tenu, monsieur le commissaire?

« Eh bien! sans me flatter, cela a tenu à ma ténacité et à ma persévérance...

Et Cormon ajouta gaiement :

— Monsieur le commissaire, ce n'est pas une leçon que je vous donne...

Mais le chef de la police, sans répondre, venait de s'asseoir à son bureau.

Puis, après avoir d'un geste invité l'agent à prendre une chaise tout près de lui :

— Oui, fit-il lentement, la ténacité, la persévérance et le courage, voilà les trois qualités qu'il nous faut dans notre métier.

« Et j'ai été, mon cher Cormon, aussi tenace et aussi persévérant que vous pouvez l'être...

« Autrefois, on ne pouvait me jeter sur la trace d'un gibier sans être à peu près certain de me le voir rapporter...

« Mais alors je ne me laissais guère abattre par les désillusions, et ce sont, aujourd'hui, les désillusions, les déceptions qui me tuent...

« Ainsi, l'autre jour, quand vous êtes venu m'annoncer que Ravachol devait, selon vous, se cacher dans les bois de Rochetaillée, vous avez vu comme je me suis emballé...

— Dame, il y avait de quoi ! fit doucement l'agent.

— Il me semblait déjà le tenir... Il me semblait déjà que je le menais à Saint-Étienne, les menottes aux poignets... Et vite, j'ai voulu qu'on organise une battue...

« Mais pas l'ombre de Ravachol dans ces bois !

« Mais nous avons eu le crève-cœur de revenir bredouilles !

« Mais cet assassin que je croyais naïvement pouvoir livrer à ses juges, encore une fois nous échappait, encore une fois se montrait plus malin que nous !...

« Aussi savez-vous ce qui est arrivé ?

« Non, vous ne le devineriez pas ?

— Qu'est-il donc arrivé ? dit Cormon.

— Eh bien, il est arrivé que le lendemain j'étais tellement furieux et que j'avais tellement honte de ce nouvel échec, que pendant un moment, j'ai été sur le point de donner ma démission.

— Votre démission !

— Oui, oui, ma démission !

— Vous plaisantez !

— Je ne plaisante pas. Je n'ai jamais parlé plus sérieusement. Et la même histoire est encore arrivée, il y a deux jours...

— Il y a deux jours ?

— Oui, pas plus tard qu'avant-hier.

— Mais à propos de quoi ?... Était-ce toujours à propos de Ravachol ?

— Non, non, cette fois il s'agissait de l'affaire de la baronne, de Saint-Jean-Bonnefond...

— Que s'était-il donc passé ? demanda très vivement et très curieusement Cormon.

— Voici, dit le chef de la police.

Il y eut un instant de silence, puis il continua :

XVII

OU LA POLICE EST DE PLUS EN PLUS EMBARRASSÉE

— Il y a deux jours un de mes agents venait m'annoncer que des gendarmes avaient arrêté un vagabond sur une route qui avoisine le cimetière de Saint-Jean-Bonnefond et que, selon toute apparence, cet homme devait être un des misérables que l'on recherchait, un des bandits qui avaient violé la sépulture de Mme la baronne de Rochetaillée...

— Ah! bah!... Et sur quoi reposait une pareille supposition?

— Attendez donc!... Vous me voyez d'ici, n'est-ce pas?... Tout radieux, tout rayonnant, je me hâte de me transporter à la gendarmerie de Saint-Jean-Bonnefond où notre homme avait été renfermé.

« J'arrive et le brigadier prend tout de suite un air très important pour me dire :

« — Monsieur le commissaire, il se pourrait bien que nous ayons mis la main sur un des coquins qui ont fait le coup du cimetière. »

« Je regarde alors l'individu arrêté.

« C'était un loqueteux hâve, décharné et qui semblait mort de fatigue.

« Mais il n'avait pas manifesté la moindre peur en entendant les paroles du brigadier.

« Très calme, très tranquille, au contraire, il grignotait un morceau de pain de son havre-sac et qui devait être dur comme une pierre.

« Et comme je continuais de l'examiner, le brigadier ajouta :

« — Du reste, monsieur le commissaire de police va entendre des témoins. »

« Des témoins!

« Des témoins de ce crime odieux qui s'était accompli à minuit, dans un cimetière, et que personne n'avait vu commettre, et sur lequel personne ne pouvait rien dire!

« Vous devez juger, Cormon, de mon étonnement et de ma stupéfaction.

« Des témoins de cet horrible sacrilège auquel, actuellement personne n'avait assisté!

« Mais cependant, je dois bien l'avouer, un secret espoir me restait.

« — Peut-être, me disais-je, le brigadier veut-il tout simplement dire que cet homme s'est trahi, que cet homme a fait à quelques personnes que je vais entendre l'aveu qu'il a trempé dans le crime... »

« Et comme je lui demandais où étaient les témoins dont il venait de me parler, le brigadier ouvrit vivement une petite porte et fit entrer cinq ou six individus, qui lui avaient déjà fait leurs déposition et qu'il avait gardés en attendant mon arrivée...

— Et quels étaient ces individus? dit Cormon.

— Il y avait d'abord le fossoyeur...

Mais l'agent n'avait pu retenir un brusque mouvement de surprise.

— Le fossoyeur! s'écria-t-il. Mais puisqu'il ne savait rien!... Mais puisqu'il n'avait rien pu dire au juge d'instruction!

— Ah! si... pardon! fit le chef de la police avec un sourire ironique. Il avait pu lui dire qu'il avait entendu du bruit dans le cimetière...

— Oui, c'est juste, fit Cormon en souriant à son tour. Et c'était là une belle déposition!...

— Mais attendez!... attendez donc!... Il y avait là aussi quelques braves gens qui demeurent dans le voisinage du cimetière.

« Quand tout ce monde fut rangé autour de moi, je fis retirer l'individu soupçonné, puis je commençai par interroger le fossoyeur.

« — Eh bien! lui dis-je, que savez-vous sur cet homme et que pouvez-vous m'apprendre sur lui?... Comment êtes-vous arrivé à penser qu'il pourrait être pour quelque chose dans le crime qui s'est commis ici?... Est-ce que, par hasard, vous lui auriez entendu tenir des propos qui pourraient le compromettre?

« — Non, monsieur, mais le jour des funérailles de Mme la baronne, j'ai vu cet individu, que je reconnais très bien, rôder plusieurs fois autour du cimetière.

« — Autour du cimetière?

« — Oui, monsieur le commissaire. Et je me souviens très bien aussi qu'environ une heure après l'enterrement, j'ai encore retrouvé cet homme planté précisément en face de la tombe de Mme de Rochetaillée...

« — Et que faisait-il là?

« — Je n'en sais rien. Il devait très probablement examiner les lieux...

« — Et cet homme est-il resté longtemps en cet endroit?

« — Assez longtemps, oui, monsieur.

Mais l'agent venait d'interrompre son chef par un petit ricanement.

— Quel drôle de corps que ce fossoyeur ! dit-il. Avec le juge d'instruction il a été plus muet qu'une carpe, et avec vous il devient plus bavard qu'une pie !

— C'est bien la remarque que je lui ai faite, dit vivement le chef de la police.

« — Pourquoi, lui ai-je dit, n'avez-vous pas parlé ainsi dès le premier jour ?

« Pourquoi, quand la justice s'est présentée au cimetière après la découverte du crime, ne lui avez-vous pas donné tous ces détails, tous ces renseignements ?

« Pourquoi, quand M. le juge d'instruction vous a demandé si vous n'aviez pas eu l'occasion de remarquer quelques individus suspects rôdant autour du cimetière, lui avez-vous répondu négativement ?

— Et alors qu'est-ce que le bonhomme vous a répondu à cela? demanda Cormon.

— Il est resté d'abord un peu interdit, vous comprenez, mais cependant il n'a pas tardé à se remettre, et il m'a répondu que s'il n'avait pas parlé au juge d'instruction de l'homme qu'il avait vu rôder autour du cimetière et qu'il avait plus tard retrouvé devant la tombe même de Mme de Rochetaillée, c'est qu'à ce moment-là il avait oublié cette rencontre, mais que maintenant il s'en rappelait parfaitement.

« Et il parlait avec tant de chaleur, avec tant de feu ; et il avait l'air si sûr que cet homme devait être un des scélérats que nous recherchions, que je ne vous cache pas que sa conviction me gagnait.

— Et les autres témoins? que disaient-ils, ceux-là ? demanda l'agent.

— Les autres témoins confirmèrent la déposition du fossoyeur. Ils n'avaient pas vu l'individu soupçonné devant la tombe de la baronne, mais ils déclaraient tous avec la plus grande énergie qu'ils le reconnaissaient pour l'avoir vu rôder à plusieurs reprises autour du cimetière avant, pendant et après les funérailles...

— Et, naturellement, dit Cormon avec un sourire légèrement railleur, de plus en plus votre conviction grandissait que vous étiez sur la bonne piste...

LES EXPLOITS DE RAVACHOL

— Au revoir, Cormon, dit-il, tâchez d'avoir bonne chance.

— Dame ! mettez-vous à ma place !

— Mais continuez, dit l'agent. Je suis vraiment curieux de connaître la suite de votre histoire...

— Comme je viens de vous le dire, reprit le chef de la police, j'avais donc interrogé tous les témoins ou, pour mieux dire, tous les prétendus témoins que j'avais trouvés à la gendarmerie.

« Il ne me restait plus maintenant qu'à entendre l'inculpé.

« Je le fis donc revenir et à mon tour je l'interrogeai.

« Mais à peine lui avais-je posé deux ou trois questions, c'est-à-dire à peine avais-je fait allusion au crime dont on le soupçonnait qu'il prit un air si stupide qu'il y eut des murmures autour de lui.

« — Il fait la bête ! s'écria le fossoyeur d'un air furieux. Mais je le reconnais bien !... c'est lui que j'ai vu dans le cimetière !

« Et comme il restait toujours muet, toujours de plus en plus hébété, à mon tour je crus qu'il voulait faire l'imbécile et je finis par me fâcher.

« Et, plus brusquement, de nouveau je recommençai l'interrogatoire.

« — Voyons, votre nom ?

« Alors très tranquillement :

« — Pierre Mathieu, répondit-il.

« — De quoi vivez-vous ?

« — De pain sec le plus souvent, quelquefois aussi de l'air du temps. »

« Et il se mit à rire sourdement.

« — On vous a arrêté en état de vagabondage ? repris-je.

« — Oui.

« — D'où venez-vous ?

« — Est-ce que je sais ! ricana-t-il. De ce côté, à moins que ce ne soit de l'autre.

— Le gaillard avait de l'aplomb, dit Cormon.

— Oui, il n'en manquait pas, dit le chef de la police, et comme vous le comprendrez facilement, son attitude ne faisait que me fortifier dans mes soupçons.

— Bien entendu !

— Aussi mes questions devinrent-elles de plus en plus serrées, de plus en plus pressantes.

« — Il y a quelques jours, repris-je, on vous a vu rôder autour du cimetière de ce village, on vous a vu rôder autour du cimetière de Saint-Jean-Bonnefond...

« — C'est très possible, reprit-il toujours très tranquillement.

« — Et l'on vous a vu aussi, le même jour, rôder dans l'intérieur du cimetière... Est-ce que vous niez le fait?

« — Je ne nie rien du tout, dit-il, puisque mon métier est de rôder, je rôde... »

« Et de nouveau il se mit à ricaner.

« Autour de nous le brigadier et les témoins murmuraient d'un air menaçant.

« Quant à moi, mon cher Cormon, pourquoi ne vous le dirai-je pas ?

— Le sang-froid de cet homme vous exaspérait ?

— Oui, son sang-froid ou plutôt son cynisme me rendait furieux.

— Il y avait de quoi.

— Aussi, au lieu de louvoyer et de chercher, comme on dit, midi à quatorze heures, allai-je droit au but.

— C'est quelquefois le meilleur, dit Cormon.

— Et comme si j'étais sûr de mon fait, sûr de l'aveu qu'il allait me faire :

« — Vous savez de quoi l'on vous accuse, lui dis-je. On vous accuse d'un crime! »

« Il ne sourcilla pas.

« Il se contenta de répondre, toujours imperturbable :

« — C'est bien possible.

« — On vous accuse de violation de sépulture!... On vous accuse d'avoir brisé le cercueil de Mme la baronne de Rochetaillée pour lui voler les bijoux qu'elle pouvait avoir sur elle! »

« Mais je n'avais pas encore achevé ces mots, que le vagabond s'était brusquement redressé.

« Ce n'était plus le même homme.

« Très pâle, l'œil plein d'éclairs, tous les traits contractés, il avait l'air si menaçant que le brigadier se rapprocha vivement de nous.

« Alors il fit un violent effort sur lui-même, puis la voix rauque :

« — Et qui dit cela?... Qui m'accuse? demanda-t-il.

« — Les témoins, les preuves que l'on a contre vous, lui répondis-je

« Il me regarda bien en face, puis redevenu maître de lui et le ton toujours gouailleur :

« — Eh bien ! fit-il, puisqu'on a des preuves contre moi, il me semble qu'il est inutile de m'interroger.

« Et à partir de ce moment il me fut impossible de lui arracher une parole de plus.

« Mais il faut bien que je vous dise que cela m'importait peu.

« J'étais à présent si profondément persuadé, si profondément convaincu de la culpabilité de cet homme que je me disais que je n'avais pas besoin d'en savoir davantage.

« Enfin, bref, quand je quittai Saint-Jean-Bonnefond pour revenir à Saint-Étienne, j'étais certainement le plus heureux des hommes...

« Enfin nous allions donc prendre notre revanche de la presse !

« Enfin on allait donc cette fois pouvoir fermer le bec aux journalistes qui passaient leur temps à crier par-dessus les toits que la police était impuissante !

« Mais quant la déveine vous poursuit, mon pauvre Cormon, ajouta le chef de la police avec un mine navrée, rien ne vous réussit, tout se retourne contre vous...

« Savez-vous ce qui arriva ?

— Non, répondit l'agent, mais c'est ce que j'attends avec impatience de savoir.

— Eh bien ! mon ami, j'avais eu le tort d'être trop certain de moi... j'avais eu le tort d'attacher trop d'importance aux allures effrontées et cyniques de ce vagabond... j'avais eu le tort de m'emballer encore une fois et d'avoir trop d'enthousiasme...

« Comprenez-vous, Cormon ?

— Parbleu !... vous aviez parlé trop tôt...

— Oui, dans ma joie, je m'étais trop pressé de chanter victoire... si bien qu'il n'y avait pas encore deux heures que j'étais de retour ici que l'on disait déjà dans la ville : — Vous ne savez pas la nouvelle ! — On tient l'un des auteurs du crime de Saint-Jean-Bonnefond !...

« Et le bruit courait de plus en plus, grossissait et se répandait de minute en minute, quand tout à coup je restai foudroyé.

« Le procureur de la République avait à son tour interrogé mon vagabond, et ce gueux-là... je parle du vagabond...

— Bien entendu! fit Cormon en riant.

— Et ce gueux-là avait pu trouver un alibi! Et ce gueux-là avait pu indiquer l'endroit où il avait passé la nuit du crime!... Et ce gueux-là avait pu enfin prouver de la façon la plus certaine, la plus sérieuse et la plus irréfutable, que l'on s'était trompé sur son compte.

« Et cette fois encore vous me voyez d'ici, n'est-ce pas, Cormon?

« Ah! je vous jure que je n'étais plus joyeux, que je n'étais plus rayonnant!

« Aussi, quand le soir arriva, je puis vous avouer que ce ne fut pas sans appréhension que j'ouvris les yeux...

— Je comprends ça, dit l'agent.

— Et vous allez voir que mes appréhensions ne me trompaient pas...

— Oh! vous ne m'étonnez pas, fit vivement Cormon, les sourcils froncés. Est-ce que les journaux auraient perdu une si belle occasion de dauber encore une fois sur la police...

— Et ils daubaient ferme!... Tenez! écoutez-moi ça!

Et le chef de la police, s'emparant d'un journal qui traînait sur son bureau, lut l'entrefilet suivant :

« La police, qui n'a pas encore pu rattraper Ravachol, l'ancien faux monnayeur et l'assassin de l'ermite de Chambles, avait fait courir le bruit aujourd'hui qu'elle venait de mettre la main sur l'un des auteurs du crime odieux de Saint-Jean-Bonnefond.

« On donnait même sur la façon dont s'était opérée cette importante capture, les détails les plus précis et les plus circonstanciés.

« On n'oubliait pas non plus de vous faire un portrait très dramatique et très saisissant du grand criminel que l'on venait de livrer à la justice.

« C'était un être effrayant, monstrueux, un vampire enfin!

« Eh bien! la vérité, c'est que tout cela n'existait que dans l'imagination un peu trop féconde de messieurs de la police.

« On avait bien, il est vrai, arrêté un vagabond du côté de Saint-Jean-Bonnefond, mais ce n'était, somme toute, qu'un pauvre homme assez inoffensif et que M. le procureur de la République a été obligé de faire relâcher après un court interrogatoire.

« Et voilà avec quelles histoires on nous amuse!

« Et voilà avec quels contes on nous berce!

« Et pendant ce temps, Ravachol, le fameux Ravachol court toujours et les véritables auteurs du crime de Saint-Jean-Bonnefond imitent l'exemple de l'assassin de l'ermite de Chambles. »

Il y eut un moment de silence, puis, avec un sourice pincé, le chef de la police reprit :

— Eh bien ! Cormon, qu'en dites-vous ?... Que pensez-vous de la jolie volée du bois vert que cet animal-là nous administre ?

— Oui, oui, il n'y va pas de main morte, fit l'agent, l'air très vexé aussi.

— Et remarquez bien que cet article-là n'est pas le seul que je pourrais vous lire... J'en ai là des tas, des monceaux, qui tous sont aussi violents ou, pour mieux dire, qui tous sont aussi injustes ?

Mais Cormon venait de hausser dédaigneusement les épaules.

— Bah ! dit-il avec un sourire, est-ce qu'il n'en a pas toujours été de même ?... Est-ce que messieurs les journalistes n'ont pas toujours eu la prétention d'être plus habiles et plus malins que nous ?

« Alors, pourquoi leur faire les honneurs de s'émouvoir de leurs attaques ?... Laissez-les donc dire... Quand ils auront assez crié, ils s'arrêteront...

— Ah ! vous croyez ! dit vivement le chef de la police... Mais c'est qu'ils ne s'arrêtent pas... Mais c'est que tous les jours la même chanson recommence... Et tenez, Cormon, voulez-vous faire un pari ?

— Un pari ?

— Oui, oui, un pari !... Tenez, à partir de demain, ouvrez pendant huit jours, pendant quinze jours, un mois si vous voulez, n'importe quelle feuille, n'importe quel journal, et si vous ne trouvez pas chaque fois en très bonne place une longue tartine sur « l'aveuglement », sur « l'ineptie », sur la « sottise » de la police, j'aurai perdu ce que vous voudrez !

« Ça va-t-il ?

— Mais, parbleu, vous n'avez pas besoin de me convaincre, répondit vivement l'agent. Est-ce que je ne sais pas à quoi m'en tenir aussi bien que vous ?

« Mais, encore une fois, on ne doit répondre à toutes ces attaques que par le dédain. Voilà mon sentiment.

— Oh ! pour vous, Cormon, c'est facile à dire, répliqua le chef. On ne vous a jamais visé directement. On ne vous a jamais pris à partie personnellement. Car vous n'êtes, en somme, que le bras qui agit, tandis que je suis la tête qui pense... Et c'est sur moi que tous ces éreintements retombent.

« Eh bien! j'en ai assez, j'en ai trop, je n'en veux plus!... Et voilà pourquoi l'autre jour encore je voulais donner ma démission... Et voilà pourquoi j'ai par moments une envie folle de quitter la place et de tout envoyer promener.

— Vous ne le pouvez pas, dit froidement Cormon.

— Comment! je ne le puis pas!

— Mais non. Mais vous savez bien, aussi bien que moi que ce que vous dites là est impossible.

« Car si demain vous quittiez votre poste, qu'arriverait-il? Vous avez bien dû y réfléchir, y songer un peu, n'est-ce pas?

« Eh bien! il arriverait tout simplement que vous donneriez prise sur nous à nos adversaires. Il arriverait tout simplement que vous auriez l'air de reconnaître vous-même notre incapacité et notre impuissance.

— Oui, peut-être...

— Comment! peut-être?... Mais il n'y a rien de plus certain!... Mais il n'y a rien de plus sûr!...

Le chef de la police, les bras croisés, le regard fixe, semblait se recueillir.

Puis, brusquement, il se leva et se mit de nouveau à arpenter son cabinet.

— Ah! si l'on pouvait frapper un grand coup, un coup d'éclat, un coup décisif! finit-il par dire. Ah! si l'on pouvait pincer Ravachol ou mettre seulement la main sur les individus du cimetière!... Avec quel plaisir, avec quel bonheur je leur fermerais le bec, à tous ces braillards-là!

Mais Cormon ne répondit pas.

A son tour, il était devenu subitement très sérieux, tout songeur.

Puis, soudain, un éclair s'alluma dans son regard, et les bras croisés, très pâle, il demeura pendant plusieurs secondes les lèvres balbutiantes, comme s'il se parlait tout bas.

Le chef de la police, qui venait de se retourner vers lui, s'arrêta tout surpris.

— Eh bien! qu'est-ce donc?... Qu'avez-vous donc, Cormon? demanda-t-il vivement.

— Rien... rien, fit celui-ci qui eut un sursaut comme un homme qu'on réveille brusquement.

Et après un court silence, il ajouta :

— Je songeais... je réfléchissais encore une fois à ce crime de Chambles... à ce crime aussi de Saint-Jean-Bonnefond... Et il m'était venu une idée...

— Quelle idée, Cormon? dit le chef de la police de plus en plus intéressé.

— Oh! une idée qui ne vaut peut-être rien... une idée qui me trompe peut-être...

— Mais, sacrebleu, parlez donc!... Quelle idée?

— Eh bien! dit l'agent, j'étais en train de me demander si l'homme qui a fait le coup du cimetière, si l'homme qui a violé la sépulture de Mme la baronne de Rochetaillée, n'était pas peut-être le même que celui qui a fait le coup de Notre-Dame-de-Grâce... le même que celui qui a assassiné le vieux Jacques Brumel?

— Ravachol!

— Et pourquoi pas?

Mais le chef de la police venait de secouer lentement la tête d'un air incrédule.

— Je vous avoue, dit-il, que je ne vois pas bien Ravachol dans cette nouvelle affaire... que je ne vois pas bien Ravachol dans le crime de Saint-Jean-Bonnefond...

— Remarquez bien, dit l'agent, que je n'affirme rien, puisque je ne sais rien...

— Oui, ce n'est qu'une supposition...

— Parfaitement. Mais cette supposition peut paraître vraisemblable...

« Vous ne le croyez pas?

— Non, mon brave Cormon, non, je ne le crois pas, dit le chef de la police avec un sourire. Et si vous voulez que je vous parle bien franchement, je vous répondrai que vous me faites l'effet de vous emballer.

— On ne sait pas!

— Si, si, vous vous emballez!... Vous êtes un excellent agent, très habile, très adroit, très malin, je ne suis plus à vous le dire cent fois et je me plais à vous le répéter encore.

LES EXPLOITS DE RAVACHOL

A son tour, il était devenu subitement très sérieux, tout songeur.

— Je vous remercie, monsieur le commissaire !... Enchanté de vos compliments ! dit Cormon en riant.

— Mais, sapristi ! mon cher, vous avez un grand défaut dont vous feriez bien de vous corriger...

— Et quel défaut, s'il vous plaît ?

— Vous avez beaucoup trop d'imagination, et c'est ce qui parfois vous égare, et c'est ce qui parfois vous rend même... Comment dirai-je ?

— Oh ! dites... dites toujours !

— Un peu naïf.

— Un peu naïf !... moi ! s'écria l'agent qui partit d'un formidable éclat de rire.

— Oh ! vous pouvez rire... Oui, un peu un naïf... Ainsi, savez-vous à qui vous ressemblez en ce moment ?

— A qui donc ?

— Eh bien ! vous ressemblez au premier venu... vous ressemblez à ce bon gros public qui n'y voit pas plus loin que son nez et qui, parce que Ravachol a refroidi l'ermite, veut le retrouver partout, veut le chercher dans tout.

« Oui, qu'un nouveau crime se commette ce soir ou demain à Saint-Étienne, et tous les badauds s'écrieront : « C'est encore lui !... C'est encore Ravachol qui a fait le coup ! »

— Pardon ! fit vivement l'agent un peu vexé. Est-ce qu'on a dit cela à propos de l'affaire du cimetière ?... Est-ce qu'on a déjà prononcé le nom de Ravachol ?

— Si on ne l'a pas encore prononcé, soyez sûr que cela viendra, soyez sûr qu'on le prononcera... Et la preuve, c'est que vous commencez déjà ! dit le chef de la police avec un petit sourire ironique.

Ah ! si le respect hiérarchique n'avait pas retenu la langue de Cormon, comme il aurait vertement répliqué !

Comme il aurait prouvé que si on pouvait lui reprocher d'avoir trop d'imagination, on pouvait, en revanche, reprocher à son chef de ne point en avoir assez !

Mais, d'ailleurs, l'agent aurait-il voulu répondre qu'il n'en aurait pas eu le temps.

En effet, le chef de la police, avec l'accent d'un homme qui est sûr de lui, venait déjà de reprendre :

— Au surplus, mon cher ami, je vais me donner la peine de vous démontrer que votre supposition ne tient pas debout, et pour vous faire cette démonstration, je n'aurai besoin de ne m'en rapporter qu'à vous, c'est-à-dire que de vous rappeler votre propre avis, l'opinion même que vous émettiez ici il y a peu de temps...

— De quel avis, de quelle opinion voulez-vous parler? dit vivement l'agent.

— Attendez donc!... Si j'ai bonne mémoire, n'êtes-vous pas venu me trouver depuis que l'on a définitivement perdu la trace de Ravachol, je veux dire depuis que Ravachol qui, décidément, a une chance insensée, une chance inouïe, a pu s'enfuir de la maison de ce mineur, de la maison de ces Blanchard?

— Parfaitement.

— Et ce jour-là, Cormon, que m'avez-vous dit?... Si je m'en rappelle bien aussi, vous m'avez dit que, piqué au jeu, vous aviez tâché de retrouver la piste du fugitif, et que, d'après les recherches que vous aviez faites, vous aviez acquis la certitude que cette piste, vous l'aviez retrouvée...

— C'est exact. Je vous ai dit que, d'après mes renseignements, Ravachol devait très probablement se cacher dans les bois de Rochetaillée...

« On a fait plusieurs battues dans ces bois et l'on n'a pas découvert l'assassin de l'ermite de Chambles.

« Mais cela ne prouverait peut-être pas que mes renseignements, étaient faux...

— D'accord!

— Car Ravachol a très bien pu trouver dans ces parages un trou, une tanière, un antre que nous ignorons...

— D'accord encore! Et j'irai même plus loin, je suis aussi persuadé que vous, que Ravachol, qui se trouvait serré de près et qui ne pouvait revenir sur ses pas, a dû filer de ce côté-là...

— Eh bien, alors?

— Mais voici où je voulais en venir. A votre avis, Ravachol est-il un niais, un imbécile?

— Quelle question!

— Non, c'est un malin, n'est-ce pas?

— Il le prouve aujourd'hui, dit Cormon avec un sourire.

— Un roublard, un individu très intelligent...

— Trop intelligent... pour nous! fit l'agent qui eut un nouveau sourire.

— Alors, reprit vivement le chef de la police, puisqu'il doit être, puisqu'il est très certainement dans les environs de Rochetaillée, où il peut se croire en sûreté, comment aurait-il commis la faute, lui habile, lui pas bête, de quitter sa cachette pour se transporter à Saint-Jean-Bonnefond?

« Est-ce que la plus élémentaire prudence ne lui aurait pas dit qu'en faisant ce petit voyage-là, il allait tout simplement risquer sa peau?

« Est-ce qu'il n'aurait pas compris que ce qu'il avait de mieux à faire, c'était de rester très sagement et très tranquillement coi dans son coin, s'il ne voulait pas, à chaque pas qu'il ferait, s'exposer à être reconnu, c'est-à-dire à être pincé?

« Est-ce qu'enfin, si audacieux qu'il puisse être, il aurait si naïvement et si niaisement joué sa tête?

« Voyons, Cormon, au lieu de sourire, répondez-moi plutôt... Qu'avez-vous à dire?

— Mon Dieu! fit doucement l'agent, qui avait, en effet, un petit sourire railleur sur les lèvres, ma réponse sera bien simple.

— Bien simple?

— Oh! oui, bien simple et très concluante, je le crois...

— Je ne demande qu'à la connaître, dit le chef de la police qui prit à son tour un air ironique.

— Eh bien! monsieur le commissaire, reprit brusquement Cormon, veuillez me dire, s'il vous plaît, à quelle heure a eu lieu le crime du cimetière de Saint-Jean-Bonnefond?...

« Si je ne me trompe, ce crime a été commis au milieu de la nuit, entre onze heures et minuit, et il est bien certain, d'ailleurs, qu'il ne pouvait pas être accompli plus tôt.

« Plus tôt, les misérables qui ont violé la sépulture de Mme la baronne de Rochetaillée n'auraient pas été aussi calmes, aussi tranquilles.

« Ils ne se seraient pas sentis pour ainsi dire chez eux dans le cimetière.

« Car, en effet, si l'on se couche de bonne heure à Saint-Jean-Bonnefond, cela ne veut pas dire qu'il n'y ait pas quelquefois quelque passant attardé, quelque paysan qui rentre à une heure un peu plus avancée à son logis.

« Dix heures du soir, par exemple, c'est là-bas une heure indue, mais que les auteurs du crime, en gens prudents, en gens avisés, n'ont cependant pas trouvée encore assez sûre.

« Or, de Rochetaillée ou des environs de Rochetaillée à Saint-Jean-Bonnefond, la distance n'est pas si grande qu'il faille des heures et des heures pour la parcourir.

« Dans ces conditions-là, Ravachol n'avait donc qu'à calculer son temps de façon à arriver au cimetière juste au moment où il voulait opérer, c'est-à-dire entre onze heures et minuit.

« Il ne quittait donc son trou, sa tanière, son antre, comme vous voudrez, que lorsque la nuit était déjà depuis longtemps venue, depuis déjà longtemps tombée, et comme la nuit tous les chats sont gris, veuillez me dire, je vous prie, quels dangers, quels risques il pouvait courir?

Le chef de la police n'avait pu s'empêcher de se mordre les lèvres, car tout cela était très juste, très sensé.

En effet, si c'était Ravachol qui avait fait le coup du cimetière, il n'avait pas eu à redouter grand'chose de la police, puisque ce n'était qu'après la nuit close qu'il avait dû sortir de sa cachette et s'aventurer dans les rues de Saint-Étienne.

Mais, vexé d'être battu sur ce point, le chef de la police voulut se rattraper sur un autre.

Comment Ravachol, qui ne vivait plus que comme un vrai loup traqué et qui ne devait plus voir personne, avait-il pu apprendre la nouvelle de la mort de Mme de Rochetaillée?

Mais, Cornon venait de prendre un air triomphant :

— Mais, monsieur le commissaire, cette fois encore la réponse est bien simple, dit-il, et je m'étonne même que vous me posiez cette question...

— Oui, oui, mais répondez toujours...

— Est-ce que vous croyez que Ravachol ne bouge jamais du même trou, du même coin? répliqua l'agent. Est-ce qu'il n'est pas obligé, ne serait-ce que pour se procurer à manger, de s'aventurer quelquefois hors de sa cachette?

« Alors, dans ces conditions-là, comment serait-il possible qu'il ne rencontre jamais personne, comment serait-il possible qu'il ne parle jamais à personne ?

« Non, non, soyez-en bien convaincu, Ravachol n'a pas été le dernier à apprendre la mort de la châtelaine.

— Je veux bien encore admettre cela, dit le chef de la police. Je veux bien encore admettre que Ravachol a été tenu au courant de la mort de la baronne...

« Mais alors j'ai un autre argument à vous opposer.

— Quel argument, monsieur le commissaire ?

— Après avoir commis le crime de Chambles, après avoir assassiné le vieil ermite, Ravachol a bien trouvé des complices pour receler l'argent qu'il avait volé dans la grotte.

« Mais il ne faut pas oublier que si, par prudence, il s'est défait de la plus grosse partie de cet argent, il n'en a pas moins gardé sur lui une assez forte somme.

« Vous savez, n'est-ce pas, que ce dernier fait a été établi par l'instruction ?

— Eh bien ! monsieur le commissaire ?

— Eh bien ! si Ravachol n'était pas sans le sou et s'il avait même en sa possession une assez grosse somme, pourquoi aurait-il songé à violer la sépulture de Mme la baronne de Rochetaillée pour lui voler ses bijoux ? pourquoi aurait-il chargé sa conscience de ce nouveau crime ?

— Pourquoi ?

— Oui, voilà ce que je voudrais que vous me disiez ; oui, voilà ce que je vous demande.

— Mais, mon Dieu, monsieur le commissaire, dit vivement Cormon, Ravachol aurait tout simplement fait le coup parce qu'il n'y a pas de petits profits.

— Enfin, reprit vivement à son tour le chef de la police, j'ai encore à vous opposer autre chose...

— Oh ! ne vous gênez pas ! fit l'agent avec un sourire. De quoi s'agit-il ?

— Il s'agit de la déposition d'un des témoins entendus au cimetière même par le juge d'instruction quelques heures après la découverte du sacrilège...

« Il s'agit de la déposition de la vieille Mariette Salomon.

« Interrogée à son tour par le magistrat, quelle est la déclaration que cette femme lui a faite ?

« Elle lui a déclaré que le jour des funérailles de Mme la baronne de Rochetaillée, elle avait rencontré plusieurs fois un individu qui lui paraissait plus que suspect.

« Elle avait d'abord vu cet individu devant le château au moment de la levée du corps ; puis, un peu plus tard, elle l'avait encore retrouvé devant l'église de Saint-Jean-Bonnefond.

« Or, Mariette Salomon a donné un signalement très détaillé de ce personnage, et ce signalement-là ne ressemble en rien à celui de Ravachol.

Cormon regardait son chef avec le plus profond étonnement.

Est-ce qu'il voulait rire?

Était-ce bien sérieusement qu'il parlait?

Était-ce bien vrai qu'il lui opposait de pareils arguments, de semblables raisons?

Aussi, lui, toujours si respectueux de la hiérarchie, ne put-il s'empêcher de répondre avec un peu d'ironie :

— Oui, vous avez raison, monsieur le commissaire, dit-il, le signalement de ce personnage ne ressemblait en effet en rien à celui de l'assassin de l'ermite de Chambles, à celui de Ravachol. Mais ai-je besoin de vous dire ce que cela prouve ? Eh bien ! cela prouve tout simplement que ce n'était pas Ravachol, mais très probablement un de ceux qui lui ont aidé à faire le coup, un de ses complices.

Et Cormon, s'animant tout à coup, ajouta :

— Oui, oui, vous pourrez me dire tout ce que vous voudrez, vous pourrez me prendre pour un naïf, pour un de ces badauds dont vous parliez tout à l'heure, pour un de ces niais qui veulent tout mettre sur le dos de Ravachol, mais vous ne me sortirez pas l'idée que j'ai là... l'idée qu'il ne faut pas aller chercher ailleurs le principal auteur du crime de Saint-Jean-Bonnefond.

Cette fois le chef de la police ne répliqua plus.

D'ailleurs, il faut bien le dire, en dépit de toutes les objections qu'il venait de faire,— objections qui ne tenaient pas debout,— comme il avait la plus grande estime pour les talents de Cormon, il n'était pas très éloigné de se rendre et de croire que celui-ci pouvait bien avoir raison.

Mais si c'était bien Ravachol qui se trouvait dans cette nouvelle affaire, combien les choses allaient se compliquer!... combien son rôle à lui, chef de la police, allait devenir plus difficile encore !

Car, en effet, Ravachol restant toujours introuvable, toujours insaisissable, on n'arriverait à punir ni le crime de Chambles, ni le crime de Saint-Jean-Bonnefond !

Et le chef de la police, qui se trouvait de plus en plus embarrassé, fit tout à coup une si violente grimace que Cormon ne put s'empêcher de sourire.

D'ailleurs, l'intelligent agent avait déjà deviné la pensée de son chef. Aussi essaya-t-il de le rassurer.

— Oh! je devine bien, je comprends bien ce que vous vous dites, reprit-il. Vous vous dites, si je ne me trompe pas, que si c'est bien Ravachol qui a violé la sépulture de Mme de Rochetaillée, nous aurons encore plus de peine à en sortir...

« Eh bien ! ce n'est peut-être pas mon avis, monsieur le commissaire.

— Pas votre avis?

— Non, non... et voici comment je raisonne : Oui, sans doute, nous aurons pendant quelque temps encore un peu plus de fil à retordre ; oui, sans doute, les attaques de la presse vont redoubler contre nous.

« Comme nous n'avons livré à la justice ni l'assassin de l'ermite de Chambles, ni l'auteur du crime de Saint-Jean-Bonnefond, nous pouvons nous attendre à ce que l'on nous en dise de belles !

« Mais aussi, monsieur le commissaire, quelle magnifique, quelle éclatante revanche quand nous tiendrons enfin Ravachol !... Du coup nous en aurons fini avec les deux affaires ; du coup nous en aurons fini avec les deux crimes!

— Oui, quand nous tiendrons Ravachol, soupira mélancoliquement le chef de la police.

— Oh! nous le tiendrons!... Nous le prendrons! C'est moi qui vous le dis ! s'écria Cormon plein de zèle, plein d'enthousiasme.

Mais son chef hochait la tête, soupirait toujours. Et resté seul, il se laissa tomber dans un fauteuil, et très accablé, très découragé :

— Ah ! ça va mal !... ça va mal !... soupira-t-il encore.

LES EXPLOITS DE RAVACHOL

Chemin faisant, il cherchait, il ruminait encore.

XVIII

OU RAVACHOL TROUVE UN NOUVEL ASILE

Mais revenons au héros de cette dramatique histoire, mais revenons au meurtrier de l'ermite de Chambles.

Après s'être enfui de la maison des Blanchard, Ravachol, comme l'avait dit Cormon, s'était bien, en effet, dirigé du côté des bois de Rochetaillée, mais comme il se doutait bien que ces bois ne pouvaient pas être pour lui une retraite des plus sûres, il n'avait fait pour ainsi dire qu'y passer, c'est-à-dire qu'y séjourner quelques heures.

A peine arrivé là, il s'était mis à réfléchir encore, à chercher encore s'il ne lui serait pas possible de trouver un asile où il pourrait enfin se trouver définitivement à l'abri des recherches de la police.

Et comme il cherchait, comme il ruminait, il avait eu tout à coup un tressaillement de joie.

— Mais oui, mais oui, s'était-il écrié, j'ai trouvé!... Ah! parbleu, ce n'est jamais là, ce n'est jamais dans cette maison que la rousse viendra me dénicher!

Et Ravachol souriait, tout rayonnant, tout radieux.

C'est qu'en effet, à force de réfléchir et de chercher, il venait d'avoir enfin une très bonne idée, on pourrait presque dire une idée de génie.

A quelques kilomètres seulement de Rochetaillée, et dans une petite commune très pauvre, il y avait un vieux curé que sa charité et sa bonté avaient depuis longtemps rendu populaire non seulement à Saint-Étienne, mais encore dans tout le département de la Loire.

On appelait ce vénérable prêtre l'abbé Bernard.

C'était un grand vieillard d'environ soixante-quinze ans, avec un visage très maigre et très pâle, de longs cheveux tout blancs et des yeux pleins d'une extrême douceur.

Bien qu'il fût très pauvre... pauvre au point de ne pouvoir jamais porter que des soutanes rapiécées et usées jusqu'à la corde l'abbé Bernard trouvait cependant encore le moyen — on n'a jamais su par quel miracle — d'en secourir de plus pauvres et de plus malheureux que lui...

L'ermite de Chambles amassait et thésaurissait les aumônes; mais lui n'avait jamais su amasser et thésauriser que les bonnes actions et les bonnes œuvres.

Quand parfois un pauvre diable éreinté, exténué, mourant de faim, passait dans la commune, c'était toujours à la porte du presbytère que les gens du pays lui disaient de frapper.

Et toujours cette porte s'ouvrait toute grande ; et toujours le malheureux s'en allait un peu consolé et réconforté.

Quand aussi, dans la petite paroisse, une pauvre mère de famille se désolait de voir un de ses enfants malade et de ne pouvoir lui acheter les remèdes dont il avait besoin, c'était encore à cette porte-là qu'elle frappait, et jamais elle ne s'en allait sans serrer dans sa main quelques pièces blanches qui allaient lui permettre de rendre la santé au petit agonisant.

Or, tous ces traits de bonté, tous ces traits de générosité de l'abbé Bernard, Ravachol en avait entendu parler comme tout le monde.

— Oui, oui, je ne pouvais pas avoir une meilleure idée ! se dit-il de plus en plus enchanté. Je vais aller trouver le vieux curé, et c'est bien le diable s'il ne me donne pas l'hospitalité...

Et, sur-le-champ, l'assassin de l'ermite se mit en route.

Chemin faisant il cherchait, il ruminait encore.

Quelle histoire, quel boniment allait-il raconter au vieux prêtre?

— Je ne puis pourtant pas lui dire que je suis Ravachol ! pensa-t-il en ricanant. Alors quel prétexte imaginer? quel prétexte trouver?

Et, brusquement, comme il cherchait toujours, il se frappa le front.

Il venait encore d'avoir une idée, une autre idée lumineuse.

— Oui, parbleu, il n'y a que ça! s'écria-t-il. Je suis un fils de famille... un fils de bonne famille tombé dans la dèche... Et là-dessus je brode tout un roman des plus attendrissants... Comme le vieux ne doit pas être plus malin qu'il ne faut, il tombera pour sûr dans le panneau... Et l'affaire est enlevée !... J'ai mon asile, j'ai mon gîte !... Allons-y, Ravachol !...

Et l'assassin de l'ermite se mit à marcher plus vivement, nous ferions mieux de dire plus allégrement encore.

Quand enfin il arriva devant le presbytère, la maison était si vieille et si vermoulue qu'il ne put s'empêcher d'avoir une petite moue dédaigneuse.

— Quelle bicoque !... quelle masure ! murmura-t-il. Un cardinal est mieux logé.

Et tout en faisant cette réflexion, il venait de jeter un coup d'œil rapide autour de lui.

La rue se trouvait déserte.

Personne.

Alors, comme il tenait beaucoup à ce qu'on ne le vît pas entrer, il s'empressa de heurter à la porte.

Quelques secondes s'écoulèrent, puis une vieille servante vint lui ouvrir.

— Que voulez-vous ? demanda-t-elle.

— Je désirerais parler à M. le curé, répondit Ravachol, qui prit un air très humble et très doux.

— Entrez ! répondit simplement la servante.

Et la porte se referma derrière l'assassin de l'ermite.

— Là ! me voilà dans la place ! se dit celui-ci avec un éclair dans le regard. Il s'agit maintenant de ne plus en sortir.

Puis, comme après avoir traversé un assez long corridor, ils venaient de pénétrer dans la salle à manger, une grande pièce toute nue et toute froide, la vieille servante avança une chaise à l'assassin de l'ermite en lui disant :

— Voulez-vous vous asseoir un instant, monsieur ?... M. le curé est au jardin, je vais aller le prévenir de votre visite.

Et sur ces mots, elle disparut.

Il s'était à peine écoulé une minute que déjà elle revenait.

— Si monsieur veut me suivre ? dit-elle.

— Allons ! fit-il.

Le vieux curé, la soutane relevée, était en effet en train de travailler dans son jardin comme un paysan.

Dès qu'il vit Ravachol en face de lui, il fit signe à sa vieille servante de se retirer, puis ayant jeté la petite pioche dont il venait de se servir et secouant ses mains pleines de terre, il regarda curieusement, mais toujours avec sa grande bonté, l'ancien faux monnayeur.

Car deux choses l'étonnaient en Ravachol.

D'abord celui-ci n'était pas du pays.

Ensuite, en le comparant aux rudes et pauvres paysans qu'il était accoutumé à voir chaque jour, il lui faisait l'effet d'un « monsieur », de quelque fils d'assez bonne famille.

Et cette croyance du bon curé qu'il n'avait pas affaire au premier venu allait servir admirablement Ravachol.

— Il paraît, monsieur, dit enfin le prêtre sur le ton de la plus grande bienveillance, que vous avez à me parler ?

— Oui, monsieur le curé.

— Et qu'avez-vous à me dire ?

— J'ai une confession à vous faire.

— Une confession ?... Vous voulez vous confesser ?... Alors, mon fils, ce n'est pas ici que je puis vous entendre... Veuillez me suivre à l'église...

Et déjà le vieux prêtre avait fait quelques pas, quand Ravachol le rappela.

— Non, monsieur le curé, dit-il vivement, vous vous méprenez, ou plutôt je me suis mal exprimé...

— Ah !

— Quand je parle d'une confession que j'ai à vous faire, c'est une confidence que je devrais dire...

— Une confidence, mon enfant ?

— Oui, fit Ravachol avec un soupir, car je suis bien triste et bien malheureux...

Et laissant tomber sa tête sur sa poitrine, il porta la main à ses yeux comme s'il voulait cacher ses larmes.

Et de plus en plus intrigué, le vieux prêtre continuait à le regarder, à l'examiner.

Quelle confidence ce garçon-là, ce garçon qu'il ne connaissait pas, pouvait-il avoir à lui faire ?

Quel chagrin, quelle douleur ce jeune homme pouvait-il bien avoir ?

— Sans doute des peines de cœur... quelque déception d'amour ? se dit le bonhomme.

Et passant son bras sous celui de Ravachol il l'emmena à quelques pas de là, sous une petite tonnelle tapissée de verdure.

— Ici il y a de l'ombre et nous serons beaucoup mieux pour causer...
Et puis nous serons seuls et personne ne pourra nous entendre...

« Maintenant, mon enfant, je vous écoute. Dites-moi donc vos chagrins et vos tristesses...

Mais l'assassin de Jacques Brunel gardait le silence et lentement passait la main sur son front en poussant de nouveaux soupirs.

Et le vieux prêtre, à présent, se sentait profondément touché, profondément remué.

— Parlez ! parlez ! mon fils ! reprit-il plus bas. Ne suis-je pas là pour vous encourager et vous soutenir ?... Ne suis-je pas là pour vous aider de mes conseils, si mes conseils peuvent vous être utiles ?

— Oui, monsieur le curé, fit Ravachol avec un accent pénétré, oui, je connais toute la bonté, toute l'inépuisable charité de votre cœur. Et c'est bien aussi parce que le bruit de vos vertus était arrivé jusqu'à moi, pauvre pécheur, que j'ai osé songer à vous dans ma détresse...

Mais le vieux prêtre était subitement devenu très rouge.

Sa modestie s'effarouchait.

— Mon fils, dit-il avec un sourire, ne me faites pas commettre le péché d'orgueil, et venez-en tout de suite à ce qui vous amène... à ce qui me vaut le plaisir de vous recevoir dans ma maison.

Et il ajouta, la voix toujours très douce :

— Encore une fois, je vous écoute...

Quant à Ravachol, dont la physionomie avait pris une expression douloureuse, il repassait rapidement dans sa tête l'histoire qu'il avait inventée en se rendant au presbytère.

— Attention ! se disait-il. Il ne s'agit pas de raconter des bêtises... Il faut être vraisemblable et émouvant... Par conséquent, mon vieux, tâche d'ouvrir l'œil !...

Alors très doucement et comme un peu honteux, il commença à débiter son boniment.

— Monsieur le curé, reprit-il, vous avez devant vous un homme qui a bien souffert, un homme qui est bien malheureux, mais qui ne se plaint pas, car il reconnaît qu'il l'a mérité...

— Peut-être vous exagérez-vous vos torts ? interrompit vivement le vieux prêtre.

— Non, je n'exagère pas, s'écria avec force Ravachol, non, jamais je ne serai assez sévère pour moi, comme vous allez pouvoir en juger.

« Mon père, dont je vous demande la permission de vous taire le nom, mais qui était connu de tout Paris, occupait une des plus brillantes situations qu'un homme puisse ambitionner.

« Il était banquier.

Et riant sous cape, l'assassin pensait :

— Banquier !... Pas tant de veine !... On n'aurait pas eu besoin de faire de la fausse monnaie.

— Continuez, mon fils, dit très gravement le prêtre.

— J'étais son unique enfant et je n'ai pas besoin de vous dire combien il m'aimait, ni de quels soins, de quelle tendresse il m'entourait...

« Il m'aimait même peut-être un peu trop, car c'est sa trop grande affection qui m'a perdu.

— Oui, oui, je vous comprends, dit le vieux curé. Vous voulez dire que votre père était trop faible pour vous.

— Oui, trop faible... si faible qu'à peine avais-je l'âge d'homme qu'il ne savait rien me refuser.

« Oh ! je rougis de vous le dire, je rougis même d'y penser, mais quelles sommes énormes j'ai follement mangées, follement gaspillées !...

« Ah ! si c'était à refaire, ah ! si je pouvais ressaisir cette fortune, combien aujourd'hui je serais plus sage ! combien aujourd'hui je serais heureux de pouvoir l'employer à quelques bonnes œuvres !

Et Ravachol venait de glisser un coup d'œil en dessous pour voir l'effet que ces dernières paroles avaient produit sur le curé.

— Voilà qui doit lui faire plaisir, se disait-il. Mais va, mon vieux, tu peux gober celle-là !... Si jamais j'avais de la braise, je ne serais pas assez maboule pour racheter des petits Chinois !

Mais le prêtre, qui était demeuré impassible, se contenta de dire :

— Ensuite, mon fils, ensuite ?

— Ensuite ?

Et pendant quelques secondes, Ravachol, qui regardait toujours sournoisement le vieux curé, demeura tout déconcerté.

— Tiens ! il n'a pas mordu ! se dit-il. Est-ce que, vraiment, le bonhomme ne ressemblerait pas aux autres calotins?... est-ce que vraiment il serait aussi désintéressé que ça ?

Et alors, avec un aplomb imperturbable, il acheva le récit qu'il avait commencé.

Ce récit était bien un peu romanesque, un peu invraisemblable, un peu fantastique même, mais le vieux prêtre était trop ingénu et trop candide pour se douter le moins du monde que tout cela n'était qu'un tissu de mensonges et une histoire inventée à plaisir.

Au contraire, quand l'assassin de l'ermite de Chambles se tut enfin, après avoir parlé très longtemps, le vieux prêtre ne put s'empêcher de pousser un long soupir de pitié et de compassion.

— Ainsi donc, dit-il, vous aviez une très grosse, une immense fortune, et voilà l'usage coupable que vous en avez fait ! Vous avez joué ?

— Hélas ! soupira à son tour Ravachol.

— Vous vous êtes oublié dans de folles orgies ?

— Oui, monsieur le curé.

— Et vous vous êtes aussi abandonné à des femmes de mauvaise vie ?

— Oui, monsieur le curé.

— Si bien qu'un jour vous vous êtes réveillé complètement ruiné ?

— Hélas ! oui, complètement ruiné !

— Et comme, quelque temps auparavant, votre père était mort après avoir fait de mauvaises affaires par suite de spéculations malheureuses, vous vous êtes trouvé du jour au lendemain dans la plus triste et la plus pénible situation ?

— Oui, monsieur le curé, oui, voilà bien mon histoire, fit doucement Ravachol qui prit un accent douloureux.

— Mais je pense à une chose ! reprit vivement le vieillard. Comment se fait-il qu'au moment de votre détresse vous n'ayez pas songé à vous adresser à ceux qui vous avaient connu dans la prospérité ? que vous n'ayez pas songé à vous adresser à vos amis ?

— A mes amis ?

— Puisque vous aviez été riche, vous deviez en avoir beaucoup...

— Oui, mais je n'en avais plus, puisque je n'avais plus le sou, répondit Ravachol qui, cette fois, donna à ses paroles un accent plein d'amertume.

Puis, brusquement, et l'air très digne, il ajouta :

— Et puis, j'étais trop fier pour aller mendier quelques louis à mes

LES EXPLOITS DE RAVACHOL

L'agent Cormon.

anciens compagnons de plaisirs... trop fier pour aller mendier à personne...

Le vieux prêtre hochait la tête et demeurait silencieux.

Enfin toujours de sa voix très douce :

— Maintenant, une autre question, reprit-il.

— Dites, monsieur le curé.

— Comment se fait-il que vous soyez venu échouer ici?...

— Échouer est bien le mot, interrompit vivement Ravachol.

— Comment se fait-il que vous soyez venu échouer du côté de Saint-Étienne?

« Vous aviez bien un but, une idée ?...

— Non, aucun but, aucune idée, répondit l'assassin en secouant la tête.

— C'est étrange!

— Que voulez-vous ? j'avais la tête perdue et c'était le hasard qui me menait, qui me guidait... Je suis venu à Saint-Étienne comme j'aurais été ailleurs, car j'avais besoin de me fuir moi-même.

L'ancien faux monnayeur passa une fois de plus la main sur son front, puis avec un air de plus en plus accablé :

— Oh! oui, ajouta-t-il, quand je dis que j'avais la tête perdue, je ne mens pas, je n'exagère pas...

« J'étais quelquefois en proie à un tel désespoir qu'il me semblait que j'allais devenir fou!...

« Et voulez-vous que je vous fasse encore un aveu, monsieur le curé ?

— Oui, mon enfant, oui, dites-moi tout.

— Eh bien! il n'y a pas bien longtemps... il n'y a que quelques jours seulement, que j'ai été sur le point d'en finir avec cette vie qui m'est devenue si lourde, avec cette existence qui me pèse...

— Le suicide!... Est-ce possible! s'écria le vieux prêtre en joignant les mains. Mais le suicide est un acte impie! Mais le suicide est un crime!...

— Est-ce que je me disais tout cela?... Est-ce que je pensais à tout cela? dit vivement et un peu nerveusement Ravachol qui continuait à jouer merveilleusement et admirablement son rôle.

« Non, non, je ne voyais, je ne savais, je ne comprenais qu'une chose : c'est que mon avenir était brisé, perdu...

« J'avais connu la richesse et le luxe, et je me retrouvais dans une banale chambre d'hôtel toute nue et toute froide, et je voyais se dresser devant moi avec ses joues creuses, avec son teint livide, avec ses yeux pleins de fièvre, l'effrayant fantôme de la misère.

« La misère! c'est-à-dire les habits râpés, le ventre vide, mille humiliations à subir. Non, je ne me sentais pas la force d'accepter cela; non, je ne me sentais pas le courage de me résigner à cela!...

« Ah ! si vous aviez pu me voir à ce moment-là, monsieur le curé, je suis bien sûr que vous auriez eu pitié de moi!...

« J'avais la tête en feu, l'œil hagard, tous les traits contractés.

« Quand par hasard la glace me renvoyait mon image, je me faisais peur à moi-même.

« Je ne me reconnaissais plus.

« Je me disais : « Quel est donc cet homme-là, ou plutôt ce spectre-là? »

« Et j'allais, j'allais, de plus en plus sombre et de plus en plus désespéré.

« Tout à coup, je tressaillis.

« Je venais d'apercevoir sur un meuble le revolver que j'y avais déposé la veille.

« Alors, brusquement, je m'arrêtai, plus pâle, plus livide, plus défait encore.

« Une horrible pensée venait de me venir.

« Je me disais :

« — Cette arme, c'est pour toi la délivrance!... cette arme, c'est pour toi l'oubli !...

« Et déjà j'avais approché le revolver de ma tempe, et déjà il ne me restait plus qu'une seconde à vivre lorsque, par miracle, — car c'était bien, en effet, un miracle qui venait de se faire, — ma pensée se reporta vers vous...

« J'avais tant entendu parler de votre bonté et de votre charité, de votre admirable dévouement pour tous les malheureux et pour tous ceux qui souffrent, que j'eus aussitôt le pressentiment que vers vous était le salut...

« Le salut !

« Oh ! vous comprenez bien le sens de mes paroles, vous comprenez bien ce que je veux dire, n'est-ce pas, monsieur le curé?...

« Je sais bien que vous ne pourrez pas me rendre ma fortune perdue, mais peut-être pourrez-vous me sauver du désespoir, mais peut-être pourrez-vous me rendre à moi-même.

Ravachol avait débité cette longue et dramatique tirade avec tant de feu, tant de chaleur et une si grande vérité dans les gestes et dans l'accent, que le vieux prêtre se sentait de plus en plus attendri, de plus en plus ému.

L'assassin de l'ermite de Chambles respira pendant quelques secondes, puis plus doucement, plus lentement :

— Je vous ai tout à l'heure, monsieur le curé, raconté toute mon histoire, mais je dois cependant y ajouter encore quelques mots, reprit-il.

« Aujourd'hui je n'en suis pas seulement à mon dernier écu, mais à mon dernier sou...

« Aujourd'hui, si vous me refusez l'hospitalité que j'ai cru trouver chez vous, j'en serai réduit à coucher dans la rue, et peut-être la police m'arrêtera-t-elle comme vagabond?...

« D'ailleurs, je n'ai pas besoin de vous le dire, cette hospitalité, je me ferais un devoir de ne pas en abuser...

« Je ne me suis pas adressé à mes anciens amis, parce que je suis trop fier, mais j'ai un parent qui habite à l'étranger, un parent que mon père a autrefois obligé et à qui je puis faire appel sans rougir...

« Ce parent, à qui je n'ai pas pensé plus tôt, n'hésitera certainement pas à me venir en aide, et je n'aurai plus alors qu'à quitter votre sainte maison en emportant pour vous la plus vive et la plus profonde reconnaissance.

Et Ravachol, qui venait de lever les yeux sur le vieux curé, semblait attendre sa réponse.

— Ma maison est bien modeste et je suis bien pauvre, répondit celui-ci. Mais le peu que je possède appartient à tous... Restez donc, mon enfant, et soyez le bienvenu...

Et il laissa tomber sa main dans la main de Ravachol.

Celui-ci était aux anges.

— Voilà qui a été bien mené ou je ne m'y connais pas ! se disait-il. Maintenant je vais donc pouvoir vivre un peu, respirer un peu... Et que la rousse me cherche !... Je lui prédis encore un beau four !...

XIX

RAVACHOL AU VERT

Il n'y avait pas encore quinze jours que l'assassin de l'ermite avait trouvé un asile au presbytère, que déjà il n'était plus le même, que déjà on ne l'aurait plus reconnu.

Si la brave mère Blanchard, qui, soit dit en passant, tremblait chaque jour pour lui, avait pu le voir, elle n'aurait pas manqué de s'écrier :

— Ce n'est pas mon petit Ravachol !

Car, en effet, Ravachol qui, au moment où la police lui donnait la chasse, avait les joues creuses et le teint terreux, maintenant engraissait, maintenant respirait la santé.

Ce n'était pas, certes, qu'il fît très très bonne chère au presbytère, car le vieux curé était si pauvre qu'il en était presque réduit à ne vivre qu'avec les légumes et les fruits de son jardin, mais l'ancien faux-monnayeur, qui se sentait en sûreté, pouvait dormir tranquille, et cela suffisait à le remettre d'aplomb, comme il disait.

Et de plus en plus il s'applaudissait de la bonne, de l'excellente idée qu'il avait eue.

Comment diable, si malin qu'on le pût croire, aurait-on pu s'imaginer jamais qu'il aurait eu une pareille audace et un pareil toupet?

Comment diable aurait-on pu supposer un seul instant, une seule seconde que c'était par ce vieux curé qu'il avait trouvé le moyen de se faire recueillir?

Et, de plus, la vieille servante ne paraissait pas trop indiscrète, pas trop bavarde.

— Donc, tout va bien, tout est pour le mieux, se disait Ravachol, radieux et enchanté. Pendant que je me la coule douce ici, la police continue à faire buisson creux. Un beau jour, elle finira bien par se lasser et, ce jour-là, je trouverai bien le moyen de filer plus loin et de lui glisser encore entre les doigts...

Mais pourtant, si Ravachol se laissait vivre très tranquillement et sans l'ombre d'un souci, et sans l'ombre d'une inquiétude, il n'y avait pas moins des moments où il songeait, où il réfléchissait, car il aurait été très curieux de savoir où les choses en étaient, c'est-à-dire ce que pouvaient bien faire les limiers lancés à ses trousses.

Mais pouvait-il interroger là-dessus le vieux curé?

Mais pouvait-il soulever avec lui cette question?

Et il se tâtait, il hésitait.

Mais le hasard allait le servir.

En effet, comme un soir, le frugal dîner achevé, il était allé s'asseoir dans le jardin en compagnie de son hôte, celui-ci lui dit tout à coup :

— Quand vous m'avez fait le plaisir de venir ici, vous arriviez de Saint-Étienne, n'est-ce pas?...

— Oui, de Saint-Étienne, monsieur le curé.

— Eh bien! est-ce que vous n'avez pas entendu parler là-bas de ce fameux crime dont tout le monde parle... de ce fameux crime de Chambles?

Ravachol avait tressailli.

Puis il regarda le vieux prêtre, se demandant si ses paroles n'étaient pas une allusion voulue et s'il n'avait pas des soupçons.

Mais non.

La figure du vieux curé était restée la même et son attitude ne trahissait aucune arrière-pensée.

— Le crime de Chambles? fit Ravachol qui joua l'étonnement.

— Oui.

— Non, jamais.

Et pour mieux jouer son rôle, il jugea à propos d'ajouter :

— Qu'est-ce que c'est donc que ce crime-là?

— C'est un crime atroce, affreux.

— Dont le mobile?

— Dont le mobile était le vol.

— Ah!

— Oui, oui... Ah! vous ne connaissez pas cette affaire-là? Eh bien! vous m'étonnez... On ne peut plus aborder quelqu'un à présent sans qu'il vous parle aussitôt de Jacques Brunel.

— De Jacques Brunel?

— C'est la victime, dit le vieux prêtre. Mais, vous savez, entre nous, le personnage était peu intéressant, peu sympathique, ajouta-t-il avec un sourire.

L'assassin venait d'avoir un imperceptible mouvement de surprise.

En effet, ce langage-là dans la bouche du vieux curé était bien fait pour le surprendre.

— Peu sympathique? fit-il. Et pourquoi donc?

— Pourquoi?

— Oui.

— Parce que cet homme qui s'était séparé de ses semblables vivait comme un égoïste et était devenu inutile à tout le monde.

« Oh! je n'ai jamais eu envers lui ni la moindre envie ni la moindre jalousie, mais cependant je puis bien dire qu'il était beaucoup plus riche que moi et que jamais sa main ne s'est ouverte pour secourir une misère ou soulager une infortune.

« Et puis, voyez-vous, je n'ai jamais admis et je n'admettrai jamais qu'on fasse ses petites affaires en se servant du bon Dieu.

— Et c'était le cas de cet homme?

— Oui, c'était un peu son cas. Sa prétendue piété, sa prétendue dévotion lui rapportait au bout de l'année un assez joli bénéfice.

« D'un bout à l'autre du département on allait chez lui en pèlerinage, et l'on n'y allait jamais les mains vides.

« On lui faisait bénir des chapelets.

« On lui demandait des prières.

« Quelques-uns même comptaient sur lui pour réussir dans leurs affaires ou pour obtenir leur guérison.

« Et ce n'est pas tout.

— Qu'y a-t-il donc encore? dit vivement Ravachol.

— Il faut vous dire aussi, continua le vieux prêtre, très calme, sans un accent de colère, que cet homme, dont toute la religion n'était que du charlatanisme, mais que quelques-uns, pourtant, des naïfs, prenaient pour un saint, était d'une avarice extrême, d'une avarice sordide, d'une avarice qu'il devait, du reste, chèrement expier.

« Car c'est bien elle, en effet, qui a été la cause de sa perte, car c'est bien elle qui a été la cause de sa mort.

« Je ne voudrais pas médire de mon prochain, mais enfin, ce que je vais vous dire tout le monde vous le dirait.

« Et bien! figurez-vous que ce Jacques Brunel, qui à force d'entasser et d'amasser les petites offrandes, les petits cadeaux qu'on lui faisait, avait pu mettre de côté une somme assez rondelette, une somme assez importante, ne portait jamais qu'une soutane si sale, si déchirée et si répugnante qu'on aurait pu le prendre pour le dernier des gueux, pour le dernier des mendiants.

« Et, de fait, toujours sans en médire, c'était bien aussi un mendiant.

« Il avait l'air, là-haut dans sa retraite, là-haut dans son ermitage, de ne vivre que de prières et de mortifications, mais on aurait eu tort de se fier aux apparences.

« Comme il ne voulait pas dépenser pour sa nourriture plus qu'il ne dépensait pour ses habits, savez-vous ce qu'avait imaginé ce prétendu saint homme?...

— Non, monsieur le curé.

— Eh bien! il avait tout simplement imaginé de lever une contribution sur les braves gens qui l'entouraient, sur les braves gens du pays...

« Oui, c'étaient les habitants de Chambles ou des autres petits villages environnants qui étaient chargés de le nourrir et de lui procurer au besoin des douceurs.

« Chaque matin et chaque soir il descendait de sa montagne et venait s'attabler tantôt chez l'un, tantôt chez l'autre...

« Et il arrivait même assez souvent que son repas achevé, on remplissait encore son bissac de quelques bonnes victuailles, de quelques bonnes bouteilles de vin qu'il rapportait chez lui.

Ravachol n'avait pu s'empêcher de sourire, car il venait de se rappeler dans quelle attitude, au moment d'entrer dans la grotte et de commettre le crime, il avait surpris l'ermite.

Est-ce qu'il ne l'avait pas trouvé, en effet, assis devant une table bien garnie, et cuvant et digérant, les yeux clos et les mains croisées sur le ventre?

— Mais, reprit le vieux curé, Jacques Brunel avait eu beau prêcher misère et faire le pauvre, il paraît cependant que l'on avait fini par soupçonner la vérité, c'est-à-dire par se douter qu'il devait cacher là-haut dans son trou d'assez grosses économies...

« Enfin, bref, un beau jour, — et il n'y a pas longtemps de cela, — des gens qui étaient montés à Notre-Dame-de-Grâce, c'est-à-dire à son ermitage pour lui apporter quelques provisions, redescendirent effrayés, épouvantés.

LES EXPLOITS DE RAVACHOL

Il n'y en avait pas moins des moments où il songeait, où il réfléchissait.

« Ils avaient trouvé dans sa grotte le vieil ermite égorgé, assassiné...
Et il régnait autour de lui un tel désordre, qu'il n'y avait pas le moindre
doute à avoir sur le mobile qui avait armé la main de l'assassin...

— C'était le vol?

— Oui, le vol. Et pour trouver l'argent on avait tout vidé, tout saccagé... Et de toute la petite fortune de l'ermite, et de toutes les offrandes et de toutes les aumônes qu'il avait reçues, il ne restait plus rien...

Ravachol n'avait pu encore s'empêcher de sourire.

— Non, je ne connaissais pas du tout cette affaire-là, dit-il très tranquillement, mais elle est vraiment très intéressante.

Puis il ajouta aussitôt, toujours de l'air le plus naturel du monde :

— Mais l'assassin, mais le meurtrier, on doit le connaître? Eh bien! qu'est-ce que c'est que ce gredin-là?

— Ah! l'assassin! fit le vieux prêtre avec un sourire ironique.

— Eh bien?

— Eh bien! l'assassin, on le connaît... on avait même réussi à s'emparer de lui, et je ne sais comment cela s'est fait, il a réussi à brûler la politesse à la police.

— Il s'est évadé?

— Oui, oui, il s'est évadé... A peine le tenait-on, à peine avait-on pu lui mettre la main dessus qu'il a joué des jambes.

— C'est bien extraordinaire! dit très gravement Ravachol.

— C'est si extraordinaire que c'est invraisemblable... Et notez bien qu'il était lié, garrotté.

— Ah bah!

— Oui, on lui avait enchaîné les mains derrière le dos... Et il y avait je ne sais combien d'agents qui l'entouraient... Aussi l'aventure a-t-elle produit une immense émotion dans le public.

— Je comprends ça.

— Une émotion si grande qu'il y en avait quelques-uns qui disaient des bêtises et qui n'allaient rien moins qu'à accuser la police de trahison.

Il y eut un moment de silence, puis, de l'air le plus naturel du monde, Ravachol reprit :

— L'assassin s'est évadé... l'assassin a pu jouer des jambes, très bien. Mais enfin, la police a bien dû bouger, se remuer?... Elle a bien dû tâcher de le reprendre?

— Évidemment dit le vieux curé. Mais, pour le résultat qu'elle a obtenu, elle aurait tout aussi bien fait de rester tranquille... A l'heure qu'il est, il est à peu près sûr, à peu près certain, c'est l'opinion de tout le monde, que si un hasard ne lui livre pas l'assassin, elle ne le rattrapera pas...

« Et tenez, ajouta plus vivement le vieux prêtre en retirant un journal de sa soutane, si je vous demandais tout à l'heure si vous aviez entendu parler à Saint-Étienne du crime de Chambles, c'est que je voulais précisément mettre sous vos yeux les derniers renseignements que l'on donne sur cette affaire.

« Lisez cela... lisez tout haut.

Ravachol venait de prendre le journal, et, lentement, il le déployait.

Mais l'invitation que venait de lui faire le vieux curé de lire tout haut était loin de lui sourire.

En effet, sa voix n'allait-elle pas trembler?

En effet, n'allait-il pas, peut-être, se trahir?

Mais, d'un autre côté, pouvait-il se refuser à faire ce que lui demandait son hôte?

— Ah bah! ayons du sang-froid, pensa-t-il.

Et sans le moindre tremblement, sans la moindre émotion, il se mit à lire :

« Décidément, il faut en faire notre deuil, on ne retrouvera pas l'assassin de l'ermite de Chambles !

« Du reste, la police a eu si peu de veine, si peu de chance dans cette affaire-là, que c'est à croire qu'on lui a jeté un sort.

« En effet, ce n'est pas seulement une fois qu'elle a laissé échapper Ravachol, mais trois ou quatre fois!

« Trois ou quatre fois elle a été sur le point de le pincer, elle n'avait qu'à étendre la main pour le saisir, et elle l'a laissé filer.

« Depuis ce moment-là, naturellement, depuis la dernière fois où il avait trouvé un refuge chez un vieux mineur nommé Blanchard, Ravachol prend mieux ses précautions et ne donne plus signe de vie.

« Et maintenant, où aller le chercher? où aller le prendre?

« Bien malin qui pourrait le dire.

« Personne n'en sait rien, et la police, sur ce point, n'en sait pas davantage que le commun des mortels.

« Les bruits les plus ridicules, les plus insensés, ont couru à ce sujet.

« On avait dit notamment qu'après s'être enfui de la maison du mineur, l'assassin de Jacques Brunel avait été chercher un refuge dans les bois de Rochetaillée.

« On a fait une battue dans ces bois et l'on en est revenu bredouille comme toujours.

« Dans ces conditions-là, la police ferait donc beaucoup mieux de reconnaître son impuissance et de ne plus parler de cette affaire, si elle ne veut pas porter à son comble l'énervement du public. »

Et c'était tout.

En quelques lignes, ce journal, qui d'ailleurs tenait à peu près le même langage que les autres, conseillait d'enterrer, de classer l'affaire.

Ravachol rendit le journal au vieux prêtre et respira.

— Puisqu'on se décourage, c'est qu'on ne tardera pas à m'oublier, se disait-il avec assez de raison.

Et il attendait patiemment ce moment-là, de plus en plus tranquille et le cœur de plus en plus léger.

Mais l'ancien faux-monnayeur n'allait pas tarder à s'apercevoir que sa sécurité n'était pas encore aussi complète qu'il aimait à le croire.

En effet, sans qu'il l'eût remarqué, Mme Honorine, la vieille servante du vieux curé, s'était mise, depuis quelques jours, à le regarder parfois avec d'étranges, avec de singuliers regards.

Dans les premiers temps de son séjour au presbytère, elle n'avait guère fait attention à lui, mais à présent elle ne pouvait plus se trouver en sa présence sans le dévisager avec une persistance qui aurait certainement donné à réfléchir à Ravachol s'il avait pu s'en rendre compte.

Et cette persistance était telle que le vieux curé n'avait pu s'empêcher d'en être frappé et qu'il avait fait à ce sujet des remontrances à la vieille femme.

— Madame Honorine, lui avait-il dit, je vois avec beaucoup de chagrin, avec beaucoup de peine que vous n'avez pas l'âme d'une chrétienne...

Et comme la vieille servante l'avait regardé toute stupéfaite, ne comprenant pas encore :

— Je veux vous parler de notre hôte, avait repris le vieux prêtre, je veux vous parler de cet homme qui est venu me demander l'hospitalité. Eh bien! vous avez vis-à-vis de lui une attitude qui m'étonne, qui me surprend beaucoup, je ne vous le cache pas. Vous qui êtes toujours si bonne pour tout le monde, vous avez presque l'air de vous méfier de lui. Pourquoi? Quelles raisons pouvez-vous avoir pour ne pas le traiter comme vous traiteriez tous les autres? Quelles suppositions avez-vous donc faites pour avoir cette réserve, cette froideur avec lui?...

Mais la vieille servante hochait la tête :

— Monsieur le curé se trompe, monsieur le curé a mal vu, avait-elle répondu. Je ne connais pas cet homme, et, par conséquent, il ne m'a donc jamais rien fait. Alors pourquoi ne l'accueillerais-je pas avec autant de charité que j'accueillerais tout le monde? Alors pourquoi pourrais-je me méfier de lui?

Le vieux curé n'avait pas voulu insister, mais il n'en était pas moins resté convaincu que Mme Honorine n'avait qu'une sympathie très limitée pour leur hôte.

— Si ce n'était pas là une femme très sérieuse, une femme d'excellent cœur, je m'expliquerais encore jusqu'à un certain point son attitude, pensait-il. Je me dirais que c'est chez elle un caprice et une lubie... Il y a des gens qui vous reviennent plus ou moins, et je pourrais croire que cet homme n'a pas eu le don de lui plaire... Mais Mme Honorine n'a pas de ces caprices-là, de ces lubies-là... Alons, encore une fois, qu'est-ce donc?... qu'est-ce qui se cache là-dessous?

Et le vieux prêtre avait beau chercher, beau vouloir deviner, l'étrange attitude de sa servante en face de Ravachol restait toujours pour lui une énigme.

Or, un matin, comme après avoir dit sa messe il venait de faire un tour dans son jardin, il vit tout à coup Mme Honorine accourir vers lui.

Et elle était si pâle, si défaite, si bouleversée qu'il en demeura tout saisi.

— Eh bien! voyons, qu'est-ce donc? s'écria-t-il. Dans quel état je vous vois!... Est-ce qu'il nous arrive un malheur?...

Mais la vieille servante paraissait sous le coup d'une si violente émotion qu'elle ne pouvait parler.

Enfin, après avoir jeté autour d'elle un regard plein de méfiance :
— Est-ce que nous sommes seuls? dit-elle la voix très sourde.
— Mais oui!... mais oui!... parlez donc?
— Et cet homme?
— Notre hôte?
— Oui, notre hôte! fit-elle avec un étrange sourire et un étrange accent.
— Eh bien ! vous voyez bien qu'il n'est pas là... Vous pouvez parler... De quoi s'agit-il?

Alors, joignant les mains et prenant une attitude pleine de frayeur, pleine d'épouvante :
— Ah! monsieur le curé, s'écria-t-elle, quand je vous disais que vous étiez trop bon et que votre charité vous jouerait un jour ou l'autre un mauvais tour!... Mais vous ne vouliez pas me croire, mais vous me disiez toujours que vous étiez assez grand garçon pour savoir vous conduire et que je n'avais pas à me mêler de vos affaires... Eh bien! cependant, ce que je vous avais prédit arrive aujourd'hui!
— Aujourd'hui?... Eh bien! qu'arrive-t-il donc?
— Il arrive que cet homme que vous logez sous votre toit, que vous faites manger à votre table et que vous traitez comme un frère...
— N'est-ce pas mon devoir? interrompit vivement le vieux curé.
— Il arrive que cet homme est un gueux, un scélérat.
— Madame Honorine!
— Oh! je sais ce que je dis... Je ne le calomnie pas... Et si vous voulez avoir un de ces beaux matins le même sort que le pauvre Jacques Brunel, le même sort que le pauvre ermite de Chambles, vous n'avez qu'à le garder chez vous !

Le vieux prêtre venait brusquement de se redresser, et son visage, d'habitude si doux, venait de prendre une expression très sévère.
— Je crois, madame Honorine, que vous perdez la tête ; je crois que vous devenez folle, dit-il... que vous n'ayez pour cet homme aucune sympathie, je ne puis rien y faire, mais ce que je ne pourrais admettre, ce que je ne pourrais tolérer c'est que vous insultiez, c'est que vous outragiez un malheureux!
— Un malheureux!
— Oui, un malheureux! Oui, cet homme m'a fait ses confidences,

oui, cet homme m'a raconté son histoire et je sais mieux que vous, mieux que personne combien il est à plaindre !

Mais la vieille femme, toute pâle de colère, venait de partir d'un grand éclat de rire ironique.

— Non, non, voyez-vous, monsieur le curé, vous êtes trop simple, trop naïf, permettez-moi de vous le dire, s'écria-t-elle. Ah ! cet homme vous a fait ses confidences et vous a raconté son histoire?... Mais êtes-vous bien sûr que cette histoire qu'il vous a débitée n'était pas une histoire inventée pour pouvoir vous tromper?... Mais êtes-vous bien sûr qu'il vous a dit la vérité ?

— Je le pense.

— Eh bien ! moi, je pense le contraire. Eh bien ! moi, je pense, eh bien ! moi, je suis sûre que s'il ne vous avait pas menti, il n'aurait pas oser se présenter chez vous !

« Car cet homme, ajouta avec plus de force la vieille servante en se campant brusquement en face de son maître, est un monstre qui finira certainement ses jours au bagne ; car cet homme, c'est celui dont tout le monde parle, dont tout le monde s'occupe depuis des semaines et des semaines ; car cet homme, c'est celui que la police recherche sans jamais pouvoir le rejoindre, sans jamais pouvoir le saisir ; car cet homme, c'est le meurtrier de Jacques Brunel, le meurtrier de l'ermite de Chambles ; car cet homme, enfin, c'est Ravachol, le fameux Ravachol !

Mais, cette fois, c'était le vieux curé qui venait d'éclater d'un rire énorme, d'un rire immense.

Non, pour sûr, cette pauvre mère Honorine devait avoir perdu la tête, comme il l'avait dit tout à l'heure !

Non, pour sûr, elle devait être devenue folle pour avoir une idée pareille !

Ravachol chez lui !

Ravachol dans sa maison !

Ravachol son hôte et très tranquillement installé au presbytère !

Est-ce que cela pouvait se croire une seule minute, une seule seconde !

Est-ce que l'assassin de l'ermite, malgré toute l'audace dont on le disait capable, aurait osé demander l'hospitalité à quelqu'un ?

Et puis, d'ailleurs, puisque malgré toutes les recherches on n'arrivait pas à le découvrir, est-ce qu'il ne devait pas être très probablement déjà bien loin de là, peut-être à Lyon, comme quelques-uns l'avaient dit, peut-être aussi à Grenoble, comme d'autres en avaient fait courir le bruit? Et, toujours riant, il répétait :

— Vous êtes folle... vous êtes folle, madame Honorine !

Mais la vieille femme de plus en plus s'indignait.

Folle!... Elle regardait avec une immense pitié le vieux curé. Folle!... non, c'était lui qui était vraiment trop aveugle... Elle n'osait pas dire trop bête, mais elle le pensait.

— Oh! ne vous raillez pas, ne vous moquez pas de moi, reprit-elle avec un accent que le vieux prêtre ne lui connaissait pas... Oui, je sais bien que ce que je viens de vous dire peut vous paraître incroyable, invraisemblable, un peu fou même... Mais si vous voulez bien vous donner la peine de m'écouter jusqu'au bout, peut-être finirez-vous par me croire.

— Mais certainement que je veux vous écouter, ma bonne madame Honorine, dit vivement le vieux curé. Voyons, apprenez-moi pour quelle raison vous pensez que l'homme qui est venu frapper à ma porte et me demander un asile pourrait bien être l'assassin de l'ermite, c'est-à-dire le fameux, l'introuvable Ravachol.

— Eh bien! c'est bien simple, monsieur le curé, répondit la vieille. La première fois que j'ai vu cet individu il a fait sur moi une étrange impression... Plus je le regardais, plus je me disais que c'était certainement là quelqu'un que j'avais déjà dû voir, que j'avais dû déjà rencontrer.

« Mais j'avais beau chercher dans mes souvenirs, mais j'avais beau fouiller dans ma mémoire, il m'était impossible de me rappeler où je l'avais vu.

« Et de plus en plus chaque jour cette idée me poursuivait, m'obsédait.

« J'en étais même arrivée à ne plus dormir.

« Enfin, hier, comme je dévisageais encore votre homme, tout en ayant l'air cependant de ne pas faire attention à lui, je ne puis m'empêcher de jeter un cri.

« Alors notre hôte se retourna très brusquement, puis après m'avoir regardée pendant quelques secondes :

LES EXPLOITS DE RAVACHOL

L'assassin est connu on a même réussi à s'emparer de lui.

« — Eh bien ! qu'avez-vous donc, madame Honorine? me dit-il.

« Et comme je ne lui répondais pas, car il m'aurait été certainement impossible à ce moment-là de lui répondre, tant j'étais saisie :

« — Vous êtes toute pâle, ajouta-t-il, tandis qu'il me regardait à son tour d'un regard très profond.

« Mais j'avais déjà trouvé un prétexte pour m'esquiver.

« D'un bond je montai dans ma chambre...

« Là, encore toute pâle et très émue, je fouillai rapidement, fiévreusement, dans un vieux meuble où j'ai l'habitude de conserver un tas de paperasses...

« Et j'y pris ceci, monsieur le curé...

— Ce journal?

— Oui, ce journal... ce journal dans lequel on avait donné le signalement très minutieusement détaillé de l'assassin de l'ermite de Chambles, le signalement du fameux Ravachol.

« Et ce signalement je le lus, je le relus dix fois, vingt fois.

« Et maintenant je comprenais pourquoi cet homme m'avait tant frappée quand je l'avais vu pour la première fois.

« Et maintenant je comprenais pourquoi j'avais pu croire que je l'avais déjà rencontré.

« C'était tout simplement la ressemblance qui existait entre lui et ce signalement qui m'avait causé cette impression-là.

« Et maintenant, monsieur le curé, écoutez ceci, écoutez ce que je vais vous lire, et dites-moi si je suis toujours folle.

Et la vieille servante ayant encore jeté autour d'elle un regard inquiet, un regard rapide pour s'assurer qu'ils étaient bien seuls, se mit à lire lentement au vieux prêtre le signalement de Ravachol.

Puis quand elle eut fini :

— Eh bien ! est-ce bien ça, monsieur le curé? ajouta-t-elle d'un air triomphant. Est-ce qu'à moins d'être aveugle il y a moyen de se tromper?

— Oui, oui, c'est étrange, dit le vieux curé, tout pensif.

— Car remarquez bien, reprit plus vivement la mère Honorine, que dans ce signalement, tout, absolument tout, s'applique admirablement à votre hôte.

« C'est le même âge, la même taille, la même nuance des yeux, la même couleur des cheveux.

« Mais ce n'est pas tout.

« En effet, que lit-on dans ce signalement de l'assassin de l'ermite de Chambles?

« On lit que Ravachol porte au front une assez large cicatrice qu'il a soin de dissimuler en la cachant sous ses cheveux.

« Or, cet homme, or, votre hôte, j'en suis sûre, porte aussi au front une cicatrice semblable.

« Eh bien! encore une fois, monsieur le curé, qu'en dites-vous? qu'en pensez-vous? Est-ce que vous croyez que le hasard pourrait produire entre deux individus une ressemblance aussi frappante, aussi extraordinaire?

Mais d'un geste bref, le vieux prêtre venait de congédier sa servante.

— C'est assez!... laissez-moi, madame Honorine, dit-il.

Et resté seul, le vieux curé, de plus en plus pensif, de plus en plus songeur, se mit à se promener lentement dans son jardin.

XX

LA BIBLIOTHÈQUE DU CURÉ

Or, pendant ce temps, que faisait l'assassin de l'ermite de Chambles, que faisait Ravachol?

Installé dans une petite chambre qui servait de bibliothèque au vieux curé, Ravachol avait entassé devant lui un tas énorme de vieux livres, de vieux journaux, dans lequel il cherchait, furetait.

En ouvrant un de ces journaux, un nom, sur lequel ses yeux étaient tombés par hasard, l'avait frappé et fait tressaillir.

C'était le nom de Deibler!

C'était le nom du bourreau!

Et Ravachol voulut savoir de quoi il s'agissait.

Il lut donc :

« On a annoncé que M. Deibler, l'exécuteur des hautes-œuvres, se sentant vieillir et se trouvant dans l'incapacité de remplir ses fonctions, aurait exprimé le désir de prendre sa retraite et de laisser, par suite de son départ, sa succession, qui est de droit, à son premier aide, M. Berger.

« Cette nouvelle très vraisemblable et à laquelle ont pu croire toutes les personnes ayant vu dans l'exercice de ses fonctions M. Deibler est inexacte. »

Cette dernière phrase venait de faire courir un sourire ironique sur les lèvres de l'assassin de l'ermite.

En effet, s'il devait être assez bête pour se laisser pincer et s'il devait un jour monter à la « butte », que ce fût Deibler ou un autre qui lui coupât le cou, qu'est-ce que cela pouvait lui faire ?

Et, très intéressé, il poursuivit sa lecture :

« L'exécuteur des hautes-œuvres, malgré ses soixante-dix ans, étant né en 1821, et une fortune qui peut être évaluée à quatre ou cinq cent mille francs, n'a nullement l'intention de se démettre du poste important qu'il occupe depuis douze ans et pour lequel il croit avoir toutes les aptitudes. »

— Aptitudes est joli ! ricana Ravachol.

« Mme Deibler, que nous avons vue hier, nous a formellement affirmé que son mari n'avait pas le moins du monde l'intention de donner sa démission.

« — Ce n'est pas au moment où notre fils vient de débuter à Paris, nous a-t-elle dit, où il a encore besoin de conseils, que son père va abandonner ses fonctions.

« Il est possible que dans quelque temps, après cinq ou six « actes de justice », — vous comprenez que l'époque est difficile à fixer, les exécutions sont si fréquentes en ce moment ! — M. Deibler démissionne ; mais pour l'instant, il n'y songe pas du tout.

« Il y pense d'autant moins qu'il désirerait vivement que son fils lui succédât. C'est l'habitude.

« — Mais M. Berger a bien quelques droits à cette... succession, faisons-nous observer timidement.

« — C'est vrai, reprend Mme Deibler, mais c'est l'habitude... Mon fils, je le crois, succédera à son père. Il y a d'ailleurs plusieurs années que, pour cela, il « exerce » à Alger.

« Quoique mon mari ait près de soixante-dix ans, il est encore solide, alerte et vigoureux. Je vous assure qu'il demeurera à son poste encore au moins deux ans. »

Ravachol venait de s'interrompre, puis le regard fixe et comme s'il avait pendant cette seconde le pressentiment de sa destinée :

— Deux ans? murmura-t-il, qui sait? Il aurait peut-être encore le temps de me raccourcir?

Mais il se remit presque aussitôt de cette émotion qui lui faisait honte, et continua sa lecture :

« — Mais que c'est donc curieux, fait Mᵐᵉ Deibler, au moment où nous prenons congé d'elle, mais que c'est donc curieux que les journaux s'occupent toujours de mon mari, lui qui ne demande qu'à vivre dans l'oubli, et toujours ils s'en occupent pour raconter des choses inexactes, des faussetés, monsieur, des mensonges... »

« Et nous quittons un peu confus, embarrassé, Mᵐᵉ Deibler, une dame d'une cinquantaine d'années, aux cheveux à peine grisonnants, aimable et souriante, qui machinalement, par tic, tortille continuellement une chaîne d'or coupée de distance en distance par une perle fine qui, après avoir fait deux fois le tour du cou, vient attacher une montre placée dans une petite poche du corsage, au-dessous du sein gauche.

« Ainsi donc, il faut s'attendre à voir encore, pendant de nombreuses années, l'éminent exécuteur des hautes-œuvres procéder aux exécutions capitales avec l'émotion qu'il n'a jamais pu maîtriser depuis qu'il est dans le métier, c'est-à-dire depuis plus de cinquante ans, car Deibler, avant de venir à Paris, comme aide d'Heindreich et de Roch, avait été exécuteur en province et, à dix-huit ans, comme fils de bourreau, il débutait dans le métier comme troisième aide, et son avancement a été obtenu, ainsi qu'on le voit et qu'on peut s'en rendre compte, beaucoup plus par l'ancienneté que par le mérite. »

Ravachol venait encore de s'interrompre.

— Cinquante ans!... bourreau depuis cinquante ans! ricana-t-il. Ah! l'animal, a-t-il dû en voir tomber, des têtes!

Et toujours très empoigné, il reprit sa lecture :

« Peu d'exécuteurs des hautes-œuvres ont été dans une situation de fortune plus brillante que celle du bourreau actuel.

« Heindreich était riche; il a laissé deux cent mille francs à sa mort.

« Roch, son successeur, n'avait que ses appointements pour vivre.

« Mais Deibler, lui, paraît-il, est demi-millionnaire.

« On lui attribue dans son quartier, quoique vivant très modestement, *vingt-cinq mille livres de rentes.* »

L'ancien faux-monnayeur sursauta.

Demi-millionnaire !

Vingt-cinq mille francs de rente !

— Diable ! s'écria-t-il, mais le métier a du bon !

« On voit donc, continuait] l'article, que ce n'est pas par nécessité qu'il continue sa profession de bourreau, mais bien par plaisir, par amour de l'art, car on ne le dit pas avare, et il n'est pas possible d'admettre que ce soit pour douze mille francs par an, étant demi-millionnaire, qu'il fait le métier cruel et pénible de coupeur de têtes.

« D'ailleurs, M. Deibler est une physionomie bien curieuse.

« Il n'est pas joli, joli, et avec cela boiteux et grincheux... »

— Oui, boiteux comme la justice ! grommela Ravachol.

« J'ai eu jadis avec lui, poursuivait l'auteur de ces lignes, une altercation bien curieuse.

« C'est lors de l'exécution de Pranzini.

« On était à cette heure de la nuit où l'aube, hésitante, commence à poindre, et où une buée rousse descend doucement, enveloppant les objets d'un voile épais.

« On venait d'éteindre la lumière pâlote des becs de gaz, si bien que la guillotine et tout ce qui l'entourait s'estompait confusément dans la brume.

« Je voulus franchir l'espace béant qui se trouve bordé par la haie des gardiens de la paix et des curieux, le chemin, en un mot, que le patient parcourt sur toute sa longueur.

« Je courus...

« Dans ma précipitation, je heurtai... quoi ? sur le moment j'eusse bien été empêché de le dire.

« Mais un bruit métallique assez violent se fit entendre, je tombai et je n'avais pas eu le temps de me relever qu'une voix furieuse gueulait à côté de moi :

« — Faites donc attention, vous ne voyez donc pas que vous marchez dans *mes accessoires !*

« *Mes accessoires !*

« Ce mot de théâtre n'est-il pas significatif ? Et ne correspond-il pas exactement à l'impression qu'on ressent à la première exécution qu'on voit ?

« Pour ma part, en effet, j'ai cru assister, des coulisses, à la mise en scène, mal réglée, d'une pièce de l'Ambigu. Pourtant, l'acteur principal, tout au moins, y allait tout de bon!

« Maintenant, si vous désirez savoir dans quels accessoires je m'étais heurté, et, finalement, fait la culbute, c'était la boîte en zinc où tombe la tête du condamné...

« Horrible! n'est-il pas vrai? »

Pendant quelques minutes, Ravachol resta tout pâle, le regard perdu, une sueur froide au front.

Il venait de voir passer devant ses yeux la sinistre vision de la guillotine.

Il lui semblait qu'il était déjà arrêté, condamné, jeté dans l'horrible cachot, dans l'horrible cellule où les meurtriers attendent le moment de l'expiation, et qu'interrompant son sommeil, une voix lui criait: «Debout! C'est l'heure de mourir!...»

Mais l'assassin de l'ermite était trop énergique pour s'abandonner longtemps à ce moment de faiblesse.

Il retrouva donc bientôt tout son calme, tout son sang-froid, et ce fut le plus tranquillement du monde qu'il poursuivit sa lecture.

Maintenant, toujours à propos de l'exécuteur des hautes-œuvres actuel, toujours à propos de Deibler, le journal qui intéressait si fort l'ancien faux-monnayeur faisait en peu de lignes un très complet historique du bourreau.

« Le bourreau? Son nom seul inspire de l'horreur, et cela s'explique, disait-il.

« Il rappelle une mission de mort; il évoque dans l'âme d'affreux souvenirs; il fait apparaître aux yeux une fantasmagorie sanglante!...

« Vous voyez l'échafaud, la planche d'un rouge noir dont une nouvelle couche de sang va raviver la couleur; vous voyez le coffre de plomb où vient se précipiter une tête fortement lancée loin du tronc!...

« Vous voyez un néant anticipé succéder à une vie pleine de jours!...»

Ravachol avait pu lire ces lignes sans même sourciller.

Il continua:

« Il est bien difficile de prendre de cet homme, de prendre du bourreau, une idée juste et raisonnable.

« Ses fonctions s'adressent trop à ce sentiment intime qui vient de l'âme, pour que la raison préside au jugement que l'on en porte.

« S'il ne faut pas, comme M. de Maistre, voir dans la famille de l'exécuteur une *femelle et ses petits*, il faut aussi se méfier de la sophistique philosophie de Jean-Jacques, et, même sans être roi, rêver pour son fils une autre épouse que la fille du bourreau. »

— Parbleu! je te crois! s'écria Ravachol qui se mit à rire.

« La charge d'exécuteur des hautes-œuvres, poursuivit-il, n'a pas toujours été soumise à l'état d'abaissement où nous la voyons aujourd'hui.

« Chez les Israélites, les sentences de mort étaient exécutées par tout le peuple, ou par les accusateurs du condamné, ou par les parents de l'homicide, si la condamnation existait pour meurtre, ou par d'autres personnes, selon les circonstances.

« Le prince donnait souvent à ceux qui étaient auprès de lui, et surtout aux jeunes gens, la commission d'aller mettre quelqu'un à mort... »

— Jolie commission! pensa Ravachol.

« On en voit beaucoup d'exemples dans l'Écriture; et loin qu'il y eût infamie attachée à ces exécutions, chacun se faisait gloire d'y prendre part.

« Chez les Grecs, l'office de bourreau n'était point méprisé.

« Aristote, dans ses *Politiques*, met l'exécuteur au rang des magistrats...

« Il dit même que, par rapport à sa nécessité, on doit mettre cette charge au rang des principaux offices.

« A Rome, outre les licteurs, on se servait quelquefois du ministère des soldats pour l'exécution des criminel, non seulement à l'armée, mais à la ville même, sans que cela les déshonorât en aucune manière.

« Chez les anciens Germains, la charge d'exécuteur était exercée par les prêtres, par la raison que ces peuples regardaient le sang des coupables et des ennemis comme l'offrande la plus agréable aux dieux de leur pays.

« Anciennement, les juges exécutaient eux-mêmes les condamnés : l'histoire sainte et lhistoire profane en fournissent plusieurs exemples.

« En Allemagne, avant que cette fonction ait été érigée en titre

LES EXPLOITS DE RAVACHOL

Cet homme est un monstre, il finira ses jours au bagne.

d'office, le plus jeune de la communauté ou du corps de ville en était chargé.

« En Franconie, c'était le nouveau marié...»

Un immense éclat de rire faillit étouffer Ravachol.

— Ah! bien, s'écria-t-il, voilà qui m'aurait donné une crâne envie de rester célibataire !

« A Rontlingue, ville importante de Souabe, c'était le dernier conseiller reçu, et à Stadien, petite ville de Thuringe, l'habitant qui était le plus nouvellement établi dans la ville. »

— Joli cadeau! grommela l'ancien faux-monnayeur.

« En Russie, continua-t-il, la charge d'exécuteur n'existe pas; les exécutions sont confiées chaque fois à un prisonnier.

« Cette mission d'un instant lui vaut grâce pleine et entière.

« La dénomination de bourreau, ajoutait l'auteur de l'article que Ravachol lisait avec un réel intérêt, n'est pas la dénomination officielle de ces fonctions tranchantes.

« Celui auquel, chez nous, incomba la mission de mettre à mort les criminels ou de leur arracher des aveux par la torture, prit le nom *d'exécuteur de la haute justice*, parce que les hauts justiciers, en y comprenant aussi les juges royaux, étaient les seuls qui eussent le droit de condamner aux peines capitales.

« Le nom de maître des hautes-œuvres, qu'ils reçurent presque concurremment avec la désignation précédente, leur venait de ce que, la plupart du temps, les exécutions à mort et les autres peines afflictives ou infamantes avaient lieu sur un échafaud, une potence qui *dominait la foule* et assurait ainsi au châtiment une publicité salutaire.

« En 1323, dans le jugement du baron de Mérillan, on donna aux exécuteurs le nom de *commissaires spéculateurs*.

« Ce fut sous Louis IX, vers l'an 1260, que l'on vit pour la première fois apparaître l'épithète de *bourreau*.

« Les écrivains ne sont pas d'accord sur son étymologie

« Les uns veulent qu'il dérive du latin *bourrea*, qui signifiait une poignée de verges de saule, premier instrument de répression des licteurs romains.

« D'autres le font venir d'un adjectif grec qui exprime la qualification de carnassier.

« D'autres enfin ont cherché son origine dans la langue celtique.

« D'après Sauval, le nom de bourreau ne viendrait ni du grec ni du latin.

« Un clerc, nommé Borel, ayant obtenu en 1260 le fief de Bellencombre, à la charge de pendre tous les voleurs du canton, aurait laissé son nom à la profession.

« Ce qui paraît certain, c'est que le mot de bourreau fut d'abord un terme de mépris jeté par le peuple à l'exécuteur comme une flétrissure et que l'opinion publique a consacré.

« Ce n'est qu'à la longue que l'injure est devenue le nom par excellence.

« On trouve, en effet, dans plusieurs arrêts, inhibition et défense très expresse de traiter de bourreau l'exécuteur des hautes-œuvres.

« Généralement il n'était pas permis à l'exécuteur de résider dans la ville, à moins que ce ne fût dans la maison du Pilori qui lui était assignée pour logis.

« Dans certains bailliages, il portait un costume qui se composait d'une casaque aux couleurs de la ville et sur laquelle étaient brodées, par devant une potence, et derrière une échelle. »

Chose étrange et qui prouve bien toute la force de caractère de Ravachol, ou plutôt qui prouve bien combien il se croyait sûr de l'impunité, sûr d'échapper au châtiment, c'est que cette lecture où il n'était question que de bourreau, de potence et d'échafaud, non seulement le laissait toujours très calme et complètement maître de lui, mais encore le passionnait comme une page des plus instructives et des plus intéressantes.

Aussi, sans prendre même le temps de respirer, dévora-t-il la fin de l'article :

« La charge de maître des hautes œuvres n'était pas en France strictement héréditaire comme en Espagne.

« Cependant, une fois entrée dans une famille, il était bien rare qu'elle en sortît.

« En 1726, l'exécuteur des hautes-œuvres, Charles Sanson, étant mort, son fils, Charles-Jean-Baptiste Sanson, fut appelé à lui succéder.

« Comme il n'avait que sept ans, le Parlement désigna un fonctionnaire nommé Prudhomme pour faire le *service de la place*; mais, ne voulant rien sacrifier de la forme, il exigea que le malheureux enfant légalisât toutes les exécutions par sa présence.

« L'échafaud pouvait tomber en quenouille.

« Celui qui épousait la fille unique de l'exécuteur des hautes-œuvres succédait à son beau-père.

« Si le dernier titulaire n'avait pas d'enfants, si personne ne revendiquait sa place, la loi permettait au juge d'absoudre un criminel, à la condition qu'il deviendrait exécuteur des hautes-œuvres, soit pour toute sa vie, soit pour un temps limité ; et, si le criminel se révoltait contre ce nouveau châtiment, s'il préférait aller au gibet comme patient plutôt que comme bourreau, le juge désignait d'office un pauvre pour procéder aux exécutions, et, dans l'un ou l'autre cas, la personne choisie devait recevoir cinq écus chaque fois qu'elle exerçait son ministère. »

Enfin, cet article que l'assassin de l'ermite de Chambles avait pour ainsi dire dévoré, se terminait ainsi :

« Saviez-vous que la France avait eu des femmes bourreaux ?

« On lit, dans une ordonnance rendue par saint Louis en 1266, « que
« celui qui aurait méfait ou médit sera battu par la justice du lieu tout
« de verges en appert, c'est à savoir si homme par homme, et la femme
« par seule femme, sans personne d'homme ».

« C'était de préférence la femme ou la fille de l'exécuteur qu'on choisissait pour faire subir le supplice de la flagellation à celles qui y étaient condamnées.

« On ne s'ennuyait pas, du temps de saint Louis, comme on voit!

« La dynastie des Sanson va de 1685 à 1847 et embrasse l'existence de sept générations d'exécuteurs.

« Charles Sanson de Longval, le premier du nom, gendre de maistre Pierre Jouanne, exécuteur des hautes-œuvres à Rouen, devint titulaire de la charge à Paris en 1685.

« Depuis cette époque, les Sanson se succédèrent de père en fils jusqu'en 1847.

« Le principal des Sanson fut Charles-Henri Sanson.

« Il était né en 1740 et mourut en 1793.

« C'est lui qui fut chargé d'exécuter Louis XVI.

« Les historiens royalistes prétendent qu'il mourut de désespoir six mois après avoir exécuté l'ex-roi, et qu'il légua, par testament, une somme assez ronde destinée à faire dire une messe expiatoire annuelle.

« On a vu que sa famille tenait l'emploi d'exécuteurs depuis deux siècles.

« Il avait succédé à son père en 1770.

« Son traitement s'élevait à 30,000 francs environ par an.

« Son fils, Henri Sanson, né en 1767, lui succéda à sa mort en 1793.

« Ce fut lui qui exécuta Marie-Antoinette et sa belle-sœur Élisabeth, puis Malesherbes, le duc d'Orléans, etc.

« Il était, paraît-il, d'une très grande douceur dans l'intimité, et, comme son père, il avait des mœurs qui contrastaient singulièrement avec ses fonctions.

« Son fils, Henri Sanson également, lui a succédé. C'est lui qui a publié les *Mémoires des Sanson*. Il a exercé sa charge jusqu'en 1847.

« Jusqu'en 1793, il n'y avait qu'un bourreau pour toute la France ; mais, sous la Terreur (et bien qu'on ait beaucoup exagéré les chiffres, ce ne fut pas trop d'un bourreau par département.

« C'est ce que décréta la Convention le 13 juin.

« Sous Louis-Philippe d'abord, sous la République en 1849, ensuite, sous l'Empire, enfin, le décret visant les bourreaux fut remanié.

« C'est ainsi que M. de Paris doit suffire aujourd'hui aux besoins de la France entière !

« Et il y a des moments où la besogne donne ferme, en dépit de vacances apparentes.

« Au dernier des Sanson a succédé M. Roch ; M. Deibler l'a suivi immédiatement après ; maintenant nous sommes à la veille d'avoir M. Berger.

« Les amis de ce dernier disent que c'est un homme charmant, très doux dans l'intimité, amoureux de son art et qui, menuisier de son état, s'est fait bourreau par vocation.

« Brave cœur, va ! »

Et sa lecture achevée, Ravachol venait de se lever, quand tout à coup il se retourna brusquement.

En effet, la porte venait de s'ouvrir et le vieux curé était entré.

Mais l'assassin de l'ermite ne le reconnaissait plus et lui trouvait un air tout singulier, tout étrange.

Et la première pensée qui se présenta à l'esprit de l'ancien faux-monnayeur fut naturellement celle-ci :

— Est-ce qu'il saurait quelque chose? Est-ce qu'on lui aurait appris qui je suis?

Et il ne put s'empêcher de tressaillir quand il entendit le vieux prêtre lui dire de sa voix toujours très calme, toujours très douce :

— Savez-vous ce qu'on vient de me dire il n'y a que quelques instants seulement?...

— Non, monsieur le curé.

— Devinez!

— Ma foi, comment voulez-vous que je devine? De quoi s'agit-il?

— Oh! il s'agit de quelque chose de bien extraordinaire, de quelque chose qui vous étonnera et qui vous amusera beaucoup, j'en suis sûr...

— Moi!

— Oui, vous, mon cher hôte...

Et le vieux curé, souriant, regardait Ravachol.

Car plus il avait réfléchi à l'étrange révélation de sa servante, plus il était arrivé à croire que celle-ci se trompait.

— Ah! la pauvre Mme Honorine, s'était-il dit, décidément elle radote, décidément elle vieillit.

« Oui, il y a bien peut-être, entre le fameux Ravachol, entre l'assassin de l'ermite et ce garçon, une certaine ressemblance... Mais qu'est-ce que cela prouve?

« D'ailleurs, s'était-il dit encore, il tombe sous le bon sens que Ravachol, dans la crainte de ne pas être assez en sécurité, n'aurait jamais eu la pensée de venir chercher un asile dans ma maison.

« Il n'aurait pas pu savoir si je ne l'aurais pas reconnu et, par conséquent, dénoncé.

« Enfin, ce Ravachol doit être un rustre, un homme grossier d'allures, et l'on doit certainement, rien qu'à le voir, se dire tout de suite : Voilà un gaillard qui ne doit pas valoir cher...

« Tandis que mon hôte a le regard très doux, les allures d'un homme bien élevé... De plus, il paraît toujours très tranquille, nullement inquiet... Non, non, la vieille Honorine radote...

Enfin, après un silence de quelques secondes, le vieux prêtre reprit tout haut :

— Eh bien ! mon cher hôte, puisque vous voulez que je vous dise de quoi il s'agit, on me parlait tout à l'heure de l'homme dont nous avons précisément parlé ensemble...

— De quel homme, monsieur le curé ? dit doucement l'ancien faux-monnayeur en faisant semblant de ne pas se souvenir.

— On me parlait de l'homme qui a commis le crime de Notre-Dame-de-Grâce... de l'homme qui a assassiné le vieil ermite...

— Ah !

— En un mot, de Ravachol.

— Oh ! je comprends bien.

— Et savez-vous ce que l'on me disait ?

— Que vous disait-on, monsieur le curé ?

— On me disait que le meurtrier, dont on avait perdu la trace, n'était pas très loin d'ici...

— Ah ! bah ?

— On me disait qu'il était chez moi et que c'était vous !...

Malgré toute son audace, Ravachol avait senti un frisson courir dans ses veines.

— Eh bien ! ajouta vivement le vieux curé, qu'en pensez-vous ?... Est-ce que cela ne vous amuse pas ?

Mais l'assassin avait pris tout à coup un air très grave, presque sévère.

— Et qui vous a dit cela ? demanda-t-il.

— Oh ! une vieille folle ! dit le vieux prêtre en haussant les épaules.

— Une vieille folle ?... Qu'en savez-vous ? reprit vivement Ravachol l'air de plus en plus digne. Moi, si j'étais à votre place, je serais peut-être moins confiant.

— Ah çà ! vous plaisantez ! s'écria le vieux prêtre tout ahuri.

— Non, non, je ne plaisante pas, répliqua l'ancien faux-monnayeur avec un aplomb imperturbable. A votre place, il y a longtemps que j'aurais été dénoncer mon hôte... Car enfin ce serait votre devoir...

Mais le vieux curé, indigné, ne voulut pas entendre un mot de plus.

— Vous vous moquez de moi ! s'écria-t-il. Mais aussi c'est ma faute... Pourquoi vais-je vous raconter ces choses ?... Pourquoi vais-je vous faire de la peine ?... Allons, touchez-là et n'en parlons plus !...

Il donna une vigoureuse poignée de mains à Ravachol, puis sortit.

Quant à celui-ci, il ne fut pas plus tôt seul qu'il eut un éclair de colère dans le regard.

Et le front très sombre, les bras croisés, immobile, il réfléchit, il songea.

De quelle vieille folle pouvait-il bien s'agir?

Sans doute de quelque paroissienne du vieux curé?

Mais pourtant, depuis qu'il était au presbytère, personne n'y était venu, et, par conséquent, personne ne l'avait vu...

Alors qu'est-ce que cela voulait dire?

Alors quel était donc ce mystère?

Et le front toujours très sombre, Ravachol cherchait, cherchait...

Et soudain il eut un brusque sursaut, un brusque tressaillement, un cri sourd.

Il venait de penser à la vieille servante, à la mère Honorine.

— Oui, se dit-il les dents serrées, si quelqu'un m'a vendu, si quelqu'un m'a trahi, si quelqu'un a dit à ce vieux calotin que l'homme qu'il logeait était Ravachol, ce ne peut être qu'elle!...

Et plus l'assassin réfléchissait, plus il se rappelait certains faits, certains détails qui le confirmaient dans sa supposition.

En effet, combien de fois n'avait-il pas surpris la mère Honorine tourner autour de lui d'un air soupçonneux et méfiant?

Combien de fois ne s'était-il pas aperçu qu'elle le dévisageait avec une persistance étrange?

Combien de fois ne l'avait-il pas vue rester dans un coin toute pensive, toute songeuse, tandis que de temps à autre elle lui jetait de furtifs coups d'œil en dessous?

Et puis c'étaient encore d'autres faits, d'autres détails qui se présentaient aussi à sa mémoire.

Ainsi, par exemple, c'était à peine, quand il lui parlait, si elle lui faisait l'honneur de lui répondre.

La plupart du temps aussi, elle évitait avec soin de se trouver seule avec lui.

Enfin, si le hasard les mettait face à face dans le jardin, elle devenait toute pâle et elle se sauvait avec une sorte d'effroi, une sorte d'épouvante.

— Oui, oui, se dit Ravachol, il est inutile de chercher plus long-

LES EXPLOITS DE RAVACHOL

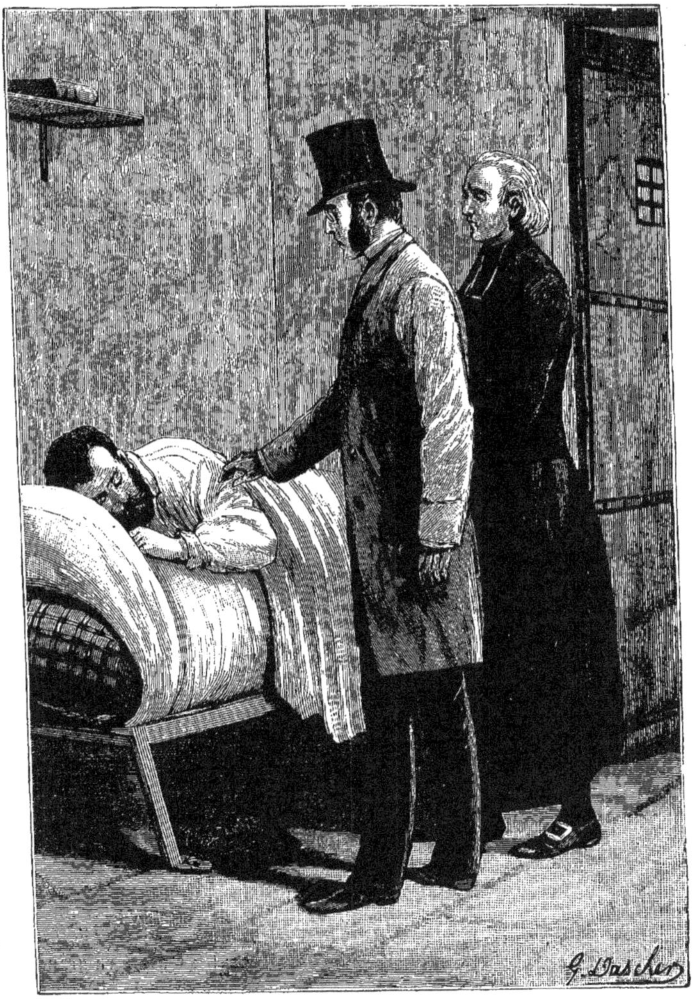

Il lui semblait qu'une voix lui criait : Debout!... c'est l'heure de mourir !

temps, c'est elle qui m'a reconnu... Elle aura lu mon signalement dans les journaux et elle se sera dit en me voyant : « Tiens! tiens! mais il me semble que je connais cette figure-là! » Puis elle aura voulu se souvenir et elle se sera souvenue.

Et hochant la tête, l'ancien faux monnayeur grommela :

— Mauvaise affaire! J'étais cependant si bien ici!

Et alors, comme il se demandait ce qu'il allait faire, il lui vint une idée hardie, une idée que lui seul pouvait avoir.

Certes, sa situation au presbytère n'était plus aujourd'hui ce qu'elle était la veille, mais pourtant, avant de quitter la place, pourquoi ne payerait-il pas encore de toupet et n'essayerait-il pas encore de s'y maintenir?

Ce n'était pas ce vieux bonhomme de curé qu'il avait parfaitement réussi à tromper, parfaitement réussi à mettre dedans, qu'il avait à craindre, mais seulement sa servante, mais seulement la vieille Honorine.

Or, cette grosse paysanne, cette grosse campagnarde, ne devait pas être si fine, si maligne que ça.

Elle était méfiante, elle avait bien assez de flair pour deviner la vérité, mais en s'y prenant avec un peu d'adresse et d'habileté, n'était-il pas possible de faire naître le doute dans son esprit?

— C'est ce qu'il faudra voir! se dit résolument Ravachol.

Et, sur-le-champ, il quitta la bibliothèque du curé pour se mettre à la recherche de la vieille femme.

XXI

OÙ RAVACHOL S'APERÇOIT QU'IL A ÉTÉ JOUÉ

L'assassin de l'ermite courut d'abord dans la cuisine où il croyait être à peu près certain de rencontrer la vieille gouvernante; mais, à sa grande surprise, elle ne s'y trouvait pas, et la salle à manger aussi était vide.

Ravachol pensa qu'elle devait être sans doute au jardin et il s'y rendit aussitôt. Mais une fois là sa surprise ne fit que redoubler, car la mère Honorine restait toujours invisible.

— Où diable peut-elle bien être ? pensa-t-il un peu inquiet. Est-ce que, par hasard, elle serait déjà sortie pour aller raconter aux voisins ce qu'elle a raconté à son vieux bonhomme de curé ?... Est-ce que, par hasard, elle serait déjà en train de manger le morceau ?...

Et brusquement il croisa les bras, le front plus sombre, l'air furieux.

Mais presque aussitôt une idée lui vint qui le rassura.

Il venait de penser que puisque la mère Honorine n'était ni dans la cuisine, ni dans la salle à manger, ni dans le jardin, c'est qu'elle devait être très probablement dans l'église en train de faire ce qu'elle appelait le « ménage du bon Dieu ».

— Oui, elle doit être là-bas en train d'essuyer, de frotter... Oui, c'est là-bas où je la trouverai, se dit l'ancien faux monnayeur.

L'église touchant au presbytère, nous n'avons pas besoin de dire combien était courte la distance qui la séparait du jardin.

Quelques secondes après Ravachol entrait donc dans l'église.

— Enfin, la voilà ! murmura-t-il.

En effet, la vieille gouvernante était là en train de balayer, d'épousseter, et elle y allait de si bon cœur qu'elle n'avait pas même entendu entrer l'assassin.

Mais dès qu'elle sentit que quelqu'un était derrière elle, elle se retourna tout d'une pièce, et comme elle venait de voir à qui elle avait affaire, brusquement, elle recula, toute blême.

Cependant Ravachol lui souriait, l'air très doux.

— Est-ce que je vous fais peur ? dit-il à voix basse. Est-ce que vous vous étonnez de me voir ici ?... Pourtant cette maison est bien à tout le monde ?...

Et, sans laisser à la vieille femme le temps de dire un mot, il ajouta :

— Mais je ne suis pas venu ici pour faire ma prière... Je suis venu parce que je vous cherchais et que j'avais à vous parler...

— A moi ?

— Oui, à vous, madame Honorine.

La vieille gouvernante n'avait pu s'empêcher d'avoir un léger tressaillement, car, au ton plus sérieux que venait de prendre tout à coup Ravachol, elle devinait très bien de quoi il allait s'agir.

Pour sûr, M. le curé avait jasé ; pour sûr il avait dû, ne pouvant pas la croire, pousser la naïveté jusqu'à aller répéter à cet homme la grave confidence qu'elle lui avait faite.

— Ah! non, c'est trop bête!... c'est trop stupide! se disait-elle pleine de colère. Faut-il que la langue vous démange pour aller raconter des choses pareilles!...

Mais comme elle sentait le regard de l'assassin de l'ermite toujours fixé sur elle, elle s'empressa de prendre un air plein de bonhomie.

— Ah! vous avez à me parler? fit-elle. Eh bien! soit... Mais ce n'est pas ici le lieu, n'est-ce pas?... Suivez-moi donc...

Et elle venait de se diriger rapidement vers une petite porte située non loin de la sacristie et qui ouvrait sur une étroite ruelle toujours déserte.

Une fois là, elle poussa devant elle Ravachol, resta debout sur le seuil, et dit :

— Maintenant nous pouvons causer. Voyons un peu ce que vous avez à me dire...

— Oh! c'est bien simple, dit l'ancien faux monnayeur en affectant un air très calme, très tranquille. J'étais tout à l'heure en train de lire dans la bibliothèque un vieux journal qui m'intéressait beaucoup, qui m'intéressait même énormément...

« Tout à coup la porte s'ouvre et j'ai le plaisir de voir entrer M. le curé...

— Eh bien?

— Eh bien, savez-vous ce qu'il m'a dit?

— M. le curé?

— Oui, votre maître?

— Et comment voulez-vous que je puisse le savoir, répondit la vieille femme avec un étonnement si bien feint, si bien joué que tout le monde aurait pu s'y laisser prendre.

Alors croisant les bras et la regardant toujours bien en face :

— En un mot, reprit plus vivement l'ancien faux monnayeur, qui plaidait effrontément le faux pour savoir le vrai, il m'a dit que vous portiez sur moi l'accusation la plus grave...

— Ah! bah?

— Que dis-je! l'accusation la plus monstrueuse, la plus horrible!...

— Allons donc !

— Il m'a dit que vous m'accusiez ni plus ni moins que d'être l'auteur de l'assassinat de Chambles... que vous m'accusiez ni plus ni moins que d'être Ravachol...

Mais il n'avait pas achevé, que la vieille gouvernante venait de partir d'un immense, d'un formidable éclat de rire.

— Ah! non... ah! je vous en prie, laissez-moi rire! s'écria-t-elle. Comment! M. le curé a été vous raconter cette petite plaisanterie que je lui avais faite!... Comment! le pauvre homme a été assez simple pour tomber là-dedans!... Ah! non, mais, la farce est bonne, et je vous avoue que j'en rirai longtemps...

Et la vieille femme, jouant toujours admirablement son personnage, continuait de rire de plus belle d'un rire énorme, qui la secouait de la tête aux pieds.

Puis, brusquement, elle ajouta :

— Eh vous aussi, mon cher monsieur, vous avez pris cela au sérieux!... Et vous aussi vous êtes tombé dans ce panneau-là!...

« Mais, tenez, regardez-moi donc!... regardez donc bien la mère Honorine!... Ah! l'on voit bien que vous ne me connaissez pas!... Mais si je n'avais pas voulu m'amuser, mais si j'avais cru un seul mot de cette histoire, mais si j'avais pu soupçonner un seul instant, une seule minute que vous étiez un bandit, que vous étiez ce Ravachol, savez-vous ce que j'aurais fait?

« Eh bien, je ne me serais pas amusée à tant jaser, à tant parler... J'aurais tout simplement été prévenir la gendarmerie et je vous aurais fait empoigner... Et voilà!... Maintenant que voulez-vous que je vous dise de plus?...

Et c'était elle à présent qui, avec beaucoup de sang-froid, beaucoup d'aplomb, regardait l'hôte du curé dans le blanc des yeux.

Et cette comédie avait été si bien jouée, que si malin qu'il fût, Ravachol s'y laissa prendre.

— La vieille ne sait rien, la vieille ne se doute de rien, pensa-t-il avec un éclair de joie dans le regard.

Puis, très vivement :

— A la bonne heure! s'écria-t-il. Car vous m'auriez bien fait de la peine, si vous aviez pu avoir de moi une opinion comme celle-là...

Et tout de suite, pour mieux convaincre la vieille femme qu'il n'était qu'un pauvre garçon bien à plaindre et bien malheureux, il se mit à lui raconter, avec un profond accent de tristesse, ce qu'il appelait l'histoire de sa vie, c'est-à-dire l'histoire romanesque qu'il avait déjà débitée au vieux curé.

Mais, naturellement, Ravachol cherchait vainement à convaincre la mère Honorine.

— Menteur! gredin! pensait-elle à mesure qu'il parlait. Si j'étais aussi sûre d'avoir cent mille francs dans ma poche que tu es bien Ravachol, ma fortune serait faite!...

Mais cependant, non seulement elle l'avait écouté sans l'interrompre, mais encore en ayant l'air de croire comme paroles d'Évangile tout ce qu'il lui racontait.

Aussi quand ils se séparèrent étaient-ils, — en apparence, — les meilleurs amis du monde.

Mais pourtant, et si habilement que la vieille gouvernante eût joué son rôle, il y avait encore des moments où Ravachol restait soucieux, où des doutes lui venaient encore.

— Non, non, je suis stupide! se disait-il alors en essayant de se rassurer. Cette vieille femme ne serait pas assez fine pour dissimuler à ce point, assez fine surtout pour me tromper... Non, non, si elle a dit à son vieux curé que j'étais l'assassin de l'ermite, c'était bien seulement une plaisanterie qu'elle entendait faire...

Mais, cette plaisanterie-là, le meurtrier de Jacques Brunel la trouvait mauvaise, car, grâce à elle, lui si calme et si tranquille quelques jours auparavant, il était maintenant repris par toutes ses peurs, par toutes ses transes.

Et il en arrivait même à trembler à un tel point que la demeure du vieux curé ne lui semblait plus un asile aussi sûr qu'autrefois.

— Pour savoir si je dois rester, se dit-il tout à coup, il faudrait d'abord que je sache exactement ce qui se passe, ou alors que je sache exactement ce que l'on dit encore de moi... Il doit bien y avoir par là des auberges, des cabarets... Peut-être en m'y glissant, en m'y faufilant, parviendrais-je à apprendre quelque chose?...

Et alors il se mit à guetter le moment où, sans être vu du vieux curé, sans être vu non plus de sa gouvernante, il pourrait s'échapper pendant quelques instants du presbytère.

Et l'occasion que Ravachol attendait ne se fit pas longtemps attendre.

En effet, le jour même, l'assassin de l'ermite se trouva seul au presbytère, car le vieux prêtre venait d'être appelé auprès d'un malade, et la vieille servante avait été obligée de s'absenter pour les besoins du ménage.

— Dans une heure je vais être de retour, se dit Ravachol. Filons !

Et il fila.

Peut-être en d'autres moments eût-il réfléchi à la grave imprudence qu'il commettait en se montrant en plein jour hors de sa cachette, mais il éprouvait alors un tel besoin de savoir où en était son affaire qu'il n'y pensa même pas.

Il se méfiait pourtant, car il marchait d'un pas très rapide, ne relevant la tête que pour chercher autour de lui le cabaret ou l'auberge où il pensait pouvoir s'instruire.

Et il était déjà assez loin du presbytère, assez loin du village, quand tout à coup un bruit de voix attira son attention.

De nouveau il leva les yeux et vit en face de lui une petite maison basse, peinte en vert, que de petits jardins entouraient et devant laquelle des voitures étaient arrêtées.

Au-dessus de la porte de cette maison il avait pu lire cette enseigne :

Au coq hardi

JANIN, AUBERGISTE

— Voilà mon affaire, se dit-il, cette cambuse-là...

Mais tout à coup pourtant il s'arrêta.

Une hésitation le prenait.

Si on allait le reconnaître !

Si parmi les gens qui buvaient là et dont il entendait les éclats de voix quelqu'un allait soudain s'écrier :

— Voilà l'assassin de l'ermite !... Voilà Ravachol !

Mais, brusquement, il haussa les épaules.

— Allons donc, poltron ! s'écria-t-il. Est-ce que tu vas trembler !... Marche donc !...

Et très résolument, mais un peu pâle pourtant, il fit les quelques pas qui le séparaient encore de l'auberge.

Comme c'était jour de marché dans les environs, celle-ci était archi-pleine, archi-bondée.

Il y avait là des marchands, des paysans, des rouliers, qui tous criaient à la fois, qui tous hurlaient à tue-tête.

Au milieu de cette cohue, l'aubergiste, harcelé de toutes parts, perdait la tête et ne savait à qui répondre.

Aussi l'entrée de Ravachol avait-elle passé presque inaperçue.

D'un coup d'œil rapide il venait déjà de chercher s'il ne trouverait pas par hasard quelque coin un peu retiré, quelque coin un peu sombre où il pourrait se caser.

Et tout à coup il aperçut justement une petite table vide dans un angle, tout au fond de l'auberge.

— Voilà bien mon affaire! se dit-il, glissons-nous là...

Et lestement il s'installa.

Mais pour ne pas attirer l'attention sur lui, il ne se pressa pas de se faire servir.

Les autres clients, que probablement on faisait trop attendre, martelaient les tables à coups de poings furieux, mais lui, s'enfonçant de plus en plus dans l'ombre, restait très calme et très tranquille dans son coin.

Et déjà il s'intéressait aux conversations de ses voisins, déjà il prêtait l'oreille pour voir si quelqu'un ne prononçait pas son nom, quand le patron de l'auberge qui venait enfin de l'apercevoir se dressa tout à coup en face de lui.

— Et monsieur a-t-il commandé? demanda-t-il.

L'assassin de l'ermite était si préoccupé que cette question le laissa tout ahuri.

L'hôtelier ne recevant pas de réponse, réitéra sa question :

— Monsieur a-t-il commandé quelque chose?... Que faut-il lui servir?

Alors, à tout hasard :

— Un café, répondit Ravachol.

Et de nouveau son regard se promena sur les consommateurs qui l'entouraient.

Mais Ravachol cherchait vainement à convaincre la mère Honorine.

Mais ce qui l'étonnait, ce qui le plongeait dans la plus extrême surprise, c'est que les gens qui étaient là, rouliers, paysans et marchands, parlaient de tout, s'entretenaient de tout, excepté du crime de Chambles et de lui. Et il en arrivait presque à croire que l'on ne s'occupait plus de sa personne, presque à croire que la justice avait fini par oublier le meurtre du vieux Jacques Brunel, lorsque soudain, il dressa l'oreille et tressaillit.

Non loin de lui, une bruyante discussion s'était tout à coup élevée, et il venait d'entendre un vieux paysan prononcer son nom.

— Attention! se dit Ravachol avec un petit ricanement, c'est l'instant!... c'est le moment!...

Et le coude replié sur la table, le menton appuyé sur sa main, l'air très indifférent, il ne perdit plus un mot.

Celui qui avait prononcé le nom de Ravachol maintenant tonnait, tempêtait, ponctuant chaque phrase qu'il disait de grands coups de poing sur la table.

— Ah! vous croyez ça, vous autres! criait-il à ceux qui buvaient avec lui. Ah! vous croyez que maintenant tout est fini, tout est dit, et que l'on n'entendra plus parler de l'affaire de Chambles!...

— Dame! fit en riant l'un des interlocuteurs, puisque vous venez de nous dire vous-même que l'on ne savait plus où trouver l'assassin, que l'on ne savait plus où trouver Ravachol... Dans ces conditions-là, est-ce que l'affaire ne sera pas, d'un jour à l'autre, forcément abandonnée, forcément classée?...

— Classée?... Abandonnée?... Mais, mille tonnerres, cria le vieux paysan rouge de colère, vous êtes donc sourd, ou vous ne comprenez donc plus le sens des mots?... Quand vous ai-je donc dit que l'affaire allait être classée, abandonnée et que l'on n'en parlerait plus?...

— Mais...

— Mais quoi?... Mais qu'est-ce?... Mais je ne vous ai jamais dit un traître mot de ça...

— Cependant...

— Non, non, jamais... jamais, vous m'entendez!... Mais ce que j'ai dit je vais le répéter, et si vous avez des oreilles, tâchez de m'entendre, tâchez surtout de me comprendre.

Tous les autres venaient de se pencher curieusement vers le vieux paysan, et Ravachol écoutait de plus en plus attentivement.

— Voici ce que je vous ai dit, reprit l'homme qui parlait. Je vous ai dit que la police n'y voyait goutte dans cette affaire et que de plus en plus elle s'égarait.

« J'ai dit aussi, ce que tout le monde sait aussi bien que moi, d'ailleurs, que malgré toutes les recherches que l'on avait pu faire à Saint-Étienne, ou dans les environs, que malgré toutes les battues que l'on avait pu organiser dans les bois de Rochetaillée, l'assassin de Jacques Brunel restait toujours introuvable, toujours insaisissable... Mais qu'ai-je ajouté ensuite?

— Ensuite?

— Oui, ensuite?... Eh bien! voici encore ce que j'ai dit: J'ai dit que j'étais certain, que j'étais convaincu que Ravachol ne devait pas être très loin d'ici, et que si la police avait un peu plus de flair, il ne lui serait peut-être pas très difficile de le pincer.

— Alors vous savez donc où il est, vous savez donc où il se cache? dit l'un des interlocuteurs en riant.

— Moi?

— Oui.

— Peut-être! fit gravement le vieux paysan.

Et comme les autres venaient de partir d'un éclat de rire:

— Oh! vous pouvez vous moquer de moi... vous pouvez me prendre pour une vieille bête, mais je sais ce que je dis, cria-t-il. Oui, je persiste à dire que Ravachol n'est peut-être pas très loin d'ici, et si vous voulez avoir d'autres détails, d'autres renseignements...

— Parbleu! fit un roulier qui ricanait encore, toujours sceptique. Mais à qui faut-il s'adresser?

— A qui?

— Oui, s'il vous plaît?

Le vieux paysan parut hésiter pendant quelques secondes, puis il finit par répondre:

— Vous connaissez tous la mère Honorine, n'est-il pas vrai?

— La mère Honorine?

— Mais oui. Je vous parle de la vieille servante de notre curé?

— Parbleu! fit tout le monde autour de la table.

— Eh bien! si vous voulez prendre la peine de vous adresser à elle, je vous donne ma parole d'honneur que vous en apprendrez long...

Tous les autres s'étaient tus et regardaient avec effarement le vieux paysan.

Quant à Ravachol, il venait de s'appuyer contre le mur, et la tête toujours baissée, mais l'oreille toujours attentive, il cherchait à se perdre de plus en plus dans l'ombre.

— Ah! la mère Honorine en sait si long que ça! fit un des buveurs. Et que pourrait-elle donc nous apprendre, la brave femme?

Le vieux paysan venait de prendre un air malin, puis hochant lentement la tête :

— Ah! ce qu'elle pourrait vous apprendre? dit-il. Eh bien! mes enfants, c'est toute une histoire...

— Toute une histoire?

— Oui, toute une histoire très singulière, très étrange, très extraordinaire...

Naturellement, la curiosité des autres redoublait à chaque parole du vieux paysan.

— Eh bien! voyons, dit vivement le roulier, si cette histoire-là, cette histoire si étrange et si extraordinaire, vous la connaissez...

— Je la connais.

— Pourquoi ne nous la raconteriez-vous pas?...

— Oui, oui, père Jérôme, cria-t-on autour de la table, nous vous écoutons, parlez!

Et, bien que personne ne parlât plus, quelques-uns frappèrent avec leurs verres sur la table, en criant :

— Silence!... Le père Jérôme va nous apprendre du nouveau!...

Les deux bras croisés, le regard fixe, le vieux paysan semblait se recueillir.

Puis au bout d'un moment de silence :

— Eh bien! mes enfants, puisque vous le désirez, je ne veux pas me faire prier et je vais vous dire de quoi il s'agit, reprit-il. Vous connaissez tous, n'est-ce pas, notre vieux curé, et vous savez tous aussi qu'il n'y a pas sous la calotte des cieux un homme qui ait plus de bonté, plus de charité?...

— Oui, ça c'est vrai, dit le roulier. Et je dirai même que sa bonté et sa charité sont si connues que l'on en abuse un peu...

— Oui, quelquefois.

— Eh bien, père Jérôme?

— Eh bien, il y a quelques jours, un individu se présenta au presbytère et demanda à la vieille Honorine de le conduire auprès de son maître, auprès de M. le curé.

« Cet individu raconta alors une histoire des plus dramatiques, des plus lamentables, et, bref, finit par demander au curé de vouloir bien lui donner l'hospitalité.

« Quelle était cette histoire et qu'est-ce que cet homme a raconté? c'est ce que je ne saurais vous dire...

— Parbleu! vous n'y étiez pas! fit quelqu'un.

— Mais tout ce que je puis dire, c'est que cette hospitalité qu'il sollicitait lui fut tout de suite et très largement accordée...

« Voilà donc ce passant, cet inconnu, ce personnage qui tombait d'on ne savait d'où devenu l'hôte du presbytère...

« Non seulement notre brave homme de curé lui faisait mettre de côté les meilleurs morceaux, mais il lui avait encore donné son meilleur lit.

« Cependant, depuis que cet étranger était devenu le familier de la maison, la mère Honorine ne pouvait jamais le regarder sans surprise.

« A chaque instant, elle se disait : « Il me semble que je connais cet homme-là... Il me semble que j'ai déjà vu, que j'ai déjà rencontré quelque part ce personnage-là. »

« Et la bonne vieille passait son temps à chercher où elle avait bien pu, en effet, rencontrer déjà cet individu.

« Et comme elle cherchait toujours, comme elle ruminait toujours, il arriva qu'un beau matin elle put à peine retenir un cri de stupeur et d'épouvante...

— Pourquoi ce cri d'épouvante? dit le roulier.
— Pourquoi?
— Oui.
— Vous ne comprenez pas?
— Non, pas encore...

Le vieux paysan haussa les épaules.

— Comment! s'écria-t-il, vous ne comprenez pas que dans l'homme qui était l'hôte du curé elle avait reconnu l'assassin de l'ermite de

Chambles!... Comment! vous ne comprenez pas que dans l'homme qu'elle avait en face d'elle elle avait enfin reconnu Ravachol!...

Et le vieux paysan regardait ses compagnons, qui, tout saisis, se regardaient à leur tour.

— Oui, l'homme qui était venu demander l'hospitalité au presbytère... oui, cet homme était bien l'assassin de Jacques Brunel!... oui, cet homme était bien le fameux, l'introuvable, l'insaisissable Ravachol! ajouta-t-il avec plus de force.

— Ravachol?... Ravachol? fit un des buveurs en secouant la tête d'un air d'incrédulité. Mais comment la mère Honorine a-t-elle pu le savoir?... Elle l'avait donc déjà vu?

— Jamais.

— Eh bien! alors?

— Mais la mère Honorine avait lu son signalement, elle le connaissait par cœur, et comme sous des apparences de bonne femme elle n'est pas une bête, il ne lui en avait pas fallu davantage pour savoir à quoi s'en tenir...

Et il y eut après ces paroles un long moment de silence.

Chacun songeait, réfléchissait.

Ce fut le roulier qui, le premier, reprit la parole.

— Mais dans ce cas-là, dit-il, et puisque la mère Honorine est sûre de son fait...

— Sûre de son fait!

— Pourquoi n'a-t-elle pas été déjà faire sa déclaration à la police? pourquoi n'a-t-elle pas déjà fait coffrer ce brigand-là?

— En effet, appuyèrent les autres. Pourquoi se tait-elle? pourquoi ne parle-t-elle pas?

— La preuve qu'elle parle, dit le vieux paysan, c'est que je savais ce que je viens de vous dire.

— Oui, elle jase avec les voisins, mais encore une fois pourquoi ne va-t-elle pas trouver la police?...

— C'est, je crois, à cause de M. le curé...

— A cause de M. le curé!

— Oui, oui... Il paraît qu'il se moque d'elle, qu'il ne veut pas la croire... Et alors, vous comprenez, bien que la bonne femme soit très certaine de ne pas se tromper, elle attend, elle hésite... Mais patience!...

Ce qu'elle a été raconter partout n'a pas été perdu, et que d'un moment à l'autre quelqu'un parle, quelqu'un aille à Saint-Étienne trouver le juge d'instruction et lui fasse connaître la retraite de Ravachol, et je n'en serai pas plus surpris que ça...

Et là-dessus le vieux paysan vida son verre, puis sortit accompagné de ses amis.

D'ailleurs, depuis un instant déjà, l'auberge du *Coq hardi* commençait à se vider, et bientôt l'assassin de l'ermite se trouva seul.

Qui aurait pu voir Ravachol en ce moment aurait eu peur.

Jamais il n'avait eu le regard plus sombre, le front plus livide, l'air plus terrible et plus menaçant.

Ah ! comme cette vieille gouvernante du curé, comme cette vieille mère Honorine l'avait roulé, l'avait joué !... Comme elle avait bien su faire la bête vis-à-vis de lui et lui laisser croire qu'elle ne l'avait pas reconnu !...

Et pendant ce temps, elle allait partout le trahissant, partout le dénonçant, partout criant que l'assassin de Jacques Brunel, que le fameux Ravachol était l'hôte du presbytère, l'hôte de son maître.

— Ah ! si je la tenais, quel joli quart d'heure je lui ferais passer ! grommela-t-il les dents serrées, les poings crispés.

Et sa colère un peu calmée, un peu apaisée, il laissa tomber lourdement sa tête dans ses mains.

Il s'absorbait en des réflexions profondes.

Puisqu'il en était ainsi, puisque le presbytère, grâce à cette vieille coquine, n'était plus pour lui un asile sûr, qu'allait-il faire ? quel parti allait-il prendre ?

— Le diable m'emporte si je le sais ! grommela-t-il encore très accablé et très découragé.

Et il ajouta, presque tout haut :

— Je ne peux pourtant pas aller me livrer à la rousse !... Je ne puis pourtant pas aller porter ma tête au bourreau !... Ah ! la vieille gueuse !... la vieille gueuse !...

Et longtemps encore, la tête perdue, sans idée, sans pensée, il resta le front caché dans ses mains.

Mais comme il venait enfin de relever la tête, il ne put s'empêcher d'avoir un tressaillement.

Un homme qu'il n'avait pas entendu s'approcher était en face de lui, un homme qui le regardait avec un air étrange.

Et Ravachol, de son côté, regardait avec étonnement, presque avec crainte, cet individu, qui toujours le regardait, qui toujours le dévisageait.

Quel pouvait bien être ce personnage-là?

D'où venait-il et d'où sortait-il?

Que pouvait-il bien lui vouloir pour être venu se camper ainsi en face de lui et le regarder avec cette persistance singulière?

Est-ce que, par hasard, c'était un mouchard, un des agents de police lancés à ses trousses?

Et malgré toute son audace, toute son énergie, l'assassin de l'ermite de Chambles ne put s'empêcher de pâlir.

Pourtant, très calme, un sourire sur les lèvres, l'individu qui venait d'entrer et qui intriguait, ou plutôt qui effrayait, qui épouvantait si fort l'ancien faux monnayeur, venait de s'asseoir sans façon en face de lui.

— Vous permettez, monsieur? dit-il.

Et sans attendre la réponse, il prit un tabouret et s'installa.

Puis, comme l'aubergiste tardait à venir, il frappa sur la table et cria :

— Patron!...

— Voilà!... voilà! dit l'hôtelier en accourant.

— Un verre de rhum!

Et le verre de rhum apporté, l'étrange personnage y trempa ses lèvres tout en continuant d'examiner Ravachol qui se sentait devenir de plus en plus pâle, de plus en plus livide.

— Allons, cette fois ça y est!... Je suis pincé!... Il doit être de la rousse, se disait l'assassin avec un effroi grandissant.

Et le fait est qu'avec son visage blême et maigre encadré d'un collier de barbe grisonnante, ses petits yeux chassieux et clignotants, sa longue redingote usée et râpée jusqu'à la corde et son linge d'une blancheur plus que douteuse, le nouveau venu était loin de payer de mine.

Quant à Ravachol, quant à l'assassin de l'ermite de Chambles, il était, malgré toute son énergie et toute son audace, sous le coup d'un tel saisissement, d'une telle peur, qu'il ne savait plus ce qu'il devait faire.

Vingt fois déjà il avait été sur le point de jeter l'argent de sa consommation sur la table, puis de partir.

LES EXPLOITS DE RAVACHOL

Il ne pouvait plus sortir de son usine sans se voir aussitôt surveillé.

Mais, c'était plus fort que lui, plus fort que sa volonté, il n'osait pas.

Et il restait cloué là, en face de cet étrange, de ce singulier personnage, qui le regardait toujours de son regard pénétrant et profond.

Ah! combien l'assassin de l'ermite regrettait de ne pas être parti plus tôt et de s'être ainsi attardé dans cette auberge!

Et de plus en plus pâle, de plus en plus tremblant, il glissait sournoisement des coups d'œil en dessous, cherchant à voir ou plutôt à deviner ce qui pouvait se passer au dehors.

Est-ce qu'au dehors il n'y avait pas de la rousse qui l'attendait, qui le guettait?

Est-ce qu'au dehors il n'y avait pas des agents qui allaient s'élancer sur lui et lui sauter au collet dès qu'il apparaîtrait?...

Et alors le souvenir de sa lecture du matin, le souvenir des choses lugubres qu'il avait lues dans la bibliothèque du vieux curé lui revenait, l'obsédait.

L'échafaud, la guillotine, le bourreau : il revoyait tout cela dans une épouvantable et horrible vision.

Et de plus en plus il pâlissait, et de plus en plus il tremblait.

Et, soudain, il eut un si brusque tressaillement, un si brusque recul, que sa tête alla frapper contre le mur.

L'individu qui était assis en face de lui venait de nouveau de s'emparer de son verre, puis le levant lentement :

— A votre santé, Ravachol! dit-il.

XXII

LE MYSTÉRIEUX INCONNU

Ravachol!

Cet homme avait dit : Ravachol!

Le meurtrier n'était plus seulement pâle, mais livide, et une sueur froide inondait ses tempes et son front.

Un grand frisson venait de glacer tout à coup son sang dans ses veines, et l'œil hagard, stupide, il regardait l'inconnu.

— A votre santé, Ravachol! répéta celui-ci.

Cette fois il était impossible à l'ancien faux monnayeur de ne pas répondre.

En effet, en supposant que l'étrange personnage qui s'était installé à sa table et qui maintenant l'interpellait fût bien réellement un mouchard, bien réellement un agent, est-ce que le silence qu'il aurait gardé n'aurait pas encore aggravé sa situation?

Le meilleur était donc encore de répondre et de nier effrontément. C'est ce que fit l'assassin de l'ermite.

— Ravachol? fit-il la voix assez ferme et d'un air assez naturel. Je ne sais pas ce que vous voulez dire... Je ne m'appelle pas Ravachol.

L'autre ricanait doucement.

Puis il vida son verre d'un trait et appela le patron de l'auberge.

— Un autre verre de rhum! dit-il.

Et ce second verre posé devant lui :

— Ainsi, fit-il avec un accent légèrement gouailleur, vous ne vous appelez pas Ravachol?...

— Je vous répète que je ne sais pas, que je ne comprends pas ce que vous voulez me dire, répondit froidement l'assassin.

L'autre ricanait toujours.

— Peut-être, fit-il doucement et ironiquement, préféreriez-vous que je vous appelle Kœnigstein?...

L'ancien faux monnayeur venait de faire un imperceptible mouvement.

— Ou bien encore Léon Léger? reprit l'inconnu toujours railleur. Vous avez, en effet, tant de noms que vous avez le droit de choisir.

Et son regard de plus en plus profond, de plus en plus pénétrant, se fixait toujours sur l'assassin de l'ermite de Chambles.

Puis, au bout d'un silence :

— Mais je tiens à vous prouver que vous ne réussirez pas à me donner le change, reprit l'étrange personnage, mais je tiens à vous prouver que toutes vos dénégations sont inutiles et que je vous connais bien...

« Oui, je vous connais bien... je vous connais bien, ajouta-t-il en appuyant sur les mots, et peut-être serez-vous obligé d'en convenir tout à l'heure.

« Par conséquent, comme l'on dit, parlons peu, mais parlons bien.

« Je maintiens donc que vous vous appelez Ravachol. Oui, François-Claudius Ravachol. Vous êtes né à Saint-Chamond, rue de l'Oie, maison Lambert, le 14 octobre 1859, à huit heures du matin.

« Il me semble que je vous donne des détails précis. Qu'en pensez-vous?

Mais l'ancien faux monnayeur, pour toute réponse, venait de se contenter de sourire, puis de hausser les épaules.

Et très brusquement il dit :

— Je vous affirme que vous êtes dans l'erreur !... Je vous affirme que vous vous trompez...

Mais l'inconnu gardait toujours le même calme, le même sang-froid.

Il fit un geste comme pour interrompre l'assassin de l'ermite, puis toujours avec le même accent, c'est-à-dire toujours avec l'accent d'un homme qui est absolument sûr de lui :

— Mais laissez-moi continuer, dit-il, mais laissez-moi vous donner encore d'autres détails que je n'ai pas appris par les journaux, je vous prie de le croire...

« Oui, depuis quelque temps... depuis le crime de Chambles... depuis l'assassinat du vieil ermite, les journaux ont beaucoup parlé de vous...

« En effet, il était impossible d'en ouvrir un sans tomber tout de suite sur votre nom, sur ce nom que tout le monde se disait et se répétait.

« Mais, encore une fois, les journaux, en ce qui vous concerne, ne m'ont rien appris et n'avaient rien à m'apprendre.

« Vous verrez dans un moment que je ne me flatte pas et que je ne mens pas.

« Écoutez-moi donc.

« Je vous disais tout à l'heure que vous étiez né à Saint-Chamond, mais peut-être n'ai-je pas été assez exact, assez précis, et pour vous prouver que je vous connais et que je connais bien votre histoire...

Ravachol venait encore de faire un mouvement.

— ... Oui, votre histoire, comme je vous l'ai affirmé et comme je l'affirme encore, je tiens à vous mettre, comme l'on dit, les points sur les *i*.

« Non, vous n'êtes pas né à Saint-Chamond même, mais tout près de là, dans un petit village que l'on appelle la Côte-Bois.

« Je crois, n'est-ce pas, que je dois vous paraître suffisamment renseigné sur ce point ?

« Mais c'est à Saint-Chamond que vous avez grandi, mais c'est à Saint-Chamond que vous avez été élevé.

« Vers l'âge de huit ou neuf ans, vous devenez quelque chose comme pâtre ou berger, car, dame ! votre famille n'était pas riche — ce qui n'est pas, du reste, une honte — et il fallait bien que vous ne soyez pas pour elle une charge trop lourde.

« Aujourd'hui, depuis le crime de Chambles, tout le monde vous exècre, tout le monde ne prononce votre nom qu'avec colère et indignation, mais à l'époque dont je vous parle, mais à l'époque où vous n'étiez encore qu'un enfant, tous ceux qui vous connaissaient ne pouvaient s'empêcher de vous aimer tant vous étiez bon, gentil et doux.

« Vous devez vous apercevoir déjà que je ne suis pas votre ennemi de parti pris — si même je suis votre ennemi, ce que nous verrons tout à l'heure — et que je n'hésite pas à vous rendre justice.

« Un beau jour, vos parents quittèrent Saint-Chamond et vinrent se fixer à Saint-Étienne.

« Vous n'étiez plus alors le petit pâtre, le petit berger, l'enfant que tout le monde gâtait, que tout le monde choyait à cause de la douceur de son caractère, mais déjà presque un jeune homme.

« Il était donc temps d'aviser à vous mettre une profession, un métier en mains, et, sur votre désir, on fit de vous un apprenti teinturier.

Ici l'inconnu s'interrompit, puis fixant toujours sur l'ancien faux monnayeur son regard perçant et qui semblait le fouiller jusqu'au fond de l'âme :

— Est-ce que je vous dis la vérité? fit-il lentement et doucement avec son même sourire railleur, son même sourire ironique sur les lèvres. Est-ce que je ne vous parais pas toujours bien renseigné? Si, par hasard, je venais à me tromper, vous savez qu'il ne faut pas vous gêner et que je ne vous en voudrais pas de me reprendre.

Et le singulier personnage, en prononçant ces dernières paroles, avait encore accentué son ton gouailleur.

Mais l'assassin du vieil ermite venait encore de hocher la tête.

— Je ne sais pas ce que tout cela signifie, dit-il. Je ne sais pas pourquoi vous avez entrepris de me raconter toute cette histoire. Tout ce que je puis vous dire, tout ce que je puis vous répéter, c'est que je ne suis pas Ravachol.

Mais l'autre, toujours très calme, toujours très froid :

— Allons! allons! fit-il, cachez donc mieux cette blessure que vous avez au front!... cachez donc mieux aussi cette cicatrice que vous avez à la main gauche!

L'ancien faux monnayeur était devenu livide.

L'autre, toujours très maître de lui, mais cependant avec un accent un peu plus nerveux, reprit :

— Ah ! vous n'êtes pas Ravachol?... vous n'êtes pas Ravachol?... Eh bien ! cela ne fait rien, écoutez-moi tout de même, car je crois que vous ne serez pas fâché de m'avoir écouté jusqu'au bout et que la suite vous intéressera.

L'assassin de l'ermite venait de jeter rapidement et furtivement un nouveau coup d'œil du côté de la rue.

Il n'y avait personne, et la rue était absolument vide, absolument déserte, mais dans la grande peur qui le tenait et qui de plus s'emparait de lui, il se figurait voir des hommes aller et venir devant l'auberge.

— Oui, la rousse est là !... C'est fini !... Cette fois je suis bien pris, bien pincé ! se disait-il tandis qu'il sentait un nouveau frisson lui glacer tout le sang dans les veines.

Et ce qu'il était alors plein de colère, plein de fureur, plein de rage contre la vieille gouvernante du curé, contre la vieille mère Honorine, il serait impossible de le dire.

Car c'était elle qui l'avait trahi, qui l'avait vendu, il n'en doutait pas.

Car si, à cette heure, il allait voir la prison s'ouvrir devant lui, car si, à cette heure, il était enfin pris, enfin arrêté, c'était à elle et à elle seule qu'il le devait, il en était sûr.

Cependant l'inconnu venait brusquement de l'interpeller.

— Mais vous ne m'écoutez pas !... votre pensée est ailleurs ! dit-il en frappant un coup de poing sur la table pour rappeler son attention. Quand je vous dis que la suite est très intéressante...

Puis, toujours de son air très calme, très tranquille, il poursuivit :

— Voyons, vous m'avez fait perdre le fil en vous montrant si distrait, si préoccupé d'autres choses qui en ce moment ne vous regardent pas...

« Où en étais-je et que vous disais-je ?...

« Je venais de vous parler de Saint-Chamond et de votre enfance qui s'était écoulée là-bas... Et vous étiez maintenant à Saint-Étienne... Oui, c'est cela...

« A présent, j'y suis...

« Écoutez bien toujours !

« Comme vous étiez intelligent et que vous aviez, à ce moment-là, le désir de bien faire, votre apprentissage de teinturier ne fut pas trop long, et vous deveniez assez rapidement ouvrier; et j'ajouterai même un excellent, un habile ouvrier.

« Vous travaillez alors, et pendant assez longtemps, à la teinturerie Fessy, puis à la teinturerie Caron, à la Rivière, puis dans d'autres maisons dont je pourrais vous citer les noms...

« Mais comme ces détails-là seraient inutiles, n'insistons pas, passons.

« Vous étiez, à ce moment de votre vie, un garçon rangé, très rangé, économe même.

« Vos camarades, qui vous avaient baptisé du sobriquet les *Yeux-Noirs*, vous trouvaient un peu loup, un peu sauvage, parce que vous vous plaisiez surtout chez vous, c'est-à-dire chez votre mère.

« Remarquez bien que ce n'est pas un reproche que je vous fais, bien loin de là, car je trouve, au contraire, que vous aviez raison, cent fois raison...

« S'il en avait toujours été ainsi!... Mais passons, passons encore... Mais surtout ne vous énervez pas, ne vous impatientez pas, car je vous donne ma parole que vous ne regretterez pas que je vous aie raconté mon histoire...

L'assassin de l'ermite venait bien encore de protester, il venait bien encore de dire, en prenant un air très indifférent, qu'il n'était pas Ravachol, mais l'autre, pour toute réponse, avait de nouveau haussé les épaules et s'était mis à sourire.

— Mais oui!... Mais puisque c'est entendu! fit-il pourtant après une nouvelle protestation de l'ancien faux monnayeur.

Et toujours sans se presser, toujours la voix lente, il continua :

— Cependant, un beau jour, votre mère qui vous adore, votre mère qui se serait jetée dans le feu pour vous, eut une très grande surprise, un très profond étonnement, et je ferais peut-être mieux de dire un très violent chagrin... Et vous savez pourquoi, n'est-ce pas?

« C'est que la brave femme ne vous reconnaissait plus, c'est que vous n'étiez plus le même avec elle ni avec les autres.

« Quand je dis avec les autres, vous me comprenez bien, n'est-ce pas? Je parle de votre famille, de ceux qui vous entouraient, je parle des vôtres.

« Vous qui vous étiez toujours montré assez gai, vous vous montriez à présent toujours très préoccupé, toujours très soucieux, toujours très sombre...

« Vous aviez même parfois des colères et des emportements qui ne s'expliquaient pas.

« Enfin, le travail que, jusqu'alors, vous aviez courageusement accepté, vous sembliez maintenant le prendre en dégoût...

« Que s'était-il donc passé?

« Quelle était donc la cause de cet étrange changement qui s'était presque subitement, presque soudainement opéré en vous?

« Voilà ce que votre brave femme de mère se demandait nuit et jour, avec anxiété, avec angoisse, et ce qu'elle ne pouvait deviner, ce qu'elle ne pouvait comprendre.

« Eh bien ! ce qui s'était passé, ce qui vous était arrivé, Ravachol, moi qui sais tout, ajouta l'inconnu avec son singulier sourire, je vais vous le dire, je vais vous le rappeler, si vous voulez bien me le permettre.

Et l'énigmatique personnage, s'interrompant, porta à ses lèvres son verre de rhum.

Une gorgée bue, il fit claquer doucement sa langue, s'essuya la bouche avec le revers de sa main, puis toujours aussi tranquillement, il poursuivit :

— Il vous était arrivé, mon cher, ce qui arrive à beaucoup d'autres, il vous était arrivé tout simplement que vous aviez rencontré un beau jour une femme dont vous étiez tombé amoureux fou...

« Cette femme, pas belle, ma foi, de son petit nom, s'appelait Julie.

« Elle était mariée et mère de famille, mais vous me répondrez peut-être que lorsqu'on est fortement épris on n'a pas tant de scrupules et que l'amour ne connaît pas les obstacles.

« D'ailleurs, je m'empresserai de convenir qu'elle ne fut pas assez cruelle pour vous décourager. — Bien au contraire!...

« Mais à partir de ce moment-là, mais à partir de cette minute-là, mon cher Ravachol...

Celui-ci venait de faire un mouvement comme s'il voulait protester.

Mais l'inconnu venait de se mettre à rire aux éclats :

— Allons donc! s'écria-t-il. Finissons-en donc avec cette plaisanterie!... Soyons donc sérieux, que diable !...

Puis s'accoudant sur la table, et se penchant vers le faux monnayeur, il ajouta :

— Mon cher, vous êtes intelligent, très intelligent même, soit dit

LES EXPLOITS DE RAVACHOL

Il marchait vivement de long en large.

sans vouloir vous flatter, mais, ma parole d'honneur, en ce moment vous ne le prouvez guère.

« Car remarquez bien que si j'étais un policier, quelqu'un de la rousse, je ne me serais pas amusé à bavarder ainsi avec vous.

« Un agent qui vous aurait reconnu dans cette auberge, serait venu droit à vous et vous aurait mis la main au collet, tout simplement.

Et comme, malgré lui, l'assassin de l'ermite de Chambles venait de jeter un coup d'œil du côté de la rue :

— Oh ! vous pouvez regarder ! ajouta vivement le mystérieux personnage. Dehors, il n'y a personne... et ici il n'y a que nous.

« Nous pouvons donc causer. Causons donc.

Mais Ravachol, qui, naturellement, devait être plein de méfiance, gardait toujours son air très froid, son visage très ferme.

L'autre haussa doucement les épaules.

— Bon ! bon ! fit-il. Oh! libre à vous de croire ce que vous voudrez, libre à vous de trembler, quand je vous répète que vous n'avez rien à craindre ; mais dans votre intérêt, et dans votre intérêt seulement, entendez-le bien ! je vous dirai tout de même jusqu'au bout tout ce que j'ai à vous dire.

Et sa voix venait de prendre un tel accent d'autorité que Ravachol n'avait même pas songé à l'interrompre.

— Donc, continua-t-il, vous aviez fait la connaissance de Julie, et c'est à partir de ce moment-là, c'est à partir de cette minute-là que vous commencez à glisser sur la pente au bout de laquelle vous deviez trouver l'abîme au fond duquel vous êtes tombé...

« Car cette femme ne pouvait avoir sur vous qu'une influence pernicieuse, qu'une influence funeste.

« A partir du jour où elle devient votre maîtresse, votre mère, qui cependant aurait bien eu besoin que vous lui veniez en aide, ne voit plus la couleur de votre argent, et c'est Julie qui l'empoche.

« D'ailleurs, vous avez beau tout lui donner, vous avez beau ne rien garder pour vous, elle n'en a jamais assez, si bien que ses exigences finissent, non pas par vous lasser d'elle, malheureusement, mais par vous lasser, par vous dégoûter du travail.

« En effet, avec votre salaire d'ouvrier, comment satisfaire à tous les caprices, à toutes les fantaisies de cette femme ?

« Et c'est alors que vous réfléchissez, que vous ruminez, que vous vous demandez ce que vous pourriez bien faire pour avoir la poche un peu mieux garnie.

« Et alors ce que vous faites, Ravachol, ai-je besoin de vous le rappeler ?

« Il y avait alors à Saint-Étienne une bande de faux monnayeurs dirigée par un nommé Fachard.

« Vous vous affiliez à cette bande, et alors, pendant je ne sais combien de mois, aidé d'ailleurs par votre maîtresse, aidé d'ailleurs par Julie, vous écoulez de la fausse-monnaie.

« Ah! ce fut le bon temps et l'on vivait bien alors, n'est-ce pas, mon cher?

« Julie ne se refusait plus rien, ne se privait plus de rien, et c'était chaque soir avec elle des noces et des bombances à tout casser.

« Mais, malheureusement, cette bonne veine ne pouvait pas toujours durer.

« Les petits débitants, les petits détaillants de Saint-Étienne, de Saint-Chamond et d'ailleurs, s'étaient plaint, et la police avait eu vent de l'affaire.

« Elle se met en campagne et, un beau matin, vous entendez cogner à votre porte : — Qui va là ? — Au nom de la loi, ouvrez ! — Et l'on vous coffre.

« Bien entendu on coffre aussi vos autres associés, ceux du moins que l'on peut pincer, mais Julie avait eu la chance de pouvoir s'en tirer.

« Si je ne me trompe, ceci se passait en 1886.

« Mais vous deviez cependant avoir de la chance aussi, vous, car, en effet, après vous avoir fait subir de très nombreux interrogatoires, le juge d'instruction finit par vous relâcher, n'ayant pas pu, malgré tout son zèle et toute sa bonne volonté, réunir des preuves suffisantes contre vous...

« On vous rend donc la clé des champs et vous n'êtes pas plutôt libre que votre première pensée est de courir retrouver Julie...

« Mais puisqu'on ne pouvait plus faire de la fausse monnaie, il fallait bien faire autre chose. Et c'est alors qu'après avoir cherché comment vous pourriez vous retourner, vous avez l'épouvantable idée d'aller assassiner le vieux Jacques Brunel, le vieil ermite de Chambles, l'épouvantable idée d'aller commettre ce crime dont on vous demande compte aujourd'hui...

L'inconnu venait de se taire pendant quelques secondes, puis toujours sans se presser, toujours sans se hâter :

— Ce vieux Jacques Brunel, ce vieil ermite, reprit-il, était d'ailleurs un drôle de corps, un étrange original.

« Bien que ne vivant que des aumônes et que des offrandes que des imbéciles venaient le prier d'accepter, il avait réussi, en mettant sou par sou de côté, à se ramasser une petite fortune.

« Vous faites donc le rêve de faire passer dans votre poche le magot de saint homme, et vous n'avez pas eu plutôt cette idée-là que vous vous empressez de la mettre à exécution.

« Un jour donc, vous quittez Saint-Étienne et vous tombez à Unieux, à l'auberge de la Grotte, si toujours je me rappelle bien, si toujours j'ai bonne mémoire...

« Il y a là, précisément, un portrait de l'ermite, et ce portrait vous fournit l'occasion de parler de ce qui vous intéresse et de prendre auprès du patron de l'auberge les renseignements qui peuvent vous être nécessaires...

« Le patron de l'auberge, d'ailleurs très loquace, très bavard, ne se fait pas prier pour jaser, et vous savez bientôt tout ce que vous vouliez savoir. Oui, vous ne vous étiez pas trompé, le vieil ermite doit être riche et il y a là-haut, dans la grotte de Notre-Dame-de-Grâce, un joli coup à faire...

« Immédiatement vous feignez d'être pris de la plus grande curiosité de voir le fameux, le célèbre Jacques Brunel, et vous insistez si bien que, bien que la nuit soit tombée, un des garçons de l'auberge attelle une voiture et vous y conduit.

« Arrivé au pied de la montagne vous donnez l'ordre à votre cocher de vous attendre là, et vous vous dirigez seul avec Julie — car Julie en était — du côté de l'ermitage.

« Mais ce cocher vous inquiétait et vous préoccupait un peu. Il pouvait devenir peut-être un témoin compromettant. Vous donnez alors à Julie l'ordre de le surveiller et vous entrez dans la grotte.

« Que s'est-il passé à ce moment-là ? vous le savez mieux que moi, Ravachol.

« L'ermite mort, égorgé, vous vous mettez tout de suite en quête du magot.

« Mais le vieil avare l'avait si bien caché que déjà vous désespériez de le trouver, quand, en tâtant un mur, vous finissez enfin par le découvrir.

« Mais alors une autre difficulté allait se présenter, une autre difficulté allait surgir. Sauf quelques louis, quelques écus, tout le reste des économies de Jacques Brunel consistait en monnaie de cuivre, en gros sous.

« Cependant vous ne pouviez pas avoir commis ce crime pour rien et laisser là cette somme.

« Alors, cette fois encore, que faites-vous ?... Oh ! vous n'êtes pas embarrassé pour si peu... Vite, vous courez à Saint-Étienne, vous revenez à Notre-Dame-de-Grâce avec une voiture que vous avez louée, et dès la première heure du jour, aidé par deux complices, vous enlevez jusqu'au dernier sou tout l'argent, toute la petite fortune de votre victime.

« Et très tranquillement, sans la moindre appréhension, vous reprenez le chemin de Saint-Étienne.

« Ah ! Julie était contente, Julie était rayonnante, Julie était heureuse, car, pendant les premiers jours, les belles noces et les belles bombances avaient recommencé !...

« Mais, malheureusement, cette fois encore vous n'alliez pas avoir de la chance !... Mais, cette fois encore, la belle vie que vous meniez allait être brusquement interrompue...

« Car, en effet, tandis que vous étiez toujours très tranquille et que vous vous flattiez de n'être jamais découvert, la police était déjà sur vos traces, et l'on avait déjà la preuve certaine, la preuve irrécusable de votre culpabilité.

« Si bien, qu'un beau soir ou plutôt qu'une belle nuit que vous rentriez toujours très calme à votre logis, une nuée d'agents se précipitent sur vous, et vous garrottent, et vous enchaînent...

L'inconnu venait d'avoir un sourire.

— Hein ! ce fut un bien vilain moment à passer, Ravachol !... Les agents vous entouraient, vous serraient de près, et, tandis qu'ils vous poussaient devant eux, vous deviez avoir devant les yeux une bien horrible, une bien effroyable vision...

« Mais cependant l'heure de l'expiation, l'heure du châtiment n'avait pas encore sonné pour vous; car par un miracle inouï... oui, un vrai miracle !... à peine aviez-vous fait quelques pas que vous parvenez à vous évader !...

« Ah ! ce que cette évasion-là, cette étrange évasion que personne ne pouvait s'expliquer, que personne ne pouvait comprendre a fait jaser, et ce qu'elle a soulevé de colères et d'imprécations, je n'ai pas besoin de vous le dire...

« Une fois libre, une fois sorti des griffes des agents, éperdu, haletant, le front en sueur, plein encore d'effroi à la pensée de la terrible aventure qui vient de vous arriver, vous vous demandez avec anxiété où vous allez pouvoir trouver un asile, un refuge, un coin où l'on ne vous trouve plus...

« Et vous aviez beau chercher, vous ne trouviez pas, vous ne trouviez rien...

« Le temps se passait, le jour allait venir, et de plus en plus la peur d'être repris vous gagnait, vous figeait tout le sang dans les veines.

« Enfin, tout à coup, vous avez un cri de joie, un cri de triomphe.

« Vous veniez de penser à un de vos amis, à un de vos camarades, un nommé Thomas.

« Ce garçon-là, ce nommé Thomas, habitait dans un des endroits les plus déserts et les plus isolés de Saint-Étienne une petite maison noire et basse, très vieille, très ancienne.

« Plein de fièvre, plein de terreur, vous vous empressez donc de courir chez lui.

L'inconnu venait encore de faire une pause, puis avec plus d'autorité :

— Et ici, dit-il, écoutez-moi bien, car ce que je vais vous raconter, car les détails que je vais vous donner, jamais personne n'en a parlé... Cela vous prouve donc que ce n'est pas seulement par le bruit public, que ce n'est pas seulement par les journaux que j'ai appris votre histoire...

Et toujours très lentement, très posément, il poursuivit :

— Arrivé devant la maison de votre ami, devant la maison de Thomas, vous sifflez deux ou trois fois d'une façon particulière...

« Quelques secondes s'écoulent.

« Enfin une fenêtre s'ouvre.

« Thomas alors paraît.

« — C'est toi, Ravachol? fait-il à voix basse.

« — Oui.

« — Que me veux-tu?

« — Ouvre, tu le sauras.

« Et vous ajoutez :

« — Mais dépêche-toi, je suis pressé...

« Et toujours haletant, toujours anxieux, toujours dans l'épouvante de voir la police surgir de nouveau, vous répétez encore plusieurs fois :

« — Dépêche-toi !... dépêche-toi !...

« Il s'écoule à peine cinq minutes, mais ces minutes-là vous paraissent longues comme des siècles...

« Enfin la maison de Thomas s'ouvre et vous entrez.

« Quand celui-ci aperçoit vos mains enchaînées... oui, vous aviez encore les mains enchaînées... il ne peut s'empêcher de rester tout saisi.

« — Eh bien! on t'a bien arrangé? fait-il. Qui donc t'a ficelé comme ça?

« Alors, naturellement, vous vous empressez de lui raconter toute une histoire.

« — C'est la *rousse*, lui dites-vous, que j'ai rencontrée tout à l'heure devant chez moi et qui a voulu me pincer parce que j'ai fait autrefois de la contrebande et de la fausse-monnaie.

« Mais Thomas n'a pas l'air de vous croire.

« Il hoche la tête et ricane.

« Puis après vous avoir regardé très fixement pendant quelques minutes, il vous dit tout à coup :

« — Non, non, ce n'est pas pour ça... c'est pour quelque chose de plus grave...

« Et comme vous jouez l'étonnement, la surprise, il ajoute, la voix de plus en plus brusque :

« — Oh! tu le sais bien!... Ne fais donc pas le roublard avec moi!... Eh bien! puisque tu veux que je te le dise, si la *rousse* tout à l'heure a voulu te pincer, c'est à cause du joli coup que tu as fait là-bas... là-bas à Chambles...

« Et comme il s'aperçoit que vous allez nier encore, que vous allez mentir encore, il prend un journal sur sa table et vous le met sous les yeux.

« Entre autres passages, ce journal contenait celui-ci :

« Nous apprenons à la dernière heure, et d'une source très sûre, très
« certaine, que l'on serait sur les traces de l'assassin du vieux Jacques
« Brunel, du vieil ermite de Chambles.

« Celui-ci ne serait autre qu'un nommé Ravachol, dit aussi Léon
« Léger, dit aussi Kœnigstein, et que quelques-uns avaient baptisé du
« sobriquet les *Yeux-Noirs*.

« Cet homme, qui est originaire de la Côte-Bois, banlieue de Saint-
« Chamond, habitait depuis quelques années seulement Saint-Étienne.

« Peut-être, à l'heure où paraîtront ces lignes, l'assassin sera-t-il déjà
« tombé entre les mains de la justice. »

« Cela était clair, net et précis, n'est-il pas vrai?

« Aussi ne persistez-vous pas à nier plus longtemps, à nier d'ailleurs contre l'évidence même :

« — Eh bien ! oui, mon vieux Thomas, dites-vous. Aussi avais-je compté sur toi pour me rendre service.

« Et comme l'autre s'effraie, comme l'autre se cabre, vous lui expliquez ce que vous avez voulu dire et quel genre de service vous attendez de lui.

« — Est-ce que tu crois, reprenez-vous, que si je suis venu chez toi tout d'une haleine, est seulement pour avoir le plaisir de te souhaiter le bonsoir?

« Non, mon cher, je suis venu pour autre chose... je suis venu pour te demander l'hospitalité.

« L'hospitalité !

« A ce mot-là, Thomas ne peut s'empêcher de devenir tout pâle, tout blême...

« Alors, comme vous le voyez hésiter, vous reprenez encore et plus vivement :

« — D'ailleurs, que pourrais-tu avoir à craindre ?... Depuis mes derniers démêlés avec la justice, c'est-à-dire depuis que je m'étais trouvé englobé dans le procès des faux-monnayeurs, nous ne nous sommes vus que si rarement que personne ne pourra soupçonner que tu es mon ami et que j'ai pu trouver un asile dans ta maison.

LES EXPLOITS DE RAVACHOL

— Vous vous revoyez encore dans la chambre du forgeron.

« Tu seras donc parfaitement tranquille et moi, grâce à toi, je pourrai sauver ma tête.

« Mais tous ces arguments-là n'avaient pas eu le don de convaincre, de persuader Thomas.

« — Mon cher, vous dit-il, ceci est impossible, absolument impossible, et c'est dans ton intérêt même que je suis obligé de te refuser l'hospitalité que tu me demandes.

« Et comme, bien entendu, il ne cherchait qu'un prétexte pour vous expédier et se débarrasser de vous, il vous explique alors que depuis quelque temps il a un camarade qui partage sa chambre avec lui...

« Vous vous fâchez, vous l'insultez.

« Mais rien n'y fait.

« Pour le fléchir, vous allez même jusqu'à lui offrir de l'argent, mais il repousse votre offre avec indignation et il demeure inébranlable.

« Alors, furieux, vous déguerpissez, après avoir vomi un flot d'injures contre Thomas...

« Et vous vous retrouvez dans la rue, de plus en plus effrayé, de plus en plus épouvanté.

« D'ailleurs, il est juste d'ajouter que votre peur était bien naturelle, bien compréhensible, car le jour commençait à venir, votre situation, grâce à votre signalement que l'on avait fait répandre partout, devenait à chaque minute, à chaque seconde, de plus en plus dangereuse, de plus en plus critique.

« Et maintenant livide, et maintenant tout frissonnant, vous ne cessiez de vous poser la même question :

« Où aller?

« A quelle porte frapper?

« A qui vous adresser pour trouver enfin cet asile, ce refuge que Thomas venait de vous refuser?

« Et comme le jour se montrait, comme déjà des passants vous coudoyaient, vous deveniez de plus en plus grelottant d'épouvante, quand, brusquement, le nom d'un autre de vos amis, d'un autre de vos camarades se présenta à votre esprit.

« Il s'agissait cette fois, si je suis bien renseigné, — et je crois l'être, — d'un nommé Berthollin.

« Ce Berthollin était bien plus votre camarade, bien plus votre ami que Thomas...

« Il vous avait même aidé, pendant quelque temps, à écouler la fausse monnaie fabriquée par Fachard et compagnie.

« Aussi, comme il n'y avait plus que chez celui-là que vous pouviez frapper encore, comme il n'y avait plus que celui-là qui pouvait vous mettre à l'abri des recherches de la police, vous mettez-vous à filer du côté de sa demeure dans la course la plus rapide, la plus folle, la plus vertigineuse.

« Et vous arrivez à sa porte tout en sueur, tout en nage :

« — Berthollin !... Berthollin !... Ouvre vite !... Ouvre donc !... C'est moi ! criez-vous haletant, la voix sourde.

« En vous apercevant, Berthollin ne peut retenir un mouvement, un cri de surprise ; mais comme vous venez de lui faire un signe de se taire et de repousser brusquement la porte derrière vous, il se remet assez vite.

« — Ah ! c'est toi ? reprend-il. Oh ! je connais l'histoire. Est-ce que la police te file ?... Est-ce que la police s'apprêtait à te mettre le grappin dessus ?... Alors, sale affaire, mon vieux, très sale affaire !... Tu vas peut-être me faire coffrer aussi...

« Mais, sans même lui laisser le temps d'achever, vous vous mettez tout de suite à le rassurer comme vous aviez voulu rassurer Thomas.

« — La police, dites-vous. Oui, elle me tenait !... Mais j'ai pu jouer des jambes tout de même... Mais tu n'as rien à craindre, je t'en donne ma parole.

« D'ailleurs, tu penses bien que j'ai ouvert l'œil et que personne ne sait que je suis chez toi...

« Mais, malgré tout ce que vous pouviez dire, Berthollin, qui n'était pas assez bête pour ne pas savoir toute la responsabilité qu'il encourait en vous donnant l'hospitalité chez lui, n'en restait pas moins très hésitant, très indécis.

« Cependant, vous saviez à qui vous aviez affaire et vous connaissiez assez votre Berthollin pour être très sûr qu'il n'aurait pas les mêmes scrupules que l'autre, les mêmes délicatesses que Thomas, et qu'il ne refuserait pas d'empocher quelques louis habilement offerts.

« Et tout de suite vous fouillez dans votre poche et vous mettez à aligner quelques pièces d'or sur la table.

« — Mon brave, dites-vous d'un air important, je ne veux rien pour rien... Tiens ! voilà pour ta peine...

« Berthollin, dont toujours les goussets étaient vides, dont toujours les doublures se touchaient, n'avait jamais eu une pareille aubaine.

« Tout cet or l'étourdissait, l'éblouissait, lui donnait une sorte de fièvre. Aussi s'empressa-t-il de faire disparaître les beaux louis tout neufs, les beaux louis tout étincelants, en vous disant :

« — C'est entendu. Tu es ici chez toi...

« Vous aviez donc réussi, ou du moins vous pensiez avoir réussi à vous mettre à l'abri des recherches de la police.

« Mais si vous voulez être franc, Ravachol, vous avouerez bien que vous étiez loin d'être à votre aise dans le taudis de Berthollin.

« Car cette chambre, ou plutôt cette espèce de grenier situé sous le toit, où jamais le jour n'entrait, où jamais l'air ne pénétrait, était un véritable taudis, n'est-il pas vrai ?

« D'un autre côté, Berthollin avait bien pris soin de vous recommander de la façon la plus expresse, la plus énergique, de ne pas bouger, de ne pas remuer, si vous ne vouliez pas vous exposer à vous faire pincer.

« — Ici je ne suis pas chez moi, vous avait-il dit, et j'ai là deux vieilles voisines qui constamment me mouchardent, qui constamment m'espionnent.

« Comme elles savent que je suis toute la journée dehors, si tu ne veux pas éveiller leurs soupçons, tu seras donc obligé de faire le mort.

« Et maintenant autre chose, avait ajouté Berthollin. Il est presque impossible, dans cette cambuse, de se passer de lumière, et cependant, si tu veux être prudent et si tu tiens à garder ta tête sur tes épaules, il faudra bien que tu t'en passes... Car les deux vieilles dont je te parle ne sont pas aveugles, et elles ne manqueraient certainement pas de s'étonner de voir toute la journée de la lumière chez moi... »

L'inconnu venait d'avoir un sourire.

— Je ne sais pas si je me trompe, Ravachol, dit-il, mais il me semble que la prison aurait peut-être été encore un séjour plus agréable que celui-là, s'il n'y avait pas eu au bout le bagne ou l'échafaud...

« Non seulement vous restiez des journées entières au lit afin d'éviter de faire du bruit et d'être entendu par les vieilles voisines de Berthollin, mais encore, dans ce taudis obscur, dans ce taudis ignoble, l'haleine courte, une sueur froide au front, vous trembliez à chaque minute, à chaque seconde d'entendre la police, d'entendre la *rousse* frapper à votre porte.

« Aussi, un beau jour, ne pouvant plus vivre ainsi séquestré et très curieux aussi de savoir ce qui se passe et ce que l'on dit, oubliez-vous toute prudence, et quittez-vous la cambuse de votre ami, la cambuse de Berthollin, pour vous mettre à battre le pavé et à courir les rues de Saint-Étienne.

« Oh! je sais bien, parbleu! que vous aviez soin de vous faire une « tête », c'est-à-dire de vous grimer, de vous déguiser... Oh! je sais bien aussi que vous étiez assez habile en cet art pour vous rendre méconnaissable. — Mais, c'est égal, à votre place, je n'aurais pas été tranquille...

« Du reste, vous étiez si sûr de vous-même et vous étiez si convaincu que la police ne pourrait pas vous reconnaître sous les masques divers que vous preniez, sous les différentes physionomies que vous empruntiez, que vous vous montriez parfois très imprudent, trop imprudent.

« Rappelez-vous, par exemple, cette aventure avec un agent de police sur lequel vous vous jetez brusquement, follement, et que vous voulez arrêter comme étant Ravachol...

« Ah! vous souriez! ce souvenir encore vous amuse...

L'assassin de l'ermite n'avait pu, en effet, s'empêcher de sourire, c'est-à-dire s'empêcher de se trahir.

— Ah! vous ne riez plus! dit vivement l'inconnu... Vous reconnaissez donc enfin être bien Ravachol!... Votre attitude en ce moment le prouve... Mais passons... Continuons...

Et comme l'ancien faux-monnayeur souriait toujours, les bras croisés.

— Vous vous jetez donc sur cet agent, reprit l'étrange personnage, puis quand vous faites semblant de reconnaître votre erreur, vous allez boire avec lui, vous vous faites passer pour un agent envoyé de Paris, pour un agent de la Sûreté, et vous parlez longuement du crime de Chambles.

« L'homme à qui vous aviez affaire n'était qu'un pauvre diable sans malice, qu'un pauvre diable très peu fort, un peu imbécile même, heureusement pour vous, car ce jour-là vous risquiez tout simplement de vous faire pincer, tout simplement de perdre votre tête...

« Mais passons, passons encore et revenons à votre ami, et revenons à Berthollin, continua plus vivement l'inconnu.

« Ah! certes, celui-là aussi n'était pas homme à s'effrayer de peu, mais cependant il avait de très bonnes, de très excellentes raisons pour se montrer moins rassuré que vous...

« En effet, depuis quelque temps il ne pouvait plus sortir de son usine sans se voir aussitôt surveillé, aussitôt épié par des gens à mine plus que suspecte, par des hommes dont les allures disaient assez à quelle catégorie d'individus ils appartenaient.

« En un mot, la police, dont vous aviez l'air de rire, dont vous aviez l'air de vous moquer, avait eu un peu plus de flair que vous ne le supposiez, et elle se mettait à présent à filer Berthollin, se doutant bien un peu que c'était chez lui que vous aviez dû trouver un asile.

« Et ce « filage » devenait si inquiétant, si menaçant, que Berthollin, maintenant, tremblait de voir la rousse envahir d'un moment à l'autre son taudis, et que force vous était enfin d'aller chercher ailleurs un autre abri, un autre refuge...

« Est-ce vrai?... Est-ce que j'invente quelque chose?... Est-ce que je ne vous raconte pas très exactement et dans tous ses détails l'histoire de votre vie à ce moment-là?...

Et comme Ravachol gardait le silence, le mystérieux inconnu reprit :

— Mais trouver ailleurs un autre abri, un autre refuge, n'aurait pas été chose aisée, chose facile, si le hasard ne vous était venu en aide et ne vous avait servi.

« Berthollin avait pour camarade un brave compagnon forgeron que l'on appelait du nom de son pays, c'est-à-dire que l'on appelait le Lyonnais.

« Le Lyonnais allait partir en voyage pour quelque temps et, par conséquent, sa chambre allait rester vide.

« Et c'est alors que Berthollin eut une idée lumineuse, une idée qui, peut-être, allait vous sauver.

« Il inventa donc je ne sais quelle histoire de parent à recevoir, d'ami qui allait débarquer d'un moment à l'autre à Saint-Étienne et à qui il était forcé de donner l'hospitalité, et il manœuvra si adroitement, si habilement, que le forgeron, qui d'ailleurs était un très bon camarade, n'hésita pas une minute à lui céder sa chambre.

« Vous aviez donc réussi à trouver ce qui pouvait vous paraître introuvable, c'est-à-dire une nouvelle cachette, c'est-à-dire un nouvel asile où vous pourriez narguer la police.

« Et quelle joie vous éprouviez, vous devez vous en souvenir, Ravachol?

« — Oh! la *rousse*, disiez-vous, elle peut patauger tout à son aise, elle ne me tient pas encore.

« Mais vous n'alliez pas tarder à déchanter, mais vous n'alliez pas tarder à avoir encore une frousse terrible.

« Dès le lendemain, en effet, à la pointe du jour, vous entendez tout à coup cogner à votre porte...

« C'était elle!... c'était cette police qui vous paraissait si stupide qui venait encore une fois de découvrir votre retraite.

« Mais il faut vous rendre justice, Ravachol : vous êtes un gaillard énergique et il ne vous arrive guère, même dans les heures les plus dangereuses, même dans les moments les plus critiques, de perdre entièrement votre sang-froid.

« Aussi, pendant que la police cogne toujours à votre porte, pendant qu'elle ne cesse de vous crier : « Au nom de la loi, ouvrez! », avez-vous déjà trouvé le moyen de lui échapper.

« D'un bond, vous sautez sur le toit de la maison, vous vous emparez d'une longue planche que vous aviez trouvée là la veille, et grâce à cette planche, très longue, très solide, vous organisez une sorte de pont qui vous permet de gagner le toit voisin...

« Et le tour était joué!

« Et la police, encore cette fois, allait en être pour sa honte!...

« Voyant que, décidément, vous ne vous décidiez pas à lui ouvrir, elle enfonce la porte, elle se précipite, furieuse, dans la chambre, et reste toute saisie.

« La chambre est vide!

« Plus de Ravachol!

« Et pendant qu'elle grimpe à son tour sur le toit, pensant qu'elle ne va pas manquer de vous trouver blotti derrière quelque cheminée, vous, que faites-vous, vous, que devenez-vous?

« Sur le toit de la maison voisine, où vous venez d'arriver, il y a une petite mansarde dont la lucarne est ouverte.

« — Bonne affaire! pensez-vous. C'est encore le salut!

« Et sans perdre une minute, sans perdre une seconde, plein de fièvre, très pâle, vous vous laissez tomber dans cette mansarde.

« Mais à peine vos pieds ont-ils touché le sol qu'un cri d'effroi retentit.

« Car, en effet, il y a là quelqu'un, une jeune fille encore à moitié endormie, et que votre étrange et brusque apparition épouvante.

« Et au cri d'effroi, au cri de terreur de cette enfant, vous répondez, vous, Ravachol, par un cri d'étonnement, par une exclamation de surprise.

« C'est que le hasard vient de vous mettre en face d'une ancienne connaissance, c'est que cette jeune fille qui reste encore toute tremblante, toute frissonnante, n'est pas une inconnue pour vous.

« Vous aviez eu autrefois l'occasion de la rencontrer très souvent chez votre mère où l'attiraient des relations de voisinage, et comme elle était assez jolie, comme vous la trouviez assez de votre goût, vous vous étiez mis à lui faire la cour la plus empressée et la plus assidue.

« Mais, hélas ! mon pauvre Ravachol, votre amour ne devait être qu'un amour malheureux, qu'un amour méconnu, poursuivit le singulier personnage avec un petit sourire ironique, car à toutes vos déclarations, la jeune fille ne répondait que par l'indifférence ou le dédain.

« Et après l'avoir perdue pendant longtemps de vue, vous la retrouviez tout à coup seule en face de vous, seule dans cette petite chambre !

« Alors, brusquement, vous oubliez tout, et la police qui vous cherche, et le danger que vous courez, pour ne plus penser qu'à elle, pour ne plus penser qu'à votre ancien amour...

« Et vous que le bagne guette, vous que l'échafaud d'un instant à l'autre peut prendre, vous, dont les minutes peut-être sont comptées, vous vous oubliez à dire de douces paroles !...

« Mais cette jeune fille, mais cette enfant, connaît, elle aussi, votre histoire...

« Elle sait, elle aussi, la terrible accusation qui pèse sur vous...

« Elle sait, elle aussi, que vous êtes le meurtrier de Jacques Brunel, l'assassin du vieil ermite de Chambles.

« Et à mesure que vous lui parlez, prise d'une plus grande peur, d'une plus grande épouvante, elle regarde vos mains, croyant encore les voir rouges du sang de votre victime.

LES EXPLOITS DE RAVACHOL

On l'avait même dit mêlé à certaines attaques nocturnes.

« Les mots d'amour que vous osez lui dire lui semblent, dans votre bouche, de véritables blasphèmes...

« Et, brusquement, toute révoltée, toute pleine d'indignation, elle vous rappelle qui vous êtes... elle vous jette à la face ce crime que vous semblez oublier; elle vous parle, avec terreur, mais aussi avec pitié, de châtiment et d'expiation...

« Mais, vous, vous ne l'entendez pas; mais, vous, vous ne pouvez plus l'entendre...

« Plus vous la regardez, plus aussi elle semble vous repousser, plus vous sentez un frisson de feu courir dans vos veines...

« C'est alors un désir fou qui vous brûle, un désir qui pourrait, à cette minute, vous rendre capable de tout.

Ravachol venait de hausser les épaules et un sourire avait couru sur ses lèvres.

— Et vous étiez là plein de fièvre, poursuivit l'étranger, de plus en plus en proie à une passion folle, à une passion insensée, quand, brusquement, vous tressaillez, quand, brusquement, vous sursautez...

« C'est que vous venez d'entendre dans l'escalier comme un bruit sourd qui vivement se rapproche...

« Ce bruit vous inquiète, et vous écoutez!... vous écoutez encore!...

« Et bientôt vous ne doutez plus, vous ne pouvez plus douter...

« Ce sont bien encore les agents, c'est bien encore la police qui vient vous chercher, qui vient vous prendre...

« Prévenue par un voisin qui a entendu la jeune fille prononcer votre nom, elle accourt pleine d'espoir, sûre, cette fois, de vous saisir...

« Mais, cette fois encore, elle se trompe, mais, cette fois encore, toujours hardi, toujours plein d'audace, vous parvenez à vous évader.

« Comment?

« Je le sais aussi et je puis vous le dire.

« Vous vous évadez en vous servant d'une corde que vous attachez solidement à la lucarne et qui vous permet de vous laisser glisser doucement dans la rue.

« Et une fois là, on vous entend rire d'un grand rire ironique, d'un grand rire avec lequel vous semblez souffleter la police qui, une fois de plus, s'est donné une peine inutile, qui, une fois de plus, est arrivée trop tard!...

L'inconnu venait de s'interrompre, puis après avoir encore mouillé ses lèvres dans son verre, il reprit :

— Il faut le reconnaître, vous aviez une chance rare, une chance véritablement insensée.

« Depuis que la police savait à n'en pas douter que vous étiez bien l'auteur du crime de Chambles, que vous étiez bien le meurtrier de Jacques Brunel, c'était la troisième fois que vous parveniez à vous échapper...

« Mais si en vous évadant de chez la jeune fille vous aviez très bruyamment triomphé, il faut bien dire aussi que votre triomphe fut de courte durée..

« En effet, vous étiez bien libre encore, bien libre comme l'air, mais cependant combien cette liberté était précaire !...

« Où alliez-vous, maintenant, aller vous cacher?... Où alliez-vous, maintenant, aller chercher un asile, un refuge?

« Vous n'en saviez rien.

« Et cependant vous cherchiez, vous réfléchissiez encore...

« Mais non, à présent, nul ami ne pouvait vous accueillir, nulle porte ne pouvait encore s'ouvrir devant vous...

« Et un peu las, un peu découragé, vous vous remettez en route, car la police peut-être vous poursuit, car la police peut-être va surgir.

« Et alors vous vous mettez à marcher au hasard sans savoir où vous arriverez, sans savoir où vous échouerez...

« Et vous marchez ainsi longtemps, toujours tout droit devant vous, talonné par la peur, quand, brusquement, vous vous arrêtez, tout saisi, plein de surprise.

« A quelques pas de vous, vous venez d'apercevoir une pauvre maison toute noire, toute branlante, une sorte de masure, et sur le seuil de cette maison une femme vous est apparue...

« Toujours très saisi, vous demeurez longtemps immobile à regarder cette femme, une bonne femme à l'air très bon et aux cheveux déjà grisonnants...

« Et plus vous la regardez, plus votre visage s'éclaire, plus le rayon de joie grandit dans vos yeux.

« — Oui, c'est elle, parbleu ! c'est elle, finissez-vous par dire. C'est bien la mère Blanchard.

« Et alors, comme la vieille femme vient de vous remarquer à son tour et qu'elle a levé les yeux sur vous, vivement vous vous rapprochez d'elle et vous l'appelez par son nom.

« Très étonnée, elle vous regarde, car elle ne vous reconnaît pas, et elle se demande quel individu elle a en face d'elle.

« Tout de suite alors, à voix très rapide et très basse, vous vous nommez :

« — Je suis Ravachol... oui, Ravachol. Regardez-moi bien... Est-ce que vous ne vous souvenez pas de moi?

« Et vous n'avez pas encore achevé que la bonne vieille femme, que la bonne Mme Blanchard eut un tressaillement de joie.

« A la voir si pâle et si émue, on croirait que c'est une mère qui, après une très longue absence, vient de retrouver son fils, de retrouver son enfant.

« Et, pleine de tendresse, toute suffoquée par ce qui lui arrive, elle ne trouve d'abord qu'un mot à vous répondre, qu'un mot à vous dire :

« — Ah! c'est toi, mon petit Ravachol!... c'est donc toi!...

« Puis, brusquement, elle vous pousse chez elle :

« — Entre!... entre donc, petit!...

« Mais, elle aussi, la brave femme, a entendu parler de l'horrible assassinat du vieil ermite de Chambles...

« Mais, elle aussi, elle sait que c'est vous que l'on accuse, que c'est vous que la police recherche, et alors, pleine d'inquiétude, pleine d'anxiété, pleine d'angoisse, elle veut savoir et elle vous interroge.

« Elle vous avait connu tout enfant, là-bas, à Saint-Chamond, elle vous avait toujours traité et toujours aimé, non comme l'enfant d'un voisin, mais comme si vous aviez été son propre fils, et elle ne pouvait pas croire que vous ayez pu vous rendre coupable d'un crime pareil.

« Et rien, certainement, n'était plus touchant, n'était plus attendrissant, que cette bonne vieille femme ne cessant de vous répéter :

« — N'est-ce pas, petit, que ce n'est pas vrai?... N'est-ce pas, petit, que l'on se trompe et que ce n'est pas toi qui as fait ce coup-là?

« Et je suis bien sûr que, malgré vous, vous ne pouviez vous empêcher de sourire en la voyant si naïve.

« Aussi vous posez-vous tout de suite en victime, en martyr, en pauvre garçon que la justice persécute sans qu'il sache pourquoi...

« Et la pauvre mère Blanchard de s'apitoyer davantage encore sur votre sort; et la pauvre mère Blanchard de lever les mains au ciel de désespoir!...

« Et ce que vous aviez peut-être prévu, quand vous l'aviez abordée sur le seuil de sa porte, ne manque pas de se réaliser...

« Elle sait, car vous avez bien pris soin de le lui dire sur le ton le plus dramatique, que vous ne savez ni où manger ni où coucher... Elle sait que vous êtes traqué de telle sorte que vous ne pouvez, sans la plus grave imprudence, vous risquer dans aucune auberge, dans aucun cabaret.

« Et comme vous la voyez s'attendrir de plus en plus, de plus en plus aussi vous insistez, vous appuyez sur cette note-là.

« — Où coucherai-je ce soir? où pourrai-je trouver un abri? soupirez-vous de l'air le plus triste et le plus douloureux. Est-ce que je le sais?... Est-ce que je puis le savoir?... Peut-être serai-je obligé de me tapir dans quelque fossé comme un chien perdu, comme un chien errant?...

« Et la pauvre mère Blanchard n'y tient plus. Elle est remuée jusqu'au fond des entrailles. Elle a des larmes plein les yeux.

« Ah! son petit Ravachol, est-ce qu'elle serait assez lâche, assez sans cœur, assez misérable pour l'abandonner quand il se trouve dans une pareille peine et un pareil ennui?

« Allons donc!... Est-ce qu'elle n'est pas là pour un coup?... Est-ce qu'elle n'est pas là pour vous donner ce toit qui vous manque, cet asile que vous ne pouvez trouver nulle part?

« Et bien qu'elle ne sache pas ce que son homme dira, ce que son mari pensera de l'offre qu'elle va vous faire, elle n'hésite cependant pas une seconde à vous dire :

« — Puisqu'il en est ainsi, petit, je te garde... Tu es ici chez toi... Tiens, installe-toi dans cette chambre, et pour plus de sécurité, ne bouge pas et fais le mort!...

« C'était le même langage que vous avait tenu votre ami Berthollin quand il avait consenti à vous recueillir chez lui.

« Et vous voilà, encore une fois, parfaitement tranquille, parfaitement rassuré.

« La police, loin de vous effrayer, ne vous inspirait plus que de la pitié, que de la commisération.

« — Ah ! les ai-je assez roulés ! pensiez-vous encore tout triomphant. Quelle vilaine grimace ils doivent faire !...

« Est-ce que je me trompe, Ravachol?... Est-ce que ce n'était pas là ce que vous vous disiez ? ce que vous pensiez ?

« Mais, malheureusement pour vous, Ravachol, vous vous réjouissiez trop tôt, car cette bonne chance que vous aviez eue de rencontrer sur votre chemin la mère Blanchard ne devait pas vous servir à grand'chose.

« La police avait bien été un moment déconcertée, un moment dépistée, mais cependant, comme elle y mettait de l'amour-propre, elle n'avait pas tardé à retrouver votre trace...

Malgré lui, l'assassin de l'ermite s'était vivement redressé et son regard se fixait avec plus de curiosité encore sur l'inconnu.

Et tout en s'efforçant de paraître très calme et de ne pas trahir sa pensée, il se disait :

— Quel est donc ce particulier-là ?... Comment peut-il savoir tant de choses ?... Comment a-t-il pu connaître tous ces détails et apprendre tout ce qu'il me raconte là ?

Mais l'autre, les deux coudes repliés sur la table, hochait la tête, souriait toujours de son sourire énigmatique et étrange.

Il semblait dire à l'assassin de l'ermite :

— Ne soyez donc pas si surpris, voyons !... Combien vous auriez le droit d'être étonné si je vous en disais davantage !...

Et il reprit presque aussitôt, toujours sur le même ton, c'est-à-dire toujours la voix lente :

— Oui, la police, dont la pensée, en ce moment, n'amenait sur vos lèvres qu'un sourire moqueur, qu'un sourire de dédain ; oui, la police, qui vous semblait profondément ridicule après toutes ses déceptions et toutes ses déconvenues, n'en était pas moins encore sur votre trace.

« Aussi, tout à coup, la mère Blanchard qui songeait, réfléchissait, probablement à tout ce que vous veniez de lui dire, probablement aussi au souci que vous alliez lui donner et à la nouvelle charge que vous alliez être pour son pauvre ménage, eut-elle un brusque sursaut, une violente secousse.

« Sur la route qui passait devant sa masure et qui était toujours si calme, si solitaire, si déserte, un grand bruit venait soudain de s'élever.

« Ce bruit-là ressemblait à un galop furieux, et c'était toute pâle et prise de je ne sais quel sombre et sinistre pressentiment que la bonne femme l'écoutait...

« Et de plus en plus le bruit étrange croissait, se rapprochait...

« Et, brusquement, comme elle écoutait toujours, la mère Blanchard ne put retenir un cri d'effroi.

« La porte venait de s'ouvrir avec fracas, et cinq ou six individus, haletants, blancs de poussière, l'œil plein de colère, venaient d'entrer.

« C'était la *rousse*, la police, qui après vous avoir manqué chez le Lyonnais, manqué chez la jeune fille, venait de vous retrouver ici.

« La mère Blanchard, plus morte que vive, n'avait plus une goutte de sang dans les veines.

« A la vue des agents, elle s'était levée d'un bond en poussant un nouveau cri d'épouvante.

« Mais alors un de ces hommes s'était élancé sur elle et lui avait braqué son revolver sur le front.

« — Vieille, si tu bouges, lui cria-t-il, je te tue !...

« Et il était si livide, et il avait le regard si chargé d'éclairs, qu'il n'était que trop facile de s'apercevoir que ce n'était pas là une vaine menace.

« Oui, au premier geste, au premier mouvement que la pauvre vieille aurait pu faire pour vous prévenir, il était certain que cet homme lui faisait sauter la cervelle.

« Mais, continua l'inconnu, si la police, honteuse de vous avoir laissé échapper une fois, se montrait maintenant, dans la chasse qu'elle vous donnait, assez habile et assez intelligente, il faut bien dire que vous non plus vous ne manquiez pas de flair.

« Aussi tout en vous félicitant d'avoir trouvé une nouvelle cachette dans la vieille maison de la mère Blanchard, comme après tout on ne savait pas ce qui pouvait arriver, comme après tout le hasard qui vous avait si bien servi pouvait également servir la police et lui donner encore le moyen de vous dénicher, aviez-vous, sans bien réfléchir, pensé que vous seriez plus prudent et plus sage en ne vous endormant pas trop dans une dangereuse sécurité.

« — Mon Dieu, on ne sait pas ! vous étiez-vous dit de temps à autre. Tout me fait croire qu'il ne sera pas très facile de me découvrir ici, dans ce désert et si loin de Saint-Étienne, mais enfin il ne faut qu'un hasard.

« Et constamment vous aviez épié et guetté.

« La mère Blanchard avait reçu une visite... la visite d'une de ses voisines, et l'oreille collée contre la porte, retenant votre souffle, vous n'aviez pas perdu un seul mot, une seule syllabe de tout ce que cette femme disait, de tout ce que cette femme racontait.

« Et si je suis toujours bien renseigné, cette femme ne disait pas beaucoup de bien de vous.

« Or, comment ce grand bruit qui s'était tout à coup élevé sur la route, comment ce galop furieux qui avait fait tressaillir la mère Blanchard, ne vous aurait-il pas fait aussi dresser l'oreille?

« A peine l'avez-vous entendu que vous frémissez...

« Et, tout pâle, vous écoutez... vous écoutez encore!

« Est-ce bien vrai? Ne vous êtes-vous pas trompé? Est-ce que dans le grand silence qui régnait autour de la masure un bruit étrange n'a pas retenti?... Et vous écoutez... vous écoutez!... Quelques secondes s'écoulent...Maintenant vous ne pouviez plus avoir aucun doute... Oui, le bruit se rapproche, le bruit grandit...

« Et, malgré vous, ce cri vous échappe :

« — La police!... c'est la police!

« Et vous n'avez pas achevé que vous reculez, tout blême, tout défait, le front en sueur.

« C'est que la porte de la masure venait de s'ouvrir avec un fracas épouvantable, avec une violence inouïe.

« C'est que vous veniez d'entendre la menace que l'agent dont je viens de vous parler avait faite d'une voix retentissante, d'une voix terrible, à la mère Blanchard :

« — Vieille, si tu bouges, je te tue!

« Ah! le moment était critique, la minute était dangereuse; et il ne s'agissait pas de perdre son sang-froid, n'est-ce pas, Ravachol?

« La moindre hésitation, la moindre défaillance, et c'était fini, et, cette fois, la police triomphante vous emmenait solidement enchaîné, solidement garrotté...

« Mais déjà vous étiez loin.

« Mais déjà vous aviez fui.

« Mais déjà vous aviez mis, entre la maison de la mère Blanchard et vous, une distance respectable.

LES EXPLOITS DE RAVACHOL

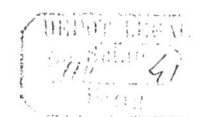

Vous rentrez vous cacher dans les bois de Rochetaillée.

« En effet, il y avait dans la petite chambre que la vieille femme avait eu la générosité de mettre à votre disposition, une fenêtre qui ouvrait sur la pleine campagne.

« D'un bond, vous escaladez cette fenêtre ; d'un bond, vous vous retrouvez dehors... libre encore, libre toujours !...

« Puis, au bout d'un instant, vous vous retournez et vous ne pouvez vous empêcher de rire, car, là-bas, dans la chambre où vous vous cachiez, car, là-bas, à la place même que vous occupiez quelques secondes auparavant, vous venez de reconnaître, grâce à son écharpe, le commissaire de police lui-même.

« Et le brave homme, qui croyait bien déjà vous tenir, a l'air si penaud et en même temps si furieux d'arriver encore une fois trop tard, que cela vous divertit et vous amuse...

« Et, très franchement, Ravachol, je comprends votre joie...

« Oui, cette minute encore dut être pour vous une minute délicieuse ! Avoir vu de si près la prison, avoir vu de si près le châtiment, et sentir encore autour de soi le large espace avec l'éblouissant soleil, avec l'air pur, la vie enfin !...

« Oui, Ravachol, oui, je vous le répète, je comprends votre joie...

« Et cependant votre front ne tarda pas à s'assombrir...

« Pourquoi ?

« Quelle pensée veniez-vous donc d'avoir ?

« Quelle réflexion veniez-vous donc de faire ?

« Vous étiez maintenant si loin de la maison de la mère Blanchard, vous aviez fait tant de détours et vous étiez si bien caché dans l'espèce de petite forêt que vous aviez rencontrée devant vous, que vous ne pouviez guère redouter un retour offensif de la police...

« Cette malheureuse police, d'ailleurs, s'en allait à présent la tête basse, osant à peine rentrer à Saint-Étienne, après avoir été encore une fois battue, une fois jouée.

« Mais ce qui vous préoccupait et ce qui vous rendait si sombre et si soucieux, c'était l'avenir.

« Pour le moment tout allait bien, la rousse venait encore d'être dépistée, mais on n'a pas tous les jours la bonne veine de rencontrer juste à point sur son chemin une bonne vieille comme la mère Blanchard, une bonne femme assez naïve et, disons le mot, assez imprudente pour offrir un asile à un individu que tout le monde accuse d'être un meurtrier et un assassin.

« Alors, à partir d'à présent, qu'allait-il arriver ? qu'allait-il se passer ? par quel prodige et par quel miracle alliez-vous encore être assez heureux pour pouvoir conserver votre liberté ?

« Avouez, Ravachol, que vous étiez plus que jamais très embarrassé pour vous répondre, très embarrassé pour savoir comment vous pourriez vous retourner ?...

« Mais, comme il faut être juste, je m'empresse d'ajouter que tout autre à votre place eût été aussi embarrassé que vous...

« Et le front de plus en plus sombre, vous restez plus d'une heure assis à la même place, cherchant et réfléchissant encore, cherchant et réfléchissant toujours...

« Enfin, comme vous ne trouviez pas mieux, l'idée vous vient de gagner les bois de Rochetaillée, tout près desquels vous avait amené le hasard de votre fuite...

« Vous vous remettez donc immédiatement en route, et comme le soir vient, comme la nuit tombe, vous entrez enfin dans ces bois où vous vous tenez blotti comme une bête fauve.

« Et bien que vous soyez très énergique et très résolu, bien que vous vouliez absolument vous persuader que dans cet endroit si désert vous n'avez plus rien à craindre, il n'en est pas moins vrai que vous n'êtes pas aussi rassuré et aussi tranquille que vous voudriez l'être et que vous sentez encore une sueur froide, une sueur d'angoisse mouiller votre front...

« Il fait, d'ailleurs, une nuit assez noire... Le ciel n'a pas une étoile, pas une clarté... Le vent aussi souffle avec violence et par moments les bois immenses de Rochetaillée semblent s'emplir de bruits étranges, de longues rumeurs menaçantes...

« Et ces bruits, ces rumeurs, vous rendent tout pâle.

« Pour une branche que le vent emporte et qui tombe tout près de vous, vous restez pendant plusieurs minutes l'œil effrayé, plein de frissons...

« Pour un oiseau de nuit dont le cri tout à coup retentit, vous avez de brusques sursauts pleins d'épouvante, de brusques tressaillements pleins d'effroi...

« Et votre regard fixe, votre regard inquiet fouille sans cesse dans cette ombre, dans ces ténèbres qui vous entourent...

« Et par instants, dans cette ombre, des formes se meuvent, des silhouettes s'agitent... Ce sont des arbres que le vent secoue, que le vent tord... Mais un nouveau frisson vous prend, mais une nouvelle peur vous envahit, car, pour vous, c'est encore la police qui s'approche, c'est encore la police qui vous cherche.

« Cependant vous aviez, dans cette journée-là, passé par de si violentes émotions et vous étiez si las, si anéanti, si brisé, que vous finissez par vous endormir d'un sommeil très lourd, d'un sommeil de plomb.

« Vous avez dû avoir, cette nuit-là, d'étranges songes, d'étranges rêves, n'est-il pas vrai, Ravachol?

« Mais passons... passons encore.

« Le lendemain, quand vous vous réveillez, votre premier mouvement est un mouvement d'étonnement et de surprise.

« Votre regard erre autour de vous et vous vous demandez où vous êtes...

« Et votre surprise est si grande que vous croyez rêver encore...

« Mais peu à peu, cependant, tous vos souvenirs de la veille vous reviennent.

« Vous vous revoyez encore dans la maison où vous avait conduit Berthollin, vous vous revoyez encore dans la chambre du forgeron, dans la chambre du Lyonnais où la police avait failli vous pincer et où vous n'aviez eu, pour lui échapper, que le temps de grimper sur le toit pour sauter sur un autre.

« Vous vous revoyez encore dans la mansarde de cette enfant, de cette jeune fille que vous aviez aimée, qui vous avait toujours repoussé avec la plus grande froideur, mais qui vous repoussait maintenant avec le plus grand effroi; dans cette mansarde où la police avait encore failli vous prendre et d'où vous n'aviez pu fuir qu'en vous laissant glisser jusque dans la rue par une corde, c'est-à-dire qu'en risquant de vous rompre le cou.

« Enfin, vous revoyez encore la vieille maison de votre vieille amie, la vieille masure de la mère Blanchard...

« Et alors si vous n'avez plus de surprise, plus d'étonnement, vous restez, en revanche, toujours plein d'épouvante.

« Vous êtes ici dans les bois de Rochetaillée, dans ces bois où la veille, alors que le soir tombait, que la nuit était déjà noire, vous êtes venu, en courant comme un fou, chercher un dernier asile et un dernier refuge !...

« Mais ces bois, si profonds qu'ils soient, ont-ils une cachette assez sûre pour vous ?

« Mais d'un moment à l'autre, peut-être demain, peut-être dans une heure, la police ne peut-elle pas venir les fouiller à leur tour ?...

« Et, le diable, c'est qu'il vous est toujours impossible de répondre à votre éternelle question : Que faire ? Où aller ? Chez qui frapper ?

« Ah ! si vous aviez eu encore toutes ces défroques, encore tous ces costumes que vous vous étiez procurés par Berthollin quelques jours après votre installation chez lui, peut-être votre situation vous eût-elle paru beaucoup moins grave.

« En effet, en vous grimant bien, en vous grimant avec cet art merveilleux que vous possédez, vous auriez pu encore aller et venir, vous auriez pu encore changer de place, savoir ce que l'on disait et ce que la police faisait, enfin vous auriez eu certainement la chance d'être beaucoup moins exposé que vous ne l'étiez ici, en restant toujours tapi, toujours caché dans cette solitude.

« Mais, malheureusement pour vous, la police, le jour où elle était venue vous traquer chez le Lyonnais, avait fait main basse sur tous ces précieux costumes, sur toutes ces précieuses défroques...

« Et c'était là une pensée qui vous remplissait de colère, une pensée qui vous remplissait de rage... Est-ce vrai ?

Le meurtrier de l'ermite de Chambles avait peut-être le front un peu moins sombre, mais il n'en resta pas moins toujours silencieux.

L'homme ajouta :

— Comme vous le voyez, ce n'est pas un roman que je vous raconte, mais de l'histoire... mais votre propre histoire...

Et il regardait Ravachol comme s'il attendait encore une réponse.

Mais celui-ci continua à demeurer muet.

Alors, sans insister davantage, et toujours de son même ton tranquille, le mystérieux étranger continua :

— Il faut pourtant que j'abrège et que je passe sur bien des détails, car si je voulais vous suivre heure par heure dans votre existence depuis que vous avez commis le crime de Chambles, je n'en finirais pas...

« Vous voilà donc dans les bois de Rochetaillée qui, grâce aux battues que l'on pouvait y organiser d'un moment à l'autre pouvait devenir pour vous une souricière.

« Aussi n'y restiez-vous guère dans la journée.

« Vous préfériez aller rôder dans l es environs qui étaient tout aussi déserts et où vous ne risquiez pas d'être reconnu...

« A peine croisiez-vous de temps à autre quelque roulier ou quelque paysan qui n'avait pas même l'air de vous voir...

« Mais il devait, pourtant, dans une de ces promenades; vous arriver une aventure dont il faut que je vous parle...

Ravachol venait de tressaillir et son regard s'était fixé encore plus curieusement sur l'inconnu.

— Ce jour-là, reprit celui-ci, comme toujours, d'ailleurs, vous aviez bien soin de n'avancer qu'en vous tenant sur le qui-vive et prêt à gagner le large à la moindre alerte...

« Un moment même, pris d'une peur atroce, vous n'aviez eu que le temps de vous jeter brusquement dans un fossé, pour éviter deux gendarmes qui venaient de déboucher d'un petit sentier situé à quelques pas en face de vous.

« Mais les deux gendarmes ne devaient guère penser à Ravachol ni à l'ermite de Chambles, car ils chevauchaient en causant très vivement et très gaiement.

« Pourtant je suis bien sûr que ces quelques minutes-là doivent aussi compter dans votre vie, car il y avait déjà beau temps qu'ils avaient disparu, déjà beau temps que l'on n'entendait plus le bruit de leurs montures que vous restiez encore au fond de votre fossé, aussi pâle et aussi immobile qu'un mort.

« Enfin vous vous décidez à vous relever et vous voici de nouveau sur la route...

« Vous faites ensuite une centaine de pas, puis brusquement, soudainement, vous vous arrêtez.

« Un nouveau tressaillement vient de vous prendre.

« Qu'est-ce donc ?

« Pourquoi ne continuez-vous plus votre chemin ?

« Est-ce que vous venez encore de voir des gendarmes ? Est-ce que vous venez d'apercevoir tout près de vous quelque chose qui peut vous effrayer ?

« Non, cette fois, ce que vous éprouvez, ce n'est que de la surprise.

« Dans la pleine campagne, là-bas, là-bas, une cloche triste, lente et sourde, lente et lugubre, tinte, et si vous vous êtes arrêté, et si vous avez tressailli, c'est que vous venez de reconnaître le glas des trépassés, le glas des morts !

« Mais, vous n'êtes pas homme à rester longtemps sous le coup d'une émotion de cette nature.

« Presque aussitôt un sourire ironique court sur vos lèvres, et vous pensez :

« — Quelque richard, quelque millionnaire qui vient de casser sa pipe !... Celui-là aura mieux vécu que moi !

« Et tandis que là-bas, dans le lointain, la cloche continue son tintement lugubre, vous reprenez tranquillement votre chemin...

« Et vous marchez encore longtemps, très longtemps, car à mesure que vous avancez la route devient de plus en plus déserte et vous sentez bien que vous n'avez rien à craindre...

« En ce moment-là, vous avez même des idées moins noires, des idées moins sombres...

« Vous avez même un peu honte de toutes ces transes et de toutes ces peurs qui vous ont donné la fièvre...

« Vous pensez bien encore à la police, vous pensez bien encore à la rousse qui vous guette et qui vous cherche car, en effet, comment n'y penseriez-vous pas ? mais, du moins, vous y pensez avec plus de sang-froid.

« Vous vous dites qu'avec un peu d'habileté, — et vous en avez beaucoup, — qu'avec un peu de chance, — et vous en avez eu énormément, — il ne vous serait peut-être pas trop malaisé, pas trop difficile de lui glisser définitivement entre les doigts.

« — Sortir de Saint-Étienne d'abord, vous disiez-vous, en sortir le plus promptement possible et tâcher de gagner le large, tâcher d'aller le plus loin que je pourrai, tout est là...

« Et maintenant, tout en cherchant le moyen de sortir de Saint-Étienne, tout en vous demandant comment vous pourriez vous y prendre pour « gagner le large », vous marchiez les deux mains dans vos poches, aussi tranquille et aussi confiant que si vous n'aviez pas eu derrière vous le meurtre de l'ermite.

« Et vous avanciez, et vous alliez toujours quand, tout à coup, sur cette route, qui vous semblait déserte, une voix vous crie votre nom :

« — Ravachol!... Ravachol!

« Vous restez si saisi que vous ne songez même pas à fuir.

« Et la voix reprend :

« — Léger!... Léger!...

« C'était encore votre nom, je veux dire un autre de vos noms.

« Enfin la voix continue :

« — Kœnigstein!... Kœnigstein... Hé! avance donc!...

« Et tout près de vous, derrière un arbre qui se dresse au bord d'une haie, vous entendez un long éclat de rire...

« Ce rire vous rassure, et vous vous rapprochez... vous regardez...

« Vous apercevez alors, couchés dans l'herbe, deux hommes qui vous tendent la main...

« Et voulez-vous que je vous dise leurs noms?... Et voulez-vous que je vous donne sur eux de plus amples détails?... Oh! rien ne m'est plus facile, ajouta l'étrange inconnu avec un sourire...

Et très lentement, tout en appuyant un peu sur les mots, il reprit :

— Eh bien! l'un, celui qui vous avait appelé, s'appelait Barbasse. Cet individu, qui était tombé un beau jour à Saint-Étienne, en prétendant venir de Marseille, était capable de tout, j'entends de tous les mauvais coups et de toutes les mauvaises besognes.

« L'autre s'appelait Cardoche, ou du moins prétendait s'appeler ainsi, car on n'en savait pas plus long sur son compte que sur le compte de Barbasse.

« Et comme celui-ci, c'était un gaillard prêt à tout, capable de tout, pourvu qu'il trouvât le moyen de vivre sans rien faire.

« On l'avait même dit mêlé à certaines attaques nocturnes qui avaient eu lieu dans le temps dans les quartiers déserts de Saint-Étienne.

« Enfin vous les aviez connus tous les deux à l'époque où vous faisiez de la contrebande, car, je ne sais pas si je vous l'ai déjà dit, vous ne vous êtes pas contenté d'être faux monnayeur, mais vous avez aussi été contrebandier, Ravachol!

« Et comme vous veniez de vous approcher d'eux et de leur donner une poignée de main, tout de suite Barbasse s'écria:

« — Ah! mon pauvre Ravachol, quelle frousse je viens de te faire!...

LES EXPLOITS DE RAVACHOL

Cet étrange cabaret qui demeurait ouvert toute la nuit...

Tu en es encore tout pâle... N'est-ce pas, Cardoche, qu'il est pâle comme un mort?...

« — Dame! il y a de quoi, répondit celui-ci, et il est bien certain que je ne voudrais pas être dans sa peau...

« Mais vous voulez faire le crâne et dédaigneusement vous haussez les épaules.

« — Bah! répliquez-vous, j'aime autant être dans ma peau que dans la tienne, car ils ne m'ont pas encore mis le grappin dessus, tu sauras ça, mon bon!

« Puis vous vous asseyez à côté d'eux et pour paraître encore plus malin, encore plus crâne, vous vous mettez à leur raconter très longuement les dernières aventures qui vous sont arrivées...

« — Ah! je les ai joliment joués, joliment roulés! vous écriez-vous. Et ce qu'ils doivent avoir l'air bête, à cette heure!...

« Mais Barbasse, que votre récit a beaucoup égayé, beaucoup amusé, cesse pourtant tout à coup de rire.

« Puis hochant la tête d'un air très grave :

« — Écoute, mon petit, dit-il, je n'ai pas besoin de te dire que je suis avec toi contre la police, avec toi contre la rousse, et que si je désire une chose, c'est que tu ne te fasses pas pincer...

« Je n'ai pas besoin de te dire non plus que je suis trop ton ami pour m'amuser à t'effrayer...

« Mais cependant, si tu veux un conseil, un conseil très sage, très sérieux, eh bien! je pense que tu ne feras pas mal d'ouvrir l'œil et le bon!... »

« Et comme vous ricanez; comme vous dites que la preuve que vous avez ouvert l'œil c'est que vous êtes encore là, à son tour Cardoche prend la parole :

« — Oui, mon petit, dit-il, Barbasse a raison, cent fois raison, et tu feras d'autant mieux de redoubler de prudence que si ce que nous avons entendu dire est exact, tu vas avoir affaire maintenant à forte partie...

« — A forte partie? faites-vous en ricanant encore.

« — Oui, à forte partie, à très forte partie, mon cher!... En un mot, tu vas avoir affaire à Cormon...

« — A Cormon?

« Et tout étonné, tout ébahi, vous regardez tour à tour vos deux amis.

« — Cormon? dites-vous. Qu'est-ce que c'est que ça, Cormon?... Quelle est cette bête-là?

« Mais Cardoche s'indigne, se fâche presque.

« Et il vous explique avec un accent très convaincu que Cormon n'est pas du tout une bête, mais, au contraire, un policier très habile, très retors et très dangereux.

« Et très vivement il ajoute :

« — Oui, oui, mon cher, tu en croiras ce que tu voudras, mais Cormon n'est pas le premier venu. C'est un gaillard qui n'est pas ici à sa place et qui devrait depuis longtemps faire partie de la « grande boîte », faire partie de la Sûreté de Paris.

« D'ailleurs, je suis bien certain qu'il y en a là-haut qui font les malins et qui ne sont pas capables de décrotter ses bottes... Mais c'est comme ça dans tous les métiers : il y en a qui ont de la chance et d'autres qui n'en ont pas.

« Et cependant Cormon a toutes les qualités de l'emploi, c'est-à-dire la poigne, le flair, le sang-froid, la ténacité.

« De plus, il a fait de véritables prouesses, de véritables coups de maître, et il y en a je ne sais combien qui maintenant sont au bagne qui, sans lui, n'y seraient pas...

« Par conséquent, je te le répète, méfie-toi de lui ! »

« Mais, depuis quelques secondes, vous n'écoutiez même plus Cardoche.

« Ce que vous écoutiez, c'étaient les cloches lugubres qui, là-bas, tintaient toujours.

« — Ah çà ! ça ne finira donc pas ! vous écriez-vous tout à coup. Ils sont assommants avec leurs cloches !...

« — Le fait est que ce n'est pas une musique bien gaie, dit Barbasse. C'est le glas des morts...

« — Et pour qui ce carillon ? demandez-vous.

« Alors, d'un geste vague, Cardoche montre l'horizon.

« — Pour la femme de là-bas, dit-il.

« — Pour la femme de là-bas?

« — Pour la femme de Saint-Jean-Bonnefond.

« Et comme vous semblez ne pas comprendre, il ajoute :

« — Pour la baronne de Rochetaillée... Est-ce que tu n'en as jamais entendu parler?..,

« — Si ! si !

« — Eh bien ! c'est pour elle que toutes ces cloches sont en branle... D'ailleurs, ajoute Cardoche, si tu n'avais jamais entendu parler de la baronne, je t'avoue que tu m'étonnerais beaucoup...

« — Pourquoi ça ?

« — Comment ! pourquoi ça !... Mais parce que tout le monde la connaissait, et non seulement à Saint-Étienne, mais encore dans tout le département de la Loire... Et tiens, la preuve, c'est que dans ce petit village où nous sommes on carillonne aussi comme on doit carillonner là-bas, à Saint-Jean-Bonnefond.

« — Et puis elle avait de ça, dit Barbasse, de la monnaie... Et comme elle n'était pas trop ladre et qu'elle faisait un peu de bien, tous les pauvres diables qu'elle avait secourus lui avaient fait la réputation d'une sainte...

« Et plus vivement il ajouta :

« — J'ai entendu dire qu'on l'enterrait demain... Il y aura un monde fou.... J'ai envie d'aller voir ça. Hé ! qu'en dis-tu, Cardoche ?

« Mais celui-ci hochait la tête, ne répondait pas.

« Il demeura pendant un long moment tout pensif, tout songeur, puis l'air distrait :

« — Oui, oui, on pourrait aller voir ça, puisque ça ne coûte rien, finit-il par répondre.

« Puis, après un nouveau silence, il reprit brusquement :

« — Moi, il m'était bien venu une autre idée...

« — Une autre idée ? fit Barbasse un peu étonné.

« — Oui.

« — A propos de quoi ?

« — Mais à propos d'elle.

« — A propos de la baronne ?...

« — Parfaitement.

« Et tandis que la surprise de Barbasse redouble, vous, Ravachol, vous regardez aussi très curieusement Cardoche.

« — Et de quoi s'agit-il ? demandez-vous. Que veux-tu dire ?

« — Oh ! rien... C'était une idée insensée.

« Mais de son côté, Barbasse insiste :

« — Voyons, s'écrie-t-il, ce n'est pas avec nous que tu vas faire des mystères... Réponds donc à la question de Ravachol... De quelle idée as-tu voulu parler?

« Et, chose étrange, tout à coup Cardoche était devenu tout pâle et son front s'était assombri.

« Et vous aviez beau insister encore, vous aviez beau le presser toujours de questions, il gardait à présent un silence farouche comme s'il avait eu peur de parler.

« Enfin, comme Barbasse revenait encore à la charge, se fâchant presque, brusquement il se décida :

« — Oui, fit-il, la voix un peu sourde, j'ai eu cette idée-là hier soir, quand j'ai appris la mort de la baronne...

« Comment m'est-elle venue, je ne pourrais pas le dire, mais je crois bien cependant, mon cher Barbasse, que c'est à propos de nos poches qui sont toujours vides et que je ne serais pas fâché de voir un peu plus pleines... .

« — Oui, oui ! Eh bien? s'écria Barbasse de plus en plus curieux, de plus en plus impatient.

« — Mais comme je vous l'ai dit, reprit Cardoche, c'était une idée insensée, même effrayante...

« — Effrayante?

« — Oui, oui, effrayante, car à peine m'était-elle venue que je ne pus m'empêcher de frémir...

« — Ah ! bah ! s'écrièrent un peu ironiquement les deux autres.

« — Mais enfin, à force d'y penser, j'ai fini par m'y faire...

« — A la bonne heure ! ricana encore Ravachol.

« — Et en deux mots je vais vous dire de quoi il s'agit...

« — Que de phrases, mon Dieu, que de temps perdu ! soupira Barbasse. Enfin, accouche donc !

« — C'est demain, n'est-ce pas, reprit Cardoche, qui semblait avoir peur de parler, que l'on enterre la baronne, que l'on enterre Mme de Rochetaillée?

« — Oui, oui...

« — Là-bas, dans le petit cimetière de Saint-Jean-Bonnefond que j'ai eu l'occasion de voir autrefois...

« — Eh bien ?

« — Eh bien ! dans ce monde-là, on n'a pas trop l'habitude de laisser partir ses morts tout nus... On les pare, on les habille comme s'ils allaient à une fête...

« — Après ?

« — C'est-à-dire, continua Cardoche, toujours la voix un peu basse, toujours la voix un peu sourde, que si je ne me trompe pas, la baronne, en descendant dans le caveau de famille où elle va dormir demain, devra tout simplement ressembler à une châsse.

« On lui aura mis au cou ses colliers les plus rares, aux doigts ses bagues les plus riches, aux poignets ses bracelets les plus lourds...

« Barbasse avait fait un brusque mouvement, puis il avait hoché la tête.

« — Commencez-vous un peu à saisir ? commencez-vous un peu à comprendre ? dit Cardoche toujours sur le même ton.

« — Je crois que oui, dit Ravachol. Mais continue tout de même.

« — Alors je m'étais dit que, pour deux individus comme nous, que pour Barbasse et pour moi qui n'avons plus un traître sou, un traître centime, si bien que nous en sommes tout simplement réduits à nous serrer le ventre et à loger à la belle étoile, il y avait peut-être là un joli coup à faire...

« Ainsi, par exemple, on profiterait d'une nuit pour aller faire un tour là-bas, dans le petit cimetière de Saint-Jean-Bonnefond.

« On tâcherait de s'introduire en faisant le moins de bruit possible dans le caveau de la famille de Rochetaillée, on ferait sauter la dalle qui recouvre le sépulcre, on ouvrirait le cercueil, et... et vous savez le reste... »

« Et, là-dessus, Cardoche garda le silence.

« Barbasse était devenu très pâle et semblait réfléchir.

« Quant à vous, Ravachol, il faut vous rendre cette justice que vous étiez resté très froid, très impassible.

« Enfin, au bout de quelques minutes de silence, Cardoche reprit :

« — Oui, pour un joli coup, ce serait très certainement un joli coup, un coup qui rapporterait pas mal de braise, pas mal de galette.

« On prendrait très délicatement à la bonne femme tout ce qu'elle peut avoir sur elle, on le bazarderait et l'on partagerait loyalement en frères.

« Mais voilà le cheveu ! c'est que ce coup-là, il faudrait avoir le courage de le faire !... »

« Et Cardoche n'avait pas encore achevé, que vous veniez d'éclater tout à coup d'un grand éclat de rire.

« Et vous vous écriez à plusieurs reprises, tout en haussant les épaules d'un air plein de pitié :

« — Que vous êtes bêtes !... Que vous êtes bêtes !... Que vous êtes bêtes !...

« Et, brusquement, apostrophant Cardoche, vous ajoutez :

« — Et ce courage-là, puisque courage il y a, pourquoi ne l'aurions-nous pas ?... Tenez, voulez-vous un coup de main ? Eh bien ! je suis votre homme !...

« Barbasse et Cardoche vous regardaient :

« Ils n'avaient pas cru d'abord que vous parliez sérieusement.

« Mais vous vous empressez de les rassurer.

« — Oui, oui, je suis votre homme, ma parole ! reprenez-vous avec plus de force encore. Et si vous voulez, nous faisons ce coup-là demain ?...

« Et tout de suite vous vous chargez du principal rôle.

« Les autres, Barbasse et Cardoche, se chargent de se procurer les outils et les accessoires nécessaires : un levier, une lanterne, etc.

« Puis après avoir pris rendez-vous pour le lendemain soir, entre onze heures et onze heures et demie, devant le cimetière de Saint-Jean-Bonnefond, vous quittez vos deux complices et vous rentrez, toujours en ayant bien soin de prendre vos précautions, c'est-à-dire de fouiller la route du regard, vous cacher dans les bois de Rochetaillée.

« Le lendemain soir, à l'heure dite, Barbasse arrive au rendez-vous.

« Sous la longue houppelande dont il est enveloppé il a caché un levier qui vous permettra de soulever la dalle qui recouvre le sépulcre.

« Puis, un peu plus tard, arrive Cardoche, muni d'une lanterne.

« Et ils sont d'abord tout inquiets, tout étonnés de s'apercevoir que vous êtes en retard.

« Enfin, pourtant, vous vous décidez à arriver à votre tour.

« Il est alors tout près de minuit.

« La nuit très sombre, très noire, semble se faire votre complice.

« De son côté, le vent s'élève, annonce un orage.

« Alors, comme Barbasse et Cardoche, à propos de la longue pose qu'ils ont faite, veulent vous faire entendre quelques reproches ; — de très timides reproches d'ailleurs, — vous leur imposez silence d'un mot, d'un geste :

« — Ah ! c'est assez ! leur criez-vous.

« Et, le premier vous vous mettez à escalader le mur du cimetière.

« En ce moment-là même, et comme si le ciel voulait protester contre l'acte impie, contre l'acte sacrilège que vous allez commettre, l'orage se déchaîne.

« De larges éclairs incendient le ciel, le tonnerre éclate avec fureur, la pluie tombe à torrents.

« Et cela vous fait sourire. Et vous vous écriez l'air triomphant :

« — Bravo !... Parfait !... C'est bien le diable si par ce temps de chien quelqu'un vient nous déranger...

« Et, quelques secondes après, vous et vos deux complices vous vous trouvez dans le cimetière.

« Les éclairs qui ne cessent plus vous servent à vous guider dans votre route sinistre, mais cependant cela ne vous empêche pas, presque à chaque pas que vous faites, de vous heurter à quelque tombe ou de vous cogner contre quelque cyprès.

« Tout ruisselants de pluie, les yeux éblouis, vous avancez lentement, péniblement, mais enfin vous avancez...

« Et, soudain, dans la nuit sombre, dans la nuit noire, un monument se dresse devant vous.

« Un éclair jaillit et vous pouvez le reconnaître.

« C'est là !

« Ce monument qui est en face de vous, c'est bien celui que vous cherchiez, c'est bien le mausolée de la famille de Rochetaillée.

« Et alors sans perdre une minute, sans perdre une seconde, car, en effet, le temps presse, vous vous mettez au travail avec un zèle qui aurait mérité d'être mieux récompensé.

« La grille du caveau vient d'être forcée... Vous soulevez la dalle, une dalle énorme, une dalle qui pèse un poids terrible... Encore un effort, encore un peu de courage, et le sépulcre, qui renferme le cercueil, va enfin être mis à découvert.

« Mais, tout à coup votre bras faiblit et la dalle retombe.

« C'est dans le cimetière, et très loin, un bruit effrayant, un bruit qui pendant quelques secondes vous fait presque perdre votre sang-froid.

LES EXPLOITS DE RAVACHOL

La police continuait bien ses recherches.

« Quant à vos deux complices, quant à Barbasse et à Cardoche, encore moins braves que vous, ils tremblent de tous leurs membres, plus pâles, plus livides que des morts!

« Si ce bruit épouvantable avait réveillé quelqu'un!

« Si l'on allait venir vous surprendre au milieu de l'horrible besogne que vous faites!

« Et ils sont là prêts à fuir, prêts à abandonner la place quand, brusquement, tout votre calme vous revient...

« Vous ordonnez donc à Barbasse et à Cardoche de faire une reconnaissance dans le cimetière...

« Ils s'éloignent, puis écoutent, épient...

« Non, personne!

« Non, le lieu lugubre est toujours désert!

« Alors, avec plus de fièvre encore, vous, sinistre ouvrier, vous achevez votre besogne.

« La dalle, cette fois, est enlevée...

« Le cercueil est brisé à coups de marteau...

« Et la morte que vous venez dépouiller, que vous venez voler, apparaît!

« Malgré eux, Barbasse et Cardoche reculent. Un frisson leur a couru dans les veines... Mais vous, vous êtes encore aussi impassible que vous l'étiez la veille quand vous avez comploté ce coup-là.

« Et c'est sans le moindre trouble, sans la moindre hésitation, que d'un geste rapide et brusque vous déchirez le linceul dans lequel la pauvre baronne est ensevelie...

« L'œuvre horrible, l'œuvre effrayante, est accomplie.

« Le cadavre, maintenant, est là, devant vous, dans sa nudité.

« Et dans ces chairs qui déjà se décomposent, vos doigts cherchent, vos doigts fouillent...

« Lentement, pour être bien sûr de ne pas vous tromper, vous touchez, vous palpez chaque doigt. Mais point de bagues!...

« Votre main se serre longtemps autour des poignets, mais ils sont nus aussi : point de bracelets!

« La morte n'a au cou qu'un collier de très mince valeur, ou pour mieux dire, d'aucune valeur.

« Ce collier, fait avec les grains d'un rosaire, est une de ces espèces de reliques plus ou moins douteuses comme on en trouvait des centaines chez l'ermite de Chambles...

« Et alors vous restez pâle de colère, pâle de rage.

« Puis, brusquement, brutalement, vous poussez vos deux complices devant vous et vous vous enfuyez.

Le mystérieux personnage venait de se taire et son regard profond, son regard pénétrant se fixait encore sur Ravachol.

Mais celui-ci n'avait pas même sourcillé en écoutant le récit d'un de ses plus terribles exploits.

Enfin, après une pause de quelques secondes :

— Comme vous le voyez, comme vous pouvez vous en rendre compte, dit doucement l'inconnu, je connais aussi bien votre vie que vous la connaissez vous-même.

« Mais ce n'est pas tout, et je vous prie de m'accorder encore un moment d'attention.

Et l'assassin de l'ermite, en apparence impassible, se disait :

— Singulier individu !... J'ai beau le regarder, son visage ne me dit rien, ne me rappelle rien... Et cependant, comme il me connaît bien, en effet !... Qui donc peut-il être ?... D'où donc peut-il sortir ?

XXIII

OU RAVACHOL TOMBE DE SURPRISE EN SURPRISE

Pendant que l'ancien faux-monnayeur faisait ces réflexions, l'inconnu qui excitait si vivement sa curiosité semblait réfléchir, se recueillir.

Puis, toujours avec la même lenteur, il continua :

— Je viens de vous rappeler dans quelles circonstances vous aviez retrouvé vos deux anciens amis, vos deux anciens camarades, Barbasse et Cardoche.

« Je viens de vous raconter aussi comment vous aviez été amené à violer la sépulture de Mme la baronne de Rochetaillée, comment vous aviez été amené à commettre ce nouveau crime dont vous n'aviez pu, du reste, tirer aucun profit.

« Enfin, je vous ai dit également sous le coup de quelle colère, sous le coup de quelle rage, vous aviez quitté le petit cimetière de Saint-Jean-Bonnefond en poussant vos deux complices devant vous.

« Mais après, qu'avez-vous fait?

« Mais après, qu'êtez-vous devenu?

« Mais que s'est-il passé encore pendant cette nuit-là, pendant cette nuit qui, très certainement, restera mémorable pour vous?

« Eh bien! ceci, je le sais aussi ; ceci, je puis vous le dire aussi.

« Il était un peu plus d'une heure du matin quand vous vous êtes, Barbasse, Cardoche et vous, enfuis du cimetière.

« L'orage semblait s'être déchaîné avec plus de violence, plus de furie encore, et toujours le tonnerre grondait, et toujours la pluie tombait.

« Comme si vous aviez peur d'être poursuivis, comme si, à chaque seconde, vous trembliez de sentir quelqu'un vous sauter tout à coup à la gorge, vous courez longtemps, très longtemps.

« Puis, enfin, à bout de force, à bout d'haleine, tous les trois vous vous arrêtez.

« Il y a là, sur le bord de la route, un arbre au feuillage épais, un arbre aux branches énormes et qui peut vous servir de refuge.

« Cardoche, le premier, court s'y abriter.

« Et tandis que la pluie tombe encore, que le tonnerre gronde encore, vous restez là collés les uns contre les autres, immobiles et silencieux.

« Une demi-heure, une heure se passe...

« Le ciel reste toujours noir, toujours sombre, toujours menaçant, mais cependant le vent s'apaise, l'orage s'éloigne.

« Alors Barbasse recouvre tout à coup la parole.

« — C'est égal, dit-il, ce n'était pas tout de même la peine de nous donner tant de mal pour revenir les goussets aussi creux et les poches aussi vides.

« Mais qui diable aurait pu croire que la baronne n'avait sur elle que ce collier dont une pauvresse n'aurait même pas voulu, que ce méchant collier qui ne valait pas même quatre sous !...

« Mais Cardoche est furieux d'entendre geindre.

« Aussi coupe-t-il violemment la parole à Barbasse :

« — Eh bien! quoi, s'écrie-t-il, le coup est manqué, il est manqué, voilà tout!... Et puis après?... Est-ce que personne ne se trompe?

« Et il ajoute aussitôt :

« — D'ailleurs, au lieu de nous lamenter, ce qui n'avance à rien... je crois que nous ferions beaucoup mieux de trouver un autre abri que celui-ci.

« Et il indique un cabaret qu'il connaît, un cabaret qui reste ouvert toute la nuit et qui n'est pas très loin de là.

« — Trempés jusqu'aux os comme nous le sommes, nous serons toujours mieux là-bas qu'ici, reprend Cardoche.

« Et sur-le-champ vous repartez, sur-le-champ vous le suivez.

« Vous marchez d'un pas très rapide pendant environ dix minutes, puis, comme vous débouchez dans une espèce de carrefour d'aspect assez sinistre, Cardoche tout à coup s'arrête et dit :

« — C'est là !

« Alors vous voyez en face de vous une sorte d'étrange et sombre masure à travers les volets de laquelle filtre une faible clarté.

« Vous tournez derrière cette maison, vous suivez un étroit et long couloir, Cardoche frappe, et vous entrez.

« Ah ! l'affreux bouge, l'horrible tapis-franc, l'épouvantable coupe-gorge !...

« Avec ses murs noirs et enfumés, ses tables poisseuses, son unique quinquet qui ne jette qu'une lumière indécise, ce cabaret est si lugubre que vous-même, Ravachol, vous reculez.

« Vous vous asseyez entre Barbasse et Cardoche et vous jetez un coup d'œil méfiant autour de vous.

« D'autres hommes aussi sont installés là, des hommes au visage blême et au regard louche et qui presque tous sont des escarpes et des voleurs...

« Et sans savoir pourquoi, tout de suite vous vous sentez mal à votre aise.

« Vous flairez là-dedans comme une odeur de police, comme une odeur de rousse.

« Et je dois vous dire, Ravachol, que vous ne vous trompiez pas.

« Cet étrange cabaret, qui demeurait ouvert toute la nuit à une pareille clientèle, vous faisait l'effet d'une souricière, et il en était bien une en effet.

« C'était là un de ces bouges immondes que la police tolérait parce qu'elle était toujours sûre de ne jamais y jeter inutilement ses filets.

« Ainsi vous-même, dans les premiers jours qui avaient suivi votre première évasion, on vous avait recherché là, comme on y avait déjà recherché tant d'autres.

« Et plus vous regardiez autour de vous, plus vous pouviez vous rendre compte de l'endroit où vous vous trouviez, plus vous deveniez soupçonneux et méfiant.

« Vous ne vouliez pas avouer votre peur à Barbasse et à Cardoche, mais au fond comme vous trembliez!

« A chaque instant, à chaque minute vous aviez de brusques sursauts, de brusques tressaillements, et vous regardiez autour de vous d'un air effaré.

« Et, tout à coup, votre peur encore augmenta, redoubla.

« Vous veniez d'apercevoir, assis tout seul à une petite table située juste en face de la vôtre, le patron de ce singulier établissement.

« C'était une espèce de colosse, une espèce d'hercule au front bas, aux pommettes saillantes, à la mâchoire énorme, et qui tout en faisant semblant de dormir, ne perdait pas un mot, un seul mot de tout ce qui pouvait se dire autour de lui.

« Depuis que vous étiez entré, il était venu s'asseoir là, et il y avait des moments où son regard se posait si fixement et si étrangement sur vous que vous vous sentiez pâlir.

« Enfin, tout à coup il se lève, puis disparaît.

« Alors un horrible pressentiment vous saisit.

« Peut-être cet homme vous a-t-il reconnu?

« Peut-être cet homme a-t-il été prévenir la rousse?

« Peut-être d'un moment à l'autre va-t-on venir vous arrêter?

« Et cette fois votre peur est telle que vous ne songez même plus à la cacher à Barbasse et à Cardoche.

« — Vous savez, vous pouvez rester ici tant que vous voudrez, leur dites-vous la voix rapide et sourde. Mais moi, je file, mais moi, je décampe!... Ce patron-là est un roussin, c'est moi qui vous le dis!

« Et Cardoche, qui veut vous rassurer, n'a pas même le temps d'ouvrir la bouche, que déjà vous l'avez repoussé, que déjà vous êtes loin du bouge.

« Oui, Ravachol, vous aviez raison de vous sauver, oui, vous aviez raison de regagner en courant les bois de Rochetaillée, car, en effet, cet homme vous avait reconnu, car, en effet, il avait envoyé prévenir la police qui, cette fois encore, arriva trop tard.

Le mystérieux personnage s'interrompit encore un instant, puis, toujours sur le même ton, il poursuivit :

— Si je ne me trompe, vous ne vous étiez jamais bien senti en sûreté dans les bois de Rochetaillée, et si vous vous y étiez réfugié en quittant la maison de la mère Blanchard, c'est que vous n'aviez pu faire autrement.

« Mais pour en sortir, mais pour les abandonner, il vous aurait fallu avoir un autre asile, et cet asile était, je ne dirai pas difficile, mais impossible à trouver.

« Et cependant vous le trouvez!... Et cependant vous avez tout à coup une idée de génie, une idée qui ne pouvait venir qu'à vous, soit dit sans vous flatter.

« Vous aviez entendu parler dans le temps d'un bon vieux curé qui habitait dans ces parages, qui habitait dans les environs de Rochetaillée.

« Cet homme, aviez-vous entendu dire, était la bonté même, la charité même.

« Pourquoi n'iriez-vous pas tout de suite, n'iriez-vous pas sur-le-champ frapper à sa porte?

« Pourquoi, si vous saviez vous y prendre habilement, c'est-à-dire si vous saviez habilement le tromper, habilement lui mentir, ne vous accorderait-il pas l'hospitalité?

« — Oui, excellente, fameuse idée! pensez-vous.

« Et sans perdre une minute, vous songez à la mettre à exécution.

« Vous quittez donc les bois de Rochetaillée et vous courez au presbytère.

« Le bon vieux curé vous reçoit immédiatement, comme il reçoit du reste tout le monde, comme il reçoit du reste tous ceux qui s'adressent à lui et qui font appel à son dévouement.

« Et alors, un peu candide, un peu naïf, il écoute tout ce que vous voulez lui dire, il accepte tout ce que vous voulez lui raconter.

« A vous entendre, vous êtes un fils de famille ruiné par la noce, un fils de famille tombé dans la misère et réduit au désespoir.

« Votre histoire est si romanesque, si invraisemblable, qu'elle ne tient pas debout, mais le brave curé n'a pas une seule minute, n'a pas une seule seconde, le moindre soupçon.

« — Vous êtes ici chez vous, mon fils ! vous dit-il.

« Et à partir de ce moment-là, toutes vos transes disparaissent, tous vos effrois s'évanouissent.

« — Oh ! la police peut me chercher, pensez-vous tout heureux, tout triomphant, maintenant elle me cherchera longtemps...

« Et en attendant le moment pour fuir, pour vous sauver de Saint-Étienne, vous vous laissez vivre très tranquillement, très paisiblement.

« Mais cette chance que vous aviez eue, cette grande chance dont vous vous étiez tant félicité, ne devait pas durer cependant aussi longtemps que vous l'aviez cru.

« Un beau jour, et comme vous étiez de plus en plus calme, de plus en plus rassuré, vous demeurez foudroyé et anéanti.

« Le bon curé a une vieille gouvernante, une vieille servante, la mère Honorine, et cette vieille femme connaît l'homme à qui son maître, trop confiant et trop bon, a donné l'hospitalité sous son toit...

« Dans le prétendu fils de famille dont l'histoire était si émouvante, si touchante, elle a reconnu l'ancien faux-monnayeur, l'assassin du vieil ermite de Chambles, elle a reconnu Ravachol !

« Elle a lu et relu dix fois, vingt fois votre signalement et elle est sûre, et elle est certaine de ne pas se tromper !

« Ah ! le coup a été dur, la déception a été terrible, n'est-ce pas, Ravachol ?

« Vous étiez si bien là, si bien dans cette maison où, certainement, la police n'aurait jamais été fourrer son nez !

« Et vous voilà aujourd'hui obligé d'en sortir, obligé de chercher encore un autre asile que vous ne trouverez pas !

« Et vous voilà aujourd'hui plus tremblant et plus grelottant que jamais, à la seule pensée du châtiment qui va peut-être vous atteindre, à la seule pensée de l'échafaud où vous allez peut-être monter !

« Oui, vous ne vous faites pas d'illusions et vous savez bien que ce qui vous attend, si vous êtes pris, ce n'est pas le bagne, mais la mort !...

A ces dernières paroles, prononcées d'un ton presque solennel,

Je me mis à mon tour à descendre par cette échelle.

l'assassin du vieux Jacques Brunel n'avait pu s'empêcher d'avoir un tressaillement.

— Oh! votre crime est odieux, votre crime est horrible et vous ne méritez guère de pitié, reprit l'inconnu la voix très grave. Et cependant, je ne réclamerais pas pour vous le dernier supplice, et cependant je ne réclamerais pas pour vous la peine de mort...

« Car, sur ce point, je pense comme les hommes de la Révolution, je pense comme Pétion, l'un des plus illustres d'entre eux.

« Savez-vous ce que Pétion disait? Non, n'est-ce pas? Eh bien! puisque cela vous intéressera, écoutez-le. Il disait :

« Nous recevons avec la vie le besoin de la conserver.

« La fuite de la douleur est un besoin bienfaisant de la nature ; la
« conservation des êtres est son grand but, et la première comme la
« plus sacrée de ses lois, celle sans laquelle l'univers ne serait bientôt
« qu'une vaste solitude.

« C'est aussi la loi de toute société : les hommes ne se réunissent
« que pour se protéger et se défendre ; ils ne mettent leur force en
« commun que par le sentiment de leur faiblesse individuelle, et le soin
« de leur existence est le principal mobile qui les guide sans cesse.

« Peut-on bien concevoir qu'un homme cède à un autre homme le
« droit de lui ôter la vie, qu'il consente librement à être puni de mort?

« Cette vie lui appartient-elle ?

« Peut-il en disposer, ou, pour mieux dire, et sans agiter ce point
« délicat, doit-il le faire ?

« Le pouvoir de disposer de la vie des hommes n'appartient donc
« point à la société, et la loi qui punit de mort blesse tous les principes
« de la raison, de la justice, c'est un abus criminel de la force...

« Quel est le but essentiel des peines par rapport aux individus?

« De corriger l'homme et de le rendre meilleur.

« La loi ne punit pas pour le plaisir cruel de punir : ce serait une
« inhumanité.

« La loi ne se venge pas, parce qu'elle est sans passion et au-dessus
« des passions.

« Si la loi condamne à des privations et à des souffrances, c'est pour
« exciter le repentir dans l'âme du coupable, c'est pour le ramener à la
« vertu et l'empêcher, par le souvenir de ses aveux, de retomber dans le

« vice ; mais une loi qui tue est sans moralité et s'écarte évidemment de
« l'objet que le législateur doit se proposer.

« Elle ne laisse aucun retour au coupable, puisqu'elle l'assassine, et
« elle agit avec la fureur des meurtriers.

« On le traite, je le sais, cet espoir de retour, d'une vaine illusion ;
« mais, de bonne foi, avons-nous jamais rien tenté pour ramener un cou-
« pable à la vertu ?

« Nos prisons sont-elles des asiles propres à améliorer les hommes ?

« Ne sont-elles pas, au contraire, des repaires de corruption ?

« Quels sont les gardiens de ces sombres demeures ? Comment sont-
« elles surveillées ? Avons-nous jamais fait luire le moindre rayon d'espé-
« rance au repentir, présenté la plus légère récompense à une bonne
« action ? Enfin, qu'avons-nous fait ? »

« Et Pétion disait encore :

« Qu'on ne croie pas que l'homme assez barbare pour tremper sa
« main dans le sang de son semblable soit retenu par l'appareil éloigné
« d'une fin cruelle.

« Et qu'est-ce que la mort pour ceux à qui la vie est à charge, pour
« ceux qui ne tiennent à rien sur la terre, qui ne possèdent rien ?

« Un moment de douleur que le courage fait supporter, que l'audace
« brave, que le fanatisme quelquefois embellit.

« Et combien de criminels marchent de sang-froid à l'échafaud !

« Il en est même qui vont jusqu'à répandre des lueurs de gaieté sur
« cette terrible catastrophe.

« Rappelez-vous ce mot effrayant de Cartouche : *Un mauvais quart*
« *d'heure est bientôt passé.*

« Les contrées où les supplices sont les plus cruels sont celles où les
« crimes sont les plus fréquents.

« Il n'existe pas de lieux sur la terre où les tourments soient plus
« multipliés qu'au Japon, et ce pays pullule de voleurs et de meurtriers.

« L'Europe, où l'on compte tant de crimes qui se lavent dans le sang
« des coupables, fourmille de brigands.

« Vous menacez de la mort les grands criminels ; mais les grands
« crimes ne sont pas commis par des êtres ordinaires...

« Ce sont des âmes d'une trempe peu commune qui animent les
grands scélérats ; et si, en général, tout homme est aisément capable de

« courir le hasard d'une mort prompte et sans tourments, ou de la sup-
« porter sans désespoir, une farouche philosophie assurera bien plus
« facilement un cœur vigoureusement féroce qui, endurci par la vue du
« sang humain versé par son crime, a déjà remporté sur la nature une
« affreuse mais une bien pénible victoire. »

« Eh bien! oui, voilà mes idées, voilà mes principes, continua l'inconnu. Je ne reconnais pas à la société le droit de frapper personne de la peine capitale, de la peine suprême.

« Mais j'irai même plus loin et c'est là où vous allez être bien plus étonné, bien plus surpris encore.

« Car savez-vous pourquoi, Ravachol, je vous cherchais?

« Car, savez-vous pourquoi je suis venu?

« Eh bien! je suis venu parce que je veux vous sauver... je suis venu parce que je veux vous donner cet asile dont vous avez besoin et que maintenant vous chercheriez vainement ailleurs.

« Eh bien! que me répondez-vous?... Voulez-vous avoir confiance en moi?... Voulez-vous consentir à me suivre?

L'assassin de l'ermite de Chambles était devenu tout pâle, mais pâle d'émotion.

Avait-il bien entendu, avait-il bien compris les paroles que l'on venait de lui dire?

Cet homme qu'il n'avait jamais tant vu, cet homme qui sortait d'il ne ne savait où, lui offrait de lui donner un asile, lui offrait de le sauver!

Cela était, en effet, si étrange, si extraordinaire, si invraisemblable, que l'ancien faux-monnayeur croyait rêver.

Et cependant, avant de répondre, il se tâtait, il hésitait.

Cet homme avait eu beau lui parler avec un accent plein de franchise, il sentait des doutes lui venir encore.

Est-ce que cette proposition que l'on venait de lui faire n'était pas un piège qu'on lui tendait?... un traquenard dans lequel on voulait le faire tomber?

Et s'il était assez fou, assez imprudent pour suivre l'inconnu, n'allait-il pas courir à une perte certaine?

Telles étaient les réflexions que faisait Ravachol.

Et il en faisait d'autres encore.

Le mystérieux personnage lui avait dit, en effet, bien des choses que la police devait ignorer. Mais ces choses-là, ces détails-là, comment cet homme avait-il pu les apprendre ? comment avait-il pu les connaître ?

Et puis, dans quel but, dans quel intérêt cet homme s'intéressait-il tant à lui et parlait-il de le cacher, de le sauver ?

Et plus il songeait, plus il réfléchissait, moins l'assassin de l'ermite y voyait clair dans cette mystérieuse aventure, moins il arrivait à deviner le mot de cette énigme.

Pendant ce temps, l'inconnu le regardait, les bras croisés, un sourire sur les lèvres.

— Eh bien ! fit-il doucement, vous hésitez, vous ne me répondez pas. Mais je sais bien, parbleu! les pensées qui vous viennent, mais je devine bien les réflexions que vous devez faire.

« A cette heure, personne ne voudrait vous recevoir, tout le monde vous repousserait, et vous vous méfiez de cet homme que vous ne connaissez pas et qui veut bien vous donner l'hospitalité...

« Et vous vous dites : Dans quel but veut-il venir à mon aide ? Quelle est l'arrière-pensée qui le fait agir? Quel intérêt peut-il bien avoir à m'arracher au châtiment qui m'attendait ?

« N'est-ce pas que vous vous posez ces questions-là, Ravachol ?

« Eh bien ! écoutez-moi, car je veux y répondre avec la même franchise que j'ai mise à vous parler tout à l'heure.

« Oui, c'est vrai, en vous sauvant j'ai un but, mais je n'ai aucun intérêt. Et tout ce que je puis vous dire encore, c'est que si plus tard, tout en répudiant énergiquement votre crime, je parviens à vous fournir les moyens de vous cacher, les moyens de vous soustraire aux recherches de la police, les moyens peut-être de quitter Saint-Étienne, c'est-à-dire de vous faire oublier et de ne pas payer de votre tête le meurtre de l'ermite, vous ne me devrez rien et nous serons quittes vis-à-vis l'un de l'autre.

— Vous ne me devrez rien ? nous serons quittes vis-à-vis l'un de l'autre ! se répétait Ravachol, de plus en plus ahuri, de plus en plus saisi.

Et cela devenait tellement mystérieux que maintenant il renonçait à comprendre.

— Eh bien ! êtes-vous décidé à me suivre ? reprit l'inconnu.

L'ancien faux-monnayeur ne pouvait plus hésiter.

D'ailleurs, si cet homme avait été un agent lancé à ses trousses, est-ce qu'il se serait donné la peine de dire tant de choses?... Est-ce qu'en le voyant, en le reconnaissant, il n'aurait pas commencé d'abord par lui sauter à la gorge?

Et alors la voix très ferme, l'accent très résolu :

— Eh bien soit! dit-il, je me confie à vous!

XXIV

UNE VIEILLE LETTRE DE RAVACHOL.

Dans quel lieu le mystérieux inconnu avait-il donné asile à Ravachol et quelle avait été, depuis ce moment-là, l'existence de l'assassin de l'ermite?

C'est ce que nous allons dire, ou plutôt — ce qui sera beaucoup plus intéressant — c'est ce que Ravachol lui-même va nous apprendre.

En effet, voici comment il s'exprimait dans une lettre qui a été retrouvée et qu'il avait eu un moment la pensée — un peu imprudente, il faut en convenir — d'adresser de sa retraite à un de ses amis :

« Mon cher X...

« Bien que tu sois en ce moment bien loin d'ici, bien loin de Saint-Étienne, tu dois très certainement avoir entendu parler comme tout le monde de la grosse affaire que j'ai sur les bras.

« Et tu as dû sans doute aussi te demander par quel hasard, par quel miracle, je n'étais pas encore pincé.

« A la vérité, j'ai failli l'être plus d'une fois, mais j'ai toujours joué de chance.

« Je dois te dire cependant qu'après une foule de péripéties qu'il serait trop long de te raconter, j'étais de plus en plus menacé et que je risquais fort d'être pris, quand il m'est venu une idée qui, je crois, n'était pas trop bête.

« J'étais alors caché dans les bois de Rochetaillée, mais ce n'était pas là un asile très sûr.

« Il fallait donc tâcher de trouver mieux et voici ce que j'imaginai.

« J'avais très souvent entendu parler d'un vieux bonhomme de curé dont l'église n'est pas très loin de là. On disait de lui qu'il était si bon, si charitable, qu'il ne savait jamais rien refuser à personne. Or, pensai-je si tu savais bien t'y prendre, si tu étais assez malin pour pouvoir lui raconter une histoire bien touchante, bien attendrissante, pourquoi ne réussirais-tu pas à trouver chez lui cet asile que tu cherches?

« Et aussitôt dit aussitôt fait.

« Je me mets en route.

« J'arrive au presbytère. Le vieux curé était dans son jardin et il m'accueille si bien, et je lui trouve une si bonne tête que je me dis tout de suite : Ça y est!... Ce vieux-là ne peut pas manquer de mordre à ton boniment!

« Et il y mord si bien, en effet, et il tombe si bien dans le panneau que me voilà implanté, installé chez lui.

« — Ne vous gênez pas, mon enfant, faites comme chez vous, me dit-il.

« Ah! le brave homme, quel service il me rendait sans s'en douter!

« Et pendant je ne sais combien de temps me voilà redevenu très calme, très tranquille.

« La police essoufflée, éreintée, la police que tout le monde attrapait, que tout le monde blaguait parce qu'elle m'avait laissé échapper une fois et qu'elle n'arrivait plus à me repincer, continuait bien ses recherches, mais comme je me moquais d'elle!... mais comme je dormais sur mes deux oreilles!...

« — Oh! va, la rousse, tu peux chercher!... cherche bien, cherche toujours!... Si jamais tu arrives à me découvrir, c'est que réellement tu auras du nez! me disais-je parfois en ne pouvant m'empêcher de rire.

« Mais il paraît que j'avais eu trop de veine et que cela ne pouvait pas durer.

« Il y avait là, au presbytère, une vieille canaille de servante, une vieille canaille de gouvernante que je voudrais bien tenir dans un coin!

« La vieille gueuse avait fini par avoir des soupçons et s'était mise à me regarder de travers.

« Un beau jour, un des journaux qui avaient publié mon signalement lui tomba sous la main, et pâle d'émotion, pâle de frayeur, elle court trouver son maître et elle lui crie : « Monsieur, savez-vous qui vous logez « chez vous? savez-vous quel est cet homme dont vous avez été assez

« imprudent pour faire votre hôte?... Eh bien! c'est l'assassin de l'ermite
« de Chambles!... Eh bien! c'est Ravachol!... le fameux Ravachol! »

« Tu vois d'ici la tête du vieux curé!

« Il crut que sa vieille gouvernante était devenue folle, et il s'empressa de venir me conter la chose.

« Oh! certes, il ne croyait pas un traître mot de l'accusation portée contre moi, et quand il le disait, je voyais bien qu'il était sincère.

« Mais la vieille coquine n'avait-elle jasé qu'avec lui?... Mais n'avait-elle pas fait part de ses soupçons à quelques commères, à quelques voisines? Mais enfin pouvais-je toujours me croire en sécurité au presbytère?

« C'était là ce qu'il fallait tâcher de savoir et de savoir immédiatement.

« Je me mis donc tout de suite en campagne et, dans la première auberge où j'entrai, j'appris que la vieille, en effet, avait déjà parlé, déjà jasé.

« Des paysans, qui causaient entre eux, disaient que Ravachol se cachait au presbytère, et ils ne se gênaient pas non plus pour dire de qui ils tenaient cet important renseignement : c'était de la mère Honorine, de la vieille servante du curé!

« Ah! non, vois-tu, mon cher, je crois que je n'ai jamais été dans un tel état de rage, dans un tel état de colère!...

« J'y voyais rouge, et pendant quelques secondes je fus sur le point de commettre un nouveau crime, sur le point d'aller étrangler cette vieille coquine qui, en me trahissant, venait de me faire perdre très probablement ma dernière chance de salut.

« Et j'y songeais si sérieusement que je ne m'étais pas même aperçu que peu à peu l'auberge s'était vidée et que maintenant je restais seul.

« Et j'allais me lever à mon tour, partir à mon tour, quand tout à coup, j'eus un tressaillement de surprise.

« Dans l'auberge, un homme venait d'entrer, et cet homme s'était lentement avancé vers moi.

« Et ici, mon cher, écoute bien, car je vais te raconter l'aventure la plus singulière, la plus étrange, la plus abracadabrante que tu puisses imaginer.

« Arrivé en face de moi, cet homme s'arrêta, puis me regarda très longuement, très fixement.

LES EXPLOITS DE RAVACHOL

Tous les soirs à la nuit close une vieille femme s'introduit par cette porte.

« Et tout bas, très bas, bien que personne ne pût l'entendre, il m'appela par mon nom : Ravachol !

« Je ne sais pas quelle figure je devais faire à ce moment-là, mais ce que je sais bien, c'est que je ne me sentais plus une goutte de sang dans les veines.

« D'ailleurs, il faut bien le reconnaître, avec ses habits râpés, usés jusqu'à la corde, et son teint blafard, son regard étrange, cet homme ne payait guère de mine.

« Mais tu connais le proverbe : « L'habit ne fait pas le moine », et jamais peut-être, comme tu le verras tout à l'heure, le proverbe n'avait dit plus vrai.

« Et comme je me voyais déjà aux mains de la police, aux mains de la rousse, je n'ai pas besoin de te dire que malgré tout le saisissement qui s'était emparé de moi, j'avais cependant conservé assez de sang-froid et assez de présence d'esprit pour faire l'étonné au nom de Ravachol.

« Ravachol ?

« Qu'est-ce que l'on venait me chanter ? Qu'est-ce que l'on venait me dire ?

« Mais, l'homme qui venait de me regarder en souriant, avait l'air si sûr de son fait, si sûr de ne pas se tromper, que je sentais mon effroi grandir encore...

« — Ah ! cette fois, mon vieux, ça y est bien ! me disais-je. Cette fois c'est bien fini de rire, et c'est la « butte » qui t'attend.

« Et tandis que je faisais cette réflexion, qui manquait un peu de gaieté, l'homme, toujours très calme, toujours très froid, continuait de m'interpeller.

« Et maintenant il ne m'appelait plus seulement Ravachol, mais encore Léger, mais encore Kœnigstein. Il me jetait à la figure tous mes noms...

« Et tout en parlant, il s'était assis sans façon en face de moi, et il s'accoudait sur la table, et toujours son même sourire étrange, son même sourire ironique sur les lèvres, il me regardait bien en face, bien dans le blanc des yeux.

« Et alors, pour me prouver qu'il me connaissait bien et pour bien me convaincre que j'aurais eu tort de ruser, de nier avec lui, il se mit à me raconter mon histoire, toute mon histoire.

« Oh! comprends-moi bien !... Il ne me raconta pas seulement l'histoire de mon crime, l'histoire du crime de Chambles, l'histoire du meurtre de l'ermite, mais il remonta beaucoup plus loin, beaucoup plus haut.

« Il me parla d'abord de mon enfance et du temps où je gardais les troupeaux dans les environs de Saint-Chamond.

« Il évoqua ensuite les souvenirs de ma jeunesse et me parla de mes premières années à Saint-Étienne.

« Il connaissait et me citait les noms de tous mes anciens patrons, de toutes les maisons dans lesquelles j'avais travaillé...

« Puis il me parla aussi de ma maîtresse, de cette pauvre Julie que tu as connue et qui, à cette heure, se trouve si gravement compromise à cause de l'argent trouvé dans la grotte de l'ermite, si gravement compromise à cause de moi.

« Enfin, en termes émus, il me parla aussi de ma mère...

« Et tout ce qu'il me disait, tout ce qu'il me racontait était si vrai, si exact, si précis, même dans les moindres détails, que de plus en plus je demeurais ahuri, que de plus en plus je restais abasourdie.

« Et à chaque instant, et à chaque seconde, je ne pouvais m'empêcher de me poser la même question :

« — Mais quel est donc cet homme-là?... Mais quel est donc cet individu-là ?

« Mais ce qui m'exaspérait, ce qui me jetait hors de moi, c'est que j'avais beau le regarder, c'est que j'avais beau le dévisager, son visage ne me rappelait rien, rien, absolument rien !

« Et toujours il parlait, et toujours il m'étonnait.

« Il y avait même des moments où cet homme avait dans le regard un tel éclair d'intelligence et dans la parole un tel accent d'autorité que j'en arrivais à oublier ses vêtements sordides, ses vêtements qui n'étaient presque que des haillons, pour me dire que celui qui se trouvait en face de moi ne devait pas être le premier venu.

« Enfin, bref, comme il arrivait à la fin de son histoire, ou plutôt de mon histoire, sais-tu ce que cet homme, que j'avais pris pour un mouchard, finit par me proposer?

« Comme il savait tout, il savait aussi que j'avais eu l'idée de trouver un asile au presbytère, mais que, cet asile, j'étais à présent obligé de l'abandonner.

« Et il m'offrait une autre cachette, un autre refuge, un autre endroit où m'abriter!

« Ah! certes, j'avais été bien surpris, bien étonné, bien intrigué par tout ce que cet homme connaissait, par tout ce que cet homme m'avait dit, mais tu dois comprendre si je le fus plus encore...

« Je ne savais plus à qui m'adresser, à quelle porte frapper ; j'en étais réduit peut-être à retourner là-bas, dans les bois de Rochetaillée où je pouvais être pris d'un moment à l'autre, et cet inconnu me rendait l'immense service de venir à mon aide, l'immense service de venir à mon secours.

« C'était là une chance tellement inouïe, tellement insensée, que d'abord je refusai à y croire.

« Et des doutes, des soupçons m'assaillirent.

« On m'avait parlé d'un nommé Cormon, d'un agent très malin et très habile, qu'on avait lancé à mes trousses.

« Est-ce que, par hasard, je n'avais pas affaire à lui?

« Est-ce que, si je suivais cet inconnu, dont le zèle pouvait à bon droit me paraître suspect, je n'allais pas tomber dans quelque embuscade, dans quelque souricière d'où je ne sortirais plus?

« Certes, jamais je n'avais eu plus besoin de trouver un refuge, de trouver un asile, mais encore la prudence ne me commandait-elle pas d'ouvrir l'œil et de ne pas me fier bêtement au premier passant venu?

« Tâche de te mettre à ma place pendant quelques secondes et tu verras si tu n'aurais pas eu la même pensée et si tu n'aurais pas fait la même réflexion que moi.

« Et comme mon mystérieux personnage insistait encore, de plus en plus je le regardais, de plus en plus je le dévisageais.

« Il me regardais aussi, et son regard restait toujours très clair, toujours très franc, et dans son attitude rien ne trahissait non plus la moindre gêne, le moindre embarras.

« Et tout à coup j'eus honte de moi, honte de mes peurs, honte de mes transes, honte de cette longue hésitation.

« Et jouant le tout pour le tout, je m'écriai :

« — Eh bien! soit, je me confie à vous!

« Tu me trouveras peut-être un peu hardi, un peu imprudent d'avoir consenti à suivre cet homme, mais dans la situation où je me trouvais que pouvais-je faire?

« Pourtant comme l'étranger s'était déjà levé et que nous allions quitter l'auberge, un scrupule me vint.

« Où me menait-il?

« Où me conduisait-il?

« N'allais-je pas, en me risquant dehors en plein jour, en plein midi, m'exposer à rencontrer la police, m'exposer à me faire coffrer au bout de quelques pas?

« Mais mon inconnu secouait la tête.

« Le vrai danger, selon lui, ce n'était pas de me risquer dehors, mais de rester plus longtemps ici, de rester plus longtemps dans cette auberge.

« Et très vivement, en quelques phrases seulement, il me fit comprendre qu'il avait en effet complètement raison.

« Est-ce que la vieille Honorine, est-ce que la vieille gouvernante du curé n'était pas maintenant très sûre de mon identité, c'est-à-dire très certaine que l'hôte de son maître n'était autre que l'assassin de l'ermite, n'était autre que Ravachol?

« Est-ce que cette femme n'avait pas déjà parlé, déjà jasé, déjà raconté à qui avait voulu l'entendre l'extraordinaire aventure arrivée à son vieux curé?

« Et le Parquet était-il sourd? — Et le Parquet était-il là sans rien avoir appris de tous ces bruits?

« — Et dans ces conditions-là, ajouta-t-il, que trouveriez-vous d'étonnant, que trouveriez-vous de surprenant à ce que la police, à ce que la rousse, tombât d'un moment à l'autre dans la maison du curé?

« Elle ne vous y trouverait plus parbleu!... Mais pensez-vous qu'elle serait assez naïve pour ne pas fouiller ailleurs, pour ne pas pousser plus loin ses recherches?

« Et qui sait si, au moment où vous vous y attendriez le moins, elle n'envahirait pas tout à coup cette auberge?... Et alors qu'arriverait-il? que se passerait-il? Je vous le demande. Trouveriez-vous ici, comme chez le Lyonnais, comme chez la petite bonne, comme chez la mère Blanchard, une issue pour fuir? Non, mon cher, vous seriez pris, et vous auriez encore le regret de vous dire que vous avez eu tort de ne pas m'écouter et que c'est de votre faute...

« Et, là-dessus, il me poussa devant lui, ajoutant encore :

« — Par conséquent, pas de bêtise!... Filons! et filons plus vite que ça, si vous voulez m'en croire!...

« D'ailleurs, à partir de ce moment, je réponds de vous... »

« Ce diable d'homme avait fini par prendre un tel empire sur moi que je n'osais plus lui résister.

« Il m'entraîna, et il y avait bien déjà dix bonnes minutes que nous marchions que nous n'avions pas encore échangé un seul mot, une seule parole.

« Nous étions dans la pleine campagne, dans la pleine solitude.

« Il n'y avait plus autour de nous aucune habitation et, depuis notre départ de l'auberge, nous n'avions rencontré presque personne, que deux ou trois passants qui n'avaient pas fait la moindre attention à nous.

« Et cependant, j'avais beau me raidir, j'avais beau vouloir me rassurer, je crois que je n'avais jamais été plus peureux et plus poltron.

« L'inconnu, qui voyait bien mes transes, ne pouvait s'empêcher de sourire :

« — Pourquoi devenez-vous tout blême? pourquoi tressaillez-vous ainsi? me disait-il. Ne vous ai-je pas déclaré tout à l'heure que je répondais de vous?

« Et d'ailleurs, ajoutait-il, donnez-vous la peine de regarder autour de vous. Nous sommes aussi seuls ici que dans un désert... »

« Nous marchâmes encore pendant assez longtemps, puis enfin tout à coup l'inconnu s'arrêta.

« — Nous voici bientôt arrivés au terme de notre voyage, me dit-il en souriant.

« Puis me montrant une maison qui se dressait à peu de distance de nous :

« — Voyez-vous là-bas, à la lisière de ce petit bois, cette maison à moitié cachée par les arbres? ajouta-t-il. Eh bien! c'est là...

« Et l'inconnu se mit alors à marcher beaucoup plus vite, beaucoup plus rapidement.

« Cinq minutes après nous arrivions enfin devant la maison, et elle était si vieille, et elle avait un aspect si triste, je dirais presque si lugubre, que j'éprouvai comme une sorte de saisissement.

« — Par quel miracle d'équilibre cette vieille bicoque peut-elle encore tenir debout, me disais-je. Comment diable n'a-t-elle pas déjà été emportée par un coup de vent.

« Et le fait est, mon cher, que si tu avais vu cette masure, ou plutôt cette ruine, tu n'aurais pu t'empêcher de faire la même réflexion que moi.

« Mais l'inconnu n'avait point remarqué ma surprise, ou s'il l'avait remarquée, il n'en avait rien laissé paraître.

« Il venait de sortir une clé de sa poche, puis après avoir ouvert une petite porte :

« — Passez ! me dit-il.

« Et il me poussa doucement devant lui.

« Nous traversâmes alors une sorte de couloir d'une longueur de vingt-cinq à trente mètres environ, puis, après avoir traversé également une petite cour encombrée d'herbes folles et de plantes parasites, mon inconnu ouvrit une seconde porte.

« — Attention ! me dit-il. Cette fois nous allons nous trouver à tâtons... Je vais faire de la lumière.

« Il me laissa là, fit quelques pas dans le nouveau corridor qui s'ouvrait en face de nous, puis enfin je le vis revenir en tenant une énorme lanterne qu'il venait d'allumer.

« — C'est qu'il s'agit d'ouvrir l'œil et de ne pas nous casser le cou, reprit-il. Je vais vous montrer le chemin... Suivez-moi...

« Ce corridor était si humide qu'un grand froid m'envahissait.

« Brusquement, l'inconnu de nouveau s'arrêta.

« Il venait de lever sa lanterne, et je voyais un trou énorme, un trou immense s'ouvrir à mes pieds.

« — Voyez-vous cette échelle ? me dit-il. Nous allons maintenant descendre par là... Ouvrez toujours l'œil.

« Il venait de passer le premier et je me mis à mon tour à descendre par cette échelle.

« Mais où donc cet homme étrange me conduisait-il ?

« Dans quelle cave ? dans quelle tombe allait-il me murer, m'enterrer ?

« Et je faisais précisément cette réflexion quand de nouveau je sentis le sol sous mes pas...

« Alors l'homme eut un sourire :

« — Ne vous impatientez pas, me dit-il. Nous avons passé le plus difficile... Dans deux minutes vous allez être chez vous...

« Et, en effet, deux minutes ne s'étaient pas écoulées qu'après avoir encore suivi un troisième couloir ou un troisième corridor, comme tu voudras, je pus enfin y voir clair et respirer l'air pur.

« Nous nous trouvions dans un assez vaste jardin, au fond duquel s'élevait un petit pavillon.

« Alors l'inconnu se retourna brusquement vers moi :

« — Eh bien! qu'en pensez-vous? me dit-il. Voici votre demeure... Voici l'asile que je vous offre... Mais vous n'avez pas tout vu... Venez, venez!...

« Et vivement il m'entraîna vers le pavillon.

« Il y avait là trois pièces non seulement très propres, mais encore meublées avec beaucoup de goût.

« Moi qui n'avais, jusqu'alors, habité que dans des taudis, je venais d'être transporté tout à coup dans un intérieur bourgeois, presque cossu.

« Et je n'en revenais pas.

« Et je demeurai tout hébété, tout stupide.

« Et plus que jamais j'étais intrigué par cette étrange rencontre.

« Mais l'inconnu, que ma surprise semblait amuser, venait de hocher la tête et souriait.

« — Eh bien! je crois que vous ne serez pas trop mal ici? reprit-il. Dans tous les cas, vous y serez un peu mieux que dans les bois de Rochetaillée... Et quant à la police, elle peut bien maintenant faire son deuil de Ravachol!...

« Mais c'était plus fort que moi, il fallait absolument maintenant que je sache à qui j'avais affaire.

« — Je vois que vous ne m'avez pas trompé et que j'ai bien fait d'avoir confiance en vous, lui dis-je vivement. Mais voyons, parlez-moi à présent en toute franchise, en toute sincérité...

« Pourquoi m'avez-vous rendu ce service?

« Pourquoi, quand tout le monde me maudit, quand tout le monde m'exècre, avez-vous tenu à me sauver?

« Comment aussi avez-vous pu retrouver mes traces et me rencontrer à-bas dans cette auberge?

LES EXPLOITS DE RAVACHOL

— Comment! on a assassiné les dames Marcou!

« Comment enfin avez-vous pu connaître si bien toute ma vie, toute mon histoire?

« En un mot, apprenez-moi tout ce que j'ignore, tout ce que je brûle de savoir ! »

« Et je regardai l'inconnu.

« Il y eut un long silence.

« Son visage était devenu subitement très grave, très sérieux, presque imposant.

« Puis enfin, toujours de sa voix un peu lente et un peu sourde :

« — Oui, me dit-il, je comprends, en effet, votre surprise et votre étonnement. Oui, je comprends, en effet, combien doit vous paraître extraordinaire que quelqu'un s'intéresse à vous, s'intéresse à Ravachol...

« Et cependant, c'est vrai, je m'intéresse beaucoup à vous, et je crois vous en avoir donné la preuve.

« Et maintenant quelle est la cause, quelle est la raison, quel est le motif de ce si grand intérêt que je vous porte? nous en parlerons plus tard; mais, pour le moment, vous me permettrez de me taire. »

« Pourtant, je venais d'insister encore.

« — Plus tard?... Pourquoi ne parleriez-vous pas tout de suite?

« Mais, d'un geste rapide de la main, il venait de m'imposer silence.

« — Je vous ai dit plus tard. Cela doit vous suffire, me répondit-il.

« Et sa taille s'était subitement redressée, et son regard venait de nouveau de se fixer sur moi, mais, cette fois, avec une telle expression d'autorité, avec un tel air impérieux et hautain, que j'en demeurai tout intimidé.

« Je ne reconnaissais plus mon particulier de l'auberge, et je venais d'avoir une fois encore, une fois de plus, le pressentiment que sous ces habits si usés, que sous ces habits si râpés qu'ils n'étaient presque plus que des guenilles, il devait se cacher quelqu'un.

« Mais qui ?

« C'était là la question que je ne cessais de me faire et qui restait toujours sans réponse; c'était là le côté énigmatique de cette rencontre; c'était là le mystère.

« Bref, mon cher, je suis depuis assez longtemps déjà dans ce nouvel asile, dans cette nouvelle retraite, et non seulement je ne me suis jamais senti plus tranquille et plus rassuré, mais encore jamais je n'ai été plus heureux.

« Je vis là-dedans comme un vrai coq-en-pâte et j'engraisse !... Oui, mon vieux, sans blague, Ravachol que tu as connu si maigre, si pâle, si décharné, Ravachol qui n'avait que la peau sur les os, a maintenant le teint fleuri, la mine rubiconde et presque du ventre !

« Ainsi tiens, l'autre jour, comme je me promenais de long en large dans ma chambre, tout à coup je m'arrête tout saisi, tout stupéfait.

« Une petite glace venait de me renvoyer mon image et moi-même j'hésitais à me reconnaître.

« Était-ce bien moi que je voyais là ?

« Était-il bien vrai que depuis ma sortie du presbytère, que depuis la dernière frousse que j'avais eue, là-bas, dans l'auberge, là-bas, quand cet inconnu était venu s'asseoir en face de moi en m'appelant par mon nom, par tous mes noms, était-il bien vrai que j'avais pu changer à ce point ?

« Non, ma parole, je n'en revenais pas, et le changement était même si complet que mon signalement ne me ressemblait plus et que j'aurais pu, sans courir le moindre risque, sans m'exposer au moindre danger, m'aventurer très tranquillement et en plein jour dans les rues de Saint-Étienne...

« Mais, mon cher, je devine la question que tu vas me faire, la question que tu dois avoir depuis un moment déjà sur les lèvres.

« Tu vas me dire : « Tu engraisses, tu prends du ventre, et j'en suis
« bien aise. Mais ce que je voudrais bien que tu me dises, mais ce que je
« voudrais bien savoir, c'est comment tu peux, dans ce nouvel asile dont
« les abords, si j'en crois la description que tu viens de me faire, ne sont pas
« des plus faciles, tu peux te procurer la nourriture qui t'est nécessaire ?

« Tu sors donc ?

« Tu vas donc au dehors chercher ta pâture ?

« Mais alors, mon vieux Ravachol, ouvre l'œil et n'oublie pas qu'il
« ne faudrait qu'une imprudence pour que la police ait enfin la main plus
« heureuse. »

« Non, mon cher, non, je ne sors pas ; non, depuis que je me terre là, je n'ai pas encore mis, ne fût-ce qu'une minute, ne fût-ce qu'une seconde, les pieds dans la rue.

« Tu comprends bien que si je sais payer d'audace au besoin, ou pour mieux dire quand j'y suis absolument obligé, absolument forcé, je ne suis pas encore assez bête pour aller risquer ma tête inutilement.

« Non, non, quand il m'a dit de le suivre et quand il m'a amené dans cette maison, mon mystérieux inconnu, je pourrais dire mon mystérieux ami, avait déjà tout combiné, déjà tout prévu.

« Aussi a-t-il trouvé pour me faire boulotter le moyen le plus simple, le plus facile et le plus commode.

« Je t'ai déjà dit tout à l'heure que j'habitais dans un petit pavillon retiré au fond d'un jardin.

« Il y a dans ce jardin une porte qui donne sur une espèce de petite impasse où jamais personne ne s'aventure, où jamais personne ne vient flâner.

« Tous les soirs, à la nuit close, une vieille femme s'introduit par cette porte et vient m'apporter un lourd panier chargé de provisions, un lourd panier dont le contenu, toujours très délicat, toujours de première qualité, me suffit amplement pour une journée.

« Cette vieille a beau ne pas être bavarde et ne pas avoir l'air de s'inquiéter de ce qui se passe autour d'elle, je ne te cache pas que dans les premiers jours elle m'effrayait un peu.

« Je me souvenais alors de la vieille gouvernante du curé, de cette vieille gueuse de mère Honorine qui avait été raconter à tout le pays que son maître cachait Ravachol, et je me demandais si celle-ci n'allait pas faire de même, si elle n'allait pas aussi jaser et tenir tout le monde au courant de ce qui pouvait se passer d'étrange, de ce qui pouvait se passer de mystérieux autour d'elle.

« Mais mon inconnu, à qui j'avais fait part de mes craintes, n'a pu s'empêcher de sourire.

« — Regardez-moi donc! m'a-t-il dit. Puisque je veux vous aider à vous sauver, puisque je veux vous aider à conserver votre tête sur vos épaules, est-ce que vous croyez que j'aurais été assez stupide, assez fou, pour faire connaître votre retraite à cette vieille femme si je n'avais pas été aussi sûr d'elle que je suis sûr de moi-même?

« D'abord, cette vieille ne sait pas lire, et par conséquent, il n'y a donc pas de danger que, comme la vieille servante du curé, que, comme la mère Honorine, elle puisse un jour ou l'autre connaître votre signalement par n'importe quelle feuille, par n'importe quel journal qui pourrait lui tomber sous la main.

« Ensuite j'ai bien eu soin de motiver votre présence ici et de la motiver de telle façon que vous lui êtes devenu tout de suite très sympathique. »

« Et alors mon inconnu m'expliqua que cette vieille femme était la mère d'un fédéré, et que son fils avait été fusillé, pendant la Commune, pendant l'épouvantable guerre civile qui a suivi la capitulation de Paris.

« Depuis cette époque, cette femme partageait les idées les plus avancées, les plus exaltées, et je passais à ses yeux pour un proscrit, pour un pauvre diable qui se trouvait très compromis dans quelque affaire politique.

« — Et il n'y a pas de danger qu'elle parle, il n'y a pas de danger qu'elle nous trahisse, ajouta mon hôte avec l'accent d'un homme qui est certain de ce qu'il avance. Elle se ferait plutôt couper en mille morceaux...

« Au surplus, je n'ai jamais eu avec elle que de très rares, que de très courtes conversations, et je m'embêterais à mourir, malgré toute la sécurité dont je jouis et tout le bien-être dont je suis entouré, si je n'avais de temps à autre l'occasion de me rattraper avec celui que j'appelle à part moi et avec raison « mon ami ».

« En effet, celui-ci vient me voir environ deux ou trois fois par semaine et nous causons.

« Je n'ai pas besoin de te dire qu'il s'agit toujours de moi et des nouvelles qui peuvent m'intéresser.

« Or, la dernière fois qu'il m'a rendu visite, — c'était avant-hier, — toujours si sérieux, lui toujours si grave, il n'était pas aussitôt assis en face de moi que je le vois sourire en me regardant.

« Puis, sans me laisser le temps d'ouvrir la bouche et de lui poser une question :

« — Vous savez qu'il y a du nouveau? me dit-il.

« Et comme je n'avais pu m'empêcher de tressaillir :

« — Oui, il y a du nouveau, reprit-il vivement, mais vous n'avez pas besoin de trembler, car je crois que ce qui se passe, loin d'être menaçant, est, au contraire, d'un très bon augure pour vous.

« — D'un très bon augure? balbutiai-je. De quoi donc s'agit-il?

« — Attendez, je vais vous raconter ça, me répondit-il. Aujourd'hui, comme à peu près tous les jours d'ailleurs, j'ai fait une assez longue promenade dans les rues de Saint-Étienne.

« Promenade sans but, promenade de flâneur et d'homme qui cherche tout simplement à tuer le temps.

« Or, comme le hasard venait de m'amener devant le Palais de Justice, je m'arrêtai tout à coup fort surpris, fort étonné.

« — Pourquoi donc? demandai-je.

« — Pourquoi?... Mais parce que je venais d'apercevoir là une foule énorme, une foule immense, une foule extraordinaire.

« — Que se passait-il donc?

« — Ce qui se passait? Voilà précisément la question que je venais de me poser. Oui, je me demandai ce qui pouvait bien se passer là pour avoir attiré tant de gens, une telle affluence de curieux.

« Et pour le savoir, je m'approchai.

« Et je n'avais pas fait vingt pas dans cette foule que je me heurtai justement à l'un de mes amis.

« — Eh bien! lui dis-je, en voilà une cohue!... Ma parole, on croirait que tout Saint-Étienne s'est donné rendez-vous ici. Et pourquoi? Qu'est-ce que cela veut dire? Qu'est-ce que cela signifie?

« — Je viens d'entendre dire qu'il s'agit de la fameuse affaire en question, me répondit mon ami, de l'affaire de Chambles, de l'affaire du vieil ermite.

« — Comment ça? fis-je. Est-ce que, par hasard, on aurait fini par mettre la main sur Ravachol?

« — Oh! non, oh! il ne s'agit pas de Ravachol, mais de ses complices...

« Et comme je faisais l'imbécile et que j'avais l'air de ne pas comprendre :

« — Ah çà! s'écria mon ami, vous avez l'air de tomber des nues, vous avez l'air de ne pas savoir le moindre mot de cette affaire que tout le monde connaît jusque dans ses moindres détails.

« Voyons, voyons, tâchez donc de vous rappeler, tâchez donc de vous souvenir.

« Vous devez bien savoir aussi bien que moi, pour l'avoir lu dans tous les journaux, qu'une fois son crime commis, qu'une fois le pauvre ermite égorgé, Ravachol n'a pas pu emporter tout de suite l'argent qui se trouvait dans la grotte?

« Le magot de Jacques Brunel, en effet, pesait lourd, car il consistait presque entièrement en gros sous, en monnaie de billon, en mitraille, enfin...

« — Oui, oui, je crois me souvenir, dis-je.

« — Alors qu'a fait Ravachol? Il est tout simplement revenu à Saint-Étienne chercher deux complices pour lui aider à enlever le magot du vieux.

« Puis, le magot une fois enlevé, lui, pas bête, qu'a-t-il fait encore?

« En homme prudent, en homme avisé, il n'a pas voulu garder chez lui l'argent volé.

« Il était bien loin, il est vrai, de croire qu'il pourrait être soupçonné, mais enfin, il pensa qu'à tout hasard il ferait toujours bien de prendre toutes ses précautions.

« Et alors, il ne trouva rien de mieux que de confier cet argent-là à ses deux complices et à sa maîtresse.

« L'un de ces complices, un nommé Fachard, que vous devez connaître tout au moins de nom, car il a été ici à la tête d'une bande de faux monnayeurs, dont Ravachol précisément avait fait partie, a été arrêté quelques jours après le crime de Chambles.

« Puis on a également arrêté Julie, la maîtresse de l'assassin.

« Quant au second complice, quant au second individu qui avait aidé Ravachol à enlever de la grotte les économies du vieux Jacques Brunel, la police n'a pu le saisir et il court encore, à ce que je crois.

« Or, Fachard et Julie, Fachard et la maîtresse de Ravachol sont donc poursuivis comme receleurs dans le crime de Chambles; et si vous voyez tant de monde ici, une telle foule, une telle cohue, c'est que d'un moment à l'autre ils vont quitter le Palais de Justice de Saint-Étienne, où un juge d'instruction leur fait subir un dernier interrogatoire, pour être transportés là-bas, à Montbrison, où très prochainement ils passeront aux assises. »

« Et mon ami ajouta aussitôt :

« — Mais il y en a un qui a de la chance de s'en tirer !

« — Qui ça? demandai-je. Celui qui a aidé Fachard et Ravachol à enlever l'argent?

« — Oh! non... je ne parle pas de celui-là.

« — Alors qui donc?

« — Mais Berthollin, parbleu!

« — Berthollin?

« — Mais voyons, vous ne savez donc rien? mais voyons il faut donc tout vous dire, tout vous apprendre? s'écria mon ami.

« Eh bien! ce Berthollin, dont je vous parle, est ce garçon qui, pendant quelque temps, a donné l'hospitalité à Ravachol, tout en sachant très bien que celui-ci avait assassiné l'ermite.

« On l'avait arrêté aussi, mais il paraît qu'on l'a relâché. Il pourra se flatter d'avoir eu de la chance! »

« Alors, faisant toujours l'ignorant, faisant toujours l'imbécile, je continuai de faire jaser mon homme dans l'espoir de pouvoir peut-être recueillir quelque renseignement qui pourrait vous être utile.

« — Et Ravachol? lui dis-je tout à coup, c'est surtout celui-là qu'il faudrait attraper. A-t-on de ses nouvelles? Sait-on ce qu'il est devenu?

« Mais, mon ami venait de secouer brusquement la tête et puis, d'un air indigné :

« — Ah! Ravachol! s'écria-t-il. La police s'est montrée si bête et si maladroite en ce qui le concerne, que celui-ci doit être bien tranquille à l'heure qu'il est.

« On dit tous les jours :

« — Demain nous le tiendrons!... demain nous le prendrons!

« Mais, en attendant, jamais on ne le prend, jamais on ne le tient.

« Pendant un moment, le bruit avait couru qu'il devait se cacher dans les bois de Rochetaillée...

« La police et des paysans firent plusieurs battues dans ces bois, et je n'ai pas besoin de vous dire que l'on en revint bredouille, bredouille comme par le passé, bredouille comme toujours.

« Et maintenant c'est une autre histoire qui circule, une autre histoire que l'on raconte.

« On prétend que c'est dans une cave, d'où il ne bougerait pas plus qu'un mort ne bougerait de sa tombe, que l'assassin de l'ermite de Chambles se cacherait à présent.

« Et voyez-vous d'ici la police fouiller toutes les caves de Saint-Étienne!

LES EXPLOITS DE RAVACHOL

La police dans la maison des dames Marcon.

« Non, non, tout cela est trop niais, trop ridicule, et comme tout le monde j'en suis exaspéré. »

« Et là-dessus mon ami s'en alla d'un pas rapide et en maugréant entre ses dents des paroles que je ne compris pas.

« Or, Ravachol, poursuivit mon hôte, n'avais-je pas raison de vous dire que ce que j'ai appris aujourd'hui était pour vous de bon augure?

« En effet, si l'on vient de transporter Fachard et votre maîtresse, Fachard et Julie à la prison de Montbrison, qu'est-ce que cela prouve?

« Eh bien! à mon avis, cela prouve tout simplement que l'instruction est close ou sur le point d'être close, c'est-à-dire que la police est non seulement lasse de vous chercher, mais encore presque convaincue qu'elle a perdu vos traces et qu'elle ne vous retrouvera plus.

« Donc, encore un peu de patience et bientôt le moment viendra où vous pourrez très tranquillement quitter Saint-Étienne et aller, comme l'on dit, vous faire pendre ailleurs. »

« Et, sur ces mots qu'il avait prononcés en souriant, mon mystérieux inconnu me souhaita le bonsoir, puis s'en alla.

« Après son départ, j'ai longtemps réfléchi, j'ai longtemps songé.

« Ce qui me préoccupait, c'était de savoir où j'irais si, un jour ou l'autre, j'avais en effet la bonne veine, la bonne chance de pouvoir m'échapper de Saint-Étienne.

« Et alors une idée m'est venue, une idée que je crois très bonne.

« Paris est une ville immense, une ville où l'on peut se perdre facilement.

« Pourquoi n'irais-je pas m'y cacher, m'y faire oublier, y chercher l'impunité que je trouverais certainement moins aisément dans une ville de province?

« Et tout de suite mon plan a été arrêté.

« Oui, c'est à Paris que j'irai.

« Au revoir, mon vieux.

« Je n'ai pas besoin de te recommander de garder toutes ces confidences-là pour toi.

    « RAVACHOL. »

Telle était la lettre qui avait été écrite par l'assassin de l'ermite.

Mais, ainsi que nous l'avons déjà dit, cette lettre ne fut pas envoyée.

Pourquoi?

Peut-être, au dernier moment, Ravachol comprit-il toute l'imprudence qu'il allait commettre?

Peut-être se dit-il que cette lettre pouvait s'égarer, tomber en d'autres mains que celles de l'ami à qui il la destinait, et par conséquent le perdre?

Et qui sait? Jamais peut-être le meurtrier ne fut-il plus sage? jamais peut-être ne fut-il mieux inspiré?

XXV

LES DAMES MARCON

Nous venons de voir que Berthollin, un moment arrêté pour avoir donné l'hospitalité à son camarade Ravachol, avait enfin été remis en liberté.

Comme il avait été assez habile et assez adroit pour faire croire au juge d'instruction qui l'avait interrogé qu'il n'avait apporté dans cette affaire aucune arrière-pensée ni aucune malice; comme il n'avait pas été assez bête non plus pour aller raconter qu'il avait touché de l'argent de Ravachol, on ne l'avait gardé qu'assez peu de temps sous les verrous, après quoi on s'était enfin décidé à lui rendre la clé des champs.

Berthollin était donc libre, mais depuis qu'il était sorti de prison, mais depuis qu'il était revenu dans son taudis, il était dans une dèche noire, dans une dèche affreuse.

Quand il s'était présenté pour reprendre sa place dans son usine, on avait commencé par lui fermer très brutalement la porte au nez, car la maison, lui avait-on dit, n'entendait pas avoir parmi ses ouvriers un homme dont le nom pût être, même de loin, mêlé à l'horrible crime de Chambles.

Et tout son temps se passait maintenant à courir les ateliers, où il cherchait toujours vainement une embauche, toujours vainement du travail.

Or, comme un matin Berthollin suivait la rue de Roanne, la tête toujours basse et plongé en des réflexions de plus en plus amères, brusquement il s'arrêta, tout surpris, tout étonné.

Une foule énorme se trouvait maintenant devant lui et l'empêchait d'avancer, de faire un seul pas de plus.

Et toute cette foule parlait à voix basse et avec de grands gestes indignés.

Qu'était-ce donc ?

Que se passait-il donc là ?

Berthollin leva la tête et regarda la maison en face de laquelle toute cette foule s'était amassée.

C'était une petite maison d'apparence assez coquette et qui n'avait à son rez-de-chaussée qu'une étroite boutique.

Cette boutique, dont les volets étaient hermétiquement clos, portait en lettres jaunes cette enseigne :

QUINCAILLERIE

C'était certainement cette boutique qui excitait la curiosité publique.

Mais pourquoi ?

Berthollin, très badaud et très curieux, brûlait déjà de le savoir.

Il accosta donc deux individus qui discutaient très vivement à quelques pas de là, puis s'adressant au plus âgé des deux :

— Pardon ! fit-il en saluant. Que vient-il donc de se passer dans cette maison ? Pourquoi y a-t-il donc tant de monde ici ?

— C'est à propos des dames Marcon, répondit l'homme que Berthollin venait d'interpeller et qui paraissait assez bavard.

— Des dames Marcon ?

— Oui, des sœurs Marcon.

— Comprends pas. Qu'est-ce qu'elles ont fait ?

L'homme se mit à rire.

— Demandez-moi plutôt ce qu'on leur a fait, s'écria-t-il. Eh bien ! on prétend qu'elles ont été assassinées...

— Assassinées ?

— Parfaitement.

— Et pourquoi ? Pour les voler ?

— C'est probable.

— Et quand le crime a-t-il été commis ? Cette nuit ?

— Cette nuit ou hier soir, mais d'après certains indices, d'après certaines rumeurs, ce serait plutôt hier soir que le coup a été fait.

— Et quels sont ces indices?

— On prétend qu'on a vu, hier soir, deux individus qui paraissaient vouloir se rendre compte de ce qui se passait à l'intérieur de la boutique, tandis qu'un peu plus loin une femme allait et venait, semblant faire le guet.

— Deux jeunes femmes, ces sœurs Marcou? reprit Berthollin.

— Non, non, deux vieilles, au contraire... Elles vivaient depuis très longtemps ensemble et il paraît qu'elles s'adoraient.

— Elles étaient donc riches?

— Oh! ça, je ne sais pas, je ne pourrais pas vous dire, répondit l'homme. Mais d'après ce que l'on raconte, il paraîtrait qu'elles avaient tout de même quelques sous de côté...

— Oui, oui, dit alors le second individu, les sœurs Marcon avait de la monnaie, c'est certain.

— Et maintenant qu'attend-on là? demanda Berthollin.

— Ce que l'on attend?

— Oui, s'il vous plaît?

— Mais il me semble que c'est facile à comprendre. On attend tout simplement le commissaire de police qu'on est allé prévenir.

— Et comment le crime a-t-il été découvert?

— Voici ce qui serait arrivé, dit le premier individu à qui Berthollin avait parlé. Il paraît qu'une femme qui habite dans la maison, c'est-à-dire qu'une des voisines des dames Marcon, aurait été très surprise de voir leur magasin rester si longtemps fermé.

« Car, d'habitude, les deux vieilles étaient toujours les premières debout dans le quartier.

« Cette voisine vint donc frapper aux volets, mais personne ne répondit.

« Cela devenait donc de plus en plus étrange, de plus en plus étonnant.

« Enfin, lasse de frapper, lasse d'appeler, cette voisine se rappela tout à coup la porte de l'arrière-boutique qui donne au fond de la cour.

« Elle s'approcha de cette porte, et elle allait frapper quand elle s'aperçut qu'elle était restée entre-bâillée.

« Elle la poussa doucement, puis cria en riant :

« — Eh bien, vous êtes bien paresseuses ce matin ! Que faites-vous donc ? »

« Mais elle n'avait pas encore achevé qu'elle recula avec un cri d'épouvante.

« Elle venait d'apercevoir en face d'elle deux cadavres, les deux sœurs Marcon qui gisaient dans une mare de sang.

« Cette voisine s'enfuit comme une folle, ameuta tout le monde, et vous savez le reste...

Et de plus en plus, devant la petite boutique de quincaillerie, la foule grossissait, augmentait.

Le bruit de ce nouveau crime, de ce nouvel assassinat, commençait à se répandre dans les rues environnantes et des curieux accouraient de toutes parts.

Et l'on n'entendait dans tous les groupes que les mêmes exclamations :

— Comment ! on a assassiné les dames Marcon !
— Est-ce possible !
— Ah ! les pauvres femmes !

Et, brusquement, dans toute cette foule dont les murmures emplissaient la rue, un grand silence se fit.

Des voix venaient de crier :

— Voilà le commissaire !... Voilà le commissaire !

Et, en effet, presque aussitôt le commissaire du quartier parut, ceint de son écharpe.

Il était un peu pâle et marchait d'un pas très rapide, escorté de quatre ou cinq agents.

La foule s'écarta et le commissaire entra dans la maison.

Il traversa une allée très étroite et toute noire, puis se trouva enfin devant la porte de l'arrière-boutique.

Des curieux s'étaient élancés derrière lui et au premier rang se trouvait Berthollin.

La porte de l'arrière-boutique une fois ouverte toute large, le commissaire de police lui-même recula effrayé, épouvanté.

Il avait été très souvent appelé à constater des crimes, mais jamais il n'avait eu sous les yeux un spectacle pareil, un spectacle aussi horrible.

Quant aux curieux, ils étaient devenus tout pâles, tout blêmes, et ils n'avaient pu retenir un cri d'horreur.

— Ah! les pauvres vieilles, murmura Berthollin, comme on les a bien arrangées!

Les deux sœurs Marcon, le crâne ouvert, les bras en croix, les yeux fixes et pleins d'un immense effroi, d'une indicible épouvante, gisaient l'une à côté de l'autre dans une mare de sang.

Et autour d'elles c'était le désordre le plus affreux et le plus significatif.

Tous les meubles avaient été forcés, tous les tiroirs avaient été vidés...

Le mobile du crime ne pouvait plus faire aucun doute : c'était bien le vol.

Et les agents cherchaient, fouillaient, commençaient les premières investigations.

Le premier objet qui leur tomba sous les yeux fut précisément l'instrument avec lequel ce double crime avait été commis. C'était un lourd marteau de tailleur de pierre, à manche court, et après lequel adhéraient encore des cheveux grisonnants, des cheveux des victimes.

C'était déjà là, certes, une importante découverte, une importante trouvaille, mais il s'agissait de savoir si l'on ne trouverait rien autre, si l'on ne trouverait pas encore quelque autre objet qui pût permettre d'arrêter très prochainement, très rapidement l'assassin.

Et l'on chercha, l'on fouilla encore.

Mais on ne découvrit rien.

Tout ce que l'on apprit, tout ce que l'on put constater seulement en passant dans la pièce principale, dans la pièce qui servait de magasin, c'est qu'il y avait eu d'abord une lutte terrible, une lutte acharnée entre les deux victimes et leur meurtrier.

En effet, là, tout était renversé, culbuté, dans le plus inexprimable désordre.

Sur le plancher et sur les meubles on pouvait voir de larges taches de sang qui restaient encore humides.

Cela prouvait qu'avec une audace rare, avec une audace inouïe, les dames Marcon avaient été frappées là, assassinées là, à deux pas de la rue.

Comment n'avait-on pas entendu leurs cris? Comment n'était-on pas venu à leur secours? C'était ce que le commissaire de police n'arrivait pas encore à comprendre.

Mais Berthollin comprenait bien, lui.

— Parbleu ! se disait-il, il est bien évident qu'il y a eu lutte entre les deux vieilles et l'homme qui voulait les voler, mais rien ne prouve qu'elles aient pu crier.

« L'assassin a dû d'abord manquer son coup, ne pas frapper d'une main assez sûre, et ne faire que les étourdir.

« Alors, instinctivement, les deux vieilles se sont débattues, les deux vieilles ont essayé de parer les coups, et voilà pourquoi on voit ici toutes les chaises renversées, tous les meubles culbutés.

« Mais si l'on y réfléchit bien, comment auraient-elles pu crier, comment auraient-elles pu appeler à leur aide?

« Elles ont certainement été frappées à l'improviste, et alors, devant cette attaque si prompte, si soudaine, si terrible, une épouvante folle s'est emparée d'elles et les a paralysées.

« Elles auraient voulu appeler, elles auraient voulu crier au secours, qu'elles n'auraient rien pu dire, j'en suis bien sûr.

« Puis, c'est toujours en se débattant qu'elles ont dû fuir dans l'arrière-boutique.

« Ici, l'homme a frappé encore, et, cette fois, le coup qu'il a porté à chacune des deux pauvres vieilles a été le bon.

« Oui, voilà comment les choses ont dû se passer, j'en mettrais la main au feu.

Du reste, Berthollin qui, au fond, avait une assez forte dose de naïveté, se trouvait de plus en plus content d'être mêlé à cette affaire, ou plutôt de se mêler de cette affaire. Et il en arrivait même jusqu'à oublier qu'il se trouvait dans une situation qui devait lui commander la plus extrême réserve et la plus rigoureuse prudence.

En effet, n'avait-il pas été arrêté pour avoir donné asile à Ravachol et n'avait-il pas été, en quelque sorte, un peu compromis dans l'affaire de l'ermite de Chambles?

Et n'avait-il pas, par conséquent, au lieu de tant se montrer, surtout en une pareille circonstance, tout intérêt à faire le mort et à tâcher de passer inaperçu?

LES EXPLOITS DE RAVACHOL

— Eh bien ! et vous, que savez-vous ? dit le juge.

Mais ces réflexions n'étaient point venues à l'esprit de Berthollin qui s'oubliait et poussait même le zèle jusqu'à vouloir aider les agents dans leurs recherches et leurs investigations.

Comme eux il se penchait sous les meubles, étudiait tous les objets qui lui tombaient sous la main et furetait partout, tâchait de découvrir un indice ou de faire une trouvaille qui aurait pu mettre la justice sur la trace du coupable.

Et tout à coup il s'arrêta, un peu saisi, un peu pâle.

Il venait enfin de se rendre compte de l'imprudence qu'il commettait.

Il venait enfin de comprendre le tort qu'il avait, lui qui sortait de prison, lui dont le nom venait d'être accolé à celui de Ravachol, de se mettre ainsi en évidence.

— Ah çà! suis-je fou! pensa-t-il en sentant un petit frisson lui courir dans les veines. De quoi diable allais-je me mêler là?... Est-ce que cette affaire me regarde?... Est-ce que j'ai quelque chose à voir là-dedans!... Est-ce que la justice, en attendant mieux et quitte à me relâcher plus tard, ne pourrait pas me repincer rien que sous le simple prétexte que je suis Berthollin et que je me trouve ici?... Mais oui!... Pour gagner du temps, elle serait tout de même capable de me coffrer... Ah! pas de bêtise!...

Et tout de suite il ne bougea plus, cherchant, puisque la curiosité qu'il éprouvait le retenait et l'empêchait de s'en aller, à se dissimuler parmi la foule de plus en plus compacte qui maintenant envahissait la boutique des dames Marcon.

Et presque au même moment il y eut au dehors une lointaine rumeur, tandis que le commissaire, l'air furieux, criait aux agents :

— Voici ces messieurs. — Mais on étouffe ici!... Dégagez la porte!... Ne laissez plus entrer personne !...

Ces « messieurs », comme l'avaient très bien compris Berthollin et les autres curieux, c'étaient les membres du parquet, c'est-à-dire le procureur de la République et un juge d'instruction accompagnés d'un greffier et d'un médecin légiste.

A peine les magistrats eurent-ils posé le pied dans l'arrière-boutique, à peine eurent-ils jeté un coup d'œil sur les deux cadavres qui se trouvaient étendus là qu'ils ne purent, à leur tour, retenir un mouvement d'horreur.

Le médecin lui-même avait eu comme un léger recul.

Mais ce ne fut qu'une émotion d'une seconde, qu'une émotion si vite dissipée que personne peut-être ne put s'en apercevoir.

Et maintenant redevenu très calme, très maître de lui, il venait de se pencher sur les deux victimes et leur soulevait les bras, les jambes, cherchant à se rendre compte avec le plus d'exactitude possible de l'état de rigidité dans lequel elles se trouvaient.

Car en attendant que l'autopsie pût faire sur ce point une lumière plus complète, il était très important de tâcher de savoir, au moins approximativement, à quel moment ce double assassinat avait été commis.

Et son examen terminé, le médecin déclara que, selon lui, le crime avait dû être commis la veille, environ vers les neuf heures ou dix heures du soir.

Vers les neuf heures ou dix heures du soir...

Ceci était déjà une indication précieuse pour la justice et allait peut-être lui permettre de faire un peu de lumière dans cette ténébreuse et mystérieuse affaire.

D'ailleurs le juge d'instruction ne perdait pas de temps.

Il venait déjà d'interroger à voix basse le commissaire de police pour lui demander s'il avait fait faire des recherches et si ces recherches avaient donné quelque résultat.

Alors le commissaire montra le marteau qui avait été ramassé à quelques pas des cadavres.

— Voilà tout ce que nous avons trouvé, répondit-il. Mais c'est l'instrument du crime... Regardez!... Il est encore humide de sang et l'on y voit encore des cheveux de ces pauvres femmes...

Le juge d'instruction venait de prendre le marteau et très longuement le regardait, l'examinait.

— Aucune initiale, aucun chiffre, aucun signe qui puisse permettre d'en connaître l'origine, finit-il par murmurer avec un accent de dépit. Mais ce n'en est pas moins une précieuse pièce à conviction... Faites-le mettre de côté avec soin...

Puis après s'être retourné et avoir jeté un coup d'œil machinal sur la foule, il ajouta :

— Vous avez dû sans doute procéder déjà à l'interrogatoire des voisins?... Vous avez dû sans doute essayer déjà de recueillir des renseignements ? Qu'avez-vous appris ?

— Rien, répondit le commissaire. Du reste, je ne faisais que d'arriver sur le lieu du crime.

Sans répondre un mot, le juge d'instruction venait de passer dans la pièce principale, c'est-à-dire dans la pièce qui donnait sur la rue de Roanne.

Comme les volets étaient restés clos et qu'elle n'était éclairée que par une sorte d'imposte grillagée, cette pièce demeurait assez sombre.

On y avait vu pourtant assez clair pour se livrer aux premières recherches, mais le juge d'instruction tenait à voir très nettement le visage des gens qu'il allait entendre.

En effet, qui pouvait répondre que le trouble de l'un d'eux ne serait pas pour lui un indice, une révélation ?

Alors, sur son ordre, on alluma deux bougies qu'on plaça sur deux petites tables que l'on venait de dresser l'une à côté de l'autre.

L'une de ces tables devait servir au juge d'instruction, l'autre à son greffier.

Puis cela fait, on chercha parmi la foule qui se trouvait là les voisins des deux dames Marcon, c'est-à-dire ceux qui pourraient peut-être avoir aperçu ou entendu quelque chose et fournir ainsi quelque renseignement, quelque indice sur le crime.

Et tandis qu'une dizaine de personnes venaient se ranger en face du juge d'instruction, le procureur de la République venait s'asseoir à son tour non loin de celui-ci, et les bras croisés, la face toujours très froide, très impassible, se préparait à suivre les interrogatoires.

Il y eut un moment de silence, puis le juge d'instruction demanda au commissaire par qui le crime avait été découvert.

Alors, d'un geste, celui-ci désigna la femme qu'il avait déjà questionnée lui-même quelques instants auparavant.

Sur un signe du juge, cette femme s'avança, toute pâle, toute saisie.

Aussi ne répondit-elle que d'une voix tremblante quand on lui demanda son nom.

Doucement le magistrat la rassura :

— Remettez-vous, madame, dit-il, et veuillez répondre à mes questions... Vous étiez la voisine de ces deux malheureuses femmes?...

— Oui, monsieur, j'habitais la même maison qu'elles.
— Et c'est vous qui, la première, avez aperçu les deux cadavres?
— Oui, monsieur.
— Dites-nous comment cela s'est passé.

La femme était encore si émue qu'elle fut obligée de faire un effort pour répondre.

— Voici, monsieur, dit-elle enfin. Ce matin je suis descendue, comme d'habitude, pour faire dans le quartier quelques petites courses, quelques petites commissions.

« Et comme mon regard s'était porté sur le magasin des dames Marcon, je fus toute surprise...

— Toute surprise, pourquoi?

— Toute surprise parce qu'il était encore fermé à une heure où, d'habitude, il était déjà depuis longtemps ouvert.

« Mais cependant je n'éprouvai à ce moment-là aucune crainte, aucun mauvais pressentiment.

« Je me dis seulement : Peut-être que mes voisines auront été un peu fatiguées, un peu indisposées cette nuit, et voilà pourquoi elles se lèveront un peu plus tard aujourd'hui.

« Cependant comme une demi-heure après j'étais redescendue et que la boutique restait toujours hermétiquement fermée, toujours hermétiquement close, je ne pus me défendre d'un certain malaise, d'une certaine inquiétude.

« Et tout en remontant chez moi je me demandais ce qui avait bien pu se passer, ce qui avait bien pu arriver pour que les dames Marcon qui, ordinairement, étaient toujours les premières debout, fissent ce jour-là une si grasse matinée...

« Un moment même j'eus l'idée d'aller frapper à leur porte, mais la peur de paraître indiscrète me retint...

« Enfin, comme j'avais été obligée, environ trois quarts d'heure plus tard, de redescendre une troisième fois, et que je voyais toujours les volets complètement fermés, je n'y tins plus et, cette fois, je dois l'avouer, j'eus le cœur tout à coup serré comme si je pressentais, comme si je devinais qu'il avait dû arriver là-dedans quelque malheur.

Pendant que la femme qui avait découvert le crime déposait ainsi, le juge d'instruction ne disait pas un mot, ne faisait pas un geste. A peine se retournait-il de temps en temps vers le greffier, qui toujours écrivait, prenait des notes.

— Alors, continua la femme après un court moment de silence, je n'eus plus le courage de remonter chez moi sans savoir à quoi m'en tenir.

« Je m'approchai donc de la porte et je frappai. Mais pas de réponse. Je frappai plus fort. J'appelai, toujours le même silence. Alors une peur affreuse me prit, une angoisse horrible.

« Décidément tout cela n'était pas naturel et il avait dû certainement se passer quelque chose chez mes vieilles voisines, chez les vieilles dames Marcon.

« Et comme je restais là, toujours à frapper et à appeler, soudain une idée me vint.

« Puisque l'on ne me répondait pas ici, puisque l'on ne me répondait pas à la porte de la rue, pourquoi n'irais-je pas frapper, pourquoi n'irais-je pas appeler à la porte de l'arrière-boutique, à la porte qui donnait sur la cour?

« Et je vins alors frapper à cette porte.

« Mais à peine l'avais-je touchée que je m'aperçus qu'elle était restée entre-bâillée...

« Je la poussai doucement puis je fis quelques pas.

« Et, brusquement, je reculai, toute glacée d'effroi, toute saisie d'épouvante.

« Je venais de voir en face de moi les cadavres de mes deux pauvres voisines, les cadavres des deux pauvres dames Marcon.

« C'est tout ce que je sais, monsieur, c'est tout ce que je puis dire.

Et la femme, qui demeurait encore toute tremblante au souvenir de l'horrible découverte qu'elle avait faite, garda le silence.

Puis, comme elle allait se retirer, d'un geste rapide le juge d'instruction la retint encore en face de lui.

— Attendez! dit-il, je n'ai pas fini de vous interroger.

Et après une pause de quelques secondes:

— Étiez-vous très liée avec les dames Marcon? reprit-il.

— Très liée n'est pas le mot, monsieur, répondit la femme, mais enfin je venais encore assez souvent passer quelques instants avec elles.

— Savez-vous quelle était leur situation de fortune?

— Non, monsieur.

— Elles ne vous ont jamais rien dit, jamais fait aucune confidence à ce sujet?

— Non, monsieur, jamais.

— Elles ne vous ont jamais laissé entendre, par exemple, qu'elles possédaient chez elles des titres, des valeurs?

— Non, monsieur, elles ne m'ont jamais rien dit de pareil. Tout ce que je sais seulement, c'est que dans le quartier les dames Marcon passaient pour avoir une assez large aisance.

— Vous ont-elles quelquefois parlé de leur famille?

— Non, monsieur.

— Recevait-elles beaucoup de visites, beaucoup de monde?

— Non, monsieur. Les dames Marcon vivaient assez retirées. La seule visite qu'elles recevaient assez fréquemment était celle d'une autre de leurs voisines, de Mme Duhamel.

Et la femme, se retournant, ajouta :

— Du reste, cette dame est là... La voici.

Et elle montrait une vieille dame qui se trouvait parmi les personnes rangées devant le juge.

Sur un signe du magistrat, cette vieille dame s'approcha à son tour. Mais elle était également si émue et si tremblante que le juge d'instruction dut attendre un moment avant qu'elle pût parler.

Enfin, quand elle parut un peu remise :

— Voyons, dit-il, vous venez d'entendre la déclaration que l'on vient de me faire?

— Oui, monsieur.

— Il paraît que vous étiez l'une des meilleures amies des deux pauvres femmes qui ont été assassinées, des deux dames Marcon?

— Oui, monsieur, oui, c'est vrai, répondit la vieille dame qui avait de grosses larmes dans les yeux. J'étais, en effet, l'une des plus anciennes et des meilleures amies de ces deux infortunées.

« Du reste, je les connaissais depuis longtemps, et je ne suis venue habiter ici, je ne suis venue habiter dans cette maison que pour me rapprocher d'elles...

— Quelle était la situation de fortune des dames Marcon? Puisque vous les connaissiez beaucoup et que vous étiez depuis longtemps leur amie, vous pourrez sans doute répondre à cette question?

— Oui, monsieur.

— Eh bien?

— Cette situation était excellente. Sans être aussi riches que l'on semble le croire, mes deux amies possédaient cependant une petite fortune.

— Que vous estimez à combien?

— Sur ce point il me serait assez difficile de répondre.

— Même approximativement?

— Approximativement, je crois que la fortune des dames Marcon pouvait s'élever à environ cent vingt à cent cinquante mille francs...

— En quoi consistait-elle?

— Pour la plus grande partie en titres au porteur...

Le juge d'instruction et le procureur de la République venaient d'échanger un coup d'œil.

— Et ces titres, reprit le juge, où se trouvaient-ils? Les avaient-elles placés en dépôt?... Les avaient-elles, au contraire, conservés chez elles?...

— Sur ce point encore, monsieur, répondit la vieille dame, il me serait difficile de rien pouvoir affirmer. Je crois cependant que depuis quelque temps ces titres devaient être chez elles...

Le juge se recueillit pendant quelques secondes, puis continua :

— Et quel était le caractère de vos deux amies?... quel était le caractère des dames Marcon?

— Leur caractère?

— Oui, madame.

— C'étaient deux excellentes personnes, très douces, très bonnes, très serviables. Au surplus, vous pouvez interroger tous les gens qui les ont connues, et je suis sûre qu'ils vous répondront comme moi...

Mais le magistrat avait eu un léger mouvement d'impatience.

Puis frappant doucement sur la table :

— Non, non, vous ne m'avez pas compris, fit-il très vivement. Quand

LES EXPLOITS DE RAVACHOL

Grâce à ces renseignements et à d'autres que l'on put se procurer...

je vous parle du caractère des dames Marcon, voici ce que je veux vous dire : étaient-elles très liantes, très confiantes? en un mot, étaient-elles femmes à tenir le premier venu au courant de leurs affaires?

La vieille dame secoua lentement la tête.

— Non, monsieur, répondit-elle.

— Vous en êtes bien certaine?

— Oh! oui, monsieur, très certaine.

« Les deux pauvres femmes étaient très affables, très accueillantes, mais elles n'étaient point bavardes, et elles ne tenaient pas plus à savoir ce qui pouvait se passer chez les autres qu'à raconter ce qui pouvait se passer chez elles.

Le juge d'instruction venait de se mettre à réfléchir.

Si cette déposition était exacte et si cette vieille dame disait vrai, l'horrible crime de la rue de Roanne devenait encore plus étrange, car il n'avait pas été provoqué par une indiscrétion des dames Marcon.

Et, dans ce cas, le ou les meurtriers, pour être si bien renseignés, devaient donc avoir approché de très près les deux victimes.

Et c'était là comme un premier indice déjà, comme un premier renseignement qui pouvait avoir une très grande importance.

Mais le visage toujours impassible et sans rien laisser deviner de sa pensée, le magistrat poursuivit :

— Vous avez entendu le précédent témoin. Il nous a déclaré que les dames Marcon ne recevaient que très peu de visites et ne voyaient que très peu de monde. Est-ce exact?

— Oui, monsieur.

— Bien. Mais maintenant, une autre question.

Et la voix un peu plus lente, le juge reprit :

— Comme vous étiez liée d'une très grande intimité avec les victimes, elles devaient certainement vous parler beaucoup plus librement qu'à tout autre...

« Quand on se connaît depuis longtemps et qu'on est en rapports d'amitié, on se fait très volontiers ses confidences, on se raconte même certaines choses que l'on tairait à des gens que l'on connaîtrait moins.

— Évidemment, monsieur.

— Or, les dames Marcon n'ont-elles jamais manifesté devant vous certaines craintes, certaines appréhensions?

La vieille dame venait de regarder le magistrat.

— Voilà une question que je ne comprends pas, monsieur, dit-elle.

— Elle est pourtant bien facile à comprendre, répondit-il. Je veux vous demander si les dames Marcon n'avaient derrière elles personne qui pût les effrayer... personne, en un mot, qu'elles pussent croire capable du crime qui vient d'être commis?

La vieille dame venait de se recueillir.

Puis, au bout d'un moment :

— Non, monsieur, elles ne m'ont jamais fait, ni l'une ni l'autre, aucune confidence de ce genre-là.

« Cependant je dois vous dire qu'il a été quelquefois question entre nous d'un jeune homme dont elles ne parlaient pas en très bons termes...

Le juge d'instruction avait brusquement tressailli et le procureur de la République, de son côté, avait eu un éclair dans le regard.

— Ah! elles vous ont parlé quelquefois d'un jeune homme? reprit le magistrat.

— Oui, monsieur.

— Et que vous disaient-elles de lui?

— C'était, paraît-il, un insouciant, un paresseux, et elles avaient peur qu'un jour ou l'autre il ne finisse mal.

« Et la conduite de ce garçon leur faisait d'autant plus de chagrin et d'autant plus de peine qu'elles avaient été autrefois très bonnes et très dévouées pour lui.

— Ce jeune homme était-il de leur famille?

— Je crois que oui, monsieur, un petit cousin, un parent très éloigné, mais voilà encore une question sur laquelle je ne pourrais, sans m'exposer à me tromper, répondre d'une façon très affirmative, car sur ce point mes souvenirs peut-être ne sont-ils pas assez précis.

« Mais tout ce que je puis savoir et tout ce que je puis me rappeler à ce sujet, je vais vous le dire.

— Je vous écoute, dit le juge.

Alors, la voix un peu lente, la vieille dame, dont la déposition devenait de plus en plus intéressante, poursuivit :

— Il y a une vingtaine d'années, mes deux amies, les deux dames Marcon, n'habitaient pas encore ici, n'habitaient pas encore dans cette maison où elles devaient faire une fin si lugubre et si tragique.

« Elles demeuraient alors dans la rue Saint-Louis et tout près de la place du Peuple.

« Là elles ne vivaient plus tout à fait aussi seules que dans la rue de Roanne.

« Là, elles avaient auprès d'elles un enfant de sept à huit ans environ, qui avait eu le malheur de devenir orphelin et que dans leur bon cœur elles avaient recueilli et pour ainsi dire adopté.

« Cet enfant, qui n'était autre que le jeune homme dont je viens de vous parler, monsieur, avait, d'après ce que les dames Marcon m'ont raconté, le caractère un peu sombre, un peu sournois même.

« Elles avaient beau le combler de caresses, elles avaient beau se montrer pour lui pleines de dévouement et de bonté, elles avaient beau, en un mot, faire tout leur possible pour tâcher de remplacer la famille qu'il avait perdue, il n'avait jamais pour elles un seul mot de tendresse, un seul mot de reconnaissance.

« Je n'ai pas besoin de vous dire, monsieur, combien les deux pauvres femmes souffraient de voir cet enfant si indifférent et si ingrat.

« Mais enfin il était encore bien jeune et elles se seraient accusées d'injustice si elles avaient pu le juger trop sévèrement.

« — Bah! il changera!... Attendons qu'avec les années la raison vienne, se disaient-elles pour se consoler.

« Et chaque jour elles l'aimaient ou, pour mieux dire, chaque jour elles l'adoraient, elles le gâtaient davantage.

« Mais les années avaient beau venir, l'enfant ne changeait pas et montrait toujours pour ses deux bienfaitrices, pour ces deux braves femmes qui s'imposaient tant de sacrifices pour lui, la même froideur, la même indifférence et la même ingratitude.

« Et pourtant leur tendresse ne se lassait pas! Et cependant leur dévouement ne faiblissait pas!

« Les deux pauvres femmes s'entêtaient à espérer encore, à espérer toujours que leur protégé changerait et qu'il finirait enfin par les récompenser de tous les soins qu'elles lui avaient donnés, de toute l'affection qu'elles avaient eue pour lui.

« Mais combien elles se faisaient d'illusions! combien elles se trompaient!

« A mesure qu'il grandissait, à mesure que la raison lui venait, cet enfant qui décidément était une mauvaise nature, ne se montrait plus seulement indifférent et ingrat, mais encore devenait très souvent insolent et grossier.

« Très paresseux, il était impossible de le tenir, et malgré toute la surveillance que l'on pouvait exercer sur lui, il ne faisait que vagabonder non seulement avec des enfants de son âge, mais encore avec de grands garçons beaucoup plus vieux que lui.

« Enfin, bref, environ vers l'âge de quinze ou seize ans, le gamin disparut de la maison des dames Marcon et devint ce que vous savez, quelque chose de pas bien propre. »

Pendant que la vieille dame donnait ces renseignements, peu à peu le front du juge, si soucieux et si sombre tout à l'heure, s'éclaircissait.

Il croyait tenir déjà une piste, une piste sérieuse et qui peut-être le mettrait sur la trace du vrai coupable, sur la trace du véritable assassin des deux dames Marcon.

Il échangea un nouveau coup d'œil avec le procureur de la République, puis, doucement, il reprit :

— Continuez.

— C'est tout, monsieur.

— Mais, ce garçon, les dames Marcon ont dû certainement le revoir? Comme il les savait si bonnes pour lui, il a dû certainement revenir chez elles pour faire encore appel à leur bonté, à leur générosité?

— Je crois, en effet, qu'elles l'ont encore revu il y a quelques années. Il venait de temps à autre chez elles pour leur demander de l'argent... Elles lui en donnaient, mais comme elles lui donnaient aussi quelques sages avis, quelques sages conseils, un beau jour elles n'ont plus entendu parler de lui...

— Plus jamais?

— Non, monsieur, plus jamais.

Le juge d'instruction songeait, réfléchissait encore.

Il finit par dire :

— Vous ne pourriez pas nous fournir le signalement de ce jeune homme?

— Non, monsieur.

— Vous ne pourriez pas nous faire connaître tout au moins le nom de sa famille?

— Non, monsieur, mes deux amies ne m'ont jamais dit que son prénom : il s'appelait Maurice.

Le magistrat ne put s'empêcher d'avoir un petit sourire ironique.

Maurice !

Il était bien avancé !

— Et croyez-vous, reprit-il aussitôt, qu'il soit toujours ici, qu'il soit toujours à Saint-Étienne?

— C'est possible, monsieur, répliqua la vieille dame. La dernière fois qu'il a été question de lui, — et il n'y a pas très longtemps de cela, — j'ai cru comprendre qu'il y habitait encore. Mais, à cette heure, où est-il? où se trouve-t-il?... Vous comprendrez qu'il me serait encore bien difficile de vous répondre.

— Vous n'avez pas autre chose à dire?

— Non, monsieur.

— C'est bien.

Et d'un geste le juge d'instruction congédia la vieille dame.

Pendant ce temps-là, le commissaire de police venait de pousser devant le magistrat un autre témoin.

Celui-ci était un tout jeune homme d'une vingtaine d'années environ.

Le juge le regarda pendant quelques secondes, puis lui dit brusquement, presque brutalement :

— Eh bien ! et vous, que savez-vous?... Est-ce que vous êtes aussi un des voisins des dames Marcon?... Est-ce que vous pouvez apprendre quelque chose à la justice?

Et comme le jeune homme s'intimidait, le commissaire de police s'empressa d'intervenir.

— Ce garçon a peut-être vu les assassins, dit-il.

A ces mots, le magistrat s'était redressé.

— Les assassins!... Comment ça? s'écria-t-il.

Puis, radoucissant sa voix :

— Voyons, ajouta-t-il, parlez. Comment pouvez-vous supposer que vous avez peut-être vu les auteurs de ce double crime?

Alors, toujours très rouge et la voix si sourde et si faible que c'était à peine si on pouvait l'entendre :

— Monsieur le juge, dit le jeune homme, je passais hier, comme je passe du reste tous les soirs. dans la rue de Roanne... C'est mon chemin pour rentrer chez nous quand je reviens de mon travail...

— Après?

— Il était environ neuf heures et demie, dix heures tout au plus...

— Oui, oui. Continuez.

— Comme j'arrivais devant cette maison, devant le magasin des dames Marcon, j'ai frôlé deux hommes...

Le magistrat venait d'avoir un imperceptible mouvement.

— Ces deux hommes, reprit le jeune homme, après avoir glissé un coup d'œil dans la boutique, semblaient se concerter, et j'entendis alors l'un d'eux dire à l'autre : « Tu n'as qu'à entrer, tu demanderas à acheter un marteau de cordonnier... »

Le juge d'instruction écoutait de plus en plus attentivement, on pourrait presque dire de plus en plus religieusement.

— Je n'ai entendu que ces quelques mots-là, poursuivit le témoin, mais ce que je puis dire encore, c'est qu'à quelques pas de là, à quelques pas plus loin et de l'autre côté de la rue, une femme semblait faire le guet.

— Avez-vous vu ces deux hommes pénétrer dans le magasin des dames Marcon? demanda le juge.

— C'est-à-dire, monsieur, que lorsque je me retournai, après avoir fait une trentaine de pas environ, je ne vis plus ces deux hommes, mais la femme était toujours là à marcher, toujours là à guetter.

— Savez-vous autre chose?

— Non, monsieur.

— Pourriez-vous tout au moins nous fournir quelques indications sur les deux individus que vous avez vus rue de Roanne, hier soir?

— Quelques indications?

— Je veux dire quelques indications pouvant servir à établir leur signalement?

— Non, monsieur, je n'ai pas eu le temps de distinguer leurs traits.

— C'est bien, vous pouvez vous retirer.

D'autres témoins, ou plutôt d'autres voisins des dames Marcon, furent encore entendus, mais ces gens ne savaient rien ou ne savaient que des choses de peu d'intérêt, de peu d'importance.

Aussi le juge d'instruction prit-il le parti de congédier tout le monde, puis s'adressant au procureur de la République, tandis que le commissaire et ses agents continuaient leurs recherches :

— Eh bien, qu'en pensez-vous? dit-il.

— Je pense, répondit le procureur, que l'affaire se dessine et devient moins obscure, moins ténébreuse que tout à l'heure.

« Ainsi, dans les dépositions que vous avez reçues, si la plupart ne nous ont appris que des choses inutiles, que des racontars et des bavardages, il en est une cependant qui m'a beaucoup frappé et qui me paraît être très sérieuse et très importante.

« Je veux vous parler de la déposition de cette vieille femme qui était l'intime amie des sœurs Marcon... de la déposition de cette vieille dame Duhamel.

« Grâce à elle, grâce à ce qu'elle vous a dit de ce mauvais garnement, que les deux victimes avaient élevé, nous avons déjà une piste qu'il faut étudier, une piste des plus sérieuses et qui pourrait bien être la bonne...

— C'est aussi mon avis, répondit le juge d'instruction, mais, malheureusement, nous ne savons rien sur ce gueux, et nous n'avons sur lui aucun renseignement.

« Cependant, ajouta-t-il, je vais, sans perdre une minute, donner l'ordre de le rechercher, ou plutôt je vais donner l'ordre que l'on recherche les personnes qui auraient pu le connaître.

— C'est cela.

— Par ce moyen, nous aurons son signalement, et si, comme c'est très probable, ce garçon n'a pas bougé de Saint-Étienne, sa capture ne sera plus que l'affaire de quelques jours, et qui sait? peut-être même de quelques heures.

Et rentré dans son cabinet, le juge d'instruction s'occupa aussitôt de faire rechercher les personnes qui avaient pu connaître le fils adoptif des dames Marcon.

Parmi les gens qui habitaient la maison de la rue de Roanne, la maison dans laquelle les deux sœurs Marcon avaient été assassinées, il n'y en avait aucun qui pût à ce sujet fournir le moindre indice.

Ce garçon, sur qui pesaient de si graves soupçons, n'avait jamais été vu par eux, et, par conséquent, qu'auraient-ils pu dire?

Mais un des agents eut enfin la chance de découvrir un vieillard qui avait beaucoup fréquenté les dames Marcon à l'époque où elles habitaient

LES EXPLOITS DE RAVACHOL

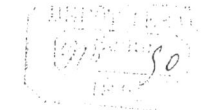

— Je fuis les formes, les églises.

la rue Saint-Louis, et où le mauvais garnement qu'elles avaient élevé, devenu déjà presque un jeune homme, leur causait mille chagrins et mille ennuis.

Il donna donc sur l'auteur présumé du double assassinat de la rue de Roanne les quelques renseignements suivants :

C'était un homme qui devait avoir maintenant dépassé de plusieurs années la trentaine.

Il avait le front assez large et assez intelligent, les yeux petits, le nez gros et fort, les cheveux roux.

Quant à sa taille, elle devait très probablement être au-dessus de la moyenne, car autrefois il était déjà assez grand pour son âge.

Grâce à ces renseignements et à d'autres que l'on put se procurer encore, on arriva enfin à avoir un signalement assez complet de l'individu qu'il s'agissait de rechercher.

— Maintenant nous pouvons marcher! dit le juge d'instruction déjà triomphant.

Et, sur-le-champ, le chef de la police mit en campagne ses meilleurs agents, ses plus fins limiers.

Trois ou quatre jours s'écoulèrent, puis enfin on put lire dans l'un des plus importants journaux de Saint-Étienne, l'entrefilet suivant :

« Enfin, il paraît que nous avons tout de même une police et que cette police sait quelquefois faire preuve d'un peu d'habileté et d'intelligence.

« Après le crime de Chambles et l'extraordinaire évasion de Ravachol, puis après la violation de sépulture qui avait eu lieu au cimetière de Saint-Jean-Bonnefond et dont les auteurs courent encore, on aurait pu en douter, mais enfin nous n'exagérons pas, nous ne mentons pas, la police vient, cette fois, d'avoir la main un peu plus heureuse.

« L'importante capture qu'elle vient de faire se rapporte au dernier crime qui a jeté l'épouvante dans Saint-Étienne, au double assassinat qui a été commis tout récemment dans la rue de Roanne et dont ont été victimes deux vieilles femmes estimées de tout le monde, les deux sœurs Marcon.

« Nous allons, pour nos lecteurs, rappeler très brièvement les faits.

« Les deux sœurs Marcon, qui habitaient la rue de Roanne, y tenaient depuis quelques années une petite boutique de quincaillerie.

« Les deux vieilles femmes vivaient très seules, très retirées, mais comme, à l'occasion, elles savaient se montrer très bonnes et très serviables, elles n'avaient autour d'elles que des amis.

« Aussi que l'on juge de la surprise et de l'indignation de leurs voisins, quand un beau matin le bruit de leur assassinat se répandit tout à coup dans le quartier.

« C'était une femme, habitant la même maison qu'elles, qui, très étonnée de voir leur magasin rester fermé ce jour-là beaucoup plus longtemps que d'habitude, avait découvert l'horrible crime.

« La justice, accourue sur les lieux, procéda immédiatement à une enquête qui fit peser les plus graves soupçons sur un individu dont les sœurs Marcon avaient été autrefois les bienfaitrices.

« Cet individu, alors qu'il était encore tout enfant et qu'il n'avait plus de famille, avait été recueilli, protégé et élevé par les deux vieilles femmes, qu'il devait un jour assassiner.

« Cet homme, espèce de rôdeur, espèce de vagabond et qui, le plus souvent, ne couchait qu'à la belle étoile, aurait commis cet épouvantable crime pour s'emparer de l'argent que les dames Marcon pouvaient posséder.

« Comme pendant les premiers jours on n'avait aucun indice sur lui, on aurait presque pu désespérer de s'en emparer, mais enfin, grâce à un heureux concours de circonstances, il est, à l'heure qu'il est, sous les verrous, où il attend le moment de rendre compte à la justice de son abominable forfait.

« Voilà, certes, pour la police de notre ville, un très joli succès, mais qu'elle ne s'endorme pas sur ses lauriers.

« Comme elle doit le voir, du reste, si nous ne lui ménageons pas le blâme toutes les fois qu'elle manque de clairvoyance, nous ne lui marchandons pas non plus les éloges toutes les fois qu'elle les a mérités.

« Elle vient de mettre très rapidement la main sur le misérable qui a assassiné les deux sœurs Marcon.

« C'est bien, mais ce n'est pas assez.

« Qu'elle se souvienne donc que l'opinion publique attend encore qu'elle livre à la justice le fameux Ravachol, l'introuvable auteur du crime de Chambles, et les misérables qui ont violé la sépulture de Mme la baronne de la Rochetaillée. »

XXVI

UNE ARRESTATION

Or, c'était vrai, l'individu que l'on accusait du meurtre des deux sœurs Marcon, l'individu que l'on accusait d'avoir assassiné ses deux bienfaitrices pour les voler, venait d'être arrêté.

On l'avait trouvé dans la banlieue de Saint-Étienne, rôdant et vagabondant, comme toujours, et brusquement on s'était jeté sur lui, et brusquement on l'avait enlevé.

Comme on ne lui avait fourni aucune explication et qu'il n'avait pas encore été appelé par le juge d'instruction, il était, au moment où nous le trouvons, en train de se promener comme une bête fauve dans un étroit cachot, tout ahuri encore de cette soudaine arrestation.

Car il faut bien le dire, les soupçons qui pesaient sur lui étaient mal fondés et cet homme, en qui la justice croyait tenir un très dangereux malfaiteur, n'avait jamais été pour rien dans le double crime de la rue de Roanne.

C'était bien, comme nous l'avons dit, un rôdeur, un vagabond, un individu qui avait toujours eu l'horreur du travail et qui ne vivait que d'expédients plus ou moins louches, mais il n'y avait pas en lui l'étoffe d'un Ravachol, mais il n'y avait pas en lui l'étoffe d'un meurtrier.

Aussi n'éprouvait-il pas seulement de la surprise, mais aussi de la colère.

Pourquoi l'avait-on arrêté?

Pourquoi s'était-on tout à coup jeté sur lui si brutalement et si brusquement? et pourquoi l'avait-on enchaîné ainsi, garrotté ainsi?

Que lui voulait-on? Que lui reprochait-on? Enfin pourquoi était-il à cette heure dans cette prison, dans ce cachot?

Comme il n'était pas même au courant du crime de la rue de Roanne, comme il n'avait pas même entendu parler de l'assassinat des dames Marcon, il avait beau se questionner, il avait beau s'interroger, il ne savait que penser, il ne savait que croire.

Et son ahurissement ne faisait qu'augmenter de minute en minute, quand tout à coup la porte de son cachot s'ouvrit.

Trois ou quatre hommes étaient devant lui.

C'étaient des agents.

— Suivez-nous! lui dirent-ils.

On lui fit traverser cinq ou six corridors très sombres et très étroits, descendre un escalier aux marches humides et qui était un véritable casse-cou, puis, comme on arrivait dans la cour de la prison, on le poussa très brutalement dans une voiture, tandis que l'un des agents criait au cocher :

— Et vite!... Au galop!

Et la voiture partit à fond de train.

Les bras croisés, regardant tour à tour les policiers qui l'entouraient, l'homme à qui on voulait demander compte de la mort des dames Marcon songeait, réfléchissait encore.

Où pouvait-on bien l'emmener ainsi si vite et dans une course si rapide?

Qu'est-ce que cela encore pouvait bien vouloir dire, pouvait bien vouloir signifier?

Et il voulut tâcher de savoir.

Timidement, il questionna :

— Où allons-nous? Où me conduit-on?

Mais les agents restèrent aussi muets que s'ils ne l'avaient pas entendu.

Alors il reprit, élevant un peu la voix, comme si une sourde colère s'emparait de lui :

— Que me veut-on?... De quoi m'accuse-t-on? Pourquoi s'est-on jeté sur moi comme si j'étais le dernier des bandits? Il me semble que l'on peut bien me le dire!

Mais ce fut de la part des agents toujours le même mutisme, toujours le même silence.

Alors sa colère grandissant, l'individu continua avec un accent ironique :

— Est-ce que, par hasard, on croirait que c'est moi qui ai fait le coup de là-bas, le coup de l'ermite de Chambles?... Est-ce que, par hasard, on me prendrait pour Ravachol?...

Puis, comme les agents se taisaient toujours, il ajouta, plus ironique et plus gouailleur encore :

— Ah! non, j'y suis!... C'est moi, pour sûr, que l'on doit accuser de l'affaire de Saint-Jean-Bonnefond!... c'est moi, pour sûr, que l'on doit accuser d'avoir violé la sépulture de Mme de Rochetaillée !...

Et comme on persistait à ne pas lui répondre :

— C'est tout de même rigolo, s'écria-t-il, d'être arrêté sans savoir pourquoi !

Et pendant ce temps, la voiture roulait toujours de son même train d'enfer, de son même galop rapide.

Enfin, brusquement, elle s'arrêta.

— Ah ! ah ! nous sommes arrivés ! ricana de nouveau l'individu. Ce n'est pas trop tôt... Je vais donc savoir enfin à quoi m'en tenir... Je vais donc savoir enfin ce que l'on me veut...

Les agents venaient de le faire sortir de la voiture et il aperçut en face de lui un petit bâtiment d'aspect lugubre, d'aspect sinistre.

Un des policiers venait déjà de pousser une porte et on l'entraînait.

Enfin, après avoir traversé un assez long couloir, on s'arrêta dans une pièce très grande, très froide et qu'un ciel ouvert éclairait.

Et l'individu avait à peine franchi le seuil de cette pièce qu'instinctivement il pâlit.

Il venait d'apercevoir là, tous groupés autour d'une table, cinq ou six hommes noirs qu'il avait tout de suite reconnus pour des juges, des magistrats, des commissaires de police.

Au fond de la pièce, trois gendarmes demeuraient immobiles.

Et tous ces gens-là jetaient sur le pauvre diable qu'on leur amenait les regards les plus sévères, les plus indignés.

Il y eut un assez long silence, puis enfin un des hommes noirs se décida à parler.

C'était le juge d'instruction.

Le voix brève et rude, il demanda :

— Comment vous appelez-vous ?

L'individu haussa les épaules, eut un sourire.

— Puisque vous m'avez fait arrêter, vous devez bien le savoir, répondit-il.

— Nous tenons à ce que vous le disiez vous-même, répliqua le juge d'instruction, le ton encore plus brutal, la voix encore plus dure.

— Eh bien ! puisque vous tenez tant à le savoir, dit l'autre, je m'appelle Maurice Jandrin...

— Maurice Jaudrin ?

— Oui, c'est mon nom.

— Où êtes-vous né ?

— A Saint-Étienne, département de la Loire, répondit l'individu d'un air moqueur. Maintenant si vous tenez absolument à savoir aussi dans quelle rue et à quel numéro...

Mais le juge venait brusquement de l'interrompre d'un air furieux.

— Tâchez de répondre un peu plus convenablement à mes questions, dit-il.

Et après une courte pause, il ajouta :

— Et que faites-vous ? de quoi vivez-vous ?

— Je vis mal et je ne fais rien.

— Vous vagabondez...

— C'est-à-dire que je me contente de vivre de l'air du temps.

— Et vous avez même été déjà condamné trois fois pour ce fait...

— Trois fois ?

— Est-ce que vous le niez ?...

— Non, non... Je suis bien trop poli pour vous donner un démenti... Et puis c'est bien possible...

— La première fois, reprit le juge d'instruction, c'est le 15 février 1884.

— Peut-être bien.

— Une ronde de police vous avait trouvé dans la nuit blotti sous une porte cochère, et vous avez été forcé d'avouer que vous n'aviez pas de domicile.

— Si je l'ai avoué, c'est que c'était vrai, fit l'autre sur son ton toujours gouailleur.

— Et vous avez été condamné, cette fois-là, à quinze jours de prison.

— J'ai dû les faire. Qu'est-ce que l'on me réclame ?

— Attendez !... Le 21 juillet 1886, vous avez été condamné une seconde fois...

— Je ne dis pas le contraire.

— Cette fois, le tribunal correctionnel vous a infligé un mois d'emprisonnement.

— Eh bien ! ce mois-là, j'ai dû le faire aussi... Que me demande-t-on ?

— Enfin, le 7 avril 1889, vous avez été condamné une troisième fois...

— Possible !

— Et, cette fois-là, vous avez été condamné à trois mois...

— Oui, à trois mois... C'est exact... Mais ces trois mois, je les ai tirés... Par conséquent, il me semble que nous sommes quittes...

Et l'individu, très calme, très tranquille, se mit encore à ricaner.

Les magistrats venaient d'échanger un regard.

Ils pensaient :

« Quelle effronterie !

« Quel cynisme !

« Voilà, certainement, un criminel d'une trempe peu commune... »

Puis, après un nouveau silence, le juge d'instruction continua :

— Les notes de police et les renseignements recueillis sur votre compte sont loin de vous être favorables...

— Parbleu ! Les notes de police ne sont jamais favorables à personne...

— On vous représente comme un individu très dangereux...

— Moi !... Très dangereux ! Mais je n'ai jamais fait de mal à personne.

— Pourquoi ne travaillez-vous pas ?

— Pourquoi ?

— Oui.

— Parce que ça ne me dit rien.

— Cependant, il vous faut de l'argent pour vivre, et cet argent où le prenez-vous ? Comment vous le procurez-vous ?

Et comme l'individu ne répondait pas, le juge ajouta :

— Vous volez ?

Mais l'individu avait bondi :

— Moi !... jamais ! Si la police a dit cela, elle en a menti !... Oui, c'est un mensonge, une calomnie !... Je n'ai jamais pris un sou, jamais pris un centime à personne...

— Alors, encore une fois, comment faites-vous pour vivre ?...

— On peut vivre sans voler... Il y a encore de braves gens, de bonnes âmes... Je fais les fermes, les églises...

— C'est-à-dire que vous mendiez ?

LES EXPLOITS DE RAVACHOL

— Une vieille femme accroupie semblait chercher je ne sais quoi.

— Oui, je ne dis pas non, cela m'arrive quelquefois... Mais voler !... Ah ! non, jamais de la vie !...

Le juge d'instruction venait de se taire encore.

Puis, tout à coup, il reprit :

— Vous avez perdu très jeune vos parents?

— Oui, j'ai eu ce ce malheur.

— Quand vous avez été orphelin, par qui avez-vous été recueilli?

— Par qui?

— Oui. Par quelqu'un de votre famille, sans doute?

L'inculpé venait de hocher lentement la tête.

— Non, non, pas du tout, répondit-il. Je n'avais plus de famille, ou, du moins, je ne m'en connaissais plus.

— Eh bien ! par qui donc?

— Par deux braves femmes qui ont eu pitié de moi...

— Comment les appelez-vous?

— Les dames Marcon.

Le juge d'instruction venait encore de faire une pause.

— Oui, reprit-il, quand vous êtes resté orphelin, quand vous êtes resté très jeune sans parents, ce sont, en effet, les deux braves femmes que vous venez de nommer, ce sont, en effet, les deux dames Marcon qui ont eu pitié de vous, pitié de votre misère et qui vous ont recueilli...

« Mais elles ne vous ont pas seulement recueilli, mais elles ne vous ont pas seulement permis de retrouver un foyer et un asile...

« Ces deux braves femmes, ces deux excellents cœurs ont fait plus encore.

« Elles vous ont donné toute leur amitié, toute leur affection et toute leur tendresse.

« Vous aviez eu le malheur d'être orphelin, et, cependant, grâce à elle, vous aviez à présent deux mères, deux mères pleines de sollicitude, deux mères qui veillaient sur vous avec un dévouement qui, d'après des témoignages que l'on ne peut mettre en doute, des témoignages sérieux et qui émanent des gens qui les ont connues alors, ne s'est jamais démenti un seul instant, une seule minute...

« D'autres à votre place auraient été profondément touchés, profondément attendris et leur auraient rendu tendresse pour tendresse, affection pour affection.

« D'autres, à votre place, auraient tâché de s'acquitter au moins par la reconnaissance de cette grande dette qu'ils auraient contractée envers elles...

« C'était là, certainement, le plus étroit et le plus rigoureux des devoirs.

« Mais, ce devoir-là, vous ne l'avez pas compris.

« Car vous étiez déjà à cette époque-là, car vous étiez déjà, étant enfant, ce que vous êtes aujourd'hui, une nature perverse et pleine de mauvais instincts.

« Aussi les dames Marcon, aussi vos bienfaitrices ont-elles eu à regretter plus d'une fois toutes les bontés qu'elles avaient eues pour vous.

« Et cependant leur dévouement ne se lassait pas, et cependant, bien que votre ingratitude les fît souffrir chaque jour davantage, vous les trouviez toujours pleines d'indulgence pour vous.

« Est-ce vrai ?

L'inculpé n'avait pas répondu.

Il semblait en proie à une émotion profonde.

Le juge d'instruction, plus brusquement, reprit :

— Est-ce vrai ?... Voyons, pourquoi vous taisez-vous ?... Voyons, répondez donc !

— Oui, c'est vrai, répondit alors l'individu la voix un peu sourde. Oui, m'être mal conduit avec elles et les avoir mal récompensées de tout ce qu'elles avaient fait pour moi, voilà le seul remords de ma vie...

Un éclair venait de briller dans le regard du juge d'instruction, car ces dernières paroles lui avaient déjà fait l'effet d'un aveu.

Aussi s'empressa-t-il de poursuivre l'interrogatoire.

— Tant que vous n'aviez été qu'un enfant et tant que l'on avait pu croire que la raison vous manquait, reprit-il, vous aviez pu paraître encore excusable...

« On disait de vous : C'est un enfant vicieux, un enfant qui manque peut-être d'un peu de cœur, mais qui sans doute, avec les années, se corrigera.

« Mais les années sont venues et malheureusement vous ne vous êtes point corrigé.

« Au contraire !

« Vous aviez déjà quinze ou seize ans, c'est-à-dire que vous étiez déjà presque un jeune homme que votre attitude vis-à-vis de vos deux bienfaitrices, que votre attitude vis-à-vis des deux dames Marcon restait la même...

« Que dis-je! Vous deveniez même encore plus brutal, plus insolent et plus grossier avec elles!

« Des témoins viendront le répéter : vous leur disiez de tels propos, de telles paroles, de telles injures que les pauvres femmes en pleuraient, que les pauvres femmes se désespéraient.

« Et cependant elles s'entêtaient encore, elles s'entêtaient toujours dans la bonne action à laquelle elles s'étaient dévouées!... Et cependant on avait beau tout leur dire, on avait beau leur faire tout entrevoir et tout comprendre, elles ne s'en entêtaient pas moins à vous aimer.

« Est-ce vrai encore?

— Oui, c'est vrai, répondit l'individu la voix encore plus sourde, le front un peu plus pâle.

— Puis, enfin, un beau jour, poursuivit le juge d'instruction, vous disparaissez tout à coup et elles ne savent plus où vous prendre.

« C'est alors que vous commencez à mener cette existence que vous n'avez cessé de mener depuis, c'est-à-dire une existence honteuse, une existence toute faite de paresse et de fainéantise.

« Comme tout honnête homme vous auriez pu demander au travail les ressources qui vous étaient nécessaires pour vivre, mais ces ressources vous avez préféré vous les procurer par des moyens plus ou moins honnêtes, par des expédients plus ou moins avouables.

« Est-ce vrai toujours?

Cette fois, l'inculpé garda le silence.

Alors, sans insister, le magistrat, changeant de ton, reprit :

— Depuis votre départ de chez les dames Marcon, les avez-vous revues?...

— Oui, quelquefois.

— Vous alliez chez elles?

— Oui, de loin en loin, j'allais leur rendre une visite...

— En effet, mais ces visites n'étaient-elles pas toujours intéressées?...

— Intéressées?

— Oh ! ne faites pas l'étonné !... Nous avons encore sur ce point-là des témoignages qui vous confondront si vous prétendiez le contraire... Oui, vous n'alliez voir les dames Marcon que pour vous procurer de nouvelles ressources, que pour tâcher de leur soutirer de l'argent.

— La vérité, dit l'inculpé un peu vivement, un peu nerveusement, c'est que dans ces visites dont vous me parlez, et qui, du reste, ont été assez rares, je ne leur ai jamais rien demandé. Mais comme elles voulaient bien m'offrir de temps à autre une pièce de vingt francs, vous conviendrez que j'aurais été bien bête de la refuser.

Puis, après avoir haussé les épaules, il ajouta :

— Du reste, il y a beau temps que je ne les ai plus revues, il y a beau temps que je n'ai plus remis les pieds chez elles...

— Depuis combien de temps? demanda froidement le magistrat.

— Oh ! je ne sais plus... je ne pourrais pas dire.

— Eh bien ! moi, je prétends que vous mentez !

— Comment ça ?

— Eh bien ! moi, je prétends que vous les avez revues tout dernièrement, tout récemment.

— Les dames Marcon ?

— Oui, les dames Marcon !

— Ce n'est pas vrai.

— Vous êtes allé chez elles, dans la rue de Roanne, il n'y a que quelques jours seulement...

— Le diable m'emporte si je comprends seulement un traître mot de ce que vous voulez me dire ! s'écria l'inculpé avec un accent si vrai, si naturel, que les juges auraient dû en être frappés.

« Vous prétendez que j'ai vu tout dernièrement, tout récemment les dames Marcon, c'est votre affaire, mais quant à moi, je voudrais bien savoir qui a pu vous renseigner de cette façon-là.

« Si c'est encore votre police, eh bien ! je vous répéterai ce que je vous disais tout à l'heure : Elle en a menti !

« La vérité vraie, — et je vous jure que je ne vous trompe pas, et je vous jure que je ne vous mens pas, — si je suis allé chez elles, rue de Roanne... voyons, combien de fois? deux fois? trois fois?... oui, trois fois, c'est bien tout au plus...

« Et encore ma dernière visite remonte-t-elle si loin que je serais bien embarrassé s'il me fallait préciser au juste à quelle époque je l'ai faite...

« Et puis, ajouta-t-il, si j'avais revu tout dernièrement, tout récemment les dames Marcon, pourquoi ne le dirais-je pas? pourquoi le cacherais-je?

« Je suppose bien qu'on ne me mettrait pas en prison parce que j'aurais été les voir!...

Mais le juge d'instruction venait de froncer les sourcils :

— Ne payez donc pas d'aplomb, dit-il vivement; ne payez donc pas d'audace!...

L'inculpé venait de le regarder avec un air de plus en plus ahuri.

— Si vous niez votre récente visite aux dames Marcon, c'est que vous comprenez bien que cela vous accuserait... c'est que vous comprenez bien que cela pourrait devenir une preuve accablante, une charge écrasante contre vous...

— Une preuve contre moi? fit l'individu avec de grands yeux étonnés. Et une preuve de quoi, s'il vous plaît?

Le malheureux restait littéralement ahuri, littéralement abasourdi.

Son crime!

On venait bien de prononcer ce mot-là!

Et comme un homme qui sort à peine d'un rêve, il regardait tour à tour le juge d'instruction, le procureur de la République, les commissaires de police, les gendarmes, tous ces gens de justice qui l'entouraient.

— Mon crime? répéta-t-il, l'air, malgré tout, un peu inquiet. Je ne sais pas ce que vous voulez me dire... Je ne comprends pas de quoi vous voulez me parler...

Mais il venait à peine d'achever qu'il recula, tout frémissant.

Le juge d'instruction, sans dire un mot, venait de faire un signe, et d'un geste brusque, d'un geste violent, l'un des gendarmes venait d'écarter un large rideau de couleur sombre qui cachait le fond de la pièce.

Et alors, couchées côte à côte sur une dalle, les deux vieilles dames Marcon apparurent, livides, rigides, le visage encore tout rouge du sang qui s'était échappé par leurs blessures.

Et tout pâle, tout défait, l'individu regardait les deux cadavres.

Alors la voix brève et dure et comme un homme sûr de son fait, le juge d'instruction reprit :

— Ah! tout à l'heure vous paraissiez étonné, vous paraissiez être surpris... Eh bien ! votre crime, le voilà!... Eh maintenant savez-vous? Et maintenant comprenez-vous ?

Mais l'homme demeurait silencieux, et, toujours pâle, ne quittait plus des yeux les deux assassinées.

Puis, lentement et sourdement, il finit par dire :

— Oui, c'est un crime horrible, un crime épouvantable, mais ce n'est pas moi qui l'ai commis, je le jure !

— Alors pourquoi tremblez-vous? fit brutalement le magistrat.

L'homme venait de hausser dédaigneusement les épaules.

— Pourquoi je tremble? répondit-il, très calme. Je tremble d'émotion et de pitié, si vous voulez le savoir, car, au fond, ces deux vieilles-là, je les aimais... Oui, messieurs, oui, vous avez beau sourire, vous avez beau chuchoter, ces deux vieilles femmes, à qui j'ai fait tant de misères, depuis que j'ai eu l'âge d'homme et que j'ai mieux pu comprendre bien des choses, je les aimais tout de même.

Mais le juge d'instruction gardait sur les lèvres son sourire plein d'incrédulité.

— C'est ce que l'on appelle la comédie du sentiment, fit-il ironiquement. Mais, malheureusement pour vous, cette comédie-là, on nous l'a déjà jouée bien des fois et nous la connaissons depuis longtemps. Aussi, au lieu de chercher à ruser plus longtemps avec la justice, feriez-vous beaucoup mieux d'entrer tout de suite dans la voie des aveux...

Et le procureur de la République, intervenant, ajouta vivement :

— Oui, oui, on vous donne un bon conseil, Jandrin. Le seul moyen de vous concilier l'indulgence du jury, c'est de montrer un peu plus de franchise et de sincérité.

« Et d'ailleurs, ajouta-t-il, si vous êtes intelligent, et certainement vous l'êtes, vous devez bien avoir déjà compris qu'il ne vous servirait de rien de nier contre l'évidence même...

— Contre l'évidence même!

— Oui, contre l'évidence même... Car tout vous accuse, tout vous charge, tout vous accable!

Et le procureur de la République, qui depuis longtemps était passé maître en l'art d'intimider les inculpés, parlait avec autant d'assurance et d'autorité que s'il avait eu, en effet, les mains pleines de preuves irréfutables, pleines de preuves écrasantes.

Mais Jandrin, qui se sentait fort de son innocence, avait aussi trop de sang-froid pour se laisser démonter aussi facilement.

Aussi redevint-il tout de suite ironique et gouailleur.

— Ah! vraiment, s'écria-t-il, tout m'accuse, tout me charge, tout m'accable?... Et quoi donc, s'il vous plaît?... Je ne suis pas curieux, mais je voudrais bien que vous m'en disiez plus long. Voyons, apprenez-moi donc un peu ce que vous avez pu relever contre moi?...

Et les bras croisés, toujours son sourire ironique sur les lèvres, il attendait en regardant fixement le magistrat.

Celui-ci avait légèrement bronché, puis sur un ton plus sévère :

— Vous avez d'abord contre vous votre passé, dit-il, vous avez d'abord contre vous votre conduite vis-à-vis des dames Marcon...

— Ça, c'est vrai, interrompit vivement Jandrin, et je ne fais aucune difficulté pour reconnaître une fois de plus que j'ai agi avec elles comme un polisson et un vaurien...

« Oui, les deux pauvres femmes avaient bien mal placé leurs bienfaits, bien mal placé leur affection, et elles auraient certainement mérité de ma part un peu plus de reconnaissance...

« Oui, tout cela je ne peux pas le nier et je ne le nie pas.

« Mais enfin, puisque l'on prétend que c'est moi qui les ai assassinées, que c'est moi qui les ai égorgées, ces deux pauvres vieilles, on doit pouvoir me fournir une autre preuve de mon crime. Eh bien! cette preuve-là où est-elle?... cette preuve-là pourquoi ne me la donne-t-on pas?

Mais d'un geste le magistrat venait de lui imposer silence.

— Ne parlez pas avec tant d'arrogance! fit-il un peu pâle.

— Avec tant d'arrogance?...

— Oui, oui, c'est encore un conseil que je vous donne dans votre intérêt... Et puis d'ailleurs, si les présomptions morales que l'on peut tirer de votre conduite antérieure ne vous paraissent pas suffisantes pour qu'on puisse vous convaincre du double assassinat des dames Marcon, il ne faut pas oublier qu'on a encore contre vous d'autres preuves...

— D'autres preuves!... d'autres preuves! s'écria encore Jandrin de plus en plus ahuri...

LES EXPLOITS DE RAVACHOL

Tandis que la voiture continuait de rouler.

— Oui, d'autres preuves !... D'abord les trois condamnations que vous avez déjà subies pour vagabondage... Ensuite votre manque complet, votre manque absolu de moyens d'existence. Enfin, et ceci est beaucoup plus grave, vous seul, — vous m'entendez bien ? — vous seul qui aviez vécu avec les dames Marcon, vous seul qu'elles avaient élevé comme leur enfant, pouviez connaître exactement leur situation de fortune...

— Mais non !... Mais jamais de la vie ! protesta le malheureux dans un cri de colère.

— Et ce n'est pas tout, reprit froidement le procureur. Depuis que vous menez cette vie honteuse, cette vie plus que louche et pour laquelle vous avez subi les condamnations que l'on vous a rappelées, à plusieurs reprises vous êtes revenu chez ces deux vieilles femmes pour tâcher de les apitoyer sur votre sort et de leur soutirer de l'argent.

« Comme elles vous avaient trop aimé pour que vous leur fussiez devenu absolument indifférent, elles ne vous laissaient jamais partir les mains vides.

« Or, dans un de ces moments-là, c'est-à-dire dans un de ces moments d'attendrissement et d'épanchement, les deux dames Marcon ne vous ont-elles pas fait certaines confidences qui ont pu vous donner l'idée de votre crime? N'ont-elles pas été, par exemple, assez imprudentes pour vous laisser deviner qu'elles avaient de l'argent chez elles et l'endroit où elles serraient cet argent ?...

« Ah! vous dites non? Ah! vous voulez faire croire encore que l'on se trompe ?... Eh bien ! voilà pourtant ce que l'accusation prétendra, ce que l'accusation soutiendra...

— Mais ce ne sont pas là des preuves ! s'écria avec raison Jandrin.

— Ce ne sont pas là des preuves ? fit avec aplomb le procureur de la République.

— Non, monsieur, ce sont tout au plus ce que l'on appelle, je crois, des preuves morales, mais vous oubliez que pour me faire condamner comme l'assassin des dames Marcon, il vous en faudrait d'autres...

— Ah! vous croyez?

— Oui, monsieur, oui, il vous en faudrait d'autres, et vous le savez mieux que moi... Il vous faudrait des preuves matérielles, des preuves positives, et ce sont ces preuves-là que je vous demande encore, et ce sont ces preuves-là que vous ne pouvez pas me donner, car elles n'existent pas...

Et tout cela était si vrai et si juste, si logique, que de plus en plus le visage des magistrats s'assombrissait.

Et cependant pas une minute la pensée ne leur venait que ce garçon-là pouvait bien après tout dire la vérité, c'est-à-dire ne pas être le criminel que l'on recherchait, l'assassin des deux vieilles quincaillières.

Il menait une vie étrange, les soupçons, dès le premier jour, s'étaient portés sur lui, et il n'en fallait pas davantage pour qu'ils persistassent à le croire coupable.

Aussi le juge d'instruction, qui depuis un long moment restait tout absorbé, tout pensif, comme s'il cherchait un argument sans réplique, reprit-il tout à coup :

— Vous savez que le crime a été commis il y a six jours?...

Jandrin le regarda.

— Six jours? fit-il.

— Vous devez le savoir?

— Moi!... Mais je ne sais rien de rien... Avant d'être amené ici j'ignorais encore le malheur qui est arrivé aux dames Marcon.

— Soit, dit le juge. Mais il y a six jours, où étiez-vous?

— Où j'étais?

— Oui, où étiez-vous entre neuf heures et dix heures du soir?

Et comme Jandrin semblait hésiter, le magistrat reprit, avec un petit sourire mauvais :

— Puisque la justice se trompe en vous accusant, puisque vous n'êtes pas l'auteur du double crime de la rue de Roanne, il me semble que rien ne doit vous être plus facile que de trouver un alibi...

— Un alibi?

— Oui.

— Mais certainement, dit vivement Jandrin.

Mais il n'en restait pas moins toujours l'air très embarrassé, toujours tout hésitant.

Il y avait six jours, où se trouvait-il bien entre neuf heures et dix heures du soir?... Qu'avait-il fait?

— Je veux bien que le diable m'emporte si je m'en souviens! finit-il par dire comme s'il ne parlait que pour lui-même.

— Parbleu! murmura le juge, qui eut de nouveau le même sourire.

Mais, brusquement, Jandrin eut un geste de triomphe.

— Ah! si!... si, je m'en rappelle maintenant! s'écria-t-il.

— Ah!

— Oui, oui, j'y suis!... Il y a six jours, à l'heure que vous dites, je me trouvais dans un petit chemin, dans les environs et tout près des bois de Rochetaillée. Je me souviens même qu'une vieille femme accroupie semblait chercher, ramasser je ne sais quoi.

— Ainsi vous étiez tout près des bois de Rochetaillée?

— Parfaitement. Tout près de ces bois où l'on a prétendu que Ravachol s'était caché...

— Il ne s'agit pas de Ravachol, il s'agit de vous, s'empressa d'interrompre le juge d'instruction. Parlez-nous de vous... Comment pouvez-vous établir que vous dites la vérité?

— Comment?

— Oui, comment? Avez-vous un témoin? Quelqu'un vous a-t-il vu? vous a-t-il parlé?

— Mais oui!... mais oui!

— Qui ça?

— Un aubergiste... un cabaretier...

— Comment l'appelez-vous?

Jandrin se mit à rire.

— Ah! si vous croyez que j'ai été lui demander son nom! fit-il. Non, cette idée-là ne m'est pas venue...

— Enfin, continuez.

— Oui, attendez. Il y a six jours, entre neuf heures et dix heures du soir, il pleuvait, et comme j'avais pas mal trimardé pendant toute la journée et que je commençais à me sentir horriblement las, je n'aurais pas été fâché de trouver le plus tôt possible un coin où m'abriter, un trou où me réfugier...

« Cependant, comme je savais bien que je ne rencontrerais pas ce que je cherchais dans l'endroit où je me trouvais, un endroit qui, d'ailleurs, est un véritable désert, je continuais d'avancer en traînant un peu la patte quand, tout à coup, j'eus un cri de joie...

« Je venais d'apercevoir enfin, pas très loin, une petite maison assez vivement éclairée et qui devait être, je l'aurais juré, un cabaret ou une auberge.

« Et c'était bien, en effet, une auberge, un cabaret.

« Il y avait même, au-dessus de la porte, une grande enseigne que la nuit m'empêcha de lire.

« Éreinté, trempé jusqu'aux os, j'entrai donc là-dedans.

« Il n'y avait en ce moment que le patron qui fumait sa pipe en lisant un journal.

« Je lui demandai un verre de vin, une croûte de pain, puis, quand je me fus un peu restauré, je me mis à le regarder un peu plus attentivement.

« Il me faisait l'effet d'un bon garçon, d'un bon vivant, et alors l'idée me vint qu'il pourrait peut-être me rendre le service de ne pas coucher cette nuit-là à la belle étoile.

« Je l'appelai donc :

« — Patron !

« Il se leva lentement, lourdement, puis quand enfin il fut en face de moi :

« — Combien vous dois-je ? lui dis-je.

« — Quatre sous.

« Je lui mis mes quatre sous dans la main, puis j'ajoutai :

« — Je suis très las et il fait un temps à ne pas mettre un chien dans la rue... Est-ce que, par hasard, vous ne pourriez pas me coucher ?...

« Oh ! je ne vous demande pas un lit, ajoutai-je encore, car, malheureusement, mes doublures se touchent et je ne pourrais pas le payer. Mais si vous pouviez me jeter une ou deux bottes de paille n'importe où, dans un grenier ou dans une écurie, vous pourriez tout de même vous vanter de m'avoir tiré une rude épine du pied.

« Il me toisa pendant quelques secondes, puis finit par me dire :

« — Et où allez-vous comme ça sans argent ?

« Je lui répondis que je n'en savais rien et que j'allais tout droit devant moi, au hasard.

« — Vous n'avez donc plus de travail ? reprit-il.

« Alors, très loyalement, très honnêtement, je lui appris que je n'avais jamais fait que vivre de la vie errante du trimardeur, mais que, malgré cela, je n'étais pas un méchant garçon.

« — Je suis bien un paresseux, un fainéant, si vous voulez, lui dis-je, mais ça ne fait rien, on peut tout de même avoir confiance en moi, car je n'en suis pas moins honnête à ma façon.

« Il me tourna brusquement le dos et pendant quelques secondes je crus bien qu'il allait me jeter à la porte.

« Mais je m'étais trompé.

« Tout à coup je le vois se baisser, allumer une lanterne qui se trouvait dans un coin, puis se retourner vers moi :

« — Je n'aime guère les flémards, me dit-il, mais enfin ce n'est pas une raison pour que je n'aie pas pitié de vous... Vous allez donc coucher au grenier, mais je vous défends de fumer... Vous m'avez bien entendu?

« — Oui, oui, parfaitement, patron! lui répondis-je tout joyeux. D'ailleurs, vous pouvez être d'autant plus tranquille que je ne fume jamais...

« Et voilà, messieurs les juges, messieurs les magistrats, la petite histoire que j'ai eu en effet le tort de ne pas vous raconter plus tôt.

« Au surplus, on n'a qu'à me conduire là-bas, qu'à me confronter avec ce brave homme d'aubergiste, et l'on verra bien si je mens, acheva Jandrin qui maintenant souriait de l'air le plus calme et le plus tranquille du monde.

Mais c'étaient les juges, mais c'étaient les policiers qu'il fallait voir !

Cet alibi invoqué par l'inculpé était un coup si inattendu, une telle surprise qu'ils en demeuraient tout saisis, tout ahuris.

Le juge d'instruction et le procureur de la République surtout étaient tout pâles et se regardaient comme pour se dire :

« Est-ce que vraiment cet homme aurait raison?... Est-ce que vraiment ce ne serait pas lui qui aurait fait ce mauvais coup?

« Est-ce que, dans cette affaire-là, qui fait aussi tant de tapage, nous ne serions pas plus heureux que dans cette maudite affaire de l'ermite de Chambles? »

Mais ce qui, maintenant s'imposait avant tout, c'était de constater si Jandrin avait dit vrai et si ses assertions étaient exactes.

Par conséquent, il était donc complètement inutile de pousser plus loin ce premier interrogatoire.

Le juge d'instruction fit un signe et les agents remmenèrent Jandrin.

Celui-ci, d'ailleurs, était tout radieux, tout rayonnant.

— Ah çà! étais-je assez bête, étais-je assez stupide! se disait-il pendant que la voiture reprenait au grand trot le chemin de la prison. Pourquoi ne leur ai-je pas raconté tout de suite ma petite aventure avec l'aubergiste? De cette façon, je leur aurais fermé le bec d'un mot et je leur aurais épargné la peine de m'embêter avec toutes leurs histoires...

Et maintenant, tandis que la voiture continuait de rouler, Jandrin riait au nez des agents.

— Ah! vous pouvez vous flatter d'avoir fait de bon travail, de la bonne besogne! s'écriait-il. Pendant que vous étiez tous à mes trousses, le véritable assassin, le véritable meurtrier des pauvres dames Marcon détalait!... Et maintenant vous tâcherez de le rattraper si vous pouvez... Il fera la paire avec Ravachol!...

Et le lendemain, pendant toute la journée, il guetta, il attendit le moment où l'on viendrait le chercher pour aller le confronter avec l'aubergiste dont il avait invoqué le témoignage.

Mais son attente fut déçue.

On ne vint pas.

— Ce sera pour demain. Mais il me semble qu'ils pourraient se presser davantage, se dit-il, un peu dépité.

Mais le lendemain il attendit encore vainement et alors il devint furieux.

Un gardien ne pouvait plus entrer dans sa cellule sans qu'il lui criât aussitôt :

— Eh bien! dites donc, est-ce qu'on se fiche de moi? est-ce qu'on m'oublie?... Pourquoi ne vient-on pas me chercher pour me mener là-bas?... Si l'on croit que je m'amuse ici, on se trompe crânement.

Et il devenait de plus en plus impatient, de plus en plus furieux quand, enfin, le troisième jour, il vit sa porte s'ouvrir.

— Ah! ce n'est pas trop tôt! s'écria-t-il en apercevant les agents qui venaient le chercher. Hardi, filons vite!...

Et quelques minutes après, le fiacre dans lequel on l'avait fait monter s'engageait rapidement dans la direction des bois de Rochetaillée, suivi d'une voiture de maître, dans laquelle avaient pris place le juge d'instruction et son greffier.

Comme on arrivait près des bois, on permit à Jandrin de se pencher à la portière et de chercher, de s'orienter.

Mais à peine eut-il jeté un coup d'œil au dehors qu'il vint reprendre sa place au milieu des deux agents dont il était flanqué.

— Oh! c'est bien plus loin... bien plus loin encore! dit-il. Filons toujours!...

Et tout à coup, comme il n'avait cessé de regarder au dehors, il eut un brusque soubresaut.

— Ah! nous y sommes... ou plutôt nous allons y être! fit-il. Attention! Encore deux ou trois minutes et nous allons voir surgir l'auberge...

Puis, comme il venait de nouveau de se pencher à la portière, il eut soudain un cri de triomphe :

— Tenez, la voilà!... c'est cette maison-là!...

Et déjà il oubliait qu'il était prisonnier, déjà il allait sauter à terre, quand, brusquement, les agents le retinrent par les poignets.

— Doucement! doucement! firent-ils.

Pendant ce temps, les voitures avaient encore fait quelques tours de roues et étaient venues s'arrêter devant l'auberge.

Celle-ci, ce jour-là, n'était point aussi vide, ni aussi déserte que le soir où, tout éreinté et tout harassé de fatigue, Jandrin y avait reçu l'hospitalité.

La plupart de ses tables se trouvaient même occupées par des paysans du voisinage qui regardèrent, très surpris, l'étrange cortège qui leur arrivait.

— Tiens! tiens! qu'est-ce donc? fit tout bas l'un d'eux au camarade qui buvait en sa compagnie. On dirait que c'est une descente de police...

— Et c'en est bien une aussi, répondit vivement l'autre sur le même ton.

— Vous croyez?

— C'est sûr. D'ailleurs, si vous avez des yeux, vous n'avez qu'à regarder. Voici des individus qui doivent être des agents de police, et quant au monsieur tout en noir et qui a l'air si grave, si sévère, il ne faut pas être bien malin pour deviner que c'est un magistrat...

Et le camarade, ayant jeté les yeux sur Jandrin, ajouta :

— Eh! mais, dites donc, je connais ce gaillard-là, moi!

— Ce vagabond?

— Oui, oui, parbleu!... C'est un nommé Jandrin, si je ne me trompe...

— Jandrin?

LES EXPLOITS DE RAVACHOL

Pendant ce temps, tous les buveurs qui se trouvaient attablés dans l'auberge...

— Un trimardeur, un coureur de grands chemins...
— Un filou?
— Non, non, un mendiant seulement. Il passe sa vie à errer, à rôder dans les environs de Saint-Étienne... Aussi, n'y a-t-il pas une ferme, pas un presbytère, où on ne le connaisse... Eh! oui, parbleu, c'est bien lui!

Et parlant encore plus bas, le camarade reprit :

— Alors, je vois ce que c'est.
— Oui?
— Du moins, je m'en doute.
— Qu'est-ce donc?
— Il doit s'agir de la nouvelle affaire en question... du dernier crime qui s'est commis tout dernièrement à Saint-Étienne... Oh! vous avez dû certainement entendre parler de ça...
— Peut-être bien!
— Ça c'est passé dans la rue de Roanne... On a assassiné deux vieilles femmes, deux vieilles commerçantes, les dames Marcon.
— Pour les voler?
— Naturellement.
— Et c'est ce brigand-là qui aurait fait le coup?
— Ah! ça, je n'en sais rien, et même s'il faut vous parler franchement, je ne le pense pas... Jandrin est bien un fainéant, un sans-cœur, un individu qui n'a jamais vécu que de la charité publique, mais cependant je ne le crois pas capable de commettre un crime...
— Mais alors pourquoi l'a-t-on arrêté?... S'il n'avait pas trempé dans l'affaire, la justice n'aurait pas pensé à lui...
— C'est ce qui vous trompe...
— Comment ça?
— La justice y aurait pensé tout de même... Ça, c'était forcé, c'était fatal... Car ce que vous ne savez probablement pas, c'est que Jandrin a beaucoup connu les dames Marcon...
— Ah! bah!
— Il a même pendant plusieurs années vécu avec elles quand il était enfant. Alors vous comprenez que la justice n'a pas pu s'empêcher de dresser l'oreille quand elle a appris ce détail... Un rôdeur! un vagabond!... Pour sûr, on tenait la bonne piste... Pour sûr, il n'y avait que lui qui avait pu faire le coup, que lui qui avait pu être l'assassin...

— Oui, oui, je comprends maintenant. Mais pourquoi l'amène-t-on ici?

— Ah! ça, c'est ce que je ne sais pas, mais peut-être allons-nous savoir.

XXVIII

LES CONFRONTATIONS

Or, pendant que ce dialogue s'échangeait à voix basse, la patronne de l'auberge s'empressait d'accourir.

Une servante venait bien de lui crier qu'on la demandait, de venir vite, mais, bien entendu, elle était loin de s'attendre à cette étrange et sinistre visite.

Aussi demeura-t-elle d'abord toute pâle, tout interdite, en face des agents et du juge.

D'un mot celui-ci avait fait connaître sa qualité et regardant autour de lui il demandait maintenant à parler au maître de la maison.

La patronne de l'auberge était devenue encore plus pâle et un tremblement nerveux s'était emparé d'elle.

— A mon mari? bégaya-t-elle.

— Oui, à votre mari.

— Il est absent, monsieur, absent même pour assez longtemps... pour toujours au moins trois semaines ou un mois.

Et elle expliqua que, l'avant-veille, son mari avait été obligé de partir précipitamment pour son pays où l'appelait une très grave affaire de famille.

Quant à Jandrin, il n'avait pu s'empêcher de jeter un sourd cri de colère.

Décidément, il n'avait pas de chance!... Décidément, il n'avait pas de veine!... Et quand déjà il triomphait, et quand déjà il se voyait libre le même jour, il lui allait encore falloir rester en prison pendant trois longues semaines, pendant un long mois peut-être!...

— Non, vrai, je ne suis pas veinard! balbutia-t-il.

Mais, tout à coup, un éclair de joie brilla dans son regard.

Il venait de se rappeler d'un détail qu'il avait d'abord oublié et qui pouvait peut-être avoir une très grande importance pour lui.

En effet, après avoir passé la nuit là-haut, dans le grenier, n'avait-il pas, au moment de quitter l'auberge, aperçu la patronne debout sur le seuil de la porte?

Et ne lui avait-il pas même adressé deux ou trois mots pour la remercier, elle aussi, de l'hospitalité qu'il avait reçue?

Alors pourquoi ne le reconnaîtrait-elle pas?

Alors pourquoi ne dirait-elle pas au juge : « Oui, monsieur, oui, c'est vrai, oui, tel jour cet homme a passé la nuit chez nous? »

Et tout de suite il l'interpella :

— Madame, dit-il, c'est moi qui suis Jandrin... ce Jandrin dont vous avez certainement entendu parler.

Elle le regarda avec une surprise mêlée de mépris.

— Jandrin? fit-elle sèchement. Connais pas !

— Je dis que vous avez dû certainement entendre parler de moi, reprit très doucement le pauvre diable, parce que l'on m'accuse du crime de là-bas... du crime de la rue de Roanne... de l'assassinat des dames Marcon, enfin, et que, sans doute, les journaux n'ont pas dû manquer de raconter tout au long mon arrestation.

— Eh bien! quoi? que voulez-vous dire? fit la patronne de l'auberge, la voix très brutale.

— Eh bien ! madame, je veux dire que vous pourriez me rendre un très grand service... Je veux dire que vous pourriez peut-être m'aider à prouver à ces messieurs qu'ils se trompent... Je veux dire, en un mot, que vous pourriez peut-être m'empêcher d'aller au bagne ou de monter à l'échafaud.

— Moi ! s'écria la patronne de l'auberge.

— Oui, vous, madame.

Elle le regardait de plus en plus étonnée, elle le croyait devenu fou.

— Et pour cela, madame, continua Jandrin toujours sur le même ton plein de douceur, vous n'auriez qu'à tâcher de vous souvenir et de dire à ces messieurs la vérité.

— La vérité? quelle vérité?... Ah çà! qu'est-ce que cet homme me veut? s'écria l'aubergiste en regardant tour à tour les agents et le juge.

— Vous n'auriez qu'à leur faire connaître, poursuivit plus vivement Jandrin, le jour où votre mari, qui est un bien brave homme, a bien voulu me donner une place dans son grenier... Car c'est ce jour-là, ou plutôt ce soir-là, à ce qu'il paraît, que le crime a été commis... Or, si j'étais ici, si j'étais chez vous à ce moment-là, il est bien clair que je ne pouvais pas être en même temps dans la rue de Roanne.

De nouveau la patronne de l'auberge venait de regarder le juge comme pour lui demander ce que tout cela voulait dire, ce que tout cela signifiait.

Mais alors, très vivement, celui-ci intervint.

Il fit connaître le jour et l'heure du crime, puis il ajouta :

— Cet homme prétend qu'au moment où l'on assassinait les dames Marcon il était dans votre auberge et qu'il y a passé la nuit. Eh bien! que savez-vous et que pouvez-vous dire, à ce sujet?

— Moi, répondit l'aubergiste, mais je ne sais rien et je ne puis rien dire... D'ailleurs, ce soir-là, entre neuf et dix heures, j'étais déjà couchée et mon mari seul veillait.

— C'est cela! c'est cela! s'écria Jandrin. Votre mari était seul, et quand je suis entré je l'ai trouvé là, tenez, là, à cette place en train de fumer sa pipe et de lire un journal.

« Oh! s'il était ici, ajouta-t-il, je suis bien sûr qu'il ne dirait pas non, je suis bien sûr qu'il me reconnaîtrait.

— Je ne sais pas ce que mon mari répondrait, interrompit la patronne de l'auberge, la voix toujours très dure, mais, quant à moi, ce que je puis certifier, ce que je puis déclarer, c'est que je ne vous ai jamais vu.

— Si, madame!

— Non, non, jamais! jamais!

Jandrin venait de devenir livide.

— Madame, écoutez-moi!... écoutez-moi, je vous en supplie! s'écria-t-il.

— Oh! je vous écoute bien.

— Je ne veux pas vous parler du soir à neuf heures, puisque vous venez de dire vous-même que votre mari seul veillait.

— Et après?

— Mais je veux vous parler du lendemain.

— Du lendemain?

— Oui, du lendemain matin, quand je suis parti...

— Quand vous êtes parti?...

— Oui, vous étiez là, debout sur la porte, et vous vous êtes même effacée pour me laisser sortir... Est-ce que vous ne vous en rappelez pas?... Est-ce que vous ne vous en souvenez pas?

Et il y eut un grand silence.

Jandrin très pâle, tout anxieux, ne quittait plus des yeux la femme de l'aubergiste.

Enfin la voix un peu sèche, celle-ci finit par répondre :

— Je ne sais pas ce que vous voulez me dire... Je ne sais pas ce que vous venez me chanter là... D'ailleurs, ajouta-t-elle, il vient tant de vagabonds et de mendiants nous demander à coucher chez nous, que j'aurais fort à faire s'il fallait que je me les rappelle tous...

Alors l'air victorieux, l'air triomphant, le juge d'instruction regarda Jandrin.

Puis, très lentement :

— Vous venez d'entendre cette femme? dit-il. Elle ne se souvient pas de vous avoir vu ce matin-là, chez elle...

— Elle ne se souvient pas, et pourtant j'y étais bien, répondit vivement l'inculpé.

Et plus vivement encore, il ajouta :

— D'ailleurs, vous savez bien que ce n'était pas sur elle, que ce n'était pas sur madame que je comptais pour établir mon alibi, mais que c'était sur son mari...

« Malheureusement la déveine me poursuit jusqu'au bout et son mari n'est pas là pour me disculper. Mais quand il sera de retour, nous verrons bien s'il ne me reconnaît pas, lui !

Et sur ces dernières paroles, que Jandrin avait prononcées d'une voix très ferme, le cortège des magistrats et des policiers reprit le chemin de la prison.

Pendant ce temps, tous les buveurs qui se trouvaient attablés dans l'auberge s'entretenaient avec animation de la scène dramatique qui venait de se passer sous leurs yeux.

Clignant de l'œil, un petit vieux à barbe blanche et qui avait l'air d'un bourgeois, s'adressa à un gros homme vêtu d'une blouse bleue :

— Dites donc, fit-il, comment m'avez-vous dit tout à l'heure que vous appeliez ce pauvre diable-là?...

— Quel pauvre diable, monsieur Bergeron ?

— Celui que la police vient d'amener ici...

— Ah! oui. Il paraît qu'il se nomme Jandrin...

— Jandrin?

— Oui, Jandrin. Je ne le connais pas, mais j'ai lu son nom dans les journaux...

— Jandrin?... Oui, c'est possible... Il y a, en effet, beaucoup de gens de ce nom-là à Saint-Étienne...

— Ah! vous croyez?

— Oui, oui, c'est la vérité. Ainsi, moi qui vous parle, je suis sûr que j'en ai connu plus de dix... que dis-je! plus de vingt!... Et il y en a beaucoup d'ailleurs dans le département de la Loire.

« Ah! c'est encore un Jandrin! ajouta plus lentement le petit vieux. Eh bien, voulez-vous que je vous dise? cet homme m'a profondément touché, profondément remué.

— Le fait est, dit l'homme à la blouse bleue, que si l'on s'en rapportait à sa physionomie, il n'a pas l'air si canaille, si scélérat que cela...

— Il n'a pas l'air canaille du tout!... Et puis c'était son attitude que je remarquais, son attitude qui me frappait... Il était bien un peu pâle, parbleu, mais cependant il était facile de s'apercevoir qu'il ne s'effrayait pas beaucoup.

« Et son accent!... Hein!... qu'en dites-vous?... Avait-il l'air assez sûr de lui... assez sûr de son fait!...

« Oh! je sais bien que la patronne ne l'a pas reconnu, mais qu'est-ce que cela prouve?... Comme il le disait lui-même, le matin qu'il est sorti de l'auberge, il n'a fait que passer devant elle. Or, il se peut très bien que pendant cette seconde, elle n'ait pas eu le temps de le remarquer... N'êtes-vous pas de mon avis?

— Mais si, parbleu. Il est bien clair que la patronne doit être fort en peine de se rappeler d'un individu qui n'a fait que la frôler. Mais cela n'empêche pas que le juge d'instruction paraissait très content de la tournure que prenaient les choses...

— Oui, oui, il rayonnait, le juge d'instruction, dit vivement le petit vieux avec un sourire ironique. Oh! je m'en suis bien aperçu aussi... Mais qu'il prenne patience!... Peut-être est-il content trop tôt?... Il faudra voir ça dans quelques jours... il faudra voir ça quand le patron sera revenu... Et peut-être alors le juge d'instruction ne rayonnera-t-il plus? Et peut-être alors fera-t-il même une assez vilaine grimace?

— Alors, dit l'homme à la blouse, si je vous comprends bien, votre conviction est déjà faite?

— A peu près.

— Et vous croyez à l'innocence de ce Jandrin?

— Oui, j'y crois, ou plutôt j'ai des doutes si sérieux, des doutes si graves sur sa culpabilité, que si j'étais appelé à faire partie du jury qui le jugera, j'hésiterais à le condamner...

— Oui, je ne dis pas, reprit l'homme à la blouse. Mais cependant, si la nouvelle confrontation qui va avoir lieu lui était défavorable?

— La nouvelle confrontation?

— Oui, si le patron, à son tour, ne le reconnaissait pas? si le patron, mis en sa présence, venait dire à son tour : Je n'ai jamais vu cet homme et je ne le connais pas?...

— Eh bien! même alors, répondit très franchement et très carrément le petit vieux, peut-être persisterais-je dans ma première opinion... Eh bien! même alors, peut-être hésiterais-je encore à croire que cet homme est bien réellement, est bien véritablement l'assassin des dames Marcon.

« Car, je vous le répète, l'attitude de cet homme exempte de peur, exempte aussi de fanfaronnade, m'a très vivement impressionné.

« Je ne l'ai pas quitté des yeux une seule seconde pendant tout le temps qu'a duré sa confrontation avec la patronne... Eh bien! dans tous ses gestes, dans tous ses regards, dans le son de sa voix, je sentais qu'il disait la vérité, je sentais qu'il ne mentait pas...

« Et cependant, quand il est entré ici, escorté du juge d'instruction et étroitement serré par les agents, j'avais contre lui les mêmes préventions que tout le monde.

« Je me disais : Enfin on le tient donc, ce brigand-là!... Enfin, si Ravachol court encore, si Ravachol n'a pas pu être pincé, on a donc pu mettre la main sur celui-là!

« Mais comme mes yeux venaient de rencontrer son regard, je n'ai pu m'empêcher de tressaillir de surprise et d'étonnement.

« Il me semblait que ce brigand-là n'avait pas l'air du tout d'un brigand, et son calme, sa tranquillité et son sang-froid, qui ne se sont pas démentis une seule minute, une seule seconde, m'ahurissaient, me démontaient.

« Je l'avais d'abord regardé, je vous l'ai dit, avec prévention et avec colère, et maintenant ce n'était plus que de l'intérêt, ce n'était plus que de la pitié qu'il m'inspirait...

Le petit vieux venait de s'interrompre; puis au bout d'un instant, de sa voix toujours un peu lente, il reprit :

— Au surplus, s'il y a une nouvelle confrontation, — comme cela ne

LES EXPLOITS DE RAVACHOL

Là-bas, horrible, affreuse, la guillotine dressait ses deux bras sanglants

paraît pas douteux, — il est bien certain que les choses ne se passeront pas cette fois comme elles se sont passées tout à l'heure avec la patronne.

« Celle-ci ne sait rien, n'a rien vu, ne peut rien dire. Un homme a passé devant elle, lui a dit bonjour en s'éloignant, et elle ne s'en souvient pas.

« Mais avec son mari, mais avec le patron, le cas ne sera plus le même. Il ne pourra pas dire, lui, qu'il ne connaît pas Jandrin, puisque c'est lui-même qui lui a servi à manger et à boire, puisque c'est lui-même qui l'a conduit dans son grenier...

Il y eut encore un court silence, puis, le petit vieux, la face grave, ajouta, haussant les épaules :

— Et cependant!... Et cependant!...

— Eh bien, cependant quoi? fit vivement l'homme à la blouse.

« Que voulez-vous dire ?

— Ce que je veux dire?... Eh bien ! je veux dire simplement ceci : c'est que, dans tous les cas, j'aime encore mieux être dans ma peau que dans celle de Jandrin, car une fois que la justice vous a mis la patte dessus, on ne sait jamais comment cela peut finir.

« Je ne voudrais pas vous citer l'exemple de Lesurques, dont l'histoire est devenue un véritable rabâchage.

« Mais sans compter ce malheureux, mais sans compter cet infortuné, combien n'avons-nous pas vu et combien ne voyons-nous pas encore de pauvres diables jugés et condamnés pour des crimes qu'ils n'ont jamais commis!

« Vous ne me croyez pas, peut-être !...

— Mais si, mais si...

— Eh bien ! mon cher, acheva le petit vieux, je ne sais pas pourquoi, mais j'ai comme le pressentiment que malgré tout, malgré même l'alibi qu'il invoque et qu'il réussira très probablement à prouver, ce pauvre Jandrin pourrait bien payer pour le véritable meurtrier, pour le véritable assassin des dames Marcon.

« C'est un mendiant, un vagabond, un va-nu-pieds, et c'est surtout avec les individus de son espèce que la justice ne se gêne guère et en prend volontiers à son aise...

« Et longtemps encore le petit vieux s'apitoya sur le sort de Jandrin.

Mais il faut bien le dire, celui-ci trouvait plus de gens prêts à l'accabler qu'à le défendre.

Le bruit de sa confrontation avec la femme de l'aubergiste s'était promptement répandu, et comme celle-ci ne l'avait pas reconnu, — ce qui d'ailleurs ne prouvait rien, — on affectait avec plus ou moins de bonne foi de trouver dans ce fait si simple une charge de plus contre lui.

— Le gaillard a de l'aplomb, disait-on, mais il faudra bien tout de même qu'il finisse par reconnaître que c'est lui qui a fait le coup.

Et pendant ce temps, Jandrin attendait, la conscience très tranquille, le retour du patron de l'auberge.

Il attendit encore pendant plus d'un mois, puis, enfin, comme il finissait par croire qu'on l'avait oublié dans sa prison, un beau matin il ne put s'empêcher d'avoir un cri de joie en voyant de nouveau paraître les agents.

L'aubergiste était enfin de retour et la véritable confrontation, celle sur laquelle Jandrin comptait pour établir son innocence, allait avoir lieu.

— Ah! vous venez me chercher?... Ce n'est pas trop tôt! s'écria-t-il tout radieux.

Et pendant tout le temps que dura le trajet de la prison à l'auberge, il garda la même attitude pleine de confiance.

Les agents qui l'épiaient du coin de l'œil finissaient par s'étonner de son calme et de son sang-froid.

Ah çà! est-ce que par hasard, il avait dit vrai?... Est-ce que, par hasard, il allait faire la preuve que la justice se trompait, que la justice pataugeait, et qu'il n'avait trempé en rien dans le crime de la rue de Roanne?

Dès qu'on aperçut l'auberge, le visage de Jandrin devint encore plus rayonnant, et ce fut le pas très ferme et un sourire sur les lèvres qu'il y entra.

Le bruit de cette nouvelle confrontation avait dû se répandre dans les alentours, car pas une seule table n'était restée vide.

Il y avait même encore, près d'une fenêtre et dans un coin, les deux personnages dont nous avons parlé, le petit vieux à barbe blanche et le gros homme à la blouse bleue.

Et l'auberge était pleine de clameurs, pleine de bruits, quand, tout à coup, il se fit un très grand, un très profond silence.

Sur le seuil, suivi de très près par les agents, l'homme qu'on voulait rendre responsable de l'assassinat des dames Marcon venait de paraître.

A ce moment, le petit vieux se pencha vers l'homme à la blouse :

— Regardez-le donc ! fit-il. Il n'a pas l'air d'avoir peur...

— Mais non, il est très calme, répondit l'autre.

Et le fait est que Jandrin était beaucoup moins pâle que beaucoup de ceux qui se trouvaient là.

Sur un signe du juge d'instruction, la patronne de l'auberge venait de disparaître et d'aller chercher son mari.

Quelques minutes s'écoulèrent, toujours dans le même silence profond, presque solennel, et soudain celui dont le témoignage devait sauver Jandrin, parut.

Intimidé d'abord, il se remit assez vite, puis regarda le juge comme pour savoir ce que l'on attendait de lui.

Alors, très brièvement et en très peu de mots, le magistrat raconta le double assassinat des dames Marcon, puis montrant Jandrin toujours impassible, il ajouta :

— Et voici l'homme à qui la justice demande compte de ce crime, ou plutôt de ces deux crimes... Mais cet homme prétend que la justice se trompe et qu'il est innocent. Au moment où le drame s'accomplissait, au moment où les dames Marcon étaient frappées, il se trouvait, dit-il, chez vous...

— Chez moi ?

— Oui, dans votre auberge. Le reconnaissez-vous ?

Le silence semblait avoir encore grandi.

L'aubergiste regardait fixement Jandrin.

Il finit par dire :

— Je ne me rappelle pas de lui.

— Regardez-le encore... regardez-le bien, insista le juge d'instruction.

De nouveau le regard du patron de l'auberge se posa sur l'inculpé, puis lentement :

— Non, je ne le connais pas, fit-il avec un accent plus ferme.

Tout le monde avait tressailli, excepté Jandrin.

— Voyons, voyons, dit-il, il n'est pas possible que vous ayez la mémoire si courte. — Eh bien ! écoutez-moi, écoutez-moi bien, je vais tâcher de réveiller vos souvenirs...

« Ce jour-là, il était entre neuf heures et dix heures du soir, et il pleuvait à verse, il pleuvait à flots...

« Aussi quand j'ai eu la chance de trouver votre maison et que je suis entré chez vous, étais-je mouillé, trempé jusqu'aux os.

« Il n'y avait à ce moment-là personne dans votre auberge, et vous étiez tout seul, oui, tout seul, assis là, tenez, à cette table où sont ces trois messieurs.

« Vous étiez en train de lire un journal en fumant votre pipe.

« Et moi je me suis mis ici, tenez !... Vous en rappelez-vous ?

Mais l'aubergiste venait de secouer lentement la tête.

— Pas du tout ! répondit-il.

— Mais attendez !... attendez ! reprit plus vivement Jandrin. En m'entendant entrer vous êtes venu vers moi et vous m'avez demandé ce que je désirais. Je vous ai dit de me donner un verre de vin et un morceau de pain. Vous m'avez servi et tandis que je mangeais, vous êtes retourné vous asseoir à la même place. Vous en rappelez-vous ?

— Non, répondit encore le patron de l'auberge.

Cette fois, Jandrin avait pâli.

— Ah ! c'est un peu fort ! s'écriait-t-il. Comment vous ne vous rappelez pas que nous avons causé ensemble !

— Causé ensemble !

— Mais oui !... Rappelez-vous donc... Tenez, je vais vous donner tous les détails.

La voix du malheureux Jandrin était devenue un peu plus sourde.

Il reprit avec plus de force :

— C'était après que j'avais fini de manger. Pendant que vous lisiez toujours votre journal, moi qui, cette nuit-là, ainsi que cela m'arrive assez souvent d'ailleurs, ne savais où trouver un gîte, où trouver un abri, je vous regardais du coin de l'œil, et comme vous me faisiez l'effet d'un bon garçon, d'un bon vivant, je me disais que peut-être me rendriez-vous le service de ne pas coucher cette fois à la belle étoile.

« Alors je vous appelai pour vous demander combien je vous devais.

« Vous me répondîtes :

« — Ça fait quatre sous.

« Je vous mis les quatre sous dans la main, puis j'ajoutai :

« — Je suis très las et il fait un temps épouvantable, un temps à ne pas mettre un chien dans la rue... Est-ce que, par hasard, vous ne pourriez pas me coucher?

« Et comme j'avais peur d'un refus, j'ajoutai encore :

« — Oh! je ne vous demande pas un lit, car, malheureusement, mes doublures se touchent et je ne pourrais pas le payer.

« Mais si vous pouviez me jeter une ou deux bottes de paille n'importe où, dans un grenier ou dans une écurie, vous pourriez tout de même vous vanter de m'avoir tiré une rude épine du pied.

« Alors vous m'avez regardé pendant un instant, puis vous avez fini par me demander où j'allais comme ça sans argent.

« Je vous ai répondu que je n'en savais rien et que j'allais tout droit devant moi, au hasard.

« — Vous n'avez donc pas de travail? m'avez-vous dit.

« Alors je n'ai pas voulu vous mentir, et très loyalement, très honnêtement, je vous ai avoué que je n'avais jamais fait que vivre de la vie errante de trimardeur, mais que malgré cela je n'étais pas un méchant garçon.

« — Je suis bien un paresseux, un fainéant, si vous voulez, vous ai-je dit, mais ça ne fait rien, on peut tout de même avoir confiance en moi, car je n'en suis pas moins honnête à ma façon.

« Et là-dessus vous voilà qui, brusquement, me tournez le dos.

« — Pour sûr, on va le jeter à la porte, me disais-je.

« Et déjà je me préparais à m'en aller, quand tout à coup je vous vois vous baisser, allumer une lanterne qui se trouvait dans un coin, puis revenir vers moi.

« Et voici alors ce que vous m'avez dit.

« Je vous rapporte textuellement vos paroles :

« — Je n'aime guère les flémards, mais enfin ce n'est pas une raison pour que je n'aie pas pitié de vous...

« Vous allez donc coucher au grenier, mais je vous défends de fumer... vous m'avez bien entendu? »

« Et alors tout content, tout joyeux, je me suis écrié :

« — Oui, oui, parfaitement, patron!... D'ailleurs, vous pouvez être d'autant plus tranquille que je ne fume jamais.

Jandrin fit une pause, regarda très fixement l'aubergiste, puis, haletant, anxieux :

— Eh bien! reprit-il, à présent, vous souvenez-vous?... à présent, vous rappelez-vous?

Les bras croisés, le regard fixe, l'air très ému aussi, le patron de l'auberge réfléchissait.

Le juge d'instruction, les agents, les consommateurs, tout le monde restait les yeux cloués sur lui.

Et tout à coup, avec un geste brusque :

— Eh bien, non!... eh bien! non, s'écria-t-il, je ne me souviens pas!

Jandrin était devenu livide comme s'il venait d'entendre prononcer son arrêt de mort.

Tous les traits décomposés, la langue très lourde, la voix très rauque, il bégaya :

— Est-ce possible!... Est-ce possible!

Puis le désespoir et l'épouvante dans les yeux, il s'écria :

— Mais, malheureux, vous ne savez donc pas ce que vous faites!... Mais vous ne savez donc pas que votre silence me perd!... que votre silence me tue!... Mais vous ne savez donc pas que, grâce à vous, c'est ma tête qui va tomber!... c'est l'échafaud qui va me prendre!

De plus en plus pâle, de plus en plus ému, le patron de l'auberge ne répondait que par des phrases entrecoupées...

— Je ne dis pas!... Peut-être êtes-vous venu?... Peut-être avez-vous raison?... Il vient tant de monde ici!... Et des trimardeurs, des vagabonds, des mendiants, j'en reçois si souvent!... Mais enfin non, votre visage ne me dit rien... ne me rappelle rien... Je ne sais pas... Je ne sais pas...

Et le pauvre Jandrin, tout à l'heure si calme, si tranquille, si confiant, maintenant pleurait, maintenant sanglotait comme un enfant.

Éperdu, plein de folie, il venait de s'emparer des mains de l'aubergiste, et il le suppliait encore de parler, et il le suppliait encore de se souvenir, quand, brusquement, les agents se jetèrent sur lui et l'entraînèrent.

Dans l'auberge, le silence si profond, le silence si solennel continuait.

Puis, soudain, ce fut une explosion de cris, de rumeurs, d'éclats de voix.

Tout le monde discutait la scène si émouvante et si empoignante qui venait de se passer.

Pendant ce temps, l'aubergiste s'était empressé de disparaître.

Alors le petit vieux à barbe blanche se pencha vers son compagnon, le gros homme à la blouse bleue :

— Ah! le pauvre garçon!... le pauvre garçon! fit-il à demi-voix et avec un léger haussement d'épaules. Maintenant il n'a plus d'illusions à se faire et il est bien fichu, bien flambé!... Et cependant vous l'avez entendu, hein? Est-ce qu'on ne sentait pas qu'il devait avoir raison? est-ce qu'on ne sentait pas qu'il devait dire la vérité?...

— Eh bien! oui, répondit l'homme à la blouse. Mais cependant le patron n'a aucun intérêt à le compromettre... Or, s'il l'avait vu ici, s'il l'avait vu dans son auberge le soir où les deux dames Marcon ont été assassinées, pourquoi se tairait-il? pourquoi ne le dirait-il pas?

Mais le visage du petit vieux s'était tout à coup assombri, tout à coup rembruni.

— Évidemment, répliqua-t-il. Il est bien certain, comme vous dites, que le patron de l'auberge n'a aucun intérêt à perdre cet homme... Mais bien que Jandrin soit venu chez lui, bien qu'il lui ait parlé au moment même où les dames Marcon succombaient... et ceci a été dit avec un tel accent de sincérité, un tel accent de vérité qu'il me paraît impossible d'en douter... il ne sait plus, le patron, il ne se souvient plus... Et il y a dans la vie de ces fatalités-là, voyez-vous, de ces fatalités contre lesquelles il n'y a rien à faire, contre lesquelles on est impuissant à se défendre...

Et la voix de plus en plus grave, le vieux brave homme ajouta :

— Voyez-vous, ce que je viens de voir me fait une telle peine que j'en pleurerais!... Ah! le malheureux Jandrin, le malheureux garçon, il avait bien raison de le dire tout à l'heure : Oui, c'est le silence, oui, c'est cette absence de mémoire du patron qui le tue!... Oui, c'est grâce à l'aubergiste qu'il verra peut-être, d'ici à quelques semaines, se dresser son échafaud!

Et pendant que dans l'auberge on s'entretenait encore de la confrontation qui venait d'avoir lieu, solidement lié, solidement garrotté, le prétendu meurtrier des deux vieilles quincaillières continuait sa route vers la prison de Saint-Étienne.

LES EXPLOITS DE RAVACHOL

— Au moment de votre arrestation vous n'aviez que sept sous dans votre poche.

Quand enfin il se retrouva seul dans sa cellule, de nouvelles larmes le prirent, de nouveaux sanglots l'étouffèrent.

Plein de fièvre, plein de vertige, le front inondé d'une sueur d'agonie, il voyait constamment se dresser devant ses yeux les plus horribles, les plus terrifiantes visions.

Mais il y en avait une qui, plus que toutes les autres, le remplissait de terreur et d'effroi.

Il se croyait déjà condamné, déjà jeté dans le sombre cachot des condamnés à mort, déjà sur le point de payer de sa tête ce crime qu'il n'avait point commis.

Et tout ce qu'il avait pu lire, et tout ce qu'il avait pu entendre dire autrefois sur les derniers moments des condamnés lui revenait à la mémoire avec une netteté singulière, un relief saisissant.

D'abord c'était le moment du réveil, le moment où le directeur de la prison vient vous frapper sur l'épaule et vous dire : « Votre dernier jour est venu... C'est l'heure de mourir ! »

Puis c'était, dans le greffe de la prison, la sinistre, la lugubre toilette.

Puis c'était encore, sous la clarté pâle, sous la clarté triste du crépuscule, l'effrayant cortège qui se mettait en marche, tandis que là-bas, horrible, affreuse, la guillotine dressait ses deux bras rouges et sanglants !

Toute cette nuit-là il fut impossible à Jandrin de fermer l'œil.

Au moindre bruit qu'il entendait, au moindre écho qui lui parvenait, il se redressait, l'air hébété, l'œil hagard.

Aussi le lendemain avait-il la lividité d'un spectre.

Assis ou plutôt accroupi dans un coin de sa cellule, les bras croisés, la tête lourdement tombée sur la poitrine, il ne bougeait plus, il ne remuait plus.

Tout à coup pourtant, comme deux heures venaient de sonner, il eut un brusque sursaut, un brusque tressaillement.

Là, à deux pas de lui, là, dans le long corridor qui aboutissait à sa cellule, il venait d'entendre un bruit de pas résonner sur les dalles.

Puis, brusquement, la porte s'ouvrit et deux hommes parurent.

C'étaient deux des agents qui l'avaient conduit à l'auberge.

— Jandrin ! fit durement l'un d'eux.

Et, d'un geste, il invitait le prisonnier à le suivre.

Celui-ci venait de se lever, chancelant et titubant comme un homme ivre.

— Eh bien ! qu'est-ce donc ? demanda-t-il la voix sourde. Que me voulez-vous ? où me menez-vous ?

— A l'instruction, répondit l'agent.

Et l'ayant saisi par le bras, il le poussa brutalement hors de la cellule.

En effet, après la confrontation qui venait d'avoir lieu entre l'aubergiste et Jandrin, confrontation qui, ainsi que nous l'avons vu, avait été écrasante pour celui-ci, le juge d'instruction, de plus en plus convaincu qu'il tenait le véritable assassin des deux dames Marcon, entendait ne plus perdre une minute et mener très rondement les choses.

— Maintenant que son alibi a été démoli, nous verrons bien si le gaillard ne se décidera pas à faire enfin des aveux, se disait-il de plus en plus triomphant.

Pourtant, d'un pas lent et lourd, Jandrin venait d'arriver jusqu'à lui.

Et le pauvre diable, qui se tenait immobile, semblant ne pas même oser respirer, était si défait et paraissait si abattu, si découragé, que la joie du juge redoubla encore.

Oh ! pour sûr, cette fois, il le tenait !... Oh ! pour sûr, cette fois, le misérable n'allait pas avoir le même aplomb et la même audace dont il avait fait preuve jusqu'à présent.

Mais Jandrin n'avait pas plutôt paru devant lui que le magistrat s'était empressé de reprendre son masque froid, son masque impassible.

Pendant une ou deux minutes, il resta penché sur son bureau, semblant écrire, prendre des notes, mais en réalité il combinait son plan et se demandait comment il allait commencer l'attaque.

Enfin, relevant brusquement la tête, l'air plus froid encore, le regard très sévère :

— Eh bien ! Jandrin, dit-il, êtes-vous enfin rentré en vous-même ?... Eh bien ! Jandrin, avez-vous enfin réfléchi ?...

Le prétendu meurtrier des dames Marcon avait la gorge si sèche qu'il resta plusieurs secondes silencieux.

— Réfléchi à quoi, monsieur ? finit-il par répondre.

— Réfléchi à la gravité de votre situation... Réfléchi à toutes les preuves, à toutes les charges qui abondent contre vous...

Un sourire amer venait de glisser sur les lèvres de l'inculpé.

— Oui, monsieur, répondit-il, j'y ai, en effet, beaucoup réfléchi et cela m'a épouvanté, effrayé...

Le juge d'instruction n'avait pu retenir un mouvement.

Il croyait que, par ces dernières paroles, Jandrin entendait faire allusion au remords qu'il aurait dû éprouver.

— Ainsi, reprit-il très vivement, maintenant vous renoncez à votre premier système?... maintenant vous ne niez plus?... maintenant vous reconnaissez que la justice ne s'est pas trompée et que c'est bien vous qui êtes l'auteur du double meurtre de la rue de Roanne, et que c'est bien vous qui êtes l'assassin des dames Marcon?

Mais les joues pâles, les joues livides de Jandrin venaient de se colorer d'une flamme subite.

Et très vivement à son tour, très énergiquement aussi, il répondit :

— Non, monsieur, non, vous vous méprenez sur le sens de mes paroles, car ce n'est pas ce que je voulais dire.

« Oui, j'ai beaucoup réfléchi aux preuves et aux charges qui, dites-vous, abondent contre moi, et si j'ai été effrayé, et si j'ai été épouvanté, c'est à la pensée de l'incroyable fatalité qui me poursuit, de l'incroyable et terrible fatalité qui s'acharne après moi...

« Oh! vous souriez, monsieur, et vous ne me croyez pas, vous ne voulez pas me croire, ajouta-t-il avec plus de force, et cependant, oui, c'est bien vrai, je suis la victime d'une fatalité qui me désespère...

— Alors vous persistez dans votre système? dit le juge, le front tout à coup plus sombre, le regard tout à coup plus menaçant.

— Dans mon système? Je ne comprends pas bien clairement quel sens vous attachez à ce mot...

— Ne faites donc pas le niais!... On sait que vous êtes, au contraire, très intelligent...

— Mais enfin, dit Jandrin avec toujours beaucoup d'énergie, je persiste à dire, à répéter encore ce que j'ai toujours dit et répété jusqu'à présent : c'est que ce n'est pas moi qui ai commis le crime que l'on m'impute, c'est que ce n'est pas moi qui ai rougi mes mains du sang des dames Marcon!...

— Oui, vous êtes innocent! fit le magistrat avec un mince sourire.

— Oui, monsieur, innocent!... innocent, je le jure!...

— Oh! ne faites pas de grands gestes, ne prenez pas un accent pathétique, c'est tout à fait inutile, dit le juge d'instruction avec ironie. Mais causons et tâchons de voir ensemble s'il est possible de vous croire.

« Vous êtes innocent, soutenez-vous encore. A la rigueur, j'aurais encore compris que vous jouiez cette comédie-là il y a quelques jours et alors que l'on n'avait contre vous que des preuves morales, des preuves qui, en somme, pouvaient paraître insuffisantes pour vous faire condamner.

« Mais aujourd'hui que vous vous êtes confondu vous-même... vous-même! vous m'entendez bien!... mais aujourd'hui que ce fameux alibi que vous aviez si audacieusement et si effrontément invoqué se retourne contre vous, je ne comprends pas, je ne m'explique pas que vous puissiez penser à la jouer encore.

« Car enfin, ajouta le magistrat la voix un peu plus douce, vous êtes bien obligé de convenir à présent que le soir du crime, que le soir où les deux sœurs Marcon ont été assassinées, vous n'étiez pas dans cette auberge.

« Eh bien! alors, où étiez-vous? Eh bien! alors, que faisiez-vous? Voyons, Jandrin, faites preuve d'un peu plus de franchise. Voyons, Jandrin, dites enfin la vérité.

Mais le malheureux Jandrin ne pouvait répondre. Des larmes l'aveuglaient, des sanglots l'étouffaient. Il eut un geste de désespoir terrible, puis, brusquement, il laissa tomber sa tête dans ses mains.

Le juge d'instruction, les yeux ardemment fixés sur lui, le guettait comme un fauve guette sa proie.

Et très convaincu d'ailleurs d'avoir en face de lui le vrai coupable, le véritable meurtrier, il pensait :

— Il lutte encore, il se débat encore, mais l'aveu que j'attends finira bien par jaillir de ses lèvres!

Mais non, cet aveu-là, Jandrin ne pouvait le faire.

Enfin lentement il se redressa, regarda pendant quelques secondes autour de lui d'un air stupide, d'un air hagard, puis passant la main sur son front :

— Non, ce qui m'arrive est trop horrible! trop horrible! murmura-t-il. Qu'est-ce que vous voulez que je vous dise? Que j'ai tué ces deux pauvres femmes ? Que je les ai volées ? Que je suis un misérable ? Mais ce n'est pas vrai ! ce n'est pas vrai !

— Incorrigible ! fit doucement le juge d'instruction les sourcils froncés.

Et il haussa violemment les épaules.

Quant à Jandrin il était resté l'œil fixe, le regard perdu.

Et soudain il tressaillit, tandis qu'un éclair de joie brillait dans ses yeux.

— Non, ce n'est pas moi ! répétait-il encore, mais cette fois avec une énergie qui impressionna le magistrat lui-même. Et tenez, monsieur, voulez-vous encore d'autres preuves ?

— D'autres preuves de quoi ? D'autre preuves de votre innocence ?

— Oui, monsieur !

— Allons donc ! allons donc ! fit doucement et ironiquement le juge d'instruction.

— Si, laissez-moi parler... écoutez-moi !

— Oh ! je vous écoute bien. Qu'avez-vous à dire ?

— Voici, monsieur, dit vivement Jandrin. C'est une chose que j'avais oublié de vous faire remarquer, ou plutôt deux choses...

Le magistrat le regarda avec surprise.

— Eh bien ? fit-il.

— Après la découverte des cadavres des dames Marcon, après la constatation du crime, qu'a-t-on dit ? reprit Jandrin qui parlait avec une sorte de fièvre.

L'étonnement du juge d'instruction venait de redoubler et il se demandait où l'inculpé voulait en venir.

— On a dit, n'est-ce pas ? que les deux pauvres vieilles n'avaient pas été tuées du premier coup, et qu'il y avait dû avoir entre elles et leur assassin une lutte qui n'a peut-être duré que quelques minutes, mais qui a dû être terrible.

« Les deux dames Marcon, disait-on encore, semblaient s'être défendues avec rage, avec désespoir, comme on se défend enfin quand on veut sauver sa vie.

« C'était d'ailleurs, si je ne me trompe, l'avis des médecins chargés d'éclairer la justice.

— Eh bien ? fit encore le magistrat.

— Eh bien ! monsieur, si les dames Marcon se sont défendues contre leur meurtrier, s'il y a eu lutte entre elles et lui, il est bien certain que ce misérable a dû porter quelques jours encore après le crime, soit au visage, soit aux mains, des traces de cette lutte.

« Or, monsieur, le jour même de mon arrestation, la première chose qu'on a faite a été de me soumettre à l'examen des médecins, et, comme vous le savez, on n'a trouvé sur mon corps aucune cicatrice suspecte, aucune blessure compromettante.

« Eh bien ! n'est-ce pas là un fait important, très important? n'est-ce pas là une preuve que les soupçons se sont injustement portés sur moi?

Et Jandrin, qui paraissait un peu plus rassuré, regarda très fixement le juge d'instruction.

Mais celui-ci songeait, réfléchissait.

En effet, ce que venait de dire l'inculpé était exact. Les médecins l'avaient examiné et n'avaient trouvé sur son corps aucune trace d'une lutte récente.

Mais ce fait, qui semblait au pauvre Jandrin être si important, ou pour mieux dire si concluant, laissait le magistrat beaucoup plus froid, beaucoup plus indifférent.

On prétendait que les dames Marcon s'étaient défendues contre leur agresseur ; mais, même en l'admettant, qu'est-ce qui prouvait que leurs coups avaient porté?... Qu'est-ce qui prouvait que, folles de terreur, pleines de vertige, ces deux vieilles femmes ne s'étaient pas débattues dans le vide?

Aussi, reportant son regard sur Jandrin :

— Est-ce tout? dit-il froidement.

— Non, monsieur, et voici encore une chose très importante et que l'on semble avoir oubliée...

— Quelle chose ?

— C'est que le vol a été le mobile du crime de la rue de Roanne, et que si j'avais été le voleur, et que si j'avais été l'assassin, j'aurais dû sûrement avoir dans mes poches une assez jolie somme. Or, quand on m'a fouillé, combien a-t-on trouvé sur moi? Sept sous !... Oui, monsieur, sept sous !

Et, de nouveau, le regard de Jandrin venait de se fixer sur le juge.

Mais celui-ci le regardait aussi, très fixement, un sourire ironique sur les lèvres.

— Ainsi voilà les deux choses que vous aviez oublié de me faire remarquer? reprit-il avec un air froidement railleur...

— Oui, monsieur, répondit un peu faiblement Jandrin qui se sentit passer un frisson dans les veines.

— On n'a trouvé sur votre corps aucune trace de lutte, aucune blessure?

— Oui, monsieur.

— Et quand on vous a fouillé après votre arrestation et que l'on aurait dû trouver sur vous, si vous aviez été le coupable, une assez jolie somme, on n'a trouvé que sept sous!

— Oui, monsieur, que sept sous!... pas un centime de plus! dit vivement Jandrin.

Mais aussitôt il trembla, car le juge, qui le regardait toujours, venait d'avoir un nouveau sourire ironique.

— Et ce sont là, dit-il de son air toujours très froid, les nouvelles preuves que vous aviez à me fournir de votre innocence?...

— Oui, monsieur, bégaya l'inculpé.

— Eh bien! je dois vous dire que ces preuves ne prouvent rien...

Jandrin, tout blême, s'était redressé.

— Elles ne prouvent rien! bégaya-t-il encore.

— Non, rien!... non, rien!... non, absolument rien! dit le juge, la voix plus dure et en appuyant sur les mots.

Et comme Jandrin ouvrait la bouche pour parler, il lui imposa silence d'un geste :

— Attendez! attendez! fit-il avec plus de force, c'est à moi de parler, c'est à moi de vous répondre...

« Du reste, comme vous allez le voir, ma réponse sera des plus simples et des plus faciles.

« Sur le premier point, je vous dirai d'abord que je ne crois pas qu'il y ait dû avoir entre les deux dames Marcon et leur assassin une lutte très vive, une lutte très longue.

« Les deux pauvres femmes étaient deux vieilles trop faibles, trop débiles, et je ne vois pas bien la résistance sérieuse qu'elles auraient pu opposer à leur meurtrier.

LES EXPLOITS DE RAVACHOL

Il est plus que probable que Jandrin sera jugé à la prochaine session des assisses.

« Sans doute, quand elles ont vu ce misérable se dresser en face d'elles, elles ont dû crier, elles ont dû essayer de lui échapper, elles ont dû même essayer de le frapper, si vous voulez; mais j'ai la conviction que, paralysées par la peur, tous les coups qu'elles portaient étaient des coups perdus, des coups qui ne frappaient que dans le vide...

« Or, si je ne me trompe pas, — et je vous répète que j'ai l'absolue conviction de ne pas me tromper, — comment leur assassin aurait-il pu avoir sur son corps des traces de coups ou des blessures compromettantes, puisqu'en réalité la lutte dont vous parlez n'a jamais eu lieu, n'a jamais existé?...

Mais, à son tour, Jandrin venait d'interrompre.

Il parlait encore de l'avis des médecins.

— Les médecins? s'écria le juge d'instruction. Eh bien! qu'ont-ils dit?... Les médecins, — et vous me permettrez de vous dire que je le sais un peu mieux que vous, — les médecins ont tout simplement déclaré que les dames Marcon portaient au visage de longues égratignures et autour du cou de larges ecchymoses, comme si le bandit qui les assassinait, effrayé par leurs cris, avait eu un moment la pensée de les étrangler.

« Mais les médecins n'ont rien dit de plus, vous m'entendez bien, rien de plus!.... Et s'ils ont admis l'hypothèse d'une lutte, cette lutte, d'après leur avis que vous invoquez sans bien le connaître, a dû être si rapide, a dû être si courte, qu'ils n'ont jamais cru à ces blessures compromettantes, à ces blessures accusatrices dont vous parlez...

Jandrin demeurait atterré, anéanti, car son dernier espoir s'évanouissait, et de plus en plus il se sentait perdu, irrévocablement perdu.

— Passons maintenant au second point, reprit le magistrat. Vous semblez triompher aussi parce qu'au moment de votre arrestation vous n'aviez que sept sous dans vos poches...

« Oui, que sept sous, c'est très vrai, très exact... Mais savez-vous ce que cela prouve?... Eh bien! cela prouve tout simplement que vous aviez tout prévu et que vous aviez été assez prudent pour cacher l'argent volé dans la rue de Roanne, chez vos deux bienfaitrices, chez les deux dames Marcon.

Et prenant tout à coup un ton beaucoup plus radouci :

— Voyons, Jandrin, n'est-ce pas que je viens de dire la vérité?...

n'est-ce pas que vous avez caché, dissimulé cet argent?... Eh bien! pourquoi ne me diriez-vous pas où l'on peut le retrouver?... Cette franchise vous mériterait certainement l'indulgence du jury.

C'était là un piège, un piège assez grossier, mais qui, dans tous les cas, n'aurait jamais pu réussir avec Jandrin, jamais pu réussir avec un innocent.

Aussi celui-ci eut-il un mouvement de colère et d'indignation :

— L'indulgence du jury! s'écria-t-il. Je n'en ai pas besoin!... Je n'ai besoin de l'indulgence de personne!... C'est la justice qui me martyrise et me torture!... C'est la justice qui m'assassine et qui aurait besoin plutôt que je lui pardonne!...

— Jandrin! s'écria le juge d'instruction devenu tout pâle.

Mais l'inculpé, plein de révolte, ne baissait pas les yeux.

Il maintenait énergiquement ses paroles.

Oui, c'était la justice qui le martyrisait, qui le torturait, qui l'assassinait.

— Et je ne suis pas le seul qui ait eu à souffrir d'elle! ajouta-t-il très énergiquement. La liste est longue de ceux qui ont payé de leur liberté ou de leur tête son manque de clairvoyance et son entêtement.

Le juge d'instruction, à son tour, était indigné, révolté.

Jamais, depuis qu'il exerçait ses fonctions, il n'avait vu un prévenu avoir une attitude pareille.

Cela le renversait, cela dépassait tout ce qu'il aurait pu imaginer, tout ce qu'il aurait pu concevoir.

Ah! oui, certes, pour un malfaiteur dangereux, ce Jandrin était à coup sûr un malfaiteur dangereux!

Quelle audace! quel aplomb! quel cynisme!

Au lieu de courber la tête et de supplier; au lieu de plaider les circonstances atténuantes, il poussait le toupet jusqu'à dire que le martyr c'était lui!... que la victime c'était lui!

Et, stupéfait, le magistrat ne cessait de le regarder.

Puis, enfin, après un long moment de silence :

— Vous tenez ici un langage que vous n'avez pas le droit de tenir, dit-il, la voix un peu sourde; un langage que je ne pourrai pas tolérer. Vous saurez que la justice ne frappe jamais qu'à coup sûr.

— Pas avec moi, toujours! fit ironiquement Jandrin.

— Avec vous comme avec tous. Et d'ailleurs, puisque vous parlez de vous, croyez-vous qu'il vous suffise de protester de votre innocence pour détruire les preuves qui vous accablent et pour faire tomber les charges qui vous écrasent?

« Mais non, vous ne voulez rien entendre, vous ne voulez rien comprendre!... Votre situation est très grave et par votre attitude, vous l'aggravez encore... Je vous parlais pourtant dans votre intérêt... Oh! ne souriez pas : oui, dans votre intérêt!... Mais, enfin, soit!... Persistez dans vos dénégations... Persistez à vouloir nier contre l'évidence même que ce n'est pas vous le voleur, que ce n'est pas vous le meurtrier des dames Marcon... Mais plus tard peut-être vous repentirez-vous amèrement de ne pas avoir suivi mes conseils et de ne pas être entré dans la voie des aveux.

« Allez! Je n'ai plus rien à vous dire pour aujourd'hui!...

Et sur un signe du juge d'instruction, les agents remmenèrent Jandrin.

Deux ou trois fois encore la scène à laquelle nous venons d'assister se renouvela.

Puis, un beau jour Jandrin eut une surprise.

Depuis plus d'une semaine on le laissait tranquille et on ne venait plus le chercher pour le mener à l'instruction.

Qu'est-ce que cela voulait dire?

Que se passait-il donc?

Or, ce qui se passait nous allons le dire, ou plutôt c'est un journal qui va nous le dire.

En effet, un journal de Saint-Étienne écrivait à ce moment :

« Nous apprenons que l'instruction de l'affaire de la rue de Roanne, du double assassinat des dames Marcon, est enfin close.

« Le dossier va être renvoyé sous peu à la chambre des mises en accusation.

« Comme l'arrêt de cette chambre ne saurait être douteux, il est donc plus que probable que Jandrin sera jugé à la prochaine session des assises de la Loire.

« En attendant, c'est toujours avec le même aplomb et le même cynisme que l'assassin des deux pauvres quincaillières continue à protester qu'il est innocent du crime odieux dont on l'accuse.

« Comme il ne fait que pleurer et qu'il se montre très abattu, on a, pour éviter de sa part toute tentative de suicide, placé deux agents de la sûreté dans sa cellule.

« Ces deux agents sont changés toutes les vingt-quatre heures et le meurtrier se trouve ainsi étroitement surveillé nuit et jour.

« Ce Jandrin est d'ailleurs beaucoup plus habile et beaucoup plus intelligent qu'on n'aurait pu le supposer.

« D'autres criminels éprouvent par moments le besoin de s'épancher, le besoin de parler, mais celui-là ne profère jamais un seul mot, jamais une seule syllabe, ou s'il consent à parler, c'est toujours pour répéter que la justice se trompe, c'est toujours pour protester de son innocence.

« Ses gardiens ont essayé quelquefois de le distraire, mais il semble aussi sourd que muet, et c'est à peine s'il paraissait faire attention à eux.

« Comme il ne mange presque pas et qu'il dort très peu, on dit qu'il a beaucoup maigri, beaucoup pâli.

« Ainsi donc, encore quelques semaines, et le terrible drame de la rue de Roanne touchera à son dénouement. »

XXIX

UN COUP DE THÉÂTRE

Le journal qui avait écrit ces lignes était très bien informé.

En effet, l'instruction de l'affaire de la rue de Roanne était close.

En effet, d'ici à peu de jours la chambre des mises en accusation allait être saisie du dossier et elle n'aurait plus qu'à rendre son arrêt.

Mais où le journal en question se trompait, comme tout le monde d'ailleurs, c'est quand il affirmait que l'arrêt de la chambre des mises en accusation ne pouvait être douteux, c'est-à-dire que cet arrêt ne pouvait manquer de renvoyer le prétendu assassin des deux dames Marcon devant la cour d'assises de la Loire.

Car un coup de théâtre allait se produire, un coup de théâtre qui, du coup, allait réduire à néant l'accusation et sauver le malheureux Jandrin de l'échafaud !

En effet, deux ou trois jours après la clôture de l'instruction et comme le procureur de la République était en train de dépouiller un volumineux courrier, une lettre qui lui tomba sous la main attira son attention.

L'enveloppe en était grossière et l'écriture très lourde, comme une écriture de manœuvre ou de paysan.

Lentement le procureur de la République ouvrit cette lettre, et il n'en eut pas plus tôt parcouru les deux premières lignes qu'il eut un brusque tressaillement.

Cette lettre lui était adressée par l'aubergiste chez qui Jandrin avait reçu l'hospitalité le soir de l'assassinat des dames Marcon, et cet homme prétendant que la mémoire lui était enfin revenue, attestait qu'il s'était trompé, qu'il se rappelait très bien maintenant avoir reçu en effet ce jour-là la visite de Jandrin, et qu'il fallait ne tenir aucun compte de ses précédentes déclarations.

On juge de l'effet que cette lettre dut produire sur l'esprit du magistrat.

C'était tout simplement, si l'aubergiste persistait à reconnaître Jandrin, tout l'échafaudage de l'accusation qui s'écroulait.

C'étaient tout simplement toutes les recherches de la police et tout le travail de l'instruction à recommencer.

Aussi, quelques heures plus tard, un agent se présentait-il chez l'aubergiste avec ordre de l'amener immédiatement dans le cabinet du juge d'instruction.

Le brave homme arriva tout honteux de son erreur.

La première chose que fit le juge fut de lui placer sous les yeux la lettre qu'il avait adressée au procureur de la République.

— C'est bien vous qui avez écrit cette lettre? demanda le magistrat.

— Oui, monsieur, oui, c'est moi, répondit l'aubergiste qui tremblait dans sa peau.

— Vous devez convenir qu'elle est au moins étrange, au moins singulière...

L'aubergiste, de plus en plus effrayé par l'attitude sévère du juge, ne répondit pas.

Alors celui-ci reprit :

— Oui, cette lettre est en effet très étrange, très singulière... Quand on s'est présenté chez vous et que l'on vous a mis en présence de l'auteur présumé du double crime de la rue de Roanne, vous avez été très net, très affirmatif dans vos déclarations...

— C'est vrai, monsieur...

— Et vous avez répété plusieurs fois, et même avec assez d'énergie, que jamais Jandrin n'était venu chez vous, que jamais vous ne l'aviez vu...

— C'est vrai, monsieur, j'ai dit cela, mais je me trompais, mais j'ai eu tort.

— Vous vous trompiez?

— Oui, monsieur, je vous le jure!

— Et comment pouvez-vous le savoir? Comment vous en êtes-vous aperçu?

— Comment?

— Oui, comment?

Et le juge d'instruction ajouta aussitôt, plus sévèrement :

— Vous connaissez la loi, n'est-ce pas, vous savez la peine qu'entraîne un faux témoignage...

— Oui, monsieur, répondit l'aubergiste la voix un peu plus ferme, mais je jure encore que je ne dis que la vérité; mais je jure encore que je ne fais pas de faux témoignage...

— Allons, parlez, je vous écoute.

Et le magistrat, qui venait de se renverser dans son fauteuil, attendait, les bras croisés.

Il y eut un court silence, puis enfin l'aubergiste reprit :

— Eh bien! voici, je vas vous dire... Quand vous êtes venu chez nous avec cet homme, avec ce Jandrin, j'ai eu beau le regarder, le dévisager, il m'a été impossible de le reconnaître.

« Et savez-vous ce que je me disais, et savez-vous ce que je pensais, monsieur le juge?

« Eh bien! je me disais : Voilà un coquin, voilà un gredin qui, pour se tirer d'embarras, n'aura rien trouvé de mieux que d'inventer cette histoire... Mais faut-il tout de même qu'il ait un fier toupet pour venir me soutenir en face qu'il était chez moi et qu'il m'a parlé au moment même où là-bas, dans la rue de Roanne, on égorgeait, on assassinait ces deux pauvres femmes!...

« Et je ne vous cache pas que plus il s'entêtait, plus je me sentais indigné, révolté, plein de colère...

« Et je me disais encore : Ah! le gueux!... qu'on lui coupe vite le cou et que ce soit fini...

« Puis, tout à coup, vos agents se sont jetés sur cet homme et l'ont entraîné...

« Et alors, je ne sais pas pourquoi, mais je n'ai plus pu m'empêcher d'y penser, mais je n'ai plus pu m'empêcher de le revoir toujours en face de moi avec son front si pâle et son air si suppliant.

« Enfin, monsieur le juge, que vous dirai-je? Je n'étais plus le même et je me sentais le cœur alourdi par le remords...

Le juge d'instruction venait de faire un mouvement.

— Par le remords?

— Oui, monsieur, c'est bien là ce que je ressentais, c'est bien là ce que j'éprouvais.

— Je ne vous comprends pas.

— Oh! c'est pourtant bien facile à comprendre. Je veux dire qu'à force de penser à cette confrontation, qu'à force de voir toujours passer devant mes yeux l'image si désespérée de ce Jandrin, j'en arrivais peu à peu à être moins sûr de moi, moins certain de ne pas m'être trompé quand j'avais donné un démenti à cet homme.

« Et constamment, constamment, à chaque minute, à chaque instant, la même obsession s'emparait de moi : Et si cependant ce malheureux avait dit vrai?... Et si cependant ce malheureux n'avait point menti?... Ce serait donc par ta faute qu'un innocent irait pourrir au bagne !... Ce serait donc par ta faute qu'un innocent monterait peut-être à l'échafaud !...

« Et comme cette obsession ne faisait que grandir, je n'avais plus un seul moment de repos, plus un seul moment de tranquillité...

« Puis il y avait une chose aussi qui me frappait, qui m'impressionnait beaucoup.

« C'était le calme avec lequel cet homme m'avait abordé au début de notre confrontation...

« C'étaient aussi la certitude et la sincérité qu'il y avait dans son accent.

« Et plus j'y songeais, plus je me disais : Non, cet homme ne jouait

LES EXPLOITS DE RAVACHOL

On rechercha dans les environs de Saint-Étienne les personnes qui avaient pu lui donner l'hospitalité.

pas une effrontée comédie?... Non cet homme n'inventait rien, n'imaginait rien... Il a dû te voir il a dû te parler ce jour-là, c'est sûr!...

« Et toujours je m'interrogeais ; et toujours je cherchais, je fouillais dans mes souvenirs...

« Enfin, bref, hier soir, j'eus soudain comme un trait de lumière... Oui, maintenant je me rappelais!... Oui, maintenant je me ressouvenais!... Oui, les déclarations que j'avais faites à la justice étaient fausses et allaient perdre cet homme!...

« Et c'est alors, ajouta l'aubergiste qui, à mesure qu'il parlait, devenait tout pâle d'émotion, c'est alors que j'ai écrit à M. le procureur de la République cette lettre-là, la lettre que vous m'avez montrée tout à l'heure...

« Et je vous assure bien que je n'ai pas longtemps réfléchi, longtemps hésité... aussitôt sûr de mon fait, je lui ai écrit immédiatement, je lui ai écrit sur-le-champ...

— Enfin, résumons-nous, ou plutôt résumez-vous, dit le juge avec un mouvement de mauvaise humeur, qu'il ne se donna pas même la peine de dissimuler. Ce que vous venez déclarer aujourd'hui à la justice, c'est que la première déclaration que vous avez faite lors de votre confrontation avec Jandrin était fausse...

— Oui, monsieur, mais fausse involontairement, mais fausse par manque de mémoire...

— Oui, j'entends bien, je comprends bien... Mais encore une fois comment avez-vous acquis la conviction que vous aviez été dans l'erreur?... comment êtes-vous arrivé à être persuadé que Jandrin avait dit la vérité?...

— Je n'avais pas encore fini de parler, monsieur, dit le cabaretier, autrement vous ne m'auriez pas posé cette question-là....

« Comment j'ai fini par acquérir la conviction que j'avais été dans l'erreur?

« Comment j'ai fini par être persuadé que Jandrin avait dit la vérité?

« Mais, monsieur, c'est, comme j'ai eu l'honneur de vous le dire déjà, à force de réfléchir, à force de ruminer, à force aussi de me rappeler la confrontation, cette scène si saisissante qui avait eu lieu entre lui et moi.

« — Voyons, voyons, me disais-je en prenant mon front dans mes mains, qu'a-t-il prétendu, ce pauvre diable que l'on accuse d'avoir assassiné les deux sœurs Marcon?...

« Il a prétendu d'abord que ce soir-là, que le soir du crime, et précisément à l'heure où il se commettait, il était entré ici, par une pluie battante, par une pluie torrentielle...

« — Vous étiez seul, avait-il dit, et vous étiez en train de lire un journal en fumant votre pipe... »

« Ce dernier détail ne pouvait pas me rappeler grand'chose, car il m'est arrivé plus d'une fois, surtout entre neuf et dix heures du soir, de me trouver seul dans mon auberge...

« Je lisais un journal et je fumais ma pipe... Bien vague encore tout cela...

« Mais ces quelques mots-là : « Il pleuvait à verse... J'étais mouillé et trempé jusqu'aux os » réveillèrent soudain mes souvenirs...

« Et en y pensant davantage, je revis tout à coup, et avec un relief saisissant, toute la scène évoquée par Jandrin...

« En effet, le jour de l'assassinat des deux pauvres vieilles de la rue de Roanne, le jour du meurtre des deux dames Marcon, je m'en rappelais très bien maintenant, il tombait une averse épouvantable, une averse terrible...

« Ma femme, qui se trouvait assez souffrante ce soir-là, s'était retirée un peu plus tôt que d'habitude...

« Et comme pour tuer le temps j'avais pris un journal et allumé une pipe, tout à coup je m'étais retourné, assez surpris d'être interpellé.

« Alors j'avais vu, déjà installé à une table, un individu assez pauvrement, assez misérablement vêtu, et dont les habits, ou plutôt les haillons ruisselaient d'eau.

« Et cet individu m'avait demandé un verre de vin et un morceau de pain...

« Oui, tout cela me revenait, oui, tout cela je m'en rappelais...

« Et peu à peu je me rappelai aussi de tout le reste, de tous les autres détails que Jandrin, lors de notre confrontation, vous avait fournis.

« Comme il l'avait dit, après l'avoir servi, j'étais retourné m'asseoir à la même place que j'occupais avant son arrivée...

« Comme il l'avait dit aussi, je lui avais pris vingt centimes, je lui avais pris quatre sous pour le canon qu'il avait bu et la bouchée de pain qu'il avait mangée.

« Comme il l'avait dit encore, il m'avait, en montrant la rue, parlé du temps effroyable, du temps horrible qu'il faisait, et demandé si je ne pourrais pas, par charité, lui jeter une botte de paille n'importe où, dans un grenier ou dans une écurie.

« Comme il l'avait dit enfin, je m'étais baissé pour allumer une lanterne, et j'avais consenti à le coucher en lui recommandant de ne pas fumer...

« Et non seulement je me rappelais les moindres gestes et les moindres paroles de Jandrin, mais encore son visage qui ne m'avait rien dit quand vous m'aviez mis en face de lui, me revenait à présent très nettement et il m'était impossible de ne pas le reconnaître.

« Enfin, monsieur, acheva l'aubergiste, le doute ne m'était plus possible et je ne pouvais plus me taire. Voilà, encore une fois, pourquoi j'ai adressé cette lettre à M. le procureur de la République.

Et l'aubergiste partit, le juge d'instruction resta un long moment tout décontenancé.

Ainsi cet alibi invoqué par Jandrin n'était point un mensonge! Ainsi, les protestations d'innocence qu'il n'avait cessé de faire entendre étaient sincères! Ainsi, on ne tenait pas encore l'assassin de la rue de Roanne, le meurtrier des dames Marcon!...

Cependant, comme la justice ne lâche pas facilement sa proie, on jugea à propos de faire aussi discrètement ou plutôt aussi secrètement que possible, une nouvelle enquête sur Jandrin.

On rechercha donc dans les environs de Saint-Étienne les personnes qui avaient pu de temps à autre lui donner aussi l'hospitalité, et on les questionna, et on les interrogea.

Que pensaient-elles de cet individu sans feu ni lieu?

Que pensaient-elles de ce vagabond qui passait sa vie à courir les grandes routes?

Le considéraient-elles seulement comme un paresseux inoffensif ou, à leur avis, pouvait-il avoir, à un moment donné, l'étoffe d'un malfaiteur dangereux? Parmi les personnes ainsi questionnées, ainsi interrogées, il y avait un autre cabaretier, un autre aubergiste qui connaissait depuis longue date le prétendu meurtrier des deux vieilles quincaillières.

Celui-ci répondit très carrément aux agents chargés de l'enquête :

— Vous me demandez si je n'ai pas connu Jandrin, si je n'ai pas connu l'homme que la justice accuse de l'horrible crime de la rue de Roanne?

« Oui, je l'ai en effet beaucoup connu, et cela ne date pas seulement de quelques semaines ou de quelques mois, mais remonte déjà à plusieurs années...

« Toutes les fois que le hasard de ses pérégrinations, que le hasard de ses courses vagabondes l'amenait près d'ici, il ne manquait jamais de venir me voir.

« Il entrait, jetait sa besace dans un coin, et je lui donnais à manger.

« S'il se présentait chez moi la nuit, j'avais toujours un coin pour le coucher, car je me serais vraiment fait un scrupule de le jeter à la rue quand je le savais sans asile et sans gîte.

« Or, vous pensez bien que si je me conduisais ainsi avec lui, c'est que j'étais loin de le considérer comme un individu dont il était prudent de se méfier et qui pouvait devenir au besoin un malfaiteur dangereux.

« Des vagabonds dangereux, des vagabonds capables d'un mauvais coup, il en est venu et il en vient encore très souvent ici, mais ceux-là ne m'ont jamais trompé, vous pouvez le croire.

« Rien qu'à leur façon de se présenter chez moi, rien qu'à leur regard qui, sournoisement, semble faire l'inventaire de ma maison, je vois immédiatement à quels personnages j'ai affaire.

« Et je n'ai pas besoin de vous dire si je m'empresse de les faire déguerpir!... Et je n'ai pas besoin de vous dire que je n'ai pas le moindre remords de les voir coucher dans la rue.

« Mais, encore une fois, je n'ai jamais eu avec Jandrin aucune des craintes, aucune des appréhensions que j'ai quelquefois avec ces autres vagabonds, avec ces autres mendiants dont je viens de vous parler.

« Lui, je l'ai toujours connu très doux, très bon, et je l'ai toujours vu d'une excessive reconnaissance pour le moindre service que l'on pouvait lui rendre, pour le moindre bien que l'on pouvait lui faire.

« Pour un morceau de pain jeté à sa faim, pour un mauvais lit offert à ses membres fatigués, à ses membres brisés, il s'attachait à vous d'une solide et véritable amitié.

« Aussi quelle n'a pas été ma surprise, quel n'a pas été mon étonnement quand, un beau matin, j'ai appris que c'était lui, que c'était ce pauvre diable-là que l'on accusait de l'assassinat des dames Marcon !

« J'avais là, devant moi, un journal qui racontait tout au long la chose, qui donnait une foule de renseignements et de détails, et cependant je ne pouvais en croire mes yeux !

« Et je vous jure bien qu'ici, que dans notre pays où presque tout le monde connaît Jandrin, je n'étais pas le seul à être surpris...

« Personne ne voulait croire à sa culpabilité et il n'y avait partout qu'un cri : « Non, pour sûr, ce n'est pas Jandrin qui a fait ce coup-là !...

« Non, pour sûr, la justice n'a pas mis la main sur le coupable ! »

Un autre, un vieux fermier, questionné et interrogé à son tour par les agents, déclara :

— Je connais Jandrin depuis fort longtemps, et ma conviction profonde c'est qu'il est incapable d'être un scélérat.

« Je l'ai logé ici plus de vingt fois, et jamais ses allures ne m'ont donné la moindre méfiance contre lui.

« C'est un paresseux qui préfère sa vie de misère à un travail assidu ; c'est un individu qui n'a peut-être pas beaucoup de fierté ni d'énergie, mais ce n'est pas un coquin.

« Et tenez, messieurs, ce qui vous prouve que je ne vous mens pas, ce qui vous prouve que je vous dis bien ce que je pense, c'est que si j'avais pu avoir le moindre doute, le moindre soupçon sur Jandrin, je ne lui aurais pas plus d'une fois confié la garde de ma maison.

« Et cependant cela est arrivé.

« Oui, très souvent, tandis que ma femme et mes garçons étaient aux champs, je me suis absenté, laissant seul ici, seul chez moi, le prétendu voleur des dames Marcon.

« Et jamais, jamais ! vous m'entendez bien ? aucun objet n'a disparu, aucun objet n'a manqué... »

Et tandis que cette enquête se faisait, se poursuivait, Jandrin, dans sa cellule, continuait à vivre dans des transes de toutes les minutes, dans une agonie de toutes les secondes.

— Je suis perdu !... Je suis perdu ! se disait-il, horriblement pâle, horriblement blême, tandis qu'une sueur froide inondait son front.

Et les sinistres visions qui l'avaient hanté autrefois, lui revenaient à présent plus fréquentes et plus terribles encore.

Il avait constamment devant les yeux la cour d'assises, et constamment aussi l'échafaud.

— Et dire que ce n'est pas moi!... que ce n'est pas moi!... Et dire que je suis innocent! hurlait-il parfois plein de désespoir et de rage.

Et cependant les jours passaient, les jours s'écoulaient et de plus en plus il s'étonnait de ne plus voir le juge, et de plus en plus il restait surpris de ne plus être mené à l'instruction.

Et alors, laissant tomber lourdement sa tête sur sa poitrine, le malheureux pleurait, le malheureux sanglotait, car, puisqu'on ne se donnait même plus la peine de l'interroger, même plus la peine de l'entendre, est-ce que cela n'était pas la preuve que la conviction de la justice était définitivement faite, définitivement arrêtée? est-ce que cela n'était pas la preuve qu'il n'avait plus de salut à espérer?

Et dans son ignorance des lois, à chaque instant il croyait qu'on allait venir le chercher pour le conduire devant le tribunal, pour le traîner devant ces hommes en robes rouges dont la seule pensée lui glaçait tout le sang dans les veines.

Aussi, comme un matin, il se promenait lentement et lourdement dans sa cellule, la tête basse toujours et le front de plus en plus livide, ne put-il retenir tout à coup un brusque tressaillement, un cri sourd de terreur.

Il venait d'entendre quelqu'un se rapprocher de sa cellule, puis une clé avait grincé dans la serrure.

Tout tremblant, tout frissonnant, Jandrin avait reculé.

C'était donc pour aujourd'hui!...

C'était donc aujourd'hui qu'on allait le juger, c'est-à-dire le condamner!

Et l'air hagard, l'air stupide, il regardait le geôlier et l'agent qui venaient d'entrer.

— Jandrin! fit celui-ci.

Mais le misérable n'avait pas entendu.

Il ne bougeait pas.

— Jandrin! répéta l'agent.

Et d'un geste, il montrait la porte.

Alors seulement le prétendu meurtrier des dames Marcon parut comprendre.

Il s'avança, mais si faible, que ses jambes semblaient avoir de la peine à le porter.

— Venez ! ajouta l'agent en le poussant doucement devant lui.

Si Jandrin avait eu un peu plus de sang-froid, il n'aurait pas manqué de s'apercevoir que cet agent, à qui il avait eu affaire plusieurs fois déjà, se montrait aujourd'hui avec lui moins grossier et moins brutal que d'habitude.

Il n'aurait pas manqué de s'apercevoir également qu'en traversant les nombreux corridors de la prison, il oubliait de le serrer d'aussi près et qu'il se contentait de marcher derrière lui.

Mais, encore une fois, le pauvre Jandrin était trop ému, pour pouvoir se rendre compte de ces détails.

Et de son pas toujours chancelant, toujours titubant, il continuait d'avancer.

Enfin, tout à coup on arriva devant le cabinet du juge d'instruction.

L'agent poussa Jandrin devant lui.

— Entrez ! dit-il.

Et Jandrin entra de son même pas lent et lourd, et l'air écrasé, anéanti.

Il s'arrêta en face du juge, puis attendit.

Il y eut alors un assez long silence.

Enfin lentement :

— Jandrin, dit le magistrat, le ton très doux, presque bienveillant, quand, après le crime de la rue de Roanne, vous avez été arrêté comme l'auteur présumé du double assassinat des dames Marcon, et que l'on vous a confronté avec les cadavres des deux victimes, vous avez immédiatement protesté de votre innocence.

« Comme toutes les apparences vous chargeaient, comme toutes les apparences étaient contre vous, et comme votre vie de mendicité et de vagabondage ne pouvait être aussi qu'une preuve contre vous, — je parle bien entendu d'une preuve morale, — je vous ai alors demandé, puisque vous prétendiez être innocent, quel avait été l'emploi de votre temps au moment où le crime s'était commis.

« Vous avez d'abord hésité avant de me répondre, puis, enfin, vous avez invoqué un alibi.

« Vous prétendiez que le jour de l'assassinat des deux sœurs Marcon,

LES EXPLOITS DE RAVACHOL

Le juge d'instruction et son greffier

entre neuf et dix heures du soir, vous étiez à tel endroit et dans telle auberge.

« Vous donniez même des détails très précis et très circonstanciés sur votre présence dans cette maison.

« Comme il était de son devoir, la justice devait s'informer de ce qu'il y avait de fondé dans votre déclaration, c'est-à-dire si bien réellement, si bien véritablement, vous pouviez vous réclamer de cet alibi que vous invoquiez.

« On vous a donc conduit deux fois dans l'auberge où vous prétendiez avoir reçu l'hospitalité.

« La première fois, son mari étant absent, la femme de l'aubergiste a formellement refusé de vous reconnaître.

« — Je n'ai jamais vu cet homme-là... Je ne sais pas ce qu'il veut dire, répondait-elle toujours à toutes les prières que vous pouviez lui adresser.

« Mais enfin, comme ce n'était pas au témoignage de cette femme que vous en aviez appelé, cette confrontation-là ne pouvait donc pas être concluante.

« Il restait donc à vous mettre en présence de son mari, en présence de l'homme à qui vous prétendiez avoir parlé et qui, selon vous, ne pouvait pas manquer de vous reconnaître.

« On vous conduisit donc une seconde fois dans cette auberge, on vous plaça en face du patron dont un seul mot devait prouver votre innocence, et vous savez ce qui se passa, Jandrin !

« De même que sa femme, le patron ne vous reconnut pas.

« De même que sa femme, il haussait les épaules et déclarait très énergiquement qu'il ne savait pas ce que vous vouliez lui dire.

— Cependant, monsieur, balbutia Jandrin.

Mais, d'un geste, le juge d'instruction venait de lui imposer silence.

— Ne m'interrompez pas !... Laissez-moi achever, reprit-il. Oui, cet homme ne se rappelait de rien, ne se souvenait de rien.

« Et c'est alors que plein de désespoir, que plein d'épouvante, vous vous êtes écrié :

« — Mais malheureux, vous ne savez donc pas ce que vous faites !... Mais vous ne savez donc pas que votre silence me perd !... que votre silence me tue !... Mais vous ne savez donc pas que grâce à vous, c'est ma tête qui va tomber!... c'est l'échafaud qui va me prendre!... »

« Et très pâle, très ému, que vous a répondu alors le patron de l'auberge.

« Il vous a répondu :

« — Je ne dis pas ?... Peut-être êtes-vous venu ?... Peut-être avez-vous raison ?... Il vient tant de monde ici !... Et des trimardeurs, des vagabonds, des mendiants, j'en reçois si souvent !... Mais enfin; non, votre visage ne me dit rien... ne me rappelle rien... Je ne sais pas... Je ne sais pas... »

Un lourd soupir venait de s'échapper de la poitrine de Jandrin..

— Cet homme se trompait !... cet homme se trompait, je le dirai toujours ! s'écria-t-il.

Mais le juge d'instruction venait encore de lui faire signe de se taire.

— Écoutez-moi!... écoutez-moi! dit-il avec autorité. Oui, cet homme se trompait... oui, la justice en est aujourd'hui convaincue et c'est ce que j'allais vous dire si vous ne m'aviez pas interrompu.

Il aurait fallu voir Jandrin à ce moment-là.

Brusquement il s'était redressé; plus blanc qu'un linge.

Et ses lèvres tremblaient, et ses yeux étincelaient, et de lourdes et grosses larmes coulaient le long de ses joues.

— Oui, cet homme se trompait, reprit le magistrat, et c'est lui-même qui est venu ici l'avouer, et c'est lui-même qui est venu ici le reconnaître.

— Mais alors, s'écria Jandrin, que me veut-on encore ? — Pourquoi me garde-t-on encore ?

Et doucement, lentement :

— On ne vous garde plus, vous êtes libre, dit le juge d'instruction.

Libre !

Un nuage passa devant les yeux de Jandrin et il lui sembla que son cœur cessait de battre.

Libre !

Avait-il bien entendu ?

Avait-il bien compris ?

Et de son air toujours hagard, et de son air toujours stupide, il continuait de regarder le juge.

Mais celui-ci venait de faire un geste et l'agent remmenait Jandrin.

— Encore quelques minutes, et vous pourrez prendre la clef des champs ! lui glissa cet homme dans l'oreille.

Or, pendant que Jandrin fou de joie, ivre de bonheur, était ramené dans sa cellule en attendant les formalités de la levée de l'écrou, là-bas, dans l'auberge où, le jour du crime, il avait reçu l'hospitalité, on ne s'entretenait que de lui et de l'assassinat des dames Marcon.

Comme c'était dans le pays jour de marché, un grand nombre de paysans et de marchands avaient envahi toutes les tables, et tout ce monde-là criait si haut et discutait si fort qu'on ne s'entendait pas.

— Patron ! quand nous servirez-vous?
— Des verres !... On demande des verre !
— Et cette bouteille, quand l'apporterez-vous?

Et c'étaient de tous côtés des exclamations furieuses, des cris de colère, un tapage qui n'en finissait plus.

Au beau milieu de ce vacarme deux hommes entrèrent.

C'étaient nos deux anciennes connaissances, le petit vieux à la barbe blanche, et son camarade, son compagnon, le gros homme à la blouse bleue.

Le petit vieux avait jeté un rapide coup d'œil autour de lui, puis poussant l'autre d'un coup de coude :

— Arrivez donc !... Arrivez donc ! lui dit-il. Il y a encore de la place là-bas !...

— De la place là-bas? fit l'homme à la blouse bleue qui cherchait vivement autour de lui.

— Oui, oui; quand je vous le dis! fit le petit vieux. Avancez toujours!

Et, d'un geste, il indiquait dans un coin de l'auberge la seule table qui fût restée vide.

— Nous serons très bien là pour passer un moment, reprit le petit vieux. Asseyez-vous.

Puis, tout en s'asseyant à son tour, il appela le patron qui passait :
— Du vin, n'est-ce pas?... Et dépêchons!... Nous avons soif!...

Et le vin apporté, les deux verres emplis, le petit vieux dit, montrant la foule autour de lui :

— Tenez ! voilà qui me rappelle le jour où ce pauvre diable de Jandrin a été amené ici...

— Le jour de la confrontation?

— Oui, le jour de sa confrontation avec l'aubergiste.

L'homme à la blouse bleue se retourna, puis après avoir regardé autour de lui :

— Le fait est, dit-il, qu'il y avait bien autant de monde qu'aujourd'hui...

— S'il n'y en avait pas davantage.

— Peut-être bien.

Et l'homme à la blouse bleue ajouta :

— A propos de Jandrin, à propos de l'assassinat des dames Marcon, eh bien ! que devient cette affaire-là?...

— Ce que devient cette affaire-là?

— Oui, on n'en entend plus parler.

Le petit vieux venait de se rejeter brusquement en arrière, puis, se mettant à rire :

— Ah çà ! dites donc, est-ce que vous faites la bête ! s'écria-t-il. Est-ce que vous voulez vous amuser à me faire poser?

— Comment ça?

— Mais oui !... Voyons, d'où sortez-vous donc, si vous ne savez pas ce qui se passe?

L'homme à la blouse bleue venait de prendre tout à coup un air très grave, très sérieux.

— Je vous donne ma parole d'honneur, monsieur Bergeron, que je ne plaisante pas du tout, dit-il. Je vous donne ma parole d'honneur, que depuis le jour en question, que depuis le jour de la confrontation, je n'ai plus rien su, plus rien appris...

Mais le petit vieux venait de nouveau de se mettre à rire.

— Non, vrai, vous m'étonnez, s'écria-t-il, vous m'étonnez même beaucoup...

— Comment ! je vous étonne?... Que voulez-vous dire?... Il y a donc du nouveau ?

Le petit vieux haussa les épaules.

— Oh ! pour sûr qu'il y en a, du nouveau ! dit-il.

— Ah ! bah ! fit vivement l'autre très intéressé. Et quoi donc?... qu'est-ce donc?

— Et bien ! il y a que je ne m'étais pas trompé... Eh bien ! il y a que ce n'était pas Jandrin qui avait fait le coup...

— Monsieur Bergeron !

— Il n'y a pas de monsieur Bergeron !... Je n'invente rien... Je ne fais que vous dire la vérité...

L'homme à la blouse bleue demeurait tout ahuri.

— Comment ! s'écria-t-il tout rouge d'indignation, ce n'était pas ce malheureux que j'ai vu amener ici, les menottes aux poignets, qui avait commis le crime de la rue de Roanne !...

— Oui, le fameux crime de la rue de Roanne... Nenni !

— Comment ! ce n'était pas lui qui était l'assassin des dames Marcon !

— Non, mon cher, non, ce n'était pas lui...

— Mais cependant...

— Cependant quoi ?

— Mais cependant cet alibi qu'il avait invoqué, ce fameux alibi sur lequel il comptait pour se tirer d'affaire avait été reconnu faux, et le patron d'ici, le patron de cette auberge où nous sommes, avait très carrément déclaré que Jandrin mentait et qu'il ne l'avait jamais vu...

— En effet.

— Eh bien ! alors, comment a-t-on pu avoir la preuve certaine, la preuve absolue de l'innocence de Jandrin ?... Comment a-t-on pu arriver à se convaincre qu'il n'avait trempé en rien dans le crime de la rue de Roanne ?

— Comment ?... Mais c'est bien simple, mon cher. Ce n'était pas, comme tout le monde pouvait le croire, Jandrin qui mentait, mais c'était le patron...

— Le patron ?

— Oui, l'aubergiste...

— Monsieur Bergeron !

Le petit vieux ricana.

— Vous vous étonnez toujours, dit-il. Écoutez-moi donc plutôt et vous arriverez à me comprendre.

— Oui, oui, je vous écoute... Mais je veux bien que le diable m'emporte si je m'attendais à cette nouvelle-là !

— Elle est cependant exacte, dit le petit vieux. Oui, le jour de la confrontation, c'était le patron qui mentait, ou, pour mieux dire, c'était lui qui se trompait et qui, involontairement, trompait aussi la justice.

« Mais, que voulez-vous ? cet homme ne savait plus, cet homme ne se rappelait plus.

« Jandrin avait beau insister comme nous aurions tous insisté si nous avions été à sa place ; il avait beau se tuer à lui mettre les points sur les i, l'autre s'entêtait toujours à répondre : Je ne sais pas !... Je ne me souviens pas !...

Mais heureusement pour Jandrin qu'un beau jour enfin il s'est rappelé, qu'un beau jour enfin la mémoire lui est revenue... Et, ce jour-là, je n'ai pas besoin de vous dire ce qu'il a fait...

— Il est allé trouver la justice?

— C'est-à-dire qu'il s'est empressé d'écrire au procureur de la République pour rétracter toutes les déclarations qu'il avait faites...

— Et alors?

— Et alors vous voyez d'ici la surprise, vous voyez d'ici l'étonnement des magistrats!... Mais attendez, ajouta vivement le petit vieux, je vais l'appeler pour qu'il vous raconte lui-même la chose.

Et s'étant retourné, il cria :

— Hé, patron !... Venez donc un peu par ici !... On vous demande !...

— Moi, monsieur Bergeron?

— Oui, oui, arrivez donc !... Et apportez en même temps une autre bouteille et votre verre pour trinquer...

Le patron ne se fit pas prier deux fois.

— Je suis à vous !... Une minute ! répondit-il.

Et après avoir été servir deux clients qui le harcelaient, il revint bientôt, apportant une bouteille et un verre.

— Asseyez-vous donc, dit le petit vieux. Vous avez bien un instant pour causer?

— Mais oui, mais oui, fit l'aubergiste.

Puis s'étant retourné vers sa femme :

— Hé ! la bourgeoise, ouvre l'œil ! cria-t-il.

Et comme l'homme à la blouse bleue venait d'emplir les verres, ils trinquèrent comme trois bons amis.

— Et maintenant, voici la chose, reprit le petit vieux en baissant un peu la voix. Nous étions en train de causer avec le camarade, avec le compagnon, de la fameuse affaire en question, vous savez? de la fameuse affaire des dames Marcon.

— Ah ! oui.

— Eh bien ! racontez-lui donc ce qui s'est passé?... N'est-ce pas que vous avez connu plus d'une mauvaise heure depuis votre confrontation avec Jandrin?

L'aubergiste venait de passer la main sur son front et il était devenu un peu pâle.

— Je n'aime pas bien me rappeler ces choses-là, dit-il, mais enfin, ça ne fait rien, puisque vous le désirez, on peut bien en causer tout de même.

« Oh! oui, comme vient de le dire M. Bergeron, ajouta-t-il en s'adressant à l'homme à la blouse bleue, depuis que Jandrin était venu ici et que j'avais été confronté avec lui, j'ai en effet connu plus d'une mauvaise heure.

« Car, si je ne me trompe, je crois que vous étiez ici ce jour-là?

— Parfaitement, dit l'homme à la blouse bleue.

— Et vous avez dû voir comme je me récriais, comme je me débattais toutes les fois que Jandrin voulait me forcer à le reconnaître.

— Mais oui. Et c'était ce pauvre Jandrin qui n'en menait pas large!... Était-il assez pâle!... Était-il assez défait!...

— Eh bien! reprit l'aubergiste, mettez-vous à ma place et figurez-vous ce que j'ai dû ressentir, ce que j'ai dû éprouver quand, quelques heures plus tard, le doute m'a pris et que je n'ai plus été aussi sûr de moi!...

« Ah! je vous donne mon billet que j'ai passé là un bien vilain moment.

« Et cela n'a pas duré seulement pendant quelques heures, mais pendant de longs jours, de longs jours tout entiers.

« Et je ne vivais plus!... Et je me sentais toujours sur le cœur comme un poids qui m'étouffait!...

« Et la tête dans mes mains, je faisais des efforts inouïs pour me souvenir, des efforts inouïs pour pour me rappeler... Et pas moyen!...

« Et alors je me disais :

« Et pourtant si c'était vrai que c'est toi qui te trompe?... Et pourtant, si c'était vrai, tout ce que cet homme a dit, tout ce que cet homme a soutenu avec tant de force, avec tant d'énergie!... Et pourtant, si un beau jour tu allais te réveiller avec le terrible, avec l'épouvantable remords de te dire : « Misérable! c'est toi qui as fais tomber la tête de « cet innocent!... Misérable! c'est toi qui as dressé son échafaud! »

« Et c'était une telle obsession que j'en avais la fièvre.

LES EXPLOITS DE RAVACHOL

C'était bien Jandrin qui lentement s'avançait.

« Enfin, bref, un beau jour, comme je cherchais, comme je réfléchissais encore, je me suis levé d'un bond, avec un grand cri, et si pâle que ma femme en a été effrayée.

« Enfin je venais de me ressouvenir !

« Enfin je venais de me rappeler !

« Enfin j'allais donc pouvoir respirer ! j'allais donc pouvoir vivre tranquille, comme tout le monde !

« Oui, oui, Jandrin avait eu raison ! L'assassin de la rue de Roanne, le meurtrier des dames Marcon, ce n'était pas lui !...

« Et chose curieuse, chose étrange, autant ma mémoire était restée fermée, autant maintenant je me rappelais des moindres détails, des moindres circonstances avec un relief véritablement extraordinaire.

« Et alors il me semblait entendre tomber la pluie comme elle tombait le jour du crime !

« Et alors il me semblait voir Jandrin entrer et venir, les cheveux collés aux tempes, s'asseoir à cette table...

« Et alors il me semblait encore l'entendre m'appeler, l'entendre me parler...

« Ah ! ma parole, je n'ai jamais éprouvé un tel contentement, une telle joie de ma vie...

— Oui, oui, je le crois, interrompit le petit vieux. Et c'est alors que vous avez écrit au procureur de la République ?

— Oui, oui, répondit le patron de l'auberge, c'est alors que je lui ai écrit... Et vous savez, je n'ai pas perdu une minute, pas perdu une seconde.

« Et tenez, ajouta-t-il, si vous voulez voir ma lettre, j'en ai précisément là le brouillon...

— Dans votre poche !

— Oui, dans ma poche.

Et, passant au petit vieux une feuille de papier toute froissée, l'aubergiste ajouta :

— Lisez-la tout haut... mais pour nous seulement... Vous comprenez ?

— Oui, oui, suffit.

Et s'étant penché pour que son camarade, l'homme à la blouse bleue, pût mieux l'entendre, le petit vieux lut à demi-voix ce qui suit :

« Monsieur le Procureur de la République,

« Le nommé Jandrin, actuellement détenu à la prison de Saint-Étienne, comme étant l'auteur du double assassinat commis rue de Roanne sur la personne des deux sœurs Marcon, avait invoqué comme preuve de son innocence sa présence dans mon auberge au moment même où le crime se commettait.

« En suite de cette déclaration, M. le juge d'instruction chargé de l'affaire avait jugé à propos de me confronter avec l'inculpé.

« Dans cette confrontation, qui restera toujours pour moi un très pénible souvenir, j'ai opposé à toutes les affirmations de Jandrin les démentis les plus énergiques et les plus absolus.

« Et cependant, Monsieur le Procureur de la République, ce n'était pas Jandrin, ce n'était pas ce malheureux qui mentait, mais c'était moi, qui, bien inconsciemment, égarais et trompais la justice.

« Aujourd'hui, tous ces souvenirs que j'avais oubliés me sont revenus et je puis affirmer avec la conviction la plus entière et la plus profonde que Jandrin, en effet, se trouvait bien chez moi, se trouvait bien dans mon auberge au moment où le crime de la rue de Roanne s'est accompli.

« En me rétractant très formellement aujourd'hui je ne fais qu'obéir à ma conscience et que rétablir la vérité.

« Je suis d'ailleurs prêt à renouveler cette déclaration sous la foi même du serment.

« Veuillez agréer... »

— Oh! ce n'est pas la peine d'aller plus loin, dit l'aubergiste en souriant et en reprenant des mains du petit vieux le brouillon de sa lettre.

« Ainsi donc, ajouta-t-il, voilà ce que je m'étais empressé d'écrire pour tâcher d'arracher Jandrin aux griffes de la justice.

« Et ma lettre partie, ma lettre envoyée, je ne vous cache pas que je me sentis tout de suite beaucoup plus calme, beaucoup plus tranquille.

« — Ce pauvre Jandrin! me disais-je tout ému, tout attendri. Quelle joie il va avoir quand on va le remettre en liberté!...

« Car moi, brave garçon, je n'y voyais pas plus loin que ça.

« Je me disais encore :

« — Du moment que tu reconnais que tu t'es trompé; du moment qu'il est bien certain et bien établi maintenant que l'alibi invoqué par Jandrin était exact, que pourrait-on demander de plus et pourquoi s'entêterait-on à le garder?

« Mais, je vous le répète, moi je ne suis qu'un pauvre homme et je n'entends rien à toutes les manigances et à toutes les finesses de la justice.

« Et la justice, je m'en suis bien aperçu, est un peu plus compliquée que je ne l'avais cru.

« En effet, le lendemain même du jour où j'avais écrit cette lettre au procureur de la République, voilà un agent qui tombe chez nous.

« — Suivez-moi!... Dépêchons! me dit-il.

« Et il m'entraîne au Palais-de-Justice, dans le cabinet du juge d'instruction.

« Ce juge, je n'ai pas besoin de vous le dire, n'avait pas l'air très content.

« Aussi m'accueillit-il les sourcils froncés, l'attitude presque menaçante.

« Puis, me plaçant sous les yeux la lettre en question :

« — C'est bien vous qui avez écrit ceci? demanda-t-il.

« — Mais oui, monsieur, c'est bien moi, répondis-je.

« Et alors que vous dirai-je? Ce fut tout un long interrogatoire qui m'énervait, qui me fatiguait, tout un long interrogatoire qui n'en finissait plus... Ma parole! on aurait pu croire que c'était moi maintenant qui étais accusé d'avoir assassiné les deux vieilles quincaillières...

Et, là-dessus, le patron de l'auberge haussa doucement les épaules et se mit à rire.

— Oui, oui, tout cela, c'est très bien, reprit vivement le petit vieux. Mais la suite, s'il vous plaît?

— Comment! la suite?

— Oui, la suite?... Oui, Jandrin, qu'en fait-on?... Le garde-t-on?... Le relâche-t-on?

— Ah! ça, par exemple, je n'en sais rien, répondit le patron. Mais enfin il est bien clair qu'on ne peut plus le garder puisqu'à présent la preuve de son innocence est faite.

Et comme sa femme l'appelait et qu'il venait de se lever, il eut tout à coup un grand cri, un grand geste de saisissement.

Et la main gauche appuyée sur l'épaule du petit vieux, la main droite tendue pour montrer à travers la fenêtre la route qui s'étendait à perte de vue :

— Tenez !... tenez ! s'écria-t-il la voix sourde, toute tremblante d'émotion, regardez là-bas, monsieur Bergeron, regardez là-bas !

— Là-bas ?

— Oui, là-bas !... là-bas !

Le petit vieux venait de se lever et regardait à son tour sur le chemin.

— Est-ce que vous ne voyez rien ? Est-ce que vous ne distinguez rien ? Oui, là-bas !... là-bas !...

— Attendez donc, fit le petit vieux devenu de plus en plus attentif. Il me semble que si...

— Est-ce que vous ne voyez pas un homme ?... un homme qui se dirige de ce côté ?...

— En effet... Oui, oui, je le vois bien... Il porte un petit paquet et il s'appuie sur un bâton...

— C'est cela !

— Ce doit être sans doute encore quelque mendiant, encore quelque vagabond comme Jandrin.

— Mais c'est Jandrin lui-même ! s'écria le patron de l'auberge, c'est Jandrin lui-même !... Est-ce que vous ne le reconnaissez pas ?

A ce nom de Jandrin, que le patron avait lancé à pleine voix, tout le monde s'était levé d'un seul mouvement et tous les yeux s'étaient fixés sur la route.

Et alors il n'y eut plus qu'un seul cri :

— Oui, oui, c'est lui ! c'est bien lui !...

Et c'était bien lui, en effet. Et c'était bien, en effet, Jandrin qui lentement s'avançait, qui lentement se rapprochait.

Tout brisé encore d'émotion, tout grisé par le grand air auquel il n'était plus habitué depuis si longtemps, il était aussi pâle et aussi faible qu'un convalescent.

Un assez long moment s'écoula, puis enfin il apparut sur le seuil de l'auberge.

Déjà le patron venait de se précipiter à sa rencontre, les deux mains largement tendues, tout pâle aussi.

— Ah! mon pauvre vieux, mon pauvre vieux! s'écria-t-il, pardonnez-moi!... Si j'avais su!...

Mais Jandrin, jetant son bâton et son paquet dans un coin, venait déjà de laisser tomber ses deux mains dans les siennes.

Puis avec un sourire qui restait toujours un peu triste, malgré tout :

— Oh! je ne vous en veux pas, dit-il... Ce n'est pas votre faute... Il y a des choses qui arrivent comme ça... Mais maintenant vous vous rappelez bien, n'est-ce pas, vous vous rappelez bien?...

Puis, sans laisser à l'aubergiste le temps de lui répondre, il reprit plus vivement :

— Tenez, voilà la table où je me suis assis..., oui, à celle-ci... et vous, vous étiez là, le dos tourné à la porte... Ah! je revois cette scène comme si c'était à présent!...

Mais, cette fois, le patron venait de le faire taire.

— Allons, ne parlons plus de ça, dit-il. L'essentiel, c'est que tout ait bien fini et que l'on vous ait rendu la clé des champs... Et maintenant faites-moi le plaisir de venir vous asseoir ici; vous allez vous réconforter un peu.

Et tout en achevant ces derniers mots, il poussait tout doucement Jandrin vers la table où se trouvaient le petit vieux et l'homme à la blouse bleue.

— Approchez-vous... Mettez-vous à votre aise, dit doucement celui-ci.

Et il ajouta :

— Hein! ça doit vous sembler bon d'être ici?... Quelles terribles émotions, quelles terribles transes vous avez dû avoir, mon pauvre ami!...

Sans répondre, Jandrin hochait la tête, tandis qu'une crispation nerveuse, qu'une crispation douloureuse tordait sa bouche.

Puis, très lentement et avec un accent très faible :

— Oh! oui, pour ça, je vous en réponds! finit-il par dire. Ce ne sont pas les transes, ce ne sont pas les émotions qui m'ont manqué...

— Le jour de votre arrestation, vous avez dû être bien surpris? dit à son tour le petit vieux.

— Aussi surpris que vous auriez pu l'être... Mais, que voulez-vous? j'avais contre moi d'avoir connu autrefois ces deux femmes, d'avoir été en quelque sorte élevé par les deux sœurs Marcon, et comme je n'avais guère profité de leurs conseils et que j'étais devenu ce que je suis, un mendiant, un vagabond, il n'en a pas fallu davantage pour que la justice se dise : C'est certainement Jandrin qui est le voleur!... C'est certainement Jandrin qui est l'assassin!...

« Et une fois que la justice a cette idée-là dans la tête, une fois qu'elle est prévenue contre vous, allez donc lui faire entendre raison!... allez donc lui prouver qu'elle se trompe et qu'elle a fait fausse route!...

« Non, non, c'est impossible!... c'est comme si l'on chantait!...

« Et cependant, même en dehors de cet alibi que, par une fatalité inconcevable, le patron de cette auberge n'avait pas voulu reconnaître, ce n'étaient pas les bons arguments, ce n'étaient pas les bonnes raisons qui me manquaient pour me défendre...

« En effet, que me tuais-je de leur dire? que me tuais-je de leur répéter?

« Je leur disais :

« — Vous m'avez arrêté parce que, selon vous, c'est moi qui suis le meurtrier, c'est moi qui suis l'assassin des deux dames Marcon, de ces deux pauvres femmes qui ont été mes bienfaitrices.

« Or, en admettant même que j'aie pu me glisser chez elles, puis en ressortir ensuite sans que personne, aucun de vos témoins ne m'ait aperçu, ce qui serait déjà passablement difficile, n'est-il pas établi que les dames Marcon ont défendu leur vie? n'est-il pas établi qu'elles se sont défendues contre le misérable qui voulait les égorger?

« Eh bien! si je suis ce bandit, si je suis ce misérable-là, comment expliquez-vous que je sois sorti de cette lutte sans la moindre blessure, sans la plus légère égratignure?

« Mais savez-vous ce que l'on me disait?... Mais savez-vous ce que l'on me répondait?

— Non, que vous répondait-on? demanda vivement le petit vieux.

Jandrin haussa les épaules.

— Des choses stupides, des choses absurdes, des choses qui me démontaient et auxquelles je ne comprenais plus rien...

« Les dames Marcon s'étaient bien débattues, s'étaient bien défendues, me disait-on, mais elles s'étaient débattues dans le vide!... mais aucun de leurs coups n'avait porté!...

« Et comment pouvait-on le dire ? Et comment pouvait-on le savoir ?... Non, ma parole, j'en devenais fou de colère, fou de rage, fou de désespoir...

Mais le patron de l'auberge venait de revenir, apportant un bouillon, un morceau de viande et une bouteille.

— Tenez, mon vieux, dit-il, faites-moi le plaisir de vous relever un peu le moral avec ça... Et puis, si vous voulez m'en croire, tâchez de vous calmer et d'oublier cette vilaine aventure...

— Oui, vous avez bien raison, dit Jandrin, il vaut mieux ne plus y penser...

Mais cela ne l'empêcha pas, tout en mangeant, de continuer son histoire.

— Oui, quand le juge d'instruction me parlait de l'assassinat, voilà ce que je lui disais, voilà ce que je lui répliquais.

« Mais j'avais encore d'autres raisons, mais j'avais encore d'autres arguments, comme vous allez voir...

« Ainsi, quel avait été le mobile du crime de la rue de Roanne ? quel avait été le mobile de l'assassinat de ces deux vieilles femmes ?...

— Le vol, dit l'homme à la blouse bleue.

— Oui, le vol, dit Jandrin. On avait en effet trouvé leur magasin complètement pillé, complètement dévalisé.

« Or savez-vous ce que je disais encore au juge ?

« Eh bien ! je lui demandais de m'expliquer, puisque c'était moi l'assassin, c'est-à-dire le voleur, comment il se faisait qu'au moment de mon arrestation, on n'avait trouvé sur moi que sept sous, oui, sept sous, pas un centime, pas un radis de plus...

— Et que répondait le juge ? dit le petit vieux.

— Le juge ? fit en riant Jandrin... Ah ! si vous croyez qu'il était gêné, qu'il était embarrassé pour répondre !

— Enfin que disait-il ?

— Eh bien ! son raisonnement était bien simple. En effet, me répliquait-il, il est parfaitement vrai, il est parfaitement exact qu'au moment où l'on vous a arrêté vous n'aviez sur vous que sept sous...

« Mais vous saurez, Jandrin, ajoutait-il plein d'assurance, que cela ne prouve rien, absolument rien...

Le petit vieux et l'homme à la blouse bleue venaient de se regarder.

LES EXPLOITS DE RAVACHOL

C'était une grande, une immense baraque de saltimbanques.

— Comment! ça ne prouve rien! s'écrièrent-ils tous les deux en même temps.

Oui, cela ne prouvait rien pour lui, et il prétendait que si l'on n'avait pas trouvé sur moi l'argent et les valeurs dérobées chez les dames Marcon, c'est que cet argent-là, c'est que ces valeurs-là ,j'avais été assez habile et assez malin pour les faire disparaître.

— Ah! oui, fit vivement le petit vieux, il vous accusait de les avoir cachés?...

— Comme vous dites, répondit Jandrin, qui hocha la tête d'un air ironique.

Il avala quelques bouchées, but un verre de vin, puis ajouta doucement et comme s'il ne parlait que pour lui-même:

— Enfin, je m'en suis tout de même tiré... Enfin, je suis tout de même sorti de leurs griffes... C'est l'essentiel...

« Mais il y a bien eu un moment où j'ai bien cru que tout était fini et que j'y passerais...

« Et me voyez-vous, moi qui n'ai rien fait, aller mourir au bagne!... Et me voyez-vous, moi qui ne suis pour rien dans le crime de la rue de Roanne, moi qui, plusieurs heures après mon arrestation, ne savais rien encore de la mort tragique des dames Marcon, dites, me voyez-vous porter ma tête sur l'échafaud!...

« Tenez, il vaut mieux me taire, car le seul souvenir des angoisses que j'ai éprouvées et des transes par lesquelles j'ai passé me donne le frisson...

Et, en effet, Jandrin était devenu subitement tout pâle, tout frissonnant. Puis il y eut un silence.

— Et maintenant que vous voilà libre, reprit le petit vieux, et maintenant que vous voilà sorti de prison, quelles sont vos idées, quels sont vos projets?

Jandrin le regarda, ne comprenant pas.

— Comment, quelles sont mes idées? quels sont mes projets? dit-il. Que voulez-vous dire?

— En un mot, qu'allez-vous faire?

Alors le pauvre diable se mit à rire.

— Ah! ce que je vais faire? s'écria-t-il. Bon! bon! maintenant j'y suis, maintenant je vous comprends...

« Eh bien ! qu'est-ce que vous voulez que je fasse ? Je vais faire ce que je fais depuis des années et des années, ce que j'ai fait jusqu'à présent... Je vais reprendre ma vie errante, ma vie de vagabond et de trimardeur.

L'homme à la blouse bleue s'apitoya.

— Et je suis sûr que vous n'avez pas le sou ? dit-il.

— Pas le sou ?

— Oui.

— Si, si... Je vous demande pardon.

— Ah !

— Oh ! je suis plus riche que ça !... J'ai encore mes sept sous..., les sept sous que j'avais quand on m'a arrêté..., les sept sous qui étaient toute ma fortune quand la police m'a tombé dessus...

— Sept sous, dit en riant le petit vieux, c'est encore deux sous de plus que le Juif-Errant... Mais enfin, ce n'est pas avec ça que l'on peut aller bien loin...

— C'est vrai. Mais il faudra bien que j'aille tout de même, dit doucement et philosophiquement Jandrin.

Mais le petit vieux, qui venait de croiser les bras, restait l'air très grave, très sérieux.

Puis après un assez long silence :

— Oui, vous irez tout de même, c'est vrai, reprit-il. Parbleu ! il faut bien qu'on aille toujours, n'est-il pas vrai ?... Mais cependant ce n'est pas ça. Moi j'ai une idée...

— Une idée ? fit Jandrin.

— Quelle idée ? répéta vivement et curieusement l'homme à la blouse bleue.

— Oui, oui, vous allez voir !

Le petit vieux venait de glisser les doigts dans un de ses goussets et d'en retirer une pièce de cent sous.

Puis il se leva, jeta cette pièce dans son chapeau, et dit à son camarade l'homme à la blouse :

— Mon cher, ceci, c'est pour ce malheureux-là, c'est pour ce pauvre diable-là, voilà ce que je lui offre, cent sous ! A vous maintenant d'en faire autant... Hardi ! aboulez !...

— Oh ! bien volontiers ! dit l'autre qui, à son tour, laissa tomber dans le chapeau une pièce de cinq francs.

— Très bien ! Ça, c'est déjà quelque chose, dit le petit vieux. Mais ce n'est pas tout... On peut faire mieux... Attention !...

Et son chapeau à la main, faisant sonner les deux écus, il se faufilait à travers les tables.

— Allons, les amis, un bon mouvement et la main à la poche, s'il vous plaît? dit-il, on donne ce que l'on veut, ou plutôt ce que l'on peut. C'est pour ce pauvre garçon-là.

Et chaque paysan se fouillait, et chaque buveur laissait tomber dans le chapeau du petit vieux, soit une poignée de gros sous, soit une pièce blanche.

La quête finie, le petit vieux, très fier de son initiative, vida son chapeau dans les mains de Jandrin.

Celui-ci demeurait tout pâle, tout saisi.

Depuis longtemps il n'avait pas vu une aussi grosse somme, autant d'argent.

Et il en devenait tout hébété, tout stupide, bredouillant des mots de remerciement que l'on n'entendait même pas.

— C'est bon! c'est bon! Pas tant de paroles, pas tant de phrases, dit le petit vieux en lui frappant sur l'épaule. L'essentiel, c'est que vous ayez quelques jours devant vous pour attendre...

Il acheva de vider son verre d'un trait, puis, suivi de l'homme à la blouse bleue, il sortit de l'auberge, tandis que Jandrin, toujours aussi stupide, toujours aussi hébété, continuait de contempler l'argent qu'il venait de lui verser dans les mains.

XXX

A QUELQUE CHOSE MALHEUR EST BON

Quelques heures s'écoulèrent.

Peu à peu l'auberge était devenue déserte, et cependant le prétendu meurtrier des dames Marcon restait encore là...

Les coudes repliés sur la table et le menton dans ses mains, il demeurait là immobile, toujours un peu pâle et le regard fixé devant lui.

A quoi pensait-il?

A quoi songeait-il?

A rien.

Il ne savait pas.

Il se sentait aussi las, aussi fatigué que s'il venait de faire une longue course, et il avait la tête si vide qu'il lui était impossible de s'arrêter à la moindre idée, à la moindre pensée...

Le patron de l'auberge, ainsi que sa femme, allaient et venaient autour de lui, mais il ne les voyait même pas, mais il ne les entendait même pas.

De temps à autre, cependant, il avait comme un léger tressaillement, comme un léger frisson.

Alors l'aubergiste lui disait très sympathiquement, très amicalement :

— On dirait que vous avez froid, Jandrin ?

Mais non, Jandrin n'avait pas froid.

Mais c'étaient les sombres visions qui encore le hantaient, mais c'étaient les choses terribles qu'il voyait encore passer devant ses yeux qui le faisaient trembler, qui le faisaient grelotter ainsi.

Il était libre, la justice l'avait enfin relâché, il avait enfin échappé au bagne ou à l'échafaud, mais il avait beau vouloir oublier, mais il avait beau vouloir se raidir, il n'en restait pas moins toujours plein de terreur et d'épouvante.

Et sa pensée se reportait toujours aux mêmes scènes et aux mêmes tableaux tragiques, aux mêmes heures menaçantes.

Ce qu'il revoyait, ce qu'il revivait d'abord, c'était le premier jour de son malheur, c'était le jour de son arrestation.

Ce jour-là, comme toujours, d'ailleurs, il se laissait vivre bien tranquille, sans aucune appréhension, sans aucun remords.

Et voilà que soudain, et voilà que tout à coup il avait entendu tout près de lui un bruit étrange, un bruit singulier, un bruit d'hommes courant dans une course folle, dans une course pleine de fièvre.

Et comme si, malgré sa conscience bien calme, bien tranquille, il avait eu le pressentiment du danger qui le menaçait, il n'avait pu s'empêcher de tressaillir.

Et devenu un peu pâle, un peu saisi, il avait écouté, prêté l'oreille...

Quelques secondes s'étaient alors écoulées.

Puis le bruit de cette course folle avait grossi, s'était rapproché.

Et, brusquement, il avait vu cinq ou six individus s'élancer sur lui, puis le lier, puis le garrotter, puis l'entraîner, sans même lui laisser le temps de se reconnaître...

Il avait bien essayé de protester. Il avait bien crié : « Qu'ai-je fait?... Que me voulez-vous?... » Mais, pour toute réponse, les hommes qui l'entraînaient n'avaient fait que le pousser plus rudement et plus brutalement devant eux...

Et quelques instants après, lui qui n'avait rien fait, lui qui ne savait pas ce qu'on lui voulait, il s'était trouvé dans la prison de Saint-Étienne.

Et il avait passé là, dans cette étroite cellule où l'air lui manquait, une nuit horrible, une nuit affreuse.

Puis, le lendemain, on était venu le chercher, on l'avait fait monter en voiture, puis, tout à coup, les hommes de police l'avaient jeté en face des cadavres des deux sœurs Marcon, en face des cadavres de ses deux bienfaitrices.

Et là, comme s'ils étaient sûrs de leur fait, comme s'ils étaient bien certains de ne pas se tromper, le juge d'instruction et le procureur de la République lui avaient dit, le ton impérieux, le geste solennel :

— Ces deux femmes ont été égorgées, ces deux femmes ont été assassinées... Avouez que le coupable, c'est vous !...

Et alors très froidement, car il n'avait pas peur, il avait essayé de se défendre, il avait essayé de prouver qu'il n'était pas l'auteur de ce crime horrible... Mais à chaque mot qu'il disait, mais à chaque mot qu'il prononçait, on lui fermait la bouche en lui répliquant : « Nous ne vous croyons pas. Ne mentez pas! »

Puis d'autres souvenirs terribles, d'autres souvenirs lugubres se réveillaient encore dans l'esprit de Jandrin.

Il se revoyait dans sa cellule après sa confrontation avec le patron de l'auberge...

Cet homme, sur qui il avait compté pour faire tomber l'affreuse accusation qui pesait sur lui, cet homme sur qui il avait compté pour le sauver, cet homme-là, au contraire, l'avait encore plus gravement, plus terriblement compromis.

Et alors avaient commencé pour lui une torture, une souffrance et un supplice qu'il ne pourrait jamais oublier.

Et alors il en était arrivé à ne plus avoir d'espoir et à ne plus vivre que la tête perdue, que la tête pleine de vertige.

Et alors, lui innocent, lui victime d'une erreur de la justice, il en était arrivé à compter avec effroi, à compter avec terreur les jours qui le séparaient encore d'une expiation qu'il n'avait pas méritée!...

Ah! ces jours-là, ces jours atroces et dont chaque seconde était une épouvantable angoisse, le malheureux sentait bien que, malgré tout, en dépit de tout, le souvenir amer, le souvenir cruel lui en reviendrait encore, lui en reviendrait toujours!...

Et longtemps encore, les coudes repliés sur la table et le menton tombé dans ses mains, Jandrin resta plongé dans ses sombres réflexions et ses sombres pensées.

Enfin, lentement, il passa la main sur son front et regarda autour de lui, mais d'un regard un peu surpris, un peu étonné, comme celui d'un homme qui sort d'un long sommeil.

Il restait toujours seul dans l'auberge, et maintenant la nuit venait, la nuit tombait.

Alors, toujours un peu lourd, toujours un peu las, il se leva pour aller reprendre là-bas, dans le coin où il les avait jetés, son petit paquet et son bâton.

Mais comme il allait franchir le seuil de la porte, brusquement le patron de l'auberge le rappela :

— Eh bien! Jandrin, que faites-vous donc?... Où allez-vous donc?

Et comme celui-ci faisait un geste comme pour dire qu'il allait reprendre son chemin, l'aubergiste hocha violemment la tête.

— Non, non, vous ne vous en irez pas ce soir, dit-il. Du reste, vous allez rester ici quelques jours pour vous remettre. Et il est bien entendu, n'est-ce pas, que je ne vous demande rien et que je ne veux rien accepter de vous ?

Et comme Jandrin avait l'air de vouloir faire des façons :

— Tout ce que vous pourriez dire serait complètement inutile, reprit-il plus vivement en le ramenant dans l'auberge où il le força à s'asseoir de nouveau. Je vous répète que vous allez me faire le plaisir de rester ici. Et d'ailleurs, ajouta-t-il, après la gaffe que j'ai commise et qui a failli vous coûter si cher, c'est bien le moins que je puisse faire pour vous.

Et, en achevant ces mots, il prenait des mains de Jandrin son bâton et son paquet.

Mais celui-ci n'était point fait pour cette vie trop calme et trop régulière.

Il passa bien deux ou trois jours chez l'aubergiste; mais, bientôt, ce fut plus fort que lui, la nostalgie de son existence aventureuse le reprit.

Et comme le patron essayait encore de le retenir :

— Non, voyez-vous, lui dit-il, je vous suis bien reconnaissant de toutes les bontés que vous avez eues pour moi; mais je n'y tiens plus, et il faut absolument que je m'en aille. Entre vos quatre murs, il me semble que j'étouffe et j'ai besoin d'air. Allons, au revoir; quand je reviendrai par là, je viendrai vous dire un petit bonjour.

Et, lentement, Jandrin s'en alla.

Où allait-il? de quel côté dirigeait-il ses pas?

Il n'en savait rien, et comme toujours, il s'en allait au hasard, tout droit devant lui.

Ah! comme après les longues semaines de prévention qu'il venait de faire, comme après les longs jours qu'il venait de passer en prison, l'air qu'il respirait lui semblait meilleur et plus pur!

Et lourdement appuyé sur son bâton, il continuait d'avancer, regardant curieusement autour de lui comme s'il ne reconnaissait plus ces hameaux, comme s'il ne reconnaissait plus ces villages qu'il avait pourtant tant de fois parcourus, tant de fois traversés.

Comme l'ordonnance de non-lieu que la chambre des mises en accusation avait été obligée de rendre en sa faveur, n'était pas encore connue de tout le monde, il arrivait parfois que sa brusque apparition dans un endroit causait un très vif étonnement, une très vive surprise aux paysans qu'il rencontrait.

Et alors les yeux tout écarquillés ils ne pouvaient s'empêcher de le suivre longtemps du regard.

Puis ils s'appelaient, s'interrogeaient.

— Mais je ne me trompe pas, disait l'un, ce mendiant, ce vagabond qui s'en va là-bas, c'est bien Jandrin, le fameux Jandrin qu'on avait

LES EXPLOITS DE RAVACHOL

La belle fille avait plus d'un amoureux.

accusé du crime de la rue de Roanne, de l'assassinat des deux dames Marcou?

— Mais oui, c'est bien lui, répondait un autre, le regard toujours fixé sur Jandrin... Et puisqu'on l'a relâché, puisque le voilà qui recommence à se promener très tranquillement, cela prouve bien que j'avais raison quand je disais que la justice se trompait et que ce n'était pas lui qui avait dû faire le coup.

Et un troisième ajoutait :

— C'est égal, le pauvre diable a dû tout de même passer un bien vilain moment, car il en est encore tout pâle...

D'autres fois, des gens qui se trouvaient par hasard sur le seuil de leur maison, le hélaient au passage :

— Hé! Jandrin!... écoutez donc !

Et quand il s'était approché, ils lui offraient un verre de vin avec une croûte de pain, histoire de le faire jaser.

— Eh bien! mon vieux, on a donc fini par vous rendre la clef des champs?... Mais pourquoi diable vous avait-on mis le grappin dessus? pourquoi diable vous avait-on arrêté?

Alors, avec un sourire où il y avait encore un peu de tristesse, le malheureux haussait les épaules.

— Ah! vous m'en demandez trop ! répondait-il. Est-ce que je pourrais vous répondre?... Est-ce que je sais pourquoi on m'avait arrêté?

— Pourtant, il a bien fallu que l'on vous donne des raisons, des motifs...

— Naturellement, parbleu ! ricanait Jandrin. Oh! les motifs, les raisons, ce n'est pas ce qui manque, et quand on n'en a pas, on en trouve, on en invente ; ce n'est pas plus difficile que ça.

« Ainsi, par exemple, que me reprochait-on ? On me reprochait d'avoir connu autrefois les deux sœurs Marcon et de m'être conduit comme un galopin avec elles...

« Car, en effet, c'est vrai : les deux pauvres vieilles avaient eu pitié de moi quand j'étais enfant et je ne leur ai peut-être pas toujours été aussi reconnaissant de leur bon cœur que j'aurais dû l'être.

« Je me suis même conduit envers elles comme un garnement, un mauvais sujet.

« Et comme la justice avait appris ce passé-là, cette histoire-là, elle a tout de suite dressé l'oreille, elle s'est tout de suite dit : Tiens ! tiens ! est-ce que ce ne serait pas ce gaillard-là, est-ce que ce ne serait pas ce Jandrin qui serait le meurtrier ?

« Puis, comme depuis que j'ai quitté les sœurs Marcon, je n'ai jamais fait que trimarder, que vagabonder, et que j'ai déjà été gratifié pour cette mauvaise habitude-là de quelques petites condamnations, les doutes de la justice n'ont fait que grandir, et, un beau jour, on m'a coffré.

« Mais enfin, comme je leur ai dit : On peut bien être un vagabond, un mendiant, un fainéant qui use ses pieds à courir les grandes routes, sans être pour cela forcément un coquin, capable d'assassiner, capable d'égorger deux vieilles femmes qui ne vous ont fait que du bien.

« D'abord ils n'ont pas voulu me croire, et j'avais beau me tuer à leur dire que je n'étais pour rien dans cette affaire et que j'étais innocent, c'était comme si je chantais.

« Et non seulement ils ne voulaient pas me croire, mais encore, plus je persistais à me dire innocent, plus ils se fâchaient, plus ils s'indignaient contre moi.

« Et vous devez voir d'ici l'air que je devais avoir, la figure que je devais faire ?

« Oh ! oui, je vous assure qu'il y avait des moments où je faisais une bien vilaine grimace !

« Quelquefois aussi, exaspéré et poussé à bout, je me fâchais, je m'indignais aussi...

« Et alors, je tombais bien !

« Car savez-vous ce que l'on me disait ? ce que l'on me répondait ?... Non, quand j'y pense encore, cela me révolte, cela me met hors de moi... Eh bien ! l'on me disait tout simplement que j'étais un menteur, un hypocrite, un cynique qui jouait la comédie...

« De sorte que plus je voulais plaider ma cause, que plus je voulais me défendre, plus je me chargeais, plus je m'enfonçais...

« Oui, parfaitement, c'était comme j'ai l'honneur de vous le dire.

« Mais cependant, pendant les premiers temps, je n'avais pas éprouvé encore trop d'inquiétude, car je pensais à mon alibi, vous savez, à ce fameux alibi, autour duquel on a fait tant de bruit, tant de tapage ?

« Et, très calme, très tranquille, très sûr de moi, je me disais : Va, mon vieux, prends patience !... qu'ils le veuillent ou non, ils seront bien forcés de voir qu'ils pataugent... qu'ils le veuillent ou non, ils seront bien obligés de te relâcher.

« Mais vous savez le reste, n'est-ce pas?... Vous savez que par une déveine extraordinaire, que par une de ces mauvaises chances qui ne sont faites que pour moi, l'homme qui n'avait qu'un mot à dire pour me tirer des griffes de la justice, qu'un mot à dire pour qu'on me remette tout de suite en liberté, s'entêtait à me démentir et à ne pas me reconnaître?

« Ah! pour le coup, je ne vous le cache pas, j'ai eu la frousse...

« Je me disais : Mon pauvre vieux, maintenant, tu auras beau dire, tu auras beau faire, tout est bien fini et tu es bien perdu...

« Et alors j'avais des rêves atroces, des pensées terribles qui parfois me mettaient une sueur froide au front.

« Tantôt je me voyais déjà à la Nouvelle-Calédonie, déjà là-bas au bagne avec la casaque rouge et le bonnet vert du forçat.

« Tantôt, ce que je voyais était plus horrible, plus sinistre, plus épouvantable encore.

« C'était l'échafaud!... C'était la guillotine!... Et alors je sentais mes cheveux blanchir et je croyais que j'allais devenir fou de désespoir, fou de terreur!...

« Mais, enfin, j'ai fini tout de même par en sortir, j'ai fini tout de même par m'en tirer. Maintenant enfin je suis libre!... Maintenant enfin je respire!... Mais cet égal, je vous jure bien que je m'en souviendrai!...

Et son verre de vin bu, sa croûte de pain avalée, Jandrin reprenait son chemin toujours tout droit devant lui, son chemin toujours au hasard.

Or, comme un jour, se sentant un peu las, il s'était assis au revers d'un fossé, il eut tout à coup un grand étonnement, une très vive surprise.

Là-bas, tout au fond de la route qu'il suivait, il venait d'entendre éclater brusquement une musique très bruyante, très tapageuse.

Puis, de temps à autre des détonations retentissaient et il lui semblait entendre aussi comme de grands cris, de grandes rumeurs.

— Tiens! qu'est-ce donc?... qu'est-ce que cela veut dire? se demandat-il de plus en plus surpris, de plus en plus étonné.

Et comme l'étrange musique continuait, comme les détonations retentissaient toujours, lestement il se remit debout.

— Il faut savoir ce que c'est, pensa-t-il.

Et très vivement il reprit son chemin.

Mais il n'avait pas encore fait cent pas qu'il savait déjà à quoi s'en tenir.

En effet, au détour de la route, il venait d'apercevoir un petit village qu'il connaissait bien, qu'il connaissait d'ailleurs comme tous les autres, et c'était ce petit village qui était en fête.

Déjà Jandrin pouvait apercevoir de grands mâts pavoisés, et de plus en plus les rumeurs grandissaient, et de plus en plus la musique lui arrivait, et non plus seulement bruyante, et non plus seulement tapageuse, mais si assourdissante qu'il en était comme étourdi.

Et comme il venait d'atteindre la place du village, il fut tout à coup obligé de s'arrêter, tant la foule qui se trouvait en face de lui était compacte et serrée.

Et le nez en l'air comme les autres badauds, il se mit à regarder le spectacle qu'il avait devant lui.

C'était une grande, une immense baraque, la plus belle baraque de toute la fête.

On était au moment de la parade, et tandis que cinq ou six musiciens très maigres, très pâles, avec de longs cheveux crasseux leur tombant dans le dos, régalaient le public de nous ne savons quel étrange charivari, très gentille et très gracieuse dans son coquet costume de soie rouge où étincelaient des paillettes d'argent, une jeune fille d'une vingtaine d'années dansait, pirouettait, tout en envoyant à la foule les baisers les plus provocants.

La belle fille avait, disait-on, déjà plus d'un amoureux dans le pays, et certes elle était assez séduisante pour que l'on n'eût pas de la peine à le croire...

Cependant, fendant la foule avec beaucoup de peine, Jandrin avait continué son chemin.

A l'autre extrémité de la place, il y avait encore une petite auberge, un petit cabaret, où volontiers on le recevait, où volontiers on l'hébergeait.

Jandrin se dirigea tout droit vers ce cabaret qu'il s'attendait à trouver encombré de buveurs, mais qui, à sa grande surprise, était resté vide.

Seul, assis dans un coin, le dos appuyé contre le mur et une longue pipe aux dents, un client achevait de vider le verre de vin qu'il avait devant lui.

Mais avec sa longue tignasse rouge surmontée d'un petit chapeau de feutre en forme de lampion, son grand nez peint en rouge, ses joues recouvertes d'une épaisse couche de farine et son costume qui ressemblait à celui d'Arlequin, cet homme était si bizarre et si étrange que Jandrin, qui venait de s'amener dans un autre coin, ne le quittait plus des yeux.

— C'est quelque saltimbanque, quelque pitre qui est venu se rafraîchir entre deux représentations, pensait-il. Mais c'est tout de même drôle de s'affubler comme ça !...

Et comme il achevait de faire cette réflexion, le cabaretier s'avança vers lui pour lui faire ses offres de service.

Mais à peine eut-il reconnu celui à qui il avait affaire, mais à peine se fut-il aperçu qu'il se trouvait en face du prétendu meurtrier, du prétendu assassin des deux sœurs Marcon, qu'il se rejeta violemment en arrière avec un grand cri de surprise.

— Comment ! c'est vous !... Jandrin !... Est-ce possible !... Comment ! c'est vous qui êtes là !... c'est vous que je vois là !...

— Mais oui, c'est bien moi, répondit doucement Jandrin avec un sourire.

Le cabaretier demeurait toujours tout ahuri, tout abasourdi.

— Eh bien ! mon pauvre vieux, reprit-il, ça me fait vraiment plaisir de vous revoir... Car, je ne vous le cache pas, quand j'ai su que la justice vous avait mis le grappin dessus, quand j'ai appris que vous aviez été arrêté comme l'assassin de ces deux vieilles femmes, comme l'assassin des deux vieilles quincaillières de la rue de Roanne, je vous croyais bien flambé.

« Oh ! entendez-moi bien !... comprenez-moi bien ! ajouta-t-il plus vivement.

« Je ne veux pas dire par là que je vous croyais coupable et que j'avais le moindre doute, le moindre soupçon sur vous...

« Oh ! certes, non !... Je vous connaissais trop bien et depuis trop longtemps, et depuis de trop longues années, pour m'arrêter un seul instant, une seule minute à tout ce que les journaux disaient, à tout ce que les feuilles racontaient.

« Non, non, j'étais bien sûr, j'étais bien certain que l'on devait se tromper, et que vous n'étiez pas un scélérat, et que vous n'étiez pas une canaille...

« Mais je savais aussi que lorsqu'on a le malheur de tomber entre les pattes de ces gens-là, entre les pattes de la police et de la justice, on n'en sort pas toujours très facilement. Et voilà, mon vieux, pourquoi je vous croyais flambé... Et voilà pourquoi je ne pouvais m'empêcher de trembler pour vous...

Puis, de plus en plus amical et posant sa main sur l'épaule de Jandrin :

— Enfin, vous voilà, c'est l'essentiel, dit-il. Mais on a donc fini par trouver la bonne piste?... On a donc fini par mettre enfin la main sur le véritable coupable, sur le véritable assassin des dames Marcon?

Jandrin venait de hocher la tête.

— Sur le véritable coupable? — Sur le véritable assassin? — Non, je ne le crois pas, répondit-il.

— Mais puisqu'on vous a relâché?

— On m'a relâché parce que l'on ne pouvait pas faire autrement... On m'a relâché parce que j'ai pu fournir la preuve de mon innocence... Mais quant au véritable meurtrier, mais quant au véritable assassin, comme il a eu le temps de courir, je crois bien qu'on n'est pas prêt de le rattraper...

— En effet... Enfin, mon vieux, que voulez-vous? il y a parfois de mauvais quarts d'heures dans la vie ! dit le cabaretier.

Puis, changeant de ton, il ajouta, posant ses deux mains sur la table :

— Et maintenant, voyons, qu'allez-vous prendre? Que vais-je vous servir?... Mais, vous savez, je ne veux pas un sou... Aujourd'hui, c'est moi qui régale...

— Oh! je n'ai pas besoin de grand'chose, dit Jandrin qui semblait très touché du bon cœur du cabaretier. Un morceau de pain, un peu de fromage, et un verre de vin...

— Bah! répondit gaiement le brave cabaretier, vous boirez bien tout de même votre bouteille... C'est aujourd'hui la fête du pays...

Et lestement il s'esquiva.

Cinq minutes après, une petite servante assez vive, assez alerte, apportait à Jandrin, avec une bouteille de vin, le fromage et le pain qu'il avait demandés.

Était-ce la longue étape qu'il venait de faire? était-ce l'effet du grand air dont il restait encore tout étourdi? le fait est que Jandrin, qui tout à l'heure avait prétendu ne pas avoir besoin de grand'chose, ne s'était jamais senti un appétit pareil.

Aussi dévorait-il à belles dents, quand l'homme à la tignasse rousse, le saltimbanque qui était assis là-bas dans l'autre coin, se leva lentement et vint sans façon s'asseoir à la même table que lui.

Et comme Jandrin se redressait tout étonné, tout surpris :

— Vous permettez, n'est-ce pas? dit l'autre d'une voix éraillée... D'ailleurs, si je me suis permis de venir prendre place en face de vous, c'est que j'avais à vous parler c'est que j'avais quelque chose à vous dire...

La surprise de Jandrin redoubla.

Qu'est-ce que cet homme, qu'il ne connaissait pas, pouvait bien avoir à lui dire? Qu'est-ce que c'était que cette aventure?

Et comme son étonnement se lisait dans ses yeux, le saltimbanque reprit :

— Oui, j'ai quelque chose à vous dire, et je crois que vous ne serez peut-être pas fâché de m'avoir entendu... Mais avant il faut que je vous apprenne qui je suis et que vous sachiez à qui vous avez affaire...

— Eh bien ? fit Jandrin la bouche pleine.

— Eh bien! quand vous êtes venu ici et que vous avez traversé la place, vous avez dû voir une très grande et une très belle baraque?...

— Oui, oui...

— Une magnifique baraque qui porte en grosses lettres rouges cette enseigne : *Famille Loupard?*

— Peut-être bien !

— Eh bien! le directeur de cette baraque, M. Loupard, c'est votre serviteur.

— Ah !

— Oui, c'est moi qui dirige ça, et qui le dirige, je m'en vante, avec une très grande expérience, une très grande habileté...

LES EXPLOITS DE RAVACHOL

Jandrin chez les saltimbanques.

— Je n'en doute pas, dit Jandrin.

— Aussi partout où nous passons, dans toutes les villes où nous allons, obtenons-nous les plus grands, les plus éclatants succès.

« Du reste vous n'avez qu'à prendre des renseignements, vous n'avez qu'à vous informer, et tout le monde vous dira ce que c'est que la célèbre famille Loupard.

— Drôle d'individu !... étrange personnage !... Mais où diable veut-il en venir ? pensa Jandrin...

— Mais aussi il faut bien tout dire, reprit le saltimbanque en se rengorgeant, il faut bien vous dire que j'ai une troupe merveilleuse, admirable !... C'est chez moi, c'est chez la famille Loupard que l'on trouve toujours les meilleurs équilibristes, les meilleurs clowns, les plus célèbres danseuses, les artistes les plus en renom...

« Mes confrères en crèvent de dépit et cherchent à me tirer aux jambes... Mais je m'en moque... Ils ne sont pas de force... C'est toujours la famille Loupard qui fait les plus belles recettes, c'est toujours elle qui a les plus attrayants spectacles et qui remportent les plus bruyants succès.

Ne sachant que dire, ne sachant que répondre, Jandrin se contentait de secouer la tête en signe d'approbation.

— Mais, voilà, continua le saltimbanque qui prenait de plus en plus un air plein d'importance, pour réussir, il faut avant tout mériter la confiance du public !...

« Or, pour mériter la confiance du public, que faut-il faire ?... Dites, le savez-vous ?

— Ma foi, non, répondit machinalement Jandrin.

— Eh bien ! il faut non seulement varier le plus possible son genre de spectacles, il faut non seulement renouveler le plus souvent possible le programme, mais il faut encore, mais il faut surtout avoir de ça !...

Et le saltimbanque se tapait le nez en regardant fixement Jandrin.

— Oui, je ne vous blague pas, poursuivit-il, il faut surtout avoir du flair, c'est-à-dire deviner le goût de la foule... Et pour cela encore, je puis le dire sans me flatter, il n'y a que moi, il n'y a que Loupard !... Je les roule tous !...

Puis se mettant à frapper sur la table d'un air triomphant :

— Mais je boirais bien tout de même encore un coup, dit-il.

Et il cria :

— Apportez-moi donc un canon, sans vous commander !...

Et le verre de vin servi, il en vida la moitié d'un trait, puis reprit :

— Eh bien ! maintenant que vous savez qui je suis, je vais en arriver à ce que j'avais à vous dire.

« Mais d'abord procédons par ordre.

« Si j'ai bien entendu, si j'ai bien compris ce que le patron disait tout à l'heure, c'est vous qui êtes cet individu dont on a tant parlé, tant jasé... c'est vous qui êtes Jandrin?

— Oui, je suis Jandrin.

— C'est vous que l'on avait mis à l'ombre quelques jours après la fameuse affaire de Saint-Étienne, la fameuse affaire de la rue de Roanne?...

— Oui, c'est moi...

— Oh ! je connaissais bien cette histoire-là !... je l'ai lue et relue dans je ne sais combien de journaux... Il y avait là-bas à Saint-Étienne, il y avait là-bas dans la rue de Roanne deux vieilles femmes, deux vieilles quincaillières qui vivaient seules.

« C'étaient les deux sœurs et on les appelait les dames Marcon.

« Un beau matin, comme leur boutique restait fermée plus tard que d'habitude, les voisins se sont étonnés et l'on a fini par les découvrir la tête fendue, mortes toutes les deux.

« Naturellement la justice s'est mise immédiatement en quête de découvrir l'assassin, et comme on lui avait parlé de vous, comme on lui avait dit que vous aviez beaucoup connu les dames Marcon, comme aussi elle avait appris que vous n'aviez pas de moyens d'existence, elle n'a pas hésité à vous empoigner.

« Mais comme vous vous sentiez fort de votre innocence, vous avez d'abord éprouvé plus de surprise que d'émotion.

« En effet, puisque vous n'étiez pas coupable, que pouviez-vous avoir à craindre ? que pouviez-vous avoir à redouter ?...

« Mais les choses ne tardèrent pas à se gâter et à tourner fort mal pour vous... Vous aviez invoqué un alibi, et cet alibi avait été par erreur reconnu faux... La justice, de plus en plus convaincue qu'elle tenait bien en vous le meurtrier de la rue de Roanne, qu'elle tenait bien en vous l'assassin des deux dames Marcon, triomphait. Et vous, pendant ce temps, à quoi pensiez-vous? quelles réflexions faisiez-vous?... Oh ! vous n'avez pas besoin de me le dire, car je comprends bien, car je devine bien tout ce que vous deviez avoir de colère et de désespoir.

« Enfin, bref, un jour pourtant vous avez eu de la chance. L'aubergiste qui avait soutenu ne vous avoir jamais vu et ne pas vous connaître, a fini par s'apercevoir qu'il s'était trompé et il s'est empressé d'écrire au procureur de la République pour rétracter son erreur.

« Et c'est alors que ne pouvant plus vous traîner en cour d'assises, on s'est décidé à vous remettre en liberté...

« Eh bien! maintenant, mon cher, qu'allez-vous faire?

« Vous allez sans doute recommencer votre vie d'autrefois, cette vie errante et vagabonde qui a toujours été la vôtre.

« Vous trouverez peut-être de temps en temps de braves gens qui auront pitié de vous et qui vous feront l'aumône d'un morceau de pain pour que vous ne mouriez pas de faim, l'aumône aussi d'un coin dans leur écurie pour que vous ne mouriez pas de froid...

« Mais ces braves cœurs, ces braves gens-là les trouverez-vous toujours? les rencontrerez-vous toujours?

« Non, n'est-ce pas?

« Et alors il faudra donc vous serrer le ventre, et alors vous connaîtrez donc encore les jours si durs, les jours si tristes que vous avez déjà connus...

« Eh bien! moi, mon cher, si j'étais à votre place, je serais un peu plus malin que ça et je voudrais, après le malheur qui m'est arrivé, après la fausse accusation qui a pesé sur moi et tout le tapage qui s'est fait autour de mon nom, trouver le moyen de me la couler douce et de vivre sans rien faire...

— Sans rien faire?

— Oui, sans rien faire!... Et je ne plaisante pas... Cela dépend de vous...

— Le diable m'emporte si je vous comprends!

— Vous allez me comprendre, mais il ne faut pas sourire, mais il faut m'écouter sérieusement...

— Mais oui, parbleu! je vous écoute, dit vivement Jandrin. Allez-y!... Expliquez-vous...

Le saltimbanque fit une pause, puis lentement :

— Eh bien! voici, dit-il. Tout à l'heure quand vous êtes entré et qui j'ai su votre nom, et que j'ai vu que vous étiez ce fameux Jandrin dont on avait tant parlé, je n'ai pu m'empêcher de tressaillir...

« Car une idée venait de me venir, et une idée excellente, et une idée fameuse, je vous en réponds!

« Je vous regardais et je me disais : « Voilà pourtant un gaillard qui, « s'il le voulait, pourrait te faire gagner pas mal d'argent et en gagner « pas mal aussi. »

« Et déjà je ruminais pour ma baraque un spectacle étonnant, un spectacle comme on n'en aurait peut-être jamais vu et qui serait pour tout le monde une véritable surprise, un véritable événement.

« En un mot, je rêvais déjà de jouer dans ma baraque un grand drame sur le crime de la rue de Roanne, un grand drame dans lequel vous joueriez le principal rôle...

— Moi! s'écria Jandrin.

— Oui, mon cher. Oh! ce ne serait pas bien difficile... Vous n'auriez qu'à vous montrer et qu'à dire quelques mots, rien que quelques mots... Et comme tout le monde voudrait vous voir, je n'ai pas besoin de vous dire quelles belles recettes l'on ferait...

— Oui, oui, l'idée pourrait peut-être avoir du bon, dit doucement Jandrin qui réfléchissait.

Et au bout d'un moment il ajouta :

— Et puis, s'il ne s'agit que de me montrer et de ne dire que quelques mots, je m'en tirerais peut-être bien tout de même...

— Parbleu!

— Mais, voilà : combien me donneriez-vous?

— Oh! soyez tranquille, répondit vivement le saltimbanque, je vous donne ma parole que vous seriez content de moi... Eh bien! est-ce dit? acceptez-vous?

— Oui, c'est dit.

— Alors tope-là!

Et les deux hommes se serrèrent la main.

Puis se levant d'un bond :

— Maintenant il ne s'agit pas de flâner, reprit vivement le saltimbanque, mais il s'agit de se mettre immédiatement à l'œuvre et de commencer dès ce soir.

— Dès ce soir?

— Oui, oui, dès ce soir... Oh! je mène rondement les choses, vous allez voir... Hardi, venez vite!... Je vous emmène... A partir d'à présent vous faites partie de la troupe!...

Et sans lui laisser le temps de répondre, le saltimbanque entraîna le vagabond.

Or, quelques heures plus tard, une affiche immense, une affiche colossale s'étalait sur toute la largeur de la baraque de la famille Loupard.

Et sur cette affiche, devant laquelle une foule énorme se bousculait, s'écrasait, on pouvait lire :

Ce soir à huit heures :

PREMIÈRE REPRÉSENTATION DE

L'AFFAIRE DE LA RUE DE ROANNE

ou

LE DOUBLE ASSASSINAT DES DAMES MARÇON

GRAND DRAME INÉDIT EN SIX TABLEAUX

Premier tableau	*Quatrième tableau*
L'horrible crime.	**L'alibi.**
Deuxième tableau	*Cinquième tableau*
L'arrestation de Jandrin.	**Le juge d'instruction.**
Troisième tableau	*Sixième tableau*
La confrontation.	**L'innocence reconnue.**

Mais ce qui, dans cette affiche, frappait surtout la foule qui devenait de plus en plus énorme, c'étaient ces deux lignes-là :

LE ROLE DE JANDRIN SERA JOUÉ PAR **JANDRIN LUI-MÊME**

Par Jandrin lui-même !

On en restait tout saisi, tout ahuri.

Aussi non seulement ce soir-là, mais encore pendant plus de huit jours, la famille Loupard fit-elle les plus belles, les plus magnifiques recettes qu'elle avait jamais faites.

— Eh bien! mon brave, qu'en dites-vous, qu'en pensez-vous? s'écriait le saltimbanque en frappant sur l'épaule de Jandrin... Est-ce que j'ai du flair, moi!... Est-ce que je n'ai pas eu là une crâne idée?... Et ce n'est pas fini, vous savez!... Ici il n'y a plus rien à faire, le succès est épuisé...

Mais dès demain nous allons lever l'ancre et nous irons partout... dans tout le département... Et vous verrez, mon vieux, la belle galette qui tombera encore dans nos poches.

Et le saltimbanque ne s'était pas trompé.

Partout où la famille Loupard s'arrêtait, partout où elle allait jouer son fameux drame et exhiber Jandrin, c'était le même succès inouï, le même succès prodigieux.

Quant à celui-ci qui n'était plus obligé de courir les grandes routes comme un chien errant, ni d'aller de ferme en ferme, de maison en maison mendier son pain, il n'avait jamais été plus heureux ni plus content.

Aussi ne se rappelait-il plus de toutes les transes, de toutes les émotions par lesquelles il avait passé, ou bien, s'il lui arrivait encore de s'en rappeler de temps à autre, il se consolait vite en se disant qu'après tout il n'avait pas trop à se plaindre puisque, quelquefois, à quelque chose malheur est bon.

XXXI

OÙ RAVACHOL S'ÉVADE

Or, tandis que se déroulaient les événements que nous venons de raconter, là-bas, dans sa retraite où personne n'aurait eu l'idée d'aller le découvrir, Ravachol attendait toujours très calme, toujours très tranquille, le moment de pouvoir s'évader de Saint-Étienne...

Pourtant, si rassuré qu'il pût être, cette évasion n'en était pas moins toujours sa pensée fixe, toujours sa pensée dominante.

La police n'était-elle pas enfin lasse de cette poursuite inutile, de cette poursuite infructueuse?

La police n'avait-elle point fini par ralentir son zèle et les routes, les chemins, les gares étaient-ils toujours aussi étroitement, aussi sévèrement surveillés qu'autrefois?

Et comme un soir il se posait encore les mêmes questions, tout à coup son mystérieux inconnu, cet étrange personnage qui lui avait proposé de le sauver, entra porteur d'un volumineux paquet.

— Tiens! dit gaiement l'assassin de l'ermite de Chambles, qu'apportez-vous donc là?... Est-ce un cadeau que vous voulez me faire?

— Peut-être bien, répondit l'inconnu en jetant son paquet sur la table. Mais d'abord causons... Asseyez-vous.

Et quand ils se furent assis en face l'un de l'autre :

— Si je ne me trompe, reprit l'inconnu, je crois vous avoir déjà touché deux mots de l'affaire dont tout le monde parle, de la fameuse affaire de la rue de Roanne?...

— De la fameuse affaire de la rue de Roanne? fit Ravachol qui semblait chercher dans sa mémoire...

— Mais oui!... Ces deux vieilles femmes qui ont été trouvées un matin assassinées dans leur boutique. Voyons! est-ce que vous ne vous rappelez pas?

— Mais si, mais si! Les deux quincaillières?... les deux sœurs Marcon?

— Parfaitement.

— Eh bien?

— Eh bien! mon cher, cette affaire-là a pris des proportions tout à fait inattendues...

— Quelles proportions?

— Quelles proportions!... Attendez... Si je m'en souviens bien encore, ne vous ai-je pas dit aussi que, quelques jours après la découverte du crime, la justice avait fait arrêter un individu qu'elle soupçonnait d'être le coupable?

— Oui, un nommé Jandrin, n'est-ce pas?

— C'est cela!

— Un mendiant?

— Oui.

— Un vagabond?

— Oui.

— Un individu qui avait été quelque chose comme le fils adoptif des deux victimes, comme le fils adoptif des deux sœurs Marcon?... Eh bien?

— Eh bien! mon cher, la justice triomphait trop tôt et elle est aujourd'hui obligée de déchanter.

— Comment ça?

LES EXPLOITS DE RAVACHOL

Ravachol dans la maison de l'inconnu.

— Elle est obligée de déchanter, car ce n'était pas du tout cet homme, car ce n'était pas du tout ce Jandrin qui avait fait le coup !

— Ah ! bah ! s'écria Ravachol qui se mit à rire.

— Non, non, ce n'était pas lui, et l'on en a maintenant la preuve si certaine, la preuve si évidente que l'on vient de le remettre en liberté...

— Tant mieux pour lui ! fit l'assassin de l'ermite de Chambles. Mais je vous avoue que je ne comprends pas très bien pourquoi vous me donnez tous ces détails, que je ne comprends pas très bien pourquoi vous me racontez toute cette histoire ?

— Ah ! vous ne comprenez pas ?

— Ma foi, non.

— Eh bien ! vous allez comprendre, dit l'inconnu. Ce Jandrin est devenu en quelque sorte le héros du jour... On ne parle plus que de lui, et vous ne pouvez plus aller nulle part, et vous ne pouvez plus faire un pas sans entendre des gens qui le plaignent, sans entendre des gens qui s'indignent qu'on ait arrêté un innocent.

« Or, tandis que l'on se passionne pour le crime de la rue de Roanne, on en arrive presque à oublier le crime de Chambles !... Or, tandis que tout le monde parle de ce pauvre Jandrin, de ce malheureux Jandrin, on en arrive presque à oublier Ravachol !...

« Et maintenant, mon cher, comprenez-vous ?... Et maintenant, mon cher, saisissez-vous ?

Et l'inconnu qui, les deux mains sur ses genoux, venait de pencher le haut du corps en avant, regardait très fixement l'ancien faux monnayeur.

Puis il y eut un silence.

Enfin, doucement :

— Oui, je crois, en effet, vous comprendre, reprit Ravachol. Vous voulez me dire que ce serait peut-être le moment de filer ? que ce serait peut-être le moment de quitter Saint-Étienne ?...

— Oui, parfaitement, répondit vivement l'inconnu. D'ailleurs, à mon avis, vous ne trouveriez jamais pour décamper une occasion plus favorable.

« Encore une fois, on s'occupe beaucoup plus en ce moment de Jandrin que l'on ne s'occupe de Ravachol, et le crime de la rue de Roanne a pris le pas sur le crime de Chambles...

« Par conséquent, si vous voulez vous donner de l'air et filer de Saint-Étienne, il n'y a donc plus à hésiter, plus à attendre.

« D'ailleurs, je crois vous avoir prouvé que vous pouviez avoir confiance en moi et que j'étais votre ami...

« Le conseil que je vous donne, et auquel j'ai très longuement réfléchi, me paraît donc le meilleur que vous puissiez suivre.

« Aussi quand j'ai été bien convaincu et bien certain que tout retard dans votre évasion d'ici ne pourrait que vous compromettre davantage encore, que vous perdre peut-être, ai-je eu l'idée de me procurer certains objets qui vous rendront votre fuite beaucoup plus facile...

Et l'inconnu, montrant le paquet qu'il avait déposé sur la table, ajouta :

— Donnez-vous la peine de regarder ce qu'il y a là-dedans.

L'assassin de l'ermite se leva et alla ouvrir le paquet.

— Il y a là-dedans une blouse toute neuve, reprit l'inconnu, un pantalon de velours et un chapeau de feutre à larges ailes comme en portent tous nos riches marchands des environs...

« Grâce à votre habileté à vous travestir et à vous faire ce que l'on appelle « une tête », je réponds que sous ce déguisement-là vous serez absolument méconnaissable, et que vous pourriez au besoin coudoyer les plus fins renards et les plus malins limiers de la police sans courir aucun risque, aucun danger.

« Mais il ne s'agit pas non plus de perdre son temps en vain bavardage et en paroles inutiles...

« Nous venons de nous dire tout ce que nous avions à nous dire...

« Le moment, au surplus, n'est plus de parler, mais d'agir.

« Ainsi, faites-moi donc le plaisir d'endosser cette défroque-là, et filons... filons vivement!...

Mais Ravachol demeurait immobile, le regard baissé. Au moment de partir, au moment de chercher enfin à s'évader de Saint-Étienne, une grande hésitation tout à coup le prenait et il avait peur.

Est-ce qu'en sortant de cette retraite, de cet asile où il se trouvait si bien, il n'allait pas commettre peut-être la plus dangereuse des imprudences?

Est-ce qu'en suivant le conseil de l'inconnu, il n'allait pas jouer bêtement et stupidement sa tête?

La police, venait-on de lui dire, était tout entière occupée par le meurtre des dames Marcon, tout entière occupée à découvrir l'assassin des deux vieilles quincaillières.

Oui, peut-être, oui, cela était possible ; mais pourtant, cela prouvait-il qu'elle eût oublié le crime de Chambles et renoncé à s'emparer de Ravachol ?

Et comme, en relevant la tête, il venait de s'apercevoir que l'inconnu tenait son regard fixé sur lui, il ne put s'empêcher de lui faire part de son inquiétude et de sa préoccupation.

— Oui, oui, j'ai bien entendu tout ce que vous m'avez dit, reprit-il ; oui, je me souviens bien de toutes les bonnes raisons que vous m'avez données... Mais enfin, si j'allais faire une gaffe?

— Une gaffe?

— Oui, si pouvant faire autrement, c'est-à-dire si pouvant rester encore chez vous, si pouvant rester encore ici, j'allais, comme un imbécile et comme un idiot, me jeter tout à l'heure dans la gueule du loup?...

L'inconnu, qui le regardait toujours de son même regard fixe, haussa violemment les épaules.

— Dame ! écoutez donc, dit vivement l'ancien faux-monnayeur, c'est que ce n'est pas une petite partie que je joue !... Que l'on me prenne, et c'est ma tête qui tombe !

— Oh! quant à ça, il est bien certain que si l'on vous pince, on vous fauche! dit doucement l'autre. Mais cependant réfléchissez un peu. Pouvez-vous vous éterniser ici ?... Pouvez-vous toujours rester dans cette maison avec la certitude que l'on ne vous trouvera pas, avec la certitude que l'on ne vous arrêtera pas?

« Oh! je sais bien que vous le croyez, que vous le pensez, ajouta plus vivement l'inconnu en s'apercevant que l'assassin de l'ermite de Chambles ouvrait la bouche pour l'interrompre. Eh bien ! puisqu'il est de mon devoir de vous parler très sincèrement, de vous parler très franchement, je vais vous dire que je ne partage pas du tout votre opinion.

— Pourquoi?

— Pourquoi?

— Oui, s'il vous plaît ?... Ce n'est pas vous, n'est-ce pas, qui allez aller trouver le chef de la police et lui faire connaître la retraite de

Ravachol?... Ce n'est pas vous, n'est-ce pas, qui voudriez aller me dénoncer et me trahir?

— Non, ce n'est pas probable, répondit l'inconnu en souriant. Mais enfin, il faut bien tenir compte aussi de la mauvaise chance que l'on peut avoir, il faut bien aussi redouter les mille hasards, les mille imprévus de la vie.

« Ainsi jusqu'à présent, vous avez pu vivre ici le plus tranquillement et le plus paisiblement du monde.

« C'est très bien et j'en suis très content, très heureux pour vous.

« Mais qui pourrait répondre qu'il en sera de même plus tard?... qu'il en sera de même dans quinze jours, dans huit jours, peut-être demain?

« La police, jusqu'à cette heure, a manqué de flair, j'en conviens. Mais il ne faudrait pourtant pas conclure de là qu'elle pourrait en manquer toujours.

« Ah! mon cher, quand on s'est mis dans la situation où vous êtes, il est peut-être prudent de ne jamais être trop sûr de soi, de ne jamais être trop certain de l'impunité, et la police viendrait tout à coup vous prendre ici, vous prendre dans cette maison que, malgré tout, vous ne m'en verriez pas très surpris, très étonné, car, lorsqu'on a un peu d'expérience et que l'on a un peu vécu, on a vu des choses plus étranges et plus extraordinaires que celle-là.

« Parbleu! vous pensez bien que je n'ai pas été me vanter de vous connaître!... vous pensez bien que je n'ai pas été dire que c'était chez moi que se cachait, que se réfugiait le fameux Ravachol, le célèbre assassin du vieux Jacques Brunel!

« Et je pense bien aussi que vous m'estimez assez pour ne pas aller croire non plus que si je vous tiens aujourd'hui le langage que je viens de vous tenir, c'est que je regrette ce que j'ai fait pour vous, c'est que je regrette l'hospitalité que je vous ai donnée?

« Ah! non, je ne regrette rien, et si c'était à refaire, je n'hésiterais certainement pas une seule minute, une seule seconde à vous rendre encore le petit service que je vous ai rendu.

« Mais enfin, comme je vous le disais tout à l'heure, il y a les mille hasards, les mille imprévus de la vie, et l'on ne peut répondre de rien.

« Que, par exemple, bien que je prenne d'infinies précautions quand je vous rends visite, quelqu'un m'aperçoive et s'étonne que je vienne plus souvent maintenant dans cette maison que je n'y venais autrefois, est-ce que je puis affirmer que cela ne donnera pas l'éveil?... est-ce que je puis affirmer que cela ne sera pas un danger pour vous?...

« Ah ! vous souriez... vous n'avez pas l'air de me croire, et cela vous semble un prétexte que je prends pour me débarrasser de vous...

« Eh bien! non, mon cher, eh bien! non... Tout ce que je vous dis là est très sensé et très logique.

« Avant notre rencontre de l'autre jour, là-bas, dans cette auberge, nous ne nous connaissions pas et nous n'avions jamais été en relations ensemble. Par conséquent, pensez-vous très probablement, comment pourrait-on me soupçonner de vous servir?... Comment pourrait-on me soupçonner de vous avoir offert cet asile?...

« Eh bien ! détrompez-vous, car si vous ne viviez pas ici retranché du monde, vous sauriez qu'aujourd'hui la méfiance est partout et que le soupçon de vous cacher peut tomber d'un moment à l'autre sur le premier venu...

« Oui, voilà la vérité vraie.

« Et puis, continua avec plus de force l'inconnu, il faut bien que je vous dise, il faut bien que vous sachiez aussi tout ce que je pense...

« La police, qui est en ce moment toute dévoyée, toute sens dessus dessous à la suite du nouvel échec qu'elle vient de subir à propos de l'affaire de la rue de Roanne, ne tardera pas à se remettre, c'est-à-dire à retrouver tout son aplomb, toute son assurance, tout son sang-froid...

« Et alors, ai-je besoin de vous le dire? elle n'aura jamais fait preuve de plus de ténacité et de plus de zèle.

« Elle est, d'ailleurs, absolument convaincue que vous n'avez pas quitté Saint-Étienne, et pour vous retrouver, et pour vous mettre la main dessus, on peut être certain qu'elle tentera l'impossible.

« Elle voudra faire taire l'opinion publique qui l'accuse d'avoir arrêté un innocent, qui l'accuse d'avoir arrêté Jandrin, en lui livrant l'assassin de l'ermite de Chambles, en lui livrant enfin Ravachol.

« Si vous restiez ici, y réussirait-elle? je n'en sais rien, mais enfin le plus sûr, le plus habile et le plus sage, c'est, — je me tue de vous le répéter, — de vous empresser de prendre le large pendant qu'il en est temps encore.

Ravachol songeait, réfléchissait toujours, la tête basse, le regard fixe, la main droite appuyée sur la table.

Et brusquement il se redressa.

Sa résolution était prise.

— Eh bien, soit! dit-il. Au petit bonheur!...

Et il n'avait pas encore achevé ces mots qu'il s'était déjà emparé des vêtements que lui avait apportés l'inconnu.

Puis très vivement, très lestement, il se déguisa.

Moins de cinq minutes après il avait endossé le pantalon, la blouse neuve et campé sur sa tête le chapeau de feutre à larges ailes.

Et redevenu le Ravachol que nous connaissons, le Ravachol audacieux et plein de sang-froid qui avait réussi à glisser tant de fois entre les mains de la police, il s'écria, se mettant à rire :

— Eh bien! est-ce ça?... Est-ce que ça y est?...

L'inconnu resta d'abord sans pouvoir dire un seul mot, sans pouvoir dire une seule parole, tant sa surprise était extrême, tant sa stupéfaction était profonde. Il ne reconnaissait plus Ravachol, l'assassin du vieil ermite de Chambles.

L'homme qui se trouvait en ce moment devant lui était un bon gros fermier qui allait tranquillement à ses affaires.

Et tout en marchant d'un pas lourd et lent à travers la chambre, l'ancien faux-monnayeur continuait à rire, disant encore :

— Eh bien! voyons, êtes-vous content?... Est-ce que ça y est?... Est-ce que c'est ça?

En présence d'une métamorphose si étrange et si complète, l'inconnu demeurait toujours tout saisi.

— Je n'en reviens pas, non, je n'en reviens pas, finit-il par dire plein d'admiration. Je savais bien que vous aviez en ce genre une très grande habileté, un très grand talent, mais ceci, mon cher, cette tête-là, c'est plus que du talent, c'est du génie!

— Non, non, mais regardez encore, mais regardez bien! insista l'assassin de l'ermite. Il ne s'agit pas d'endosser le costume d'un personnage quelconque pour lui ressembler... Mais ce qu'il faut attraper, ce qu'il faut pincer surtout, c'est la dégaine, la démarche, la tournure... Eh bien! voyons, quand je marche comme ça, est-ce bien le paysan qui passe?... Est-ce encore Ravachol?

Mais l'inconnu était de plus en plus étonné, de plus en plus ahuri.

— Je ne vous reconnais plus... J'en reste stupide ! répondit-il.

Et plein d'enthousiasme il s'écria :

— Et vous hésiteriez encore à filer !... Et vous auriez encore peur de sortir de Saint-Étienne !... Mais alors vous seriez fou, archi-fou !... Mais Cormon lui-même, oui, Cormon, qui est si malin, n'y verrait que du feu...

L'ancien faux-monnayeur venait brusquement de relever la tête.

Cormon !

Il lui semblait que ce nom ne lui était pas inconnu.

Il lui semblait que ce nom avait déjà été prononcé devant lui.

Et il se le redisait et il se le répétait encore quand, tout à coup, il se ressouvint.

En effet, n'étaient-ce pas les deux gredins, n'étaient-ce pas les deux misérables qui s'étaient faits ses complices dans le crime de Saint-Jean-Bonnefond, dans l'horrible profanation de la sépulture de la baronne de Rochetaillée, qui le lui avaient appris ?

N'étaient-ce pas eux qui lui avaient déjà parlé de cet agent si adroit, si intelligent et si roublard, dont il ferait bien de se méfier ?

— Ah ! Cormon ?... le policier Cormon ? reprit vivement l'assassin de l'ermite... Oui, j'en ai déjà entendu parler... Eh bien ! est-ce vrai que ce roussin est aussi habile qu'on le dit ?

L'inconnu fit de la tête un signe affirmatif.

— Oh ! très habile, dit-il, si habile que s'il avait eu le moindre indice dans votre affaire, il est à peu près sûr que vous n'auriez pas couru si longtemps et qu'il vous aurait déjà coffré...

« Mais on devait se croire si sûr de vous prendre que très probablement on n'a pas dû songer d'abord à l'employer, ce qui est une heureuse chance pour vous.

« Mais nous en avons assez dit, n'est-il pas vrai ?... Il me semble que voilà l'heure de filer... Allons, du courage, et en route !...

Mais comme ils allaient sortir de la chambre, l'inconnu s'arrêta brusquement.

Son regard venait de s'arrêter sur Ravachol.

— Attendez donc, dit-il, il vous manque encore quelque chose...

Il disparut pendant quelques secondes, puis revint avec un énorme bâton, un énorme gourdin :

LES EXPLOITS DE RAVACHOL

On approchait de la gare.

— Tenez, il vous manquait ceci, reprit-il. Un bon marchand, un bon propriétaire campagnard qui va à ses affaires, ne s'embarque jamais sans ce petit accessoire-là...

— C'est juste, fit Ravachol en enroulant autour de son poignet le cordon de cuir dont était orné le bâton. Et puis, on ne sait pas ce qui peut arriver, ajouta-t-il avec un sourire, une bonne trique comme celle-là peut quelquefois vous être utile...

Et il venait, de nouveau, de faire quelques pas vers la porte, quand l'inconnu l'arrêta encore.

— Ah! j'oubliais! dit-il vivement.

— Quoi donc?

— Vous n'avez pas été jusque-là sans vous demander quelquefois où vous iriez et de quel côté vous dirigeriez vos pas le jour où vous auriez enfin la bonne veine de vous évader de Saint-Étienne?

— Évidemment, dit l'ancien faux-monnayeur.

— Eh bien! où comptez-vous aller?... Moi, je ne vous conseille pas de filer à l'étranger, où il est très souvent moins facile de se cacher qu'en France... Et si j'étais à votre place, je sais bien ce que je ferais...

— Et que feriez-vous?

— Ce que je ferais?... Eh bien! je n'hésiterais pas bien longtemps et je m'en irais tout bonnement à Paris.

— C'était aussi mon intention, dit vivement l'assassin de Jacques Brunel.

— A la bonne heure!... Car, voyez-vous, en s'y prenant un peu adroitement, il n'y a encore qu'à Paris où l'on peut réussir à se faire oublier et à se perdre dans la foule...

Et tout en achevant ces derniers mots, l'inconnu entraînait vivement Ravachol.

Quand ils arrivèrent dans la rue, l'assassin de l'ermite de Chambles s'arrêta un instant, comme si le grand air le grisait, le suffoquait.

Mais cette sorte d'étourdissement ne dura que quelques secondes.

— Donnez-moi le bras, reprit l'inconnu, et causons... car je viens de me rappeler tout à coup que nous avons encore quelque chose à nous dire, ou plutôt, que j'ai encore quelque chose à vous dire...

Et sans laisser à l'ancien faux-monnayeur le temps de répondre un mot, il reprit, baissant la voix :

— Il s'agit de savoir si vous avez encore de l'argent sur vous?

— De l'argent?

— Oui. Oh! je sais bien que vous aviez trouvé là-bas, chez ce vieil avare d'ermite, que vous aviez trouvé là-bas, dans la grotte de Chambles, une assez jolie somme, un assez beau magot...

« Mais enfin ce magot-là, vous aviez cru plus prudent de ne pas le garder tout entier.

« Or, à l'heure qu'il est, combien vous reste-t-il encore de votre part?

— Combien?

— Oui, combien?

— Ma foi, très franchement, répondit Ravachol, je n'en sais rien, et pour pouvoir vous le dire, il faudrait que je fouille mes poches et que je fasse le compte.

— Oh! c'est inutile, dit vivement l'inconnu, car, dans tous les cas, il est bien certain que vous ne serez jamais trop riche... Par conséquent, vous allez donc me faire le plaisir d'accepter ceci...

Et tout en parlant, il venait de glisser dans les mains de l'ancien faux-monnayeur un petit portefeuille qui paraissait assez bien garni.

Mais Ravachol venait de s'arrêter net, d'un brusque mouvement.

L'inconnu le regarda.

— Eh bien! qu'est-ce donc? demanda-t-il.

Et rapidement il se retourna, jetant un coup d'œil autour de lui.

Peut-être y avait-il là, tout près d'eux, quelqu'un dont la présence pouvait être une menace, un danger pour son compagnon?

Mais non.

Personne.

Aucun agent, aucun individu dont les allures pussent leur paraître suspectes.

Et l'inconnu, ne comprenant pas, regarda encore l'assassin de l'ermite, qui continuait de demeurer immobile.

— Eh bien! voyons, qu'est-ce donc? qu'avez-vous? reprit-il vivement et à voix basse. J'ai beau regarder, j'ai beau chercher partout, je ne vois personne ici dont vous puissiez vous méfier... De braves gens qui vont à leurs plaisirs ou à leurs affaires, sans même avoir l'air de nous voir; de braves passants inoffensifs qui continuent leur chemin sans s'occuper le moins du monde de nous, et c'est tout.

« Alors, pourquoi ce trouble? pourquoi cette émotion? pourquoi ce saisissement? Non, ma parole d'honneur, je ne comprends pas, je ne comprends plus... Parlez donc!...

— Oui, oui, je vais parler, répondit l'ancien faux-monnayeur, qui sembla enfin revenir à lui... Mais, d'abord, reprenons notre route, marchons...

— Oui, vous avez raison, fit l'inconnu, marchons. Il est en effet inutile de rester plantés là pour nous faire remarquer.

Ils firent vivement quelques pas, puis l'inconnu reprit :

— Et maintenant, causons. Qu'aviez-vous donc tout à l'heure et que s'est-il donc passé que vous aviez l'air tout bouleversé?... Vous me voyez d'autant plus surpris, d'autant plus étonné qu'il n'y avait autour de nous rien qui pût vous inquiéter.

— Oui, c'est vrai, dit l'assassin de l'ermite. Aussi, si vous m'avez vu tout à coup si troublé, si ému et si saisi, ne faut-il vous en prendre qu'à vous.

— Qu'à moi? s'écria l'inconnu.

— Oui, qu'à vous!... qu'à vous seul!

— Ma foi! je vous avoue que je vous comprends de moins en moins.

— Oh! il est pourtant bien facile, il est pourtant bien aisé de me comprendre, dit vivement Ravachol. La vérité, c'est que plus je vous vois, c'est que plus je vous connais, plus je sens grandir le mystère qui vous entoure.

« Ah! vous souriez ; mais enfin ce qui est certain, ce qui est positif, ce que vous ne pourriez nier, c'est que tout en vous est singulier et étrange.

« Ainsi, par exemple, récapitulons en peu de mots ce qui s'est passé depuis le premier jour où je vous ai vu, depuis le premier jour où je vous ai rencontré.

« C'était là-bas, dans cette auberge où, après ce qui s'était passé chez le vieux curé, qui avait bien voulu me donner l'hospitalité, je ne me sentais pas très tranquille, pas très rassuré.

« Les choses, en effet, semblaient si mal tourner pour moi, que j'en étais arrivé à me demander si, d'un moment à l'autre, je n'allais pas finir par me faire pincer, par me faire arrêter.

« Or, brusquement, vous vous dressez en face de moi, brusquement, vous m'apparaissez.

« Puis, comme un homme sûr de ce qu'il dit, comme un homme à qui je ne pouvais rien cacher, vous vous mettez à me raconter toute ma vie, à me raconter toute mon histoire.

« Mon enfance, ma jeunesse, les circonstances dans lesquelles j'ai commis le crime de Chambles, vous savez tout, vous connaissez tout.

« Et tandis que je vous écoute encore, si surpris que je m'en sens tout pâle, vous mettez le comble à ma stupéfaction en m'offrant, à moi qui ne sais désormais où me cacher, où me réfugier, un asile et une retraite.

« Et, grâce à vous, me voilà encore une fois devenu invisible, me voilà encore une fois devenu introuvable.

« Mais vous ne vous contentez pas seulement de me cacher, vous ne vous contentez pas seulement de me soustraire aux recherches de la police, mais vous avez encore pour moi, pour ce Ravachol que tout le monde exècre, pour ce Ravachol que tout le monde maudit, mille soins, mille attentions, mille délicatesses.

« Est-ce vrai, cela?... Est-ce que je mens?... Est-ce que vous n'avez pas toujours semblé vous faire une fête et une joie d'aller au-devant de tous mes désirs?

« Et ce n'est pas tout.

« Après m'avoir caché, après m'avoir recueilli chez vous, vous ne pensez pas avoir encore assez fait, et voilà qu'aujourd'hui vous voulez, au risque de vous compromettre, m'aider à m'évader d'ici, à m'évader de Saint-Étienne, et que vous m'apportez ce costume-là, et que vous me glissez ce portefeuille-là.

« Or, si vous m'avez vu tout à l'heure si étonné, ou plutôt si saisi, si troublé, c'est que je me demandais encore, ce que je me suis si souvent demandé déjà : quel intérêt et quel but vous pouviez avoir à me servir, quelle arrière-pensée pouvait vous pousser à vous faire en quelque sorte mon complice ?

« Jusqu'à ce jour, c'est vainement, c'est inutilement que j'ai cherché à percer le mystère qui vous entoure.

« Je vous ai interrogé presque chaque jour quand vous veniez me voir ; je vous ai questionné à ce sujet plus de cent fois, et vous ne m'avez jamais répondu que par des paroles évasives, que par des paroles qui ne disaient rien, qui ne signifiaient rien, quand vous ne vous êtes pas, comme le plus souvent, borné à me répondre par un sourire.

« Or, ajouta plus vivement et presque fiévreusement Ravachol, il me semble que le moment serait peut-être venu que je puisse vous connaître. Dans quelques minutes nous allons nous séparer, dans quelques minutes nous allons nous quitter, et il est à peu près certain que nous ne nous reverrons plus... Or, voulez-vous donc que je vive sans jamais pouvoir me dire le nom de l'homme à qui je dois peut-être d'avoir sauvé ma tête?

Un étrange et énigmatique sourire venait de courir sur les lèvres de l'inconnu.

Puis, mettant brusquement un doigt sur sa bouche :

— Chut! fit-il.

L'assassin de l'ermite de Chambles s'était vivement retourné.

— Qu'est-ce donc? fit-il, fouillant anxieusement du regard la foule qui circulait autour de lui, comme s'il avait peur de voir surgir tout à coup un agent de police.

— Oh! rien, répondit doucement et tranquillement l'autre. Mais vous parlez trop fort, on pourrait vous entendre.

Et la voix un peu brève, il ajouta :

— Ce n'est ni le moment ni l'endroit des confidences... D'ailleurs, quand vous dites que nous ne nous reverrons plus, je crois que vous vous trompez. — Moi je pense, au contraire, que nous nous reverrons... N'insistez donc pas davantage aujourd'hui.

Et ces dernières paroles venaient d'être prononcées avec une telle autorité que l'ancien faux-monnayeur n'avait pas osé ajouter un mot de plus.

D'ailleurs on approchait de la gare et il était peut-être prudent de se taire. Comme ils venaient d'y entrer, l'inconnu quitta brusquement Ravachol :

— Attendez-moi, lui dit-il.

Et quelques minutes après, il revint, disant :

— Voici votre billet, voici le mien. Arrivez!...

Et il entraîna l'ancien faux-monnayeur dans la salle d'attente.

Celle-ci était ouverte, et ils eurent la chance de pouvoir monter immédiatement en wagon.

Puis quand ils eurent pris place en face l'un de l'autre :

— Nous sommes seuls... Tout va bien, reprit gaiement l'inconnu. D'ailleurs, maintenant, le plus difficile est fait, et je suis bien convaincu que vous leur glisserez entre les doigts et qu'ils n'y verront encore que du feu.

Mais il s'arrêta tout à coup en s'apercevant avec quel air plein de surprise, avec quel air plein d'étonnement, le regardait Ravachol.

— Eh bien! qu'y a-t-il donc encore? A quoi pensez-vous? demanda-t-il vivement.

— A quoi je pense?

— Oui, dites-le-moi... ou plutôt non, ne me le dites pas, car je l'ai déjà compris, car je l'ai déjà deviné...

— Ah! bah!

— Parfaitement!... Et vous allez voir!... Vous venez d'avoir encore une surprise... Est-ce vrai?

— Oui.

— Et ce qui vous étonne ce sont ces deux billets que je viens de prendre... et ce qui vous étonne, c'est que je vous accompagne... Est-ce vrai encore?

Et l'inconnu, sans laisser à l'assassin de l'ermite le temps de lui répondre, ajouta avec un sourire :

— Et cependant, il n'y a dans ceci rien que de très simple, rien que de très naturel, comme vous allez pouvoir vous en rendre compte.

« Il faut d'abord que vous sachiez que ce train-là ne va que jusqu'à Lyon... Or, comme je suis très casanier et que je vis d'une vie très sédentaire, je me suis dit que ce petit voyage-là me ferait du bien...

« On a quelquefois besoin de se remuer un peu et de changer d'air.

« Et puis, à vous parler franchement, j'ai peut-être obéi aussi à une arrière-pensée que je vais vous dire. Tant que vous n'aurez pas franchi les limites de notre département, tant que vous serez encore par ici, dans la Loire, je ne pourrai me défendre de certaines appréhensions, de certaines inquiétudes...

« Mais une fois que je vous aurai vu, de mes yeux vu, là-bas, à Lyon, je me sentirai beaucoup plus tranquille, beaucoup plus rassuré, et ce sera pour moi comme un soulagement.

« Et maintenant êtes-vous encore surpris? êtes-vous encore étonné?

Mais Ravachol ne répondit pas.

Sa pensée maintenant était ailleurs.

Une peur qu'il avait d'abord essayé de combattre, mais qui de plus en plus le gagnait, venait de le saisir, et il se demandait ce que l'on faisait là, ce que l'on attendait là.

— C'est absurde!... pourquoi ne partons-nous pas? demanda-t-il d'une voix sourde.

Mais l'inconnu n'avait même pas entendu sa question.

Penché à la portière, il jetait un coup d'œil en dehors.

Et, soudain, il eut un si violent sursaut, un si brusque tressaillement, que l'assassin de l'ermite de Chambles s'effara.

— Qu'est-ce donc?... Qu'avez-vous vu? demanda-t-il devenu tout pâle.

Mais l'autre, cette fois encore, n'avait pas répondu.

Il continuait à regarder au dehors.

Puis enfin se tournant vers l'ancien faux-monnayeur :

— Levez-vous donc!... Approchez donc! lui dit-il à voix très basse.

Ravachol venait d'obéir.

— Et penchez-vous... regardez, ajouta-t-il.

L'assassin de l'ermite obéit encore.

Mais il resta surpris.

Il ne voyait rien.

Quelques rares voyageurs seulement grimpaient dans les wagons.

Aussi ne put-il s'empêcher de sourire en regardant l'inconnu.

— Eh bien! je regarde bien, dit-il, mais je ne comprends pas... Qu'avez-vous à me montrer?...

— Ces deux hommes là-bas...

— Ces deux hommes là-bas?

— Oui, les voyez-vous?

Ravachol venait de suivre avec une attention profonde le geste de l'inconnu.

En effet, là-bas, tout près de la locomotive qui jetait en ce moment des coups de sifflet stridents, deux hommes semblaient causer très vivement, très fébrilement.

— Oui, oui, je les vois... Eh bien? finit par dire l'ancien faux-monnayeur qui regarda anxieusement son compagnon.

LES EXPLOITS DE RAVACHOL

Ravachol dans la maison du quai de la Marine.

— Eh bien! reprit celui-ci, le plus grand... celui qui nous tourne le dos et qui fait de si grands gestes, savez-vous comment on le nomme?
— Non.
— Vous auriez pourtant intérêt à le savoir...
— Comment le nomme-t-on ?
— C'est le chef de la police de Saint-Étienne!
Ravachol avait tressailli.
— Le chef de la police! s'écria-t-il.
— Oui, c'est lui!... Regardez-le bien... Cette large face, ce teint coloré, ces épaules énormes...
« Il a l'air, du reste, assez ennuyé, assez embêté...
« Il doit probablement causer de vous ou de l'autre affaire... de l'affaire de la rue de Roanne... de l'affaire des deux dames Marcon...
« Ah! s'il vous savait si près de lui... si près de sa main!...
L'inconnu fit entendre un petit rire sourd, puis il continua :
— Et maintenant passons à son compagnon, passons à son interlocuteur... Vous le voyez bien aussi, celui-là?
— Parbleu! je le vois comme je vous vois...
— Un petit maigrelet?
— C'est cela.
— La barbe noire?
— Oui.
— Le teint pâle?
— Oui.
— Les cheveux ras, le nez un peu fort, l'air, en somme, du premier venu?...
— Eh bien?
— Eh bien! regarder son regard.
— Son regard?
— Oui, oui, regardez-le... regardez-le bien!...: Je suis sûr que vous n'en avez jamais vu de plus rusé, de plus intelligent et de plus malin...
— C'est possible.
— Or, savez-vous quel est ce personnage qui a l'air si doux, si tranquille, si bonasse?
— Qui est-ce?
— Cherchez, mon cher... Vous devinerez peut-être...

— Comment voulez-vous que je devine? dit Ravachol.
— Je vous ai pourtant parlé de lui tout à l'heure.
— Tout à l'heure?
— Oui, tout à l'heure...

Et comme l'ancien faux-monnayeur semblait chercher :

— Allons, voyons, vous n'y êtes donc plus! s'écria l'inconnu. Ne vous ai-je pas dit, quand je vous ai vu si bien déguisé, si bien travesti, que Cormon lui-même ne vous reconnaîtrait pas?... que Cormon lui-même ne se douterait jamais que vous êtes Ravachol?

Ravachol était superstitieux, et il avait beau vouloir faire bonne contenance, il n'en était pas moins très troublé au fond de cette rencontre avec les deux policiers.

— Mauvais augure! pensa-t-il en pâlissant légèrement.

Mais soudain, comme il restait toujours penché à la portière du wagon, il eut un brusque recul, tandis qu'un geste de terreur lui échappait.

En effet, l'agent Cormon et le chef de la police, qui venaient de se remettre à marcher, semblaient diriger leurs regards vers lui et se porter de son côté.

Et peut-être se serait-il enfui si l'inconnu ne l'avait vivement retenu.

— Ah! pas de bêtise! s'écria-t-il. Du sang-froid ou vous êtes perdu!

— Mais ils m'ont peut-être reconnu! Mais ils viennent ici! balbutia le meurtrier du vieil ermite.

Mais l'inconnu, pour essayer de le calmer, affectait de se montrer très tranquille.

— Eh bien! laissez-les faire... laissez-les venir, dit-il. Je vous donne d'ailleurs ma parole d'honneur qu'avec moi vous n'avez rien à craindre.

Et très rapidement et très bas :

— Oui, oui, les voilà! ajouta-t-il. Ils se disposent à monter dans ce wagon. Mais ne tremblez donc pas ainsi, morbleu!

La portière s'était ouverte et, en effet, les deux policiers venaient de prendre place en face de Ravachol et de l'incònu.

L'ancien faux-monnayeur tremblait de tous ses membres et ses traits s'étaient contractés.

Il jeta sur son compagnon, sur cet homme qui s'était conduit avec lui d'une façon si singulière et si étrange, un coup d'œil plein de méfiance et de soupçon.

Est-ce que celui-ci ne l'avait pas trahi?

Est-ce que celui-ci ne l'avait pas amené là pour le vendre, pour le livrer aux mains de la rousse?

Mais bientôt il reprit un peu de son assurance, car non seulement le fameux Cormon, cet agent si perspicace et si habile, ne faisait nulle attention à lui, mais encore le chef de la police venait de tendre très cordialement la main à l'inconnu :

— Comment ! c'est vous ? s'écria-t-il. Je vous demande pardon, mais je ne vous avais pas reconnu tout de suite. Et vous allez donc à Lyon ?

— Mais oui, répondit l'inconnu avec un admirable sang-froid. Je vais faire un tour là-bas avec mon parent, avec mon cousin.

Et il montrait Ravachol.

Les deux policiers saluèrent l'assassin de l'ermite.

— Et vous, reprit immédiatement l'inconnu, vous voilà sans doute partis pour une nouvelle expédition ?

— Oh ! nous, répondit le chef de la police, nous n'allons seulement qu'à Rive-de-Gier. Des renseignements à prendre, une petite enquête à faire de ce côté.

— Est-ce qu'il s'agit de l'affaire en question ?

— De quelle affaire ?

— De l'affaire de ces deux vieilles femmes ? de l'affaire de la rue de Roanne ?

— Oh ! non... Oh! cette affaire-là, l'affaire de la rue des dames Marcon, je la crois bien définitivement enterrée, bien définitivement classée.

— Ah! bah !

— Dame ! que voulez-vous? Il n'y a pas d'habileté qui tienne quand on est obligé de marcher à tâtons et que l'on n'a aucun indice.

— C'est vrai, fit doucement l'inconnu. Mais c'est ce pauvre diable de Jandrin qui l'a manquée belle !

— Eh bien ! oui, s'écria le chef de la police. Jandrin était innocent, Jandrin n'avait trempé en rien dans le crime, et il est arrivé que les mag trats chargés de l'instruction de l'affaire ont arrêté leurs soupçons sur lui.

« Mais ce que je ne comprends pas, ce que je ne m'explique pas, c'est que l'opinion publique pousse aujourd'hui de tels cris, jette aujourd'hui de telles clameurs.

« Certes, cette erreur-là était regrettable, je suis le premier à le reconnaître et à en convenir, mais enfin, n'était-elle pas au fond très excusable ?

« Est-ce que ce Jandrin, que tout le monde plaint maintenant, ne s'était pas conduit comme un vaurien, comme un sacripant avec ces deux femmes qui n'avaient eu que le tort de le recueillir et de l'aimer ?

« Est-ce que ce n'est pas un paresseux, un fainéant de la pire espèce, qui n'a jamais vécu qu'en état de vagabondage ?

« Eh bien! dans ces conditions-là, comment voulez-vous que la justice, quand elle a eu à rechercher l'auteur du crime de la rue de Roanne, n'ait pas été amenée à penser à lui ?

« Est-ce que cela était possible?

« Est-ce que cela ne s'imposait pas?

Puis, haussant les épaules, le chef de la police ajouta :

— Non, voyez-vous, à mon avis, on fait beaucoup de bruit pour rien.

— Et Ravachol? dit tout à coup l'inconnu.

L'ancien faux-monnayeur venait d'avoir un imperceptible tressaillement.

Quant à Cormon, ses yeux luisaient, étincelaient.

Coupant la parole à son chef, il s'empressa de répondre :

— Ravachol?... Eh bien! parbleu, il court encore, mais on peut être tranquille, car je réponds bien qu'il ne courra pas toujours.

— Tant mieux!... Mais vous avez donc pu avoir d'autres renseignements, d'autres indices?...

— Nous savons qu'il n'a pas bougé d'ici, je veux dire pas bougé de Saint-Étienne ou des environs, et cela nous suffit.

— Pas bougé! Pas bougé!... Est-ce bien sûr?... Depuis le temps!...

— Oui, oui, encore un peu de patience, et je vous dis que nous le prendrons! dit l'agent la voix brève.

— Puissiez-vous dire vrai!... Ce serait un vrai soulagement pour tout le monde! répondit l'inconnu.

Mais on venait d'arriver à Rive-de-Gier.

Les deux policiers descendirent.

— Au revoir ! dit le chef.

— Au revoir ! dit l'inconnu.

Ils se donnèrent une poignée de mains, puis le train repartit.

Ravachol venait de se mettre à respirer bruyamment.

— Ouf ! s'écria-t-il, quel poids de moins sur la poitrine !... Il me semblait, tout à l'heure, que j'allais étouffer.

— Bah ! répondit l'inconnu avec un sourire, quand je vous disais que vous n'aviez rien à craindre...

Puis, passant la tête à la portière, il ajouta :

— Mais voici Lyon là-bas, nous sommes bientôt arrivés... Préparez-vous à descendre.

En effet, quelques minutes après, les voix des employés retentissaient :

— Lyon-Perrache !... Lyon-Perrache !...

L'inconnu avait déjà mis pied à terre. Il s'empara vivement du bras de Ravachol, puis lui glissa dans l'oreille :

— Je crois qu'il y a un train qui doit partir pour Paris dans une heure... Mais je vais m'en assurer... Attendez-moi là...

Il venait de le camper dans la salle des Pas-Perdus, puis il disparut.

Il revint au bout d'un instant, tout courant, tout essoufflé.

— Ah ! mais non, s'écria-t-il, c'est tout de suite qu'il part... dans quelques minutes... Vous n'avez que tout juste le temps de prendre votre billet...

Et la voix subitement très grave :

— Et maintenant, ajouta-t-il, il dépend de vous de garder votre tête sur vos épaules... Pas d'imprudence, et la police cherchera encore longtemps Ravachol...

— Et votre nom ?... Vous ne voulez pas me dire votre nom ? dit vivement l'ancien faux-monnayeur.

— Non, non, pas aujourd'hui, plus tard... Mais nous nous reverrons, nous nous retrouverons, vous pouvez en être sûr... Adieu !...

Et brusquement, rapidement, l'étrange inconnu se perdit dans la foule.

Quelques secondes plus tard, Ravachol était en route pour Paris.

DEUXIÈME PARTIE

LA DYNAMITE

I

L'EXPLOSION DU BOULEVARD SAINT-GERMAIN

Six mois s'étaient écoulés depuis que le meurtrier de l'ermite de Chambles avait enfin réussi à s'évader de Saint-Étienne.

Un soir, vers les cinq à six heures, une vieille femme sortait de la maison qui porte le n° 2 du quai de la Marine, à Saint-Denis.

Et cette femme n'avait pas encore fait deux pas au dehors, qu'elle se retourna brusquement, toute surprise.

Quelqu'un venait de lui crier son nom :

— Hé ! madame Grégoire ?... écoutez donc !

Une autre vieille femme toute petite, toute ronde, accourait.

— Ah ! c'est vous, madame Charpentier ?

— Oui, oui, c'est moi, je voulais vous parler...

Et baissant la voix elle ajouta :

— Vous avez un nouveau locataire ici, au 2 ?... Est-ce vrai, ce que l'on m'a dit ?... On prétend que c'est un individu qui a des allures très étranges, très mystérieuses...

— Oh ! pour ça oui que le monsieur a des allures étranges ! dit vivement Mme Grégoire.

— Savez-vous son nom ?

— Non, non, je ne sais pas son nom, mais ce que je sais c'est qu'il n'adresse jamais la parole à personne et qu'il sort tous les matins pour ne rentrer que dans la nuit.

« Dans les premiers temps il ne recevait pas un chat chez lui et vivait tout seul comme un sauvage, un vrai sauvage. Mais depuis quelque temps on voit quelquefois des hommes monter chez lui... des hommes qui restent très longtemps, comme s'ils avaient beaucoup de choses à se dire.

« Et puis ce n'est pas tout...
— Oh ! dites-moi tout, madame Grégoire...
— Il paraît qu'il se déguise !...
— Il se déguise !
— Oui, oui, c'est comme j'ai l'honneur de vous le dire : il change très souvent de costume et plus souvent encore de physionomie...
— Que me dites-vous là !
— Ainsi tantôt il sort en veston et chapeau mou, comme un ouvrier; tantôt en redingote et chapeau haut de forme, comme un bourgeois... Enfin, un jour il porte la barbe, un autre jour la moustache seulement, le lendemain les favoris...
— Mais alors, qu'est-ce donc que cet homme?
— Je n'en sais rien.
— Il faudrait tâcher de savoir... Je vais m'occuper de ça. Comptez sur moi...

« Au revoir, madame Grégoire!
— Au revoir, madame Charpentier!
Et les deux vieilles femmes se séparèrent.

Elles n'avaient pas encore fait vingt pas qu'un jeune homme d'environ dix-sept à dix-huit ans, vêtu d'habits de travail, et le regard très vif, l'air très décidé, s'engageait rapidement dans la maison.

Il monta presque en courant quelques marches qui conduisaient au premier étage, puis frappa d'une façon particulière à une petite porte qui se trouvait en face de lui.

Quelques secondes s'écoulèrent, puis un homme vint ouvrir.

C'était Ravachol. En apercevant le jeune homme, il eut un sourire :
— Tiens ! c'est toi, Biscuit?... Eh bien! qu'as-tu donc?... Pourquoi ris-tu?
— Ah! si tu savais ce que c'est rigolo! s'écria l'autre.
— Quoi donc?
— Voilà maintenant qu'on se met à faire sauter les cambuses des bourgeois!

LES EXPLOITS DE RAVACHOL

Au dire d'un passant, deux individus avaient été vus.

L'ancien faux-monnayeur avait tressailli.

— Les cambuses des bourgeois? dit-il.

— Oui, parfaitement. Ce matin on a essayé de faire sauter l'hôtel de la princesse de Sagan...

— Où ça?

— Rue Saint-Dominique, près de l'ambassade d'Espagne...

— Et par qui as-tu appris cette nouvelle-là?

— Eh! parbleu, par ce journal-là... par tous les journaux... On ne parle pas d'autre chose... Tiens, veux-tu que je te narre la chose... Écoute-moi ça!

Et, dépliant le journal qu'il venait de sortir de sa poche, Biscuit se mit à lire l'entrefilet suivant :

« Une explosion des plus considérables, causée certainement par la dynamite, s'est produite devant l'hôtel occupé par Mme la princesse de Sagan, 57, rue Saint-Dominique, près de l'ambassade d'Espagne.

« Vers 8 heures du matin, le concierge de l'hôtel, un homme de quarante-cinq ans environ, M. Praud, balayait le trottoir de l'hôtel lorsqu'il aperçut, en dehors, dans l'angle de la porte cochère, une boîte en fer-blanc, de la dimension d'une boîte à sardines, placée verticalement contre la porte et le mur.

« Le concierge prit cette boîte et la déposa dans le ruisseau.

« Praud continua à nettoyer la porte, puis balaya le ruisseau; c'est alors que l'engin éclata.

« La détonation fut d'une extrême violence.

« On eût dit un coup de canon.

« Le concierge, étourdi par le bruit, resta plusieurs minutes sans avoir conscience de ce qui se passait.

« Quand il eut repris son sang-froid, il s'aperçut avec étonnement qu'il n'avait reçu aucune blessure grave.

« La force de l'explosion a été telle que les carreaux des fenêtres de toutes les maisons voisines ont volé en éclats.

« La rue Saint-Dominique est remplie de débris de verre. L'hôtel voisin, n° 59, qui appartient à Mme la princesse de Sagan, mais qui est habité par M. le duc de Feltre, a eu plus de cinquante vitres brisées.

« L'hôtel du duc d'Albuféra, qui porte le n° 55, a été moins atteint; une douzaine de carreaux seulement ont été cassés.

« Chez M. le comte de Boisgelin, 32, rue Saint-Dominique, en face de l'hôtel de Mme la princesse de Sagan, un grand nombre de fenêtres sont veuves de carreaux. Les maisons portant les n°s 30, 34 et 36 ont également souffert. A l'hôtel même de Mme la princesse de Sagan, les dégâts sont insignifiants, à peine une dizaine de vitres à remplacer.

« Un gardien de la paix a ramassé les débris de l'engin.

« Bientôt après, arrivaient sur le lieu de l'explosion, M. Gaillot, chef de la police municipale, M. Lozé, préfet de police, et M. Risler, maire du VIIe arrondissement. M. Lozé a interrogé lui-même le concierge Joseph Praud, qui a raconté de quelle façon l'explosion s'était produite. Le concierge croit se rappeler que la boîte était munie, à une de ses extrémités, d'un tube en verre. C'est absolument par hasard qu'il a déposé l'engin dans le ruisseau au lieu de l'y jeter. S'il avait agi ainsi, il eût probablement été tué.

« M. Praud n'avait rien remarqué d'anormal, la veille au soir.

« Il s'est couché un peu avant dix heures, dimanche ; mais, pendant la nuit, il a entendu, à une heure qu'il ne peut préciser, des cris qu'il a attribués à un passant pris de boisson.

« Mme la princesse de Sagan, qui se trouve actuellement à Cannes, a été prévenue par télégramme de l'attentat commis contre l'hôtel de la rue Saint-Dominique ; mais on l'a rassurée sur les conséquence de l'explosion.

« Les débris de l'engin, apportés chez le commissaire de police, se composent de deux fragments : l'un mesure 5 centimètres de longueur sur 2 de large ; l'autre affectant la forme carrée, a été tout déchiqueté par l'explosion. Il mesure 13 centimètres sur 11.

« Un fait curieux à signaler : Chez un charbonnier dont la boutique est située précisément en face de l'hôtel de Sagan, le globe d'une pendule a été réduit en miettes.

« Un grand nombre de curieux stationnent depuis ce matin, rue Saint-Dominique, et commentent l'événement.

« M. Praud a été atteint, sous l'œil droit, par un morceau de gravier ou de fer-blanc qui a meurtri les chairs. Le gonflement des paupières est assez considérable, mais on ne craint aucune complication.

« On croit sérieusement que les auteurs de l'attentat doivent être des anarchistes espagnols qui, ignorant que l'ambassade d'Espagne était transférée au boulevard de Courcelles, ont voulu mettre à exécution un projet de vengeance dont ils avaient menacé le personnel de l'ambassade, à cause des exécutions de Xérès... »

Et Biscuit, remettant son journal dans sa poche, regarda Ravachol. Celui-ci demeurait pensif.

Puis il haussa les épaules et, doucement, avec un sourire de dédain :

— Des maladroits! finit-il par dire. Quand on veut se mêler de faire de ces coups-là, il faut les faire plus proprement que ça!...

Et un éclair avait lui dans son regard.

Brusquement il saisit le bras du jeune homme, puis la voix sourde, le regard plein de flammes :

— Et puis, veux-tu que je te dise? s'écria-t-il. Eh bien! moi aussi, je veux en faire sauter, des cambuses!... Oui, moi aussi!... Et j'ai mon explosif, que tu ne connais pas, explosif que j'ai fabriqué, inventé moi-même, sans que cela t'étonne, sans que cela te fasse rire!... Connais-tu la panclastite?

— La panclastite? bredouilla Biscuit, au comble de l'étonnement.

— Oui, oui, la panclastite!... Eh bien! tel que tu me vois, j'en ai inventé une de ma façon qui est deux fois plus puissante que la panclastite ordinaire et cinq plus forte que la nytro-glycérine... Oh! tu verras ça, petit, tu verras ça!... Je te dis qu'avant peu on parlera de Ravachol!

— Avant peu?

— Oui, avant peu, avant peu... Il y a là-bas, boulevard Saint-Germain, un juge, un robin, qui m'embête... Et je vais tout simplement le supprimer, et je vais tout simplement le faire disparaître... Oui, je te le répète encore, mon fiston, tu verras ça!...

Et, tandis que Biscuit demeurait de plus en plus ahuri, l'ancien faux-monnayeur reprit vivement :

— Il y a déjà quelque temps que j'y pense et j'ai mon plan... Tu viendras avec moi si tu veux... Et nous emmènerons aussi Mariette... Sans lui dire ce que je veux faire, sans lui expliquer de quoi il s'agit, je lui ferai passer l'engin, je lui ferai passer la marmite sous ses jupes pour qu'il ne soit pas vu à l'octroi, et une fois là-bas, boulevard Saint-Germain, je me charge du reste!...

Et peu de temps après, en effet, Paris apprenait avec stupeur, avec épouvante, l'explosion du boulevard Saint-Germain.

Ravachol avait voulu se venger de M. Benoît, un magistrat qu'il exécrait tout particulièrement.

N'était-ce pas, en effet, M. Benoît qui avait présidé, devant la cour d'assises de Saint-Étienne, les débats de l'affaire de Chambles, débats au bout desquels Julie, la maîtresse de l'ancien faux-monnayeur, et ses complices avaient été condamnés ?

Et ce crime-là commis, Ravachol était demeuré très tranquillement là-bas, dans son petit appartement du quai de la Marine, à Saint-Denis.

— Oh! ils peuvent chercher, ils peuvent chercher tant qu'ils voudront! pensait-il en lisant dans les journaux qu'il avait soin de se procurer tous les matins les détails que l'on donnait sur les recherches faites par la police... S'ils me trouvent, ils seront malins!...

Mais, un beau jour, il perdit de son assurance.

Biscuit venait d'arriver chez lui tout effaré, tout livide.

— Eh bien! qu'est-ce donc? s'écria l'ancien faux-monnayeur. Est-ce qu'il y aurait du nouveau?... Parle vite!

— Il y a que l'on sait que c'est toi qui as fait le coup! dit le jeune homme la voix étranglée.

— Quelle blague!

— Ce n'est pas une blague... Tous les journaux donnent ton nom... donnent ton signalement... Et puisque tu ricanes et que tu as l'air de ne pas me croire, eh bien ! tiens, donne-toi la peine de lire ces quelques lignes-là.

Et Biscuit mettait dans les mains de l'ancien faux-monnayeur un journal.

Alors celui-ci, un peu pâle, lut pour lui seul les lignes suivantes :

« *Signalement de l'auteur présumé de l'attentat du boulevard Saint-Germain :*

« RAVACHOL (*François-Claudius*), dit *Richard*, dit *Léon Léger*, dit *Kœnigstein*.

« Né à Saint-Chamond (arrondissement de Saint-Étienne), le 14 octobre 1859...

« Ravachol est arrivé de Saint-Étienne à Paris, à la fin de juillet 1891. Il disait faire la représentation commerciale pour le papier à cigarettes, les roulettes à imprimer la broderie et les timbres de caoutchouc.

« Visage osseux. Tête de dimensions moyennes. Teint jaunâtre, pâle; se met du rouge sur les joues. Aspect maladif.

« Cheveux noirs ou châtain foncé, assez longs et soignés. Change constamment la coupe de sa barbe. Vers le 15 mars, il a dû faire couper sa barbe, ne conservant que la moustache qui serait très fournie.

« Front haut, en partie couvert par les cheveux. Yeux clairs (bleu verdâtre?). Nez moyen plutôt long; sourcils bruns.

« A, d'une manière très marquée, l'accent stéphanois (parler lent et trainard), voix forte.

« Taille ordinaire, plutôt un peu grand, maigre, cicatrice ronde sur le dos de la main gauche, cicatrice sur la bosse frontale gauche, deux grains de beauté sur la partie gauche de la poitrine à environ 16 centimètres de la ligne médiane. Bras très longs, pieds et mains très grands, mains très soignées.

« Il porte constamment un gant à la main gauche, ou tire en avant la manche de son vêtement pour dissimuler la cicatrice de cette main.

« Chapeau haut de forme, chapeau de feutre marron forme melon, chapeau mascotte très foncé. Paletot foncé, pèlerine en drap noir, redingote noire avec pantalon noir, ou costume gris avec veston, ou enfin costume marron clair, presque neuf. Bottines à boutons; porte habituellement des gants, du linge propre et est très soigné de sa personne. »

L'ancienne faux-monnayeur avait lu, et il y eut un silence.

Comment la police pouvait-elle être si bien instruite?

Comment les soupçons s'étaient-ils portés sur lui?

— Ah! bah! s'écria-t-il les dents serrées, un peu plus pâle encore, nous saurons toujours ça, plus tard... Pour le moment, le plus pressé, c'est de déguerpir.

Et, sur-le-champ, il quitta la maison du quai de la Marine pour chercher une retraite plus sûre.

Et Ravachol était là depuis quelques jours seulement quand, un matin, il eut un bond de surprise et de colère aussi en lisant les journaux qu'il venait d'acheter.

L'explosion de la caserne Lobau s'était produite et les feuilles que Ravachol avait sous les yeux en rendaient compte en ces termes :

« Cette fois c'est à la caserne Lobau, où sont logées des troupes de la garde républicaine, que l'engin explosif a été déposé la nuit dernière ; il était exactement 1 h. 20.

« La caserne Lobau forme un quadrilatère limité par quatre rues : la rue de Rivoli, la place Baudoyer, la rue Lobau, la place Saint-Gervais et la rue François-Miron.

« C'est sur le rebord du réfectoire de la caserne, situé au rez-de-chaussée, et qui fait l'angle de la place Saint-Gervais et de la rue François-Miron, que la cartouche de dynamite a été placée.

« Juste au-dessous de cette fenêtre, qui n'est élevée au-dessus du sol que d'un mètre cinquante environ, se trouve un urinoir adossé au mur.

« Cet urinoir est masqué par une cloison de tôle.

« A l'heure tardive où le crime a été commis, rien n'a donc été plus facile à l'auteur de l'attentat que de se dissimuler derrière la cloison ; il a pu placer, sans être inquiété, son terrible engin sur le rebord de la fenêtre, allumer ensuite une mèche qui devait pendre le long de la muraille, et brûler sans que le feu fût aperçu des rares personnes qui auraient traversé la place.

« Tout le monde dormait dans la caserne quand l'explosion s'est produite.

« On n'a constaté qu'une seule détonation. Elle a été formidable ; l'écho l'a répercutée si bien que des voisins ont cru entendre trois explosions successives.

« Le réfectoire était naturellement désert à cette heure. La fenêtre a été arrachée, des éclats de fer et de bois, projetés dans la pièce, ont brisé des tables, crevé des placards.

« Les couverts dressés pour le repas du matin ont été culbutés, cassés, ébréchés, — certaines pièces ont été pulvérisées. Le rideau de la croisée a été réduit en une charpie dont on retrouvait des fragments dans les débris qui jonchaient le parquet et les tables ; un broc de zinc placé près de la fenêtre a été brisé.

« On a retrouvé, dans la cour intérieure, un fragment de barreau, arraché, qui avait traversé le réfectoire dans toute sa longueur et défoncé la porte.

« A l'extérieur les dégâts sont très apparents, la pierre a éclaté sur beaucoup de points sans que la solidité du monument soit cependant menacée. Douze fenêtres du premier étage ont eu leurs vitres brisées par la commotion. Il n'y a eu aucun accident de personnes.

« La vieille église Saint-Gervais, qui fait face à la caserne où a éclaté la cartouche, a eu aussi à souffrir des effets de la dynamite. Deux superbes vitraux d'un grand prix, représentant l'un *saint Jean et saint Nicolas*, l'autre le *Baptême du Christ*, ont été brisés en plusieurs endroits.

« Les maisons portant les numéros 2, 4, 6 de la rue François-Miron ont eu tous leurs carreaux cassés et en maints endroits des fissures se sont produites dans les murs.

« Les environs de la caserne Lobau étaient partout jonchés de débris de verre. Une foule compacte, maintenue à grand'peine par les agents, a stationné hier aux abords du monument dynamité.

« Au bruit de l'explosion, la sentinelle qui se trouvait en faction s'est précipitée du côté de la place en appelant le poste aux armes, mais il était déjà trop tard, le ou les auteurs de l'attentat avaient disparu.

« Au dire d'un passant, deux individus, venant de la place Saint-Gervais, auraient été vus, s'enfuyant, vers une heure vingt-cinq du matin, dans la direction du pont d'Arcole.

« A deux heures, M. Lozé a été prévenu de l'attentat qui venait d'être commis. Il s'est fait conduire à la caserne Lobau, où il a trouvé M. Duranton, commissaire de police, procédant aux premières constatations. Mais il a fallu bientôt, à cause de l'obscurité, renoncer aux recherches.

« Hier, à la première heure, M. Duranton a poursuivi son enquête sur les lieux de l'explosion.

« Il a constaté tout d'abord que la large plaque de tôle qui entoure l'urinoir était percée de multiples petits trous circulaires, de dimensions différentes, ce qui a fait croire que, tout comme l'engin qui a servi boulevard Saint-Germain, l'explosif employé contre la caserne Lobau était chargé de mitraille.

« Dans le réfectoire de la caserne et au bas de la fenêtre on a retrouvé les débris de la cartouche. Ce sont de menus morceaux de cuivre rouge étamé, dont quelques-uns ont été calcinés par la flamme.

« Ces pièces à conviction ont été remises à M. Girard, chef du laboratoire municipal, qui est venu hier matin à la caserne Lobau.

LES EXPLOITS DE RAVACHOL

Et sa lecture achevée...

« M. Duranton a placé sous différents scellés ce qui reste de l'enveloppe de la cartouche, les morceaux de fer arrachés à la grille de la fenêtre et le broc de zinc mis en pièces.

« M. Atthalin, juge d'instruction, a été chargé de l'enquête.

« Aucun renseignement utile pour la marche de l'instruction n'a été encore recueilli.

« Au premier moment un passant avait déclaré avoir vu s'enfuir sur le pont d'Arcole les deux individus dont nous parlons plus haut.

« Ce témoin, interrogé par M. Duranton, a reconnu que les deux hommes qu'il avait aperçus ne couraient nullement; ils se dirigeaient tranquillement vers les Halles, pour y prendre leur travail probablement.

« Une double arrestation avait été opérée quelques instants après l'explosion, rue Lobau même.

« Deux camelots commentaient l'explosion et en riaient un peu trop fort.

« Un garde républicain qui avait été réveillé en sursaut et jeté hors de son lit par le coup de dynamite entendit un des noctambules dire à son compagnon : « Ah! moi, tu sais, je m'en f... de leur attentat, ça me « fait rire. »

« Le garde signala les deux hommes à un brigadier de la paix qui les arrêta et les conduisit au poste.

« Ils ont donné leurs noms et leurs adresses à M. Duranton, qui est allé opérer une perquisition chez eux. Rien n'ayant été découvert, ils ont été remis en liberté.

« Personne n'a vu d'individus suspects quitter la place Saint-Gervais quelques instants avant l'explosion. Il y a pourtant tout près, à quelques mètres de l'endroit où a été déposé l'engin, un poste de police, celui de la mairie du IV⁰ arrondissement, à la porte duquel il y a toute la nuit un planton. L'agent, interrogé, a affirmé n'avoir aperçu aucun individu. Un garde, qui rentrait à la caserne, a passé quelques minutes avant que la cartouche éclatât, il n'a vu âme qui vive sur la place.

« M. le général Ladvocat, commandant supérieur de la défense de Paris, accompagné de plusieurs officiers, est venu dans la matinée à la caserne Lobau qu'il a visitée en détail.

« L'émoi est grand à la Préfecture de police, dont toutes les portes ont été fermées hier de très bonne heure et où l'on ne pénétrait que dûment accompagné par un gardien de la paix.

« On assure qu'après avoir conféré avec le ministre de l'Intérieur, M. Lozé aurait, d'accord avec le parquet, décidé de faire perquisitionner ce matin chez les anarchistes connus habitant Paris ou la banlieue.

« Ce qui est certain, c'est que dans la soirée, un grand nombre de commissaires ont été les uns convoqués à la Préfecture de police pour recevoir des ordres spéciaux, les autres avisés par exprès de missions encore secrètes.

« Aux magistrats appelés on avait recommandé évidemment de faire leur possible pour n'être pas vus, car ils prenaient des précautions inusitées, passaient par des couloirs interminables où quelques-uns se sont égarés : l'un d'eux a failli être arrêté par un garde républicain qui l'a trouvé dans les combles de la caserne de la Cité où il s'était fourvoyé.

« Dans les dépendances du Palais de Justice, où sont installés certains services de la préfecture, la consigne était également sévère.

« La femme d'un employé à l'habillement, logée au troisième étage, au-dessus des délégations judiciaires, revenait vers six heures de faire ses provisions.

« Elle avait au bras un cabas ; on le lui avait fait vider ; il contenait des pommes de terre que le gardien de la paix soupesait, et des oranges enveloppées de papier qu'il maniait avec des précautions extrêmes.

« Rien n'a éclaté et la bonne femme interloquée a réintégré pommes de terre et oranges dans le cabas suspect.

« Ce sont là les petits côtés amusants d'une situation dont il serait puéril de contester la gravité.

« Nous l'avons dit : les auteurs de ces crimes ont beaucoup de chances de rester impunis ; ils ne laissent d'autres traces de leur passage que la dévastation ; on ne sait même pas contre qui l'attentat qu'ils ont commis est dirigé.

« M. Girard croit que l'engin qui a fait explosion était une cartouche de dynamite pesant 200 à 300 grammes. La douille de la cartouche, dont on a trouvé des fragments, est en cuivre rouge étamé. Cette douille, de forme cylindrique, pouvait avoir 15 à 20 centimètres de longueur ; elle était rivée, tandis que les cartouches de mélinite sont brasées.

« La plaque de l'urinoir va être démontée et des expériences seront faites sur cette plaque et d'autres semblables avec différents engins, afin de déterminer aussi exactement que possible le poids et la composition de celui qui a été employé.

« Le chef du laboratoire n'a pu établir encore si la cartouche employée contenait, outre l'explosif, un certain nombre de projectiles.

« M. Girard avait d'abord pensé que les rivets formant le cylindre métallique de la cartouche, avaient pu produire les petits trous dont l'urinoir est criblé ; mais d'après de nouvelles constatations faites dans l'après-midi d'hier, cette première hypothèse semble perdre de sa valeur.

« En effet, sur les marches du trottoir qui donnent accès aux maisons faisant face à la caserne du côté de la rue François-Miron, et dans les devantures des boutiques, on a relevé des traces en trop grand nombre pour qu'il soit possible de les attribuer aux seuls rivets de la douille métallique. »

Et sa lecture achevée, Ravachol jeta loin de lui, dans un mouvement plein de colère, le journal froissé, déchiré.

Lui, qui devait plus tard, lors de sa comparution devant la Cour d'assises de la Seine, se montrer très fier de laisser derrière lui des successeurs et des disciples, lui qui se vantait d'avoir enseigné à ses amis la fabrication d'un explosif terrible, il ne pouvait s'empêcher en ce moment d'être plein de fureur, plein d'exaspération en songeant à la concurrence que l'on venait de lui faire.

En effet, ce nouvel attentat-là, suivant de si près l'explosion du boulevard Saint-Germain, n'allait-il pas tout simplement servir qu'à redoubler le zèle de la police, c'est-à-dire qu'à aggraver davantage encore sa situation déjà si grave ?

Et puis détruire cette caserne, à quoi bon ? pourquoi faire ? qu'est-ce que cela voulait dire ?

N'était-ce pas, vraiment, se donner trop de peine, se donner trop de mal pour un résultat qui, même obtenu, aurait fait sourire de pitié l'ancien faux-monnayeur ?

— Ah ! oui, des naïfs, des emballés ! murmura-t-il entre ses dents tout en se promenant très vivement de long en large dans sa chambre. Il ne s'agit pas seulement de frapper, mais il faut surtout savoir choisir ceux que l'on frappe... Et moi, là-dessus, j'ai des idées, des projets... Mais cette caserne !... Non, ce n'est pas fort !...

Et, toujours dédaigneux, il venait de hausser les épaules, quand il s'arrêta court, un peu inquiet.

— Est-ce qu'il n'y a pas quelqu'un là? fit-il tout bas.

Et en effet, très doucement, très mystérieusement on frappait, ou plutôt on grattait à sa porte.

Puis, comme il ne bougeait pas, comme il ne répondait pas, serrant déjà nerveusement dans sa poche le revolver qui ne le quittait jamais, soudain il eut un nouveau tressaillement.

A travers le trou de la serrure, une voix lui jetait ou plutôt lui murmurait son nom, non point ce nom de Ravachol qui était déjà si compromis, pour ne pas dire si célèbre, mais le nom de Léon Léger qu'il avait presque tout le temps porté à Saint-Étienne.

Et de plus en plus étonné, de plus en plus surpris, l'assassin de l'ermite de Chambles se redressa.

— Tiens! tiens! qu'est-ce donc? pensa-t-il; qu'est-ce que cela veut dire?

Et tout bas, dans un souffle, la voix l'appelait toujours :

— Léger!... Léger!...

A pas de loup, l'ancien faux-monnayeur s'était rapproché de la porte, et, tout à coup, son visage tout contracté, son visage tout pâle, s'illumina d'un sourire.

Maintenant il n'avait plus d'inquiétude.

Maintenant cette voix qui ne se lassait pas de l'appeler, il la reconnaissait.

— C'est Bricol! murmura-t-il.

Et sans peur, sans crainte, il ouvrit.

L'autre venait de passer.

Sans bruit, la porte se referma.

Et très droit, la tête rejetée en arrière, un sourire sur les lèvres, et les deux mains dans ses poches, Ravachol regarda son visiteur.

— Ah bah! c'est toi? dit-il. Je ne t'attendais pas...

— Je sais bien. Tu attendais Biscuit, répondit Bricol, un grand garçon au teint blafard et dont le regard était presque aussi énergique que celui de l'ancien faux monnayeur.

— C'est-à-dire qu'il m'apporte de temps en temps des nouvelles de ce qui se dit, de ce qui se fait... Mais je l'attendais sans l'attendre...

— Et tu faisais bien...

Ravachol venait d'avoir un mouvement.

— Je faisais bien ?

— Oui, oui, tu faisais bien...

— Et pourquoi donc ?

— Parce que tu aurais pu l'attendre longtemps... parce que Biscuit est à l'ombre.

— Biscuit !

— Oui, parfaitement... On l'a arrêté comme ton complice dans l'affaire du boulevard Saint-Germain...

— Ah ! le pauvre bougre !

— Et il n'est pas le seul que la police ait pincé... Mariette aussi est au bloc...

— Mariette !

— Oui, Mariette... ne t'a-t-elle pas aidé à passer là-bas à l'octroi la marmite, la fameuse marmite ?...

— Eh bien ! oui, mais la pauvre fille ne savait rien, ne se doutait de rien...

— C'est possible. Mais enfin on l'a coffrée tout de même... Et son amoureux aussi.

— Béala ?

— Oui, Béala... Et ton hôte, ton compatriote, Chaumartin.

— Chaumartin !

— Oui, Chaumartin n'y a pas coupé non plus... Quand la police est arrivée à Saint-Denis, il était tranquillement en train de travailler dans son atelier de la rue du Port... tu sais, ce petit atelier tout encombré d'outils et de machines ?

— Parbleu !... à qui parles-tu ?

— Et Chaumartin, qui ne s'attendait pas à une pareille surprise, forgeait, perçait, taraudait,... Il s'occupait de sa nouvelle invention... de cette machine à vapeur qui doit servir à la traction des voitures ordinaires,...

— Je sais... je connais...

— Et tout à coup voilà un commissaire de police, voilà des agents qui tombent là-dedans... Comme on pensait trouver des engins, des matières explosibles, on perquisitionne, on fouille partout...

« Puis, le commissaire s'installe et interroge Chaumartin...
— Sur qui, sur quoi? dit vivement l'ancien faux-monnayeur.
— Sur toi.
— Sur moi?
— Mais oui!... Laisse-moi donc parler!... Attends donc un peu!

« Le commissaire de police commence par tirer de sa poche ton signalement, puis demande :

« — N'avez-vous pas été en relations avec un nommé Ravachol (François-Claudius), dit Richard, dit Léon Léger, dit Kœnigstein?...
— Et alors?
— Et alors Chaumartin, sans doute un peu étourdi par tous ces noms que l'on te donne, a d'abord eu un mouvement de surprise.

« Puis enfin, il finit par répondre, toujours très calme et sans même sourciller :

« — Oui, c'est parfaitement exact... oui, j'ai été en relations avec Ravachol...

« — Depuis combien de temps le connaissiez-vous?

« — Depuis quelques mois seulement.

« — Où l'avez-vous connu?

« — Ici même, à Saint-Denis.

« — D'où venait-il alors?

« — De Saint-Étienne, et il m'avait été recommandé par quelques amis.

« — Une assez grande intimité n'a pas tardé à s'établir entre vous, et non seulement vous l'avez reçu, mais encore vous l'avez hébergé dans votre maison...

« — J'ai fait pour Ravachol ce que j'aurais fait pour tous... Et puis, il était mon compatriote... Est-ce que je pouvais lui refuser quelques petits services?

« — Cependant vous ne deviez pas ignorer le passé de cet homme?

« — Son passé?

« — Vous ne deviez pas ignorer qu'il était recherché par la justice pour un crime commis l'année dernière dans le département de la Loire, pour un assassinat commis sur la personne d'un vieillard nommé Jacques Brunel?

« — Non, je ne savais rien... Ce n'est que depuis très peu de temps que j'ai entendu raconter cette histoire.

« — Ce n'est pas une histoire. C'est un fait. On a contre votre compatriote, on a contre votre ami les preuves de cet assassinat.

« — Je vous répète que je ne savais rien.

« — C'est bien extraordinaire.

« — C'est ainsi.

« — Oui, c'est d'autant plus singulier, c'est d'autant plus extraordinaire que vous avez des rapports très fréquents, des rapports très suivis non seulement avec votre famille, mais encore avec des gens, avec des amis qui habitent votre pays.

« — Je ne puis rien dire de plus. Je ne savais rien. Je n'avais jamais su, je n'avais même jamais entendu parler de Ravachol avant de le rencontrer à Saint-Denis.

« — Soit. Passons. Mais vous serez bien obligé d'avouer que la connaissance entre vous a été vite faite et qu'elle est même devenue bientôt si intime que vous avez consenti à devenir son complice pour le nouveau crime qu'il méditait.

« Mais tu vois d'ici, mon vieux Ravachol, poursuivit Bricol, la figure de Chaumartin à ces dernières paroles du commissaire.

« En effet, tu ne lui avais jamais fait tes confidences et jamais tu ne lui avais dit un traître mot qui pût lui donner l'éveil et lui faire supposer que tu étais dans l'intention de faire sauter la maison du boulevard Saint-Germain.

« Par conséquent, comment aurait-il pu être compromis dans ton affaire? Comment aurait-il pu être ton complice?

« Et naturellement il s'indigna ferme, protestant avec beaucoup de force et beaucoup d'énergie contre l'étrange accusation qu'il venait d'entendre.

« Mais le commissaire n'en persistait pas moins dans son opinion.

« — Bien, bien, fit-il ironiquement. Quand je vous accuse d'avoir été le complice de Ravachol dans l'explosion du boulevard Saint-Germain, dans cette explosion qui avait surtout pour but d'atteindre un magistrat, M. Benoît, il paraît que je me trompe...

« C'est entendu.

« Mais alors comment m'expliquerez-vous le fait suivant?...

LES EXPLOITS DE RAVACHOL

Le parquet fut rapidement informé de l'explosion.

« Et comme Chaumartin venait de nouveau de le regarder avec beaucoup de surprise :

« — Oui, reprit-il, comment m'expliquerez-vous ceci ? Un jour, Ravachol est venu ici, Ravachol est venu dans cet atelier et vous a apporté une petite marmite en fonte à laquelle il voulait faire adapter, il voulait faire souder un couvercle en tôle... Est-ce vrai ? est-ce exact ?

« — Eh bien ? dit Chaumartin.

« — Eh bien ! ce travail-là, vous vous en êtes chargé... ce travail-là, vous l'avez fait...

« — Je le reconnais, répondit vivement Chaumartin, mais j'affirme que je ne connaissais pas les intentions de Ravachol et que j'ignorais complètement, absolument, l'usage qu'il voulait faire de cette marmite.

« Mais Chaumartin eut beau protester, on l'emmena, on l'entraîna.

« Et Biscuit, que sa mauvaise chance avait amené là juste au moment où la police venait de commencer sa perquisition, fut également entraîné, emmené.

« Mais au moment où les agents allaient lui poser la main dessus, il eut pourtant encore le temps de me glisser deux mots dans l'oreille pour me donner ton adresse et me parler de toi...

« — Vois-le... Préviens-le, me dit-il.

« Et maintenant, ajouta Bricol, ce n'est pas tout et j'ai encore autre chose à t'apprendre, autre chose à te dire.

« Je sais que tu as été très étonné que les soupçons de la police se soient portés sur toi et que tu t'es demandé comment cela avait pu se faire.

« Ce n'était pas Mariette, qui ne savait rien, qui avait pu te trahir... Ce n'était pas non plus Biscuit... D'un autre côté, tu devais être d'autant moins exposé, d'autant moins soupçonné que tu ne voyais presque personne et que tu vivais comme un vrai loup.

« Eh bien ! alors, qu'était-il donc arrivé ? que s'était-il donc passé ?

« Eh bien ! mon cher, en deux mots, la vérité la voici : c'est que le coupable, c'est toi, c'est que celui qui t'a trahi, c'est toi, oui, toi-même !

— Ah ! bah ! ricana l'ancien faux-monnayeur. C'est moi qui ai mis la police sur ma piste !... c'est moi qui lui ai dit : Si vous voulez tenir l'auteur de l'explosion du boulevard Saint-Germain, dépêchez-vous d'arrêter Ravachol!... Ma parole, tu te moques de moi, ou tu es fou...

— Ni l'un ni l'autre, dit vivement Bricol. Mais rappelle-toi... Qu'as-tu fait la veille de l'explosion?... Tu es allé *éclairer* l'affaire, c'est-à-dire que tu es allé prendre des renseignements. Le concierge, enfin revenu de son ahurissement, a fini par se souvenir de ce détail-là, c'est-à-dire par se souvenir de toi... La police a dressé l'oreille... Elle a pu recueillir d'autres indications... Elle a pu retrouver ta trace à Saint-Denis, dans la petite maison du quai de la Marine... Et tu sais le reste...

— Et puis je m'en fiche, cria Ravachol. On ne me tient pas encore, c'est moi qui te le dis... Mais je ne regrette qu'une chose : c'est que la police qui a perquisitionné chez Chaumartin n'ait pas encore fait chez moi une petite perquisition...

— Si!... C'est fait!

— Pas vrai!

— Comment! pas vrai?... C'est fait!

— Non, non... Des blagues!... Je te dis que s'ils étaient entrés chez moi ils auraient tous sauté... Et j'y comptais bien!... Aussi ce que je riais!...

— Oui, le petit engin, la petite machine infernale que tu avais placée derrière ta porte?...

— Oui, mon vieux, et à la première poussée, au premier effort, plus de rousse!... Une pâtée!...

— Oui, mais ils ont dû s'en douter, ils ont dû s'en méfier, car ils s'y sont pris autrement...

— Autrement?

— Ils sont entrés par la fenêtre...

— Par la fenêtre!

— Oui, tout simplement.

— Ah! tonnerre! s'écria Ravachol les poings crispés. C'est un beau coup manqué!...

Mais Bricol, qui maintenant allait et venait dans la chambre, venait de jeter un coup d'œil dans une boîte qui demeurait entr'ouverte sur la table.

— Tiens! qu'est-ce donc que ceci? fit-il. De la cassonade?

Mais un rire formidable de l'ancien faux-monnayeur venait de faire trembler les vitres.

Et quand ce rire énorme, immense, se fut enfin éteint :

— De la cassonade, ceci? s'écria-t-il. Non, non, mon vieux, regarde mieux : c'est de la dynamite!

— De la dynamite!

— Oui, de la dynamite!... de la dynamite!... Oh! ne te recule pas, tu ne vas pas sauter!

Et doucement, l'ancien faux-monnayeur ajouta :

— Mais ça, ce n'est rien, un échantillon... Mais j'en ai d'autres... des kilos... une assez jolie petite provision pour faire sauter tout un quartier...

Et tandis que Bricol le regardait un peu saisi :

— Oui, mon vieux... Et j'en connais qui sauteront, et j'en connais qui danseront! reprit Ravachol dont la voix était devenue subitement très dure. Oh! ceux-là, ceux à qui je pense, peuvent écrire à leurs parents!... Je les ai condamnés... Il ne me reste plus qu'à les exécuter... Et tu verras!... Quel sacré pétard cela fera dans Paris!...

Et tandis que Ravachol riait d'un petit rire silencieux, il y avait dans son œil comme un éclair de fanatisme.

Puis, brusquement, il redevint très gai :

— Dis donc, ma vieille, nous allons casser une croûte ensemble... la petite croûte de l'amitié, n'est-ce pas? dit-il. Seulement, tu vas m'attendre quelques minutes... Oh! ce ne sera pas long...

Il passa vivement dans une pièce voisine, puis reparut bientôt, mais si bien costumé, mais si bien grimé, mais si bien transfiguré que Bricol recula d'étonnement.

— Est-ce toi, Ravachol? demanda-t-il. Je ne sais plus... je ne te reconnais plus... C'est épatant!...

— Arrive! arrive! dit l'ancien faux-monnayeur avec le sourire d'un homme content de lui... La police a mon signalement, n'est-il pas vrai?... Eh bien! tu vas voir comme elle est maligne la police!...

Il poussa Bricol devant lui, puis, quand ils furent dans la rue :

— Et maintenant, ajouta-t-il, contente-toi de me suivre... Et tu vas voir si quelqu'un reconnaîtra Ravachol!

Et suivi de Bricol, la tête haute, un sourire aux lèvres, l'ancien faux-monnayeur s'éloigna en faisant avec sa canne des moulinets joyeux.

II

L'ATTENTAT DE LA RUE DE CLICHY

L'explosion du boulevard Saint-Germain, puis l'attentat commis peu de jours après sur la caserne Lobau avaient rempli Paris de stupeur.

Mais à très peu de temps de là, l'épouvante allait encore grandir, la dynamite allait encore parler !

C'était le 28 mars, à huit heures du matin.

Dans la maison qui porte le n° 39 de la rue de Clichy, tout le monde dormait, reposait encore.

La porte était encore fermée, et de l'autre côté de la rue, un homme qui portait un carton de chapeau à la main, semblait guetter et attendre…

Tous les traits contractés, très pâle, cet homme jetait parfois des coups d'œil inquiets, des coups d'œil anxieux autour de lui.

Enfin la porte s'ouvrit. L'homme se redressa. Son regard, très rapide, sembla encore épier. Puis, soudain, d'un bond, il s'engouffra dans la maison.

Quelques minutes s'écoulèrent.

L'homme reparut.

Il était encore très pâle, mais cependant il y avait sur son front comme le reflet d'une joie sinistre.

Et il n'avait pas plus tôt reparu, ou plutôt il n'avait pas encore pris la fuite, que le bruit d'une explosion retentit, si formidable, si terrible, que l'on aurait pu croire que tout le quartier s'écroulait.

Une maison venait encore de sauter !

Ravachol venait encore de passer par là !

Et les renseignements sur cette nouvelle catastrophe pouvaient se résumer ainsi :

L'immeuble sinistré porte le n° 39 de la rue de Clichy et le n° 2 de la rue de Berlin. C'était une maison solidement construite.

Sur la rue de Clichy, à gauche de la porte d'entrée, se trouvent deux boutiques : l'une occupée par un relieur, l'autre par un pharmacien, M. Fournier. La pharmacie fait l'angle et s'ouvre également sur la rue de Berlin. A droite se trouve la boutique d'un marchand de volailles.

La loge du concierge est située à droite dans le vestibule. En face de la loge s'élèvent l'escalier de service et celui des maîtres, qui sont contigus, séparés seulement par une épaisse cloison.

Au fond du vestibule est une porte vitrée qui s'ouvre sur une petite cour limitée par un mur peu élevé et mitoyen à la cour de l'immeuble portant le n° 4 de la rue de Berlin.

Le premier étage est occupé par MM. Hatzfeld et Fournier, pharmacien ; le second par MM. Guillaume et Constantin ; le troisième par Mlle Bertron et M. Lecoq-Dumesnil ; le quatrième par MM. Reimonery et Lust.

Au cinquième étage demeure M. Bulot, substitut près la cour d'appel de Paris. Vis-à-vis de lui habite M. Ramey.

L'explosion s'est produite à huit heures dix minutes. Cette heure a pu être exactement déterminée, car toutes les pendules des maisons voisines se sont arrêtées à cette heure-là.

A ce moment, presque tous les locataires des maisons, surtout les n{os} 39 de la rue de Clichy et 4 de la rue de Berlin, étaient au lit.

La détonation fut formidable. Elle fut accompagnée presque immédiatement d'une grande lueur. Les locataires des boutiques sortirent aussitôt en poussant des cris désespérés. Ceux qui occupaient les appartements se mirent aux fenêtres, d'autres se précipitèrent vers les escaliers en criant : « Au secours !... »

La panique qui s'est emparée de tous est indescriptible.

Les secours furent rapidement organisés. Des jeunes gens appartenant à une société d'instruction militaire, les Francs-Tireurs des Batignolles, ont les premiers donné l'alarme. Ces jeunes gens rentraient d'un bal donné par leur société.

Ils passaient rue Ballu, quand ils entendirent une détonation. Ils se précipitèrent aussitôt vers la rue de Clichy, et aperçurent les vitres brisées de la maison dans laquelle l'attentat avait été commis. La porte de l'immeuble était fermée. Ils appelèrent des agents, et, avec leur aide, réussirent à l'enfoncer.

Le spectacle qui s'offrit alors à leurs yeux était effrayant.

La cage du grand escalier était entièrement effondrée, la rampe en fer et les barreaux tordus. Le sol était jonché de débris de meubles, carreaux, glaces, vêtements, plâtras.

Au milieu des ruines, le concierge, immobile, terrifié.

Il peut à peine répondre aux premières questions qu'on lui pose. Il a le visage ensanglanté par des éclats de verre qui lui ont fait de larges coupures à la figure.

Les pompiers arrivent avec leurs pompes à vapeur et les échelles de sauvetage. Les échelles sont dressées contre la façade de la maison.

Deux personnes profitent de ces moyens pour gagner la rue ; elles pensent échapper ainsi à une catastrophe, car on ignore si la maison tout entière ne va pas s'effondrer.

Heureusement, l'escalier de service n'a pas été détruit. C'est par là que les locataires peuvent descendre. La plupart d'entre eux s'enfuient à peine vêtus.

Un rapide examen permet de se convaincre qu'aucune victime ne gît sous les décombres dans la cage de l'escalier. Cette constatation produit un grand soulagement.

Les pompiers pénètrent au premier étage, chez M. Fournier, le pharmacien, dont la femme a accouché à cinq heures du matin. La pauvre malade est couchée. A côté d'elle est son enfant. On les transporte chez une sage-femme du voisinage. Ce sauvetage produit une grave émotion parmi les assistants.

Quand tous les locataires furent dans la rue, ils se comptèrent, et on eut alors la certitude que personne n'avait trouvé la mort dans la catastrophe.

Cependant, six personnes habitant la maison ont été plus ou moins atteintes :

La bonne de Mlle Bertron, Marie Rolly, est la plus grièvement blessée.

La malheureuse a été atteinte à la figure et a reçu dans l'abdomen des éclats de verre et des projectiles qui lui ont fait une plaie profonde ;

Mlle Bertron a été atteinte au visage ;

Hector Rulle, domestique de M. Guillaume, a été atteint aux jambes ;

Le fils de M. Cœurdevey, le relieur occupant une des boutiques de l'immeuble, est également blessé ;

Le domestique de M. Constantin a aussi des coupures à la figure ;

Et enfin, le concierge, ainsi que nous le disons plus haut.

Les blessés ont été transportés à l'hôpital.

Les dégâts sont considérables.

La cage du grand escalier est entièrement détruite, du rez-de-chaussée au cinquième étage. La carcasse métallique est tordue et arrachée de ses points d'appui. Les paliers sont effondrés. En regardant de bas en haut, on aperçoit le vide formé par ces ruines, dont les débris sont entassés çà et là, et dont la chute est seulement empêchée par des poutres qui ont résisté à l'explosion. L'escalier de service, bien qu'ébranlé, est praticable.

Les appareils à gaz, les tuyaux, arrachés, pendent le long des murs ; le tapis de l'escalier, retenu par le haut, pend également jusqu'au premier étage.

Les appartements sont dans un état lamentable. Les chambres à coucher, qui sont disposées dans le fond, sont assez éloignées de l'escalier où la bombe a été disposée.

C'est ce qui explique que peu de personnes ont été blessées.

Car si les locataires, au lieu d'être dans les chambres à coucher, s'étaient trouvés dans les salons ou toute autre pièce plus voisine de l'escalier, des malheurs auraient été certainement à déplorer. En effet, dans toutes ces pièces, les plafonds ont été ébranlés, les meubles renversés, les glaces brisées.

Contrairement à ce qui s'était produit dans l'explosion du boulevard Saint-Germain où les carreaux des croisées avaient seulement volé en éclats, cette fois, les portants des fenêtres et des portes ont été brisés et arrachés de leurs gonds.

Les tentures sont partout déchirées, les tableaux projetés à terre. Sur le parquet gisent tous les objets de décoration au milieu d'un amas de gravats et de débris de toute sorte.

Chaque appartement a l'aspect d'un chantier de démolitions.

Les maisons voisines n'ont pas été épargnées : 4, rue de Berlin, les dégâts sont très importants. Toutes les vitres des fenêtres qui donnent sur la cour du 39 de la rue de Clichy ont volé en éclats.

A l'intérieur, les rideaux ont été arrachés et violemment projetés au milieu des pièces.

A l'entresol du n° 4 de la rue de Berlin, des portes en bois fort solides, mettant en communication les appartements qui donnent sur la rue avec ceux qui donnent sur la cour, ont été brisées, tant la force de l'explosion a été considérable.

LES EXPLOITS DE RAVACHOL

Il est impossible de trouver l'escalier sans s'adresser au concierge.

Sur la rue de Berlin, en face du n° 4, est un chantier d'une maison en construction. Des éclats de bois, des tapis ont volé jusque-là.

Rue de Clichy, 41 et 46, beaucoup de vitres brisées.

Au 41, la porte d'une boutique a été en partie arrachée.

Un locataire de la maison sinistrée raconte ainsi les impressions qu'il a ressenties au moment de l'explosion :

— J'étais couché, dit-il, et je dormais encore. Tout à coup, je fus réveillé par une violente détonation. En même temps, des éclats de vitres et des petits morceaux de bois pleuvaient sur mon lit.

« La commotion avait été terrible.

« Tout dormait autour de moi.

« Je sautai vivement au milieu de ma chambre. J'étais terrifié. Je croyais que la fin du monde était arrivée; j'avais la sensation que tout allait s'écrouler.

« Sans penser à mettre aucun vêtement, sans même passer mes sandales dans mes pieds, je courus jusqu'à l'escalier.

« Ma porte avait été arrachée.

« Je ne pus descendre, la cage de l'escalier étant béante devant moi.

« Alors, j'eus l'inspiration d'aller à l'escalier de service. Là, je vis des locataires, femmes, hommes, tout le monde pêle-mêle, à peine vêtu, qui poussaient des cris désespérés.

« Tout cela s'était passé très vite, mais tout cela m'a semblé d'une longueur interminable.

« Je n'oublierai jamais les quelques minutes que j'ai passées là.

« Presque aveuglé par une immense lueur qui avait embrasé toute la maison, je crus un instant que tout le quartier allait devenir la proie des flammes. C'était terrible ! »

Quand tout le monde fut dans la rue, chacun pensa à remonter chez soi, prendre soit un objet précieux, soit des valeurs. Mais cette dangereuse faveur ne fut accordée à personne.

Ce n'est que dans la journée que les locataires purent rentrer dans leurs appartements.

Les locataires du n° 4 de la rue de Berlin, dont les appartements ont vue sur la cour, se sont trouvés dans le même cas. Ils ont dû aller chercher asile en ville, à l'hôtel ou chez des amis.

L'explosion a causé un commencement d'incendie. Un fourneau à gaz, resté allumé, a éclaté dans une cuisine. Mais les pompiers se sont rapidement rendus maîtres du feu.

Pendant toute la journée une foule immense n'a cessé de stationner aux abords de la maison sinistrée.

Un cordon d'agents établi à la hauteur du n° 30 de la rue de Clichy, un autre à la hauteur du n° 48, un troisième rue Moncey, un quatrième rue de Berlin, maintenaient la foule compacte.

Plus de cent mille personnes se sont rendues rue de Clichy, et environ quinze mille ont stationné toute la journée.

Vers cinq heures et demie un incident s'est produit.

Un paysan têtu ayant voulu franchir le cordon du 48 de la rue de Clichy, les agents ont refoulé tout le monde de deux maisons plus loin.

Au n° 50 se trouve une espèce de couvent. Quelques curieux, pour ne pas être bousculés, s'accrochèrent après les rebords des fenêtres. Alors apparut, au premier étage, une bonne sœur, coiffée de sa cornette, armée d'un immense bâton, qui battit le mur, cherchant à attraper les mains.

Elle fut accueillie par une telle bordée de huées qu'elle s'éclipsa sans avoir pu blesser personne.

Pendant toute l'après-midi un petit chien noir n'a cessé de hurler devant la maison sinistrée.

Le parquet fut rapidement informé de l'explosion.

Le procureur de la République, M. Roullier, se rendit aussitôt rue de Clichy, ainsi que le préfet de police, M. Goron, M. Guillot, chef de la police municipale; MM. Lascoux, Atthalin, juges d'instruction; Cornette, commissaire de police du quartier, et un architecte de la ville.

Les magistrats procédèrent à une enquête et interrogèrent plusieurs personnes.

Le concierge, M. Pointia, déclara n'avoir rien vu.

— J'étais occupé à me débarbouiller, dit-il, quand j'ai entendu le bruit formidable de l'explosion. Les vitres de la cloison contre laquelle est appuyée ma table de toilette se sont brisées et les éclats me sont tombés sur la figure. Ma femme était à ce moment couchée. Une chaise a été projetée sur elle.

On lui demande s'il a vu entrer quelqu'un de suspect :

— Plusieurs fois, répond-il, j'ai tiré le cordon, comme je le fais d'habitude, pour livrer passage aux fournisseurs qui apportent aux locataires leur lait et leurs journaux. C'est un va-et-vient mouvementé. Mais, quand l'explosion s'est produite, il y avait relativement peu de temps que j'étais levé, et je n'ai vu personne s'introduire dans la maison, en raison de l'heure matinale.

M. Pointia se disposait à monter les lettres aux locataires quand l'explosion s'est produite. Quelques secondes plus tard, le malheureux eût été écrasé sous l'escalier.

L'auteur de l'attentat a dû déposer son engin au second étage, devant la porte de M. Guillaume.

C'est là, en effet, que les dégâts sont le plus considérables et que les murs ont subi les plus graves atteintes.

On pense que l'attentat était dirigé contre le substitut Bulot, qui a requis il y a quelque temps contre des anarchistes. M. Bulot n'a pas eu une égratignure.

Un jeune garçon de quinze ans, Émile Pyl, membre de la Société des Francs-Tireurs des Batignolles, fait une déposition qui a paru, au premier abord, assez importante :

— Je passais avec mes camarades, a-t-il raconté, devant la maison au moment de l'explosion, et, frappé d'épouvante, je pris la fuite par la rue Moncey, dans la direction de la rue Blanche.

« Je remarquai que j'étais suivi par un homme de quarante-cinq ans environ, à barbe grisonnante, porteur de vêtements bourgeois usés, coiffé d'un chapeau en feutre, et ayant à la boutonnière une décoration ressemblant à celle du Tonkin ou de la médaille militaire.

« Cet individu, courant à toutes jambes derrière moi, me rattrapa rue Blanche et me dit :

« — Où cours-tu comme ça? Qu'est-ce qu'il y a?

« — Comment, vous n'avez pas entendu, répondis-je, une épouvantable explosion? Je vais chercher les pompiers.

« — Ce n'est pas la peine, dit mon interlocuteur, ce n'est rien, reste donc tranquille.

« Voyant mon étonnement, il me porta un violent coup de tête dans la poitrine et m'envoya rouler par terre. »

Une autre personne a rencontré un individu qui fuyait par la rue de

Clichy et en a donné le même signalement que le clairon des Francs-Tireurs des Batignolles.

M. Loubet, ministre de l'Intérieur, s'est rendu de bonne heure 39, rue de Clichy. Il a longuement causé avec M. Bulot et avec M. Lozé.

Pendant toute la soirée, la foule n'a cessé de stationner aux abords de la maison sinistrée.

A minuit, il y avait encore un millier de personnes, mais on n'approchait toujours pas du 39.

Le bruit a couru dans Paris que Mme Fournier, qui avait accouché quelques heures avant l'explosion, avait succombé aux suites de l'émotion qu'elle avait ressentie. Heureusement, il n'en était rien. La pauvre accouchée se porte relativement bien, et on ne craint aucune issue fatale.

Dans la cour, la maison a été étayée.

Sur la rue de Berlin, il en est de même.

Il a été impossible de rien reconstituer. On n'a pas retrouvé la moindre trace de la cartouche de dynamite.

On n'a donc aucun indice. La déposition de M. Pyl n'a aucune importance. En effet, on ne peut admettre que l'homme qui l'a interpellé et renversé soit le coupable.

Le malfaiteur n'aurait pas risqué d'ameuter ainsi les passants et de se faire arrêter.

Cette agression si étrange paraît plutôt le fait d'un ivrogne.

Il ne reste plus qu'une piste, la vieille, la bonne, la seule : Ravachol...

Et c'était ce nom-là que tout le monde maintenant se disait, se répétait, et c'était ce nom-là qui se trouvait maintenant sur toutes les lèvres.

III

AU RESTAURANT VÉRY

Ravachol !

Nous l'avons vu tout à l'heure s'enfuir plus pâle qu'un mort, éperdu, de la maison qu'il allait faire sauter...

Mais il n'eut pas le temps d'aller bien loin.

Soudain le sol trembla.

Une détonation formidable retentit.

L'œuvre de destruction était accomplie !...

Et livide, l'œil noir, les lèvres agitées par un tremblement convulsif, Ravachol regarda.

Une épaisse fumée avait fait la nuit dans la rue. De toutes parts des gens accouraient en poussant des cris d'effroi. Et à ces cris d'autres cris désespérés, des appels plein de terreur répondaient : « Au secours !... A moi !... Au secours ! »

C'étaient les locataires de la maison dynamitée qui venaient de se précipiter à leurs fenêtres et qui, maintenant que la fumée se dissipait, tendaient vers la foule des bras suppliants.

Et perdu dans la foule immense qui à présent se pressait là, toute saisie et pleine d'horreur, Ravachol demeurait immobile, un sourire sinistre sur les lèvres...

Les pompiers étaient accourus, puis une nuée d'agents.

Et déjà les échelles de sauvetage se dressaient contre les murs, tandis que la police déblayait la rue, cherchant à faire aux alentours de la maison sinistrée le vide le plus large possible.

Et Ravachol, qui ricanait toujours, tout à coup tressaillit.

Derrière lui il venait d'entendre prononcer son nom.

Derrière lui, il venait d'entendre des gens dire : « Pour sûr, c'est encore lui... c'est encore le fameux Ravachol qui a fait le coup ! »

Et alors, après avoir attendu quelques secondes, le regard toujours fixé sur la maison où il venait de placer son terrible engin et qui peut-être d'un moment à l'autre allait s'écrouler, s'effondrer, lentement il se retourna et jeta un coup d'œil autour de lui.

Et tous les fronts étaient menaçants, et tous les yeux flamboyaient d'une telle colère qu'il ne put s'empêcher d'avoir un frémissement.

Car il le devinait bien, car il le voyait bien : il aurait suffi qu'il fût reconnu, il aurait suffi que quelqu'un criât tout à coup en le montrant du doigt : « L'homme que vous cherchez, le voilà !... oui, voilà Ravachol ! » pour qu'il ne sortît pas de là vivant.

Aussi s'en allait-il, et il était déjà très loin, qu'il entendait toujours des rumeurs confuses qui semblaient le menacer et le poursuivre.

Il était à ce moment-là un peu plus de huit heures et demie.

Deux heures plus tard, un consommateur entrait chez M. Véry, restaurateur, boulevard Magenta, 22.

C'était un homme au visage osseux, très pâle, l'air énergique et maladif, les yeux noirs d'une vivacité peu commune, la lèvre ombragée d'une moustache très fine.

Il s'assit et commanda un bouillon.

A côté de lui une conversation s'engageait. Un consommateur et le garçon Lhérot causaient de l'armée. Lhérot, qui avait servi tout récemment au 4ᵉ zouaves, à Tunis, sous les ordres du gendre du général Boulanger, le capitaine Driant, parla de son service sous les drapeaux, des marches forcées qu'on leur faisait faire, de la dureté de l'éducation militaire aux zouaves.

Le nouvel arrivant se mêla à la conversation pour dire son dégoût de l'armée.

Il était hostile à ce vestige de la vieille barbarie, à cette force qui comprime les aspirations généreuses, qui fausse les institutions les moins mauvaises, qui crée un état d'esprit incompatible avec tout progrès social, qui perpétue la tradition déplorable de la hiérarchie au sein d'une société qui se croit émancipée par quelques révolutions bourgeoises.

— La révolution, dit-il en s'animant, la vraie, c'est nous qui la ferons. Ce sera la destruction du principe d'autorité, destruction violente et qui ne s'accomplira qu'en couvrant le monde de ruines.

« Tenez, tout à l'heure encore une maison a sauté.

Les deux autres s'étaient brusquement redressés.

Une maison avait sauté?

Où donc?

Et ils se regardèrent car, en effet, la nouvelle de l'explosion n'était pas encore connue dans le quartier du Château-d'Eau.

Alors le consommateur donna des détails très précis, très complets.

Une maison, rue de Clichy, n° 39, venait de sauter. Ah! c'était de la belle besogne. Il y avait un juge là-dedans, un juge qui était sans doute écrabouillé.

Puis, riant doucement :

— Les bourgeois, ajouta-t-il, vont être contents quand ils vont apprendre la nouvelle!

Il y eut un moment de silence, puis il reprit :

— Ah! ces rosses de bourgeois ! Ils sont riches, ils sont heureux. Ils ont tout pour eux, l'or et la force qui protège l'or. Car avec les soldats, ils peuvent se protéger contre les attaques de ceux qui n'ont rien, qui sont malheureux comme moi... Est-ce que c'est de l'égalité!

Cependant on s'informait, on voulait savoir ce qui s'était passé rue de Clichy.

On lui demandait des détails, puisqu'il était si bien renseigné.

— C'est égal, dit le garçon, c'est atroce!

Atroce!

Et sur ce mot, l'inconnu, bondissant, développa sa théorie d'une implacable violence.

M. Véry, pendant ce temps, était en train de nettoyer son comptoir.

Il fit signe à son employé de ne pas contrarier le client; ce n'est pas dans l'ouvrage.

— Bien sûr, fit alors Lhérot, je ne dis pas.

Et, par condescendance professionnelle, il sembla même entrer dans les vues du consommateur.

— Parbleu! il y a des choses qui vous rendraient anarchiste, dit-il.

Le client s'y trompa; il crut deviner en ce jeune homme un futur compagnon.

— Est-ce que vous couchez seul ici? lui demanda-t-il.

Lhérot, interloqué par cette question bizarre, esquiva la réponse.

La conversation reprit au point où elle en était restée.

Le garçon observait ce théoricien farouche. Il songea, par une association d'idées fort naturelle, à ce fameux Ravachol dont on commençait à parler dans les journaux, dont on publiait le signalement et qui passait pour avoir commis les derniers attentats à la dynamite.

Le client, son repas achevé, paya et ne donna pas de pourboire.

— Je ne suis pas généreux, dit-il, en montrant dans un sourire ses dents blanches, c'est que nous ne sommes pas riches, dans notre parti.

En passant au comptoir, il pria qu'on gardât jusqu'à ce qu'il revînt un indicateur des chemins de fer.

On eut après son départ la confirmation de la nouvelle qu'il avait donnée : une maison de la rue de Clichy avait sauté et cette fois il y avait des victimes. On remarqua que le client qui venait de sortir avait été renseigné un peu tôt pour être étranger à l'attentat.

— Si jamais il revient chercher son indicateur, disait Lhérot, je me promets de le regarder sous le nez.

LES EXPLOITS DE RAVACHOL

Pour le trouver, on s'était livré à de nouvelles perquisitions.

Or, avons-nous besoin de le dire, ce client-là n'était autre que l'ancien faux-monnayeur, ce client-là n'était autre que l'assassin de l'ermite de Chambles.

IV

UNE TÊTE MISE A PRIX

Ce nouvel exploit de Ravachol avait provoqué une telle colère, une telle exaspération parmi la population, qu'un moment il avait été question de recourir aux moyens les plus extraordinaires pour tâcher de s'emparer enfin du célèbre dynamiteur.

En effet, au lendemain même de l'explosion de la rue de Clichy, on pouvait lire dans plusieurs journaux un entrefilet ainsi conçu :

« On cherche toujours Ravachol, qui demeure insaisissable, et l'on n'a pas recueilli jusqu'à présent de nouveaux indices sur lui.

« Mais on est persuadé qu'il n'a pas quitté Paris, et qu'il se cache à tour de rôle, pour dépister, chez divers compagnons, — pour lesquels il doit être un sujet d'horreur et d'admiration à la fois, — et qui n'auront garde, sans doute, par crainte d'une vengeance, de le dénoncer.

« A propos de Ravachol, on a parlé de mettre sa tête à prix, de promettre une forte prime à qui aiderait la police à mettre la main sur lui.

« Bien que ce système — pratiqué en Amérique et en Angleterre avec succès — soit peu dans nos mœurs, il en a cependant été question au Conseil municipal.

« Révélons même à ce sujet un assez curieux détail :

« Ce projet avait été agité au bureau du Conseil et l'on proposait d'offrir une prime de 10,000, de 20,000 francs même.

« Tous les membres, d'opinions diverses, se montrèrent — à l'exception d'un seul — favorables à cette idée.

« Mais, quand on arriva en séance, ce fut tout le contraire, et personne ne voulut assumer la responsabilité d'un pareil projet qu'on regardait comme un trop grand encouragement aux dénonciations faciles et intéressés.

« Et voilà comment l'idée fut abandonnée.

« Quant au préfet de police, il a promis une prime de 1,000 francs à celui de ses agents qui arrêterait le redoutable bandit. »

Mais si tous ces attentats causaient au public des appréhensions et des craintes si vives, quelles ne devaient pas être, à plus forte raison, les transes de nos magistrats contre qui ils étaient plus particulièrement dirigés ?

Un rédacteur de l'*Éclair* voulut se renseigner sur ce point, et voici le très curieux article qu'il publia sur le résultat de son enquête :

« Vous êtes-vous demandé, par ces temps d'anarchistes qui courent, quelle était l'attitude des concierges de nos magistrals ?

Ils ont charge de veiller sur ces existences que la dynamite homicide menace, en même temps que leur existence propre.

Quel zèle apportent-ils dans leur redoutable mission ?

Comment l'entendent-ils ?

Comment tiennent-ils éveillée une vigilance qu'une éclipse d'une seconde peut mettre en défaut au grand profit des quelques Ravachol dont l'anarchie nous a gratifiés ?

Si, pour nous renseigner, nous faisions la ronde ?

Si nous visitions les loges des maisons où la magistrature debout ou assise se refuse à vouloir devenir de gaieté de cœur la magistrature en l'air ?

Cette promenade ne manquerait sans doute ni d'imprévu ni d'intérêt.

Commençons au hasard.

Que ce soit rue Claude-Bernard, chez M. Lombard, substitut :

— Certes, nous dit le concierge, un bien bon homme, un peu sceptique sur l'efficacité des mesures quelconques qui sont prises, certes, je suis inquiet, mais je n'éviterais rien, malgré mes précautions.

« Je me lève régulièrement à quatre heures du matin, je bricole et n'ouvre la porte que vers sept heures ; le reste de la journée, la porte est grande ouverte. M. Lombard ne reçoit pas, M. le sénateur X..., qui habite la maison, ne reçoit pas également.

Plusieurs de ses collègues ne tiennent pas précisément ce langage.

Rue Gay-Lussac, chez M. Banaston, ancien procureur de la République, le concierge est absent, mais sa femme, qui s'obstine à ne vouloir rien dire, même ses craintes, semble tout à coup éprouver un grand soulagement.

— Mais monsieur ne l'est plus, procureur, s'écrie-t-elle, donc on ne viendra rien faire. Du reste, tout le monde passe par la loge.

En vain, nous lui disons quelques paroles rassurantes. Elle nous écoute, silencieuse, un gros soupir s'échappe de sa poitrine, un soupir éloquent qui dit ses angoisses.

Un agent en bourgeois est sur le seuil de la porte.

Il nous dévisage et son regard fréquemment descend dans les environs de nos mains et de nos poches.

Boulevard Saint-Michel, nous arrêtons une voiture de livraison d'une grande maison d'épicerie, pensant que le livreur pourrait nous donner quelques indications utiles sur l'état d'esprit des concierges.

Le livreur demeure tout interloqué par nos questions.

Puis il réfléchit... ça ne lui était pas arrivé depuis quelque temps, et ce travail lui demande un certain effort.

— Oh! pour sûr, j'y pense, qu'ils ne sont pas amusants depuis quelques jours, les concierges. Les uns nous empêchent de monter, nous supprimant ainsi le revenu de nos pourboires. Ils nous font déposer les paquets dans leur loge; lorsqu'il y a à encaisser, ils acquittent la facture.

« D'autres, au contraire, se moquent bien de tout cela... Au fait, montez sur le siège... et venez livrer. Vous verrez les têtes...

Intronisé épicier, nous acceptons cette invitation et *de visu* nous pouvons nous rendre compte de l'hostilité que, sous le sentiment de la peur, les concierges montrent à ces malheureux qui ont la délicate mission de porter à domicile des boîtes de sardines et autres engins comestibles.

Il nous faut redescendre de ce char suspect, qui n'a pas la spécialité de fournir la magistrature, soin qui incombe à la maison Ravachol et Cie.

Avenue de l'Observatoire, la porte d'entrée de M. le juge d'instruction Anquetil est hermétiquement close.

Rue de Mézières, chez M. le président de Boislile, rien d'anormal, la porte est ouverte comme à l'ordinaire et le concierge, seul sur le seuil, se prélasse tranquille.

Place Saint-Sulpice, une entrée décorative, magistrale, oserons-nous dire : nous sommes chez M. le substitut Flach.

Les deux battants sont ouverts, la disposition du vestibule est solennelle, quatre portes vitrées latérales, la loge du concierge au fond, d'où l'on voit de la rue.

Il est impossible de trouver l'escalier sans s'adresser au concierge.

Celui-ci est, du reste, absent ; sa femme, jolie et polie, deux abjectifs d'un emploi assez rare, paraît quelque peu troublée, et ne peut nous répondre : c'est son secret professionnel.

Nous lui épargnons les douleurs de l'interwiew et nous nous retirons après avoir acquis la certitude que M. le substitut Flach est dans un parfait état de quiétude.

Chez M. le substitut Vattier, rue de l'Odéon, la porte reste ouverte.

Nous questionnons familièrement un concierge, sur le seuil de sa porte, rue d'Assas.

Il nous prie de ne pas le nommer et se livre sur les propriétaires à un éreintement farouche :

— On me force à monter la garde dès l'ouverture des portes, et, pour s'assurer si j'exécute bien leurs ordres, le propriétaire et le gérant alternent pour faire des rondes.

Ce concierge est furieux. Il ne crie pas : « Mort aux bourgeois! » mais il n'y a que cela...

Plusieurs concierges que nous questionnons exercent une surveillance de toutes les minutes, surtout aux heures de livraisons et à celles des repas.

L'un d'eux, dans une rue avoisinante où demeure également un magistrat, nous déclare qu'il « fouille » les bureaux et qu'il a placé son lit en face même de la porte de sa loge, le gaz restant ouvert toute la nuit.

Cité Vaneau, chez M. le premier président de la Cour de cassation, les portes seules de son habitation sont fermées. Il en est de même, boulevard Saint-Germain, chez M. Périvier, premier président de la cour d'appel. Aucune surveillance extérieure n'est ou ne semble exercée.

L'idée nous vient, rue Saint-Dominique, de nous assurer par un subterfuge (qui, du reste, a failli nous être désagréable) de l'esprit de défiance des concierges. Nous pénétrons mystérieusement dans une loge, en frappant, bien entendu, et d'un air non moins mystérieux, et à brûle-pourpoint, nous demandons : « Est-ce bien ici que demeure M. le procureur un tel? »

Trois personnes étaient dans la loge : elles demeurèrent pétrifiées.

Un long silence s'écoule avant que le concierge nous réponde.

Affligé d'un soudain bégaiement affreux, il nous offre de nous montrer une liste de ses locataires pour nous convaincre qu'il n'y a point de magistrat chez lui. Nous le remercions et nous nous retirons mystérieusement comme nous sommes venu.

On sort et on nous suit des yeux. Quelqu'un se détache et veut nous filer en feignant de s'arrêter aux vitrines; de loin, nous l'apercevons et nous nous disposons à le rassurer lorsque nous le voyons s'adresser à un agent. Encore un peu, et nous étions Ravachol!

Rue de l'Université, chez M. le juge d'instruction Doppfer, les portes sont fermées, un architecte et ses employés sont occupés au métré de la façade.

Chez M. Guillot, rue de Constantine, aucune surveillance n'est exercée. Au dehors, les portes sont rigoureusement fermées.

Boulevard Malesherbes, chez M. Garnot, la porte cochère est également fermée.

Boulevard Haussmann, chez M. Francqueville, les portes sont grandes ouvertes. Au moment où nous passons, un garçon entre, une boîte de biscuits secs à la main. Le concierge l'épie longuement et se penche derrière lui, tandis qu'il monte... Va-t-il allumer la mèche?

Dans le quartier du Roule, où habite un magistrat connu, le concierge s'esclaffant de rire nous raconte l'angoisse des locataires qui boudent l'honorable magistrat habitant la maison. Plusieurs d'entre eux, dont les chambres à coucher sont contiguës à la cage de l'escalier, ont pris la résolution de déménager et se sont installés dans leurs salons ou dans leurs salles à manger.

— Il y a vraiment de quoi rire, dit-il. Est-il possible que l'on puisse pousser jusque-là l'instinct de la conservation!

Il est très farce ce concierge, mais il a un mépris de la mort un peu gênant pour des gens qui voudraient bien vivre.

Avenue des Champs-Élysées, chez M. le président Toutée, les portes sont fermées, on reçoit sur le seuil. Les locataires n'en sont pas plus rassurés. M. Toutée s'est attiré quelques haines, ils avouent que l'on est dans une période plus qu'inquiétante et manifestent le désir de fermer leurs volets au plus vite pour s'enfuir à la campagne dès les premiers beaux jours...

M. l'avocat général Cruppi a-t-il donné des ordres sévères et se fait-il garder? C'est ce que nous comptions voir rue Christophe-Colomb, à son domicile. Le concierge qui a le même accent que l'honorable magistrat, nous dit : « Oh! la porte reste continuellement fermée, je viens de l'ouvrir à l'instant pour donner un peu d'air, personne ne passe sans entrer dans ma loge. »

A Auteuil, chez M. le président Pillet-Desjardins, tout est dans son état normal, un silence religieux règne autour de la maison, pas un passant, pas une voiture, pas le moindre bruit.

Rue Chardin, arrivant au domicile de M. le procureur général Quesnay de Beaurepaire, nous sommes étonnés de n'y pas rencontrer une véritable brigade d'agents; les portes sont fermées, nous ne nous permettons pas de déranger le concierge de M. le procureur.

Par contre, rue Vézelay, chez M. Althalin, juge d'instruction, chargé de l'affaire des anarchistes, nous croisons deux inspecteurs...

Boulevard Saint-Michel habite M. le substitut X...

Nous interrogeons son concierge, M. Louis, qui nous prie de ne le point trop clairement désigner.

— Moi, je surveille tout le monde, j'arrête ceux que je ne connais pas et leur fais subir un véritable interrogatoire ; mais, comme j'ai prévu le cas où un malfaiteur pourrait s'introduire à un moment d'inattention de ma part, j'ai fabriqué trois grands écriteaux en lettres capitales reproduisant l'avis bien connu : *Le concierge est dans l'escalier.*

« J'en ai placé un de chaque côté du vestibule et j'en laisse un suspendu en permanence à la pomme de la rampe, de telle sorte qu'on suppose que je suis dans l'escalier, alors même que je suis dans ma loge.

« Seulement, n'allez pas le dire. C'est ma mèche à moi, ne l'éventez pas ! »

On peut s'en rendre compte par ce bref et véridique aperçu : le concierge est une sentinelle vigilante. La bombe se charge dans l'ombre; mais la garde qui veille aux portes des maisons se promet désormais — pour relever l'honneur de la corporation — d'en défendre nos magistrats.

Mais à ce métier les malheureux vont devenir aussi chauves que le célèbre Pipelet à qui ce méchant drôle de Cabrion demandait un de ses cheveux. »

V

L'ARRESTATION

Cependant, tandis que de plus en plus grossissaient, que de plus en plus montaient les cris d'indignation autour de lui, tandis que de plus en plus l'exécration publique le poursuivait, loin de s'émouvoir, là-bas, dans la petite chambre qu'il occupait à présent rue de la République, à Saint-Mandé, Ravachol méditait déjà de nouveaux exploits.

D'ailleurs, comme dans les deux explosions qui venaient d'avoir lieu, il n'avait pas réussi à atteindre les deux magistrats qu'il visait, il n'était, au fond, guère content de lui.

Et très froidement, très résolument, il se disait :

— Eh bien, soit!... Puisque c'est à recommencer, nous recommencerons...

Et déjà il rêvait d'un engin beaucoup plus meurtrier, beaucoup plus terrible que les deux premiers et qui, celui-là, ne manquerait pas son coup.

Et en face des nouveaux malheurs, des immenses ruines qu'il voyait déjà s'amonceler autour de lui, Ravachol riait doucement d'un petit rire ironique et triomphant...

Comme il lisait très régulièrement les journaux, comme il avait l'habitude de se tenir chaque matin au courant des nouvelles, il ne pouvait pas ignorer que, pour le trouver, on s'était livré à de nouvelles perquisitions, et que la police ne s'occupait plus que de lui et n'avait plus d'autre souci que celui de le prendre.

Mais il se croyait si sûr de l'impunité, si sûr d'échapper au châtiment, que cela le laissait très froid, très indifférent et ne parvenait pas à le distraire une seule minute, une seule seconde de son rêve sinistre...

Et cependant combien il aurait tremblé et frémi s'il avait pu savoir combien sa confiance le trompait!... s'il avait pu savoir combien il lu

LES EXPLOITS DE RAVACHOL

Il éprouva le besoin de sortir, de se mêler à la foule.

restait peu de jours, ou plutôt combien il lui restait peu d'heures devant lui!

En effet, un matin — c'était quatre jours après l'explosion de la rue de Clichy — Ravachol éprouva le besoin de marcher, de se mêler à la foule, d'entendre ce que, dans ce grand Paris, qu'il remplissait du bruit de son nom, on disait et pensait de lui.

Il quitta donc sa petite chambre de Saint-Mandé et s'en vint lentement, tranquillement à travers les rues.

Son signalement, très exact et très détaillé, que l'on avait donné après l'attentat du boulevard Saint-Germain, avait encore été publié par les journaux après la catastrophe de la rue de Clichy et non seulement tous les agents de la Sûreté et tous les hommes attachés à la Préfecture de police le savaient par cœur, mais encore des milliers de citoyens le connaissaient également.

A chaque minute, à chaque pas, l'assassin de l'ermite de Chambles risquait donc d'être arrêté; mais il n'avait pas l'air de s'en douter, et toujours très tranquillement, et toujours très paisiblement, il poursuivait son chemin.

Parfois, à l'angle d'une rue, il lui arrivait de tomber tout à coup sur un gardien de la paix. Leurs regards se croisaient... Mais Ravachol, plein d'audace, plein de confiance en son étoile, n'éprouvait pas même un tressaillement.

— Oh! tu peux me regarder! ricana-t-il sourdement. Oui, mon vieux, c'est Ravachol qui passe!

Et le pas dégagé, un sourire aux lèvres, il s'éloignait...

Il marcha longtemps.

Puis, tout à coup, il s'arrêta.

Pour la seconde fois, depuis l'explosion de la rue de Clichy, il se trouvait sur le boulevard Magenta, en face du restaurant Véry.

Il n'avait plus que quelques pas à faire pour franchir le seuil de cette maison, et quand il y serait entré il n'en sortirait plus... ou du moins il n'en sortirait plus que pour être traîné en prison, et de la prison à l'échafaud. Mais l'heure de l'expiation était venue... mais c'était la fatalité qui l'entraînait, qui le perdait...

Ravachol s'était arrêté un instant et avait jeté un coup d'œil à travers les vitres...

Le restaurant était vide.

Seul, Lhérot, ce garçon qu'il avait essayé, lors de sa première visite, de convertir à ses idées, allait et venait, attendant la pratique.

Et, brusquement, Ravachol entra.

Machinalement, Lhérot venait de se retourner.

En reconnaissant l'ancien faux-monnayeur, il ne put retenir un tressaillement.

— Tiens, c'est lui!... l'homme de l'autre jour! pensa-t-il.

Et il s'approcha au-devant de Ravachol.

Celui-ci s'était installé presque en face du comptoir, à la seconde table à gauche en entrant.

Il regarda Lhérot avec un sourire.

— Ça va bien? dit-il.

— Mais oui, merci!

— Vous me reconnaissez bien, n'est-ce pas?

— Parbleu!... C'est avec vous que j'ai causé dimanche...

Et Lhérot, après un silence pendant lequel il avait regardé très attentivement le dynamiteur, ajouta :

— Et vous venez sans doute chercher votre indicateur?... Il est là... Je vais vous le donner...

— Je viens d'abord déjeuner, répondit gaiement Ravachol. Passez-moi donc la carte...

— Voilà!

Et tandis que l'assassin de l'ermite choisissait son menu, de plus en plus Lhérot le regardait, de plus en plus Lhérot le dévisageait.

— Oui, c'est bien lui!... oui, c'est bien Ravachol! se disait-il tout saisi.

Pourtant celui-ci venait de relever la tête :

— Dites donc, fit-il, vous allez d'abord me servir un bouillon...

— Bon! un bouillon...

— Après ça, vous me donnerez une poule au riz...

— Une poule au riz?... Entendu!

— Puis après ça, voyons... après ça une pomme sautée...

— Et quel vin?

— Une bouteille à un franc...

— Très bien.

Et lestement Lhérot disparut.

Cinq minutes après, le couvert du dynamiteur était dressé.

Ravachol, qui semblait moins expansif et moins disposé à parler que lors de sa première visite, se mit à manger lentement, tout en lisant avec beaucoup d'attention un journal qu'il venait de tirer de sa poche.

Ce journal, avons-nous besoin de le dire, relatait tout au long et avec un grand luxe de détails l'explosion de la rue de Clichy, le dernier exploit de l'ancien faux-monnayeur.

Pendant ce temps, Lhérot s'était retiré à l'écart et, adossé contre une table, il dévisageait encore, il dévisageait toujours Ravachol.

— Non, je ne dois pas me tromper, se disait-il parfois, et plus je regarde cet homme, plus j'ai la conviction que c'est bien celui que l'on recherche, que c'est bien celui qui a commis l'horrible, l'épouvantable attentat de l'autre jour.

Il venait de s'asseoir et à son tour il s'était mis à lire un numéro du *Petit Journal* qui depuis quelques jours ne le quittait pas.

Et tout en lisant, Lhérot, dont le regard se reportait presque à chaque seconde sur Ravachol, avait parfois de rapides, de brusques tressaillements.

Quelquefois aussi il demeurait tout pâle, tout saisi.

Enfin, tout à coup, il se leva et se dirigea vivement vers la cuisine.

Puis la voix très basse, très sourde :

— Véry ! appela-t-il.

M. Véry était occupé à quelques pas de là.

Il se retourna.

— Eh bien ? fit-il.

— Écoute donc !

Le restaurateur se rapprocha.

Alors Lhérot, désignant du regard Ravachol qui, toujours plongé dans la lecture de son journal, continuait tranquillement son repas :

— Est-ce que tu ne reconnais pas cet individu ? fit-il. C'est celui de l'autre jour, celui de dimanche, c'est celui qui nous a annoncé l'explosion de la rue de Clichy alors que tout le monde l'ignorait encore.

M. Véry, qui venait de jeter un coup d'œil sur l'ancien faux-monnayeur, à son tour tressaillit.

— Ah! diable! murmura-t-il. Mais oui, c'est vrai, c'est bien lui.

— Et tu sais, reprit vivement Lhérot, que je suis sûr maintenant de ne pas me tromper, que je suis sûr maintenant que cet homme n'est autre que le fameux Ravachol!

M. Véry se taisait.

Un peu pâle, un peu saisi, il regardait plus fixement, plus attentivement encore le dynamiteur.

Puis très doucement:

— Oui, peut-être ? dit-il.

— Comment! peut-être! Mais je te répète que c'est sûr! mais je te répète que c'est certain.

« Du reste, veux-tu t'en convaincre toi-même? Veux-tu en avoir une preuve évidente ?

— Quelle preuve?

— Eh bien, écoute-moi ça! C'est son signalement.

Un pilier les cachait et il avait été impossible à Ravachol de s'apercevoir de la scène qui se passait.

Du reste, nous le répétons, il n'avait jamais été plus calme, plus tranquille, plus rassuré.

Lhérot venait de mettre sous les yeux de son beau-frère, sous les yeux de M. Véry, le journal qu'il avait relu tout à l'heure.

— Tiens, voici, reprit-il. Né le 14 octobre 1859. Or, cet homme n'a certainement pas plus de trente-deux à trente-trois ans.

— Oui, à peu près.

— Visage osseux.

— En effet.

— Teint jaunâtre, pâle.

— Oui, c'est bien ça.

— Aspect maladif.

— C'est encore ça.

— Maintenant, continuons, poursuivit Lhérot. Cheveux noirs ou châtain foncé, assez longs et soignés. Est-ce encore ça?

— Mais oui, mais oui.

— Front haut, en partie couvert par les cheveux. Yeux clairs (bleu verdâtre). Nez moyen, plutôt long; sourcils bruns. Et regarde-le ! Qu'en dis-tu?

— C'est frappant! dit M. Véry.

— Et ce n'est pas tout, reprit Lhérot. Ce signalement ajoute que Ravachol a, d'une manière très marquée, l'accent stéphanois (parler lent et traînard), une voix forte. Or, cet homme a assez longtemps causé avec moi dimanche pour que nous sachions qu'il a aussi cet accent-là, cette voix-là.

— Oui, c'est vrai.

— Mais allons jusqu'au bout, dit Lhérot. Voici pour la taille : taille ordinaire, plutôt un peu grand, maigre. Et je crois que c'est encore ça. Cicatrice sur la bosse frontale gauche. Et, cette bosse, je la vois d'ici ! Bras très longs, pieds et mains très grands. Et regarde encore notre homme ! Il a des bras qui n'en finissent pas, et quant aux pieds, je crois que le gaillard doit chausser de sacrés godillots !

M. Véry devenait de plus en plus pâle, de plus en plus saisi.

Oui, cette fois, il était bien convaincu, oui, cette fois, il n'avait plus, il ne pouvait plus avoir aucun doute.

L'homme qui était assis là-bas, ce client que le hasard lui avait amené, c'était bien Ravachol!... c'était bien ce fameux dynamiteur que toute la police de Paris traquait, pourchassait!...

Et il regarda son beau-frère, il regarda Lhérot...

Puis il y eut entre eux un très long silence.

Pendant ce temps, l'ancien faux monnayeur conservait son imperturbable sang-froid, son imperturbable assurance.

Tout en restant les yeux fixés sur son journal, il venait de tirer machinalement la manche de son vêtement pour dissimuler la cicatrice de sa main gauche.

Enfin, la voix si sourde qu'elle était à peine distincte :

— Eh bien! oui, c'est lui, reprit M. Véry. Mais que faire? Quel parti prendre?

— Comment! quel parti prendre! s'écria Lhérot. Mais il me semble que votre conduite est toute tracée, tout indiquée...

— Le faire coffrer?

— Dame! il n'y a pas à hésiter...

Mais cependant M. Véry hésitait.

Avait-il, en ce moment, le pressentiment des terribles représailles qu'il allait s'attirer, de l'horrible attentat dont il allait à son tour être la victime? toujours est-il que son front était devenu soudainement plus sombre.

Mais cependant son hésitation ne fut pas de très longue durée.

Et, brusquement :

— Je vais monter là-haut, dit-il.

— Là-haut ?

— Oui, chez les patrons de l'hôtel... chez nos propriétaires... Je leur raconterai l'affaire... Je les consulterai... Attends-moi...

Et tandis que Lhérot revenait dans le restaurant, où il se promenait de l'air le plus naturel et le plus indifférent du monde; M. Véry sortait très vivement, très rapidement par une petite porte qui donnait dans l'allée.

En deux bonds, il fut dans le bureau de l'hôtel.

Mais il avait un air si étrange et il était si ému que la gérante, en l'apercevant, ne put retenir une exclamation de surprise.

A peine avait-il paru sur le seuil qu'elle s'était déjà élancée à sa rencontre.

— Eh bien! qu'est-ce donc?... Qu'avez-vous donc?... Que vous arrive-t-il? s'écria-t-elle.

— Ah! ce qu'il m'arrive! dit vivement le restaurateur. Je vous le donne en cent... je vous le donne en mille!... Non, jamais vous ne devineriez!...

— Qu'est-ce donc?... Un accident?...

— Non, non !

— Alors, quoi?... Parlez donc!

— Eh bien ! il s'agit de Ravachol!

— De Ravachol?

— Oui, du fameux Ravachol!... de l'auteur de l'explosion du boulevard Saint-Germain... de l'auteur de l'explosion de la rue de Clichy!...

La gérante de l'hôtel venait de tressaillir.

Pleine d'effarement, elle regardait le restaurateur.

— Ravachol?... Ravachol?... Que voulez-vous dire? fit-elle vivement...

— Il est chez moi!

— Cet homme?

— Oui, il est chez moi en train de déjeuner très tranquillement, très paisiblement... Oh! vous avez beau me regarder, je vous dis que c'est comme ça... Il est chez moi...

Certes, la gérante de l'hôtel comprenait bien, mais pourtant elle était sous le coup d'une telle surprise, ou plutôt, pour mieux dire, d'une telle émotion, elle aussi, qu'elle avait l'air de ne pas comprendre.

Et alors, à petites phrases très courtes, à petites phrases saccadées, le restaurateur du boulevard Magenta reprit :

— Je vous ai bien déjà dit ce qui était, n'est-ce pas?... Dimanche... oui, dimanche... C'était le matin... vers dix heures... dix heures et demie... Un individu est entré chez nous... C'était la première fois que je le voyais... Lhérot causait avec un client... avec je ne sais plus qui... Il parlait de son régiment... de l'armée... du temps où il servait aux zouaves... Et alors cet individu, cet inconnu, ce passant s'est mêlé de la conversation... Et il fallait le voir, et il fallait l'entendre... Il tonnait, son regard flamboyait, il était tout pâle... L'armée, les chefs, la discipline, tout cela l'exaspérait, tout cela le jetait dans une colère folle... Et puis, tout à coup, voilà qu'il fait un grand geste... un grand geste pour nous montrer la rue... Et il se met à nous raconter l'histoire que nous ne connaissions pas... l'histoire que personne ne connaissait encore... l'histoire de la nouvelle explosion qui vient de se produire... de la nouvelle maison qui vient de sauter rue de Clichy... Si bien que nous nous regardions tout surpris, tout étonnés... et qu'il est parti. Lhérot n'a pu s'empêcher de me dire : « Je ne sais pas, Véry, si tu penses comme moi, mais je parierais que c'est ce particulier-là qui a dû faire le coup... mais je mettrais la main au feu que nous venons de voir cet individu dont on parle tant... ce fameux Ravachol que l'on cherche partout et qu'on ne trouve jamais... »

« Et depuis ce jour-là, depuis dimanche, mon beau-frère ne vivait plus que sous le coup de cette idée fixe, de cette idée dont il ne pouvait se défendre et qui toujours le hantait, et qui toujours l'absorbait.

« Et à chaque instant il nous criait : Oui, je vous dis que je ne me trompe pas, oui, je vous dis que je suis sûr de mon fait; oui, cet individu c'était bien l'assassin de l'ermite de Chambles, oui, cet individu, c'était bien Ravachol!

« Et maintenant nous avons la preuve indéniable, la preuve indiscutable que Lhérot avait touché juste.

On avait cherché une voiture à quatre places.

« Tout à l'heure, tandis que cet homme déjeunait, nous l'avons bien regardé, bien étudié, le signalement de Ravachol sous les yeux, et la ressemblance est si frappante, si saisissante, si extraordinaire qu'il n'y a plus moyen de douter...

— Eh bien? dit la gérante.

— Eh bien ! je viens vous demander un avis, un conseil...

— Un conseil !

Et la patronne de l'hôtel eut un soubresaut d'étonnement.

— Un conseil! répéta-t-elle. Et quel conseil voulez-vous que je vous donne? A votre place, il y a déjà beau temps que je me serais rendu chez M. Dresch...

— Chez le commissaire de police?

— Oui, chez le commissaire de police... Mais attendez... Nous allons voir...

— Quoi?

— Il y a peut-être bien un agent, on le préviendrait...

Et la gérante ouvrit vivement la fenêtre.

Son regard fouilla le boulevard.

Mais non, en ce moment, il n'y avait pas un agent, pas un gardien de la paix dans les alentours du restaurant Véry.

— Personne! dit-elle. Et il n'y a pas de temps à perdre, car d'une minute à l'autre, d'une seconde à l'autre Ravachol peut filer...

— Évidemment.

— Alors, dépêchez-vous... Vite chez le commissaire!

Mais M. Véry restait pensif. Certaines réflexions venaient de lui venir. Est-ce que, tout à l'heure, Ravachol n'avait pas pu l'apercevoir dans son restaurant? Est-ce qu'il ne s'était pas aussi rendu compte de sa brusque disparition? Est-ce que si son absence se prolongeait, il n'allait pas être pris tout à coup de certaines craintes, de certaines appréhensions, et par conséquent, s'empresser de décamper?...

— Oui, peut-être? fit la gérante.

Puis tout à coup, très résolue :

— Eh bien ! soit, dit-elle, redescendez chez vous, moi je me charge du reste...

Et sans laisser à M. Véry le temps de dire un mot de plus, elle disparut en courant.

Comme elle arrivait devant la nouvelle Bourse du Travail, elle aperçut enfin un sous-brigadier et quelques agents.

Encore tout essoufflée de sa course, la patronne de l'hôtel les aborda.

— Voulez-vous arrêter un dynamiteur? leur cria-t-elle. Venez vite!... C'est là-bas!

Les agents n'avaient pu retenir un mouvement de surprise.

— Où ça... là-bas? demanda le sous-brigadier.

— Au 22... chez M. Véry...

— Le restaurateur?

— Oui, Ravachol est chez lui!... le fameux Ravachol!...

Cette fois ce ne fut plus de la surprise qu'éprouvèrent les agents, mais un véritable ahurissement.

Ravachol!

Ah çà! qu'est-ce que cette femme leur chantait!

Est-ce qu'elle n'était pas folle de croire qu'elle avait pu découvrir le célèbre dynamiteur, quand, depuis si longtemps la police le cherchait sans pouvoir jamais l'attraper?

Cependant comme la gérante insistait avec beaucoup de force, beaucoup d'énergie, un des agents qui, du reste, ne se montrait pas très convaincu, se décida à se rendre chez le commissaire.

— C'est bien, dit-il. Je vais aller prévenir M. Dresch... Vous pouvez retourner chez vous.

Et d'un pas rapide, il s'éloigna.

Or, à ce même moment, Ravachol, qui était certes bien loin d'avoir le moindre doute, le moindre soupçon, achevait de déjeuner.

Il frappa sur la table et appela :

— Garçon!

Lhérot vint se planter en face de lui.

— Monsieur désire?

— Un café... bien chaud...

— Bon!

Et Lhérot, se dirigeant du côté de la cuisine, cria d'une voix forte :

— Un café!... bien chaud!

Puis se retournant et s'adressant à l'ancien faux-monnayeur, il ajouta :

— Et avec quoi le café?... du rhum? du cognac? du kirsch?
— Du cognac, répondit Ravachol.

Puis, comme on venait de le servir, il reprit, toujours avec la même attention, la lecture de son journal.

Quelques minutes s'écoulèrent... Puis la porte du restaurant s'ouvrit et un homme entra...

Très lentement, le nouveau venu vint s'asseoir à la table voisine de celle de Ravachol, puis, comme son regard, qui avait une singulière expression, venait de se rencontrer avec celui de Lhérot, dont l'expression n'était pas moins étrange :

— Garçon, fit-il doucement, donnez-moi un madère.

En entendant cette voix, Ravachol avait brusquement relevé la tête.

Et soudain il ne put s'empêcher de pâlir.

Il venait de voir les yeux du nouveau venu fixement, ardemment cloués sur lui...

Qu'était-ce donc?... Quel était cet homme? Pourquoi le regardait-il, le dévisageait-il ainsi?... Est-ce que, par hasard, il venait de le reconnaître?... Est-ce que, par hasard, il allait tout à coup se jeter sur lui et lui mettre la main au collet?...

Et malgré tout son aplomb, toute son audace et tout son sang-froid, l'assassin de l'ermite de Chambles se sentit frissonner.

D'ailleurs, le regard de l'inconnu ne le quittait plus, demeurait obstinément posé sur lui.

Alors Ravachol fut saisi d'une peur atroce, d'une peur immense...

— Oui, cet homme me regarde trop... Ce n'est pas naturel... Il faut filer... et filer tout de suite, se dit-il tout blême, tout livide.

Il avait bu son café, il avala d'un trait son verre de cognac, puis, tout en se raidissant pour faire bonne contenance, il se dirigea vers le comptoir où, précisément, Mme Véry venait de s'installer.

— Madame, l'addition? demanda-t-il.

— Qu'est-ce que vous avez?

Lhérot, qui venait de s'approcher, répondit :

— Une bouteille à un franc, un bouillon, une poule au riz, une pomme sautée et un café-cognac.

— Ça fait deux francs quinze, dit Mme Véry.

— Deux francs quinze?... Voici deux francs vingt... Gardez tout, dit Rrvachol en mettant la monnaie dans la main du garçon.

Et toujours très pâle, mais la tête haute, il se dirigea vers la porte.

Mais, soudain, il recula, terrifié... L'inconnu, c'est-à-dire M. Dresch, c'est-à-dire le commissaire de police, venait de se dresser devant lui et de laisser tomber sa main sur son épaule.

— Au nom de la loi, je vous arrête!... Veuillez me suivre!

Mais d'une brusque poussée Ravachol s'était déjà dégagé, et d'un bond il s'élança dans la rue. Mais il n'eut pas le temps de fuir... Trois agents en bourgeois qui le guettaient, qui l'attendaient, venaient de se ruer sur lui... Et déjà ils lui enlevaient son revolver, sa canne à épée et l'entraînaient...

En un clin d'œil plusieurs centaines de personnes étaient accourues. Et tout le monde s'interrogeait, et tout le monde échangeait la même question : Eh bien! qu'est-ce donc? qu'arrive-t-il donc?... Mais nul dans cette foule ne se doutait que l'individu qui se débattait si désespérément était Ravachol, le fameux dynamiteur du boulevard Saint-Germain et de la rue de Clichy.

Et la foule, qui à chaque seconde augmentait, grossissait, devenait immense, s'était mise à suivre.

C'était au poste de la mairie du X° arrondissement, à l'angle de la rue du Faubourg-Saint-Martin et de la rue du Château-d'Eau, que l'on traînait l'ancien faux-monnayeur.

Celui-ci n'avait pas cessé une seconde de se débattre. Mais, devant le poste, sa résistance devint terrible. Il fallut, pour le faire entrer, le secours de nouveaux agents, qui le prirent les uns par la tête, les autres par les pieds, et le traînèrent jusqu'au milieu de la salle en lui distribuant des bourrades...

On le laissa se relever.

Il était effrayant de colère, effrayant de fureur. Soudain, et sans qu'on eût pu saisir le mouvement, il sauta sur un gardien de la paix, s'empara du sabre qu'il arracha du fourreau, et s'apprêta à en porter un coup droit au gardien désarmé.

Celui-ci l'évita par un brusque saut en arrière.

Alors le brigadier lui saisit le bras, le lui tordit... Ravachol eut un cri... La poignée du sabre laissa deux cicatrices à la paume de la main de l'ancien faux-monnayeur.

Ravachol fut entièrement déshabillé, toisé et comparé avec le signalement donné par la Préfecture.

— Vous êtes bien Ravachol? lui dit le commissaire.

— Je ne me souviens plus de mon nom, répondit-il les lèvres toutes blanches, les yeux chargés d'éclairs.

On ne poussa pas plus loin l'interrogatoire.

M. Dresch adressa au préfet une première dépêche que ce fonctionnaire reçut à table et qui le laissa un peu incrédule. Une seconde dépêche plus formelle le fit réfléchir. Il fut décidé que l'on conduirait Ravachol au Dépôt.

Mais ce n'était pas chose facile. On lui attacha les mains et on essaya de le faire entrer dans un fiacre à quatre places, requis pour la circonstance.

Alors Ravachol se débattit, de plus en plus furieusement, de plus en plus désespérément, et à coups de pieds, frappant les agents, repoussa la voiture. On dut le ligotter entièrement, le ficeler. Trois agents prirent place dans la voiture avec l'ancien faux-monnayeur, un quatrième monta sur le siège, et la voiture prit enfin le chemin du Dépôt.

Dans une autre voiture, suivaient également M. Dresch et l'officier de paix du X° arrondissement, M. Lansberg.

Cette arrestation, comme nous l'avons dit, s'était opérée devant une foule immense attirée par les clameurs de Ravachol. En effet, tout en se débattant, celui-ci ne cessait de crier : « Vive l'anarchie!... A bas les repus! A bas les bourgeois! Vive la Commune!... »

Mais la foule ne répondait rien; elle n'était que curieuse et étonnée.

Tout de suite, Ravachol fut conduit dans le cabinet de M. Goron.

Il trouva réunis là le procureur de la République, M. Atthalin, juge d'instruction, le préfet de police, M. Goron, chef de la Sûreté, M. Dresch.

Il avait une barbe transformée depuis huit jours, mais cependant, à première vue, il répondait bien au signalement donné.

D'ailleurs, on avait trouvé sur lui de quoi établir sa personnalité à défaut d'identité : son revolver chargé, un bâton de cosmétique (or, on savait que, pour paraître moins pâle, il se maquillait) et une quittance de loyer, au nom de M. Laurent, 68, Grande-Rue-de-la-République, à Saint-Mandé.

M. Atthalin pensa qu'une perquisition faite à ce domicile serait précieuse. Il conseilla donc à M. Goron de l'aller faire. Escorté de M. Rossignol, le chef de la Sûreté fit diligence. Il partit en fiacre à Saint-Mandé.

Pendant que cette perquisition s'opérait à son domicile, Ravachol était conduit à l'anthropométrie.

Comme il refusait de se déshabiller, on y procéda de force, puis on recommença à l'examiner minutieusement. On fit les mensurations nécessaires, on observa les cicatrices, celle de la main, celle du front cachée par les cheveux, les grains de beauté de l'estomac qu'on avait essayé de faire disparaître avec des acides.

— Ravachol, c'est lui, monsieur le préfet, dit alors M. Bertillon, j'en réponds.

Mais le prisonnier protesta vivement.

— Je ne suis pas Ravachol, je l'affirme! s'écria-t-il.

Il était à ce moment environ trois heures. M. Lozé télégraphia au ministre de l'Intérieur la nouvelle de l'arrestation *probable* de l'auteur des attentats à la dynamite.

Mais une épreuve restait à tenter. Il n'y avait qu'à le confronter avec ses amis déjà arrêtés : Chaumartin, Béalat et Mme Chaumartin.

On les introduisit en sa présence. Aucun des trois ne sembla le reconnaître. Mais enfin, pressé de parler, Chaumartin finit par dire :

— Voyons, Ravachol, puisque tu es pris, pourquoi nier encore?

L'ancien faux-monnayeur regarda Chaumartin. Il y eut une pause. Puis enfin, brusquement, nerveusement :

— Eh bien! oui, je suis Ravachol! s'écria-t-il. Mais qu'on me f... la paix.

Et la tête tombée sur la poitrine, il garda un silence farouche.

VI

RAVACHOL A LA CONCIERGERIE

Au moment où Ravachol allait quitter le service anthropométrique pour être conduit à la Conciergerie, une transformation subite s'opéra en lui.

Son visage, tuméfié par les coups, et qui jusque-là avait reflété une violente, une immense colère, changea soudain d'expression.

Cet homme qui avait opposé aux agents la résistance la plus vive, la plus désespérée, et qui, depuis le moment de son arrestation, n'avait cessé de se répandre en injures, se fit humble, presque suppliant.

M. Atthalin, juge d'instruction, venait de lui faire subir déjà un premier interrogatoire.

Son regard chercha celui du magistrat, puis, doucement, d'une voix tremblante :

— Je ne demande qu'une chose, monsieur, dit-il, c'est d'être traité en vaincu.

Ravachol était en effet vaincu.

Déjà écrasé par les émotions multiples qu'il venait d'éprouver, par les mauvais traitements qu'il avait subis dans sa lutte terrible contre les agents, le dynamiteur était plus éprouvé encore de ce que Chaumartin l'eût reconnu devant la justice et l'eût contraint à commencer des aveux.

Aussi, tandis que les agents et les gardes républicains qui l'emmenaient, l'entraînaient à travers les couloirs, longs et tristes, qui conduisent de la Préfecture de police à la prison, l'entendirent-ils murmurer avec accablement :

— Tout est fini !... Tout est bien fini !...

Dès qu'il fut arrivé dans sa cellule, il demanda à manger. On lui servit, avec une demi-bouteille de vin, un rosbif, des pommes de terre et du fromage qu'il mangea avec beaucoup d'appétit.

Le repas le ranima et, tout en mangeant, il se mit à causer avec les trois colosses chargés de le surveiller et qui ne le perdaient pas de l'œil un seul instant.

L'ancien faux-monnayeur reparla des détails de son arrestation :

LES EXPLOITS DE RAVACHOL

C'est M. Benoit qui dirigea les débats.

— Vos collègues m'ont assommé tout à l'heure, dit-il aux agents de la Sûreté. C'est lâche de se mettre dix sur un seul homme. Vous, ce n'est pas la même chose. Vous ne me brutalisez pas. Vous avez l'air de braves gens. Je n'aurais pas cru que la police contînt des types comme vous.

L'un de ses gardiens s'étant étonné de ce qu'il se fût aussi stupidement compromis qu'il l'avait fait chez le restaurateur Véry, Ravachol expliqua sa conduite.

— L'armée, voyez-vous, je la déteste, je la hais! s'écria-t-il.

« Les soldats font un métier grotesque et infâme. Je les méprise, car je ne puis comprendre qu'ils ne se révoltent pas contre leurs supérieurs. Aussi quand, dimanche, j'ai entendu Lhérot se plaindre des souffrances qu'il avait endurées au régiment, n'ai-je pu m'empêcher de dire tout ce que je pensais.

La conversation dura ainsi jusqu'à onze heures... Enfin, Ravachol, épuisé, s'étendit sur sa couchette et parut s'endormir.

Le lendemain, dès sept heures, il était debout et semblait très tranquille, très résigné.

— Aujourd'hui, dit-il, je me promets bien de ne pas répondre aux questions qu'on pourrait m'adresser. On m'a assez battu hier pour qu'on me fiche la paix. Demain, j'aurai peut-être changé d'avis... Après tout, puisque me voilà pris...

Ravachol n'avait pas achevé sa pensée.

Il pencha la tête, demeura un moment silencieux, puis reprit :

— On ne pourra me condamner à mort que pour l'affaire de l'ermite, puisque la loi sur la dynamite n'est pas encore votée par le Sénat et promulguée par Carnot...

Et il reparla de l'instruction de son procès, s'exprimant, quoique illettré, avec une très grande facilité de parole.

Du reste, la vie de Ravachol à la Conciergerie était la même que celle de tous les autres prisonniers. Il restait dans son étroite cellule, dont tout l'ameublement se composait d'un lit de fer, d'une table, d'une chaise et d'un petit poêle de fonte. Il se nourrissait de l'ordinaire des détenus, absorbant des pommes de terre et des légumes secs : haricots et lentilles, augmentés deux fois la semaine, le jeudi et le dimanche, d'un maigre morceau de viande. Pour arroser ce frugal repas, la cruche était là : l'eau est à discrétion dans cette auberge où l'État nourrit ses pensionnaires forcés.

Le farouche dynamiteur avait bien, sur lui, lors de son arrestation, une somme de cent quatre francs, mais comme on supposait que cet argent pouvait provenir de quelque vol, il avait été confisqué.

Ravachol demeurait donc sans un sou, ne pouvant se donner aucune des douceurs relatives que la prison offre à ses locataires, moyennant finances.

Il ne semblait, d'ailleurs, nullement en souffrir ; l'apôtre stéphanois était, comme on sait, un frugal et un buveur d'eau. Le menu de sa pension nouvelle n'était donc pas fait pour l'effrayer.

Quand, le lendemain de son arrestation, le directeur de la Conciergerie lui a rendu visite, l'ancien faux-monnayeur s'est plaint de ce que ses gardiens faisaient trop de bruit avec leurs souliers

— Vous devriez bien leur faire mettre des pantoufles, a-t-il ajouté.

Au surplus, ce n'était point là le seul côté petit-maître et sensitif de l'assassin de l'ermite de Chambles.

Le directeur lui ayant demandé s'il désirait du tabac :

— Merci, répondit-il vivement, je ne fume pas, la fumée de la pipe de mes gardiens me gêne même beaucoup.

Puis il s'inquiéta aussi de la façon « d'ouvrir les fenêtres pour se donner de l'air ».

On lui *donna de l'air,* faisant droit à son désir dans la limite du possible.

Comme on voit, sans le vouloir, Ravachol faisait des mots.

Du reste, il était redevenu tout de suite extrêmement tranquille, extrêmement calme. Il causait très librement, très familièrement avec ses gardiens, et consacrait de longues journées à lire le *Magasin pittoresque* et le *Musée des familles,* c'est-à-dire les œuvres réconfortantes de la prison.

Quand le directeur vint un matin lui annoncer qu'une commission rogatoire de Saint-Étienne allait l'interroger au sujet des assassinats dont il était accusé, il se mit à hausser les épaules.

— Bah ! ça m'est bien égal, répondit-il de sa voix lente et faubourienne, un peu plus ou un peu moins !

Il avait gardé ses vêtements, refusant ceux de la prison. On lui avait seulement donné une chemise pour remplacer la sienne, déchirée dans sa lutte contre les agents.

Ravachol conservait donc la redingote et le pantalon noirs qui, avec son allure vulgaire et sa face commune, éclairée par un œil très intelligent, lui donnaient, selon l'expression du directeur, l'air d'un « gavroche endimanché ».

On lui avait aussi donné un mouchoir, mais ses gardiens avaient ordre de le détenir afin qu'il ne tentât pas de s'étrangler avec...

Mais à présent que Ravachol était pris, à présent qu'il était tombé dans les mains de la justice, une question se posait.

Devant quel tribunal allait-il comparaître?

Allait-il être jugé par la cour d'assises de la Seine?

Allait-il être réclamé par la cour d'assises de la Loire?

A cette question, très débattue, très controversée, voici ce que les gens compétents, avocats et jurisconsultes, répondaient :

Depuis que Ravachol, l'auteur des fameux attentats du boulevard Saint-Germain et de la rue de Clichy, est sous les verrous, on se demande avec une certaine curiosité quelle est la juridiction qui devra le juger.

Cette juridiction est incontestablement la cour d'assises, mais quelle cour d'assises? Celle de la Seine ou celle de la Loire?

En un mot, Ravachol, qui a commis des crimes de diverse nature à Montbrison et à Paris, comparaîtra-t-il devant les jurés parisiens ou devant le jury de Montbrison?...

Le problème se peut, en droit, résoudre assez facilement.

En effet, le parquet de Montbrison a instruit contre Ravachol dans l'affaire de l'assassinat de Jacques Brunel, l'ermite de Chambles, et il a été renvoyé devant la cour d'assises de la Loire sous l'inculpation de meurtre commis avec préméditation.

Tandis que ses complices étaient jugés contradictoirement, Ravachol, lui, l'était par contumace, et il doit maintenant purger cette contumace.

Or, il est de jurisprudence qu'en pareil cas la cour ou le tribunal qui a prononcé en l'absence de l'accusé soit seul compétent pour le juger ensuite contradictoirement.

C'est donc la cour d'assises de Montbrison qui doit incontestablement et seule connaître de l'accusation portée contre Ravachol.

Mais, dira-t-on, Ravachol a également commis d'autres crimes dans le ressort de la Seine !

La cour de Paris n'est-elle pas, de son côté, compétente pour demander compte au dynamiteur des explosions dont il est l'auteur présumé ?

Évidemment, mais il ne faut point oublier que l'on ne peut chez nous, comme en Angleterre, condamner une personne à mort et aux travaux forcés.

Or, le crime de Chambles, qui peut être puni du châtiment suprême comporte une peine plus forte que celle qui peut être appliquée à l'occasion des explosions de Paris, et c'est cette première peine qui seule doit être prononcée.

En un mot, la cour d'assises de Montbrison jugera Ravachol pour l'assassinat de Chambles et en même temps pour l'affaire des explosions, mais ne prononcera que la peine relative à l'assassinat du vieil ermite, peine qui sera, à n'en pas douter, celle de la mort.

Il serait cependant possible que la cour de Paris essayât d'évoquer l'affaire, mais si Ravachol se pourvoyait en cassation contre un arrêt de la chambre des mises en accusation faisant droit à cette demande, il ne semble pas douteux que la cour suprême ne soit alors obligée de casser le dit arrêt et de renvoyer le dynamiteur devant ses juges naturels, les jurés de Montbrison.

Quelques personnes affirment que Ravachol n'aurait pas été condamné par contumace à Montbrison.

Dans cette hypothèse, il serait plus aisé à la cour de Paris d'évoquer l'affaire, mais il serait également possible à Ravachol d'exiger sa comparution aux assises de la Loire.

VII

L'OPINION PUBLIQUE ET LES JOURNAUX

Il ne serait pas facile de donner une idée du soulagement ressenti par les Parisiens à la nouvelle de l'arrestation de Ravachol.

Enfin on était donc délivré de l'effrayante menace suspendue sur Paris, depuis quelques semaines !

Enfin, désormais, chacun pourrait donc mener tout d'une traite une nuit paisible, puisqu'en se coulant aux draps, n'existerait plus cette crainte d'être éveillé par l'effondrement de sa maison.

Du reste les journaux de tous les partis et de toutes les opinions étaient unanimes à se faire les échos de l'indignation publique, et tous se trouvaient d'accord pour réclamer de la justice un châtiment exemplaire.

Ainsi la *Lanterne* écrivait :

« Les misérables — ou, si l'on veut, les fanatiques, car pour nous c'est tout un — qui commettent ces crimes n'ont et ne peuvent avoir qu'une seule excuse : l'inintelligence, la stupidité, l'inconscience absolue.

« Si ce ne sont pas des brutes idiotes, ce sont les derniers des criminels.

« Tout d'abord, à chaque fois, ils manquent leur coup. Ils n'ont atteint ni M. Benoît, ni M. Bulot. Et si, cette fois, ils ont fait des victimes, ce ne sont pas celles qu'ils visaient.

« Cette sottise de l'attentat n'a d'égal que sa lâcheté. Le coupable ne risque rien ; c'est un fuyard, un poltron. Son crime n'a rien de crâne, de hardi. C'est de l'assassinat doublé de pleutrerie.

« Pis encore : c'est de la férocité niaise.

« Pour atteindre un ennemi — qu'il n'atteint pas — l'assassin sacrifie, sciemment, à l'aveuglette, de pauvres gens dont il n'a point à se plaindre, qu'il ne connaît pas : des femmes, des enfants, toute une maison.

« Quoi de plus inhumain et de plus lâche !

« C'est pourquoi ce n'est pas, ce ne peut pas être un crime politique. »

Et de son côté l'*Événement* disait :

« La situation devient tout à fait grave. Elle exige de ceux qui ont entre les mains la redoutable charge de protéger le pays contre le brigandage intérieur une sagacité et une vigueur qui soient à la hauteur des crimes commis.

« Il n'y a plus de société française, si cette épouvantable tyrannie demeure impunie, si les coupables ne sont pas exemplairement châtiés, si enfin ces forfaits peuvent librement se répéter demain, non plus seulement à Paris, mais dans toute la France !...

« Paris a jusqu'ici patiemment attendu.

« Il ne veut pas faire un plus long crédit à la lie criminelle qui s'attaque avec une effroyable perversité à ses biens, à son commerce, à son travail, aux existences les plus innocentes, les plus humbles et les plus pauvres comme aux plus élevées.

« Paris veut qu'on en finisse.

« Paris crie vengeance. »

Enfin, le *Paris* se refusait à voir également en Ravachol un fanatique politique mais bien un criminel vulgaire, et traçait de lui le très curieux portrait suivant :

« J'ai perdu ma dernière illusion ; je n'ai plus de doute : Ravachol est un bourgeois...

« Son origine fut très humble. Il naquit à l'atelier et grandit, ayant sous les yeux l'exemple de belles vies laborieuses. On le mit à l'ouvrage sans qu'il y montrât grand empressement ; il avait pour le doux farniente que goûtent les privilégiés de ce monde une tendance très accusée. Il n'était déjà propos désobligeants qu'il ne tînt contre les oisifs, mais il était sans colère contre l'oisiveté qu'il estimait agréable.

« Il fréquentait assidûment les réunions où les camarades lançaient contre l'abusif capital des discours enflammés dans lesquels tout n'était point à redire, car la condition du peuple appelle des modifications profondes.

« Dans les groupes, il y avait des apôtres véritables ; tout d'abnégation, de désintéressement, qui tournaient vers l'avenir leurs yeux d'illuminés.

« Ceux-là, poètes inconscients, aspirant le vent du large, attendaient cet on ne sait quoi que demain a toujours promis, cet on ne sait quoi de plus doux et de plus équitable qui faisait une suite au compagnon de Nazareth.

« Ils rêvaient, traduisant leurs rêves avec des mots enfantins, l'affranchissement du vieux monde par la fraternité. Et même quand l'expression trahissait leur pensée, leurs visions avaient la beauté des choses ingénues.

« Ravachol songeait à Ravachol.

« Ravachol illettré, mais intelligent, débarrassé de tout scrupule, prenait la société pour une forêt dans laquelle il s'ouvrirait un chemin à coups de hache. Il tenait pour essentiel de passer. C'était sa doctrine...

« L'hypertrophie du Moi prenait chez lui des formes si monstrueuses que ses camarades s'en alarmaient.

« Il leur était étranger, si près d'eux pourtant qu'il s'approchât, ce compagnon qui se souciait de dulcifier la peau de ses mains trop blanches et de garantir du soleil, à l'abri d'un parasol bourgeois, son teint qui est d'une excessive délicatesse.

« Il eût préféré à sa condition, qui était rude, les arts qui procurent des satisfactions sensuelles et vives, qui donnent « la jouissance immédiate de l'acte ». Il avait un certain talent sur l'accordéon, et de longues heures il faisait parler l'âme nasillarde de cet orgue du pauvre.

« Il était au début de la vie et ne savait encore trop en quelle voie s'engager pour arriver plus vite à goûter le bonheur bourgeois. L'homme doué de telles aptitudes, mais qui a volonté de répartir autrement son énergie, joue des coudes et fait son trou. Il n'y apporte pas toujours de très grands scrupules ; il se borne à ne rien faire qui ne soit licite, au jugement de la conscience excepté.

« Que de fortunes édifiées sur des ambitions malpropres !

« Mais Ravachol estimait que l'effort à tenter dans ce sens présentait trop d'aléa...

« Jouir : c'est le grand mot. J'ai l'occasion de le répéter : Ravachol est un bourgeois et un jouisseur.

« Il aspirait au bien-être.

« Comment se le procurer ?

« Il sort nettement ici de l'azur où pataugeaient les compagnons simplistes, retenus par la crainte des gendarmes ou même par ce fonds d'honnêteté atavique que nous a légué une morale séculaire. Il fit le projet de faire rendre gorge à l'infâme capital... Il connaissait la retraite d'un ermite qu'on disait riche, il résolut de l'assassiner.

« Comment avait-il des renseignements sur les biens de cet ascète qu thésaurisait pour les larrons, ainsi que tout avare ?

« C'est qu'il avait été en coquetterie avec le clergé, à ce que l'on raconte.

« Affectant les dehors d'un pieux brigand, il laissa entendre que si le bon Dieu de ces messieurs avait besoin, en temps d'élections, d'un cambrioleur au service du ciel, il était là.

« Les trompa-t-il ? C'est possible... M. d'Hulst, qui ne lui en garde pas rancune, hier encore, lui promettait, apitoyé, la miséricorde de l'Église.

LES EXPLOITS DE RAVACHOL

Le dernier venu est un compagnon nerveux.

« Avant d'en arriver à tuer, Ravachol avait essayé d'entreprises individuelles moins sanglantes.

« Il fit une active propagande aux environs de Saint-Étienne qui lui rapporta du butin dont il vécut de son mieux. Il s'essaya également dans la fausse monnaie, ne visant qu'à s'enrichir pour se procurer les plaisirs qu'il espérait de la vie.

« Voilà qui est d'une âme tout à fait bourgeoise, même plate et à l'excès.

« Sa fortune était basée sur l'exploitation des petits, en quoi il se rapproche du capitaliste dont il a dit grand mal mal, au club.

« Il passait aux pauvres bougres des pièces de vingt sous ou de quarante sous qui étaient mauvaises, et en échange recevait leur monnaie loyale.

« On travaillait donc pour lui, par surprise, qui s'offrait des soupers délicats avec l'argent soustrait, par manœuvre frauduleuse, de la poche des camarades...

« Il aurait pu vivre à l'aise, en plantant des choux; mais l'ambition lui était venue avec le succès; puis son ardente nature appelait des jouissances plus âpres que celles que procurerait un revenu médiocre.

« Il essaya bien de l'augmenter par de nouvelles opérations, à ce que l'on croit; on lui impute quelques crimes commis sur des vieillards ; il n'est pas certain qu'il les fit, et s'il les fit, ils ne lui rapportèrent que le salaire ordinaire de l'assassinat, qui rarement couvre les frais de l'entreprise.

« C'est dans ce métier-là qu'on est exploité !

« Comment jouir avec des rentes si maigres?

« Ce fut bien simple.

« Il s'offrit des explosions.

« Traqué, la tête promise à l'échafaud, ce jouisseur qui était chimiste doué, très renseigné sur les explosifs, se donna une fin sardanapalesque. Il rêva de bûchers grandioses sur lesquels, pour jouir plus longtemps du coup d'adieu, il ne monterait pas.

« Il verrait, avant de mourir, s'effondrer des maisons, hurler des bourgeois, sauter des juges. Il aurait l'ultime joie d'un spectacle féroce, organisé par lui, et pour sa satisfaction unique.

« La terreur de la plus belle capitale du monde serait son œuvre.

Quel monarque, à l'apogée de sa gloire, connut jouissance comparable ?...

« Bourgeois, joûisseur et dilettante, Ravachol n'est-il pas complet ? »

Enfin, puisque Ravachol ne cessait de se réclamer du parti anarchiste, un autre journal (*L'Éclair*) voulut savoir ce que les « compagnons » pensaient des explosions.

Un de ses rédacteurs se rendit donc chez les anarchistes et voici le très intéressant article qu'il publia à la suite de sa visite :

« Dès que l'explosion se fut produite, après les légitimes imprécations des victimes, on essaya de comprendre pourquoi la maison du 39, rue de Clichy, avait eu le cruel privilège d'être choisie, et l'idée vint à tout le monde que les anarchistes avaient voulu se venger de M. le substitut Bulot qui avait été de l'affaire Cyvost et qui, tout récemment, avait occupé le siège du ministère public dans le procès des anarchistes de Levallois.

« M. Bulot ne partagea pas d'abord cette manière de voir : « Non, disait-il, ce n'est pas pour moi qu'on a apporté l'engin. Je demeure au cinquième, on l'a placé au second. Il n'y a là qu'une coïncidence : on a choisi au hasard une maison cossue. »

« Encore qu'il soit revenu à d'autres idées depuis qu'il a su que des lettres de menaces contre lui sont parvenues à la Préfecture, ses voisins, ses amis, les autres locataires de la maison, se demandent si, vraiment, on visait bien M. Bulot.

« L'extrême prudence de l'auteur de l'attentat a permis cette équivoque.

« Un moyen de le dissiper, c'était d'aller chez les anarchistes. Ils sont accoutumés à se réunir par petits groupes sympathiques chez l'un des leurs, soit marchand de vins, soit crémier, soit débitant de toute autre espèce. Il n'y avait qu'à s'y rendre pour y causer un peu de ces attentats terrifiants et demander à ceux qui les font, les approuvent ou les souffrent, quelle est la signification réelle du dernier.

« Il ne serait ni crâne, ni loyal, de biaiser et de paraître intimidé par les avis téméraires et les menaces superflues que l'on reçoit, dès qu'on n'est point d'humeur à parler sans colère de la dynamite appliquée à la politique.

« Aussi, est-ce en adversaires résolus, assumant leur volonté de répondre par des mesures implacables aux aveugles attentats, que nous

nous sommes assis dans la salle publique d'un établissement, rendez-vous d'anarchistes que nous ne désignerons pas.

« C'est un lieu paisible, et quand nous y entrons, désert.

« Un anarchiste, qui a plutôt l'air d'un étudiant nihiliste, — mais ne l'est point et s'en défend : « Les nihilistes sont des républicains, dit-il, — lit nonchalamment.

« C'est un jeune homme d'aspect parfaitement bourgeois, certainement fort instruit, et qui n'a à reprocher à la société que de ne pas lui faire la place qu'il aura plus tard, quand, anarchiste repentant, il sera bourgeois.

« Énergique et sobre, s'animant seulement parfois et ne trahissant la violence de ses pensées que dans la crispation nerveuse de ses poings, il dit à la société son fait, appelant le règne de l'anarchie, qui sera, paraît-il, tout fraternité et tout bonheur.

« En attendant, c'est un duel à mort... un corps à corps farouche...

« Le patron survient.

« C'est un compagnon écouté ; il a l'autorité de l'âge, puis une certaine sagesse, au moins dans la tactique.

« Il est habile et plus théoricien que soldat militant.

« Il déplore qu'on risque de tuer des femmes et des petits enfants, — et, vraiment, il a une façon de prononcer ces mots « les petits enfants » qui est attendrie. « Mais nos petits enfants à nous, qui meurent faute de soins, que ne pleurez-vous sur leur sort? »

« Il serait inutile d'essayer de le convaincre que ce ne sont point les bombes qui l'amélioreront.

« La conversation prend un ton aigu.

« Nous soutenons que celui-là fut lâche qui risqua d'atteindre des innocents ; qui, dans la crainte de compromettre sa peau, abrégea sa course de trois étages.

« — Les temps héroïques et chevalresques sont passés, dit le compagnon. Puis chacun tire son coup de feu à sa manière et l'essentiel est qu'il soit tiré.

« Les amis arrivèrent; silencieux, ils assistent à l'entretien.

« Un jeune et joli adolescent, avec une mine fleurie de garçon de cercle sous son chapeau tyrolien, a des joies enfantines à l'exposé des sombres théories de violence et des projets d'avenir qui présagent de nouvelles ruines.

« Il se frotte les mains tout joyeux. On se divertit chacun à sa manière. Nous lui paraissons très naïf et très bourgeois. Cependant notre linge n'est pas plus irréprochable que le sien, nos habits plus somptueux, et sur lui, qui se plaint des dures conditions de la vie, nous n'avons peut-être que l'avantage de travailler un peu plus longtemps chaque jour.

« Nous abordons le point précis de l'explosion de la rue de Clichy.

« Qui a-t-on visé?

« M. Bulot a feint de croire que ce n'était pas lui ; or, c'est bien lui, et cela ressort de ce dialogues que nous transcrivons fidèlement. Notre interlocuteur est un anarchiste connu et bon teint.

« — Pourquoi, lui demandons-nous, certains anarchistes se livrent-ils à des expériences aussi dangereuse pour des innocents?...

« — Il y a deux causes à ces explosions... D'abord la vengeance appelée par le dernier procès des anarchistes de Clichy. C'est M. Benoit qui dirigea les débats, M. Bulot qui confectionna l'acte d'accusation.

« Le procès montra le traitement odieux auquel furent soumise les trois accusés : Decaups, Dardare et Léveillé. Traitement horrible s'il en fut.

« Quand, saignants et ligottés, les trois hommes furent enfermés dans le poste, ils ne s'y assoupirent pas longtemps ; les agents s'empressèrent de leur rendre visite et voici ce qui se passa : à coups de pieds sur l'os des jambes, à coups de poing dans les poitrines haletantes, à coups de crosses de révolvers sur les crânes endoloris, ce fut la danse des vaincus !

« On les frappa, les malheureux, en un acharnement, en des raffinements ignobles ; la bande policière, avec une joie féroce, tortura, et lorsque, lasse, elle s'arrêtait, c'était pour une demi-heure après recommencer la séance.

« Cela dura tout le jour de l'arrestations et se répéta d'autres fois encore.

« Les yeux pochés, la tête enflée, méconnaissable, le corps meurtri, l'être brisé, les pauvres garçons n'avaient plus de force pour résister aux avilissantes lâchetés ; ils restaient inertes sous la gifle comme sous le fouet des insultes ; ils restaient inertes et leurs blessures s'envenimaient et, pour laver leurs plaies, on leur refusait de l'eau.

« Trois semaines après le drame, on m'avait pas encore retiré de la jambe de Léveillé la balle qui pouvait lui donner la gangrène...

« Plus tard, je citerai un fait monstrueux que les accusés eux-mêmes n'ont pas osé formuler devant le tribunal, tellement il est ignoble.

« Pendant que devant la Cour se déroulait l'histoire de leurs tortures, Benoît et Bulot ricanaient, semblant dire aux agents : « Vous avez bien fait. »

« Vous comprendrez maintenant comment il se fait qu'il y ait des anarchistes féroces.

« Leurs blessures, nous les avons tous senties, les insultes dont on les a abreuvés nous ont porté au cœur, et l'attitude si partiale du président Benoît, ainsi que la férocité de l'avocat général Bulot, demandant la tête de gens en cas de légitime défense, réclamaient vengeance.

« Je ne puis vous donner mon appréciation sur les dynamiteurs, mais je crois pouvoir affirmer que leurs actes sont faits pour venger d'abord nos camarades, ensuite pour donner à réfléchir aux nouveaux Benoît et aux Bulot que notre ordre social condamne à être des pourvoyeurs de bagne et d'échafaud.

« — Mais cependant vous avouerez qu'il est lâche de placer une bombe dans un escalier et de s'enfuir, laissant derrière soi la dévastation accomplir son œuvre, peut-être sur des innocents.

« — Nous déplorons qu'il y ait des innocents victimes de l'attentat dirigé contre un de nos ennemis, mais nous comprenons que celui qui se considère hors la loi, *qu'il n'a pas faite*, qui souffrant au sein d'un organisme social corrompu où personne ne s'occupe de ses misères, nous comprenons, dis-je, qu'il se soucie peu de détruire quelques enfants de bourgeois, ses futurs maîtres, alors que des milliers et des milliers d'enfants du peuple meurent d'anémie, alors qu'il n'ont pas même eu un lange pour les recevoir.

« Quant à la question de lâcheté, il faut comprendre que nous ne sommes plus au XVIIe siècle où Jean Bart sautait avec son vaisseau.

« Les Versaillais nous ont appris que l'on frappait l'ennemi vaincu et que la vie de ses femmes et de ses enfants ne devait pas peser lourd dans la lutte.

« Vous-même vous féliciteriez le soldat qui, au Tonkin, ferait sauter une pagode abritant des Pavillons-Noirs avec leurs femmes et leurs enfants, et loin de l'appeler lâche, vous le traiteriez de héros.

« — Mais aussi, ce qui dépare l'acte, c'est l'anonymat que garde son auteur.

« — Oui, l'anonymat vous ennuie, mais ce n'est là qu'échange de bons procédés, car est-ce que le capital n'est pas l'anonymat dans l'exploitation de l'homme par l'homme?

« Il est probable que dans l'esprit des dynamiteurs il entre pour une grande part, en dehors de la vengeance, l'espoir de réveiller les masses populaires et de faire discuter l'*Anarchie* que la presse traite de folie et d'utopie, alors que nous savons qu'elle sera la véritable rénovatrice sociale qui, supprimant les maîtres, fera de tous, bourgeois et ouvriers, des hommes libres trouvant dans le bonheur de tous leur bonheur propre.

« Les compagnons approuvaient.

« L'un d'eux glisse sous nos yeux les derniers vers de Louise Michel, datés de Londres, le 10 mars 1892 :

> Oh ! qu'elle vienne l'Anarchie !
> Qu'elle vienne, la Liberté !
> Avec l'audace et le génie,
> Enfants, et que rien ne vous lie
> Au vieux monde d'iniquité !

« En même temps que l'heure des revendications, sonne celle de l'apéritif.

« La société se multiplie.

« Le dernier venu est un compagnon nerveux qu'on ne bouscule pas impunément.

« Sa personnalité, facilement agressive, ne tolère point qu'un malhabile vienne se jeter entre ses jambes.

« Il a eu cette malechance et l'on a vu le moment où l'étourdi allait avoir à payer cette bénigme audace.

« On nous le nomme.

« Il a sa page dans l'histoire de l'anarchie.

« Il laisse à de moins dédaigneux le soin d'expliquer la genèse des attentats et leur psychologie.

« Son œil, qu'une ombre de fraternité, même au temps de l'anarchie radieuse, n'éclairera jamais, nous fixe, surpris de ces visiteurs qui soutiennent, en une telle assemblée, que le meurtre des innocents leur est odieux partout, et que les dynamiteurs sont tout simplement en train de se mettre hors la loi.

« Est-ce sa présence

« Est-ce la galerie devant laquelle on pose?

« Soudain la discussion devient plus violente, les théories plus barbares, et l'un de ces deux illuminés de tout à l'heure s'enflamme et, d'un coup de poing, martelant la table, il répond à une interruption :

« — Et quand on l'aurait tué, cet enfant du pharmacien? Où aurait été le mal? C'était de la graine de bourgeois et ç'a aurait fait un bourgeois plus tard!

« A la bonne heure!

« Qu'on parle sans feinte; qu'on n'affecte pas une sensiblerie qu'on n'a point, qu'on laisse déborder sa haine.

« Alors, les aveux se pressent, tragiques, et de part et d'autre, entre ces compagnons qui disent : « Nous frapperons la propriété et ceux qui la défendent, sans nulle considération, car c'est la guerre sans pitié ni merci, » — et nous qui ripostons : « Vous tuez le sens de la liberté, vous fortifiez l'idée d'autorité et nous n'avons que colère et souhaits de châtiment pour des attentats horribles qui ne témoignent pas assez, chez ceux qui s'y livrent, de ces qualités de bravoure et de témérité folle, de courage personnel qui ont souvent absous même du sang versé.

« On s'est querellé avec violence.

« On se tait à présent, on s'observe, inquiet, gêné.

« Décidément, nous sommes trop loin les uns des autres, la dynamite entre nous a creusé un fossé trop profond, vidons nos verres et quittons-nous là. »

Ceci dit, retournons à la Conciergerie, où nous allons retrouver Ravachol.

LES EXPLOITS DE RAVACHOL

Le juge d'instruction avait passé la journée à entendre des habitants de Saint-Mandé.

VIII

PREMIERS JOURS DE PRISON

Le lendemain de son arrestation, l'ancien faux-monnayeur avait éprouvé une assez vive surprise.

En effet, à chaque instant, à chaque minute, il s'était attendu à voir la porte de sa cellule s'ouvrir pour livrer passage à M. Atthalin, le juge d'instruction, et cependant de toute la journée celui-ci n'avait point paru.

— Il paraît que ce sera pour demain, avait-il fini par se dire, tout en se promettant bien de ne point parler et de ne faire aucun aveu.

Mais, le lendemain, le magistrat n'avait point paru davantage.

Et Ravachol avait senti son étonnement grandir encore.

Qu'est-ce que cela voulait dire?

Pourquoi semblait-on l'oublier ainsi?

Pourquoi le juge chargé de son affaire ne mettait-il pas plus d'empressement à commencer l'instruction?

Mais M. Atthalin avait eu pour ne pas se presser deux raisons que nous allons dire :

La première et la principale, c'est qu'à la suite des coups qu'il avait reçus dans sa lutte contre les agents, l'assassin de l'ermite de Chambles avait été pris d'une fièvre assez intense.

Avec ses boursouflures, ses bosses et ses taches verdâtres, sa figure était vraiment effrayante.

L'œil gauche était presque complètement fermé; tout autour les chairs étaient gonflées.

La seconde raison de son repos momentané, la seconde raison du répit qu'on lui laissait, c'est qu'avant de livrer un nouvel assaut contre lui, avant d'essayer de lui arracher la vérité sur les crimes dont il s'était rendu coupable, M. Atthalin, le juge d'instruction, avait voulu réunir le plus de preuves possible de sa participation à tous les derniers attentats à la dynamite.

Pour cela, le magistrat avait voulu interroger d'abord Chaumartin, Mme Chaumartin et Béalat, c'est-à-dire les autres prévenus sur des faits particuliers, ou bien convoquer à son cabinet des témoins dont les dépositions pourraient peut-être jeter un certain jour sur l'affaire.

Le lendemain de l'arrestation de Ravachol, le juge d'instruction avait donc passé sa journée à entendre divers habitants de Saint-Mandé :

1° M. Josselin, le marchand occupant le rez-de-chaussée du n° 68 de la Grande-Rue de la République;

2° La concierge de la maison;

3° Mme Droit, la voisine immédiate du dynamiteur.

Le juge voulait leur faire confirmer l'heure du départ et l'heure de la rentrée de Ravachol, le dimanche où avait eu lieu l'explosion de la rue de Clichy.

Mme Droit avait alors confirmé le témoignage de M. Josselin : Ravachol avait quitté sa chambre à six heures vingt du matin.

Il était revenu une première fois à midi et demi, n'ayant plus sa valise, mais une canne.

Il était ressorti presque aussitôt, après avoir changé de costume, et n'était plus rentré que le soir, vers cinq heures.

L'accusation reconstituait ainsi l'emploi de sa matinée : Ravachol a pris à six heures trente, le train pour Paris. Il est arrivé à six heures quarante-trois à la Bastille et s'est aussitôt rendu rue de Clichy, 39.

On se rappelle que l'explosion a eu lieu à huit heures dix. A dix heures et demie, le dynamiteur, que son exploit avait mis en appétit, venait déjeuner boulevard Magenta, 22, dans le débit tenu par M. Véry.

Vers midi, il soldait son addition et repartait pour Saint-Mandé.

Qu'avait-il fait entre le moment de l'explosion et son arrivée chez M. Véry?

Cette lacune dans l'emploi du temps de Ravachol pouvait laisser supposer qu'il pouvait avoir des complices, et ces complices, l'instruction s'occupait à les chercher.

D'un autre côté, où avait bien pu passer l'argent volé chez l'ermite de Chambles? C'était encore une question qu'on se posait. Mais alors, devançant les recherche de la justice, le *Figaro* publia sous ce titre : *Les comptes de Ravachol*, le résultat d'une enquête à laquelle il s'était livré à propos du même sujet :

« Entre les quelques francs trouvés sur le dynamiteur, disait ce journal, et les milliers de francs volés à l'ermitage est un tel écart que la recherche des sommes défaillantes ne pouvait manquer d'être éminemment intéressante.

« Avant de faire connaître le résultat de notre enquête, dont les détails seront tellement précis qu'ils ne pourront être suspectés, finissons-en avec les 104 francs trouvés sur l'assassin en un billet et en menue monnaie.

« Des indiscrétions venues évidemment de milieux anarchistes, moins sûrs qu'on ne le croyait, révélèrent que ce billet de cent francs avait une destination.

« Le jour même de son arrestation, Ravachol devait le faire remettre, par l'entremise d'un camarade, au directeur d'un journal révolutionnaire qui se trouve tellement embarrassé que ce journal eut trois jours de retard.

« L'argent saisi sur un prisonnier sert à sa nourriture.

« Quand il fut à la Conciergerie, Ravachol reçut sous enveloppe un autre billet de cent francs, accompagné d'une simple carte contenant ces mots : « A Ravachol, un anonyme. »

« Il confia ce billet à son conseil, Mᵉ Lagasse, qui, je le jure, est absolument étranger à cet article.

« Il lui dit :

« — Ayez la complaisance de donner cinquante francs à X..., cinquante francs à Y... Ils les emploieront pour la propagande.

« Dès le lendemain, Mᵉ Lagasse remettait cinquante francs à chacun des intéressés...

« Comme il pouvait être dangereux de rester à Saint-Étienne, l'assassin s'apprêta à venir à Paris... »

Ici, après avoir dit que, pour différentes raisons, le voyage de l'ancien faux-monnayeur lui avait coûté environ deux cent quatre-vingts francs, le *Figaro* poursuivait en ces termes :

« Une première fois, Ravachol s'installa à Saint-Denis, une deuxième fois à Saint-Mandé.

« Ces deux domiciles sont seuls connus par la justice, mais il en est un troisième que je décrirai peut-être un jour et qui est bien plus confortable que les deux modestes chambres où la police est entrée.

« Ravachol avait ce logement concurremment avec sa chambre de Saint-Mandé.

« Le mobilier de Saint-Denis, le déménagement à Saint-Mandé, le mobilier du logement inconnu, les trois termes lui coûtèrent ensemble 1,100 francs.

« Entre son crime et son arrestation s'écoulèrent sept mois, pendant lesquels il nourrit presque entièrement Biscuit, très souvent Gustave Mathieu et accidentellement quelques autres.

« Il dépensa de la sorte 1,750 francs.

« Il envoya durant ce temps à des anarchistes de Londres 280 francs, à Bruxelles 125, à Barcelone, avant les dernières explosions qui troublèrent cette ville, 450 francs, à divers détenus parisiens 130 francs, à leurs compagnes et à leurs enfants 250 francs.

« Il se fit inscrire sous des dénominations connues sur plusieurs listes de souscriptions pour 235 francs.

« Il a été parlé d'une somme de 5,000 francs dont le dépôt — en un lieu qui doit être bien sûr — puisqu'il est resté mystérieux — a été reconnu par Ravachol.

« Il a été également établi que l'assassin avait donné ou confié à sa maîtresse quelque chose comme 2,200 francs et qu'il avait donné à une autre personne 900 francs.

« Enfin, tous les objets nécessaires à la fabrication de la fausse monnaie — objets encore cachés à l'heure présente — et certains produits chimiques, pour essais divers, ont coûté environ 900 francs.

« Faites le compte et vous arriverez seulement au chiffre total de 15,896 francs.

« Manquent donc douze mille francs! Où sont-ils? C'est au prochain procès de le dire.

« Quoi qu'il en soit, il y a ici, dans les comptes de Ravachol, un trou d'importance. Il ne nous plaît pas de le boucher.

« La justice a un accusé entre les mains. Qu'elle le fasse parler. »

Mais faire parler l'ancien faux-monnayeur n'était pas aussi facile qu'on aurait pu le supposer.

C'est ainsi que, bien décidé à ne faire aucun aveu, il ne parlait jamais des explosions que comme un homme complètement étranger à ces catastrophes.

Le dialogue suivant, qu'il venait d'avoir avec un de ses gardiens, donnera d'ailleurs une idée de son attitude :

Le gardien. — Que dites-vous de l'attentat de la rue de Clichy?

Ravachol. — C'est très gai (sic). Il est seulement regrettable que M. Bulot, l'avocat général que le compagnon devait viser spécialement, soit justement celui qui a le moins souffert. N'importe, puisque nous atteindrons quand même notre but, qui est de terroriser la magistrature.

« Il y a assez longtemps que les juges condamnent pour vagabondage de pauvres diables qui ont le tort de ne pas être des millionnaires; nous voulons, à notre tour, les réduire à cet état. Il y a de distribuée une provision de dynamite suffisante pour que chaque maison donnant asile à un magistrat ait son tour.

« Si les propriétaires veulent éviter des dégâts, ils seront bien forcés de donner congé à cette catégorie de locataires.

« A moins de loger à la belle étoile, ces derniers devront se cotiser pour acheter une ou plusieurs maisons où ils logeront ensemble, et se faire garder d'une façon très sévère, s'ils ne veulent pas que l'on saisisse cette occasion unique de les faire sauter tous ensemble.

Le gardien. — Et les explosions devant l'hôtel de Sagan et la caserne Lobau?

Ravachol. — Ce sont amusettes d'enfant; mais quoi qu'il en soit, à quelque mobile qu'ait obéi la personne qui les a inspirées, elles ont eu leur utilité. Le bruit qui a été fait autour d'elles nous a ouvert les yeux et nous a démontré l'excellence de la propagande par le fait.

Le gardien. — La façon dont l'explosion du boulevard Saint-Germain et celle de la rue de Clichy se sont produites ne vous suggère-t-elle pas quelques réflexions sur la maladresse des auteurs?

Ravachol. — Mon Dieu! l'on fait ce que l'on peut. Il est certain que si l'on plaçait les cartouches dans une chambre au lieu de les placer dans la cage de l'escalier, les dégâts seraient bien plus considérables; mais, au fond, nous sommes meilleurs garçons que l'on ne pense.

« Nous pourrions même dire que nous ne voulons pas la mort du pécheur, mais qu'il se convertisse; c'est pour cela que, bien que disposant de quantités énormes d'explosifs, nous ne faisons usage que de petites quantités.

Le gardien. — Alors, ça va donc continuer?

Ravachol. — Il le faut bien. On nous traque; nous nous vengeons avec les armes dont nous disposons. Nous vengeons les innocents qui ont été injustement condamnés, et les victimes des agents provocateurs qu'on a envoyés parmi nous. Ce sont les policiers qui nous ont appris à nous servir des explosifs.

Comme on le voit, Ravachol savait éviter les pièges que l'on pouvait lui tendre, et il ne disait bien que ce qu'il voulait dire.

IX

UTILE DIGRESSION

Mais avant d'aller plus loin, et afin que cette étrange histoire des exploits de Ravachol soit complète, il nous faut entrer ici dans d'autres détails, c'est-à-dire faire savoir comment les diverses compagnies d'assurances envisageaient la situation qui venait de leur être créée par les derniers événements, et faire connaître aussi ce que pensaient les locataires de la sécurité de leurs maisons.

Interrogé sur le premier point, le principal administrateur d'une des plus grandes compagnies d'assurances françaises, répondait :

« — Pour les accidents, il ne saurait y avoir le moindre doute. Nous sommes responsables et nous paierons dans les cas, espérons-le peu probables, où quelqu'un de nos assurés subirait un dommage personnel.

« Dans les polices, rien n'a trait aux attentats révolutionnaires et à leurs conséquences. Seules, la guerre civile, l'insurrection sont prévues ; mais je ne vois pas bien quel rapport on pourrait établir entre les uns et les autres de ces fléaux.

« Il est certain qu'un des premiers effets des dernières explosions sera d'augmenter le nombre des gens ayant recours à l'assurance individuelle.

« Nous ne pouvons qu'espérer qu'aucun accident de personne ne se produira si ces faits déplorables se renouvellent ; mais en tous cas nous ne pouvons et nous ne cherchons nullement à éluder les clauses de l'assurance personnelle. »

Ce directeur venait de parler au nom d'une compagnie contre les accidents.

Un autre, qui représentait une très importante compagnie contre l'incendie, interrogé à son tour, résumait ainsi son opinion :

« Il ne faut pas se dissimuler que la nouvelle méthode révolutionnaire d'attentats contre les propriétés nous préoccupe vivement.

« Pourtant notre rôle est fort simple : nous ne pouvons, dans aucun des derniers cas, avoir de responsabilité. Ce droit, nul ne songe à le contester. Mais devons-nous ajouter de nouvelles clauses à nos contracts? des articles spéciaux visant les explosions anarchistes?

« Voilà la question.

« Pour ma part, je la résous par la négative.

« On sait que nous prévoyons les risques d'explosions (gaz, produits chimiques, etc.) quand elles sont le résultat d'accidents. Pour ce, nous demandons une prime de 0 fr. 10 par mille francs. Quant aux dégâts causés par la foudre, nous les comprenons dans les risques d'incendie, le cas étant fort rare.

« Supposons que nous assurions les propriétaires contre les cartouches des compagnons de Ravachol, nous ne pouvons guère demander une prime plus forte que pour les accidents de gaz.

« Or, nous avons établi pour les explosions de ce dernier ordre des statistiques qui nous ont permis de prévoir en quelque sorte assez régulièrement les charges qui en résulteront pour nous.

« Mais savons-nous où nous allons, ce que nous faisons en matière d'attentats révolutionnaires?

« S'en produira-t-il d'autres?

« Seront-ils nombreux ou isolés?

« Les propriétaires voudront-ils tous avoir recours à nos garanties?

« Ne serons-nous pas exposés à des pertes imprévues ?

« Autant de questions qui, pour longtemps encore, resteront embrouillées.

« Le propriétaire de la maison de la rue de Clichy, qui vient de sauter, M. Bureau, avait assuré son immeuble pour cinq cent mille francs. Dans ce cas particulier, il est évident que la maison, terrain compris, valait cette somme. Mais si l'on assure des bicoques pour de très forts totaux et qu'elles soient un jour anéanties par une explosion qu'on attribuera à des disciples de Ravachol, comment reconnaître si le sinistré dit vrai et si son appréciation est exacte. On s'engagerait dans une voie pleine de chicanes et de dangers.

LES EXPLOITS DE RAVACHOL

Le bonhomme ruminait.

« Non, le vrai, le seul secours que doivent organiser à l'heure actuelle les possesseurs d'immeubles, c'est la mutualité des propriétaires.

« Le principe de la mutualité est à coup sûr celui qui nous paraît le mieux en situation de répondre aux inquiétudes justifiées des propriétaires et des locataires.

« Ceux-ci, en entrant dans une association dont le mécanisme serait emprunté aux grandes Compagnies, n'auraient plus tout au moins à craindre la perte totale de leurs biens.

« J'ajouterai qu'on parle beaucoup de cela en ce moment dans le monde des capitalistes de tout ordre. Seulement on cherche à composer une association dont les statuts soient simples, l'organisation peu compliquée et qui n'ait pas tout le fonctionnarisme indispensable aux assurances; qui envisagent une grande diversité de cas pour un avenir indéfini.

« Cette « Mutuelle », qui pourrait disparaître avec le danger, devra être une espèce de ligue, réunir ceux qui possèdent, propriétaires et locataires, en une solidarité identique à celle des prolétaires.

« Elle aurait pour premier effet de donner à réfléchir aux criminels qui détruisent pour le plaisir de détruire en leur faisant comprendre qu'ils prennent en quelque sorte une peine inutile et qu'ils s'exposent à être guillotinés sans qu'il en résulte pour le capitaliste, leur ennemi, un dommage sensible.

« Soyez sûr que ces gens-là raisonnent.

« Ils ne raisonnent même que trop bien.

« Quand ils en seront réduits aux attentats directs contre les personnes, alors ce sera la lutte pure et simple avec ses péripéties diverses; mais ils n'auront plus de motifs pour englober toute une série d'innocents : de bonnes, d'ouvriers, de domestiques, dans leurs épouvantables machinations.

« Ceux qui se mettront à la tête de cette association devront être des esprits généreux, non des intéressés à un gain quelconque. Leur tâche sera légèrement difficile au début, mais pour cela, comme pour tout, le premier pas est le plus difficile... »

Sur le second point : ce que les locataires devaient penser de la sécurité de leur maison, nous allons laisser la parole au *Petit Journal*.

Voici donc l'article très intéressant et très sensé que cette feuille publiait sous ce titre : *La Maison coupe-gorge*.

« L'attentat de la rue de Clichy, écrivait-il, pose brutalement une question à côté, qu'on agite parfois dans les conversations parisiennes : celle de l'insécurité de nos grandes casernes à six étages, où logent deux millions d'habitants.

« Nos maisons de Paris sont pendant la nuit de véritables coupe-gorge.

« Pourquoi?

« Parce que.

« Il n'y a pas d'autre raison.

« La routine.

« Il n'y a pas que les Ravachol à redouter, à l'heure du laitier et de la porteuse de pain. Il y a aussi les voleurs et les assassins à craindre pendant toute la nuit, où les maisons de Paris sont noires comme des fours.

« Je ne serai pas assez naïf pour faire, avec les enragés détracteurs de toutes choses, retomber la responsabilité de ce qui peut arriver la nuit sur les concierges.

« Ces braves gens font, en général, ce qu'ils peuvent.

« Quand ils ont bien ciré, bien frotté, bien trotté toute la sainte journée dans une maison à six étages, on ne peut pas leur demander encore de monter la faction au pied de l'escalier eux, leurs femmes et leurs enfants, avec un revolver dans chaque main.

« C'est plutôt aux propriétaires et gérants d'immeubles que s'adresseront mes critiques, car les concierges n'agissent guère que d'après les ordres de ces messieurs.

« Voici une maison où l'on compte six étages et douze appartements.

« C'est le minimum.

« Je prends l'exemple tout petit pour qu'on ne dise pas que j'exagère.

« Jusqu'à dix heures du soir que se passe-t-il?

« Le gaz étant allumé, le concierge ou sa femme voient très bien qui monte et qui descend.

« Ils ont la surveillance facile grâce à la lumière.

« Ils ouvrent la porte et la referment à l'aide du cordon, dans certaines maisons sévèrement tenues, dès la tombée de la nuit; c'est un bon principe.

« Dans un plus grand nombre d'immeubles parisiens, malheureusement, la grande porte reste ouverte à tout venant très tard. Mais enfin le concierge voit la tournure des allants et venants, ce qui refroidit forcément l'audace des intrus.

« Passons.

« Dix heures sonnent; c'est ici que commence la transformation de la caserne en coupe-gorge.

« Le concierge, par ordre, par économie, monte jusqu'au dernier palier et en redescend en éteignant le gaz.

« A partir de cette minute, c'est la nuit noire. Un coquin peut entrer et sortir impunément. Il n'a qu'à jeter en passant le nom d'un locataire, ce qui est un truc bien facile à employer vraiment.

« S'il veut entrer, il sonne deux ou trois fois, la porte s'ouvre; il pénètre dans le noir épais de l'escalier, en ayant soin de se garer de la veilleuse que le concierge a parfois sur la table de sa loge.

« Il crie : « Monsieur ou madame Chose », et il passe.

« Où va-t-il?

« Crocheter une serrure, peut-être, dans quelque appartement inhabité.

« Mais s'il veut, chose plus grave, attendre l'un des locataires et lui porter un mauvais coup, n'est-ce pas plutôt son affaire, cette obscurité persistante, qui va durer jusqu'au lever du jour, c'est-à-dire pendant sept ou huit heures d'horloge, suivant les saisons?

« Il n'y a pas un Parisien qui ne connaisse cette sensation du noir atroce de l'escalier, quand il rentre du théâtre, par exemple.

« Qui de vous, ô gens de Paris! ne s'est dit un soir :

« — Tout de même, si quelque gredin en voulait à ma vie, il l'aurait belle, dans cet escalier où l'on ne voit goutte, où les tapis souvent empêchent d'entendre le moindre bruit.

« Car, pour se sauver, l'homme un peu décidé n'a qu'à reprendre, en sens inverse, le procédé ci-dessus; d'une voix ferme, il demande au concierge le cordon. Et il faut bien que le concierge lui ouvre la porte de la rue. De son lit, dans un demi-sommeil, sans rien voir, il tire le cordon fatal. Et l'escarpe, le voleur, l'assassin est dehors.

« Je ne demande pas encore une fois que les propriétaires fassent la dépense d'un veilleur de nuit par immeuble : ça ferait dans Paris environ 80,000 places à donner à de vieux braves, ce qui ne serait pas une mauvaise affaire, pour eux.

« Mais je crois qu'on pourrait (et on, c'est le locataire syndiqué avec son voisin, les syndicats obtiennent tout ce qu'ils veulent) demander aux propriétaires et gérants d'immeubles de faire éclairer l'escalier de leurs maisons toute la nuit.

« — Éclairez-moi l'escalier toute la nuit, ou je déménage !

« La majorité des propriétaires, qui se compose de gens humains et sensés, comprendrait la valeur de l'ultimatum et céderait.

« Ce point conquis, la surveillance de la maison parisienne deviendrait moins illusoire pendant la nuit.

« La pleine lumière empêchera presque toujours un malfaiteur de monter ou de sortir.

« Il aura peur d'être vu par un concierge qui ne dort pas.

« Inutile d'ailleurs d'insister sur la différence qu'il y aurait entre l'éclat du gaz brûlant à tous les étages et l'obscurité de mine profonde dont nous jouissons aujourd'hui, passé dix heures.

« Avec cette réforme, plus de ces bouts de bougies odieux que les locataires mettent dans leurs poches ou déposent sur un rebord de fenêtre.

« Plus de ces ascensions à tâtons dans le noir hideux de la caserne où tant de pauvres gens qu'on ne connaîtra jamais vont et viennent. Beaucoup moins d'attentats au vitriol ; beaucoup moins d'agressions de toute nature, ce qui serait l'essentiel.

« Mais, dira-t-on, le dynamiteur de la rue de Clichy est venu apporter sa marmite à sept heures et demie, le 27 mars, c'est-à-dire en plein jour.

« Bon.

« Mais savez-vous si l'escalier de la maison dynamitée n'est pas obscur à cette heure ? C'est probable. Et il est probable que si le gaz y brûlait toute la nuit, ce luxe de lumière eût empêché notre homme de se risquer au deuxième étage, entre chien et loup, un matin de journée pluvieuse, où il faisait en réalité noir dans les maisons. Du moment que les concierges éclaireraient les immeubles, ce serait pendant la nuit entière. Or, elle se prolonge suivant les bâtisses.

« La réforme qui s'impose de ce côté-là saute aux yeux.

« La dynamite devrait en provoquer l'explosion dans tout Paris à la fois, c'est le mot. Et savez-vous ce que ça coûterait au propriétaire, ce progrès nécessaire dans la vie noctambule des Parisiens?

« Je l'ai demandé à l'un de nos voisins, le chef du bureau de la Compagnie de gaz qui tient boutique rue Lafayette.

« Voici le compte qu'il a bien voulu me faire en homme qui s'y connaît :

« Un bec de gaz consumant en moyenne de cent à cent quarante litres par heure revient à trois centimes l'heure environ.

« Par conséquent, un bec qui brûlerait de onze heures du soir à six heures du matin en moyenne, soit pendant une durée de sept heures, consumerait pour vingt centimes de gaz par nuit.

« Si on suppose quatre becs éclairant l'escalier d'une maison de cinq étages, la dépense totale, pour sept heures, serait de 80 centimes environ... tout net 288 francs par an.

« Mettez la moitié, 144 francs, en n'allumant qu'un bec sur deux. Une misère! Pour une amélioration qui ressemblerait à un bienfait social! »

X

LE TRIOMPHE DE LHÉROT

Or, tandis que la justice continuait ses investigations, tandis que, dans l'espérance de pouvoir mettre enfin la main sur les prétendus complices de Ravachol, on procédait non seulement à Paris, mais encore en province, à de nombreuses arrestations qui, du reste, ne devaient pas être maintenues, là-bas, au boulevard Magenta, le restaurant Véry ne désemplissait pas, ne désemplissait plus.

C'était depuis le matin jusqu'à une heure très avancée de la soirée une véritable cohue de consommateurs qui tous voulaient contempler les traits de Lhérot, qui tous voulaient tenir de sa bouche les détails de l'arrestation du fameux dynamiteur.

Et cent questions se croisaient, cent questions que tout le monde posait à la fois :

— Dites donc, comment l'avez-vous reconnu?

— Est-ce bien vrai qu'il s'est assis là?
— Et quelle figure a-t-il faite quand M. Dresch l'a empoigné?
— Il a dû joliment se débattre!... Racontez-nous donc comment ça s'est passé.

Et tandis que Lhérot essayait de répondre, M. Véry, qui n'avait jamais espéré d'aussi belles, d'aussi magnifiques recettes, souriait à tous venants, l'air radieux et enchanté.

Du reste, il faut lui rendre cette justice que les lettres de menaces qui lui étaient adressées chaque jour par des inconnus qui se disaient les amis ou les vengeurs de Ravachol, ne paraissaient par l'émouvoir beaucoup.

C'est du moins ce qui semblerait résulter de la lettre suivante, lettre qui a été publiée par plusieurs journaux, et qu'il adressait à son père à la veille du procès de l'ancien faux-monnayeur :

« Paris, 22 avril 1822.

« Mon père,

« Je réponds à ta lettre qui m'a fait plaisir de recevoir de tes nouvelles et surtout que tu te portes bien.

« Quant à moi, je vais on ne peut mieux; j'ai pris un jour de repos et le médecin m'a purgé, ce qui m'a soulagé.

« Mais je ne quitte pas mon comptoir.

« Tu sais bien que quand un patron n'est pas là les souris dansent.

« Eh bien! moi, quand je ne suis pas là, les employés n'en font qu'à leur aise, mais quand je suis là, ça file à la baguette, parce que je ne rigole pas dans mon service.

« Chez moi, je fais le service très sérieux : le premier de mes employés que je prends à la cave en train de prendre un verre sans me demander la permission, je le renvoie séance tenante.

« Tu comprends que si je n'étais pas si dur dans le service, j'en aurais du coulage.

« J'ai à te dire que j'ai mis mon fonds de commerce en vente.

« Si je vends ce que je veux, eh bien! je quitterai Paris pour m'établir marchand de vins en gros soit à Châtillon ou à Saint-Saulge.

« Je n'ai pas de lieu fixé ; mais sois bien assuré que je n'ai aucune peur ; la preuve, c'est que si je vends où je suis, je monte une maison dans Paris avec l'enseigne ci-dessous :

AUX GRANDES CAVES DE RAVACHOL

Maison Véry et Lhérot.

« Ravachol passe aux assises mardi prochain.

« Je suis obligé d'y aller avec ma femme et mon beau-frère et plusieurs de mes amis de la place de Paris, qui m'ont demandé des places pour y entrer.

« L'audience commence mardi matin et elle durera toute la journée et la nuit entière.

« Si tu avais été à Paris avec moi, je t'aurais fait entrer avec moi, tu aurais vu une affaire très curieuse.

« Ce jour-là, j'ai un de mes anciens patrons qui tiendra ma maison pendant mon absence, parce que chez moi je ne peux pas mettre le premier venu.

« *Car moi, mon père, il faut que je fasse attention à moi.*

« J'ai tous les jours 32 francs de frais par jour. Il faut que ce soit ton fils Véry pour avoir pris une affaire comme je l'ai prise.

« Il y a un proverbe qui dit que celui qui ne risque rien n'a rien. *moi je crois avoir tout risqué et je crois d'avoir réussi.* Je n'ai aucune peur.

« Hier, je suis allé au ministère de l'Intérieur pour affaire qui m'intéresee à mon intérêt...

« Il te faudra faire dire un service de bout de l'an de ma pauvre mère. Je serai sûr et certain.

« Je ne vois plus rien à te dire.

« Ton fils qui t'aime,

« VÉRY,
Marchand de vin, traiteur,
22, boulevard Magenta,
Paris. »

Or, un matin, sur le coup de dix heures, un journaliste entra dans l'établissement où avait été arrêté Ravachol.

Il venait là pour tâcher d'avoir de nouveaux renseignements, de nouvelles informations.

LES EXPLOITS DE RAVACHOL

Il s'était fait inscrire sous le nom de Gabriel Cazal, artiste peintre

Et à peine avait-il laissé retomber la porte derrière lui qu'il eut un mouvement de surprise.

A la table même où, le jour de son arrestation, avait déjeuné l'assassin de l'ermite de Chambles, il venait de reconnaître un de ses confrères ou plutôt un de ses amis en train de prendre des notes.

Puis quand ils eurent échangé une poignée de mains :

— Eh bien ! dit vivement le nouveau venu, que se passe-t-il aujourd'hui?... Avez-vous appris quelque chose?... Y a-t-il des nouvelles?...

L'autre s'était remis à écrire.

Il demeura quelques secondes silencieux, puis enfin relevant brusquement la tête :

— Des nouvelles!... Mais oui, parbleu, qu'il y en a! s'écria-t-il.

— Et lesquelles ?

— Il y a d'abord que M. Lozé a fait appeler Véry et Lhérot et leur a remis les 1,000 francs qu'il avait promis à ses agents pour la capture de Ravachol...

— Oh ! ceci n'est pas nouveau, dit l'autre en souriant. Et ensuite?

— Ensuite il y a que ledit M. Lozé a également fait appeler le commissaire de police du quartier...

— M. Dresch?

— Oui, M. Dresch, et qu'après l'avoir très vivement, très chaleureusement félicité, il lui a annoncé qu'il avait fait auprès de M. Loubet, président du Conseil et ministre de l'Intérieur, une démarche pour lui obtenir la croix...

— Voilà qui n'est pas bien neuf non plus, mon cher. Est-ce tout?

— Non, non, oh ! pas encore !

— Allez donc et tâchez de me donner de l'inédit...

— Il y a aussi la proposition qui vient d'être faite au Conseil municipal...

— Au Conseil municipal?

— Parfaitement.

— Ah ! ceci vaut mieux. Et de quelle proposition s'agit-il, s'il vous plaît? quel en est l'auteur?

— M. Charles Laurent.

— Et M. Charles Laurent demande?

— Il demande d'abord, pour « le courageux citoyen qui a fait arrêter

Ravachol » une médaille d'or avec les armes de la Ville de Paris, puis une somme de deux mille francs.

« Aussi Lhérot tout joyeux, tout épanoui, disait-il :

« — Espérons que les mille francs du préfet vont être pour moi le commencement de la fortune; et que je finirai par avoir autant de chance qu'un de mes cousins qui a gagné, en 1885, le gros lot du tirage des bons à lots du Panama...

« Et, ma foi, les choses prennent une telle tournure qu'il pourrait bien ne pas se tromper.

« L'argent pleut dans ses poches.

« Et si vous voulez là-dessus quelques détails, écoutez :

« Sans compter les nombreuses pièces blanches que les consommateurs qui viennent lui faire raconter l'arrestation de Ravachol lui glissent dans la main, Lhérot a reçu de plusieurs locataires de la maison dynamitée de la rue de Clichy des pourboires royaux, d'un banquier de la place de la Bourse un billet de cinquante francs, de deux inconnus deux billets de cent francs, etc., etc.

« De plus, il a reçu hier une lettre en allemand, dont voici la traduction :

« Monsieur,

« Permettez à un Allemand demeurant à Paris et désirant garder
« l'anonyme de vous envoyer ses cordiales félicitations pour la belle
« action que vous avez commise si courageusement au danger de mort
« pour la défense des principes sur lesquels repose chaque État, chaque
« peuple et chaque société, et de vous envoyer en même temps
« 500 francs comme preuve de son admiration et de sa sympathie qu'il
« vous prie d'accepter.

« Von L... »

— Bigre! fit l'autre, cinq cents francs!... un joli morceau!...

— Enfin, bref, il y a des jours où Lhérot empoche plus de deux cent quatre-vingts francs... Et ce n'est pas tout... Il reçoit aussi des lettres de femmes...

— Des lettres d'admiratrices?

— Oui, oui, à ce qu'il paraît... C'est ainsi que j'ai entendu dire que, l'autre jour, une demi-mondaine très connue lui aurait écrit pour l'inviter à dîner en tête à tête...

Le premier journaliste venait de se mettre à rire.

— Enfin, toutes les veines! s'écria-t-il.

— Oui, toutes les chances, toutes les veines! répondit l'autre. Aussi lui conseille-t-on d'être modeste...

— Qui ça?

— Un de nos confrères qui lui consacre un petit entrefilet dans son journal... Mais, attendez... Je crois que je dois avoir le numéro dans ma poche... Voulez-vous que je vous lise ça?

— Parbleu !... Allez-y !

Alors l'autre, qui venait en effet de retirer un journal de sa poche, se mit à lire :

« Petit billet pour M. Lhérot.

« Il n'y a pas à dire, Monsieur, vous vous êtes conduit l'autre jour
« comme un véritable zouave, c'est-à-dire que vous vous êtes montré
« *loustic* et résolu.

« On vous a félicité, c'était bien.

« Le préfet de police vous a offert une récompense, c'était mieux.

« Mais, prenez garde! On est en train de nous gâter votre belle
« action. C'est le travers de notre temps, car il paraît qu'aujourd'hui il
« est de plus en plus difficile de remplir simplement son devoir. Cet
« aveu, personne n'ose le faire, mais il est bien évident qu'il se cache
« implicitement dans les billets de banque que, de tous côtés, on vous
« envoie.

« Un peu plus et on ouvrirait pour vous une souscription nationale.

« Il est même surprenant qu'aucun entrepreneur de tournées théâ-
« trales ne se soit présenté chez vous pour vous demander de montrer
« aux foules : *l'homme qui a fait arrêter Ravachol*.

« A votre place, je me dirais que toute cette réclame manque le but
« et qu'il ne faut pas entourer les actes de courage de trop d'argent.

« Je déclarerais donc qu'on ne reçoit plus les souscriptions et je me
« bornerais à jouir de mon triomphe en racontant aux intimes les péri-
« péties de l'arrestation : tels ces capitaines dont l'histoire ne sait pas le
« nom et qui, dans les villages où ils prennent leur retraite, font à leurs

« compagnons le récit des campagnes auxquelles ils ont pris part en
« traçant du bout de leur canne de petites lignes sur le sable. »

— Bon! fit l'autre. Mais, dites-moi : que pensez-vous de cette histoire de Ravachol?

— Quelle histoire?

— Comment! quelle histoire!... Ah çà! est-ce que vous n'êtes pas au courant?... Est-ce que vous ne savez pas que le bruit avait couru que Ravachol n'était pas Ravachol?...

— Oui, on avait émis des doutes sur son identité... On prétendait que ce n'était peut-être pas le vrai Ravachol qui était en ce moment à la Conciergerie... Mais quelle bonne plaisanterie!...

— C'est possible, mais cette plaisanterie, que quelques-uns commençaient à prendre au sérieux, durerait peut-être encore si le *Soir* ne s'en était mêlé...

« Car vous savez ce qu'il a fait, le *Soir ?*

— Parbleu! Il a été chercher, à Givors, le frère du dynamiteur et il l'a amené à Paris...

— Parfaitement. Mais comme le disait ce brave garçon :

« Il y a trois ans que je n'ai plus vu Ravachol. La dernière fois que nous avons été en présence, c'était à Givors, lors de mon mariage.

« Nous sommes allés faire, ma femme et moi, un petit voyage de noces à Lyon. Mon frère est parti le même soir; il n'est jamais revenu.

« Pendant deux ans, dans toutes mes lettres, je l'ai invité à venir chez nous. Il n'a jamais répondu à mes invitations. Nous sommes cependant demeurés en correspondance assez longtemps; mais depuis un an Ravachol a tout à fait cessé de m'écrire.

« On m'a conduit au musée Grévin; on m'a montré la photographie tirée à la Préfecture de police, et je n'ai pas reconnu mon frère.

« Mais cela ne peut rien avoir de surprenant.

« D'abord, comme je viens de le dire, je ne l'ai pas revu depuis trois ans.

« Et puis, quelle différence entre l'ouvrier soigneux de sa personne, toujours « tiré à quatre épingles », portant toute sa barbe, et ce prisonnier meurtri par les coups, l'œil endolori, les chairs boursouflées, le visage tuméfié et n'ayant plus que la moustache !

« C'est pourquoi je désirerais tant le voir à la Conciergerie. Mais on m'a refusé cette faveur. M. Quesnay de Beaurepaire ne m'a même pas autorisé à le voir à travers le grillage. »

« Pourtant, après avoir eu une entrevue avec M° Lagasse et avoir été conduit au service anthropométrique, ses doutes n'étaient plus aussi grands.

« Cette dernière visite surtout l'avait presque convaincu que c'était son frère qui était arrêté.

« Enfin, bref, vous savez le reste.

« Un jour, il put l'entrevoir d'une fenêtre du Palais, au moment où Ravachol faisait sa promenade quotidienne dans la cour de la Conciergerie.

« — Hélas! oui, c'est lui! s'écria-t-il alors douloureusement.

« A ce moment, Ravachol leva les yeux et les deux frères échangèrent un long regard. Le dynamiteur sourit, puis il lui fit le signe qu'il lui envoyait une poignée de main. M. Henri Kœningstein répondit au prisonnier par un salut de la main.

« Et voilà toute cette histoire sur l'identité de Ravachol... Mais n'est-ce pas qu'elle était au moins assez curieuse?

Et les deux journalistes, attablés devant un apéritif que venait de leur servir M. Véry lui-même, causèrent encore très longuement.

Le premier, reprenant la parole, expliqua en souriant que tout le monde maintenant voulait avoir logé Ravachol.

— Figurez-vous, mon cher, dit-il, qu'une brave concierge de la place de l'Hôtel-de-Ville, à Levallois, a cru reconnaître dans l'ancien faux-monnayeur un locataire qui a habité une chambre de sa maison du 7 au 23 février.

« Cet individu qui, selon le dire de la concierge, répond exactement au signalement donné par les journaux, avait loué une petite chambre pour le prix de 150 francs et avait payé d'avance un demi-terme en disant qu'il ne resterait pas plus de six semaines.

« Il s'était fait inscrire sous le nom de Gabriel Cazal, artiste peintre. Ses allures étaient mystérieuses. Seule, une petite femme qui louchait de l'œil gauche venait le voir tous les matins. Ils partaient ensemble et lui revenait seul vers une heure du matin.

« Le mobilier se composait d'un lit de fer, d'une chaise et d'une armoire en noyer. Ce locataire, paraît-il, affectionnait les oiseaux et possédait une cage contenant une perruche et... une fauvette.

« Le mystérieux Cazal quitta sa chambre le 23 février, après avoir vendu pour 22 francs tout son mobilier à un brocanteur.

— Des légendes, des histoires à dormir debout! fit vivement l'autre. Mais si je n'ai pas vu la chambre de ce Cazal, en revanche, j'ai vu la chambre de Ravachol...

— A Saint-Mandé?

— Oui.

— Ah!

— Après une perquisition que venait d'y opérer M. Goron... C'est une chambre toute petite, sous les combles...

« Ravachol était venu louer là au mois de mars dernier. Le loyer annuel était de 80 francs, il avait payé le premier terme, soit 20 francs, et donné 2 francs de denier à Dieu à Mlle Blanche Couzot, la concierge.

« Comme on lui demandait quel nom il fallait inscrire sur la quittance de loyer, il répondit sans hésitation : « Laurent. »

« On ne lui en demanda pas plus.

« La maison qu'il habitait appartient à un M. Burger.

« Les meubles de Ravachol arrivèrent dans la journée dans une voiture à bras conduite par un homme qui ressemblait à un commissionnaire.

« Le mobilier était très restreint.

« Il se composait d'un lit et d'une armoire pleine en noyer. Une paillasse en varech, un matelas de laine, deux couvertures de couleur. Ravachol, qui n'était pas venu surveiller son déménagement, arriva le soir porteur d'une grande valise.

« La concierge, les voisins, qui ne soupçonnaient nullement avoir près d'eux le fameux dynamiteur, n'avaient fait que peu d'attention à ses allées et venues. Cependant ils avaient remarqué qu'il n'était pas communicatif. Il descendait à des heures variables, mais toujours le matin. Comme la porte est à secret et que la concierge n'a pas à tirer le cordon, elle ne savait jamais à quelle heure son mystérieux locataire rentrait.

« Mme Droit, qui était sa voisine, ayant eu le lundi qui a suivi l'explosion de la rue de Clichy, son petit garçon malade, fut toute la nuit sur pied.

« Ravachol, qui descendait vers dix heures du matin, apercevant sa voisine sur le palier, lui demanda si elle avait été malade dans la nuit.

« — Non, répondit-elle, c'est mon petit garçon.

« — Alors je ne vous en veux plus de m'avoir empêché de dormir, dit-il.

« Et il descendit.

« Ce sont les seules paroles qu'il ait adressées aux locataires de la maison.

« Oui, dit l'autre, il n'était guère bavard, et cela se comprend. Mais, en somme, qu'a-t-on saisi au juste chez lui ? Le savez-vous ?

— Mais oui. Et puisque vous désirez le savoir, voici très exactement la nomenclature des objets emportés par la police :

« D'abord une de ces marmites en fer-blanc, cassée, dont on se sert pour cuire des asperges. Elle est toute neuve et l'on suppose qu'elle devait servir à la fabrication d'un nouvel engin...

— Ah ! diable !

— Ensuite des flacons remplis de potasse caustique, sulfate de zinc, iodure de potassium, glycérine, acide nitrique, acide sulfurique ;

« Une fiole remplie d'huile de ricin, du plomb fondu, un réchaud à gaz ;

« Une éprouvette, des casseroles, des poids, un plateau, un bidon, une balance, quatre chapeaux, trois casquettes, deux revolvers et des cartouches...

— Et c'est tout ?

— Oui, je crois que c'est à peu près tout. D'ailleurs, vous n'ignorez pas qu'il a fini par faire des aveux ?

— Oui, je sais qu'il a avoué les deux explosions...

— Oui, les deux explosions et le crime de là-bas... le crime de Chambles... Par conséquent, l'affaire va marcher très rondement et d'ici à quelques jours l'instruction sera close.

Sur ces derniers mots, les deux journalistes venaient de se lever.

De plus en plus le restaurant regorgeait de monde, et de plus en plus aussi Lhérot se voyait entouré d'une foule énorme.

Puis, comme ils venaient de franchir le seuil de la porte, les deux jeunes gens s'arrêtèrent.

— On étouffait là-dedans !... quelle cohue ! reprit l'un. Et savez-vous à quoi je pensais ?

— Non.

LES EXPLOITS DE RAVACHOL

Diverses personnes ont été interrogées au commissariat de M. Dresch.

— Eh bien ! je pensais aux lettres de menaces qui sont chaque jour adressées au patron. Hein ! si une bombe, dans un de ces moments-là, éclatait tout à coup dans le tas ! Quelle catastrophe !

— Bah ! ricana l'autre, des blagues !... pas de danger ! Au revoir !

— Au revoir !

Ils se donnèrent une poignée de main, puis se séparèrent.

XI

L'EXPLOSION DU RESTAURANT VÉRY

Les craintes du jeune journaliste n'étaient que trop fondées.

En effet, à peu de jours de là, et la veille même du procès de Ravachol, cette sinistre nouvelle se répandait tout à coup dans Paris : Le restaurant Véry vient de sauter !... Le restaurant Véry vient d'être détruit !

Et le *Petit Journal*, rendant compte de la catastrophe, écrivait :

« La série des attentats à la dynamite, qui semblait terminée, continue.

« Les amis de Ravachol tiennent leurs promesses. Celui-ci a voulu venger ses camarades condamnés après l'échauffourée de Levallois-Perret ; les admirateurs de Ravachol tirent aujourd'hui vengeance de ceux qui l'ont livré à la police.

« Ils avaient promis de faire sauter le restaurant Véry, situé 22, boulevard Magenta, où Ravachol a été arrêté dans les circonstances que tout le monde a présentes à la mémoire.

« C'est fait ; depuis hier l'établissement n'existe plus ; une bombe a réduit la boutique en miettes.

« Le patron a une jambe emportée ; il est mourant. Six autres personnes sont plus ou moins grièvement blessées, quatre d'entre elles sont soignées à l'hôpital Saint-Louis ainsi que M. Véry.

« Des passants ont été atteints par des débris de verre et légèrement blessés.

« Il était neuf heures et demie quand l'explosion s'est produite.

« Le patron, M. Henri Véry, âgé de trente-huit ans, était debout derrière son comptoir et causait à trois clients, des ouvriers typographes.

« Mme Véry, assise au fond de la boutique à côté de son frère, Jules Lhérot, qui a reconnu et fait arrêter Ravachol, plaisantait avec lui. Sa petite fille Jeanne était à son côté.

« Il y avait en outre dans l'établissement trois femmes qui achevaient leur dîner, et trois autres consommateurs, MM. Brunier, Gervais et Marcher.

« Tout à coup, une détonation épouvantable retentit. Le sol sembla, aux personnes qui étaient dans le restaurant, s'être soulevé brusquement pendant qu'elles-mêmes étaient projetées jusqu'au plafond. En même temps une pluie de décombres s'abattait dans la boutique, les cloisons s'écroulaient ensevelissant les malheureuses gens.

« La devanture de la boutique, arrachée, mise en pièces, volait dans le milieu de la rue, atteignant de ses débris les personnes qui passaient à proximité.

« Des passants accoururent et tentèrent de pénétrer dans l'établissement.

« Des cris épouvantables sortaient de dessous les décombres.

« Au milieu de la fumée qui emplissait la boutique on vit surgir de dessous un amas d'objets sans forme, tables et chaises brisées, comptoir déchiqueté par l'explosion, litres et verres mis en morceaux, des malheureux le visage ensanglanté, les vêtements en lambeaux, presque nus, fous de terreur.

« De nombreux citoyens, parmi lesquels M. Jules Martin, pénétrèrent résolument dans le restaurant et relevèrent M. Véry qui, la jambe gauche arrachée au-dessous du genou, la droite déchiquetée, les cheveux brûlés, méconnaissable, pleurait en criant : « Ma femme, ma fille, où sont-elles, elles sont mortes? »

« On le monta au premier étage de l'hôtel qui se trouve dans la même maison.

« Jules Lhérot, qui venait de se dégager des décombres et n'avait aucun mal, s'enfuyait par le derrière de la maison. Le sauvetage des blessés continua.

« On aida à sortir du rez-de-chaussée Mme Véry et sa fille, qui portaient l'une et l'autre des blessures multiples, les consommateurs et la bonne du restaurant, Mme Mathilde Martin, qui tous en proie à une terreur qu'on comprend, semblaient atteints de folie.

« On les transporta à la pharmacie Macqret, [rue de Lancry, n° 30, où on leur donna quelques soins. Plusieurs voitures des Ambulances urbaines, arrivées sur les lieux, transportèrent à l'hôpital Saint-Louis M. Véry, sa femme et sa fille, puis MM. Léger, Gaudon et Victor Hamonod, qui se trouvaient devant le comptoir au moment de l'explosion.

« Quelle est la nature de l'engin employé et comment a-t-il été déposé dans le restaurant?

« On n'en sait trop rien.

« On suppose que l'explosif dont on s'est servi était une bombe.

« Les effets destructeurs de l'engin ont été terribles. Il ne reste plus rien debout dans le restaurant Véry. Le mur qui séparait la boutique de l'hôtel et près duquel était placé le comptoir, a été, par la force de l'explosion, renversé et pulvérisé ; la cloison qui se trouvait au fond de l'établissement, fermant un petit cabinet, a été mise en miettes.

« Les conduites de gaz, les suspensions et le comptoir ont été arrachés ; les plâtres tombés du plafond jonchaient le parquet troué par places. Les litres et les verres brisés couvraient le sol.

« M. Tanneur, contrôleur-adjoint à la 7ᵉ section du gaz, qui passait boulevard Magenta, s'empressa d'aplatir les conduites. Une explosion de gaz a pu être ainsi évitée.

« La boutique de bijouterie de Mme Morhange-Daltroff, située à côté du restaurant Véry, a été endommagée par l'explosion.

« Les dégâts matériels sont peu importants dans le reste de l'immeuble du boulevard Magenta : quelques vitres brisées.

« On suppose, d'après les constatations faites, que l'engin a été placé dans un couloir donnant accès dans l'hôtel contigu et séparé de la boutique de M. Véry par la cloison dont nous parlons plus haut et qui a complètement disparu.

« Ajoutons que ce n'est encore là qu'une supposition que rien n'est venu prouver, car d'autre part des témoins prétendent avoir vu un individu lancer dans la devanture un objet qui aurait brisé les vitres.

« A la suite des lettres de menaces reçues par M. Véry et son beau-frère Lhérot, un service d'ordre était fait tous les jours aux abords du restaurant.

« Hier, c'était le gardien de la paix Savarin, du X⁰ arrondissement, qui était de planton à neuf heures et demie. Il n'a rien remarqué d'anormal. La violence de l'explosion le renversa sur le trottoir, et lorsqu'il se releva, il s'est précipité dans la boutique et a aidé aux premiers secours.

« Une foule considérable s'amassa immédiatement sur le boulevard et dans les rues voisines.

« Les agents du X⁰ arrondissement furent bientôt débordés, et l'officier de paix demanda du renfort à la caserne du Château-d'Eau.

« Un piquet d'infanterie de marine se porta alors sur les lieux de l'explosion et refoula les curieux qui gênaient les manœuvres des pompiers de la rue du Château-d'Eau qui étaient accourus.

« Les sapeurs se mirent en devoir de déblayer la boutique afin de s'assurer qu'aucun blessé n'était resté sous les décombres.

« Bientôt le trottoir fut presque obstrué par les débris sortis du restaurant, dont l'accès devint peu aisé.

« M. Dresch, commissaire de police, arriva promptement, ainsi que son collègue M. Trobert. Les deux magistrats avaient ceint leurs écharpes.

« Quelques instants plus tard, M. Lozé, préfet de police, accompagné de M. Gaillot, chef de la police municipale, venait procéder à une première enquête. Puis ce fut le tour de M. Roulier, procureur de la République, qui se mit en devoir d'interroger les témoins et principalement Jules Lhérot et la propriétaire de l'hôtel qu'il invita à se rendre au poste voisin pour recueillir plus facilement leur déclaration.

« Vers dix heures et demie, le général Brugère venait également et discutait longuement avec M. Lozé les conditions dans lesquelles l'explosion avait dû se produire.

« Le boulevard Magenta avait été barré par l'infanterie de marine, d'un côté à la hauteur de la rue de Lancry et de l'autre à la rue de Beaurepaire. Néanmoins, les tramways continuaient leur service.

« Jusqu'à une heure très avancée de la nuit, une foule considérable a stationné devant la maison dynamitée, commentant avec indignation ce nouvel attentat...

« Lhérot a été interrogé à minuit par M. Roulier, procureur de la République.

« Voici ce qu'il a déclaré :

« — Je revenais de course un quart d'heure avant que l'explosion ne se produisît et je m'étais établi dans le fond de la salle pour dîner.

« Quelques instants après, un consommateur, vêtu d'une blouse, qui avait pris un cognac sur le comptoir, partit sans payer; je courus après avec mon patron, M. Véry. Nous le rattrapâmes et, sur notre demande, il s'exécuta sans faire d'observations.

« Je rentrai, et à peine étais-je assis qu'un coup terrible fit tout sauter. Je me trouvai dehors sans savoir comment. Je crois que c'est mon camarade Soupeau, un *extra* que mon patron venait de prendre, qui m'a entraîné dehors. »

« Soupeau, l'*extra*, a confirmé la déclaration de son camarade Lhérot.

« On ne remarque pas dans la boutique de traces de projectiles, à peine quelques éraflures. En outre, tous ceux qui se trouvaient dans la boutique avaient le visage et les mains noircis comme par la poudre. Dans les débris rejetés par les pompiers devant la porte de l'établissement détruit, on n'a trouvé non plus aucun projectile ou débris de projectile.

« Voici les noms et l'état des cinq victimes en traitement à l'hôpital Saint-Louis :

« 1° M. Véry, patron du restaurant dynamité, 38 ans. La jambe gauche broyée, la droite brûlée, déchiquetée. Les internes de service ont procédé dans la soirée, à onze heures et demie, à l'amputation de la jambe gauche, mais l'état du blessé ne laissait à une heure du matin que peu d'espoir;

« 2° Mme Véry, femme du précédent, 36 ans. Brûlures à la face;

« 3° Mlle Véry, jeune fille de 12 ans. Contusions internes qui paraissent assez sérieuses;

« 4° M. Léger Gaudon, 39 ans, typographe, demeurant 77, rue Saint-Martin. Fracture à la mâchoire;

« 5° M. Victor Hamonod, 24 ans, typographe, 56, rue Chapon. Plaies multiples. »

Et le lendemain, le même journal que nous avons déjà cité, donnait sur l'épouvantable catastrophe les renseignements complémentaires suivants :

« La destruction du restaurant Véry, par la dynamite, a produit dans Paris, pendant toute la journée d'hier, une immense émotion.

« Dès le matin, et jusqu'à une heure avancée de la nuit, une foule compacte est restée boulevard Magenta, aux abords de la maison dynamitée ; les gardiens de la paix avaient beaucoup de peine à frayer un passage aux tramways et aux convois funèbres qui remontaient vers le cimetière de Saint-Ouen.

« Les badauds, pour voir de plus près le restaurant dynamité, suivaient en file compacte tous les corbillards qui passaient.

« Nous sommes allés à l'hôpital Saint-Louis prendre des nouvelles des victimes de l'explosion.

« C'est le docteur Péan qui a procédé lui-même au pansement des blessés. Le chirurgien en chef de l'hôpital Saint-Louis a donné la consigne la plus sévère pour que personne ne pénètre auprès des victimes. Exception a été faite pour les proches parents des blessés.

« MM. Atthalin, juge d'instruction, et Brouardel, médecin légiste, ont passé la matinée à l'hôpital Saint-Louis.

« Voici quel était hier l'état des victimes :

« M. Véry se plaint de souffrir de la jambe dont il a été amputé ; il se plaint également d'éprouver une grande faiblesse, mais il conserve toute sa présence d'esprit.

« Il a prié M. Atthalin de faire rechercher un sac d'argent qui se trouvait dans son comptoir au moment où l'explosion s'est produite.

« Il a de plus légères blessures à la tête. Le docteur Péan le soigne au champagne. Des bouillottes d'eau chaude l'entourent. Sa température est de 36°,5, donc pas de fièvre jusqu'à présent.

« Mme Véry revient un peu à elle, mais sa prostration est grande encore. Elle ne parle pas et ne semble pas entendre ceux qui lui adressent la parole.

« Sa fille qui, elle, a conservé toute sa présence d'esprit, va très bien. Elle a vers l'épaule gauche une légère plaie avec décollement de 3 à 4 centimètres.

« M. Hamonod a de très graves blessures à la partie externe de la jambe droite et à la partie interne de la jambe gauche, blessures avec décollement.

« Son corps est criblé d'éclats de bois et de verre. Ses cheveux, ses sourcils et sa moustache sont entièrement brûlés. Il a également de graves blessures au coude droit et dans le dos.

« M. Gaudon porte à la face des blessures non pénétrantes ; il a trois dents enlevées à la mâchoire supérieure, côté droit.

« Il a été complètement dévêtu par l'explosion, qui s'est produite juste à ses pieds au moment où il consommait debout, près du comptoir.

« La jambe coupée de M. Véry a été photographiée ; elle sera, dès aujourd'hui, mise à la disposition de M. Brouardel, qui a déjà recueilli et emporté des fragments d'os, des éclats divers retirés des blessures et un peu de la matière noire qui souillait la figure des blessés et qu'il compte examiner au microscope.

« Une sixième victime a été amenée hier matin à l'hôpital. Cette victime, Mathilde Viennet, femme Martin, âgée de 29 ans, est la cuisinière du restaurant Véry.

« En dehors de nombreuses contusions et lésions internes, produites par l'explosion, la malheureuse femme est devenue complètement sourde. Son état physique est assez grave et, de plus, elle semble avoir perdu la raison.

« Hier, les décombres du restaurant ont été enlevés de dessus la chaussée et jetés par les pompiers dans l'intérieur.

« Ce travail a été fait afin de faciliter les recherches des chimistes du laboratoire municipal.

« La boutique détruite sera ensuite fermée de façon à éviter autant que possible la curiosité de la foule ; les investigations faites pour arriver à établir par l'étude des débris la composition de l'engin explosif, seront ainsi soustraites aux curieux ; elles se feront donc dans de meilleures conditions.

« Dans les décombres, on a retrouvé le sac dont M. Véry avait parlé et qui contenait 1,226 francs. On a ramassé en outre 21 fr. 50, ainsi qu'un revolver chargé de six cartouches.

« Dans le tiroir du comptoir, on a découvert plusieurs lettres de menaces qui avaient été adressées depuis le commencement du mois à Jules Lhérot...

« Les dégâts sont exactement ceux que l'on a observés boulevard Saint-Germain ; ils n'ont pas la même violence que rue de Clichy. Néanmoins il ne reste plus rien dans l'établissement Véry que les becs de gaz, qui pendent tordus.

« Derrière l'établissement se trouve une courette qui, avant l'explo-

LES EXPLOITS DE RAVACHOL

A onze heures vingt-cinq, les accusés sont introduits.

sion, était séparée de la boutique par un mur qui a été complètement défoncé et dont les débris jonchent le sol.

« Les vitres des fenêtres ont été brisées, les barreaux tordus. Les décombres accumulés dans cette cour ont été enlevés par les pompiers.

« Le restaurant n'est plus que ruines. A gauche, un trou formé par l'ébranlement de la porte ; à droite, non loin de l'escalier, un autre grand trou.

« Le parquet a été soulevé en divers endroits, mais il existe encore, — il est seulement imprudent de s'y aventurer.

« Dans la cuisine, le fourneau reste presque intact et dessus il y a encore quelques plats.

« Le lustre est toujours à sa place, détérioré, mais presque complet.

« Au mur, la pendule, les aiguilles arrachées. A gauche, accroché à une patère, un pain d'une livre placé en travers et au-dessous une canne et un jambon tout noir de fumée dans lequel est piquée une longue fourchette.

« Mme Allemoz est la propriétaire de l'hôtel meublé qui occupe toute la maison où est situé le restaurant Véry.

« Immédiatement après l'explosion, cette dame, qui se trouvait au premier étage, avait été jetée à terre, elle s'est précipitée dans l'escalier en appelant au secours.

« Voici ce qu'elle a dit à M. Atthalin :

« — Je me trouvais avec mes deux filles en train de terminer mon repas ; à ce moment, il y avait dans l'hôtel mes deux filles, moi, une bonne et trois locataires au deuxième et au troisième étage.

« Je ressentis tout à coup, à 9 heures et demie, un choc violent, comme si on avait frappé avec un marteau énorme contre le plancher où nous nous trouvions.

« Au moment même mes carreaux sont brisés.

« Ma fille tombe évanouie en criant :

« — Ça y est ! Ils font sauter notre maison !

« Depuis quelques jours, en effet, je ne vis plus.

« Véry avait encore reçu, il y a quelques jours, des lettres de menaces.

« J'avais le pressentiment que ce qui est arrivé devait arriver. Ce procès de Ravachol me mettait dans une transe terrible.

« Je relève alors mes filles et nous descendons. Oh! je n'ai voulu voir rien de plus... »

« Les magistrats qui n'avaient pu la veille au soir, en pleine obscurité, procéder à d'utiles constatations, se sont rendus hier matin sur le lieu de l'explosion et ont repris leur travail.

« L'endroit où a été placé l'engin a été nettement déterminé.

« Il est situé à l'entrée de l'établissement, entre les deux colonnes de fonte qui soutiennent la maison, près de la porte d'entrée.

« La place qu'il a occupée est marquée par un trou béant fait dans le plancher et par lequel on voit l'intérieur de la cave avec ses conduites d'eau et de gaz arrachées, des poutres brisées, des débris de toutes sortes.

« Une partie du soupirail qui donnait sur la rue a été abîmée. On se demande si l'engin n'a pas été jeté par ce soupirail dans la cave du restaurant.

« En effet, Lhérot et des personnes qui ont ressenti directement les effets de l'explosion, disent que la poussée semblait venir du sous-sol.

Ce n'est pas l'avis de M. Girard, chef du Laboratoire municipal, qui, avec M. Atthalin, juge d'instruction, a examiné les lieux.

« Il pense que l'explosif, formé d'une dizaine de cartouches de dynamite contenues dans un petit panier ou un carton, a été placé par l'auteur de l'attentat à l'entrée de l'établissement, derrière la porte d'entrée et près du comptoir.

« M. Bertillon, chef du service anthropométrique, a fait photographier l'intérieur du restaurant, la cave et le trou fait par l'explosion dans le parquet. Malgré les recherches opérées dans les décombres, on n'a pas trouvé de débris de cartouches ni de grenaille de fer.

« Les magistrats ont quitté le boulevard Magenta vers midi.

« Comme nous le disons plus haut, on a déblayé dans l'après-midi le trottoir en face du restaurant où avaient été disposés les débris de tables, chaises, comptoir, etc.

« Dans la matinée M. Ricard, ministre de la Justice, accompagné de son chef de cabinet, s'était rendu au restaurant Véry afin de se rendre compte par lui-même des dégâts causés par l'explosion.

« Diverses personnes ont été interrogées hier aux commissariats de MM. Dresch et Trobert.

« Trois femmes avaient été vues sortant de l'établissement au moment même où l'engin faisait explosion. On crut que c'étaient elles les coupables de l'attentat.

« Ces dames se sont présentées au commissariat de M. Dresch, commissaire de police, et ont expliqué comment elles se trouvaient au restaurant Véry. Deux d'entre elles, Mmes Lecloerère et Thourzel, accompagnées d'une amie, étaient allées faire une course dans le quartier. Au retour la curiosité les fit entrer dans l'établissement pour y voir gravé sur la table de marbre le portrait de Ravachol.

« Elles venaient de payer les consommations qu'elles avaient prises et allaient partir quand tout vola en éclats dans la boutique.

« Les pauvres femmes, épouvantées, s'enfuirent échevelées, les vêtements déchirés. L'une d'elles a perdu sa jupe.

« En résumé, jusqu'ici, la police n'a aucun indice pouvant la diriger sur la piste de l'auteur de ce nouvel attentat.

« L'averse survenue à neuf heures et demie, hier soir, a dispersé une bonne partie des curieux massés boulevard Magenta.

« A onze heures, la foule s'était reformée aussi compacte qu'auparavant, devant le restaurant autour duquel avait été construite une palissade en planches, et qui était plongé dans la plus profonde obscurité.

« Plusieurs personnes sont allées dans la soirée à l'hôpital Saint-Louis prendre des nouvelles des blessés. A toutes, l'employé de service répondait que l'état de M. Véry était aussi satisfaisant que possible ; on commençait même à avoir un peu d'espoir de le sauver. Quant aux autres victimes, elles sont toutes en voie de guérison. »

XII

LA VEILLE DU PROCÈS

Enfin le grand jour approchait.

Encore quelques heures et l'on allait juger Ravachol et ses complices.

Voici les divers bruits, les diverses nouvelles que l'on faisait circuler à ce moment-là.

Les accusés, rappelait-on, sont au nombre de cinq : Kœningstein, dit Ravachol ; Simon, dit Biscuit ; Jas-Béala ; Chaumartin et Rosalie Soubère, dite Mariette.

Ravachol est accusé de tentatives d'assassinats :

1° Sur M. le conseiller Benoist et sur des personnes non dénommées habitant au n° 136 du boulevard Saint-Germain ;

2° Sur M. Bulot, substitut du procureur général, et sur des personnes non dénommées habitant au n° 39 de la rue de Clichy.

Simon, Jas-Béala, Chaumartin et Mariette Soubère sont accusés de complicité dans l'explosion du boulevard Saint-Germain.

Simon et Chaumartin sont également accusés de complicité dans l'explosion de la rue de Clichy.

On dit que l'organe du ministère public, M. le procureur général Quesnay de Beaurepaire, aurait déclaré qu'il requerrait la peine de mort contre Ravachol, Simon et Jas-Béala et qu'il ne s'opposerait pas à l'admission des circonstances atténuantes en faveur de Chaumartin.

Quant à Mariette Soubère, les conclusions de l'accusation à son sujet dépendraient de son attitude à l'audience.

Neuf témoins, parmi lesquel M. Véry, restaurateur, et son beau-frère, Lhérot, ont été cités à la requête du ministère public.

La défense en a fait assigner onze autres.

Le président des assises, en vertu de son pouvoir discrétionnaire, se réserve de faire appeler, en cas de besoin, MM. Benoîst et Bulot, ainsi que d'autres témoins devant la cour.

Le compagnon Martinet, en ce moment à Sainte-Pélagie, où il purge une condamnation pour délit de presse, s'est mis à la disposition de Ravachol, qui n'est pas orateur, pour expliquer aux jurés les principes de l'anarchie, et il lui a envoyé un modèle de requête à adresser au président.

Ravachol a accepté l'offre du compagnon Martinet et il a fait parvenir à M. le conseiller Guès cette requête qui se termine ainsi qu'il suit :

« Le soussigné demande que Martinet soit adjoint à M⁰ Lagasse.

« Ravachol donne sa parole, sa droite parole de propagandiste, que Martinet ne sortira pas de son rôle de défenseur du mobile et qu'il se bornera à expliquer, avec une foi douce et profonde, pourquoi le requérant a fait ce qu'il a fait.

« Monsieur le Président, l'art. 295 du Code d'instruction criminelle donne à vous seul le droit d'accéder à la présente requête ; vous êtes, pour ainsi dire, souverain sur ce point.

« Monsieur le Président, ce que Ravachol demande est légitime, vous l'accorderez. Il vous le demande doucement, poliment, vous l'accorderez justement.

« RAVACHOL. »

Le président fera-t-il droit à cette demande ?

C'est ce que l'on saura à l'ouverture des débats.

Mais c'est douteux.

Avec ou sans intervention du compagnon Martinet, on pense, au Palais de Justice, qu'il sera difficile de terminer les débats en une seule audience, à moins de passer une partie de la nuit.

Certains jurés, qui n'aiment pas à se coucher trop tard, sont furieux contre cette prétention de ne vouloir leur rendre leur liberté qu'après le verdict. Ils la considèrent comme outrageante pour leur caractère et pour leur fonction.

Chacun des quarante jurés de la session a reçu une circulaire signée : *Un groupe d'amis de Ravachol*, et dans laquelle il est dit :

« Nous ne venons ni vous menacer, ni faire appel à votre pitié, ni vous importuner par l'inutile exposé de nos théories.

« Nous venons vous dire ce que nous savons de Ravachol et de son acte.

« Car nous connaissons l'un et l'autre mieux que les journaux qui ont essayé de vous tromper, mieux que l'avocat général qui tentera encore de vous tromper à l'audience.

« Voici d'abord un point d'une certaine importance : Ravachol n'est pour rien dans le viol de sépulture dont on l'accuse.

« Nous le certifions.

« Quant à l'affaire de l'ermite, nous n'avons pas à en parler. Mais vous ne devez pas oublier que le jury de Montbrison seul aura à juger le meurtre de Chambles, et que, mardi, vous n'avez pas à juger autre chose que les explosions.

« Vous vous trouverez exclusivement en présence de ce fait : un acte social accompli par un anarchiste...

« Ravachol, monsieur, n'est pas la brute que l'on vous a dépeinte.

« C'est un homme passionné pour le bien.

« Nous l'avons vu souvent pleurer devant une misère qu'il ne pouvait pas soulager.

« Quand il avait de l'argent, il ne gardait rien pour lui, car il se contentait de fort peu.

« Nul n'a fait appel en vain à son bon cœur, et quand il donnait, il ne demandait jamais son nom et ses opinions à celui qu'il secourait.

« Au cabaret, il ne buvait pas, mais dépensait pour les camarades parce qu'il prenait plaisir à voir des visages riants autour de lui.

« Il avait pour tous les compagnons des attentions que l'on peut qualifier de paternelles.

« Peu bruyant, doux avec tout le monde, incapable de faire le mal pour le mal, il entrait seulement en colère à la vue d'une injustice.

« Alors, il ne se possédait plus, il roulait des projets dans sa tête. Très peu instruit, il ne causait pas, faisait à peine de la propagande. Il n'y a en lui que de la sincérité excessive... »

Et ce document se terminait ainsi :

« Mais Benoîst et Bulot étaient criminels, sans excuse possible...

« Le récit de ces événements a fait lentement son tour de France parmi les compagnons. L'indignation a été formidable. Ravachol a tout appris, lui aussi, et il a essayé de frapper les scélérats.

« Maintenant, monsieur, vous savez toute la vérité sur Ravachol et son acte.

« Vous savez, par conséquent, que, s'il y avait une justice, demain vous verriez au banc des accusés, non pas Ravachol le justicier, mais Benoîst et Bulot les criminels.

« Jugez donc selon la justice !

« Un groupe d'amis de Ravachol. »

De son côté, le *Figaro*, la veille du procès, publiait une longue lettre « d'un des quarante Parisiens qu'un sort malencontreux peut désigner comme un des douze jurés devant lesquels doit comparaître Ravachol ».

L'auteur de cette lettre commençait par protester contre les journaux qui n'avaient pas craint de publier les noms, professions et adresses des quarante membres du « jury de Ravachol ».

Et il ajoutait :

« Aussitôt, de tous côtés, des lettres anonymes nous sont arrivées quotidiennes ; et nous avons été, à chaque instant, menacés de mort si l'accusé était, par nous, condamné à mort.

« D'ailleurs, les magistrats qui vont siéger à nos côtés, dans ces mêmes assises, sont la proie des mêmes intimidations ; et M. Lozé pourrait seul vous dire combien est considérable, depuis deux semaines, le nombre des plaintes qu'il reçoit de la part des familles affolées de ces jurés et de ces juges, et la quantité des demandes pressantes qu'on lui transmet pour faire surveiller, jour et nuit, les domiciles de chacun.

« Ces menaces ne sauraient nous détourner, ni les uns ni les autres, de notre mission d'impartialité, de justice et de conscience. »

Puis le juré continuait :

« Mais nous avons été profondément émus en apprenant que cette mission elle-même était modifiée de par la volonté du ministère public.

« M. le procureur général Quesnay de Beaurepaire a, en effet, déplacé le débat...

« Il n'a retenu pour Ravachol que les deux explosions dirigées contre le président Benoist et contre l'avocat général Bulot.

« Au lieu du Ravachol vulgaire dont la condamnation était d'avance dans toutes les consciences et sur toutes les lèvres, M. Quesnay de Beaurepaire ne nous « présente » plus qu'un *chef anarchiste*.

« C'est le procès d'*un parti* qu'il engage devant nous ; c'est l'anarchie seule qu'il nous demande de juger et de condamner dans son réquisitoire exclusif, et il nous transforme ainsi, à notre insu, en hommes politiques, siégeant dans une sorte de tribunal politique.

« C'est ce changement incompréhensible, mystérieux, subit, qui nous trouble et qui nous émeut, car nous croyons que ce *procès de l'anarchie* est une grande imprudence, sinon une grande faute.

« Certes, tous, unanimes, nous demanderons une condamnation pour cet anarchiste : mais obtiendrez-vous de nous la condamnation capitale ?

« Nous fournirez-vous assez des preuves contre lui pour bien démontrer qu'en déposant ses bombes au second étage de deux maisons, il voulait absolument tuer M. Bulot, qui demeurait au cinquième, et M. Benoist qui était absent ?

LES EXPLOITS DE RAVACHOL

Lorsqu'ils furent arrivés devant le n° 136..

« N'a-t-il pas voulu « apeurer » tout simplement cette société moderne dont son « programme politique » annonce et promet la suppression?

« Avez-vous contre les complots de ce mystérieux personnage d'autres arguments que ses propres aveux, ces aveux qui ressemblent tous à des vantardises?

. . . .

« Tout cela est inquiétant et dangereux.

« Et dans ces temps difficiles où les juges tremblent sur leurs sièges, où les jurés discutés, dénoncés, intimidés n'ont plus les grands courages d'autrefois, il est à craindre que la décision prise par M. Quesnay de Beaurepaire ne soit profondément nuisible à la justice, à la morale et au bon droit.

« Que dirait Paris sceptique et railleur s'il apprenait, mercredi, que Ravachol a sauvé sa tête?

« Je sais qu'une ressource resterait encore au ministère public, pour atténuer la faute de M. de Beaurepaire : il en appellerait aux jurés de Saint-Étienne. Mais le Ravachol qu'il leur enverrait serait agrandi par cette sorte d'acquittement prononcé dans ce premier procès.

« Et qui vous dit que les jurés de province n'hésiteraient pas à rendre cet arrêt de mort que Paris aurait refusé? Sans compter qu'après les grandes colères et les grandes peurs, les peuples, comme les enfants, ne demandent que l'indulgence et l'atténuation dans le châtiment.

« Tels sont nos embarras et nos craintes. »

Enfin on s'occupait aussi des mesures d'ordre, très rigoureuses et très sévères, qui allaient être prises pour le procès, et la plupart des journaux engageaient leurs lecteurs à ne pas se déranger, s'ils ne voulaient pas risquer de faire ce que l'on appelle vulgairement un voyage de boucher.

Les places destinées au public debout, disaient-ils, seront plus que probablement en grande partie occupées — et elles ne sont pas nombreuses — par des agents en bourgeois.

Aux places réservées ne pourront pénétrer que les avocats en robe, les chroniqueurs judiciaires munis de leur carte d'identité et les témoins.

Derrière la cour, deux rangées de fauteuils seront disposées pour les personnalités de haute marque du monde officiel. Des instructions formelles ont été données au commandant Lunel, chef des gardes du Palais, au sujet de la police intérieure.

La circulation dans les couloirs et dans les escaliers où, comme dans la salle, de nombreux municipaux seront de faction, fera l'objet d'une surveillance spéciale. On prétend même que les gaziers auront l'œil sur les robinets de branchement et les compteurs.

A l'extérieur, les postes de municipaux seront doublés ; des agents seront répartis aux abords du Palais. Si quelques disciples de Ravachol pouvaient caresser le projet de faire sauter « la grande boîte du bord de l'eau », il est donc permis aux jurés d'espérer que la petite fête, en raison des difficultés que les dynamiteurs rencontreraient demain, serait nécessairement renvoyée à une date ultérieure.

XIII

EN COUR D'ASSISES

Les débat s'ouvrent le mardi 26 avril.

Ainsi que les journaux l'ont annoncé, les mesures d'ordre les plus rigoureuses ont été prises dans la matinée pour éviter l'encombrement des couloirs et de la salle des assises.

Toutes les grilles extérieures du Palais ont été fermées et on ne laisse pénétrer que les avocats et les personnes établissant qu'elles ont affaire dans le Palais de Justice.

Dans les couloirs, des agents de la Sûreté et des brigades de recherches ont pour mission d'empêcher les curieux de stationner.

Une centaine de curieux ont commencé à se masser devant le Palais de Justice à partir de dix heures du matin. Des agents les ont refoulés à une centaine de mètres des grilles.

Autour du Palais, où une étroite surveillance est exercée, de nombreux agents ne cessent de circuler.

L'AUDIENCE

Tous les arrivants sont minutieusement examinés. Dans la salle, toutes les places disponibles sont envahies par les avocats en robe.

Soudain un coup de sonnette retentit.

Puis la voix d'un huissier s'élève :

— La Cour!... Chapeaux bas!

Et, lentement, la Cour entre en séance.

Elle est ainsi composée :

M. le conseiller Guès, président;

MM. les conseillers Poultier, Mercier et Beer, assesseurs.

Le siège du ministère public est occupé par M. le procureur général Quesnay de Beaurepaire.

MM^{es} Lagasse, Deschamps, Eugène Crémieux, Henri Robert et Fourcade sont assis au banc de la défense.

La table des pièces à conviction est couverte de caisses de toutes dimensions. Quelques-unes de ces caisses contiennent des cartouches saisies chez les accusés, les autres des fioles, des bouteilles et divers instruments, des filtres, des éprouvettes ayant servi à Ravachol pour ses manipulations chimiques.

On remarque aussi sur cette table un fourneau à gaz, un fourneau à pétrole, un modèle de bombe en bois garni de cartouches vides saisi chez Simon, un cylindre en métal trouvé chez Chaumartin, la boîte à asperges de Ravachol.

Des débris des deux maisons dynamitées, morceaux de poutres, de rampes d'escalier, de crémones, sont groupés dans un désordre savamment étudié au pied de la table et produisent une effroyable impression.

Il est onze heures vingt-cinq.

Les accusés sont introduits par douze municipaux dans la salle des assises.

Les quatre hommes sont corrects dans leur attitude et dans leur mise. Mariette Soubère, la tête couverte d'une mantille noire, se cache la figure dans son mouchoir. Tous paraissent énergiques et résolus.

M. le conseiller Guès procède à l'interrogatoire sommaire, l'interrogatoire d'identité. Tous cinq répondent d'une voix ferme.

Ils déclarent s'appeler :

KŒNINGSTEIN (François-Claudius), dit RAVACHOL, né à Saint-Chamond, le 14 octobre 1859 ;

SIMON (Charles-Achille), dit BISCUIT, né à Saint-Jean-le-Blanc, le 11 mai 1873 ;

CHAUMENTIN (Charles-Ferdinand), dit CHAUMARTIN, né à Vienne, le 28 novembre 1857 ;

Jas-Béala (Joseph-Marius), né à Firminy, le 15 avril 1865 ;

Soubère (Rosalie), dite Mariette, née à Saint-Étienne, le 24 septembre 1868.

Sur l'ordre du président, M. le greffier Wilmès donne lecture de l'acte d'accusation.

ACTE D'ACCUSATION

« Le 28 avril 1891, un nommé Decamps, déclaré coupable d'avoir blessé, à l'aide d'armes à feu, des agents de police, était condamné par la cour d'assises de la Seine.

« Quelque temps après, Chaumentin, ami de Decamps, mettait en rapport et recevait à son domicile plusieurs individus animés, comme lui, du désir d'exercer une sanglante vengeance.

« Au nombre des familiers de la maison se trouvaient d'abord Kœningstein, dit Ravachol, et Simon ; plus tard Béala et la fille Soubère les rejoignirent.

« Les uns et les autres avaient la prétention de prêter aux crimes de droit commun l'apparence d'une guerre à la société... »

Le document rédigé par le procureur général rappelle ensuite qu'on a trouvé chez Chaumentin deux revolvers, un fusil et des douilles de cartouches ;

Chez Simon, une fausse barbe, un modèle de bombe... en bois, garni de cartouches... vides ;

Chez Béala, un revolver, des cartouches, un coup-de-poing américain, une pince-monseigneur.

Ravachol possédait, dans son logement de Saint-Mandé, un étau, deux lanternes sourdes, du poison, etc.

Puis l'acte d'accusation continue :

« Chaumentin était visiblement hanté par la pensée du crime, car en 1891, il pria Béala, alors domicilié à Saint-Étienne, d'expédier des cartouches de grisoutine à Pamiers, ville qu'il avait habitée et où il avait laissé des acolytes.

« Au mois de juillet dernier, Kœningstein, dit Ravachol, lui fut envoyé de Saint-Étienne ou de Lyon par de secrets confidents et apparut à Saint-Denis sous le nom de Léon Léger.

« Cet accusé était dans la nécessité de se cacher... car il était activement recherché dans le département de la Loire pour un assassinat suivi de vol, dont d'ailleurs il se reconnaît coupable.

« Le vol commis chez le vieillard assassiné lui avait rapporté des sommes très importantes.

« Au mois de février 1892, Jas-Béala, sous le prétexte de chercher de l'ouvrage dans le département de la Seine, vint le rejoindre, accompagné de sa maîtresse, l'accusée fille Soubère.

« A la même époque, on constata, aux chantiers de Soisy-sous-Étiolles, arrondissement de Corbeil, la soustraction frauduleuse de 420 cartouches de dynamite, et Ravachol, interpellé sur ce crime, a refusé de répondre, contre son habitude, c'est-à-dire n'a pas nié.

« Béala, de son côté, avait apporté de Saint-Étienne une assez grande quantité de cartouches de grisoutine.

« Les conciliabules se poursuivaient dans ce groupe, dont Chaumentin était le centre.

« On possédait les explosifs qui allaient permettre la perpétration d'un de ces crimes qui donnent le moyen de frapper sans courage et de fuir sans laisser de traces.

« Les victimes furent bientôt choisies.

« Pour venger Decamps, on attenterait aux jours de M. le conseiller Benoîst, qui avait présidé les assises de la Seine le 28 avril 1891, et de M. le substitut Bulot, qui avait prononcé le réquisitoire dans la même affaire. »

Puis l'acte d'accusation poursuit :

« Il y a eu chez eux deux intentions meurtrières distinctes : celle qui consistait à frapper de mort le magistrat, objectif principal et initial, et celle qui consistait à frapper de mort des êtres humains composant son voisinage et son entourage ; et comme il n'était pas matériellement possible de tenter le premier homicide volontaire sans tenter en même temps l'autre, une double accusation s'impose pour ce double crime.

« Après l'arrivée de Béala et le vol de la dynamite, l'exécution ne s'est pas fait attendre.

« C'est Kœningstein, dit Ravachol, qui a chargé l'engin, en déposant cinquante ou soixante cartouches dans une marmite de faible dimension.

« Ces cartouches se composaient : par partie de la dynamite soustraite à Soisy, et par partie de la grisoutine apportée de Saint-Étienne par Béala.

« Ravachol y sema des débris de fer en guise de mitraille... »

Ensuite le document judiciaire raconte en ces termes

L'ATTENTAT CONTRE M. BENOIST

« Le 11 mars, vers six heures du soir ou environ, ils partirent tous. Le porteur de l'engin fut d'abord Chaumentin, mais avant d'arriver au tramway, les autres trouvèrent suffisante cette assistance, et ne l'emmenèrent pas parce qu'il était « père de famille ».

« Kœningstein, vêtu d'une façon élégante, s'assit à l'intérieur du tramway, et la fille Soubère, dite Mariette, prit place sur l'impériale, entre Simon et Béala, aussi près que possible du cocher, afin d'échapper mieux aux investigations des préposés de l'octroi.

« Elle recouvrait de ses jupes la marmite déposée devant elle.

« Après le passage de la barrière, elle descendit et retourna à son logement, tandis que Kœningstein, dit Ravachol, Simon et Béala poursuivaient leur route et prenaient la correspondance menant au boulevard Saint-Germain.

« Lorsqu'ils furent arrivés devant le n° 136, Kœningstein entra armé de deux pistolets et muni de l'engin, tandis que Simon et Béala restaient près de la porte, entre-bâillée, tant pour empêcher qu'elle fût refermée sur leur compagnon, que pour faire le guet et assurer sa retraite...

« Kœningstein déposa l'engin sur le palier du premier étage au-dessus de l'entresol, afin d'attaquer l'immeuble à son centre, dans l'ignorance où il était de l'appartement occupé par M. Benoist.

« Il alluma la mèche, descendit sans être vu et fut surpris par l'explosion à l'instant même où il regagnait le trottoir.

« — J'ai cru, dit-il, que la maison me tombait dessus ! »

L'acte rédigé par M. Quesnay de Beaurepaire constate alors que cette explosion et cette projection de mitraille causèrent des ravages effrayants.

M. Benoîst, qui occupe le quatrième étage, ne fut pas atteint, mais son appartement fut gravement endommagé.

Une seul personne fut blessée...

Simon, Béala et Ravachol firent retraite par une rue latérale en marchant espacés. Plus loin, ils se réunirent et rejoignirent Saint-Denis.

L'ATTENTAT CONTRE M. BULOT

L'acte d'accusation rappelle ensuite que le surlendemain, c'est-à-dire le dimanche 13 mars, on proposa un second attentat. Cette fois, il s'agissait de M. le substitut Bulot.

Ravachol se mit à fabriquer de la nitro-glycérine.

« Il n'était pas seul, dit le document dressé par le procureur général. Simon prenait part à la sinistre besogne. Chaumentin venait le trouver, puis Béala, et la femme Chevalier, qu'ils prenaient à tort pour une femme capable des mêmes crimes, pénétra dans la chambre avec Chaumentin, et a donné, comme ce dernier, la description de la scène.

« Simon était assis sur une couverture roulée ; il tenait, d'une main, un vase « grand comme le fond d'un chapeau » ; de l'autre main un chronomètre.

« Léon (Ravachol) versait goutte à goutte « un corps gras » dans le récipient. Il disait que « c'était pour faire sauter des maisons ».

« Si la température s'élevait, on suspendait le travail.

« Des cartouches de dynamite étaient placées dans un casier, sur la cheminée. Chaumentin les aida et les assista un moment en agitant l'eau du seau avec une cuillère.

« Ravachol entendait obtenir, cette fois, un engin plus puissant qui lui évitât sa déception du 11 mars, et voici comment, de son propre aveu, il chargea sa valise, qui devait lui servir de récipient : cent vingt cartouches furent entassées, et de la poudre de mine fut coulée dans les vides ; vers le centre, était posé un paquet de sébastine.

« Ravachol, qui avait fui alors de son logement de l'Ile-Saint-Denis, partit de sa chambre de Saint-Mandé le dimanche 27 mars, muni de sa valise ; il monta en omnibus et arriva rue de Clichy vers huit heures du matin. L'immeuble qu'il voulait détruire fait l'angle de la rue de Clichy et de la rue de Berlin. »

Ici le document ajoute qu'on ne sait pas exactement comment Ravachol s'était procuré l'adresse de M. Bulot.

Dans tous les cas, il ignorait le numéro de l'étage et dut recourir au même calcul que celui qui l'avait décidé la première fois, c'est-à-dire viser la maison entière en plaçant le foyer de l'explosion sur la ligne médiane, au second palier.

LES EXPLOITS DE RAVACHOL

Le docteur Péan a voulu regarder son malade.

La mèche était cette fois plus longue ; aussi, après l'avoir allumée, l'accusé eut-il le temps de descendre sans hâte, de tourner l'angle de la rue de Berlin et de remonter pendant cinquante mètres l'avenue de Clichy.

« Là, reprend l'acte d'accusation, il attendit le résultat, et il avoue avoir éprouvé quelque impatience parce que l'explosion se faisait attendre.

« Quelques secondes plus tard, il eut lieu d'être satisfait, car une détonation formidable se produisit et la maison fut ravagée jusque dans ses fondements.

« On a peine à comprendre, après l'avoir vue, qu'elle ne se soit pas écroulée et que la plupart des habitants n'aient pas été tués.

« Plusieurs ne s'échappèrent qu'à grand'peine et furent sérieusement blessés.

« M. le substitut Bulot, dont l'appartement était situé au quatrième étage, put heureusement sortir sain et sauf en franchissant un amas informe de meubles et de vitres, par l'escalier de service, qui n'avait pas été entièrement détruit.

« Cette fois encore, par l'effet d'un hasard étonnant, on n'avait pas de mort à déplorer.

« Cependant les cris de douleur et la consternation des voisins accourus causèrent quelque satisfaction à Ravachol qui, alors, abandonna son poste d'observation pour aller déjeuner dans un restaurant du boulevard Magenta. »

Voici comment finit ce long exposé :

« Ces gens-là n'ont pensé à l'affaire Decamps qu'à titre de prétexte ; en réalité, ils en veulent à quiconque représente la justice.

« C'est ainsi que Ravachol et les siens ont un moment étudié le projet de jeter un engin explosible au milieu de notre palais, dans une galerie que l'un d'eux représente comme très fréquentée par les magistrats.

« Ils se vantent de n'éprouver aucun regret de leurs actes.

« Il est juste d'ajouter que Chaumentin, plus sincère, ne fait pas montre de ce cynisme et que la fille Soubère paraît obéir à l'impulsion de Béala. »

Voici quels sont les chefs d'accusation :

Ravachol est accusé d'avoir commis des tentatives d'assassinat :

1° Le 11 mars, au numéro 136, boulevard Saint-Germain, sur M. le conseiller Benoist et sur des personnes non dénommées ;

2° Le 27 mars, au numéro 39, rue de Clichy, sur M. Bulot, substitut du procureur général, et sur des personnes non dénommées.

Simon, Béala, Chaumentin et la fille Soubère sont accusés de complicité dans les faits du boulevard Saint-Germain. Simon et Chaumentin sont en outre accusés de complicité dans les faits de la rue de Clichy.

LES TÉMOINS

Il est procédé à l'appel des témoins, assignés à la requête du procureur général.

Ce sont :

1er Benoist (Édouard-Marie-Joseph), conseiller général à la cour d'appel, demeurant boulevard Saint-Germain, 136, à Paris, trouvé au Palais de Justice.

2e Bulot (Léon-Jules), substitut du procureur général près la cour d'appel, demeurant à Paris, trouvé au parquet de la cour.

3° Femme Chaumentin, née Clotilde Mabillon, demeurant chez Mme Staron, 208, rue Saint-Maur, à Paris.

4° Chevalier (Achille), forgeron, rue du Port, 23, à Saint-Denis (Seine).

5e Lhérot (Jean-Jules), garçon marchand de vins chez M. Véry, boulevard Magenta, 22.

6° Demoiselle Touzot (Léonie), concierge à Saint-Mandé, 68, rue de la République (ou Grande-Rue).

7° De Ville (Henri-Jules), conducteur d'omnibus, 58, avenue des Gobelins, à Paris ;

8e M. Girard, directeur du Laboratoire municipal, à Paris ;

9° M. le docteur Laugier, rue de Clichy, 64, à Paris.

Les accusés ont fait assigner onze témoins à décharge.

INTERROGATOIRE DE RAVACHOL

M. le conseiller Guès à Ravachol :

— Vous avez trente-deux ans. Vous n'avez jamais été condamné ?

L'accusé. — Jamais.

Le président. — Je ne lirai pas à MM. les jurés le rapport envoyé sur votre compte par la police de Saint-Étienne. En voici la conclusion : Kœningstein est un faux-monnayeur, un habile contrebandier, un malfaiteur des plus dangereux.

« Qu'avez-vous à dire sur ce rapport?

R. — Ce n'est pas sérieux.

D. — Pourtant, lorsque vous avez été interrogé vous n'avez en rien contredit les affirmations de ce rapport.

R. — J'ai même avoué.

D. — Vous avez raconté votre existence et vous avez indiqué deux faits qui suffisent à justifier les conclusions du rapport de police.

« Mais auparavant, je tiens à faire savoir à MM. les jurés ce qu'on a trouvé à Saint-Mandé, à votre domicile.

« On a trouvé un étau, deux revolvers, deux lanternes sourdes, un rat de cave, une boîte de 25 cartouches, trois pinces-monseigneurs, des mèches pour explosif, des pièces de monnaie fausses, du poison.

R. — C'est vrai.

D. — Je dois dire que vous avez avoué les faits qui vous sont reprochés, mais vous n'avez pas avoué spontanément. Vous avez commencé par nier. Quelques jours après votre arrestation qui a été fort mouvementée, vous avez fait des aveux. Ces aveux, vous les maintenez à l'audience?

R. — Certainement.

Ici le défenseur de Ravachol fait observer au président que l'accusé est un peu sourd.

Ravachol est amené devant la cour, où un dialogue à voix basse s'engage entre lui et le président.

M. le conseiller Guès demande à l'accusé des explications sur l'assassinat de l'ermite de Chambles et le viol de sépulture commis par lui.

Ces deux crimes, il les a avoués à l'instruction.

L'accusé. — J'ai parlé de ces choses et de bien d'autres à l'instruction parce que je croyais être également poursuivi de ces chefs. Mais du moment que ce n'est plus le procès, je ne veux rien dire là-dessus.

Le président. — C'est votre droit, mais c'est mon devoir à moi de faire connaître ces faits.

« Eh bien ! vous avez assassiné à Chambles un malheureux vieillard de quatre-vingts ans, qui vivait seul dans son ermitage. Vous l'avez tué pour le voler. Il avait de trente à trente-cinq mille francs d'économies. Vous vous en êtes emparé, et vous avez fait divers voyages.

« Arrêté, vous vous êtes évadé. Mais votre maîtresse, la femme Rulhières, a été condamnée, comme complice, pour recel, à sept ans de travaux forcés par la cour d'assises de la Loire.

« A quelque temps de là on avait enterré la baronne de Rochetaillée.

« Vous avez escaladé le mur du cimetière; vous avez descellé la pierre tombale, vous êtes descendu dans le tombeau et vous avez arraché les bagues des mains de la morte.

« Vous ne voulez rien dire là-dessus?

RAVACHOL. — Non.

LE PRÉSIDENT. — Vous avez encore raconté que vous aviez commis un vol dans une maison habitée, que vous aviez fait de la fausse monnaie, de la contrebande pour le tabac et l'alcool, et vous avez ajouté que vous aviez recouru à l'assassinat et au vol, parce que cette contrebande ne vous rapportait pas assez.

Le président poursuit son récit et dit :

— Moi, magistrat, je ne peux m'empêcher de dire que votre passé est horrible.

On arrive enfin aux faits de la cause :

LE PRÉSIDENT. — Au mois de juillet 1891, vous êtes venu à Saint-Denis. Avez-vous apporté de l'argent?

L'ACCUSÉ. — J'ai apporté sept mille francs environ. Cet argent provenait de l'ermite de Notre-Dame-de-Grâce, à Chambles. (*Mouvement.*)

D. — Vous vous faisiez appeler Léon Léger?

R. — Oui, parce que j'étais recherché.

D. — Vous êtes allé chez Chaumentin?

R. — Oui, je le connaissais de nom. J'en avais entendu parler à Saint-Étienne. Je savais que c'était un homme qui ne se vendrait pas.

D. — Qui vous a donné l'adresse de Chaumentin?

R. — Je ne sais plus. Je saurais qui que je ne le dirais pas.

D. — Chaumentin connaissait-il votre passé?

R. — Il connaissait mes idées, mais non mon passé, que j'avais intérêt à dissimuler.

L'ancien faux-monnayeur raconte ensuite qu'il se trouvait là-bas par hasard, de temps en temps, des amis, mais on n'a jamais parlé de commettre un attentat.

Le président rappelle le procès des anarchistes de Clichy condamnés au mois d'avril 1891.

M. LE PRÉSIDENT. — Qui vous a décidé à tenter d'assassiner M. le conseiller Benoist?

L'ACCUSÉ. — J'ai trouvé que M. le président Benoist avait été très partial dans le procès de Decamps, Dardare et Léveillé.

D. — Comment l'avez-vous su?

R. — Par mes amis qui avaient assisté à l'audience et par les journaux.

D. — Et pour M. Bulot, quels motifs de haine aviez-vous contre lui?

R. — M. Bulot a requis la peine capitale contre Decamps, un père de famille dont les enfants ont dû être recueillis et dont un reste encore avec la mère dans une profonde misère.

LE PRÉSIDENT. — Si Decamps avait commis un crime qui méritait la peine capitale, l'organe du ministère public avait le devoir de la requérir. Bref, cette attitude vous a exaspéré?

R. — Et celle de la police en même temps. Je dois dire que je ne connaissais ni Decamps, ni Dardare, ni M. Bulot, ni M. Benoist.

Interrogé sur un vol de 420 cartouches de dynamite à Soisy-sous-Étiolles (vol dont, prétend l'accusation, il avait été l'instigateur), Ravachol a refusé de répondre à l'instruction.

A l'audience il prétend qu'il y est étranger.

LE PRÉSIDENT. — Mais Chaumentin déclare que vous lui avez avoué votre participation dans ce vol.

R. — Il ment.

L'ancien faux-monnayeur reconnaît qu'il a tenté de faire sauter le commissariat de Clichy.

L'explosion a raté par des circonstances indépendantes de sa volonté.

LE PRÉSIDENT. — Vous n'avez pas donné suite à cet attentat. Pourquoi?

R. — Parce que j'ai pensé qu'il fallait frapper plus haut.

D. — Mais n'y avait-il pas là un agent?

R. — Ce n'était pas un obstacle. Je voulais le tuer, mais les amis m'en ont empêché.

L'EXPLOSION DU BOULEVARD SAINT-GERMAIN

Ravachol s'explique ainsi :

— Je suis monté au deuxième. J'ai déposé l'engin et j'ai allumé la mèche.

D. — Vous étiez correctement vêtu ?

R. — J'avais un chapeau à haute forme et un pardessus, pour ne pas éveiller les soupçons. J'avais sur moi deux revolvers chargés. J'étais à peine sorti que l'explosion a eu lieu. J'ai cru que la maison allait tomber sur moi.

D. — Vous étiez seul ou accompagné ?

R. — J'étais seul.

D. — Simon et Béala étaient-ils avec vous ?

R. — Non.

D. — A l'instruction, vous avez dit : « C'est à eux à s'expliquer. » Aujourd'hui vous dites : « Ils n'étaient pas avec moi. »

« Avec votre nature généreuse, vous aimiez mieux vous accuser vous-même qu'accuser les autres.

« Vous avez dit à M. le juge d'instruction que vous avez eu un moment l'idée de tuer M. Benoist soit avec un pistolet, soit avec un marteau. Vous avez eu, avez-vous avoué, cette intention avant de songer à l'explosion.

R. — C'est possible.

Malgré l'insistance du président, Ravachol affirme que Simon et Béala n'étaient pas avec lui boulevard Saint-Germain.

LE PRÉSIDENT. — Mais vous avez donné des détails à Chaumentin sur leur participation.

L'ACCUSÉ. — C'était pour m'amuser. J'ai tenu le propos. Chaumentin ne ment pas, mais je me suis amusé de lui.

L'EXPLOSION DE LA RUE DE CLICHY

Le président rappelle à Ravachol que l'acte d'accusation affirme que dans sa chambre de l'Ile-Saint-Denis, il avait un jour fabriqué de la nitroglycérine avec Chaumentin et Béala.

— Je ne me souviens pas de cela, répond l'ancien faux-monnayeur. Nous avons fait tant d'expériences !

Le président. — Comment avez-vous eu l'adresse de M. Bulot ?

R. — Par le Bottin.

D. — Le 27 mars, jour de l'explosion de la rue de Clichy, qu'avez-vous fait ?

R. — Vers six heures vingt du matin, j'ai déjeuné et je suis parti avec ma valise jaune et noire à la main.

D. — Qu'y avait-il dans cette valise ?

R. — De la dynamite, de la sébastine, de la poudre de mine, des cartouches, des amorces.

D. — C'était un engin formidable.

R. — Oh ! oui... oh ! oui... formidable.

L'ancien faux-monnayeur raconte ensuite qu'il a pris le tramway Louvre-Saint-Mandé, la correspondance de l'omnibus du square des Batignolles, et qu'arrivé à la maison de la rue de Clichy, il est monté au deuxième étage, où il a allumé la mèche.

Le président. — Quelle longueur avait cette mèche ?

R. — Quatre-vingt-dix centimètres.

D. — A combien de mètres de la maison étiez-vous au moment de l'explosion ?

R. — Cinquante mètres environ. Je trouvais même le temps long.

D. — Vous aviez choisi une mèche aussi longue parce que cela vous donnait le temps de vous en aller ?

R. — Ma foi, oui.

D. — Comment avez-vous connu le résultat de l'explosion ? Avez-vous su que cinq personnes avaient été blessées, que l'escalier s'était effondré, que la maison était à moitié démolie ?

R. — Oui, j'ai su ça dans la journée par les journaux.

Ravachol ajoute qu'après l'explosion, il a repris l'omnibus Batignolles-Jardin des Plantes pour juger du résultat de l'explosion.

AU RESTAURANT VÉRY

L'ancien faux-monnayeur raconte ensuite qu'il est allé déjeuner boulevard Magenta, au restaurant Véry.

— Là, j'ai lié conversation avec un garçon. Il se plaignait de sa

LES EXPLOITS DE RAVACHOL

— Ouvrez, au nom de la loi!

situation. Alors, comme c'était un ignorant, je lui ai expliqué nos théories.

D. — L'avez-vous converti?

R. — Il paraît que non, puisque je suis ici. D'ailleurs moi je ne suis pas un orateur.

D. — On sait que vous êtes surtout un homme d'action.

On en vient alors au crime de Chambles.

LE PRÉSIDENT. — Chaumentin a dit que vous aviez le cœur sensible. On ne s'en est guère aperçu lorsqu'à Chambles vous n'avez pas eu pitié de ce pauvre vieillard de quatre-vingt-douze ans qui vous demandait grâce, vous suppliant de le laisser vivre.

RAVACHOL. — Il ne m'a pas parlé de ça.

Avant de terminer l'interrogatoire de l'ancien faux-monnayeur, le président lui demande s'il a quelque chose à dire.

L'ACCUSÉ. — J'ai à dire pourquoi j'ai accompli l'acte qui a frappé M. Bulot et M. Benoist : premièrement, parce que M. Benoist avait été trop partial dans le procès de Decamps et des compagnons.

« J'ai voulu faire comprendre à tous ceux qui sont chargés d'appliquer les peines qu'ils doivent réfléchir avant de se montrer impitoyables ; quant aux victimes innocentes que j'ai pu faire, je les regrette sincèrement, mais c'était nécessaire.

« En ce moment, ma plus grande douleur est de voir sur les bancs de la cour d'assises des gens qui n'ont commis qu'une faute, celle de m'avoir connu.

Puis, avec une soudaine exaltation :

— L'anarchie, continue Ravachol, serait une grande famille où chacun boirait à sa soif et mangerait à son appétit.

« Mon intention était de terroriser, pour qu'on jette sur nous un regard attentif et pour qu'au lieu de nous prendre pour des criminels, on nous prenne pour ce que nous sommes, les vrais défenseurs des opprimés.

LE PRÉSIDENT. — Vous ne vous attendez pas à ce que je discute vos théories?

RAVACHOL. — Non. Je les ai exprimées au mieux de mes aptitudes.

LE PRÉSIDENT. — Que sont devenues les cartouches de dynamite qui restaient en votre possession au moment de votre arrestation?

R. — Je ne saurais vous le dire.

Le procureur général. — On a saisi chez vous du poison, de la strychnine. Était-ce pour détruire quelqu'un?

R. — Non. C'était pour l'imprévu.

Ravachol se rassied.

Le président fait signe à Simon de se lever.

INTERROGATOIRE DE SIMON

Le président commence par donner lecture du rapport du commissaire de police de Saint-Ouen qui représente Simon comme dangereux.

L'accusé proteste.

— Je suis très doux, dit-il.

Le président. — Vous habitiez avec Gustave Mathieu. On a trouvé chez vous un modèle de bombe en bois?

R. — Parfaitement. C'était une bombe en bois que j'avais trouvée dans la rue. Je l'ai mise sur ma table pour faire une farce à la police, histoire d'amuser les agents.

D. — On a saisi chez vous une fausse barbe.

R. — Elle ne m'appartenait pas. C'était sans doute à Mathieu. Une fois on nous avait arrêtés, on avait saisi nos malles. Il y avait dedans une fausse barbe. Quand on nous a relâchés, on nous a rendu deux fausses barbes au lieu d'une.

D. — Vous étiez lié avec Viard, l'ancien délégué aux finances de la Commune. Vous logiez chez lui. Vous étiez employé par lui.

R. — Parfaitement, M. Viard m'estimait.

D. — Viard est mort le 18 janvier. Peu de temps avant sa mort, il vous avait recommandé à Chaumentin.

R. — Parfaitement.

A toutes les questions qui lui sont posées, Simon, dit *Biscuit*, répond d'un ton gouailleur :

— Parfaitement, monsieur le président.

Voici comment il explique l'attentat du boulevard Saint-Germain :

— Un jour, on a parlé avec Ravachol du président qui avait présidé les assises. Alors on a parlé de « poser une bombe chez lui ».

Le président. — Ravachol vous a envoyé prendre des renseignements sur M. Benoist?

L'accusé. — Je suis allé du haut en bas de la maison. Je croyais que « c'était comme dans les autres commerces » et que ce monsieur avait une plaque à sa porte. Je n'ai rien vu. J'ai demandé à la concierge. Elle ne m'a pas répondu. Je n'ai pas insisté pour ne pas éveiller les soupçons.

Ravachol avait apporté la bombe chez Béala.

C'est du domicile de ce dernier que les dynamiteurs sont partis.

Biscuit raconte, comme s'il s'agissait d'une farce, le transport de la bombe entrée à Paris sous les jupons de Mariette Soubère.

Puis il ajoute :

— La pauvre femme! Elle ne savait pas même ce que c'était.

Mariette est descendue après l'octroi.

Ravachol est allé seul au boulevard Saint-Germain, affirme l'accusé.

Le président. — Ravachol lui-même, Ravachol, qui n'accuse guère les autres, a raconté à Chaumentin que Béala et vous l'aviez accompagné jusqu'au boulevard Saint-Germain et que tous les trois vous étiez revenus ensemble après l'explosion.

L'accusé. — C'est faux!

Le président. — Ravachol a dit à Chaumentin que vous-même avez fait le guet à la porte. Est-ce vrai?

R. — C'est faux. Si Chaumentin a dit ça, c'est faux, et si Ravachol l'a dit à Chaumentin, il a menti.

D. — Vous étiez animé de la haine la plus vive contre M. Benoist et vous auriez laissé Ravachol agir tout seul?

R. — Parfaitement. Du moment qu'un seul était suffisant, pourquoi se serait-on dérangé?

Ceci ne concerne que l'explosion du boulevard Saint-Germain. Quant à celle de la rue de Clichy, Simon n'en connaît absolument rien.

Le président. — Ce qu'il y a d'extraordinaire, c'est que vous avez donné un coup de main à Ravachol pour la fabrication de la nitroglycérine dont il s'est servi rue de Clichy.

L'accusé. — Il m'a dit que c'était pour faire des expériences. J'en savais pas plus long.

D. — Et pourtant l'explosion du boulevard Saint-Germain avait eu lieu. Bref, saviez-vous que Ravachol faisait des préparatifs en vue d'un attentat?

R. — Parfaitement que non.

D. — Avez-vous quelque chose à dire?

R. — Parfaitement que non.

LE PROCUREUR GÉNÉRAL. — N'avez-vous pas déclaré : « Nous n'avons pas emmené Chaumentin parce que nous ne voulions pas exposer un père de famille? »

R. — Parfaitement.

LE PROCUREUR GÉNÉRAL. — Avez-vous répondu à M. le juge d'instruction que vous saviez ce que vous alliez faire en sortant de chez Béala?

R. — Parfaitement.

INTERROGATOIRE DE CHAUMENTIN

L'audience est suspendue pendant une demi-heure.

A la reprise, M. le conseiller Guès procède à l'interrogatoire de Chaumentin.

Les renseignements de police représentent cet accusé comme honnête, intelligent et travailleur. C'est un taciturne.

LE PRÉSIDENT. — Est-ce qu'au mois de juillet dernier vous n'avez pas reçu de Saint-Étienne une lettre signée Pierre Martin?

CHAUMENTIN. — Oui. On me demandait d'aller chercher à Saint-Étienne une personne qui était compromise.

Cette personne, c'était Ravachol. Il s'est donné tout d'abord comme étant Léon Léger. Un peu plus tard, il s'est fait connaître à Chaumentin et lui a avoué le crime de Chambles.

LE PRÉSIDENT. — Plus tard, vous êtes allé à Saint-Étienne où Béala vous a remis une certaine somme ?

R. — Environ 3,000 francs. Je n'ai pas vérifié.

D. — Vous a-t-on dit d'où provenait cette somme?

R. — Non.

D. — Béala ne vous a-t-il pas remis des cartouches de grisoutine ?

R. — Oui, il a dit qu'elles provenaient de la Ricamarie.

D. — Vous avez dit à l'instruction que Ravachol vous avait raconté qu'il était un des auteurs du vol de Soisy-sous-Étiolles?

R. — Oui, monsieur.

D. — Vous avez reçu chez vous Ravachol, Simon Béala et Mariette Soubère?

R. — Oui.

D. — Votre femme n'était-elle pas une amie de la femme Decamps?

R. — Oui, monsieur.

L'accusé a entendu raconter par Ravachol la tentative avortée contre le commissariat de Clichy. Ravachol voulait tuer l'agent, mais ses compagnons s'y sont opposés.

Le président. — Que savez-vous au sujet de l'attentat du boulevard Saint-Germain?

Chaumentin. — Je suis allé chez Béala au moment où ils allaient partir. Il y avait là Ravachol, Béala, Simon et Mariette Soubère.

D. — N'avez-vous pas porté la marmite en sortant de chez Béala?

R. — Non.

D. — Pourtant Béala l'a déclaré formellement à l'instruction. Mais dans quel but étiez-vous sorti ce soir-là avec les autres?

R. — Je ne les ai pas accompagnés plus de trois pas.

Béala. — J'ai dit à l'instruction que je croyais que Chaumentin avait porté la marmite, mais je n'en étais pas bien sûr.

Ici Ravachol intervient très vivement.

Il déclare que c'est lui qui a porté la marmite jusqu'au tramway.

Le président. — Il a été question chez vous des projets d'explosion?

Chaumentin. — Ravachol a cessé de venir chez moi le jour où il a rencontré de la contradiction de ma part.

L'ancien faux-monnayeur, après la première explosion, a raconté à Chaumentin que Béala et Simon l'avaient accompagné. Il a même ajouté qu'en revenant, le premier avait la « venette ».

Ravachol. — Pardon, j'ai dit que Béala avait eu peur en allant et que c'était pour ça qu'il était descendu de tramway à la Chapelle et n'était pas venu jusqu'au boulevard Saint-Germain.

Chaumentin est accusé d'avoir donné un coup de main à Ravachol pour préparer l'explosion qui devait faire sauter la maison de M. Benoist.

— J'ai à peine touché la cuillère pour remuer le mélange, s'écrie l'accusé. Je ne suis resté qu'une minute. Je craignais une explosion.

Le président. — A-t-on parlé de M. Bulot ce jour-là?

R. — Non, monsieur.

On remarque que Chaumentin paraît hésiter et qu'il est devenu beaucoup moins affirmatif que dans l'instruction.

M. Quesnay de Beaurepaire lui demande :

— Ne savez-vous pas qu'à une certaine époque la petite bande de Ravachol qui se réunissait chez vous a eu le projet de déposer une bombe dans le Palais de Justice, dans une galerie plus spécialement fréquentée par les magistrats ?...

R. — Oui, je savais ça.

D. — Ravachol, avant de se livrer à la confection des explosifs, n'a-t-il pas essayé, à Saint-Denis, de fabriquer de la fausse-monnaie ?

R. — Oui. Mais il n'a pas réussi.

Sur une interpellation du défenseur de Ravachol, Chaumentin a déclaré que Kœningstein, qui a, dit-il, une physionomie très sympathique et très humanitaire, était d'un caractère très doux.

Il était très sobre et pas débauché.

INTERROGATOIRE DE BÉALA

Béala, forgeron, est signalé comme un ouvrier laborieux, intelligent, d'un caractère doux, mais sournois.

LE PRÉSIDENT. — Où avez-vous connu Ravachol ?

BÉALA. — Chez Chaumentin.

D. — Pas à Saint-Étienne ?

R. — Non, monsieur.

D. — Lorsque Chaumentin est allé à Saint-Étienne, ne lui avez-vous pas donné 3,000 francs qu'il a remis à Ravachol ?

R. — Il y a erreur.

D. — Lorsque vous êtes arrivé à Saint-Denis, le 28 février dernier, en compagnie de Mariette Soubère, vous avez apporté des cartouche de grisoutine ?

R. — C'est faux.

D. — Mais Chaumentin a dit à l'instruction et vient de répéter que vous lui en aviez donné ?

CHAUMENTIN. — On m'a mal compris.

Béala prétend que lors du transport de l'engin destiné au boulevard

Saint-Germain, il ignorait l'usage que l'ancien faux-monnayeur voulait faire de sa marmite.

Le président. — Chaumentin a déclaré à l'instruction qu'après la tentative avortée de Clichy, vous avez dit : « Il ne suffit pas de causer, il faut agir. »

L'accusé. — C'est faux.

Chaumentin. — J'ai peut-être dit ça à l'instruction, mais je ne me souviens pas exactement d'avoir tenu ce propos.

Le président a Chaumentin. — Votre mémoire est devenue bien paresseuse.

INTERROGATOIRE DE MARIETTE SOUBÈRE

Mariette Soubère a vingt-trois ans. Elle est plieuse de sa profession.

Il y a six ans qu'elle est en ménage avec Béala. Les renseignements que la police a recueillis sur son compte lui sont favorables.

Quand on lui parle du transport de la marmite infernale, elle répond :

— Ravachol m'a dit qu'il avait quelque chose à introduire en contrebande, sans me dire ce que c'était.

Ravachol. — C'est exact. Elle a insisté pour savoir, mais je ne lui ai rien dit.

On ne peut rien tirer de plus de la femme.

Le procureur général. — Mariette Soubère, si à l'octroi, on vous avait demandé ce que vous aviez avec vous, qu'auriez-vous répondu ?

Ravachol. — J'avais recommandé à mes amis de dire que c'était à moi.

XIV

EN COUR D'ASSISES

(Suite)

LES TÉMOINS

M. Benoist, conseiller de la cour d'appel, quarante-neuf ans, demeurant 136, boulevard Saint-Germain, est le premier témoin entendu.

M. Benoist est tellement ému que c'est à peine s'il peut parler.

LES EXPLOITS DE RAVACHOL

Quelques jours après votre arrestation vous avez fait des aveux

On n'entend de sa déposition que ces mots : « Ma fille!... Mon gendre!... désastres... bandits... dévastations. »

M. Bulot, substitut du procureur général, est appelé après lui.

Sa déposition, relative à l'explosion du boulevard de Clichy, ne pouvait rien apprendre que nous n'ayons dit déjà, nous ne nous y arrêterons pas.

M. Girard, chef du laboratoire municipal, vient développer ensuite les conclusions des rapports qu'il a donnés sur les deux attentats.

Les dégâts aux immeubles doivent s'élever, d'après M. Girard, à 40,000 francs pour le boulevard Saint-Germain. Quant à la rue de Clichy, la somme doit certainement dépasser 100,000 francs. Dans ces évaluations ne sont pas comprises les pertes subies par les locataires pour destruction et détérioration de mobilier.

La femme de Chaumentin, qui, au cours de l'instruction, avait bénéficié d'une ordonnance de non-lieu rendue en sa faveur, est introduite à son tour.

Ses deux enfants, dont l'un a quatre ans, l'autre six ans, l'accompagnent.

LE PRÉSIDENT. — Dites-nous ce que vous savez.

LE TÉMOIN. — Je ne sais rien.

D. — Ravachol vous a-t-il parlé de l'explosion du boulevard Saint-Germain?

R. — Oui, monsieur. Il m'a dit que Mariette Soubère avait porté le pot. Il ne m'a pas dit autre chose.

D. — Il ne vous a pas dit que Simon y était?

R. — Non.

D. — Pourtant vous l'avez déclaré au juge d'instruction?

LE TÉMOIN, *avec force*. — C'est faux.

D. — Simon et Ravachol prenaient quelquefois leurs repas chez vous?

R. — Rarement.

On ne peut rien tirer de plus au témoin.

Alors le procureur général intervient.

Il lui demande si on ne l'a pas menacée avant l'audience.

— Jamais, répond Mme Chaumentin.

Et elle ajoute que tout le monde aimait et estimait Ravachol. Depuis l'arrestation de son mari, elle se trouve dans la misère avec ses deux enfants.

A ce moment, une scène émouvante, une scène déchirante se produit. Un des enfants pleure et demande à embrasser son père. On est obligé de faire sortir la mère et le petit. Chaumentin a les larmes aux yeux.

Le Dr Laugier vient ensuite déposer sur les blessures des victimes des explosions.

M. Chevalier, forgeron, déclare qu'un jour, à Saint-Mandé, il a pénétré avec Chaumentin chez Ravachol. Biscuit était là, tous deux manipulaient un liquide dans un vase qui pouvait tenir un demi-litre. Béala est entré. Le témoin, dont les souvenirs ne sont pas très vifs, croit avoir entendu parler de faire sauter les maisons.

SIMON. — Le témoin hésite.

LE PROCUREUR GÉNÉRAL. — Je vais expliquer cette hésitation. A l'instruction, le témoin, après s'être mis à pleurer, a déclaré : « Je suis père de famille. Je ne peux pas servir de témoin contre ces gens-là. »

LE TÉMOIN. — Et d'ailleurs, Chaumentin aussi est un père de famille. C'est un homme doux qui ne fait jamais que du bien.

On appelle alors Jules Lhérot.

Le garçon marchand de vins donne sur l'arrestation de Ravachol les détails suivants :

« Le jour de l'explosion, il est venu déjeuner au restaurant. Nous avons causé du métier militaire. Je lui ai dit que j'avais été au 4e zouaves et que c'était un beau régiment. Alors, il m'a dit : « L'armée, c'est un ramassis de feignants. »

« Il m'a dit qu'il ne fallait pas d'armée et m'a engagé à lire les journaux anarchistes.

« Alors je ne l'ai pas contredit.

« Il m'a dit : « J'ai vu ce matin le n° 39 de la rue de Clichy. Il y a des victimes, cette fois. » Il avait l'air content en disant ça.

« Lorsqu'il est parti, après m'avoir laissé en dépôt son indicateur, je me suis fait des réflexions.

« Lorsqu'il est revenu, le mercredi suivant, j'ai relu son signalement dans le *Petit Journal* qui parlait de sa cicatrice.

« Tout ce qui était dans le *Petit Journal* était exact.

Lhérot fait lire le *Petit Journal* à son beau-frère Véry, qui acquiert la même conviction.

On sait le reste.

LE PRÉSIDENT, *au témoin*. — Vous vous êtes montré très intelligent et très courageux. Vous avez rendu service à la société, je vous en félicite.

Après l'audition d'autres témoins dont les dépositions sont sans importance, on arrive aux témoins à décharge.

TÉMOINS A DÉCHARGE

Plusieurs camarades de Chaumentin, qui ne partagent en aucune façon ses opinions politiques, sont d'abord entendus.

Ils viennent déclarer que cet accusé était « trop bon ».

— C'était, disent-ils, un ouvrier modèle, d'une intelligence rare dans sa partie. Il était donc doux, serviable, mais facile à entraîner.

Son patron, M. Seguin, ajoute : — C'est un bon et honnête travailleur, un homme excellent en tout. Jamais il ne s'est absenté de son travail sans permission.

M. Seguin a employé aussi Béala.

— Bon ouvrier, serviable, paisible, très facile à commander.

M. Chalaillier vient, au nom de la Chambre syndicale des travailleurs de Saint-Denis, donner une preuve d'estime et d'affection à Chaumentin et demander non seulement pour lui, mais pour sa femme et ses deux enfants, l'indulgence du jury.

L'audition des témoins continue par deux ou trois dépositions qui ont pour but d'établir un alibi pour la soirée du 11 mars, en faveur de Béala.

Les souvenirs des témoins ne sont pas précis.

Ensuite c'est le compagnon Leboucher, cordonnier, en ce moment à Mazas.

Le compagnon déclare : — Si je ne suis pas mort de faim cet hiver, je le dois à Ravachol, j'ai vu cet homme donner du pain aux affamés, des souliers à ceux qui allaient nu-pieds.

« Si cet homme a volé, il n'a pas volé pour lui seul ; il a volé pour les malheureux.

Leboucher arrêté dans le troisième arrondissement, au moment où il satisfaisait un besoin le long des murs d'une église, a dit qu'il s'appelait Léon Léger. On a cru quelque temps tenir en sa personne Ravachol. Puis on l'a remis en liberté. Il a été arrêté de nouveau avec la dernière fournée d'anarchistes.

A six heures et demie, le procureur général prend la parole.

LE RÉQUISITOIRE

M. le procureur général Quesnay de Beaurepaire commence par déclarer qu'après le nouvel attentat qui vient de se produire, le trouble est dans tous les esprits, la douleur dans tous les cœurs.

Puis il continue :

« — Bien qu'ils ajoutent à leurs méfaits une sorte de mise en scène, les accusés qui comparaissent aujourd'hui devant le jury ne sont que de vulgaires malfaiteurs.

« Ce sont les poseurs du crime.

« Il y a eu attentat prémédité contre la vie humaine.

« Pour atteindre les magistrats, les auteurs avaient condamné à mort tous les habitants des maisons dynamitées.

« Comme le veut le législateur, la tentative de crime doit être punie comme le crime lui même.

Le procureur général prend hautement la responsabilité des mesures qui ont été ordonnées ces jours derniers contre les anarchistes.

Il a, dit-il, poursuivi une association de malfaiteurs. Il avait le droit de le faire. Certains articles du Code permettent heureusement à la société de se défendre.

Puis, après avoir retracé la vie de chacun de ses accusés, M. Quesnay de Beaurepaire répond aux préoccupations de l'opinion publique :

« Nous avons poursuivi les attentats par la dynamite sans chercher à greffer sur cette grave affaire d'autres accusations.

« Si nous avions procédé autrement, on nous aurait reproché d'éterniser les débats, d'exposer pendant cinq à six jours le jury à toutes les menaces.

« Fallait-il, par un biais déloyal, faire condamner le dynamiteur Ravachol comme assassin de l'ermite de Chambles et acquitter ceux qui comparaissent à côté de lui ? »

Et s'adressant au jury, l'organe du ministère public ajoute :

« On a essayé par tous les moyens de vous intimider pour obtenir de vous la plus monstrueuse iniquité.

« Aussi, en cette affaire, moi le chef du parquet, j'ai voulu par ma présence venir endosser la responsabilité de la poursuite, de l'accusation et de la sentence.

« Je suis persuadé que vous êtes, comme les magistrats, insensibles aux vaines clameurs, aux menaces, aux viles paniques.

« D'ailleurs, si un jury pouvait être capable d'une défaillance, c'est cette défaillance qui ferait naître le danger. »

L'organe de l'accusation demande un verdict, proportionné aux crimes et aux responsabilités de chacun, qui soit un exemple salutaire.

C'est le châtiment suprême pour les deux plus coupables, Ravachol et Biscuit. Le jury verra si, tout en étant d'une excessive sévérité, la peine infligée à Béala ne doit pas être d'un degré moindre. Chaumentin, en raison de ses bons antécédents, de sa franchise, de ses regrets, a droit à des circonstances atténuantes, mais il doit être puni.

« Quant à Mariette Soubère, elle est femme, elle est faible. Elle tenait à l'un des accusés, dont elle subissait l'influence, par le lien de l'affection. Il y a sur sa culpabilité un doute dont elle peut profiter. En ce qui la concerne, que le jury n'hésite pas à se montrer pitoyable et à consulter son cœur. »

A huit heures l'audience est suspendue.

LES PLAIDOIRIES

Il est neuf heures et demie quand l'audience est reprise.

M. le procureur général donne lecture d'une lettre de Simon dans laquelle celui-ci reconnaît être l'un des auteurs de l'explosion du boulevard Saint-Germain.

Ensuite Mᵉ Lagasse, défenseur de Ravachol, prend la parole.

Pour lui, Ravachol n'est pas un malfaiteur de droit commun. C'est un apôtre, un fanatique secourable aux miséreux. L'argent qu'il s'est procuré à Chambles, il ne l'a pas employé à faire la noce, comme Pranzini, comme Prado. Il l'a employé pour la cause qu'il croyait juste.

L'avocat se plaint de la rapidité avec laquelle a été menée l'instruction.

— Le verdict du jury, dit-il, est bien indifférent à Ravachol. Demain il partira pour Montbrison, où il aura à répondre de crimes de droit commun, et le sort qui l'attend là-bas ne fait aucun doute.

Enfin le défenseur conclut en disant que les jurés peuvent envoyer Ravachol se faire condamner ailleurs.

Personne ne dira que les jurés de la Seine ont eu peur. Tout le monde dira qu'ils ont fait une différence entre Ravachol et les malfaiteurs de droit commun.

M° Deschamps présente ensuite la défense de Simon, dit Biscuit.

Dans un langage très simple, l'avocat rappelle aux jurés qu'ils ont prêté le serment de n'écouter ni la haine ni la colère.

M° Henri Robert défend avec une remarquable habileté Chaumentin, dont il réclame l'acquittement, car sa participation aux deux explosions n'est pas le moins du monde établie.

Le défenseur termine en faisant appel à la pitié du jury au nom du vieux père, au nom de la femme et des enfants de l'accusé.

M° Fourcade invoque en faveur de Béala les excellents renseignements fournis sur son compte, et enfin M° Eugène Crémieux prononce une courte plaidoirie pour Mariette Soubère.

Après les plaidoiries, le président des assises pose à chacun des accusés la question d'usage :

— Avez-vous quelque chose à ajouter pour votre défense ?

Ravachol tire un papier de sa poche et lit ces mots :

— J'ai cru mes actes utiles. Un jour viendra où ils porteront leurs fruits. Puissent mes innocentes et involontaires victimes me comprendre et me pardonner !

Les autres accusés déclarent qu'ils n'ont rien à ajouter.

LE VERDICT

Il est une heure et demie lorsque le jury entre dans la salle de ses délibérations.

Il a à répondre à vingt-deux questions.

Enfin il est un peu plus de trois heures, lorsque le chef du jury donne lecture du verdict :

Kœningstein, dit Ravachol, et Simon, dit *Biscuit*, bénéficient des circonstances atténuantes.

Béala, Chaumentin « dit Chaumartin » et Mariette Soubère sont acquittés.

La cour ordonne que ces trois derniers accusés soient mis immédiatement en liberté.

Ravachol et Simon sont condamnés aux travaux forcés à perpétuité.

— Vive l'anarchie! crient les deux compagnons. (*Le Petit Journal*.)

APRÈS LA CONDAMNATION

Ravachol et Simon, dit *Biscuit*, ayant trois jours francs pour signer leur pourvoi en cassation, il avait été décidé qu'ils resteraient jusqu'au dimanche suivant à la Conciergerie, car le verdict, comme nous l'avons dit, ayant été rendu à trois heures du matin, la journée de mercredi ne comptait pas.

Mais il était plus que probable que ni l'un ni l'autre n'avaient l'intention d'en appeler du jugement des jurés de la Seine.

Ravachol se montrait très calme et causait tranquillement avec ses gardiens.

Mᵉ Lagasse, son avocat, étant venu le voir, le dynamiteur l'avait remercié chaleureusement de ce qu'il avait fait pour lui.

Il était tellement enchanté de son défenseur qu'il l'avait prié de venir plaider pour lui à Montbrison.

Quant à Simon, dit *Biscuit*, il n'était pas fâché de partir pour la *Nouvelle;* il déclarait être « délicat de tempérament et adorer le soleil ».

Lorsqu'on lui a présenté son pourvoi à signer, il a d'abord demandé à réfléchir, et après un instant, comme il ne se décidait pas, le greffier de la cour lui ayant dit :

— Alors, vous ne voulez pas signer votre pourvoi?

— Parfaitement non, a répondu Simon, dit *Biscuit*.

XV

M. CARNOT A L'HOPITAL SAINT-LOUIS

Mais le procès de Ravachol, malgré tout le retentissement qu'il avait eu, n'avait cependant point détourné l'attention publique des malheureuses victimes du boulevard Magenta.

LES EXPLOITS DE RAVACHOL

Les renseignements représentent cet accusé comme un honnête père de famille

Le président du Conseil municipal avait appelé l'attention du ministre de l'Intérieur sur la triste situation de ces infortunés, et, de son côté, le président de la République avait tenu à leur donner un témoignage de sa sympathie.

Il s'était donc rendu, le jour même du procès de l'ancien faux monnayeur, à l'hôpital Saint-Louis, accompagné du général Brugère et du commandant Courtès-Lapeyrat.

Le chef de l'État, disait-on en rendant compte de cette visite, a été reçu par MM. Loubet, président du conseil des ministres, Voisin, président du conseil de surveillance, et Deroin, secrétaire-général de l'Assistance publique.

Se trouvaient également présents : MM. Lozé, préfet de police, Péan, chirurgien, et Grandry, directeur de l'hôpital Saint-Louis, Blanc, chef de cabinet du préfet de la Seine, Copeau, adjoint au maire du Xe arrondissement, etc.

Le président de la République a commencé sa visite par la salle Nélaton, où sont en traitement le restaurateur Véry et les typographes Léger et Hamonot, — celui-ci a lui-même rectifié son nom qui avait été d'abord, dans le rapport de police, écrit Hamon.

M. Carnot s'est arrêté longuement au chevet de Véry.

Le docteur Péan a expliqué, tout en constatant à plusieurs reprises l'amélioration de son état, le courage déployé par le blessé, tant pour supporter l'amputation que pour envisager l'avenir.

Le président de la République a assuré Véry de sa sympathie et de l'estime publique ; il lui a promis qu'il ne serait pas abandonné.

Un sourire s'est alors dessiné sur les lèvres du pauvre homme, semblant ainsi donner raison au docteur Péan, qui avait affirmé qu'une émotion agréable pouvait lui faire grand bien.

A quelques lits plus loin que Véry repose Hamonot.

C'est le plus malade de tous, et on ne peut guère encore répondre de ses jours.

Avant de laisser le président s'approcher, le docteur Péan a voulu regarder son malade, et ce n'est qu'après un examen approfondi qu'il est revenu chercher les visiteurs.

Bien que souffrant cruellement de ses plaies aux jambes, Hamonot a eu la force de balbutier quelques mots de remerciement à M. Carnot qui lui donnait les mêmes encouragements qu'à Véry.

Le chef de l'État, toujours sous la conduite du docteur Péan, s'est approché ensuite du typographe Léger, dont la figure est bandée, mais qui, en réalité, est moins blessé que les autres, et en tout cas en voie de guérison.

Il a eu quelques dents brisées et des blessures un peu partout, mais la mâchoire n'a pas été fracturée comme on l'avait dit d'abord.

Il a échangé avec M. Carnot une vigoureuse poignée de mains.

Avant de quitter la salle Nélaton, le général Brugère a déposé, au nom du président, 1,000 francs pour Véry, 500 francs pour Hamonot et 500 francs pour Léger.

Les visiteurs se sont rendus ensuite dans la salle Derouvilliers, où ont été placées Mme Véry et sa jeune fille.

La femme du restaurateur, en arrivant à l'hôpital, paraissait avoir la figure complètement brûlée ; à la suite de lavages spéciaux réitérés, les internes sont parvenus à la débarrasser d'une couche de fumée incrustée pour ainsi dire dans la peau.

Aujourd'hui elle a repris sa physionomie habituelle, et sous peu de jours elle sera sur pied.

Le président a causé quelques instants avec elle. Il l'a rassurée sur l'état de son mari et sur leur sort à venir. La malheureuse a versé quelques larmes, puis s'est mise à sourire, tendant la main à M. Carnot, qui l'a serrée avec une certaine émotion non dissimulée.

Deux lits plus loin est Mlle Véry.

Celle-là, complètement guérie, est presque gaie, et c'est en souriant qu'elle a répondu aux questions posées sur sa santé.

C'est alors que le docteur Péan a présenté à M. Carnot l'interne de service qui a pratiqué l'amputation de la jambe de Véry, M. Camescasse. Interrogé sur sa famille, le jeune interne a répondu qu'il était le neveu à la mode de Bretagne de l'ancien préfet de police ; le président s'est alors entretenu quelques instants avec lui.

Dans un autre corps de bâtiment, dans le pavillon Legal, salle Legal, on a apporté, le lendemain de l'explosion, la cuisinière du restaurant Véry, Mme Mathilde Martin.

Son état est peu grave, plutôt moral que physique ; à la suite de l'épouvantable commotion qu'elle a ressentie elle est devenue complètement sourde ; cette surdité commence à se dissiper, mais elle n'a pu cependant répondre aux questions de M. Carnot, qui lui a remis 100 francs.

Avant de quitter l'hôpital, le président est entré un instant dans la salle des petites filles teigneuses. Elles allaient se mettre à table pour le repas du soir; elles ont bénéficié de 50 francs pour avoir du dessert.

A quatre heures quarante, la voiture présidentielle franchissait la grille de l'hôpital, et la foule, qui s'était rapidement massée à la porte, saluait le président des cris répétés de : « Vive Carnot! »

XVI

RAVACHOL A SAINT-ÉTIENNE

Mais maintenant que Ravachol avait rendu compte devant la cour d'assises de Paris des explosions du boulevard Saint-Germain et de la rue de Clichy, il lui restait à comparaître devant la cour d'assises de la Loire pour l'assassinat de l'ermite de Chambles.

Aussi apprenait-on bientôt qu'il venait d'être dirigé sur Saint-Étienne et l'on donnait sur son départ des détails très intéressants et qui peuvent se résumer ainsi :

Ravachol est parti pour Saint-Étienne hier soir.

Ainsi tombent toutes les rumeurs qui le disaient extrait de sa cellule mystérieusement depuis plusieurs jours.

Il a été amené à la gare de Lyon en voiture cellulaire à 10 heures 5 minutes.

Une voiture découverte, dans laquelle se trouvaient un chef de l'administration pénitentiaire et le gardien-chef de la Conciergerie, suivait.

Les deux voitures sont entrées dans la gare par la cour de l'arrivée et ont pénétré dans l'intérieur en passant sous la voûte des bureaux de la traction, devant laquelle était placé le wagon-cellule qui devait emporter le dynamiteur à Saint-Étienne.

En descendant de la voiture, Ravachol avait l'air ahuri.

Il a regardé à droite et à gauche, semblant se demander où il était, mais il n'a prononcé aucune parole. Il avait les mains fortement ligotées et les pieds entravés.

Il était vêtu d'un vêtement de couleur foncée, jaquette et pardessus ouvert, et coiffé d'un chapeau melon.

On l'a fait monter en wagon et placé dans une petite cellule fermé au verrou.

A côté de lui ont pris place trois gardiens du pénitencier qui doivent l'accompagner pendant le voyage.

Aussitôt le prisonnier installé, le wagon a été poussé par des hommes d'équipe et attelé au train 627, qui est parti à 10 heures 50.

Sans compter le secret que l'on avait gardé de ce départ, des mesures de précautions avaient été prises.

Au lieu de placer la voiture cellulaire du côté du départ, près du quai des trains de banlieue, comme on fait pour les personnes ordinaires, on l'avait rangée du côté de l'arrivée, dans un endroit très peu éclairé.

En outre, tout le personnel du commissariat de la gare était sur pied, surveillant de très près les curieux qui s'aventuraient du côté du wagon cellulaire.

Ce wagon portait sur un écriteau : « Destination, Roanne. »

Au commissariat de la gare de Lyon, on répondait jusqu'ici à ceux qui venaient demander quand partait Ravachol, que son départ était fixé à samedi.

Deux cent cinquante-trois officiers et soldats d'infanterie de marine, venus de Cherbourg à destination du Tonkin, sont partis par ce même train pour Toulon.

Et le lendemain on fournissait ces nouveaux renseignements :

De nombreux journalistes s'étaient rendus à la gare de bifurcation de Montrond pour y attendre le train amenant Ravachol, dans lequel ils sont montés jusqu'à Saint-Étienne.

Au passage, dans plusieurs gares, les curieux se montraient le wagon cellulaire en répétant en chœur : « C'est Ravachol!... C'est Ravachol! »

Au moment de l'arrivée du train à la gare de Châteaucreux, à Saint-Étienne, on remarque parmi les autorités présentes sur le quai de la gare : MM. Lépine, préfet de la Loire; Sarlot, son chef de cabinet; le commissaire spécial de police, ses deux inspecteurs, plusieurs commissaires de police et un officier de gendarmerie.

M. Vacquier, inspecteur principal de la Compagnie P.-L.-M., assisté d'un autre inspecteur, commande aussitôt la manœuvre.

La voiture cellulaire est détachée du train, conduite sur la voie de garage, et presque aussitôt attachée à un train spécial qui doit la conduire de Châteaucreux à Bellevue, dont la gare est située à proximité de la maison d'arrêt.

Ce train, composé d'une locomotive, d'une voiture cellulaire et de deux fourgons, ne doit recevoir que des agents de la force publique.

Malgré une consigne sévère et la présence de nombreux agents qui entourent les fourgons, quelques journalistes réussissent à prendre place dans le train, qui se met aussitôt en route.

Le service d'ordre est assuré par trois brigades de gendarmerie à cheval, quatre brigades à pied et environ vingt gardiens de la paix.

La distance entre Châteaucreux et Bellevue est parcourue rapidement.

A quatre heures dix, le train arrive à Bellevue.

La gare est occupée par des gendarmes et des agents de police.

Les autorités descendent du premier fourgon.

Le gardien-chef de la Conciergerie et ses aides ouvrent la cellule de Ravachol. Celui-ci descend en aspirant l'air à pleins poumons.

Il est vêtu d'une redingote et d'un pantalon noirs. Il est couvert d'un chapeau dit melon, de couleur café au lait. Les mains sont solidement attachées, mais les pieds sont libres.

Ravachol a la physionomie tranquille.

Il s'avance d'un pas ferme dans l'intérieur de la gare.

Arrivé sur le perron de l'escalier qui conduit aux salles d'attente, et alors qu'il se trouve en face de la foule énorme des curieux, il s'écrie d'une voix forte :

— Vive la Révolution sociale!

En descendant les marches de l'escalier, il crie de nouveau sur un ton ironique :

— Je ne suis pas encore mort!

Et, avant de monter dans la voiture qui fait le service des prisons, il dit assez bas :

— D'ailleurs, la mort ne me fait pas peur.

Ensuite il monte allègrement dans la voiture où les gardiens pénètrent derrière lui.

La voiture cellulaire part immédiatement pour la prison, qui est à 300 ou 400 mètres de la gare.

Devant l'énorme porte de fer qui ferme l'entrée de la prison, se trouve un poste de soldats qui a été renforcé. De nombreux gendarmes à cheval font circuler les curieux.

La voiture, accompagnée par les gendarmes et suivie par les agents de police, franchit sans encombre le portail et pénètre sous les voûtes de la maison d'arrêt où la consigne est plus sévère encore qu'ailleurs. Défense formelle est faite au public de pénétrer.

Dans la première cour se tient une compagnie d'infanterie en armes. La foule énorme se retire tranquillement dès que les portes sont fermées. Il est cinq heures moins un quart...

Un mineur qui regagne la ville dit à haute voix :

— Ce n'est pas encore lui qui fera notre bonheur.

Après les formalités réglementaires, Ravachol a été enfermé dans une cellule particulière, sous la surveillance de deux gardiens qui ne le quitteront pas jusqu'à son transfert à Montbrison, pour sa comparution devant les assises.

Ravachol ne sera pas amené au Palais de Justice pour l'instruction de l'assassinat des dames Marcon.

M. Rogeys, juge d'instruction, se rendra à la prison pour l'interroger.

Les gardiens de Paris qui ont amené le dynamiteur à Saint-Étienne, sont repartis à huit heures vingt, se dirigeant sur Lyon.

La compagnie du 38º de ligne qui gardait la prison, a été remplacée par un simple poste de soldats qui feront des rondes dans les cours intérieures. Les abords de la prison sont calmes.

Mais Ravachol n'allait pas être seul à comparaître devant le jury de Montbrison.

En effet, en même temps que l'on apprenait le départ de l'ancien faux monnayeur pour Saint-Étienne, on apprenait également la nouvelle arrestation de Mariette Soubère et de Béala que, cette fois encore, on voulait lui donner pour complices.

« Mariette Soubère et Béala n'auront pas joui longtemps de leur liberté, écrivait à ce sujet l'*Éclair*. Ils ont à nouveau été arrêtés hier, dans les circonstances que nous allons relater.

« Dès que l'arrivée de Chaumentin à Saint-Étienne a été connue, le juge d'instruction, M. Rogeys, l'a fait appeler dans son cabinet.

« Quelles ont été les déclarations de Chaumentin ?

« On ne le sait pas exactement, la justice en fait mystère pour sa commodité.

« On sait toutefois qu'il a donné au juge d'instruction des détails sur l'existence de Ravachol à Saint-Étienne et ses rapports avec plusieurs anarchistes, entre autres Béala.

« A la suite des révélations faites par Chaumentin, M. Rogeys a envoyé au parquet de Paris plusieurs commissions rogatoires.

« Dès qu'elles furent parvenues, le procureur général chargea M. Lascoux, juge d'instruction, de perquisitionner à Saint-Denis chez diverses personnes dont les noms avaient été indiqués par le parquet de Saint-Étienne.

« Les recherches faites par M. Lascoux, de concert avec M. Baube, commissaire de police de Saint-Denis, amenèrent l'arrestation de plusieurs individus.

« Avant-hier, de nouvelles commissions rogatoires arrivèrent de Saint-Étienne. Elles furent transmises à M. Lascoux, qui se rendit dans la matinée d'hier à Saint-Denis, porteur de deux mandats d'amener.

« Ils avaient été décernés par M. Rogeys contre Béala et sa maîtresse, Mariette Soubère.

« Depuis leur comparution et leur acquittement aux assises, tous deux s'étaient installés, rue de Paris, à Saint-Denis, dans un hôtel meublé.

« Ils occupaient, au troisième étage, une chambre louée au nom de Mariette Soubère.

« M. Lascoux s'est rendu rue de Paris, accompagné de M. Baube, commissaire de police.

« A huit heures et demie, les magistrats se présentèrent.

« Béala venait de se lever.

« Au solennel : « Ouvrez, au nom de la loi », il répondit par :

« — Entrez donc.

« Et se tournant vers sa maîtresse :

« — Toujours la police ! Ils viennent pour nous arrêter encore une fois.

« M. Lascoux et M. Baube, que suivaient trois agents en tenue et un quatrième en civil, pénétrèrent dans la chambre.

LES EXPLOITS DE RAVACHOL

Je croyais, une fois mon pauvre frère enterré, pouvoir pleurer librement.

« Ils montrèrent à Béala les mandats décernés contre lui et sa maîtresse par le parquet de Saint-Étienne.

« Ils lui expliquèrent qu'on les croyait complices des crimes commis par Ravachol ou tout au moins receleurs du produit des vols faits à diverses reprises par le dynamiteur.

« Béala ne fit aucune résistance.

« Mariette Soubère pria les agents de sortir pendant qu'elle s'habillait ; ce qu'ils firent.

« Tous deux ont été conduits au Dépôt dans la matinée.

« Ils ont été entendus par M. Lascoux, auprès de qui ils ont protesté de leur innocence.

« Béala et Mariette Soubère seront envoyés à Saint-Étienne sous la conduite de deux agents.

« Voici les charges qui pèsent sur ces deux accusés :

« Dans le crime de la rue de Roanne, c'est Mariette Soubère qui avait introduit Ravachol dans le magasin des dames Marcon, afin de ne pas exciter la défiance de celles-ci.

« Le crime fut commis ensuite ; puis les assassins s'emparèrent d'une dizaine de mille francs en billets de banque dont ils se servirent plus tard pour assurer la fuite de Ravachol.

« Béala sera en outre poursuivi pour avoir recelé l'argent volé à l'ermite de Chambles. »

XVII

LES FUNÉRAILLES DE VÉRY. — ÉTRANGE NOUVELLE

Cependant, malgré tous les soins dévoués dont il avait été entouré par le personnel de l'hôpital Saint-Louis, le malheureux Véry avait fini par succomber dans les premiers jours de mai aux horribles blessures qu'il avait reçues.

Les obsèques avaient eu lieu au milieu d'une foule considérable et très profondément impressionnée.

A midi un quart, le cercueil, exposé dans la salle Gabrielle, avait été transporté sur un corbillard de 5ᵉ classe et le convoi s'était dirigé, sans incident, vers l'église, d'où il avait pris le chemin du Père-Lachaise.

Le deuil était conduit par M. Candieux, le beau-frère du défunt, et par son ami intime, M. Privat.

Dans le cortège figuraient : M. Loubet, ministre de l'Intérieur et président du Conseil; M. Poubelle, préfet de la Seine; M. Lozé, préfet de police; le maire et les adjoints du X⁰ arrondissement, un grand nombre de députés, de conseillers municipaux, de fonctionnaires, de magistrats et de commissaires de police.

On remarquait l'absence de Lhérot.

A deux heures moins le quart, le cercueil était déposé sur une civière, devant le caveau provisoire de la ville de Paris, à côté duquel avait été installée une petite tribune en bois noir.

M. Loubet prit le premier la parole :

« L'homme honnête et modeste, dit-il, que nous accompagnons jusqu'à sa dernière demeure, est tombé victime du devoir, simplement et courageusement accompli.

« En livrant à la justice l'auteur d'odieux attentats, il n'ignorait aucun des dangers auxquels il s'exposait, et cependant il n'a pas hésité; sans crainte, sans faiblesse, en bon et vaillant citoyen, il a désigné le coupable et donné à la justice le moyen de faire son œuvre.

« Véry a mérité l'hommage ému que lui rendent les représentants du gouvernement de la République et de la ville de Paris.

« Il emporte dans la tombe l'estime et la reconnaissance de tous les bons citoyens. »

. . . .

Puis le président du Conseil terminait par ces mots :

« La patrie ne saurait oublier ceux qui ont sacrifié leur vie pour elle et n'ont pas plus reculé devant le danger que le soldat français ne recule devant l'ennemi sur le champ de bataille.

« Si les siens peuvent éprouver quelques consolations dans d'aussi cruelles circonstances, ils les trouveront dans la touchante manifestation de sympathies qui les entourent. »

M. Sauton, président du Conseil municipal, prononça ensuite quelques mots.

Après quoi le corps fut inhumé dans la 90⁰ division.

Mais Véry n'avait pas été la seule victime de l'attentat du boulevard Magenta. Peu de temps auparavant, Hamonod aussi était mort, et c'était sur ce pauvre garçon que quelques-uns essayaient maintenant de faire retomber la plus étrange, la plus odieuse accusation.

A les entendre, c'était lui qui avait été l'auteur de la dernière explosion.

Aussi un journal s'empressa-t-il de couper court à cette ignoble calomnie, en publiant l'article suivant :

« Le bruit persiste toujours, un peu sourd, un peu hypocrite, accusant Hamonod d'avoir été l'auteur de l'attentat dans lequel il a trouvé la mort.

« Son frère, alarmé de ces rumeurs, a été hier au parquet pour en chercher la source.

« Il n'a pu rien apprendre de très précis.

« Il sait seulement qu'un agent s'est présenté chez le concierge de la maison que son frère habitait et que cet agent a tenu un langage assez singulier.

« Nous avons vu M. Hamonod, qui est professeur à l'institution Chevallier, à Levallois-Perret.

« — Vous me voyez encore, nous dit-il, sous le coup de la douleur qui m'a frappé. Je croyais, une fois mon pauvre frère enterré, pouvoir pleurer librement, mais cette accusation stupide est venue, et j'ai dû tout faire pour la détruire.

« — A qui vous êtes-vous adressé?

« — A un de vos confrères d'abord, et cela sur la recommandation d'un commissaire de police de mon pays.

« Puis je suis allé voir M. Dresch qui m'a déclaré que rien n'était fondé dans tous ces racontars et qu'il ne fallait pas m'en occuper.

« — Vous n'êtes pas allé à la préfecture de police ?

« — Non, mais je sais que M. Lozé s'est montré très peiné de tout ce bruit.

« — Vous ne vous doutez pas un peu d'où il peut provenir?

« — Ma foi, je ne vois pas trop.

« — Voyons, cherchons à nous deux. Peut-être trouverons-nous. Vous avez reçu la visite d'un agent de la Sûreté?

« — Oui, un gros à tournure de paysan. Il s'est présenté à moi, se disant envoyé de M. Rossignol.

« Je ne viens pas, m'a-t-il dit, faire une enquête. Je voudrais simplement savoir si votre frère ne vous a pas fait quelque confidence avant de mourir.

« — Aucune, répondis-je.

« J'ai su depuis que ce même agent était allé, 56, rue Chapon, où habitait mon frère, et qu'il avait longuement questionné la patronne.

« Celle-ci lui avait donné les meilleurs renseignements et lui avait même montré une lettre d'un habitant d'Évreux, M. Bailly, chez lequel il avait logé pendant deux ans, et qui s'informait de la gravité des blessures. « Tout ça, c'est très joli, avait répondu l'agent, mais ça ne prouve pas qu'il n'était pas anarchiste ! »

« — Vous avez vu, disons-nous, qu'un journal du matin annonce l'apposition des scellés, par ordre de M. Atthalin, sur les papiers de votre frère ?

« — C'est faux, je suis allé aujourd'hui rue Chapon, il n'y a pas eu de scellés. D'ailleurs, si j'avais cru mon frère coupable, j'aurais pu facilement détruire toute sa correspondance.

« — On a, par mesure de précaution, essayé de savoir si votre frère était anarchiste, de là les rumeurs. Elles n'ont probablement pas d'autre origine. — Il n'était pas anarchiste ?

« — Oh ! le pauvre garçon ! Si doux et si timide qu'on eût dit une fille.

« Cette accusation a soulevé bien des protestations, je vous prie de le croire.

« A Levallois, où il était connu, — il venait me voir tous les dimanches, — on s'est montré particulièrement outré.

« Le journal *Le Courrier de l'Eure*, où il a travaillé pendant deux ans, publie aujourd'hui un article indigné ; les ouvriers de l'imprimerie se sont cotisés pour envoyer une couronne, de même que les locataires de son hôtel, 56, rue Chapon.

« C'est même cette dernière couronne qu'on disait offerte par les anarchistes, parce qu'elle portait en exergue : « De la part des amis. »

« Le patron de l'imprimerie où il travaillait, à Paris, a adressé aujourd'hui une lettre de rectification à l'un de vos confrères, celui, je crois, qui s'est fait l'écho de la calomnie.

« Ne sommes-nous pas déjà assez malheureux pour qu'on ne nous accable pas ?

« Ma mère est malade depuis un an. Mon frère et moi l'aidions à vivre. A présent, il manque, lui; je reste seul. On m'a fait espérer qu'on nous viendrait en aide.

« — Vous êtes resté auprès de votre frère jusqu'au dernier instant?

« — Oui, il ne croyait pas mourir.

« — Tu verras, me disait-il souvent, que je m'en sortirai. Il adorait l'interne, M. Camescasse, qu'il appelait à tout instant.

« Quand il se refusait à prendre un médicament, on n'avait qu'à lui dire : « C'est M. Camescasse qui l'ordonne. » Il buvait aussitôt.

« Un jour, je me souviens, on me dit qu'il se remuait trop dans son lit. Les plaies se rouvraient. Comme il était un peu sourd, je lui écrivis sur une feuille de papier d'avoir à se tenir tranquille ou qu'il lui arriverait un accident.

« — Tais-toi donc, me répondit-il, je sais bien que je ne mourrai pas. J'ai bien vu à l'air de M. Camescasse que j'étais sauvé.

« Une autre fois, il avait glissé dans son lit. Il fallait le relever. J'essayai de le faire, mais je n'y parvins point; l'interne passait.

« — Monsieur Camescasse, lui cria-t-il, vous qui êtes fort, venez donc me relever.

« M. Camescasse s'y prêta de bonne grâce. Mon frère riait aux éclats. D'ailleurs, il était aimé de tous. Les sœurs l'avaient surnommé : « Le grand bébé gâté. » Il les appelait à tout propos pour leur causer.

« M. Hamonod évoque ces souvenirs en pleurant. »

XVIII

RAVACHOL DEVANT LA COUR D'ASSISES DE MONTBRISON

Mais nous voici devant les jurés de la Loire; mais nous voici au moment où l'ancien faux-monnayeur va avoir à rendre compte de l'assassinat du vieil ermite de Chambles.

Laissons donc la parole aux comptes rendus qui ont été faits de ces importants débats :

« La cour d'assises de Montbrison est digne de cette ville laide et ennuyeuse.

C'est la chapelle d'un ancien cloître fortifié, perché en haut de rues aux pavés pointus, aux murs de lave rapiécés de briques et de moellons.

La salle est cocasse, avec sa décoration naïve et prétentieuse, ses peintures en grisaille et ses quatre statues de plâtre aux gestes étranges, dont trois paraissent désireuses de représenter la Justice, la Science, l'Espérance; la quatrième tient à la main une lampe antique et semble très ennuyée.

Que diable peut-elle bien représenter?

Derrière la cour, une toile de fond verdâtre avec un christ en plâtre colorié, et de chaque côté de la porte d'entrée deux portraits d'ancêtres judiciaires montbrisonnais, dus sans doute au pinceau de peintres ordinaires des femmes colosses.

Dans le prétoire, où les journalistes écrivent sur des bancs de l'école transportés ici à leur intention, de long en large, les deux huissiers se promènent avec, sur les épaules, un petit manteau noir qui leur donne l'aspect de bicyclistes surpris par l'orage.

Autour du palais, peu de monde.

Ce matin, la ville est morte comme à son ordinaire, avec sa physionomie de cité qui meurt dégoûtée d'elle-même.

Le public, dans la salle, est assez clairsemé; le président s'est montré farouche observateur de la circulaire Fallières.

Nous n'y perdons rien; cinq dames seulement ont obtenu de pénétrer, mais on les a choisies : toutes les cinq sont jolies et bien mises.

Neuf heures un quart.

Un coup de sonnette.

Voici la cour, voici Ravachol, vêtu de la bure du condamné, portant encore sa moustache, pâle, maigre, mais souriant.

En entrant, tenu par deux gendarmes, il jette un coup d'œil vers le public debout et fait un petit salut à des amis, au fond de la salle, à son frère, qui figure au nombre des témoins.

Il a toujours, malgré le régime de la prison, ses petits yeux vifs, son allure à la fois insolente et calme, sa mâchoire de loup.

A côté de lui, Béala, correct dans son veston à carreaux, son col droit empesé, prend place.

Puis vient Mariette Soubère, que nous n'avions pas aperçue à la cour d'assises de la Seine, enveloppée qu'elle était d'un fichu de laine.

Sous la lumière qui la frappe de face, avec son chapeau de paille noir lui encadrant gentiment la figure, ses grands yeux doux, son nez ouvert et sa grande bouche, elle est vraiment mieux que ne l'ont représentée les photographies et les dessins de journaux.

C'est le type de l'ouvrière bruyante et rieuse, comme on la rencontre à midi dans les rues de la Guillotière.

Tout le monde étant assis, le tirage du jury commence.

Les quatre ou cinq premiers noms viennent d'être appelés, quand du groupe de jury de session soudain part un cri, vrai hurlement de bête.

Est-ce la vue de Ravachol?

Est-ce la chaleur?

Ce qu'il y a de sûr, c'est qu'un juré vient de tomber et se tord, la bave aux lèvres, la figure congestionnée, dans une attaque d'épilepsie. Grand émoi : on l'emporte et l'audience est suspendue.

Elle reprend au bout de cinq minutes.

Mais voici qu'un nouveau cri part — du fond du public, cette fois-ci. Ce n'est rien : c'est un chien qui a violé la circulaire Fallières et qu'on expulse.

On recommence le tirage du jury, la maladie du juré ayant nécessité l'annulation du premier tirage, et à dix heures moins le quart les jurés prêtent serment.

L'audience commence pour de bon.

On procède d'abord à la constatation de l'identité des accusés.

D. — Ravachol, levez-vous, dit M. Darrigrand, le président. Vous vous appelez François-Claudius Kœningstein ; vous avez trente-deux ans?

R. — Oui, monsieur.

D. — Votre dernier domicile?

R. — A Saint-Mandé.

D. — Saint-Mandé? Non, vous vous y cachiez; vous demeuriez à Saint-Étienne.

R. — Oui, monsieur.

D. — Ravachol, je sais que vous êtes dur d'oreille; je ferai mon possible pour me faire entendre; faites le vôtre pour saisir ce que je dirai.

R. — Je tâcherai, monsieur le président.

LES EXPLOITS DE RAVACHOL

Vous écriviez à la femme Rulhière : « Ne travaille plus. »

Grande courtoisie de part et d'autre, on le voit, jusqu'ici ; mais le président a la réputation d'être peu commode et nous croyons que Ravachol ne va pas trouver en lui l'affabilité bienveillante dont M. Guès fit preuve à son égard, le 26 avril dernier.

Les noms et âges de Béala et de sa maîtresse sont pris sans incident.

Un léger incident, au contraire, marque l'appel des témoins.

Chaumentin est absent ; la Cour l'a dispensé de se présenter à cette première audience ; il viendra demain. La justice est prévenante avec lui ; cela s'explique.

Enfin l'interrogatoire commence.

INTERROGATOIRE DE RAVACHOL

Le président prend l'accusé à sa naissance et passe en revue ses antécédents, avant le 26 avril.

Le président. — Vous n'avez pas été condamné, mais vous aviez déjà été arrêté pour fausse monnaie ; vous étiez un faux-monnayeur d'habitude, vous l'avez avoué.

Ravachol. — Je n'avais pas à le cacher (*Mouvement*). J'émettais surtout la fausse monnaie, je ne la fabriquais pas.

D. — Vous faisiez la contrebande aussi.

R. — Oui, j'ai été contrebandier pendant un certain temps.

D. — Les renseignements recueillis sur votre compte vous montrent très violent, très vindicatif et sournois.

R. — Sous ce rapport-là, on est dans l'erreur.

D. — On se trompe ?

R. — Il paraît ; si j'avais été sournois, je ne serais pas arrêté. Pourquoi suis-je violent ? Pourquoi le dit-on ? J'affirme que tous ceux avec qui j'ai été en contact n'ont eu qu'à se louer de moi.

D. — Vous ne marchez jamais sans revolver.

Ravachol sourit et hausse les épaules.

Le président lui rappelle une discussion avec des camarades qui se serait terminée par des menaces de coups de revolver de la part de Ravachol.

R. — C'était une plaisanterie. On invente ça.

C'est faux ou vrai, mais qu'importent ces vétilles ?

Il paraît établi que Ravachol n'est point un agneau; il a sur la conscience deux maisons détruites, cinq cadavres, une violation de sépulture, un vol avec incendie.

A quoi bon savoir s'il travaillait régulièrement ou non, s'il était un ouvrier bon ou médiocre?

Passons, en relevant ces quelques réponses :

R. — Je n'ai pas quitté le travail, dit Ravachol, c'est le travail qui m'a abandonné ; c'est pour ça que j'ai fait de la fausse-monnaie, qui ne m'a pas rapporté grand'chose, et de la contrebande.

« Contrebandier, c'est pas si criminel; la preuve, c'est que tous les honnêtes commerçants m'achetaient ma marchandise volontiers.

D. — Vous étiez très redouté de vos amis.

R. — J'ai toujours soutenu le faible contre le fort.

D. — Vous avez frappé votre mère.

R. — C'est faux, je la redoutais si bien que j'ai dû la quitter parce qu'elle voulait me séparer d'une personne que j'affectionnais beaucoup.

D. — Oui, vous aviez une maîtresse mariée et nous savons que cela coûte cher.

« Nous savons? »

Voilà qui rend rêveur le public, qui sourit.

D. — N'ayant plus de travail et pas d'argent vous avez voulu sortir de là et vous procurer une petite fortune.

R. — Je ne pouvais pas succomber de faim; il fallait bien faire un petit effort.

Charmant euphémisme!

Le président arrive au crime de Chambles et fait un joli portrait de l'ermite, cet ascète accumulant depuis un demi-siècle les aumônes de la région et vivant, à côté de son trésor, des restes qu'on lui donnait.

D. — Personne n'avait encore songé à lui voler ce trésor?

R. — Personne n'en savait rien.

D. — Vous aviez formé le dessein de le tuer pour vous enrichir?

R. — Je me suis bien enrichi. Je n'ai plus le sou. (*Rires.*)

« Mais je ne voulais pas tuer l'ermite; je voulais seulement lui prendre son argent dont il n'avait pas besoin, étant vieux et célibataire.

Le président raconte le meurtre de Jacques Brunel, puis il reprend :

D. — **Comment avez-vous pénétré chez lui?**

R. — J'ai escaladé le mur de l'enclos.

D. — Pourquoi? La porte était toujours ouverte.

R. — Pour passer par derrière sans être vu et entrer par la cave; d'ailleurs, je ne me rappelle pas, je ne sais plus.

« Ça n'a du reste pas d'importance et je ne m'amuserai pas à contester les constatations de l'instruction.

D. — Comment avez-vous tué l'ermite?

L'accusé paraît se souvenir avec peine des détails du crime; il n'a plus son sourire ironique; il s'appuie des deux mains sur la barre devant lui; la sueur luit sur son front.

D. — Vous étiez prêt à tout; vous avez dit à l'instruction : « En allant à Chambles, j'étais décidé à avoir le trésor de l'ermite et prêt à renverser tout obstacle qui se dresserait. »

R. — C'était ma pensée, en effet.

L'ermite mort, Ravachol fouille l'armoire et la paillasse du vieillard.

Il emporte tout l'argent et l'or dont il peut se charger, vingt à vingt-cinq kilogrammes.

Il y avait de l'argent partout, dans la cabane de Jacques Brunel : au grenier, dans une marmite, dans un placard, sous le lit; partout, or, cuivre, argent mêlés.

Ravachol ayant fait un paquet dans son mouchoir, redescend de l'ermitage...

D. — Vous êtes remonté à Chambles et vous avez classé l'or et l'argent qui restaient chez l'ermite; vous prépariez le déménagement que vous avez effectué le lendemain avec la femme Rulhière.

« Vous avez été en voiture chercher l'argent dans des sacs et des valises; vous étiez très joyeux tous deux?

R. — Joie simulée, monsieur le président, c'était pour détourner les idées du cocher, pour qu'il crût que c'était un voyage d'agrément.

Enfin la voiture s'arrête près de l'ermitage, et Ravachol revient chargé de la fortune de l'ermite.

Les deux amants se font alors mener à Saint-Étienne; on les arrête à l'octroi stéphanois, comme plus tard on devait arrêter Ravachol à la barrière Saint-Denis.

— Qu'y a-t-il dans votre valise et dans vos sacs? lui demande-t-on.

— Rien de soumis aux droits, répond Ravachol.

— Quoi encore? c'est lourd, dit l'employé.

— C'est du métal, dit sans sourciller le meurtrier, qui passe en souriant aussi tranquille que plus tard il le sera dans le tramway qui l'amenait boulevard de Clichy avec la marmite explosive.

Le lendemain, Ravachol alla revoir le cocher Fraisse pour savoir s'il soupçonnait quelque chose.

Le président. — Dans quel but cette visite?

R. — Pour le supprimer s'il pouvait me dénoncer. (*Mouvement.*)

D. — Vous ne l'avez pas supprimé, pourtant.

R. — Non, Fraisse ne se doutait de rien : c'eût été un meurtre inutile.

D. — Alors, quand cela vous est utile, vous tuez qui vous gêne?

R. — Dame! c'est la nécessité; il en est ainsi dans la vie. (*Mouvement.*)

D. — Dans la vôtre.

R. — Non, pour tout le monde.

D. — Non, vous êtes une exception, heureusement; dans la classe ouvrière, à laquelle vous avez appartenu, les choses ne se passent pas ainsi, on travaille.

Le président rappelle ensuite l'arrestation et l'extraordinaire fuite de Ravachol, lâché par la police.

D. — Vous avez échappé des mains de cinq personnes; on ne comprend pas comment, dit M. Darrigrand.

« Mais c'est un véritable malheur, car vous ne viendriez pas ici, sans cela, escorté d'une condamnation perpétuelle pour une quadruple tentative d'assassinat.

« Ne trouvez-vous pas que cette évasion vous a été fâcheuse?

R. — Il est fâcheux aussi que la société ne puisse pas subvenir aux besoins de ses membres. Si l'on employait l'argent que cela coûte de condamner un homme, à aider les malheureux, ces choses-là n'arriveraient pas.

D. — Vous ne regrettez donc pas votre évasion?

R. — Je regrette l'état social actuel. Elle pourrait être autre, la société, si on voulait.

Et Ravachol, un peu revenu à lui, se ressaisissant, se prépare à se lancer dans des digressions que l'on devine.

Le président l'arrête.

D. — Ravachol, lui dit-il, nous ne sommes pas ici à la cour d'assises de la Seine.

On rit en songeant à M. Guès.

RAVACHOL. — Je peux bien dire ma pensée.

D. — Soit ! mais je ne la crois pas utile à votre défense. Il ne s'agit ici que de crimes abominables qui n'ont rien de politique.

R. — Je parle au nom des travailleurs.

D. — Ne parlez pas en leur nom, vous n'en avez pas le droit ; parlez au nom des assassins si vous voulez, vous qui avez lâchement assassiné un vieillard.

RAVACHOL (vivement). — Lâchement ! Je courais d'énormes dangers, je pouvais être arrêté... Alors, si j'étais mort de faim, ç'aurait été plus brave ?

LE PRÉSIDENT. — Vous le voyez, vous aviez besoin d'argent ; c'est pour cela que vous avez assassiné personnellement.

« C'était là la « bonne cause » que vous serviez, c'était la vôtre, vous l'avez dit : « S'il faut toujours être malheureux, je me fous de l'existence » ; et vous écriviez à la femme Rulhière, à votre maîtresse : « Ne travaille plus ; quand j'aurai changé tout l'argent volé, nous irons vivre tranquilles à Dijon. »

« Vous vouliez demander au crime la paisible existence que vous rêviez.

RAVACHOL. — Puisqu'on ne pouvait l'avoir par ailleurs, j'étais bien forcé de la demander n'importe comment. J'ai des infirmités qui m'incommodent pour le travail, au reste.

D. — Allons, vous n'êtes pas un invalide du travail (*Rires*). Quand il le faut, vous montrez une terrible énergie.

« Je vous pose une dernière question.

« Qu'est-ce que la société peut attendre d'un homme tel que vous affichant, après de tels crimes, de semblables sentiments ?

R. — C'est moi qui aurais à attendre quelque chose de la société.

C'est sur ce mot que l'audience du matin s'achève, renvoyée à deux heures pour la suite de l'interrogatoire.

Avant que l'audience soit reprise, signalons ce détail assez ignoré, qui fera peut-être regretter leur fidélité à ceux qui sont jusqu'ici restés les défenseurs du compagnon Ravachol.

Quelque temps après sa fuite des mains des agents de police, un pêcheur de Lyon découvrait sur les bords du Rhône une redingote et un chapeau, tous deux ayant appartenu à Ravachol.

Dans la poche de la redingote, une lettre se trouvait, signée de l'assassin de l'ermite :

« Ne voulant pas servir de jouet à la justice bourgeoise, ni compromettre les amis qui m'ont aidé, y écrivait-il, je me décide à me détruire.

« Je suis bien fâché de n'avoir pu mettre en sûreté l'argent destiné à la propagande de notre cause. »

Or, Ravachol, à cette époque, possédait encore 4 à 5,000 francs qu'il avait mis de côté.

En retournant au palais, nous apercevons Chaumentin se promenant dans la cour de la gendarmerie ; c'est là qu'il loge et logera jusqu'à la fin du procès.

Que d'égards pour l'ex-anarchiste !

A quand la décoration pour services exceptionnels ?

XIX

REPRISE DE L'AUDIENCE

L'audience de l'après-midi s'ouvre à deux heures et demie par la lecture que donne Mᵉ Lagasse, défenseur de Ravachol, d'une lettre qu'il vient de recevoir de Gustave Mathieu, qui proteste contre les dénonciations de Chaumentin.

Voici cette lettre :

« Monsieur Lagasse,

« Je croyais que le procès intenté à nos amis Ravachol, Béala et Mariette ne venait devant la cour d'assises que le 26 de ce mois ; j'ai donc été surpris ce matin quand j'ai appris le contraire.

« Je ne sais pas si les rapports des journaux disent vrai au sujet de la déposition de notre ami Chaumentin.

« Un point capital dans la déposition de Chaumentin serait faux ou plutôt mal interprété par le parquet de Saint-Étienne.

« Je me rappelle très bien avoir entendu notre ami Léon dire devant moi et Chaumentin, que depuis un certain temps il y avait eu plusieurs crimes dans la région de Saint-Étienne et ailleurs, et que tous ces crimes lui étaient attribués d'après les cancans que l'on entendait.

« Donc, si Chaumentin dit que c'est Ravachol qui a tué les dames Marcon, je puis affirmer hautement que Chaumentin en a menti.

« Je connais la vie de mon ami Léon aussi bien que Chaumentin, et comme ce dernier était toujours présent chaque fois que je voyais Léon et que l'on savait à quoi s'en tenir sur son compte, je déclare que jamais Ravachol, dit Léon Léger, n'a été l'auteur de l'assassinat des dames Marcon, et qu'il a toujours protesté devant nous contre cette dernière et malheureuse affaire.

« Comme vous le voyez, cher Monsieur, votre tâche sera facile sur ce point, plus facile pour l'avocat de mon ami Béala et de Mariette, qui sont victimes d'une infâme dénonciation, affreusement combinée par un esprit misérable qui cherche à enfouir dans les prisons deux innocents.

« Si vous trouvez utile de lire ma lettre devant la cour, je vous autorise à le faire.

« Je ne doute pas un seul instant de l'acquittement de Béala et de Mariette.

« Quant à notre ami Léon, dit Ravachol, c'est aux anarchistes de s'assurer de sa personne.

« Bien à vous et aux amis.

« Gustave Mathieu. »

La lettre est curieuse; servira-t-elle beaucoup à Ravachol? Nous ne le croyons pas; d'ailleurs nous ne voyons pas bien ce qui pourrait lui être utile à présent, excepté pourtant la peur que les jurés pourraient avoir de ses amis.

L'audience se poursuit par l'examen minutieux d'un vol suivi d'incendie commis à la Côte, en 1891.

Un nommé Boyer fut condamné comme coupable de ce crime par la cour d'assises de la Loire. Mais depuis lors on a trouvé chez Ravachol, chez un de ses amis et chez sa maîtresse, des objets appartenant aux personnes volées.

Ravachol, d'ailleurs, ne s'abaisse pas jusqu'à discuter ce crime indigne de lui; il l'avoue avec indifférence.

LES EXPLOITS DE RAVACHOL

L'enfant raconte que sa mère voyait souvent Ravachol.

Boyer était innocent de ce crime-là, mais il avait à son actif ou plutôt à son passif une série suffisante de crimes pour qu'on ait pu, au besoin, ne pas examiner celui-ci de très près...

Le président, que la chaleur paraît abattre, se traîne longuement sur ce vol avoué ; il n'arrive au crime de La Varizelle qu'au bout d'une heure d'apartés assommants, que personne n'entend et que Ravachol, dans sa surdité, ne doit nullement distinguer.

D'une voix accablée, qui rappelle un peu l'organe de M. Mariage, le président raconte la mort de Jean Rivollier et de sa servante.

D. — Vous connaissez ce crime? demande le magistrat.

R. — On m'en a parlé, répond Ravachol, mais j'en suis innocent. L'accusation se trompe.

D. — Chaumentin affirme que vous lui avez fait l'aveu de ce crime.

R. — Il se trompe ; il a interprété à mal mes paroles. Je lui en ai parlé d'après les journaux, voilà tout.

D. — Pourquoi Chaumentin ment-il?

R. — Il se trompe ; il aura mal compris mes paroles.

D. — Vous ne le croyez pas mal intentionné ou coupable de mentir?

R. — Je ne crois pas ; je pense qu'il se trompe.

D. — La maîtresse de Flachard, un de ses anciens amis, vous impute également ce crime. Elle se trompe aussi?

R. — C'est probable.

Ravachol fait toutes ces réponses d'un ton bas, ennuyé ; il semble, comme tout le monde, en ce moment, se désintéresser du débat.

Il y a, cet après-midi, un manque d'entrain général.

Les gendarmes somnolent ; les dames s'éventent en chuchotant ; de cinq qu'elles étaient ce matin, elles sont devenues vingt et semblent bien regretter de n'être pas restées chez elles.

C'est qu'aussi il n'est guère intéressant d'entendre le président rechercher où a vécu Ravachol, de juin à décembre dernier.

La police n'en sait rien et voudrait bien avoir quelques renseignements à ce sujet.

— Je ne veux pas nuire à ceux qui m'ont donné asile, explique Ravachol, qui refuse de dire ce qu'il est devenu dans cette période, et cela non sans raison, ce nous semble.

On arrive à l'assassinat des dames Marcon.

Le président. — C'est encore Chaumentin qui affirme vous avoir entendu vous accuser de ce crime.

R. — C'est faux.

D. — Alors Chaumentin a menti ?

R. — Probablement.

Le président. — Vous auriez tenu deux propos significatifs : un jour vous auriez dit, en montrant votre main :

« — J'ai supprimé autant de gens que cette main a de doigts.

« Une autre fois, vous vous seriez écrié :

« — Si on connaissait tous mes tours, on verrait mon portrait dans les rues.

R. — Je n'ai jamais tenu ces propos.

Mais le président insiste :

— Voyons, dit-il, vous ne voulez pas avouer ce crime ; cet aveu n'empirerait pas votre situation, au contraire.

R. — Je n'ai pas à avouer un crime que je n'ai pas commis.

On arrive à la violation de sépulture.

Un matin, on s'aperçut que la pierre recouvrant le caveau qui sert de sépulture à la famille de Rochetaillée avait été descellée.

On s'approcha de la tombe et l'on constata que le cercueil avait été ouvert. L'auteur de cette profanation avait cru trouver des bijoux sur le cadavre de la baronne de Rochetaillée, mais son espoir avait été déçu.

Ravachol a reconnu être l'auteur de cette violation.

L'accusation retient contre lui de ce fait le chef de tentative de vol avec effraction.

Ravachol. — C'est le besoin qui m'a poussé... Vous voyez bien que j'avais du courage et que j'avais bien faim pour faire cette besogne.

Le président. — C'est que vous aviez de larges appétits... Vous n'aviez pas besoin de violer une sépulture pour ne pas mourir de faim.

« La preuve, c'est que vous n'êtes pas mort et que vous n'avez rien trouvé dans le tombeau. Ç'a été votre premier châtiment.

« Vous ne frémissez pas en songeant à cette nuit terrible ?

L'accusé. — Ma foi, c'était répugnant !

L'interrogatoire du bandit faux-monnayeur s'achève sur ce mot, qui surprend un peu les jurés, auxquels le président a négligé de conter ou de faire conter en détail ce vol macabre.

Ravachol, cet après-midi, a été piteux, véritablement bien plus soucieux du discours qu'il prépare que des réponses qu'il a à faire.

Quant au président, il est morne au possible, et la seule gaieté de cette reprise d'audience est un petit chien qui se promène tout le temps de long en large au milieu du prétoire.

Il est quatre heures et l'audience est suspendue.

Quand la Cour rentre en séance et au moment où il va être procédé à l'interrogatoire de Béala, Ravachol tire un papier de sa poche.

— J'ai un mot à ajouter, dit-il.

Et il se met à lire :

« J'ai fait le sacrifice de ma vie, et, si je lutte encore, c'est pour l'idée anarchiste, car je sais que je serai vengé!... »

Mais le président interrompt ce discours.

— Laissons cela, Ravachol, c'est inutile. Vous aurez la parole à la fin des débats, ce n'est pas le moment de plaider.

L'accusé n'insiste pas davantage pour continuer, et l'on passe à l'interrogatoire de Béala.

INTERROGATOIRE DE BÉALA

C'est d'un ton pleurard que cet accusé répond aux questions qui lui sont faites avec une certaine bienveillance par le président.

D. — Depuis quand connaissez-vous Ravachol ?

R. — Depuis le 1ᵉʳ mars 1892.

D. — Voyons, dites la vérité, à quoi vous sert-il de mentir ?

« Chaumentin vous accuse d'avoir participé à l'assassinat des dames Marcon ; vous le lui auriez raconté.

BÉALA. — Je n'ai jamais connu Ravachol à Saint-Étienne, et jamais je n'ai parlé de ce crime à M. Chaumentin. La déclaration est absolument fausse.

LE PRÉSIDENT. — L'accusation relève contre vous une charge grave, la correspondance chiffrée que vous aviez avec un témoin, Perronet, un anarchiste.

« Vous lui écriviez :

« Chaumentin est un mouchard, il faut le supprimer.

L'accusé. — Parce que Chaumentin a fait envoyer à Paris un enfant au bagne, Simon, dit Biscuit, et que je voulais faire part aux amis de mes sentiments sur Chaumentin : j'aurais mieux aimé être condamné à mort que de faire ce qu'il a fait.

« D'ailleurs, je tiens à déclarer qu'on a tout le temps ici gêné ma défense ; M. le procureur de la République me menaçait de prolonger ma détention si je ne faisais pas des aveux ; chaque fois que je protestais de mon innocence, il me menaçait de six mois de plus.

Le Président. — Ceci, Béala, est une calomnie, c'est absolument contraire aux mœurs judiciaires. (*Sourires.*) Vous ne ferez croire cela à personne.

R. — A Paris, on a été loyal avec nous, ici pas.

Le président n'insiste pas.

D. — N'avez-vous pas, demande-t-il, caché 3,500 francs, provenant du crime de Chambles, dans votre jardin de Saint-Étienne, et n'avez-vous pas envoyé à Saint-Denis, à Chaumentin, 3,000 francs pour les remettre à Ravachol ?

Béala. — Jamais.

INTERROGATOIRE DE MARIETTE SOUBÈRE

Le président passe à l'interrogatoire de Mariette Soubère.

L'accusée est souriante.

D. — Les renseignements fournis sur votre compte ne sont pas défavorables.

R. — Ça m'étonne, répond Mariette Soubère qui a compris juste le contraire.

Et le public de rire.

Le président. — Vous travailliez régulièrement, et votre conduite ne donnait lieu à aucune remarque fâcheuse. Cependant vous êtes soupçonnée d'avoir pris part à l'assassinat de Mmes Marcon. Un témoin vous a vue, il a même remarqué qu'il vous manquait une dent.

R. — Il m'en manque trois.

Le président, *gravement*. — En huit mois, il peut en tomber des bouches les plus solides.

R. — Je ne suis pas la seule qui ait des dents de moins. (Rires.)

D. — Jusqu'à présent, vous n'avez pas voulu parler. N'est-ce pas par crainte de Béala?

R. — Non, monsieur le président.

D. — Le soir du crime de la rue de Roanne, n'étiez-vous pas vêtue d'une robe noire?

R. — Non.

D. — N'avez-vous pas passé dans la rue de Roanne?

R. — Je n'y passais jamais.

D. — C'est Chaumentin qui vous accuse.

R. — Il en a menti.

Le président n'insiste pas, et l'interrogatoire, écrasant surtout pour Chaumentin, est terminé.

LES TÉMOINS

On passe à l'audition des témoins.

Le premier appelé est le gendarme qui a fait les premières constatations du crime de Chambles.

— Le cadavre, dit-il, était dans une position anormale, on voyait que l'ermite avait beaucoup souffert pour mourir. (Mouvement.)

Vient ensuite le docteur Rigodon, le médecin qui a fait l'autopsie du vieil ermite. Il rappelle les conclusions de son rapport.

Après une série de témoins inutiles, on appelle un petit garçon de dix ans, le fils des Rulhière : la femme Rulhière est mariée et a deux fils recueillis aujourd'hui par l'Assistance publique.

Ravachol, à sa vue, se trouble ; le rouge monte à ses joues décolorées, il laisse tomber sa tête dans ses mains, le perpétuel et agaçant sourire s'efface de ses lèvres, il paraît souffrir et pleure longuement.

L'enfant raconte que sa mère voyait souvent Ravachol, qu'elle rentrait fréquemment avec des paquets suspects, qu'elle l'a emmené une ou deux fois dans des réunions anarchistes.

Après lui, son frère, son aîné de deux ans, vient faire une déposition analogue, sans qu'on sache encore l'utilité de ce spectacle pénible qu'on offre au public : deux enfants venant accuser leur mère, condamnée au bagne.

L'audience se termine par l'audition des témoins relatifs à un vol qualifié, et elle est enfin levée à sept heures et demie.

XX

DEUXIÈME AUDIENCE

Le Palais de Justice n'a pas sauté durant la nuit; les nombreux anarchistes arrivés la veille ont été tous suivis de près par les non moins nombreux agents de la sûreté envoyés de Lyon et de Paris. D'ailleurs, leurs allures sont assez pacifiques.

A neuf heures et demie, l'audience est ouverte.

La série de témoins qu'on entend dépose sur le double assassinat de la Varizelle.

L'aubergiste Ravat, sur le trottoir de qui a été découvert le cadavre de la servante du Petit Bon-Dieu, n'a pas vu Ravachol; ce dernier n'a contre lui que les déclarations de Chaumentin.

CHAUMENTIN

Chaumentin, dit Chaumartin, paraît bien revenu de ses anciennes opinions.

On lui a prêté à Saint-Étienne quelques milliers de francs avec lesquels il compte s'établir.

Chaumentin déclare :

— A Saint-Denis, Ravachol racontait un jour qu'il était l'auteur du crime de la Varizelle; il m'a dit qu'en 1886, à l'époque où il demeurait à Saint-Chamond, tout près de la Varizelle, et se trouvait sans ressources, car il venait d'être renvoyé de la teinturerie Vincent; il était entré chez le Petit Bon-Dieu et l'avait tué pour le voler; mais il n'avait rien pu emporter, car il avait trouvé une personne; de plus, cette personne avait poussé des cris, et cela l'avait obligé à fuir.

LE PRÉSIDENT. — Quand Ravachol vous a-t-il fait ce récit?

LE TÉMOIN. — Au mois d'août dernier, peu de temps après son arrivée à Saint-Denis.

Ravachol se lève.

— J'ai parlé à Chaumentin de mon rôle dans le crime de Chambles; lorsque je lui ai parlé de la Varizelle, je faisais allusion à ce que j'avais lu dans les journaux.

D. — Quand aviez-vous lu ça?

R. — En 1886, dans les journaux de la localité, et puis après l'affaire de Chambles, les journaux avaient rappelé, en me la mettant sur le dos, celle de la Varizelle.

« J'ai raconté au témoin ce qui s'était passé, à peu près d'après ce que j'avais lu.

D. — Croyez-vous que le témoin invente?

R. — Je ne pense pas, mais ses souvenirs le servent mal ou il a mal interprété ma pensée.

Le témoin. — J'ai bien compris. Ravachol m'a ensuite parlé de l'affaire plusieurs fois.

Chaumentin ajoute qu'il déplore amèrement les circonstances qui l'ont mis en rapport avec l'ancien faux-monnayeur.

M. Lagasse, défenseur de Ravachol. — Si Ravachol vous a fait l'aveu de ses crimes, pourquoi avez-vous continué à le fréquenter?

Le témoin balbutie quelques mots inintelligibles.

Chaumentin dit qu'une partie de la somme provenant de l'ermitage de Chambles a été distribuée à des compagnons, à des femmes, à des enfants.

Ravachol vivait très modestement et n'était pas débauché.

Sa déposition terminée, Chaumentin, que l'on prendrait pour un rentier avec sa redingote à la propriétaire et son haut de forme luisant, quitte la salle. On appelle alors la femme Rulhière.

L'accusation prétend que la femme Rulhière, condamnée pour complicité dans le vol de Chambles, a raconté à deux de ses codétenues qu'elle savait que Ravachol avait commis le double assassinat de la Varizelle.

Mais à l'audience la femme Rulhière proteste très vivement.

— Si vous saviez ce que sont les femmes qui prétendent ça! s'écrie-t-elle. Elles l'ont inventé par méchanceté.

A l'instruction, la femme Rulhière a raconté que, parlant du crime de Chambles, Ravachol avait dit : « Si on connaissait tous mes tours, on verrait mon portrait dans les rues. »

LES EXPLOITS DE RAVACHOL

Il faisait le guet avec Mariette Soubère.

Et comme elle l'interrogeait : « J'en ai fait bien d'autres, ajouta Ravachol. »

L'AVOCAT GÉNÉRAL. — Est-il vrai que ces propos aient été tenus par vous?

LE TÉMOIN. — J'ai menti : je voulais faire plaisir à la police.

LE PRÉSIDENT. — Vous avez dit que vous étiez honteuse d'avoir connu un pareil monstre.

R. — C'est faux. J'ai menti; je l'aime encore. Pour moi il n'est pas un assassin; je vous demande pardon de dire ça, mais je l'aime encore.

La femme Rulbière prétend qu'elle n'a jamais vu qu'une fois Béala, dans une réunion publique, et qu'elle ne connaît pas Mariette Soubère.

Ravachol est visiblement ému.

LE CRIME DE LA RUE DE ROANNE.

On arrive à l'assassinat des dames Marcon.

Chaumentin a raconté à la justice que Béala lui avait confié, à Saint-Étienne, en août 1891, que Ravachol était l'assassin des deux quincaillières, et que lui, Béala, lui avait servi de complice avec quelques autres.

Chaumentin est de nouveau appelé à la barre des témoins.

— Un jour, déclare-t-il, en nous promenant, Béala me dit que Ravachol était entré avec un compagnon chez les dames Marcon, en demandant à acheter un marteau.

« Après leur achat, ils ont remis à Mme Marcon un billet de 50 francs pour le changer.

« Aussitôt que celle-ci fut partie pour chercher de la monnaie, la plus jeune des dames Marcon reçut un violent coup sur la tête et tomba à terre.

LE PRÉSIDENT. — Quel était le rôle de Béala?

LE TÉMOIN. — Il faisait le guet avec Mariette Soubère.

Me CRÉMIEUX. — Avec Mariette Soubère? C'est la première fois que j'en entends parler.

Chaumentin continue :

« — Béala m'a raconté qu'à un moment donné des jeunes gens, qui passaient dans la rue de Rome, tapèrent sur les volets pour s'amuser.

« Les complices de Ravachol prennent peur et se sauvent, tandis que Ravachol s'avance vers la porte, son revolver à la main.

« Béala était rentré dans sa chambre peu de temps; il est revenu trouver Ravachol rue de Roanne.

« Béala m'a dit qu'ils n'avaient trouvé que 2 fr. 10 chez les dames Marcon.

Le président fait remarquer au dénonciateur qu'à Paris il n'avait pas accusé Béala.

CHAUMENTIN. — Alors j'étais inculpé; je voulais cacher des choses que je ne veux plus cacher maintenant. (*Mouvement*.)

D. — Pourquoi n'avez-vous pas dit la vérité?

R. — Béala m'avait supplié de ne pas le nommer et de laisser planer les soupçons sur un de ses amis nommé Boissy, qui était mort récemment.

BÉALA. — C'est absolument faux; je n'ai jamais connu d'individu nommé Boissy.

Chaumentin déclare que Béala lui a dit positivement :

— C'est Ravachol qui a assassiné l'ermite de Chambles.

BÉALA. — C'est faux, absolument faux.

LE PRÉSIDENT. — Toutes les circonstances que précise Chaumentin sont confirmées par les données de l'instruction. Pourquoi Chaumentin mentirait-il?

BÉALA. — Par intérêt.

RAVACHOL. — Pour se faire bien venir; afin de trouver du travail.

Le témoin parle des lettres et télégrammes signés Pierre Martin, dans lesquels on le sollicitait de venir chercher à Saint-Étienne un compagnon compromis.

BÉALA. — Je n'ai jamais écrit sous le nom de Pierre Martin.

Chaumentin a reçu, dit-il, de Béala, une somme de 3,500 francs pour Ravachol.

LE PRÉSIDENT. — En vous donnant cette somme, vous a-t-il fourni des explications sur sa provenance?

LE TÉMOIN. — Non, mais je me doutais d'où venait l'argent.

BÉALA. — Je n'ai jamais remis à Chaumentin cette somme, car je ne l'ai jamais eue dans ma bourse ; à cette époque, j'étais dans la plus extrême misère.

Ravachol intervient.

— Je n'ai jamais rien reçu. Je me demandais pourquoi Chaumentin inventait cette histoire ; en y réfléchissant, je crois que Chaumentin, qui a lu dans les journaux que j'avais eu des relations avec sa femme, a fini par en être persuadé et qu'il veut se venger.

Chaumentin. — A cet égard, je n'ai jamais eu le moindre soupçon contre Ravachol.

Le témoin répète ce qu'il a dit à l'instruction au sujet de l'asile que Béala et Mariette Soubère avaient offert à l'ancien faux-monnayeur après le meurtre de l'ermite de Chambles.

Mariette, qui depuis longtemps avait de la peine à se contenir, bondit d'indignation.

— Oh! le menteur! le misérable! C'est faux, monsieur le président.

D. — Mariette Soubère vous a-t-elle montré le matelas sur lequel couchait Ravachol?

Chaumentin. — Oui, monsieur.

Mariette. — Quelle infamie ! Mais, monsieur le président, je n'ai jamais vu cet homme-là, je ne lui ai jamais parlé à Saint-Étienne.

Le président demande au témoin si Ravachol ne lui a pas un jour montré sa main, disant : « Ces cinq doigts représentent cinq cadavres ; bientôt ce sera la dizaine. »

Chaumentin répond affirmativement.

Ravachol nie.

Les cinq cadavres, pour l'accusation, sont les deux cadavres de la Varizelle; les deux cadavres de la rue de Roanne et le cadavre de Chambles.

A la fin de sa déposition, sur une question du défenseur de Ravachol, Chaumentin déclare :

— En dehors des crimes, je reconnais que Ravachol est un caractère généreux.

Une longue discussion s'engage ensuite entre les defenseurs et Chaumentin.

Les défenseurs font ressortir certaines contradictions dans les dépositons de l'anarchiste repenti.

Il est midi. L'audience est suspendue.

CONTINUATION DES DÉBATS

Quand l'audience est reprise, on entend quelques témoins, dont les dépositions semblent établir que Chaumentin était bien dépositaire des secrets de Béala.

Ensuite cinq écoliers de Saint-Étienne défilent successivement à la barre.

Les uns ont vu deux hommes s'introduire vers dix heures du soir dans le magasin de Mmes Marcon, les autres, en frappant sur la devanture, histoire de s'amuser, ont causé la frayeur que l'on sait à l'un des complices, qui a quitté précipitamment la boutique des quincaillières.

Aucun de ces enfants ne peut dire au juste si ces deux hommes étaient Ravachol et Béala.

Un de ces jeunes témoins a entendu un des hommes demander en entrant un marteau de cordonnier.

M. Clair Philippe, armurier, dit qu'il a reconnu Mariette Soubère dans la rue; il l'a reconnue à la dent qui lui manque.

MARIETTE SOUBÈRE. — Quel aplomb! D'ailleurs, à dix heures du soir je suis toujours couchée, et puis, il a dit que j'étais plus mince que je ne le suis.

LE PRÉSIDENT. — En un an la taille peut grossir.

Sur une interpellation du ministère public, le témoin déclare qu'il connaissait Mariette Soubère, sinon de nom, du moins de vue, avant cette rencontre.

On appelle ensuite le régisseur de la famille de Rochetaillée, et on l'interroge sur la violation de sépulture.

— Une nuit, dit le témoin, il avait fait un orage épouvantable. J'allai le matin au cimetière, voir s'il n'y avait pas de dégâts à la sépulture de famille.

On sait le reste.

Il n'est donc pas utile de revenir sur le spectacle qui frappe la vue du régisseur.

Le bruit avait couru dans la région que Mme la baronne de Rochetaillée avait été ensevelie avec ses bijoux de famille, des bijoux de grand prix. Ravachol, qui croyait commettre un vol, fut volé.

TÉMOINS A DÉCHARGE

Plusieurs anciens compagnons de travail de Béala à Saint Étienne, viennent affirmer qu'ils considèrent cet accusé, comme un brave et honnête travailleur, incapable d'avoir trempé dans un crime.

Personne ne l'a jamais vu avec Ravachol.

— A l'époque où on lui reproche d'avoir donné asile à Ravachol, dit l'un d'eux, il habitait une petite chambre où il était impossible d'étendre un matelas.

Tous donnent également de bons renseignements sur Mariette Soubère.

Enfin, voici Henri Kœningstein, vingt-six ans, teinturier, frère de Ravachol.

— Mon frère, dit-il, m'a servi de père, il m'a donné de bonnes leçons, de bons principes.

LE PRÉSIDENT. — En un mot, il a été un frère dévoué.

LE TÉMOIN. — Oui, monsieur, il m'a nourri, nourri ma mère et ma sœur. J'ajouterai que moi et ma sœur, il nous menait à la messe.

Après le frère, la sœur.

Même déposition que la précédente.

LE RÉQUISITOIRE

Il est cinq heures et demie, quand M. Cabanes, procureur de la République, prend la parole pour commencer son réquisitoire.

A sept heures et demie, il conclut en demandant une condamnation à mort pour Ravachol.

Le jury peut accorder des circonstances atténuantes à Béala.

Quant à Mariette Soubère, le ministère public s'en rapporte à l'appréciation des jurés.

L'audience est suspendue ; elle sera reprise à neuf heures.

LES PLAIDOIRIES

Les précautions les plus minutieuses ont été prises pour protéger, pendant la nuit, la cour d'assises contre un attentat anarchiste.

Il paraît qu'on n'a pas trop ou qu'on n'a plus trop peur à Montbrison.

A la reprise de l'audience, la salle est pleine de curieux et des curieux venus pour entendre les avocats de Paris.

Mᵉ Lagasse, défenseur de Ravachol, discute les charges de l'accusation relativement aux crimes que n'a pas avoués son client.

— Des crimes avoués, un seul est sérieux, dit-il : l'assassinat de l'ermite de Chambles.

« Mais cet ermite n'était-il pas dans la société un inutile qui l'appauvrissait sans profit pour personne, lui à qui la religion recommandait d'ouvrir la main, il la serrait pour accumuler les économies des pauvres gens drainées une à une.

« Si jamais l'anarchie peut exercer un crime, c'est celui-là.

« Dans la pensée qui a poussé Ravachol, le jury de Montbrison ne pourrait-il pas trouver une circonstance atténuante comme le jury de la Seine en a trouvé une ?

« Les circonstances atténuantes, ce serait l'apaisement. »

Il est onze heures, quand Mᵉ Henri Robert commence sa plaidoirie en faveur de Béala.

La tâche de l'habile défenseur est moins difficile que celle dont Mᵉ Lagasse s'est tiré à son honneur. Mᵉ Henri Robert démontre qu'il n'y a aucune preuve contre Béala.

« Il n'a contre lui que les affirmations de Chaumentin, et Chaumentin a tant varié dans ses déclarations, qu'on ne peut guère y ajouter foi. »

En terminant, l'avocat de Béala déclare qu'il est convaincu que le jury de la Loire fera bénéficier l'accusé d'un verdict d'acquittement.

Grand succès pour le défenseur, succès aussi pour Mᵉ Eugène Crémieux, avocat de Mariette Soubère, qui prend la parole à minuit.

Le président demande à Ravachol :

— Avez-vous quelque chose à ajouter pour votre défense?

L'accusé tire un papier de sa poche et commence la lecture d'un long factum. Le président l'interrompt.

Alors Ravachol :

— Monsieur le président, les jurés vont me juger sans me connaître.

L'organe du ministère public réplique.

Mᵉ Lagasse réplique à la réplique du procureur de la République.

Mᵉˢ Henri Robert et Eugène Crémieux ajoutent à leur tour quelques mots.

Le président. — Les débats sont terminés.

Ravachol. — On m'attaque dans mes idées, je demande à me défendre.

Le président. — Asseyez-vous.

Ravachol. — Je proteste.

Il est 1 heure 15.

Le jury se retire dans la salle des délibérations.

Avant de clore les débats, rouverts par la réplique du ministère public, le président a omis de poser une seconde fois, ainsi que la loi l'exige formellement, la question :

— Les accusés ont-ils quelque chose à ajouter pour leur défense?

Et l'on fait remarquer que c'est là un cas de cassation fort probable.

A 2 heures 45, le jury rapporte le verdict suivant :

Pour Béala et Mariette Soubère, la réponse est « non » sur toutes les questions.

Pour Ravachol, la réponse est affirmative sur tous les points.

Les circonstances atténuantes lui sont refusées.

En conséquence :

Ravachol est condamné a la peine de mort.

Béala et Mariette Soubère sont acquittés.

Néanmoins, Béala et Mariette Soubère ne sont pas remis en liberté; ils seront, en effet, poursuivis correctionnellement pour avoir donné asile à Ravachol, alors qu'il était inculpé d'assassinat.

Mᵉ Lagasse dépose des conclusions de droit, relativement à l'interruption de la défense de Ravachol et à la réplique postérieure du ministère public.

La cour donne acte du fait et se retire pour délibérer sur l'application de la peine.

En entendant prononcer sa condamnation à mort, Ravachol dit :

« — Je salue ma condamnation au cri de : « Vive l'anarchie! »

L'ancien faux-monnayeur a écouté en souriant et avec un calme absolu le verdict et l'arrêt de la cour.

L'audience est levée à trois heures et demie.

Enfin on faisait suivre ce compte rendu des quelques renseignements suivants :

LES EXPLOITS DE RAVACHOL

Le juge d'instruction avait longuement conféré avec le préfet de police.

APRÈS LE PROCÈS

Ravachol a déclaré à son défenseur qu'il ne se pourvoirait pas en cassation et qu'il ne signerait pas davantage son recours en grâce.

Puis il lui a remis le texte d'une déclaration qu'il voulait faire à la suite de l'exposé de ses doctrines et dont le président des assises l'a empêché de donner lecture :

La voici avec son orthographe que nous respectons scrupuleusement :

« Je souhaite que les jurés qui, en me condamnant à mort, viennent de jeter dans le désespoir ceux qui m'ont conservé leur affection, portent sur leur conscience le souvenir de leur sentence avec autant de légèreté et de courage que moi j'apporterai ma tête sous le couteau de la guillotine.

« *Signé* : KŒNINGSTEIN-RAVACHOL. »

Dès son arrivée à la prison après sa condamnation, les gardiens l'ont revêtu de la camisole de force pour empêcher toute tentative de suicide de sa part.

Le condamné affecte l'indifférence la plus grande.

Son frère et sa sœur viennent d'écrire au sous-préfet pour lui demander l'autorisation de le visiter dans sa cellule avant leur départ pour Givors.

La surveillance la plus étroite est toujours exercée autour de la prison, où des sentinelles montent la garde jour et nuit.

Chaumentin et sa femme partiront ce soir pour Saint-Étienne.

Coïncidence curieuse, Ravachol a été condamné à mort le jour anniversaire de la découverte du crime de Chambles.

Ce soir, le frère et la sœur de Ravachol ont obtenu l'autorisation de voir leur frère dans sa cellule.

Ce dernier a paru heureux de leur visite.

Il leur a déclaré qu'il était fatigué de l'existence qu'il menait depuis son arrestation et qu'il se refusait à signer sa demande de pourvoi.

Il a chargé ses parents, avant de se séparer d'eux, de donner le bonjour à divers de ses amis, notamment à Chaumentin, à qui, a-t-il dit, il n'en veut pas du tout.

XXI

BRUITS DIVERS

Le crime de Chambles jugé, l'ancien faux-monnayeur condamné, l'opinion publique, semble-t-il, aurait dû ne plus se préoccuper de cette affaire.

Mais il n'en fut pas ainsi.

Dès le lendemain de la condamnation plusieurs journaux publièrent un appel du parti anarchiste qui, disaient-ils, imprimé à Paris et tiré à trois cent mille exemplaires, avait dû être distribué la veille du procès à Saint-Étienne et à Montbrison.

Pour que cette histoire soit complète, nous allons reproduire ici cet appel à titre de document :

« Habitants de Montbrison !!!

« Ouvriers, camarades,

« La bourgeoisie veut commettre une ignominie de plus, et c'est dans la ville que vous habitez, dans l'endroit où chaque jour, exploités par vos patrons, vous travaillez sans nul repos pour engraisser ceux-là qui détiennent entre leurs mains les richesses qui devraient appartenir à tous, c'est à Montbrison que l'on veut accomplir le crime préparé discrètement depuis quelques semaines.

« Exploités de Montbrison !

« Un homme bon entre tous a voulu engager la lutte contre la société scélérate où nous souffrons.

« Plein d'énergie, plein de dévouement, cet homme n'a pas hésité à engager un combat où il pouvait succomber, mais qui profiterait à d'autres.

« Ravachol (vous devinez tous que c'est de lui que nous sommes venus vous parler) a pris la bourgeoisie à la gorge.

« Il a tué, il a volé, il a, dit-on, même violé une sépulture.

« Eh bien ! oui, il a fait tout cela ; mais demandez-vous, vous tous qui souffrez, ouvriers de l'usine, ouvriers des champs, demandez-vous, exploités de Montbrison, qui il a tué, qui il a volé, à qui appartenait la sépulture violée ; demandez-vous aussi à quoi a servi le produit de tous ces actes, et vous saurez choisir entre les juges et l'accusé.

« Ravachol a-t-il frappé un malheureux?

« Non, c'est un riche qu'il a tué en frappant l'ermite des Chambles, cet homme qui abusait de la crédulité publique pour amasser un trésor dans son antre.

« A qui appartenait la sépulture violée? à une pauvresse, à une pauvre fille tuée par l'anémie pour avoir respiré l'air malsain des bagnes patronaux?

« Non! à une marquise ce tombeau! à une marquise que l'on enterre avec des monceaux de bijoux qui pourraient sauver la vie à des quantités de misérables, et que Ravachol va chercher pour donner, pour donner, vous entendez bien, à des misérables qui n'ont rien pour se vêtir, rien pour manger.

« Et c'est cet homme que l'on emprisonne, c'est ce dévoué aux humbles que demain l'on va juger et condamner devant le tribunal de votre ville, espérant bien le livrer au couteau de la guillotine quelques jours plus tard.

« Ouvriers de Montbrison!

« Vous ne voudrez pas, sans protester, laisser commettre cette indignité devant vous.

« Si demain nous allons vous trouver; si demain dans les rues de votre cité retentit un cri :

« — Aux armes! »

« Si nous essayons d'arracher par la force, à la bourgeoisie, sa victime, nous croyons être certains de pouvoir compter sur vous.

« Camarades, l'heure de la bataille va bientôt venir.

« Lorsqu'elle sonnera, soyons prêts.

« Le groupe de propagande anarchiste,

« LES AMIS DE RAVACHOL. »

Puis, à peu de temps de là, c'était encore un nouveau bruit qui courait, le bruit de l'assassinat de Lhérot et de Chaumentin.

« Après les attentats qui ont épouvanté Paris, écrivaient à ce propos les journaux, les explosions du boulevard Saint-Germain, de la rue de Clichy et du boulevard Magenta, où les malheureux Véry et Hamonod ont été tués, la population ressentait une expression d'angoisse.

Est-ce que ces crimes allaient se reproduire?

L'apaisement s'est fait dans les esprits; plus d'explosions de dynamite; d'anarchistes, c'est à peine si l'on en entendait parler maintenant.

Mais hier, tout à coup, sans qu'on pût arriver à savoir d'où partait la nouvelle, des gens, se disant bien informés, racontaient sur les boulevards, dans les cercles, que les compagnons, en apprenant la condamnation à mort de Ravachol, avaient frappé un grand coup : ils avaient assassiné celui qui l'avait fait arrêter, le garçon de chez Véry, Jules Lhérot, qui avait disparu de Paris.

Il avait été poignardé par un des amis de Ravachol, par un des auteurs de l'explosion du boulevard Magenta.

— Où ce crime a-t-il été commis ? demandait-on.

L'un disait à Melun.

Un autre à Orléans.

Un troisième déclarait que ce n'était pas Lhérot qui avait été assasiné, mais Chaumentin.

Au sortir de l'audience, à Montbrison, bien qu'accompagné par deux gendarmes, il avait été frappé d'un coup de poignard entre les deux épaules.

L'assassin avait pris la fuite et Chaumentin était mort à l'infirmerie de la prison où l'avaient transporté les deux gendarmes.

Les personnes bien informées qui colportaient ces nouvelles fantaisistes les tenaient toutes de sources autorisées, naturellement.

En effet, au ministère de l'Intérieur, au parquet, à la préfecture de police, où nous nous sommes présentés pour contrôler ces racontars, on prétend ne pas savoir ce que cela signifie.

Ni Lhérot ni Chaumentin n'avaient été poignardés.

Alors, qu'est-ce qui avait pu donner naissance à ces histoires de brigands?

Probablement ceci :

Hier, dans l'après-midi, MM. Atthalin, juge d'instruction, et Fédée, officier de paix des brigades politiques, se sont rendus chez le préfet de police et ont longuement et mystérieusement causé avec lui.

M. Cavard, chef-adjoint de cabinet, assistait à la conférence.

Lorsqu'elle a été terminée, le magistrat, le préfet de police et son adjoint paraissaient fort préoccupés.

C'est tout pour le moment. »

Et le lendemain, les mêmes journaux donnaient les renseignements complémentaires suivants :

« Nous avons dit hier les étranges histoires colportées vendredi soir dans Paris : l'assassinat de Jules Lhérot selon les uns, celui de Chaumentin d'après d'autres.

« Tout ceci était de pure imagination.

« Cependant ces racontars étaient motivés par un fait précis.

« Un agent politique a dénoncé un nouveau complot anarchiste et... les auteurs de l'attentat commis chez Véry.

« Y avait-il lieu de tenir compte de cette dénonciation dont bien des parties semblaient de fantaisie ?

« C'est pour décider de ce point que MM. Atthalin, Lozé et leurs subordonnés se sont réunis avant-hier soir.

« Après un long conciliabule, il a été décidé qu'on agirait, que les révélations faites seraient tenues pour exactes.

« Des mandats ont été lancés non seulement contre les personnes désignées, mais encore contre d'autres individus soupçonnés d'être complices de l'explosion du restaurant Véry.

« Tous les hommes disponibles de la brigade politique de M. Fédée, officier de paix, ont été mobilisés et se sont mis en campagne, munis de renseignements fournis par l'indicateur, de photographies de plusieurs des anarchistes soupçonnés et qu'on a retrouvées au service de M. Bertillon.

« Hier soir, à minuit, on n'avait pas encore le résultat de cette battue de grand ensemble.

« A la préfecture de police, on la démentait même. Nous n'en persistons pas moins à affirmer que, dans ses grandes lignes au moins, notre information est exacte.

« Au dernier moment, on nous annonce que plusieurs arrestations auraient été opérées.

« A-t-on les véritables coupables ? Jusqu'ici, les arrestations en bloc ont été peu heureuses, il faut bien se l'avouer. — Enfin, nous verrons. »

Tels étaient donc les différents bruits qui couraient, tandis que Ravachol attendait là-bas, dans sa cellule de Montbrison, l'heure de l'expiation.

XXII

LA VEILLE DE L'EXÉCUTION

Et maintenant cette heure terrible approchait.

On touchait au dénouement.

Déjà on annonçait que le dossier de Ravachol était parvenu au ministère de la Justice accompagné d'un rapport concluant à l'exécution du condamné.

« C'est mercredi prochain, disait-on, c'est-à-dire demain, que la commission des grâces, convoquée tout spécialement, examinera d'office la question de savoir s'il y a lieu d'appeler sur Ravachol la clémence présidentielle.

« D'ores et déjà, l'on peut être assuré que la solution sera négative et qu'à l'unanimité les membres de la commission, tous fonctionnaires de la grande chancellerie, se prononceront pour l'expiation.

« Aussitôt après, c'est-à-dire jeudi matin, le dossier sera communiqué à M. le Président de la République, dont on connaîtra vraisemblablement la décision deux jours après.

« Ajoutons, à ce propos, que cette décision est toujours conforme à celle prise par la commission.

« C'est une règle absolue que s'est imposée M. Carnot.

« Samedi, le sort de Ravachol sera donc fixé et il ne serait point étonnant que l'exécution eût lieu dans les premiers jours de la semaine prochaine.

« C'est du moins ce que l'on pense généralement dans le monde judiciaire.

« Ajoutons que Mᵉ Lagasse n'a pas encore reçu de réponse de la demande d'audience adressée par lui au chef de l'État. »

L'exécution de l'ancien faux-monnayeur était donc imminente.

Aussi, à partir de ce moment, on ne s'entretient plus d'autre chose et les nouvelles ne cessent de succéder aux nouvelles.

Avant d'aller plus loin et de retrouver l'assassin de l'ermite de Chambles dans sa cellule, il nous faut donc les résumer ici.

C'est d'abord le *Petit Journal* qui dit :

« Nous croyons savoir que l'exécution de Ravachol aura lieu vendredi ou samedi, plutôt samedi.

« Il est probable que M. Deibler, qui se trouve actuellement à Valence, où il doit procéder aujourd'hui à l'exécution de Mathias Hadell, ne rentrera pas à Paris avec les bois de justice.

« Il se rendra directement à Montbrison.

« Afin de déjouer toute tentative des anarchistes, l'exécution n'aurait pas lieu comme d'habitude sur la place principale de Montbrison, devant l'hôtel de la Poste, mais à un petit carrefour qui se trouve entre le palais de justice, la prison et la gendarmerie.

« On ne peut accéder à ce carrefour que par un véritable calvaire très facile à garder.

« De plus les bâtiments et les murs qui l'entourent forment une barrière infranchissable qui rendrait tout coup de main impossible. »

Dans un autre numéro, le même journal ajoute :

« L'exécution de Ravachol semble imminente.

« Elle aura probablement lieu demain lundi.

« Les plus minutieuses précautions ont été prises pour que cette nouvelle ne soit point ébruitée.

« Nous savons pourtant de bonne source que les bois de justice ont été expédiés à 5 heures de l'après-midi à la gare Montparnasse.

Ils ont été chargés sur un de ces wagons spéciaux qu'on appelle plateaux, et ils étaient couverts de l'étiquette *Montbrison*.

« Cette inscription ne laissait subsister aucun doute sur leur véritable destination.

« Le wagon portant les bois de justice est passé par Chartres, Orléans, et il a bifurqué ensuite par Vierzon et Gannat vers Montbrison.

« M. Deibler n'est point parti par la gare Montparnasse.

« Pourtant sa présence, dans le train quittant Paris à 5 heures, était signalée dès Rambouillet.

« Il s'est donc embarqué à une station située entre cette ville et Paris.

« En faisant prendre aux bois de justice cette voie détournée, on cherchait évidemment à dépister la curiosité publique.

« C'est ainsi que le bruit avait tout d'abord couru que M. Deibler et

LES EXPLOITS DE RAVACHOL

Berthaud avait assassiné son grand-père et la servante de son aïeul.

ses aides étaient partis pour Rennes dans le but de procéder demain à l'exécution de Communal, condamné à mort par la cour d'assises d'Ille-et-Vilaine le 11 mai dernier. »

De son côté, l'*Intransigeant* publiait les dépêches suivantes :

« Montbrison, 6 juillet, 10 h. du matin.

« Cette nuit, Montbrison a été sur le qui-vive.

« L'exécution de Ravachol paraissait certaine pour le lever du soleil.

« Durant toute la journée, des dépêches chiffrées avaient été échangées entre Montbrison et Valence.

« Le parquet et M. Deibler, le sous-préfet et le préfet de la Loire, les magistrats savaient qu'ils seraient officiellement prévenus à la dernière heure, et ils étaient très anxieux.

« M. Cabannes, procureur de la République, et M. Pradier, substitut, se promenaient sur le quai de la gare à l'arrivée des trains du soir; mais trois agents de la sûreté de Lyon ont seuls débarqué.

« Le bruit courait que M. Deibler et le fourgon s'étaient arrêtés à Champdieu, gare voisine, de sorte qu'on surveillait le chemin venant de cette localité.

« Ni commissaire, ni magistrats, ni officiers ne se sont couchés, et à trois heures du matin on voyait encore des lumières nombreuses aux fenêtres des Montbrisonais.

« L'alerte était fausse, et pendant ce temps Ravachol dormait avec le calme qui ne l'a pas abandonné, troublé seulement par les cris de : « Sentinelle, prenez garde à vous ! » et de : « Passez au large ! » poussés par les factionnaires, qui ont ordre de faire feu à la moindre tentative suspecte. »

« Valence, 6 juillet, midi.

« Les bois de justice sont toujours à Valence. »

« Montbrison, 6 juillet, 5 h. soir.

« M. Dietz, commissaire spécial à la gare Saint-Lazare, qui, d'accord avec les autorités de Montbrison, avait organisé la surveillance depuis le transport de Ravachol dans cette ville, est arrivé ce matin, venant de Paris.

« Il était accompagné de M. Moreau, son adjoint... »

Puis, le 9 juillet, l'*Intransigeant* disait encore :

« Les bois de justice qui, de Valence, étaient revenus à Paris, n'y seront pas restés longtemps.

« Le voyage qu'on leur a fait faire n'avait qu'un but : cacher jusqu'au dernier moment l'exécution de Ravachol.

« Malgré les notes officieuses annonçant que l'assassin de l'ermite de Chambles ne serait pas exécuté avant plusieurs jours, il est presque certain que demain Ravachol aura subi sa peine.

« Les bois de justice sont, en effet, partis hier de Paris.

« Afin de mieux dépister la curiosité, une voiture les a amenés à la gare Montparnasse, où ils ont été immédiatement placés dans un fourgon qui a été attaché en queue du train n° 13, en partance pour Angers.

« Un employé du ministère de la Justice a présidé à l'embarquement.

« Au lieu de suivre le train d'Angers, le fourgon a été relié, à la gare de Lyon-Ceinture, à un train allant directement à Montbrison, et à quatre heures et demie tout était parti.

« On voit que les plus grandes précautions ont été prises pour éviter toute indiscrétion.

« Ce qui, d'ailleurs, ne nous a pas empêchés d'être immédiatement informés. »

Et tout de suite après ces lignes, l'*Intransigeant* donnait les renseignements suivants, qui lui étaient adressés par son envoyé spécial :

« Montbrison, 9 juillet.

« J'ai eu, la nuit dernière, la curiosité de faire un tour aux abords de la prison.

« Les précautions prises sont encore plus grandes que pendant le jour.

« A chaque pas on se heurte à des sentinelles qui vous ordonnent de prendre le large ; les appels se croisent et se répondent sans cesse ; dans la demi-obscurité des pâles réverbères, l'impression est saisissante.

« Aujourd'hui, jour de marché, la ville a revêtu une animation inaccoutumée.

« De toutes les petites localités des environs, les paysans sont accourus en nombre d'autant plus grand qu'hier le bruit s'était répandu que les bois de justice étaient arrivés à Montrond et que Ravachol serait guillotiné ce matin.

« Tous les hôtels sont bondés de voyageurs qui, ce soir, s'en retourneront chez eux fort déçus.

« On prépare à la caserne des logements pour les dragons dont l'arrivée est imminente.

« On me confirme que l'exécution aura lieu lundi matin, place de la Préfecture.

« Dans sa cellule, Ravachol continue à ne se douter de rien ou du moins à témoigner la même impassibilité, la même indifférence ; il a passé la journée à écrire.

« Le Parquet croit qu'il prépare un discours, sorte de testament public qu'il espère avoir le temps de lire au pied de la guillotine, comme il comptait bien lire son plaidoyer à la cour d'assises ; mais cet espoir sera déçu, cette fois comme l'autre, n'en doutez pas. »

Enfin, la veille de l'exécution de l'ancien faux-monnayeur, le journal que nous venons de citer publiait encore ces derniers détails si intéressants :

« Nous avions bien raison de dire, hier matin, malgré les dépêches des agences et les commérages plus ou moins officieux adressés aux journaux, que c'était bien pour Montbrison et non pour Rennes qu'était parti Deibler.

« Voici, en effet, les dépêches que notre correspondant de Montbrison nous a envoyées hier soir :

L'HEURE DE L'EXPIATION

« Montbrison, 10 juillet, 6 heures soir.

« Demain, aux premières lueurs du jour, l'homme qui a rempli l'Europe du bruit de ses sinistres exploits portera sa tête sur l'échafaud.

« La nouvelle s'en est répandue dans l'après-midi à Montbrison où on l'a accueillie tout d'abord avec une défiance que justifiaient les alertes répétées de ces jours derniers, et l'on ne s'est rendu à l'évidence que lorsque M. Deibler a traversé notre ville, à cinq heures et demie, se dirigeant vers le palais de justice, où il a été immédiatement reçu par M. Cabannes, procureur de la République.

« Parti de Paris hier soir, le bourreau, que l'on avait fait mettre en route pour Rennes, afin de dépister du même coup les curieux et les anarchistes, a pris, avec ses aides et sa machine, la direction d'Orléans, et, passant par Vierzon et Montluçon, Gannat, Clermont-Ferrand et Thiers, il arrivait en gare de Montbrison ce soir, à 5 heures 10.

« A dire vrai, il était temps d'en finir, aussi bien pour Ravachol, qui avait, à maintes reprises, manifesté le désir qu'on lui abrégeât les angoisses du cachot, que pour les magistrats et les agents de la force publique que la présence de l'anarchiste-assassin de notre ville avait mis depuis un mois sur les dents.

« Gendarmes et soldats, notamment, étaient exténués par un service écrasant de gardes, d'embuscades, de patrouilles et de rondes.

LE LIEU DE L'EXÉCUTION

« L'emplacement où sera dressée la guillotine n'est pas encore désigné à l'heure où je vous télégraphie, mais il est probable qu'on s'arrêtera en dernière analyse à une sorte de terrain vague sur lequel s'ouvre la porte principale de la maison d'arrêt, et qui est pompeusement décoré du nom de place des Prisons.

« Une équipe de terrassiers a travaillé ce matin à niveler les bosselures de cette place, grande de quelques mètres carrés seulement, qui s'étage inaccessible tout en haut des vieilles murailles, enceinte de Montbrison, et où il sera fort difficile de loger une centaine de personnes.

« 7 heures 1/2 soir.

« M. Deibler vient de prendre congé du procureur de la République.
« Il a quitté le Palais par une porte détournée et, après avoir jeté un

rapide coup d'œil sur la place des Prisons, il est allé retenir son logement et celui de ses aides à l'hôtel de la Tête, situé en face de la caserne.

« Il n'y est d'ailleurs pas un inconnu, car c'est là qu'il descendit, le 15 août 1884, la veille de l'exécution de Paul Berthaut, un jeune homme de vingt-quatre ans, neveu d'un ancien conseiller à la cour d'appel de Lyon, qui avait assassiné, à Feurs, son grand-père et la servante de son aïeul.

« Le parricide fut exécuté sur la place Saint-Jean, lieu habituel des exécutions capitales.

« On dérogera pour Ravachol à cette tradition.

« La personnalité du condamné, et l'effervescence voulue de ses amis, l'exigent.

CURIOSITÉ DÉÇUE

« 8 heures soir ».

« Je reviens de la gare, où de nombreux curieux se sont portés dès six heures pour s'offrir le spectacle du wagon qui accompagnait M. Deibler.

« Inutile de dire qu'ils en ont été pour leurs frais de dérangement, la lugubre machine étant soigneusement recouverte d'une bâche qui ne laisse deviner ni ses contours ni son objet.

« Un détachement d'infanterie a du reste pris position dans la cour extérieure de la station, pour tenir à distance les plus impatients.

« Ceux-ci peuvent s'attendre au surplus à se heurter à des cordons de troupes partout où la curiosité attirera le public.

« A partir de dix heures, personne ne sera admis à franchir le cordon de factionnaires qui enserrent le Palais et la prison.

« Les ordres les plus rigoureux viennent d'être donnés à cet égard et, pour aider à leur exécution, cent cinquante cavaliers du 30ᵉ dragons arriveront tout à l'heure à Saint-Étienne.

RAVACHOL ET L'AUMONIER

« 8 heures 1/2 soir.

« Vers sept heures, M. l'abbé Claret, aumônier de la prison, s'est rendu au greffe de la geôle et a fait demander à Ravachol si un entretien de quelques instants lui agréerait.

« Le condamné a répondu par une fin de non recevoir, déclarant que si les précédentes visites du prêtre lui avaient apporté d'incontestables distractions, il se voyait néanmoins obligé de rompre avec ces relations naissantes pour dissiper les soupçons des anarchistes ses amis.

« Aussi peut-on s'attendre à des protestations déclamatoires de sa part lorsque, dans quelques heures, l'abbé Claret, obéissant à de généreux scrupules, lui offrira les suprêmes consolations de son ministère.

LES CRAINTES DE M. DEIBLER

« Me Lafay, bâtonnier du barreau de Montbrison, délégué par Me Lagasse, après l'arrêt de la cour d'assises, pour assister le prisonnier, a prévenu M. le procureur de la République de son intention de se trouver aux côtés du patient pendant les sinistres apprêts du supplice.

« Quant à M. Deibler, il demande que l'on réquisitionne une voiture pour ses transports à la gare et au lieu de l'exécution, invoquant sa claudication, ce qui est fort naturel, et le souci de sa sécurité, ce qui est plaisant étant donné le formidable appareil de mesures d'ordre qui ne laissera passer à travers ses mailles aucun individu suspect.

« C'est merveille surtout de voir avec quelle discrétion et quelle sûreté de main opèrent les agents que M. Dietz, le commissaire spécial de la gare Saint-Lazare, a amenés ici avec lui depuis un mois.

PROPRIÉTAIRE RÉCALCITRANT

« 9 heures soir.

« Toujours la même incertitude sur l'emplacement de la guillotine.

« Il y a une heure c'était, ainsi que je vous l'ai télégraphié, la place des Prisons qui avait la préférence.

« Mais une difficulté vient d'être soulevée : le terrain est la propriété d'un particulier qui jette les hauts cris à l'idée que Ravachol sera chez lui.

« On va s'efforcer de ramener ce superstitieux à la raison, à défaut de quoi on passera outre.

« Nulle part, en effet, la surveillance ne sera plus aisée qu'en cet endroit, et le public, je n'ose pas dire la foule, puisque nous sommes à Montbrison, tenu plus facilement à l'écart.

« Par contre le cachot de Ravachol ayant jour sur le chemin qui accède à cette place des Prisons, il est à prévoir que le condamné va être tenu en éveil par les bruits du dehors, les allées et venues des soldats, les pas des chevaux et les appels des agents.

« De sa cellule, il pourra même entendre distinctement le bruit des maillets pendant le montage de la guillotine.

CHOIX DÉFINITIF

« 11 heures soir.

« On vient, après mille tergiversations, d'arrêter l'emplacement de la guillotine.

« Les places Saint-Jean, de la Sous-Préfecture et des Prisons ont été successivement biffées des plans où se promenait le crayon rouge de M. Dietz, et l'on s'est décidé pour un carrefour situé à l'angle sud-est du palais de Justice, à cinquante mètres de la grande porte de la prison.

« Deux terrassiers armés de pioches et de pelles viennent d'arriver et travaillent en silence à égaliser le sol.

« Le spectacle, sinistre s'il en fût, se déroule au milieu d'un décor pénétrant que la lune éclaire de sa lueur blafarde.

« Mᵉ Lafary, qui vient d'arriver, déclare qu'en élevant la guillotine sur ce carrefour on ne satisfait pas à l'arrêt de la cour d'assises qui ordonne que l'exécution ait lieu sur une des places publiques de Montbrison. »

LES EXPLOITS DE RAVACHOL

Ce qu'il revoyait aussi, c'était sa vie errante dans les environs de Saint-Étienne.

XXIII

LES DERNIÈRES HEURES DE RAVACHOL

Dans un de ses chefs-d'œuvre : *Le Dernier Jour d'un condamné*, Victor Hugo a écrit les lignes suivantes.

Il s'agit du départ d'un convoi de forçats auquel assiste son héros, Claude Gueux, et Claude Gueux traduit ainsi ses impressions :

« J'ai vu ces jours passés une chose hideuse.

« Midi sonna.

« Une grande porte cochère, cachée dans un enfoncement, s'ouvrit brusquement.

« Une charrette, escortée d'espèces de soldats sales et honteux, en uniformes bleus, à épaulettes rouges et à bandoulières jaunes, entra lourdement dans la cour avec un bruit de ferraille : c'étaient la chiourme et les chaînes.

« Au même instant, les spectateurs des fenêtres, comme si ce bruit réveillait tout le bruit de la prison, les spectateurs des fenêtres, jusqu'alors silencieux et immobiles, éclatèrent en cris de joie, en chansons, en menaces, en imprécations mêlées d'éclats de rire poignants à entendre : on eût cru voir des masques de démons.

« Sur chaque visage parut une grimace ; tous les poings sortirent des barreaux, toutes les voix hurlèrent, tous les yeux flamboyèrent, et je fus épouvanté de voir tant d'étincelles reparaître dans cette cendre.

« Cependant, les argousins se mirent tranquillement à leur besogne.

« L'un d'eux monta sur la charrette et jeta à ses camarades les chaînes, les colliers de voyage et les liasses de pantalons de toile.

« Alors, ils se dépecèrent le travail.

« Les uns allèrent étendre dans un coin de la cour les longues chaînes qu'ils nommaient dans leur argot les *ficelles*.

« Les autres déployèrent sur le pavé les *taffetas*, les chemises et les pantalons, tandis que les plus sagaces examinaient, sous l'œil de leur capitaine, petit vieillard trapu, les carcans de fer qu'ils éprouvaient ensuite en les faisant étinceler sur le pavé.

« Le tout, aux acclamations railleuses des prisonniers, dont la voix n'était dominée que par les rires bruyants des forçats pour qui cela se préparait, et qu'on voyait relégués aux croisées de la vieille prison qui donne sur la petite cour.

« Un moment après, voilà que deux ou trois portes basses vomirent, presque en même temps et comme par bouffées, dans la cour, des nuées d'hommes hideux, hurlants et déguenillés : c'étaient les forçats.

« A leur entrée, redoublement de joie aux fenêtres ; quelques-uns d'entre eux, les grands noms du bagne, furent salués d'acclamations et d'applaudissements qu'ils recevaient avec une modestie fière.

« Quand ils eurent les habits de route, on les mena par bandes de vingt ou trente à l'autre coin du préau, où les cordons allongés à terre les attendaient.

« Ces cordons sont de longues et fortes chaînes coupées transversalement, de deux pieds en deux pieds, par d'autres chaînes plus courtes, à l'extrémité desquelles se rattache un carcan, qui s'ouvre au moyen d'une charnière pratiquée à l'un des angles et se ferme à l'angle opposé par un boulon de fer, rivé, pour tout le voyage, sur le cou du galérien.

« On fit asseoir les forçats dans la boue, sur les pavés.

« On leur essaya les colliers.

« Puis, deux forgerons de la chiourme, armés d'enclumes portatives, les leur rivèrent à froid, à grands coups de masse de fer.

« C'est un moment affreux où les plus hardis pâlissent; chaque coup de marteau, asséné sur l'enclume appuyée à leur dos, fait rebondir le menton du patient; le moindre mouvement d'avant en arrière lui ferait sauter le crâne comme une coquille de noix.

« Après cette opération, ils devinrent sombres.

« On n'entendait plus que le grelottement des chaînes, et, par intervalles, un cri et le bruit sourd du bâton des gardes-chiourme sur les membres des récalcitrants.

« Il y en eut qui pleurèrent ; les vieux frissonnaient et se mordaient les lèvres.

« Je regardais avec terreur tous ces profils sinistres dans leurs cadres de fer...

« Un grand bruit me réveilla, il faisait petit jour.

« Ce bruit venait de dehors.

« Mon lit était à côté de la fenêtre, je me levai sur mon séant pour voir ce que c'était.

« La fenêtre donnait sur la grande cour de Bicêtre.

« Cette cour était pleine de monde.

« Deux haies de vétérans avaient peine à maintenir libre au milieu de cette foule, un étroit chemin qui traversait la cour.

« Entre ce double rang de soldats, cheminaient lentement, cahotées à chaque pas, cinq longues charrettes chargées d'hommes; c'étaient les forçats qui partaient.

« Les charrettes étaient découvertes; chaque cordon en occupait une.

« Les forçats étaient assis de côté sur chacun des bords, adossés les uns aux autres, séparés par la chaîne commune qui se développait dans la longueur du chariot, et sur l'extrémité de laquelle un argousin debout, fusil chargé, tenait le pied.

« On entendait bruire leurs pas, et à chaque secousse de la voiture, on voyait sauter leurs têtes et ballotter leur jambes pendantes.

« Il s'était établi, entre la foule et les charrettes, je ne sais quel horrible dialogue, injures d'un côté, bravades de l'autre, imprécations de toutes parts.

« Mais, à un signe du capitaine, je vis les coups de bâtons pleuvoir au hasard dans les charrettes, sur les épaules ou sur les têtes, et tout rentra dans cette espèce de calme extérieur, que l'on appelle l'ordre.

« Les charrettes, escortées de gendarmes à cheval et d'argousins à pied, disparurent successivement sous la haute porte cintrée de Bicêtre; on entendit s'affaiblir par degrés dans l'air le bruit lourd des roues et des pieds des chevaux sur la route pavée de Fontainebleau. Le claquement des fouets, le cliquetis des chaînes, et les hurlements du peuple, qui souhaitait malheur au voyage des galériens... »

Ces lignes-là, l'assassin de l'ermite de Chambles, autrefois, les avait lues, et bien que ces mœurs barbares n'existent plus depuis longtemps il ne lui en était pas moins resté comme une épouvante du bagne, comme une terreur de l'existence du forçat.

Aussi n'avait-il pas menti quand à plusieurs reprises, il avait déclaré qu'il préférait porter sa tête sur l'échafaud, que d'aller là-bas pourrir pour le restant de ses jours à la Nouvelle.

— Ce n'est jamais qu'un mauvais moment à passer, disait-il, parfois, avec un sourire ironique.

Cependant à mesure que les jours s'écoulaient, c'est-à-dire à mesure que l'heure de l'expiation devenait de plus en plus proche, les gardiens qui ne quittaient pas une seconde l'ancien faux-monnayeur, croyaient le voir devenir plus sombre, plus inquiet.

Lui, qui pendant les premiers temps qui avaient suivi sa condamnation, s'était toujours montré si bavard, presque si gai, il restait à présent des heures entières sans desserrer les dents.

Les bras croisés, le regard fixe, il songeait, il réfléchissait. A quoi ?

Quelles étaient les sinistres pensées qui alors l'assaillaient ?

Était-ce le remords de ses crimes ?

Était-ce l'appréhension du supplice ?

Était-ce le regret d'être condamné à mourir si jeune, à trente-deux ans ?

On l'aurait interrogé qu'il n'aurait pas répondu, mais peut-être y avait-il un peu de tout cela dans les sombres préoccupations de Ravachol.

Aussi sortait-il toujours très pâle, tout défait de ces longues méditations.

Et, brusquement, il se levait, se mettait à arpenter d'un pas fiévreux sa cellule.

Depuis quelques jours, il ne dormait plus d'un sommeil aussi calme, aussi tranquille, et il lui arrivait très souvent de se réveiller en sursaut, l'œil hagard, l'air tout effaré.

Alors, à demi soulevé, il prêtait l'oreille, semblait écouter.

Mais Montbrison dormait.

Mais aucun bruit n'arrivait dans la prison.

Il respirait alors longuement, bruyamment, comme s'il avait eu sur la poitrine un poids énorme qui l'étouffait, puis enfin ses yeux se refermaient et il semblait se rendormir.

D'autres fois il avait des rêves terribles, des rêves qui le faisaient parler tout haut et dont il sortait tout brisé, tout anéanti.

Tantôt ce qu'il revoyait, ce qui passait encore devant ses yeux, c'était, là-bas, le vieil ermitage de Chambles.

La scène sanglante, la scène tragique qui s'était déroulée là-bas lui revenait alors avec une netteté étrange, saisissante, jusque dans ses moindres phases, jusque dans ses moindres détails.

C'était d'abord son arrivée là-haut dans la montagne, là-haut devant la grotte où il guettait, où il épiait le moment de bondir, le moment de sauter à la gorge de l'ermite.

Puis, c'était ensuite le vieillard terrassé, le vieillard râlant et expirant sous ses coups.

Tantôt, ce qu'il revoyait aussi, toujours avec la même netteté, c'étaient ses diverses évasions, sa vie errante dans les bois de Rochetaillée et dans les environs de Saint-Étienne, puis, la nuit terrible qui mettait encore une sueur à son front, la nuit effrayante où il avait escaladé le mur du cimetière de Saint-Jean-Bonnefonds...

Oh! cette nuit-là, comme elle hantait encore Ravachol dans son sommeil plein de fièvre! comme il la revoyait! comme il la revivait!

La pluie qui tombait, le tonnerre qui grondait à mesure qu'il se glissait dans l'asile des morts, il les entendait encore. Il voyait encore luire les sinistres éclairs qui lui avaient montré sa route. Et la pierre tombale enlevée, les planches de cercueil arrachées, la morte surgissant devant lui, la morte qu'il fouillait, qu'il palpait pour la voler, comme tout cela aussi ressuscitait devant ses yeux!...

Et dans ce sommeil si lourd et si plein de cauchemars, tous ses souvenirs se pressaient, lui revenaient, les plus insignifiants comme les plus terribles.

Il se voyait fuyant enfin de Saint-Étienne et se retrouvant à Saint-Denis, chez Chaumentin, cet ancien ami, qui devant la cour d'assises, s'était fait son accusateur.

Il assistait encore à l'explosion du boulevard Saint-Germain, puis, quelques jours plus tard, à l'autre, à celle de la rue de Clichy.

Et, dans son rêve tragique, tout à coup il tressaillait, le front inondé d'une sueur plus froide.

Il se retrouvait alors au restaurant Véry et il assistait une fois de plus à son arrestation, à sa lutte pleine de folie, pleine de désespoir contre les agents.

Une nuit, comme il faisait encore un de ces rêves lugubres, tout à coup Ravachol s'éveilla.

C'était précisément pour lui la dernière nuit, la nuit suprême, la nuit qui ne devait pas avoir de lendemain.

Dressé sur son séant, il écouta encore pendant quelques secondes les bruits qui pouvaient lui parvenir de la rue.

Cette fois, ce n'était plus dans Montbrison le même silence profond, et des rumeurs confuses, des rumeurs lointaines se faisaient entendre.

D'un bond il se trouva debout.

Il courut vers la fenêtre, l'étroite fenêtre garnie d'énormes barreaux de fer, et il écouta.

Les gardiens semblaient dormir, mais ils ne perdaient pas un de ses gestes, pas un de ses mouvements.

Il les avait d'abord regardés, puis, brusquement, il les interpella.

— C'est pour aujourd'hui, n'est-ce pas? dit-il; c'est pour ce matin.

Et comme les gardiens avaient l'air de ne pas l'avoir entendu, il ajouta, plus lentement et plus bas :

— Oui, c'est pour ce matin... La ville ne dort pas... On doit dresser l'échafaud!...

Puis comme les hommes qui veillaient sur lui feignaient de ne rien entendre et essayaient de le rassurer, il eut un haussement d'épaules, un sourire froidement dédaigneux :

— Oh! ne mentez pas! dit-il... Oui, dans quelques heures, le bourreau entrera ici... Mais regardez-moi.. Est-ce que je tremble? est-ce que j'ai peur?

Il eut encore un sourire, puis il dit entre ses dents :

— Enfin, je vais donc en avoir fini!...

Et, avec un incroyable sang-froid, il se jeta de nouveau sur son lit où il se rendormit.

A ce moment-là, en effet, Deibler et ses aides étaient en train de dresser l'échafaud.

XXIV

L'EXÉCUTION

Ainsi que l'on vient de le voir, c'était donc le carrefour situé au sud-est du Palais de Justice qui avait été choisi comme lieu de l'exécution de Ravachol.

A deux heures et demie, le fourgon qui porte les bois de justice gravit, attelé de deux forts chevaux et poussé par une escouade de soldats, la rue du Palais-de-Justice.

C'est dans le silence de la nuit un bruit infernal auquel ajoutent encore les conducteurs qui éprouvent le besoin de hurler pour arrêter leurs bêtes.

La voiture stoppe près de la caserne de gendarmerie ; on l'ouvre et l'opération du montage commence.

MONTAGE DE LA GUILLOTINE

Une demi-heure se passe à chercher le plan rigoureusement horizontal sur lequel doit s'asseoir la base de la machine.

C'est un va-et-vient de lanternes éclairant d'une lumière indécise Deibler et ses aides, qui ne cessent de recourir à leur niveau d'eau, et ne trouvent qu'à grand'peine l'assise de leur redoutable instrument.

Pendant ce temps, la foule grossit à vue d'œil, maintenue en arrière de l'entrée du Palais de Justice par un fort détachement du 16ᵉ de ligne.

L'accès, du côté des escaliers du séminaire, est gardé par un poste dont les factionnaires ont pour consigne de ne laisser passer personne, à l'exception des journalistes munis de cartes délivrées par le Parquet, et encore cette disposition spéciale n'avait-elle été rendue applicable qu'à partir de deux heures du matin.

De la cohue des Montbrisonnais entassés derrière les soldats s'élève une rumeur enfiévrée, coupée de loin en loin par des cris, par des appels et des éclats de rire aussi déplacés que possible.

A trois heures, au jour naissant, les deux montants et le chapeau de la guillotine se détachent en une sinistre silhouette.

Le couteau, extrait de son fourreau, est hissé au sommet de l'appareil, la planche à bascule mise en place, la lunette éprouvée dans son jeu de fermeture, le panier placé sur le flanc droit de la guillotine, prêt à recevoir le corps du supplicié.

A trois heures cinquante, le montage est terminé.

Deibler fait jouer par trois ou quatre fois le couteau, s'assure que la planche glisse bien dans ses rainures, jette un coup d'œil d'ensemble sur son œuvre et se dirige, accompagné de ses aides, vers la maison d'arrêt.

Il fait grand jour.

LES EXPLOITS DE RAVACHOL

Elle restait à sa fenêtre des journées entières, toute pensive.

LE RÉVEIL

Tandis que l'on procède au dehors aux derniers apprêts du supplice, MM. Cabanes, procureur de la République, Pradier-Fodéré et Béguin, substituts, Roux, directeur régional des prisons, et Faure, commis-greffier, pénètrent dans la cellule de Ravachol.

L'assassin de Jacques Brunel dort profondément.

On le réveille.

— L'heure fatale a sonné, lui dit M. Roux, il faut vous préparer à mourir.

— C'est bien! c'est bien! répond tranquillement Ravachol, qui se lève sur son séant, sans trahir d'autres impressions que celle d'une surprise dédaigneuse.

— Aurez-vous du courage? reprend M. Roux.

— Ah! pour ça, oui, fait le condamné. Ce serait trop malheureux si je n'en avais pas.

On veut l'aider à s'habiller, il refuse et revêt, sans le secours de qui que ce soit, les vêtements qu'il portait le jour de son arrestation chez l'infortuné Véry.

Le seul regret qu'il exprime à ce moment est de ne pouvoir prendre ses chaussettes que l'humidité du cachot a rétrécies.

Une fois debout et habillé, Ravachol reste un instant seul avec M. Cabanes, puis il est amené au greffe, où Deibler, qui vient de signer au registre d'écrou la prise de possession du condamné, s'empare de lui et procède, en quelques courts instants, à la toilette funèbre.

Comme on le ligotte des pieds à la tête, il trouve cette réflexion:

— Tiens, mais on se fait coquet aujourd'hui. On dirait qu'on va au bal.

— Avez-vous quelque désir à exprimer? lui demande M. Cabanes.

— Oui, je désirerais parler à la foule, mais comme on ne m'en laissera pas la faculté, je n'insiste pas.

On lui demande encore s'il veut s'entretenir avec un prêtre.

— Je n'ai pas besoin de prêtre. Je n'ai jamais eu de religion. C'est de la bêtise et les gens qui y croient sont des idiots.

M. l'abbé Claret, qui est là, veut essayer d'un suprême appel aux souvenirs de la première enfance et lui présente le Christ.

— Je m'en f... pas mal de votre Christ, riposte Ravachol en blasphémant ; je lui cracherais dessus.

« Votre religion est une sottise. Vous êtes de ceux qui entretiennent la superstition et veulent faire croire des choses qu'ils ne peuvent pas prouver.

Puis s'adressant aux aides du bourreau qui lui mettent les entraves :

— On voit que vous avez une grande habitude de votre métier, vous faites ça gentiment.

Les aides restent muets.

— Ah ! vous ne répondez pas, leur dit Ravachol, vous avez donc conscience de la sale besogne que vous faites.

« Ah ! vous pouvez vous dispenser de me serrer aussi fortement.

« Je ne veux pas m'envoler, croyez-le bien.

« Si l'on peut traiter un homme de cette façon, tout de même ; voilà le progrès, voilà la civilisation.

On ne répond toujours pas.

— Eh bien ! personne ne dit rien ! en avant la discussion. Je me sens bien disposé ce matin à discuter. Allons, qui en veut de la discussion ?

Encore et toujours le silence.

Le condamné déclare alors qu'il a soif.

On satisfait immédiatement à son désir en lui présentant un verre d'eau mélangé de vin qu'il boit d'un trait.

Le moment de marcher à l'échafaud est venu, Ravachol et son escorte quittent le greffe.

L'ARRIVÉE DE RAVACHOL

Quatre heures ont sonné depuis cinq minutes, lorsqu'on perçoit le roulement lointain du fourgon.

La foule, si bruyante il y a un instant, se tait.

Un calme relatif s'établit, interrompu seulement par les cris : « Le voilà ! le voilà ! »

La voiture avance au pas, l'instant est solennel.

A quelques mètres en avant marche Mᵉ Lafay, visiblement ému.

Un roulement de tambour : le fourgon vient de stopper, un peu en arrière de la guillotine.

On entend des chants, c'est Ravachol qui manifeste à sa façon.

Il tient à prouver qu'il n'a rien perdu de son invraisemblable sang-froid.

Deibler ouvre prestement les portes du véhicule, tandis que les deux aides font descendre le condamné.

Ravachol est débarqué à quatre-vingts centimètres de la sinistre machine; il est horriblement pâle ; la chemise, largement tailladée, laisse à découvert la moitié de la poitrine.

L'assassin de l'ermite n'a rien perdu de son assurance : la tête renversée en arrière, souriant, il toise la foule et le couperet.

Il sautille en marchant, et de sa bouche, contractée par un indéfinissable rictus, s'échappent d'ignobles imprécations :

>Pour être heureux,
>Nom de Dieu !
>Faut tuer les propriétaires ;
>Pour être heureux,
>Nom de Dieu !
>Faut couper les curés en deux.
>Pour être heureux,
>Nom de Dieu !
>Faut mettre le bon Dieu dans la m...

Toutes ces ignominies, Ravachol les chante à côté de l'aumônier attristé, qui a tenu à l'accompagner jusqu'au pied de l'échafaud.

Les aides saisissent Ravachol et le poussent vers la guillotine.

— Citoyens ! s'écrie-t-il.

On le renverse sur la bascule ; il fait des efforts pour résister.

— Mais laissez-moi parler, j'ai quelque chose à dire...

Déjà la lunette a enclavé le cou et Deibler est à son poste.

— Vive la Républ...

Ce cri sourd se confond avec le grincement du couperet qui, avec la dernière syllabe, vient de trancher l'existence de l'assassin dynamiteur.

Il est exactement quatre heures neuf minutes; il fait grand jour.

En moins de trois secondes la tête a rejoint le corps dans le panier.

Celui-ci est aussitôt hissé sur la voiture qui, escortée de gendarmes à cheval, se rend au trot au cimetière où Ravachol est inhumé.

Une heure après, la guillotine était démontée.

A cinq heures et demie, Deibler et ses aides reprenaient le chemin de la gare, et la ville recouvrait son calme habituel.

. . . .

Nous avons dit que, au moment où la tête de l'assassin de l'ermite de Chambles était tombée dans le panier, on avait entendu la syllabe « ique » sortir du cou tranché du supplicié.

Était-ce de la tête ?

Était-ce du tronc ?

C'est ce que le *Gaulois* avait cherché à savoir en consultant divers médecins.

Opinion du docteur Poirier, professeur à la Faculté :

« La section du cou est faite au-dessus des cordes vocales ou du larynx.

« Or, c'est du larynx que le son est émis.

« Il s'ensuit donc que, au moment précis où le couteau s'abat, la tête séparée du tronc où restent adhérentes les cordes vocales, ne peut continuer le son brusquement interrompu.

« Le son ne sort pas des lèvres, mais du larynx, et aucune émission de son ne peut sortir de celles-ci dès que le courant d'air est supprimé.

« Maintenant, il peut se faire que le tronc laisse entendre un son commencé avant la décollation.

« Dans ce cas, ce sera un son rauque, indistinct, et qui aurait commencé avant la décollation. Ce ne serait ainsi qu'un acte réflexe. »

Opinion du docteur Fauvel :

« Il n'y a rien d'invraisemblable, déclare l'éminent docteur Fauvel, dans ce fait que la tête de Ravachol aurait articulé, après la section du cou, un son d'ailleurs peu prolongé.

« Non seulement la section n'est pas faite au-dessus des cordes vocales, de sorte que la vibration de ces cordes peut continuer un instant après la décollation, mais encore le son poussé frappant la voûte du palais et s'échappant de ses lèvres, après avoir été produit par les cordes vocales, il y a encore un instant de raison durant lequel la bouche d'un décapité peut proférer un son rapide, mais perceptible. »

Opinion du docteur Dujardin-Beaumetz :

« Jamais une tête décollée ne peut émettre de son, en admettant même que celui-ci ait été commencé avant que la décollation se soit produite.

« La section est généralement faite au-dessus du larynx, le courant d'air est supprimé et les lèvres ne peuvent laisser échapper aucune émission.

« Maintenant, que le tronc laisse entendre un son rauque, c'est une autre affaire.

« Et encore, c'est un fait qui ne se produit pas souvent, pour ne pas dire jamais.

« On objecte bien que le canard, après avoir le cou tranché, pousse encore des cris.

« Cela est vrai. Mais il faut observer que le larynx du canard est placé beaucoup plus bas que celui de l'homme. D'où la possibilité, pour cette bête, d'émettre des sons désagréables et discordants après la décollation.

« Mais remarquez que le son provient du tronçon et non du bec. »

Opinion du docteur Vibert :

« Non, il est impossible, répondit à son tour le docteur Vibert, que la tête une fois décollée puisse émettre une syllabe, un son.

« Je vais établir une comparaison :

« Vous soufflez dans une clarinette ; tout d'un coup l'instrument se trouve tranché en deux.

« Le courant d'air étant supprimé, le son ne sort plus du pavillon ; mais l'autre moitié peut laisser échapper un bruit quelconque, une émission vague, indistincte.

« Eh bien ! le même phénomène se produit quand on tranche le cou d'un condamné.

« Si celui-ci prononce un mot ou une phrase au moment où le couteau s'abaisse, le son se trouve supprimé.

« Il se produit peut-être un restant d'émission, mais cette émission sort du tronc et non de la tête. »

XXV

LE PARLEMENT ET LA DYNAMITE

Mais Ravachol exécuté, tout le bruit qui s'était fait depuis plusieurs mois autour de cette retentissante affaire n'allait pas encore s'éteindre.

On s'occupait donc maintenant de la loi dont, quelque temps auparavant, le gouvernement avait pris l'initiative et qui avait pour but de rendre passibles de la peine de mort les attentats par la dynamite.

A ce sujet on avait pu lire dans une feuille du matin les intéressants renseignements suivants :

« La fréquence des attentats par la dynamite a éveillé l'attention des membres du Parlement, et plusieurs députés se sont demandé, après la nouvelle de l'explosion du boulevard Saint-Germain, s'il ne conviendrait pas de modifier la législation existante et d'élever la pénalité encourue par les auteurs d'attentats de cette nature.

« Une question aurait été probablement posée à ce sujet au ministre de la Justice et M. Letellier, notamment, aurait été disposé à prendre l'initiative d'une proposition en ce sens, si l'on n'avait appris que l'honorable garde des sceaux s'était lui-même préoccupé de cette lacune de la loi et préparait un projet destiné à la faire disparaître.

« Nous n'en avons pas moins tenu à interroger sur le principe de ce projet des députés jurisconsultes appartenant à toutes les fractions de la Chambre.

« Pour permettre à nos lecteurs d'apprécier nettement l'importance de la réforme qu'on prépare aussi bien que le sens des déclarations qui nous ont été faites, il nous paraît indispensable de placer sous leurs yeux les articles du Code pénal qu'il conviendrait de modifier.

« Art. 434. — Quiconque aura volontairement mis le feu à des édifices, navires, bateaux, magasins, chantiers, quand ils sont habités ou servent à l'habitation, et généralement aux lieux habités ou servant à l'habitation, qu'ils appartiennent ou n'appartiennent pas à l'auteur du crime, sera puni de mort…

« Art. 435. — La peine sera la même, d'après les distinctions faites en l'article précédent, contre ceux qui auront détruit, par l'effet d'une mine, des édifices, navires, bateaux, magasins et chantiers.

« Les deux articles, on le voit, ne visent pas l'attentat par la dynamite qui n'est ni une tentative d'incendie, ni une destruction à l'aide d'une mine.

« Passons à l'article 437.

« Art. 437. — Quiconque aura volontairement détruit ou renversé, par *quelque moyen que ce soit*, en tout ou en partie, des édifices, ponts, digues ou chaussées ou autres constructions qu'il savait appartenir à autrui, ou causé l'explosion d'une machine à vapeur, sera puni de la peine de la réclusion et d'une amende, etc.

« S'il y a eu homicide ou blessures, le coupable sera, dans le premier cas, puni de mort, dans le second cas, de la peine des travaux forcés à temps. »

« Ainsi qu'on le voit, la pénalité en cas de destruction par « quelque moyen que ce soit » est moins élevée que quand il s'agit d'incendie ou de mine, puisqu'il faut qu'il y ait « mort d'homme » pour que la peine de mort puisse être appliquée.

« C'est cette anomalie que l'on veut faire disparaître.

« Ces explications données, il ne nous reste plus qu'à traduire les déclarations qui nous ont été faites.

« Toutes sont relatives au principe du projet et font naturellement toutes réserves sur la question de détails.

« Nous nous sommes d'abord adressé à M. Letellier, dont le nom a été prononcé le premier.

« — Il est bien évident, nous a dit le député algérien, qu'il y a, dans les articles que vous connaissez, une lacune qu'il importe de faire disparaître.

« A l'époque où le Code pénal a été fait, à l'époque même où l'article 437 a été revisé, c'est-à-dire en 1863, on ignorait les attentats par la dynamite.

« Quand on a à poursuivre les auteurs de ces attentats, on est obligé de les assimiler.

« De là, une variation de jurisprudence qu'il importe de faire disparaître.

« Prenons, si vous le voulez, l'explosion du boulevard Saint-Germain.

« A quoi voulez-vous assimiler cela ?

« Pas à l'incendie volontaire : il n'y a pas eu le moindre incendie.

LES EXPLOITS DE RAVACHOL

Hamonod avant sa mort en disait autant.

« Pas davantage à la mine, puisque c'est une bombe.

« Est-ce donc à la destruction volontaire prévue par l'article 437 ?

« Eh bien ! c'est là où l'anomalie devient évidente.

« Eh quoi ! un homme qui aura mis le feu à une bicoque lui appartenant, même non habitée, serait passible de la peine de mort, alors que l'auteur ou les auteurs de l'attentat du boulevard Saint-Germain, qui pouvait entraîner la mort de plusieurs personnes et qui n'a certainement manqué son effet que par une cause indépendante de la volonté de son auteur, n'encourraient que la réclusion ?

« Voyons, est-ce que poser la question n'est pas la résoudre ? comme disent MM. les mathématiciens.

« Oui, n'est-ce pas ?

« Alors, résolvons-la et assimilons par une disposition précise la bombe à la mine ou à l'incendie.

« Je prévois l'objection : on me dira que le parquet assimile les crimes de cette nature à l'assassinat ou à la tentative d'assassinat, et que, par conséquent, c'est la peine de mort qui est encourue.

« C'est possible ; mais l'assimilation du parquet n'a pas force de loi et peut toujours être combattue.

« C'est ainsi que l'avocat de l'auteur de l'attentat du boulevard Saint-Germain pourra toujours plaider que son client poursuivait la destruction de la propriété, mais ne songeait nullement à atteindre des personnes, — et c'est alors le jury qui aurait à apprécier.

« Si au contraire on se trouvait en présence d'un texte précis, aucune confusion ne pourrait être faite — et le jury n'aurait plus qu'à se prononcer sur la question des circonstances atténuantes comme il le fait en matière d'incendie, où la peine capitale n'est prononcée que quand réellement il y a eu mort d'homme.

« Après M. Letellier, nous avons consulté MM. Laguerre, Le Senne, Barthou, Rabier, Cunéo d'Ornano, etc.

« Tous nous ont tenu sur le principe de la réforme un langage analogue.

« — J'ai plaidé dans le temps pour les anarchistes de Montceau-les-Mines, a ajouté M. Laguerre.

« Mais quelle différence ! Il s'agissait de malheureux obsédés, persécutés et qui se vengeaient… contre des croix, contre des églises vides.

« Les attentats de ces jours derniers sont de véritables tentatives d'assassinat et il serait naturel de les assimiler à ce genre de crime.

« — Il est évident, dit M. Le Senne, qu'on ne peut faire aucune assimilation entre l'attentat du boulevard Saint-Germain et ceux prévus par l'article 435.

« Il faudrait une nouvelle disposition législative pour atteindre ce résultat — et je suis prêt à la voter, car rien n'est odieux comme les faits de cette nature.

« — L'assimilation à l'assassinat, dit M. Barthou, ou à l'incendie volontaire, — lui-même assimilé à l'assassinat, — est d'autant plus naturelle qu'il est beaucoup plus facile de placer une bombe sous une porte que d'incendier un immeuble.

« De plus, l'incendie peut s'éteindre, tandis que rien ne peut atténuer l'effet d'une bombe.

« M. Cunéo d'Ornano approuve également le principe de la réforme et ajoute :

« — Ce qu'il faut également empêcher, c'est le libre transport, le libre commerce de la dynamite. Il serait sage de prendre à cet égard des mesures spéciales afin d'empêcher le trafic et la circulation des matières explosibles. »

Or, cette loi, dont on avait tant parlé, même avant l'arrestation de Ravachol, maintenant votée, maintenant promulguée, allait, disait-on, rassurer les trembleurs.

D'ailleurs, ajoutait-on, ceux-ci avaient encore une autre raison pour se montrer plus calmes, plus tranquilles. En effet, la justice, prétendait-on encore, tenait définitivement cette fois les auteurs de l'explosion du restaurant Véry.

Mais contentons-nous de laisser sur ce point la parole à l'*Intransigeant* :

XXVI

ENCORE L'EXPLOSION DU RESTAURANT VÉRY

« En disant hier que la police tenait deux des auteurs de l'explosion du restaurant Véry, qu'elle connaissait les autres et les recherchait sans succès, nous étions bien informés, écrivait ce journal.

« Aujourd'hui, nous serons plus affirmatifs.

« Les coupables ont tous été, à certain moment, dans les mains de la justice, et si deux d'entre eux sont en fuite, c'est parce qu'elle les a relâchés, après avoir été « emmenée à Charenton » par l'un d'eux, comme celui-ci l'a déclaré depuis dans son langage pittoresque.

« Nos lecteurs vont voir que ce n'est point sa faute si l'enquête a abouti. Bientôt on n'arrêtera plus que ceux qui, spontanément, iront se constituer prisonniers à la Préfecture.

« Si Bricou n'avait pas tenté de se suicider au Havre, on ne serait pas plus avancé qu'au premier jour — et Bricou ne serait même pas sous les verrous.

« Les coupables sont : Bricou et sa femme, F... et un nommé M...

« Or on n'a pu mettre encore la main sur les deux derniers.

« Rappelons à ce sujet ce que nous disions dès le soir de l'explosion :

« Une femme à caraco rouge était entrée dans l'établissement ; elle avait un panier qu'elle avait posé à terre.

« Hamonod, quelques heures avant sa mort, en disait autant :

« — On parle bien des trois femmes, mais on omet toujours celle qui est venue toute seule et qui était en caraco rouge.

« Or, la femme au caraco rouge, on la tient maintenant.

« On se rappelle que les deux Bricou furent arrêtés en même temps qu'un nommé Drouet.

« On se souvient également que l'homme et la femme Bricou furent remis en liberté peu après, en récompense de ce qu'ils avaient indiqué à la police l'endroit où Drouet avait caché, avec Ravachol, la dynamite volée à Soisy-sous-Étiolles..

« Aussitôt relâché, Bricou ne demanda pas son reste.

« Il ne fit qu'une courte apparition à son domicile, rue des Gravilliers, et partit avec sa femme pour le Havre, sans que le bon Lozé songeât même à le faire filer par ses agents.

« Et pourtant, M. Atthalin avait un instant soupçonné Bricou, sinon d'avoir pris part à l'explosion du restaurant Véry, du moins de connaître les coupables et d'entretenir avec eux des relations.

« Ils avaient disparu et la police ne savait pas ce qu'ils étaient devenus, quand Drouet, resté à Mazas, se décida à faire des révélations.

« Il était furieux contre cette « casserole » de Bricou, qui s'était laissé tirer les vers du nez par « la rousse », et il voulait se venger.

« Drouet apprit spontanément au juge d'instruction que, plusieurs jours avant l'explosion qui coûta la vie à Véry et à Hamonod, le couple était venu lui demander de la dynamite.

« Il était certain, disait-il, que cette dynamite était celle du boulevard Magenta.

« M. Atthalin fit aussitôt rechercher Bricou.

« Mais comment faire ?

« Où était-il ?

« Quelques jours se passèrent, puis une dépêche arriva à Paris, annonçant qu'à plusieurs reprises il s'était jeté sous des voitures au Havre, et que la police havraise l'avait gardé à sa disposition.

« Le juge d'instruction alla, on s'en souvient, chercher Bricou au Havre avec l'officier de paix Fédée, de la 3º brigade politique.

« Ramené à Paris, Bricou fut interrogé.

« — Qu'avez-vous fait de la dynamite que vous a remise Drouet ? lui demanda le juge à brûle-pourpoint.

« Bricou, devint très pâle et murmura d'une voix étranglée :

« — Mais il ne m'a jamais remis de dynamite.

« Le juge insista :

« — Cependant Drouet affirme le contraire.

« — Eh bien ! je vais tout vous dire, ce n'est pas à moi qu'il l'a donnée, c'est à ma femme.

« La femme Bricou fut interrogée à son tour.

« Elle rejeta la chose sur son mari.

« Bref, pour les mettre d'accord, M. Atthalin les confronta avec Drouet.

« Devant les déclarations formelles de ce dernier, Bricou ne put continuer à nier, mais il refusa tout d'abord de dire à qui il avait porté les matières explosibles.

« C'est seulement au cours d'une seconde confrontation qu'il se décida à avouer qu'il avait agi pour le compte de F..., lequel avait encore un autre complice, le nommé M...

« F... avait été le véritable instigateur du complot.

« L'attentat avait été préparé chez lui, 54, rue Beaubourg, où il occupait depuis un an, avec sa femme, ses trois enfants, sa belle-mère, un logement de 360 francs situé au premier au-dessus de l'entresol.

« C'est là qu'avait été fabriquée la bombe.

« C'est là que F... était parti avec M... et les deux Bricou pour aller la déposer boulevard Magenta.

« Comme nous l'avons dit plus haut, F... avait été arrêté ainsi que M... du reste, mais la police l'avait naïvement relaxé.

« Rappelons brièvement les circonstances de son arrestation.

« La veille de l'explosion du boulevard Magenta, M. Dietze, commissaire spécial de la gare Saint-Lazare, était informé par un indicateur que l'on devait faire sauter une maison de Paris dans la soirée du 25.

« Il prévenait aussitôt la Préfecture qui s'empressait de ne prendre aucune mesure.

« Le lendemain même de l'explosion, à trois heures, le commissaire spécial de la gare Saint-Lazare recevait un nouvel avis émanant de la même source que le premier et l'informant que les auteurs de l'attentat, les nommés F... et L... (?) se trouveraient le soir au bar Africain, 6, boulevard de Sébastopol.

« Le malheureux événement de la veille faisait présumer que l'auteur de ces avis était bien informé, la direction de la Sûreté générale prévint immédiatement la Préfecture de police, qui fit procéder à l'arrestation.

« Dès qu'ils aperçurent les agents, F... et L... essayèrent de prendre la fuite. Mais ils furent promptement rejoints et conduits, sous bonne escorte, au commissariat de M. Dhers.

« F... avait été considéré comme l'auteur de l'attentat contre la caserne Lobau et arrêté pour cela, mais relaxé.

« Il protesta, cette fois encore, de son innocence.

« Il invoqua un alibi et fut aussi heureux que la fois précédente.

« La police estima qu'en effet il ne pouvait avoir participé à l'explosion du restaurant Véry, — et il déguerpit sans tambour ni trompette.

« C'est pour cela qu'aujourd'hui on est réduit à le rechercher sans mettre la main dessus.

« S'est-il méfié des révélations de Bricou ?

« C'est probable.

« Car, non seulement il a disparu, mais il a même déménagé, et on ignore ce que sa femme, ses enfants et sa belle-mère sont devenus.

« Le logement qu'il occupait, 54, rue Beaubourg, est situé juste au-dessus de la loge de la concierge.

« On y accède par un couloir long de trois à quatre mètres.

« A gauche, dans ce couloir, s'ouvre la porte d'une petite cuisine dans un état de malpropreté indescriptible et dans laquelle la femme F... a abandonné un grand nombre d'ustensiles de cuisine et de vases.

« En suivant le couloir, on arrive à une petite salle à manger éclairée par une fenêtre donnant sur la cour.

« Dans cette salle, deux portes vitrées communiquent avec la chambre à coucher qui est de même dimension que la salle à manger, mais qui a en plus une alcôve.

« Dans la chambre à coucher se trouvent deux placards pratiqués dans le mur et dans lesquels un nombre considérable de fioles sans étiquettes, contenant diverses substances, ont été laissées par la femme F... »

Et le journal que nous citons ajoutait :

« Un de nos confrères du *Soir* a recueilli, d'un locataire de la maison, quelques renseignements intéressants sur la famille F...

« — F... recevait chez lui un grand nombre d'hommes et de femmes, a dit ce locataire.

« Parmi ceux-ci, Bricou et sa femme, M... dit le Bossu.

« Le mardi de Pâques, F... quitta la maison et me dit qu'il s'en allait à Londres.

« Avant de partir, il me dit aussi ces paroles que je me rappelle textuellement : « Je vais vous apprendre une chose que vous ignorez « peut-être, mais qui est l'exacte vérité ; rappelez-vous bien ce que je « vais vous dire : Lhérot ne profitera pas de l'argent qu'il a touché, c'est « moi qui vous le jure ou j'y perdrai mon nom ! » .

« Quatre jours après, en effet, le restaurant Véry sautait.

« Le lendemain de l'explosion, F..., comme on le sait, était arrêté.

« Quand il fut mis en liberté, il revint à la maison et me dit : « Je me « moquais bien d'eux, *je les ai emmenés à Charenton.* »

« Au cours de la perquisition qui avait eu lieu, la police n'avait rien trouvé, par cette bonne raison que les explosifs dont il se servait étaient, non pas dans son logement, mais chez une voisine, une femme X...

« Elle a déménagé depuis, et n'a pas laissé son adresse.

« Il y aura quinze jours mercredi prochain, treize individus se sont rendus chez F...

« Ils venaient chercher une lourde malle qui, disaient-ils, contenait des outils.

« Cinq de ces individus se tenaient dans l'escalier et empêchaient la concierge de sortir de sa loge, trois se trouvaient au bas de l'escalier.

« Ils avaient fermé la porte pour empêcher d'entrer dans la maison.

« Les cinq autres se tenaient à côté d'une voiture qui a emporté la malle et qui stationnait un peu plus avant la maison.

« Comme nous l'avons dit, depuis deux jours, la police a lancé ses brigades sur la piste des coupables, que nous n'avions pas autrement désignés.

« Cette piste aurait, dit-on, été retrouvée à Londres, et l'officier de paix Fédée serait parti pour cette ville, porteur d'une demande d'extradition.

« Mais, d'après d'autres bruits, F... et M... n'avaient pas quitté Paris... »

XXVI

LES CONFRONTATIONS

Mais, la vérité, c'est que F..., l'un des prétendus auteurs de l'attentat dirigé contre le restaurant Véry, s'était bien réfugié à Londres.

Après l'avoir retrouvé là-bas, le gouvernement avait obtenu son extradition, et voici ce que quelque temps après écrivait de son côté la *Cocarde* :

« Une très intéressante confrontation a eu lieu hier, dans le cabinet de M. le juge d'instruction Atthalin, entre F..., de retour de Londres, et la femme Delange, maîtresse de Bricou, qui a suivi la voie tracée par Mme Chaumentin en dévoilant à la justice tous les détails du complot ourdi contre les dénonciateurs de Ravachol.

« On sait que Bricou et sa maîtresse sont compromis dans l'explosion du restaurant Véry.

LES EXPLOITS DE RAVACHOL

Elle emporta le vêtement.

« Leur situation d'inculpés n'a pas permis à M. Atthalin de les entendre sous la foi du serment.

« Aussi, lorsque leurs dépositions furent lues devant le tribunal de Bow-Street, le juge refusa d'en écouter la lecture parce que, au point de vue du droit anglais, elles ne constituaient pas des preuves juridiques suffisantes.

« Aujourd'hui que F... est tombé au pouvoir de la justice de son pays, les exceptions soulevées en sa faveur par les tribunaux d'outre-Manche n'existent plus, et toutes les accusations portées contre lui, par ceux que le juge d'instruction considère comme ses complices, constituent des charges accablantes contre lesquelles F... devra se défendre en cour d'assises.

« Ces charges, qu'on croyait tout à fait bénignes au début de l'instruction, ont pris maintenant une consistance telle, que la complicité de F... dans l'attentat du boulevard Magenta apparaît chaque jour de plus en plus évidente, bien qu'elle ne soit basée que sur un simple prêt de vêtements.

« En remettant à M... le déguisement qui devait lui permettre de pénétrer dans le restaurant Véry et de déposer au pied du comptoir sa valise explosible, c'est-à-dire, en évitant au dynamiteur les risques d'être reconnu plus tard, F... a réellement fait acte de complice, d'autant plus qu'il savait pertinemment à quel usage les vêtements que lui empruntait Meunier, étaient destinés.

« Si, dans les premiers jours de la présence à Paris de l'extradé F... on a conçu quelques doutes au sujet de sa participation à l'explosion du restaurant Véry, il en n'est plus de même aujourd'hui.

« Hier, devant M. le juge d'instruction Atthalin et en présence de F... lui-même, la femme Delange a parlé avec un tel accent de sincérité, que l'ami de M... semble désormais perdu.

« Extraite de la prison de Saint-Lazare à midi, la femme Delange a été introduite à une heure dans le cabinet du juge d'instruction.

« Elle portait dans ses bras l'enfant qui est née pendant sa détention, une petite fille qui n'a pas plus d'un mois d'âge et qu'elle allaite.

« Un détail curieux à propos de cette fillette, qui n'est précisément pas entrée dans la vie par la porte dorée.

« La déclaration de naissance fut faite à la mairie du dixième arrondissement.

« On inscrivit sur le registre de l'état civil la mention usitée en pareille circonstance : Julie Delange, née de Marie Delange et de père inconnu.

« En apprenant la maternité de sa maîtresse, Bricou, détenu au Dépôt, exprima le désir de reconnaître l'enfant né des relations qu'il avait eues avec la femme Delange avant leur commune arrestation.

« On ne put faire autrement que de satisfaire à ce vœu si naturel, et Bricou fut extrait un matin de sa cellule pour être conduit par deux inspecteurs de la Sûreté à la mairie du faubourg Saint-Denis.

« Là, il se déclara le père de l'enfant.

« La mention de cette reconnaissance fut portée en marge du registre de l'état civil.

« Les deux agents servirent de témoins.

« Quand F... et la maîtresse de Bricou se trouvèrent réunis dans le bureau du juge d'instruction, la femme Delange renouvela en termes énergiques sa précédente déclaration.

« Nous la résumerons en quelques lignes, car nous avons déjà eu l'occasion, ajoutait la *Cocarde*, de la faire connaître à nos lecteurs.

« F... et M... étaient très liés.

« Ils exerçaient tous deux le métier d'ébéniste et ils avaient travaillés ensemble à plusieurs reprises, dans les ateliers du « Vieux-Chêne » rue Beaubourg.

« A la suite du vol de dynamite de Soisy-sous-Étioles, commis par Ravachol, Drouet et consorts, une part consistant en cartouches, mèches Bikford et amorces au fulminate de mercure, fut confiée à Bricou, qui habitait alors rue Geoffroy-Saint-Hilaire, en face du Jardin des Plantes.

« Peu de temps après, Bricou vint à déménager.

« En même temps que ses meubles, il transporta au n° 5 de la rue des Gravilliers le dépôt qu'il tenait de Drouet.

« Disons, en passant, que c'est à ce dernier, condamné depuis par la cour d'assises de Seine-et-Oise, que l'on doit l'arrestation de Bricou, de la femme Delange et, par suite, celle de F...

« L'attentat contre le restaurant Véry fut prémédité par M... et par F...

« L'engin fut préparé en présence de ce dernier chez Bricou, qui était le détenteur de la dynamite de Drouet.

« Les explosifs, dynamite et sébastine, étaient renfermés dans une petite valise en toile grise, à peu près semblable à celle dont Ravachol s'est servi pour dynamiter la maison de la rue de Clichy, mais de dimensions plus restreintes.

« D'après Mme Delange, il avait été convenu que la valise explosible serait portée boulevard Magenta par F... ; mais Bricou s'opposa à ce que ce dernier prît part à l'attentat.

« Pour le détourner de ses intentions homicides, il lui rappela qu'il était marié et père de famille et qu'il fallait mieux laisser M..., qui était célibataire, aller s'exposer seul.

« Celui-là, du moins, n'avait que « sa peau à risquer ».

« Après plusieurs heures d'hésitation, F... consentit à se rendre aux justes représentations de Bricou, mais il déplora de ne pouvoir se venger personnellement de cette « vache » de Lhérot.

« Il fut convenu que F... prêterait des vêtements à M... pour aller au boulevard Magenta.

« En effet, M... ne travaillait plus depuis plusieurs mois, il était très malheureux et, d'après la propre expression de la femme Delange, ses « effets ne lui tenaient plus au corps ».

« Le 24 avril, c'est-à-dire la veille de l'attentat, la maîtresse de Bricou se rendit en personne au domicile de F..., 54, rue Beaubourg.

« Elle lui annonça que tout était prêt, que la valise était *chargée* et elle lui demanda de vouloir lui remettre les vêtements devant servir au travestissement de M...

« F... lui donna ses effets du dimanche, un complet de drap foncé moucheté de jaune, une cravate régate et un chapeau haut de forme à bords plats.

« On voulait que M..., très disgracié de la nature, cagneux et passablement bossu, eût de vagues apparences de gentleman au comptoir des époux Véry.

« — Il aura l'air, avec sa valise à la main, ajouta F..., d'un voyageur escendu de la gare de l'Est et à la recherche d'un hôtel.

« La femme Delange emporta le vêtement de F...

« Celui-ci savait parfaitement à quel usage il était destiné.

« Comme nous l'avons déjà dit, le rôle de l'extradé dans l'explosion du restaurant Véry se borne à ce prêt d'effets ; quoique un peu effacé, ce rôle a semblé suffisant à M. Atthalin pour établir la complicité de F...

« En outre, ce dernier aurait connu le soir même, par M..., toutes les circonstances de l'attentat, et il en aurait fait part le lendemain à la femme Delange.

« Il lui a raconté que pendant que M..., les traits masqués par une barbe postiche, prenait une consommation au comptoir de Véry, Lhérot l'avait frôlé pour remettre dans l'un des compartiments centraux du comptoir une bouteille de liqueur ou de vin dont il avait servi un verre à chacun des ouvriers menuisiers installés à la première table de gauche.

« Dans sa déposition, l'un des ouvriers dit, en effet, avoir vu au comptoir, quelques instants avant l'explosion, plusieurs consommateurs, dont l'un, coiffé d'un chapeau haut de forme, avait déposé un *paquet* à terre.

« Il avait payé sa consommation pendant qu'on la lui servait, sans doute pour ne point avoir à attendre qu'on lui rendît de la monnaie.

« Tout à coup, l'homme à la valise et au chapeau haut de forme se trouva vers la porte de l'établissement, semblant répondre à un appel venant de l'extérieur, puis il partit brusquement, laissant sa valise au pied du comptoir, en affectant l'air ennuyé d'un homme obligé de répondre à un importun, mais bien décidé à revenir.

« F... a laissé parler la femme Delange sans l'interrompre.

« Quand elle eut fini, il se contenta de dire, très calme, avec un léger haussement d'épaules :

« — Cette femme est folle, elle ne sait pas ce qu'elle dit. D'ailleurs, je m'expliquerai devant la cour d'assises.

« A cinq heures, la confrontation était terminée.

« Demain, F... sera mis en présence de Bricou. »

Et le lendemain, en effet, avait lieu cette nouvelle confrontation, qui, loin d'être pour F... aussi accablante que l'on s'y attendait, semblait, au contraire, diminuer de plus en plus les charges qui pesaient sur lui.

Voici, d'ailleurs, en quels termes on en trouvait le compte rendu dans l'*Éclair* :

« C'est hier seulement, à trois heures de l'après-midi, qu'a eu lieu dans le cabinet de M. Atthalin, juge d'instruction, la confrontation entre Bricou et F...

« Celui-ci est entré le premier chez M. Atthalin.

« — Je vous engage, dans votre intérêt, lui a dit ce dernier, à bien réfléchir. On va amener Bricou ; vous savez qu'il vous accuse formellement ; ne persistez pas dans des dénégations obstinées. On vous saura gré de votre franchise.

« F... eut un léger haussement d'épaules.

« — J'ai dit la vérité et je n'ai rien à y changer. Je n'ai pas peur de la confrontation.

« Bricou pénétra à son tour, entre deux gardes municipaux, dans le cabinet du juge d'instruction.

« On le fit asseoir en face de F..., il baissait la tête, n'osait regarder devant lui.

« M. Atthalin, s'adressant à Bricou, dit :

« — Voyons, Bricou, vous avez dit que F... connaissait le vol de dynamite commis à Soisy-sous-Etioles. Êtes-vous prêt à le répéter ?

« — Mais oui, dit Bricou d'une voix sourde, je maintiens tout ce que j'ai dit.

« — Que répondez-vous, F...? demanda le juge d'instruction.

« — Ce que je réponds? Rien. Je tiens à dire que je n'en veux aucunement à Bricou. Nous avons été amis. Une chose me fait de la peine, c'est de le voir jouer aujourd'hui un rôle de mouchard. Je sais bien que c'est sa maîtresse, la fille Delange, qui l'a poussé à raconter tout ça parce qu'elle en voulait à ma femme.

« Mais tout de même, ce n'est pas loyal ce que tu fais là, Bricou !

« Bricou, très impressionné par les reproches de son ancien ami, ne répondit rien.

« — N'est-ce pas, Bricou, que c'est bien F... qui a prêté ses vêtements à M...? reprit M. Atthalin.

« — Oui, fit Bricou.

« — Tiens, Bricou, s'écria tout à coup F..., tu me fais pitié. Tu me charges parce que tu sais que si tu parviens à me faire condamner, tu auras ta grâce. On t'a dit que la loi était faite ainsi. Va, tu n'es pas de la trempe de Ravachol. Mais tu as prêté ta chambre à M..., tu as aidé à la fabrication de la bombe, tandis que moi, je n'ai rien fait, rien du tout.

« Puis, se calmant :

« — Monsieur le juge, dit-il, vous pourriez nous laisser six heures en présence l'un et l'autre que ça n'avancerait à rien. Je ne dirai rien, parce que je n'ai rien à dire.

« Quant à toi, Bricou, je te l'ai déjà dit, je ne t'en veux pas, je te plains.

« Et F... se rassit, pendant que, sur un signe de M. Atthalin, les gardes emmenaient Bricou.

« Peu après, F... était reconduit au Dépôt dans la cellule n° 9 qu'il occupe depuis huit jours. Il semblait très gai et riait avec ses gardiens.

« D'ailleurs, il ne se plaint pas trop du régime de la prison française.

« — On est rudement plus mal en Angleterre, disait-il hier.

« Le parquet a établi que la part des responsabilités qu'a F... dans l'explosion du restaurant Véry est la plus minime.

« Les deux accusés principaux sont M... et Bricou. M... a placé seul l'engin ; Bricou a aidé à sa fabrication.

« Que F... ait connu les desseins de M..., c'est probable ; encore que le dynamiteur ait peut-être hésité à se confier à un bavard de la trempe de F... Les charges qui pèsent sur ce dernier proviennent en partie des déclarations de Bricou et de la maîtresse de celui-ci.

« On reproche à F... :

« 1° D'avoir, le soir de l'explosion, prêté des vêtements à M... ;

« 2° D'avoir connu le vol de dynamite de Soisy-sous-Étioles ;

« 3° La fuite en Angleterre ;

« 4° Un propos tenu à l'anarchiste Looz.

« A ce dernier, F... aurait dit après l'explosion :

« — Hein ! nous avons bien travaillé.

« Looz a disparu depuis sa déposition. Quant à sa fuite en Angleterre, F... l'explique ainsi :

« — J'avais déjà été arrêté, puis relâché. J'étais en droit de me méfier et de prendre mes précautions.

« Les autres chefs d'accusation seront niés énergiquement par F...

« Il oppose aux allégations de Bricou et de sa maîtresse des dénégations formelles.

« M. Atthalin se rend compte qu'il lui sera très difficile de présenter F... aux jurés autrement que comme un comparse, puisque l'auteur principal est en fuite et qu'on ne semble guère pouvoir l'arrêter. »

Enfin, à quelque temps de là, on résumait ainsi les derniers renseignements à propos de l'attentat du restaurant Véry.

Comme on va le voir, la responsabilité de F..., apparaissait de plus en plus diminuée.

« L'instruction de l'affaire de F... écrivait-on, est terminée, et l'inculpé est renvoyé devant la chambre des mises en accusation, ce qui, dans l'esprit du parquet, « n'est qu'une pure formalité » — la décision des juges qui siègent à cette chambre étant, sans doute, connue avant qu'ils eussent même pris connaissance du dossier.

« On sait, dès maintenant, d'une façon définitive, sur quelles bases la justice s'appuie pour traduire ainsi F... devant la cour d'assises.

« Le jour de l'explosion, M... portait, dit-on, un veston appartenant à F..., et qu'on aurait retrouvé chez ce dernier, au cours d'une perquisition.

« On a montré ce veston au prisonnier.

« Il a énergiquement affirmé qu'il lui était complètement inconnu.

« La seconde inculpation est celle-ci :

« Mme F..., la femme de l'accusé, aurait tenu à la maîtresse de Bricou, la fille Delange, aujourd'hui impliquée elle-même dans l'affaire, une conversation au cours de laquelle elle se serait laissée aller à *des demi-aveux* concernant son mari.

« Cette « charge » tombe d'elle-même par ce fait que jamais Mme F... n'a fait une déclaration semblable et que, d'autre part, son mari a pu invoquer un alibi incontestable qui démontre sa complète innocence.

« La troisième inculpation est moins sérieuse encore :

« F... en personne aurait fait des confidences au compagnon Looz, dont la déposition, recueillie par M. Atthalin, a seule permis d'obtenir du gouvernement anglais l'extradition de l'accusé.

« Le « compagnon » Looz a pu raconter tout ce qu'il a voulu.

« Il est impossible d'accorder aucune créance à ces divagations,

LES EXPLOITS DE RAVACHOL

Les paysans avaient fini par s'en aller.

pour cette bonne raison que ce « compagnon » appartient aux brigades politiques de la préfecture de police.

« Ajoutons que, depuis sa déposition devant M. Atthalin, ce dénonciateur suspect a disparu.

« Et c'est tout ce que le parquet a trouvé pour considérer F... comme l'un des auteurs de l'explosion du restaurant Véry.

« L'acquittement de ce malheureux ne peut faire aucun doute et le verdict que rendront les jurés comportera, en même temps, la condamnation de ses persécuteurs.

« Disons, en terminant, que les groupes anarchistes de Paris et de la banlieue, ont organisé, avant-hier soir, rue Aumaire, une réunion chantante au bénéfice de la femme et des enfants de F..., revenus de Londres depuis quelques jours, ainsi que nous l'avons annoncé.

« La réunion s'est terminée par une bataille de confetti.

« Le produit, 50 francs, a été remis à la compagne du prisonnier. »

XXVII

OÙ L'ON RETROUVE L'INCONNU DE RAVACHOL

Mais laissons cette affaire, dont il nous fallait cependant tenir nos lecteurs au courant, puisqu'elle se lie si étroitement à l'histoire de Ravachol, et revenons encore une fois à celui-ci, ou du moins à l'aventure si extraordinaire qui avait marqué les derniers temps de son séjour à Saint-Étienne.

On n'a pas dû oublier comment, ne sachant plus où se cacher, comment, ne sachant plus comment s'y prendre pour échapper aux recherches de la police, l'ancien faux-monnayeur avait eu un beau jour la très ingénieuse idée d'aller demander asile au vieux curé des environs des bois de Rochetaillée.

Nous avons raconté aussi comment l'assassin de l'ermite de Chambles avait dû brusquement s'enfuir de cette nouvelle retraite, en sentant peser sur lui les soupçons de la vieille servante de son hôte.

Enfin nous avons dit aussi comment, dans la peur d'être d'un moment à l'autre arrêté, d'être d'un moment à l'autre repris par la police à laquelle il avait eu la chance inespérée d'échapper une fois, Ravachol avait cru prudent de s'enfuir de cette maison.

Où allait-il pouvoir se cacher maintenant?

Où allait-il pouvoir se réfugier?

Il n'en savait rien.

Et plein de colère contre la vieille servante du curé qui pouvait le dénoncer et le trahir, plein d'appréhensions et plein de fièvre, il s'était mis à marcher tout droit devant lui.

Puis enfin, — on s'en souvient, — il s'était arrêté dans une auberge qu'il avait rencontrée sur sa route, dans une auberge qui, ce jour-là, jour de marché, était pleine de paysans et de marchands.

Ravachol s'était empressé de s'installer à la seule table qui restait vide et qui se trouvait précisément placée dans le coin le plus retiré et le plus sombre.

Et là, tâchant de se dissimuler de son mieux, s'efforçant d'éviter les regards des gens qui l'entouraient, l'ancien faux-monnayeur, de plus en plus perplexe, de plus en plus anxieux, s'était mis à songer et à réfléchir encore.

Qu'allait-il faire?

De quel côté allait-il se diriger?

Comment allait-il pouvoir s'y prendre pour dépister encore cette police qu'il sentait maintenant sur ses talons et qui peut-être, d'un instant à l'autre, d'une minute à l'autre, allait brusquement se dresser devant lui et lui mettre la main au collet?

Mais plus l'assassin du vieil ermite de Chambles réfléchissait, plus il se sentait désespéré.

Car il n'avait plus d'illusions à se faire, sa situation devenait terrible.

Traqué chez la mère Blanchard, la vieille femme du mineur, traqué dans les bois de Rochetaillée où l'on avait fait plusieurs battues, menacé dans la maison du vieux prêtre, où les gendarmes arrivaient peut-être à cette heure, il se sentait définitivement acculé, irrévocablement perdu.

Et cette pensée-là, la pensée du terrible châtiment qui l'attendait, faisait courir dans ses veines un frisson de terreur et mettait à son front une sueur d'épouvante.

Ravachol, qui depuis le jour où la police s'était mise à ses trousses, avait fait preuve de tant d'audace et de tant de sang-froid, maintenant ne se reconnaissait plus lui-même.

Une peur inouïe, atroce, le serrait à la gorge et il devenait plus tremblant qu'une femme, plus poltron qu'un enfant.

A chaque bruit qui lui parvenait du dehors, il devenait plus pâle, plus livide encore.

Le visage noyé dans l'ombre, il osait à peine lever les yeux tant il appréhendait d'être reconnu, tant il redoutait d'entendre tout à coup l'un des hommes qui se trouvaient là s'écrier :

— Vous cherchez Ravachol !... Eh bien, ne le cherchez plus ! Ravachol, le voilà !... Ravachol, c'est cet individu-là !

Pourtant peu à peu l'auberge s'était vidée, les paysans et les marchands qui l'encombraient avaient fini par s'en aller et l'assassin de l'ermite s'était trouvé seul.

Dans la rue aussi un grand silence s'était fait.

Alors seulement il s'était senti le cœur un peu moins lourd, alors seulement il avait pu respirer.

Mais, tout à coup, il avait eu une nouvelle transe, une nouvelle épouvante.

Il n'était plus seul.

En face de lui un homme, un inconnu, venait de surgir.

Et cet homme avait une si singulière, une si étrange façon de le regarder, que l'ancien faux-monnayeur n'avait pu s'empêcher de frémir.

Mais bientôt sa peur s'était évanouie et il n'avait plus eu que de la surprise, que de l'étonnement.

Car cet homme, qui s'était assis en face de lui, avait déjà trouvé des paroles pour le rassurer. Il n'était pas, disait-il, un ennemi, mais plutôt un ami.

Cependant l'assassin de l'ermite de Chambles, qui était payé pour avoir de la méfiance, avait commencé par jouer serré.

A ce nom de Ravachol, à ce nom que l'inconnu lui avait jeté tout à coup, il avait feint la surprise et opposé d'abord les plus vives, les plus énergiques dénégations.

Mais l'autre, comme un homme sûr de son fait, s'était contenté de sourire, puis, pour convaincre l'ancien faux-monnayeur qu'il avait tort de mentir et qu'il le connaissait bien, il s'était mis à lui raconter tout son passé, toute son histoire, toute sa vie...

Il ne s'était pas borné seulement à lui parler de son séjour à

Saint-Étienne, — ce que beaucoup d'autres auraient pu faire d'ailleurs, car les journaux avaient presque tout dit à ce sujet, — mais il avait fait repasser devant ses yeux ses plus lointaines années, les années de son enfance, les années qu'il avait vécu à Saint-Chamond.

Enfin cet homme connaissait si bien et jusque dans ses moindres détails toute l'existence de Ravachol, que celui-ci l'avait regardé tout saisi, tout effaré.

Bref, après avoir longtemps parlé, cet étrange inconnu avait fini par proposer à Ravachol l'asile qu'il cherchait, la retraite qu'il ne pouvait plus trouver.

Et Ravachol s'était laissé convaincre, et Ravachol l'avait suivi.

Alors pendant plusieurs semaines l'ancien faux-monnayeur avait vécu comme dans un rêve.

Cet homme qu'il ne connaissait pas, cet homme qui n'avait jamais voulu consentir à lui dire son nom, ne se contentait pas seulement de le cacher, mais il avait encore pour lui toutes sortes d'attentions et de prévenances.

Il lui disait souvent : Votre crime m'épouvante!... votre crime me fait horreur!... votre crime est odieux!... et cependant il se dévouait pour lui, et cependant il travaillait à son salut.

Et souvent Ravachol, songeant à ce personnage énigmatique et mystérieux, à ce personnage dont la conduite envers lui était vraiment extraordinaire, restait de longs moments la tête tombée dans ses mains.

Car la pensée fixe de l'assassin, la pensée qui sans cesse le hantait, qui sans cesse le tourmentait, était d'arriver enfin à savoir à qui il avait affaire.

Et alors il faisait l'examen de toute sa vie, de toutes ses actions.

Il repassait les unes après les autres toutes les nombreuses aventures qui lui étaient arrivées.

Et il se disait :

— Pour que cet homme me connaisse si bien, pour qu'il me connaisse aussi bien que je me connais moi-même, il faut certainement qu'il m'ait suivi de très près, il faut certainement qu'il ait été mêlé très intimement, très étroitement à mon existence.

« Mais quand?...

« Mais à quel moment?

« J'ai beau le regarder, j'ai beau le dévisager, ses traits ne réveillent en moi aucun souvenir.

« Quel étrange mystère !... Est-ce que je ne le découvrirai jamais ? »

Mais l'ancien faux-monnayeur avait beau s'interroger et fouiller dans sa mémoire, ce mystère qui l'exaspérait restait toujours pour lui aussi impénétrable.

Puis enfin, un jour, Ravachol avait dû fuir encore ce dernier asile.

Son protecteur qui, jusqu'alors, s'était toujours montré très calme, très tranquille, très rassuré, lui était apparu beaucoup moins confiant.

Et il avait dit à l'assassin de l'ermite : « Cette retraite que je vous avais offerte n'est peut-être plus aussi sûre aujourd'hui qu'elle l'était autrefois...

« J'ai même quelque raison de croire que la police pourrait d'un moment à l'autre retrouver vos traces et que vous ne sauriez rester plus longtemps ici, plus longtemps dans cette maison, sans courir le risque de vous faire arrêter.

« Mais je sais aussi que la police est, pour l'instant, fort occupée par une autre affaire.

« Il s'agit d'un nouveau crime qui a, tout récemment, ensanglanté encore Saint-Étienne ; il s'agit du double assassinat des dames Marcon, de ces deux vieilles quincaillières de la rue de Roanne que tout le monde connaissait.

« Cette affaire, à propos de laquelle on avait déjà arrêté un innocent que l'on a été obligé de relâcher, fait un tapage infernal, un bruit de tous les diables.

« A lire les journaux de Saint-Étienne et ceux de la région, on se croirait au lendemain du crime de Chambles.

« On ne parle pas d'autre chose, et comme l'opinion publique se fâche, comme tout le monde s'indigne sur l'assassinat des dames Marcon, qui menace de rester impuni comme celui de la Varizelle, comme celui du vieil ermite et tant d'autres, nos magistrats et nos policiers sont fort préoccupés, pour ne pas dire fort embêtés...

« Or, si vous voulez un bon conseil, un conseil sûr, un conseil d'ami, je crois que vous ne feriez pas mal de décamper de Saint-Étienne, et d'en décamper le plus tôt possible, et d'en décamper même sur-le-champ.

« D'ailleurs, je vous répète que vous ne trouveriez jamais une occasion plus propice, plus favorable, et que vous seriez certainement très imprudent si vous commettiez la faute de ne pas en profiter. »

Et l'inconnu avait parlé avec un accent si convaincu et si sincère, il avait déjà pris sur l'ancien faux-monnayeur un si grand empire et une si grande autorité, que celui-ci s'était laissé persuader.

Moins d'une heure après, Ravachol, admirablement grimé, admirablement déguisé, était donc déjà loin du théâtre de ses exploits, loin de cette ville de Saint-Étienne qu'il avait remplie du bruit de son nom.

Mais, comme on doit s'en rappeler aussi, il ne s'en allait pas seul. L'étrange inconnu, poussant le dévouement jusqu'au bout, avait voulu l'accompagner jusqu'à Lyon.

Et arrivés là, et comme ils allaient se séparer, Ravachol, presque suppliant, avait encore une fois de plus fait la même question :

— Dites-moi votre nom ?... Ne me laissez pas partir sans vous connaître.

Mais, cette fois encore, l'inconnu s'était contenté de hocher lentement la tête.

— Plus tard ! avait-il répondu, plus tard !...

Et cette réponse avait été faite sur un tel ton que l'ancien faux monnayeur avait parfaitement compris qu'il aurait tort d'insister.

D'ailleurs l'étrange personnage ne venait-il pas de lui dire qu'il se ferait connaître plus tard, et ne venait-il pas aussi de lui faire la promesse de le revoir, de le retrouver un jour ?

Mais Ravachol n'en était pas moins resté sous le coup de cette même pensée fixe qui sans cesse le poursuivait, qui sans cesse l'obsédait.

Très souvent, dans sa petite chambre du quai de la Marine, à Saint Denis, Simon dit Biscuit, qui lui tenait compagnie, le voyait tout à coup se redresser, tout à coup tressaillir.

— Eh bien ! qu'est-ce donc ?... A quoi penses-tu ?... Quelle réflexion fais-tu ? lui demandait vivement ce dernier.

Alors, après un moment de silence :

— Je pense à lui... je pense à mon bonhomme de là-bas, répondait l'ancien faux-monnayeur, le visage plus grave et le regard fixe.

— A ton individu de Saint-Étienne ?

— Oui. Et je me demande encore, et je me demande toujours qui diable il pouvait bien être.

— Bah! répliquait vivement Simon; l'essentiel, c'est qu'il t'ait tiré des griffes de la rousse... Ne te préoccupe donc pas du reste...

Mais c'était plus fort que Ravachol; cette étrange, cette mystérieuse aventure, il s'en préoccupait toujours.

Un matin, il se rendit chez son ami Chaumentin qu'il trouva en train de travailler dans le petit atelier attenant à sa cuisine.

Les bras nus, un large tablier de cuir serré autour des reins, Chaumentin était en train de tirer le soufflet de sa forge.

— Ah! c'est toi? fit-il. Comment va?

— Pas mal, répondit Ravachol.

Et au bout de quelques secondes, il ajouta :

— Tu ne sais pas pourquoi je suis venu te voir ?

— Non.

— Eh bien! je suis venu parce que j'ai à te parler... quelque chose à te dire.

Chaumentin avait eu un mouvement de surprise.

Il regarda fixement Ravachol.

— Quelque chose à me dire ?... Et de quoi s'agit-il?

— Voici, mon vieux. Quand un beau jour je suis tombé ici, à Saint-Denis... tombé ici chez toi, nous étions complètement, l'un pour l'autre, deux inconnus, deux étrangers...

— Pardon! l'interrompit Chaumentin. Je ne t'avais jamais vu, c'est vrai, mais j'avais plusieurs fois entendu prononcer ton nom.

« Mais où veux-tu en venir?

— Oui, tu me connaissais peut-être de nom, et c'est tout, reprit l'ancien faux-monnayeur sans répondre directement à la question de Chaumentin.

« Cependant, comme je pouvais me recommander à toi de quelques-uns de nos amis, de quelques-uns de nos camarades de Saint-Étienne, tu n'as pas hésité à m'ouvrir ta porte et à me recevoir à bras ouverts.

— Après? fit Chaumentin qui paraissait de plus en plus surpris, de plus en plus intrigué.

— Nous avons eu ensemble de longues conversations, de longs entretiens, et comme la plus vive sympathie n'avait pas tardé à exister entre nous, je t'ai fait à peu près toutes mes confidences...

LES EXPLOITS DE RAVACHOL

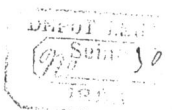

Ah! je t'assure que c'était une chasse curieuse, une chasse amusante.

— Oui, tu m'as raconté le roman de ta vie, dit Chaumentin avec un sourire. Eh bien ! Ravachol?

— Eh bien ! cependant, il y a certaine histoire que je ne t'ai pas encore fait connaître...

— Quelle histoire?

— Je ne t'ai jamais dit, par exemple, comment j'avais pu réussir à m'évader de là-bas, à m'évader de Saint-Étienne...

« Et pourtant cela aussi j'aurais dû te le dire, cela aussi j'aurais dû te le raconter, car je te jure que ce n'est peut-être pas la page la moins curieuse et la moins intéressante de ce que tu appelles le roman de ma vie.

Chaumentin venait de sortir de la forge une énorme barre de fer rougie.

Il la posa sur l'enclume et dit :

— Attends un instant... je suis à toi...

D'un bras vigoureux il martela le fer, faisant jaillir sous son lourd marteau des gerbes d'étincelles.

Puis ce travail achevé :

— Eh bien ! vas-y, je t'écoute, dit-il.

— Car tu penses bien, reprit l'assassin de l'ermite, qu'il est arrivé un moment où je ne pouvais plus rire.

« Pendant longtemps j'avais eu une chance inouïe, une veine incroyable.

« Vingt fois la police aurait dû me saisir, vingt fois elle aurait dû me prendre ; mais au moment même où elle croyait déjà me tenir dans ses griffes, je trouvais encore, je trouvais toujours le moyen de lui glisser entre les doigts...

« Ah ! je t'assure que c'était une chasse curieuse, une chasse amusante et que je ne puis encore y penser sans en rire.

« Mais enfin, un beau jour, les choses se gâtèrent. De plus en plus le cercle se resserrait autour de moi, de plus en plus je me sentais sur le point d'être pris.

« Enfin, bref, il arriva une heure où je n'avais plus qu'à attendre les gendarmes, quand, par miracle, un homme vint à moi et me sauva...

Chaumentin s'était redressé.

— Quel homme?... Un ami?

— Non, un homme que je n'avais jamais vu, un homme que je ne connaissais pas et que je ne connais pas encore...

L'autre venait de se mettre à rire.

— Comment! que tu ne connais pas encore! qu'est-ce que tu me chantes...

— Je ne te dis que la vérité... Écoute mon histoire.

Et Ravachol, sans oublier la moindre circonstance, le plus mince détail, se mit à raconter à Chaumentin son étrange aventure avec l'inconnu.

Il lui raconta comment il l'avait rencontré là-bas dans cette auberge.

Comment cet homme l'avait caché pendant plusieurs semaines dans une maison isolée de Saint-Étienne.

Comment enfin il avait voulu l'accompagner le jour de son départ.

— Oui, ajouta Ravachol, si à cette heure je suis encore libre, c'est à cet homme que je le dois... Et il n'a pas même voulu me dire son nom...

— Oui, c'est bien étrange, dit Chaumentin, tout pensif.

— Or, reprit l'ancien faux-monnayeur, je n'ai plus d'autre pensée que de découvrir à qui j'ai eu affaire...

« Mais comment veux-tu que j'arrive à percer ce mystère?

« C'est impossible.

« Alors, ce matin, j'ai tout à coup pensé à toi...

— A moi?

— Oui, oui... Tu as très longtemps habité Saint-Étienne et tu y retournes encore très souvent... Là-bas, tu me l'as dit toi-même, tu connaissais à peu près tout le monde.

« Or, si je te dépeignais mon individu, si je te donnais son signalement, qui sait si tu ne le reconnaîtrais pas?

— Ce serait bien extraordinaire, dit Chaumentin en souriant, car enfin je ne connais pas tout à fait tout le monde, et si je te l'ai dit, c'était une façon de m'exprimer.

« Mais parle toujours, donne-moi le signalement de cet homme.

Alors Ravachol donna très exactement, très fidèlement le signalement de l'inconnu.

Chaumentin réfléchit longtemps, puis il finit par dire :

— Non, ce personnage ne réveille en moi aucun souvenir, ce personnage ne me rappelle rien.

Et il eut beau chercher encore, fouiller encore dans sa conscience, il ne put jamais faire que la même réponse :

— Non, cet homme-là je ne le connais pas... Mais tu pourrais aussi t'adresser à Béala... Il connaît Saint-Étienne peut-être encore mieux que moi...

« Qui sait si tu n'aurais pas plus de chance avec lui?

Mais Béala, interrogé le jour même par Ravachol, ne put rien lui apprendre de plus.

Et, chose étrange, maintenant que Ravachol était arrêté, maintenant qu'il avait passé par de si terribles émotions, maintenant que, condamné à mort, il n'attendait plus que le moment de monter à l'échafaud, c'était toujours la même pensée fixe qui lui revenait, la même pensée fixe qui l'obsédait.

— Il avait bien promis de me revoir, se disait-il en pensant à l'homme mystérieux, mais je ne le reverrai pas, et je vais mourir sans le connaître...

XXIX

SUITE DU PRÉCÉDENT

Ravachol n'avait plus que quelques jours à vivre.

Ce matin-là, la tête dans ses mains, il lisait très attentivement un livre qu'il avait demandé.

Ce livre était une sorte d'histoire des prisons, et l'ancien faux-monnayeur lisait avec attendrissement ce fait très dramatique, très touchant, et que nos lecteurs nous sauront peut-être gré de retranscrire ici :

« Avant de quitter Saint-Lazare, disait l'auteur de ce livre, une des limoneuses prisons à sonder dans les temps passés et présents, nous prendrons la liberté de mettre encore hors rang une individualité.

Celle-là, cependant, a eu à répondre à une terrible accusation.

Vingt années de fers, moins quelques jours retranchés par la clémence royale, ont pesé sur sa vie, mais l'expiation a racheté la faute; la femme courageuse s'est relevée par son repentir et sa persévérance dans le bien.

Faisons donc comparaître sur le seuil de la porte de Saint-Lazare, quand ce ne serait que pour montrer comme un exemple à imiter dans son repentir, à ceux que la loi frappe, Angélique Delaporte, plus connue sous le nom de Mlle Morin.

Au commencement de l'année 1806, la vente de l'hôtel Saint-Phar, boulevard Poissonnière, était poursuivie au tribunal de la Seine.

Deux adjudicateurs se présentaient, M. Ragouleau, ancien avocat, et la veuve Morin, propriétaire; cette dernière resta propriétaire de la maison au prix de 96,000 francs.

Ragouleau prêta plus tard 100,000 francs, emprunt onéreux fait par la veuve Morin, à 10 0/0, sur les têtes du vieillard, de sa femme et de ses deux enfants.

La veuve Morin, obligée de rembourser dans un bref délai plusieurs rentes viagères hypothéquées sur l'hôtel Saint-Phar, ne put faire face à cet engagement.

Ragouleau acheta adroitement le titre d'un de ces créanciers, et sa rente à lui-même n'étant pas religieusement servie, Mme Morin ne tarda pas à se voir déposséder de l'hôtel Saint-Phar, qui devint la propriété de Ragouleau.

Mme Morin établit une modeste laiterie pour exister, elle et ses deux enfants.

Cependant ses relations de bon rapport ne parurent pas cesser entre elle et M. Ragouleau : un jour même elle vint engager ce dernier à déjeuner chez elle et à l'accompagner avec sa fille à une maison de campagne qu'elle désirait acheter.

Ragouleau avait accepté ; il se rendit chez Mme Morin ; le déjeuner était servi, il refusa d'en prendre sa part sous prétexte d'indisposition et proposa de partir sur-le-champ pour la campagne.

Un carrosse de place avança et l'ordre fut donné au cocher de se diriger sur Clignancourt.

A la barrière de la Villette, la voiture est cernée par des agents de police.

La veuve Morin et sa fille, surprises à la vue d'un magistrat qui les interroge, répondent qu'elles vont avec un de leurs amis visiter une maison de campagne située près de Montmartre.

Ragouleau avait été prévenu que Mme Morin et sa fille avaient formé le projet de l'assassiner et de le dépouiller.

Il avait averti l'autorité.

Le commissaire de police fit conduire la veuve Morin et sa fille à Clignancourt, dans la maison indiquée.

Les soupiraux de la cave avaient été bouchés l'avant-veille, par ordre de Mme Morin, et on assura que des coups de pistolet y avaient été précédemment tirés afin d'expérimenter si la détonation pourrait être entendue du dehors.

Dans une chambre, on trouva de la poudre fine et des balles pour pistolets.

Dans le caveau, tout avait été préparé pour la mise en scène du drame lugubre qu'on devait y jouer.

Dans le fond, à gauche du premier caveau, se trouvait une petite table sur laquelle étaient deux chandelles allumées dans leurs flambeaux ; un encrier, des plumes, du papier, une corde, un lacet en soie étaient posés sur la table.

Le sable fonçant sous le poids du corps, il fut découvert deux pistolets chargés à balles et amorcés.

Au fond du second caveau se dressait un poteau de deux pieds et demi de hauteur, butté dans le sol avec des moellons, une chaise était adossée au poteau, auquel pendait une chaîne.

Mlle Morin, à peine âgée de seize ans, assume sur elle toute la criminalité de l'action.

Elle confesse que tout est disposé pour contraindre Ragouleau, l'auteur de la ruine de sa famille, à opérer forcément une restitution, en souscrivant des billets ; les pistolets et le lacet serviront à l'effrayer, la chaîne à l'attacher au poteau, les cordes à lier ses jambes, de manière à ne lui laisser libre que l'usage des mains pour sa signature ; on ne veut exiger de lui que l'équivalent du dommage qu'il a causé.

Mlle Morin dit que, seule, elle a formé la résolution de reprendre par la force ce que Ragouleau avait enlevé par la ruse à sa mère ; c'est elle qui a médité et ordonné tous les moyens d'exécuter le complot.

Par son ordre, un domestique a acheté les pistolets, la poudre, les balles.

Elle a voulu qu'on lui montrât à charger les armes et à s'en servir.

A son tour la mère a voulu prendre sur elle la responsabilité de tous les faits, rejetant les aveux de sa fille sur son amour filial.

Mais, devant les magistrats, la jeune fille, offrant en holocauste ses seize ans, demanda que la condamnation la frappât seule.

Elle prit la parole.

Le président des assises, M. Cholet, réclama lui-même l'intérêt pour cette jeune fille qui s'avança au prétoire comme adversaire de l'avocat général Girod de l'Ain.

Elle émut fortement l'assemblée quand elle parla des soins dont sa mère entoura son enfance et quand elle chercha à combattre les funestes préventions que son complot avait pu faire naître sur les qualités de son cœur.

Elle déroula un tableau effrayant des séductions auxquelles son âme avait été livrée par une femme adroite, agent provocateur perfide qui l'avait poussée au crime.

Cette femme était un agent secret de la police, chassée pour infidélité, cherchant d'une part à rentrer en grâce en révélant un grand complot, et d'autre part à être richement récompensée par Ragouleau en se montrant comme son sauveur.

— Ce fut elle, dit Mlle Morin, qui la première me parla de vengeance, m'en fit naître l'idée, la nourrit, l'encouragea, fit taire les scrupules, aplanit les difficultés et nous entraîna dans l'abîme.

« Je me trompe, ce fut principalement sur moi qu'elle exerça ses séductions.

« Jeune, sans expérience, ayant de l'exaltation dans la tête, de l'amour filial au cœur, ne voyant que ma mère, ses larmes, son avenir, en me parlant d'elle on était sûr que mon sang, ma vie, aucun sacrifice ne m'eût coûté.

« Chaque jour j'avalais le poison de la séduction, chaque jour la misérable contemplait ses progrès, et bientôt elle eut la satisfaction de ne me voir plus respirer que la vengeance. »

Mlle Morin protesta hautement qu'elle n'avait jamais eu l'intention d'assassiner M. Ragouleau, mais seulement de l'effrayer.

Elle a persisté à soutenir que tout ce qui avait été fait était son ouvrage, et que seulement à la dernière extrémité elle avait fait parler ses prières, ses larmes, elle avait peint leur avenir affreux à elles deux, et qu'alors seulement sa mère avait consenti à la laisser accomplir ce qu'elle considérait comme un devoir.

— Vous connaissez mon âme tout entière, a dit la jeune fille en terminant ; je ne vous ai rien caché, je n'ai rien déguisé, ni ma faute, ni sa gravité, ni mon repentir.

« Si vous me jugez coupable et qu'il faille un exemple, que votre sévérité retombe uniquement sur moi ; je ne connais de la vie que les peines, je ne tiens pour ainsi dire à rien, je n'ai rien à perdre, rien à regretter, mais épargnez ma mère. »

L'accusée est interrompue par ses larmes et par ses sanglots.

Elle va prendre un moment de repos, quand elle croit s'apercevoir que sa mère veut revendiquer une partie de la culpabilité.

Elle semble reprendre alors sa force et, d'un éclat de voix déchirant, s'écrie en se tournant vers les juges :

— Par pitié, messieurs, ne l'écoutez pas ! Par pitié, soyez incrédules ! Il lui reste un fils en bas âge, qu'elle vive pour lui !...

La mère et la fille furent condamnées à vingt ans de travaux forcés et à une heure d'exposition.

Saint-Lazare les reçut.

A cette époque, cette prison était divisée en plusieurs sections qui comprenaient :

L'une, les détenues pour dettes ;

L'autre, les filles publiques ;

Une autre, les voleuses condamnées pour récidive à une longue captivité.

Ce fut par faveur que Mme et Mlle Morin furent gardées dans cette localité.

Le séjour de la mère fut marqué par la résignation passive ; mais sa jeune fille, qui débutait dans la vie par la prison et qui ne voyait la liberté que dans un horizon bien lointain, porta son activité et son imagination vers une existence nouvelle qu'elle se créa dans ce lieu où tant d'autres végètent en léthargie.

Elle éveilla la sympathie de ses compagnes de captivité, par les soins assidus qu'elle ne cessa de prodiguer à sa mère.

Le travail était obligatoire pour toutes les prisonnières ; la jeune Angélique n'était jamais plus heureuse que lorsqu'elle pouvait obtenir des chefs de l'administration la faveur de remplir la tâche de l'auteur de ses jours.

LES EXPLOITS DE RAVACHOL

A la porte de la prison.

On vit éclore les qualités de l'enfant comme une fleur hâtive dans une atmosphère qui d'habitude étouffe tous les bons germes.

Quelques années s'écoulèrent, et M{ll} Morin était devenue contre-maîtresse d'atelier.

En contact incessant avec la population gangrenée au milieu de laquelle elle vivait, elle imposait le respect aux plus éhontées, l'affection aux plus perverses.

En donnant des conseils, des leçons ou des exemples, elle semblait accomplir un saint apostolat.

Ce qu'elle gagnait par l'étude en instruction ou en qualités personnelles, elle en offrait le tribut à celles qui au départ de la vie avaient été livrées à l'ignorance ou égarées dans de mauvaises voies.

Ce n'était point l'expiation d'une faute que la prisonnière semblait accomplir à Saint-Lazare, mais bien une pieuse mission comme celle de ces quakeresses qui portent, dans les prisons de la Grande-Bretagne, l'instruction et la charité.

Un grand nombre de jeunes filles égarées, vouées par leur naissance ou par l'abandon de leur famille au vol ou à la prostitution, ont dû leur conversion à l'empire que prit sur elles la contremaîtresse captive.

Cette bienfaisante circonscrite dans la prison, ce dévouement qui prenait de la force dans les occasions fréquentes de se manifester, n'eurent d'échos que dans l'enceinte de Saint-Lazare.

Ce ne fut qu'après de longues années que l'expression de la reconnaissance perça les murs de la geôle, et qu'on apprit au dehors les actes méritoires de la détenue dont le nom et le trait audacieux avaient jadis jeté l'effroi parmi le peuple, qui ne recevait pas alors comme aujourd'hui, en pâture quotidienne, la révélation des drames de la cour d'assises.

L'intérêt s'attacha, quoique tardivement, à Mlle Morin, et quelques années avant la révolution de 1830, une lettre de grâce la rendit, ainsi que sa mère à la liberté. »

Sa lecture achevée, l'assassin de l'ermite se redressa lentement.

Puis, un bras sur le dossier de sa chaise, les jambes croisées, il se tourna du côté de la fenêtre et regarda l'œil fixe, l'esprit perdu, le jour pâle et triste qui filtrait à travers les barrreaux de sa prison.

A quoi donc pensait-il ?

Était-ce à l'histoire si dramatique qu'il venait de lire, à l'histoire si tragique de Mlle Morin?

Non.

Mais c'était toujours la même obsession qui venait de le saisir et de le reprendre, mais c'était encore le souvenir de l'inconnu qui lui revenait.

Les deux gardiens, qui l'observaient, venaient d'échanger un coup d'œil.

Pour eux, si Ravachol avait le front si sombre et s'il semblait ne plus rien voir autour de lui, c'est qu'il devait penser à sa mort prochaine, au supplice qui l'attendait.

Alors l'un d'eux se sentit malgré lui ému de pitié.

C'était un vieux soldat aux allures brutales, à la poigne d'acier, mais qui, sous des dehors peut-être un peu trop brusques, cachait un cœur facile à émouvoir.

Aussi, malgré tous les crimes commis par l'ancien faux-monnayeur ne pouvait-il s'empêcher d'être touché en songeant qu'il allait bientôt expier, bientôt mourir.

Très bavard, le vieux gardien cherchait d'habitude à distraire le prisonnier en lui racontant ses campagnes, ses souvenirs de régiment.

Il avait été en Crimée, en Afrique, en Italie, et il avait vu tant de choses qu'il avait toujours un nouveau chapitre, une nouvelle histoire à raconter.

Ravachol, qui paraissait l'écouter, ne lui prêtait pourtant qu'une oreille très distraite.

— Quel vieux briscart!... quel vieil abruti!... pensait-il avec dédain.

Or, ce jour-là, le vieux soldat eut beau recommencer le récit de ses aventures, il eut beau même interpeller à deux ou trois reprises l'assassin de l'ermite, celui-ci ne daigna même pas tourner la tête vers lui.

Toujours immobile et le regard fixé sur la fenêtre, il continuait de songer, de réfléchir.

Alors le vieux gardien, qui avait fini par s'apercevoir que toutes ses histoires n'obtenaient pas le moindre succès, changea de tactique.

— Après tout, se dit-il, je suis bien stupide de croire que ce garçon peut s'intéresser à toutes mes balivernes.

« Je pourrais bien lui parler jusqu'à demain qu'il ne saurait seulement pas un traître mot de tout ce que je lui aurais dit.

« Non, non, ce qui le rend ainsi tout pensif et ce qui lui fait le front si pâle, c'est la sinistre vision qui passe devant ses yeux.

« Ce qu'il voit en ce moment, c'est sa dernière heure.

« Ce qu'il voit en ce moment, c'est l'échafaud dressé sur la place publique.

Puis, après avoir jeté encore un coup d'œil sur Ravachol, le vieux gardien ajouta, ne parlant toujours que pour lui :

— Oui, encore quelques jours, encore quelques heures, et il y passera !... Encore quelques jours et dans cette cellule des hommes entreront, des hommes qu'il voit aussi et dont la seule pensée le fait frémir !

« Oh ! je sais bien qu'il paraît très calme, très résigné, et qu'il veut faire le brave, et qu'il affecte un beau mépris de la mort, mais cela n'empêche pas que sous cette apparence si tranquille il soit plein d'appréhension et de terreur.

« Oui, oui, voilà la pensée qui en ce moment l'accable, qui en ce moment le torture.

« Il sent déjà tomber sur ses épaules la main du directeur de la prison, et il l'entend déjà lui dire ces mots terribles que les plus résolus, que les plus braves ne peuvent entendre sans un frisson d'épouvante : «Ravachol, levez-vous !... Ravachol, c'est l'heure de mourir !...»

« Et il voit aussi se dresser en face de lui les figures sombres du bourreau et de ses aides...

« Et il se voit saisi, entraîné par eux... Ils l'ont poussé dans la chambre sinistre où se fait la dernière toilette... Il sent sur son cou le froid des ciseaux qui font tomber ses cheveux, et il a déjà les mains liées, les pieds entravés.

« Puis la porte de la chambre s'ouvre. Deibler et ses aides l'emportent... Ils lui font traverser les noirs corridors de la prison... On arrive enfin dans la cour, et une voiture est là, une voiture dans laquelle on le jette...

« La voiture s'ébranle... Il entend le cliquetis des sabres et le galop des chevaux... Puis des bruits, des rumeurs, des clameurs lui parviennent... Il devine que c'est la foule qui court le voir mourir, que c'est la foule qui se rue au lieu de son supplice.

« Enfin la voiture s'arrête... On le fait descendre... Il lève les yeux et voit le couteau !...

« Oui, oui, ajouta encore le vieux gardien, voilà la terrible vision qui passe en ce moment devant les yeux de cet homme...

« Mais cette vision, comment faire pour l'en arracher ?

Alors, une idée vint à l'ancien soldat.

Se tournant vers Ravachol, qui conservait toujours la même attitude :

— Dites donc, lui cria-t-il, vous savez que tout n'est pas fini, que le dernier mot n'est pas dit...

Cette fois, l'ancien faux-monnayeur venait de sortir de sa rêverie.

Il regarda le gardien.

— Que voulez-vous dire ? demanda-t-il.

— Je veux dire, répondit l'autre, que la Commission des grâces ne s'est pas encore réunie, qu'elle n'a pas encore prononcé son arrêt, et que, par conséquent, vous pouvez espérer encore.

L'assassin de l'ermite avait eu d'abord un sourire de dédain, puis, brusquement, il eut un mouvement d'emportement, presque de colère.

Puis la voix forte, l'air très dur :

— Dites donc, s'écria-t-il, pour qui me prenez-vous ?... A qui croyez-vous donc raconter vos sornettes d'enfant ?... La Commission des grâces ne s'est pas encore réunie !... Le dernier mot n'est pas dit !... Tout n'est pas fini !... Je puis espérer encore !...

Ravachol haussa les épaules, puis reprit :

— Décidément, vous me prenez non seulement pour un imbécile, mais encore pour un poltron et un lâche...

« La Commission des grâces !... Mais est-ce que je ne connais pas déjà son verdict ?... mais est-ce que je ne connais pas déjà mon arrêt ?

« Et puis, pour que vous me parliez ainsi, pour que vous vous donniez la peine de me rassurer, est-ce que, par hasard, vous m'avez vu quelquefois avoir peur ?... est-ce que vous m'avez vu quelquefois avoir l'air de trembler ?

« Est-ce que je ne vous ai pas dit, est-ce que je ne vous ai pas répété, au contraire, que je trouvais le temps bien long et que j'avais hâte d'en finir ?

« Oh ! oui, je trouve le temps bien long et je voudrais déjà que mon dernier jour fût venu.

Et sans ajouter un mot de plus, Ravachol reporta les yeux sur le livre qui était resté ouvert devant lui.

Et il le parcourait d'un regard distrait quand un mot frappa son attention.

La Conciergerie !

La Conciergerie ! N'était-ce pas là qu'il avait vécu toutes ses heures après son arrestation ?

La Conciergerie ! N'était-ce pas de là qu'il était parti pour venir se faire juger à Montbrison ?

Alors une curiosité le prit et il voulut connaître aussi l'histoire de cette sombre prison.

Et il lut :

« La Conciergerie est le vestibule de la cour d'assises et des prisons criminelles.

« La Conciergerie est le premier cachot de la vieille cité de Lutèce ; la domination étrangère le creusa sous ses pieds ; la tyrannie féodale s'efforça de l'élargir ; la civilisation et la liberté ne l'ont pas comblé.

« L'étymologie est bien simple : l'ancien régime confiait les prisons d'État à des gouverneurs, et les prisons ordinaires à des concierges ou geôliers : il y eut en France des *conciergeries* et des *geôles*.

« Dulaure avait raison quand il écrivait, en parlant de la Conciergerie de Paris :

« Cette prison, la plus ancienne, la plus formidable de toutes,
« conserve encore le caractère hideux des temps féodaux. Ses tours, son
« préau, le corridor obscur par lequel les prisonniers sont introduits,
« portent dans l'âme la tristesse et l'effroi. »

« M. Philarète Chasles avait raison aussi, quand il disait de cette vieille maison de justice :

« La voilà, cette Conciergerie !

« Près du vaste escalier dont les degrés conduisent au Palais de
« Justice, nous découvrons dans un coin, à droite, enfoncé sous terre,
« caché par une double grille, écrasé par l'édifice qui le domine, le souter-
« rain dont je parle : le poids de tous ces bâtiments l'étouffe, comme la
« société pèse sur le détenu, innocent ou coupable.

« Dans ce souterrain, auquel se rattache toute l'existence de la cité
« reine, que de douleurs se sont donné rendez-vous !

« Là se trouvent les plus antiques cachots de France ; dès que la cité « commence, le cachot s'ouvre. »

« Aujourd'hui, on n'arrive plus dans l'enceinte de la Conciergerie par la petite porte, par la petite cour du Palais.

« On lui a donné de nouvelles grilles, de nouvelles issues, et des lumières moins sépulcrales.

« On a donné aux gardiens des habits plus convenables, un peu plus d'air aux prisonniers, un peu plus d'espace aux escaliers et aux corridors, mais, hélas ! la Conciergerie a toujours conservé cet aspect physique dont la tristesse effrayait Dulaure : elle est encore triste comme son origine, lugubre comme son histoire.

« Toutes les classes, toutes les opinions, toutes les sectes de notre pays ont légué quelque chose de funèbre à cette espèce de nécropole des vivants. Le Paris et la France de tous les siècles sont là, à demi cachés sous les voûtes du Palais et de la Conciergerie...

« La Conciergerie d'autrefois, continua de lire l'ancien faux-monnayeur, pourrait se vanter, au besoin, d'avoir logé, d'avoir peut-être tourmenté dans le même cachot un grand seigneur comme d'Entragues et un grand voleur comme Cartouche, des bandits de la cour des Miracles et des frondeurs de la minorité, d'ambitieux gentilshommes de la cour de Louis XIII et de célèbres empoisonneuses du temps de Louis XIV.

« Dans ce lamentable épisode des prisons, qui assombrit encore aujourd'hui, sur le théâtre de l'histoire, le spectacle de la cour et de la ville du grand siècle, il n'y avait rien que la noblesse eût le droit de reprocher au peuple : la Voisin était une bourgeoise, la Brinvilliers était une marquise, et la noble empoisonneuse eut le triste avantage de jeter dans Paris la première pincée de la *poudre de succession*.

« Le drame criminel de la Brinvilliers et de la Voisin a été vulgarisé par la tradition, par la complainte, par la chronique, par la correspondance littéraire, par le roman et par le théâtre ; mais, vraiment, l'on ne saurait jamais trop en dire sur des crimes dont la seule pensée faisait trembler les bourgeois de Paris, sur deux misérables femmes dont le nom faisait tressaillir un roi de France, au milieu de toute sa cour épouvantée.

« En 1675, un homme nommé Sainte-Croix, ancien capitaine au régiment de Tracy, et complice de Mme de Brinvilliers, mourut à Paris d'une façon assez singulière : il travaillait dans un laboratoire à la composition de quelque poison ; le masque de verre dont il avait couvert son visage se brisa tout à coup, et le chevalier de Sainte-Croix tomba comme s'il eût été frappé de la foudre.

« La justice procéda à un inventaire dans la maison du chevalier : on y trouva une cassette, des lettres et le titre d'une donation.

« La cassette contenait des poisons de toutes sortes ; les lettres étaient signées du nom de Mme de Brinvilliers ; la donation était un engagement de la marquise au profit de Sainte-Croix.

« Mme de Brinvilliers, effrayée par l'horrible héritage que son complice venait de léguer à la magistrature, essaya de lutter contre la déposition posthume de Sainte-Croix; mais un ancien valet de chambre de l'empoisonneur fut arrêté : ce domestique, nommé Lachaussée, fut soumis à la question, et la marquise ne songea plus qu'à se réfugier à Londres, où elle apprit que le misérable Lachaussée avait été roué vif en place de Grève, et qu'elle avait été condamnée elle-même à avoir la tête tranchée.

« Mme de Brinvilliers se cacha tour à tour à Londres, à Bruxelles et à Liège ; ce fut à un couvent qu'elle demanda un asile qui lui semblait inviolable : elle comptait sans la vigilance de la police de Paris et sans l'habileté audacieuse de l'agent Desgrais.

« La marquise était dans un couvent : il s'agissait de l'en faire sortir, de l'emmener hors de la ville, de la livrer à une troupe d'archers, de la jeter dans une voiture et de la conduire à Paris.

« Tout cela fut pour Desgrais l'affaire d'un déguisement, d'un mensonge et d'une déclaration d'amour... »

Un sourire venait de glisser sur les lèvres de Ravachol.

Il ne pouvait s'empêcher de penser que ce policier-là était un peu plus habile, un peu plus malin que ceux qui l'avaient inutilement traqué à Saint-Étienne.

Puis, la tête toujours dans ses mains, il continua sa lecture :

« Desgrais prit un costume d'abbé pour arriver jusqu'à la marquise ; il lui offrit, pour la rassurer, la protection de la magistrature et de l'Église.

« N'appartenait-elle pas à la noblesse de robe, et n'avait-elle pas un ami dans M. Penautier, le receveur général du clergé ?

« Enfin, Desgrais feignit de prendre garde aux belles manières, au beau langage et aux beaux yeux de la marquise.

LES EXPLOITS DE RAVACHOL

C'était Saint-Étienne qui vivait, qui allait à ses plaisirs ou à ses affaires.

« Elle sortit du couvent ; elle s'aventura dans la campagne de Liège, bras dessus, bras dessous, avec son nouvel orateur, et Mme de Brinvilliers ne tarda pas à paraître devant un conseiller du Parlement, dans la chambre de torture de la Conciergerie. »

L'assassin de l'ermite de Chambles venait d'avoir un nouveau sourire.

Il reconnaissait qu'en effet le tour avait été très habilement, très adroitement joué.

« La marquise, poursuivit-il, commença par nier tous les crimes dont on l'accusait; alors on lui présenta un journal manuscrit qu'elle avait rédigé au couvent, et qui avait pour titre : *Confession générale*, horrible confession d'une vie monstrueuse.

« On lui parla des aveux de Lachaussée : elle repoussa violemment l'autorité des paroles suprêmes d'un complice. On lui fit voir l'appareil de la question, et le courage lui manqua pour se taire jusqu'au bout de la torture.

« — C'est vrai, dit-elle alors, j'ai empoisonné mon père et mon frère ; c'est vrai, j'ai donné du poison à mon enfant, et j'en ai voulu donner à mon mari.

« — D'où venaient les poisons ? lui demanda-t-on.

« — Du laboratoire de Sainte-Croix.

« — Sainte-Croix les composait lui-même ?

« — Oui, avec l'aide d'une science qu'il avait étudiée à la Bastille dans l'intimité d'un Italien, d'un chimiste, d'un empoisonneur nommé Exili.

« — Sainte-Croix ne fut-il pas enfermé dans le donjon, sur la demande officielle de votre mari, et par votre faute ?

« — J'en conviens. J'étais jeune ; on me trouvait jolie ; on me croyait spirituelle ; M. de Brinvilliers s'empressait de me faire les honneurs du monde ; nous étions riches ; nous avions des amis ; j'avais des adorateurs ; grâce à la faiblesse de M. le marquis, je finis par avoir un amant.

« — Le chevalier de Sainte-Croix, un aventurier, un intrigant ?

« — Oui, un homme qui était tout cela et que j'aimais ! M. de Brinvilliers se ravisa, mais un peu tard, sur le compte du chevalier ; il obtint contre lui une lettre de cachet, et le donjon de la Bastille fut le premier laboratoire de mon complice.

« Quand il devint libre, il excellait déjà dans la composition des poisons les plus actifs, les plus subtils; il aurait caché, au besoin, le poison et la mort dans une fleur, dans une orange, dans un gant, dans une lettre, dans rien!

« — Quelle fut votre première victime?

« — M. Daubray... mon père : je m'agenouillai à ses pieds, en jouant, je me pris à lui sourire, et je lui offris un breuvage... il était mort.

« — A cette époque, vous affectiez de certains airs de religion, vous portiez le masque d'une dévote, vous hantiez le confessionnal et vous visitiez les hospices en parlant aux malades et aux pauvres du Dieu qui commande la foi, l'espérance et la charité !

« — Vous avez raison, mais ce que vous ignorez peut-être, c'est qu'un jour, dans une visite à l'Hôtel-Dieu, j'essayai sur des malades le pouvoir de notre mystérieuse science : je leur offris des biscuits empoisonnés, et j'achevai les mourants.

« — Vous aviez deux frères?

« — Nous étions trop de deux dans la famille : Lachaussée, l'ancien valet de chambre de Sainte-Croix, reçut l'ordre d'empoisonner mes deux frères.

« Ils moururent à la campagne, avec quelques-uns de leurs amis, après avoir mangé une espèce de tourte aux pigeonneaux que Lachaussée accommodait à merveille.

« — Vous avez empoisonné un de vos enfants?

« — Sainte-Croix le haïssait.

« — Vous avez voulu empoisonner votre mari?

« — Mon mari vit encore, grâce à la trahison de Sainte-Croix, qui voulait que M. de Brinvilliers restât en ce monde pour me garder.

« J'ai eu beau faire, le poison à la main, pour me débarrasser de ce dernier ennemi, le poison était neutralisé par un antidote infaillible ; Sainte-Croix ressuscitait, chaque matin, le malheureux que j'avais empoisonné la veille.

« — Aviez-vous d'autres complices que Lachaussée et Sainte-Croix?

« — Non.

« — La question vous fera peut-être dire le contraire...

« La torture arracha à Mme de Brinvilliers l'aveu de bien des forfaits qu'elle avait oubliés sans doute dans son premier interrogatoire.

« Elle se décida, bon gré mal gré, les yeux fixés sur les appareils de la question, à remonter jusqu'aux jours de son enfance et de sa première jeunesse, pour y découvrir des fautes, des indignités et des crimes : sa *confession générale* fut complète.

« Près de toucher à l'échafaud et au bûcher, la marquise de Brinvilliers réclama la communion, mais on la lui refusa.

« La célèbre empoisonneuse était la fille d'un magistrat : la magistrature demanda la grâce d'une pareille criminelle; mais Louis XIV ne daigna même pas prendre garde à une semblable demande.

« Le 16 juillet 1676, Mme de Brinvilliers franchit le seuil de la Conciergerie pour aller mourir en place de Grève, en passant par Notre-Dame.

« Il était six heures du soir, quand après avoir fait amende honorable la Brinvilliers arriva sur la place de Grève, entre le prêtre et le bourreau.

« La foule, curieuse d'assister à ce supplice de près ou de loin, était immense : du monde sur la place; du monde sur les toits; du monde dans les rues; du monde partout où l'on pouvait espérer d'entrevoir la figure, ou, au besoin, la cornette de la trop célèbre marquise.

« A l'aspect de quelques dames de la cour qui étaient venues chercher une émotion dans le drame dont elle était l'horrible héroïne, la patiente s'écria :

« — Oh! c'est vraiment un beau spectacle, n'est-il pas vrai, mes bonnes amies? un spectacle que vous pourrez conter ce soir à vos enfants! »

Ravachol venait de relever lentement la tête.

Les coudes repliés sur la table, le menton dans ses mains et le regard fixé devant lui, il semblait réfléchir.

Peut-être restait-il frappé de ces mots terribles qu'il venait de lire : la question... la torture... le bûcher... et se disait-il qu'après tout la mort qui l'attendait serait beaucoup plus douce?

Il demeura ainsi songeur pendant un assez long moment, puis enfin ses yeux retombèrent sur le livre.

« Mais Sainte-Croix, lut-il, l'air toujours très intéressé, n'avait pas emporté dans la tombe les mystères de son affreuse science : quatre ans plus tard, on ne parlait à Paris et à Versailles, que de poison et que d'empoisonnements.

« Le fantôme de la Brinvilliers effraya soudain le bourgeois, le grand seigneur, la royauté : l'Arsenal n'avait plus qu'à préparer sa chambre ardente.

« L'arrestation de la Voisin et de ses quarante complices troubla bien des consciences chez les grands et les petits : la cour et la ville avaient si souvent frappé, pour des causes bien innocentes sans doute, à la porte suspecte de cette femme.

« La chambre ardente commença par juger les complices de la Voisin : dix d'entre eux montèrent sur le bûcher de la place de Grève; les autres furent envoyés aux galères.

« Une femme allait remplir toute seule le cinquième acte de cette interminable tragédie : la Voisin parut enfin sur la scène de la Conciergerie et de l'Arsenal.

« Mme de Brinvilliers était gracieuse, élégante, spirituelle et polie; la Voisin est laide, mal faite, grossière, emportée, brutale.

« La première avait des faiblesses qui révélaient le cœur et l'esprit d'une femme; la seconde puise, dans le danger même, une force, une exaltation que l'on pourrait appeler l'enthousiasme de la scélératesse.

« L'une avouait les crimes qu'elle avait commis, et tressaillait aux pieds de son accusateur; l'autre imagine des crimes impossibles, pour donner encore plus d'orgueil à ses abominables passions, et pour s'en glorifier auprès de ses juges.

« La Brinvilliers disait avec une certaine apparence de repentir :

« — Mon cœur, qui ne valait pas grand'chose, et Sainte-Croix, qui ne valait rien, m'ont perdue.

« La Voisin s'écrie, avec une certaine apparence de vanité calomnieuse :

« — Ce sont vos grands seigneurs et vos grandes dames qui me perdent! Ils veulent égorger la bête après avoir épuisé son venin, je leur ai livré assez de poison pour tuer toute la cour et toute la ville!

« L'empoisonneuse de 1676 avait peur de l'appareil de la question; l'empoisonneuse de 1680 se moque de la torture et des tortionnaires.

« Elle rit avec ses gardiens; elle plaisante le lieutenant de police; elle boit avec les soldats qui la surveillent; elle crache avec dédain sur les instruments qui vont la torturer; elle retrousse sa robe sur le chevalet, avec un sourire qui s'amuse à parodier la pudeur; elle jure quand elle craint de s'évanouir; elle chante pour peu qu'on la soulage; elle insulte le tribunal, quand il l'interroge; elle blasphème, si on lui parle de Dieu... »

— Fichtre! un mâle que cette femelle-là! ricana tout bas Ravachol.

Et de plus en plus empoigné, oubliant même en ce moment sa propre situation, il continua de lire :

« Lorsque le lieutenant de police, le président, le rapporteur et le greffier de l'Arsenal entrèrent dans la salle de torture de la Conciergerie, pour lire à la Voisin l'arrêt de la chambre ardente, l'empoisonneuse leur dit en s'inclinant jusqu'à terre, et le plus indécemment qu'il lui fut possible :

« — Messieurs, je vous salue!

« — Écoutez à genoux votre arrêt, lui répondit M. de La Reynie, le lieutenant de police, et que le ciel vous fasse miséricorde! »

« Le greffier se mit à lire, en dépit des insultes, des blasphèmes et des chansons de la Voisin, l'arrêt de la chambre ardente.

« — Vous l'avez entendu, lui dit le président après cette lecture, vous êtes condamnée « pour impiétés, empoisonnements, artifices et ma-« léfices, larcins et complots contre la vie des personnes, sacrilèges « et autres crimes sans nombre, comme homicide de fait et d'intention, « comme coupable de pratiques diaboliques et criminelles de lèse-majesté « divine, à faire amende honorable à la porte de Notre-Dame...

« — A merveille! s'écria la Voisin, nous verrons le diable dans un bénitier.

« — A être conduite sur la place de Grève, continua le président, « pour y être brûlée, et vos cendres jetées au vent...

« — Qui les emportera dans l'enfer, je l'espère.

« — Vous êtes condamnée « à subir un nouvel interrogatoire sur les « complices que vous n'avez pas encore nommés... »

« — Vous n'avez qu'à les choisir parmi vos grands seigneurs et parmi vos grandes dames! Ne m'ont-ils pas empêchée, par leur sottise, de continuer modestement ma profession d'accoucheuse?

« Ils ont commencé par me demander les secrets de l'avenir, et je leur ai fait les cartes, et je leur ai tiré les plus magnifiques horoscopes.

« Ils m'ont demandé ensuite des *fioles de jeunesse*, et je leur ai vendu de l'eau claire en guise d'eau de Jouvence.

« Il m'ont demandé quelques brins de cette poudre de succession qui avait si bien réussi à Mme de Brinvilliers, et je leur ai livré mes meilleurs poisons ! Vous connaissez tous mes complices.

« — Enfin, vous êtes condamnée, reprit le président, « à subir la question ordinaire et extraordinaire... »

« — J'y répondrai de mon mieux, monsieur de Bezons ; liez-moi les mains derrière le dos, attachez-moi les jambes avec des cordes, allongez-moi sur le chevalet, torturez mon corps tout à votre aise : je continuerai à rire, à blasphémer, à chanter, en regrettant de ne pouvoir pas mettre un peu de vin dans votre eau !

« Allons, courage, greffier et bourreaux, je suis prête ! »

Ravachol restait tout pâle.

Certes, il savait bien qu'il ne *flancherait* pas devant Deibler ; il serait très crâne quand le moment serait venu de mourir, mais, c'est égal, cette Voisin lui faisait l'effet d'une rude gaillarde tout de même.

Et il poursuivit :

« — Premier pot de l'eau ordinaire ! dit M. de Bezons, en faisant un signe aux exécuteurs.

« — A votre santé ! répliqua la Voisin.

« Et la question commença par deux grandes pintes d'eau froide que l'on versa goutte à goutte dans la bouche de la patiente.

« Quand le coquemar fut épuisé, on allongea de trois crans le chevalet.

« La condamnée, dont le corps subissait ainsi l'extension de l'instrument de supplice, dit aux exécuteurs :

« — Vous avez raison, amis : on doit grandir à tout âge. Je me plaignais d'être trop petite : je veux être plus grande que ma sœur Brinvilliers.

« — Deuxième pot de l'ordinaire ! dit le président.

« — Que Dieu vous le rende ! répondit l'empoisonneuse.

« On vida le second coquemar ; le chevalet s'allongea de nouveau, en faisant craquer les os de la patiente, et la question continua de plus belle ou de plus laide, jusqu'à la dernière goutte de sept pots d'eau.

« Sur l'avis du médecin Morel, le président déposa sa baguette, et la Voisin fut soulagée : on l'étendit sur un matelas, tout près du feu, et les exécuteurs se donnèrent plus de mal pour la rappeler à la vie, qu'ils n'avaient pris de peine pour lui donner presque la mort.

« Renfermée dans son cachot, à minuit, la Voisin ne songea qu'à bien employer son temps ; elle avait bu quatorze pintes d'eau, elle voulut boire quatorze bouteilles de vin.

« Mme de Sévigné, qui avait raconté les derniers moments de la Brinvilliers, raconta aussi les dernières heures de la Voisin :

« Elle rentrant, elle dit à ses gardes : « Quoi ! nous ne ferons pas *médionoche?* »

« Elle mangea avec eux, à minuit, par fantaisie ; elle but beaucoup de vin, et chanta des chansons à boire, recommençant ainsi, toute brisée qu'elle était, à faire la débauche avec scandale.

« On lui fit honte, et on lui dit qu'elle ferait bien mieux de penser à Dieu et de chanter un *Ave* ou un *Salve*, que toutes ces chansons ; elle chanta l'un et l'autre en ridicule.

« Elle dormit ensuite.

« Le lendemain mercredi se passa de même, en débauches et en chansons.

« Enfin, le jeudi (22 février 1680), on ne voulut lui donner qu'un bouillon ; elle gronda, craignant de n'avoir pas la force de parler à ces messieurs.

« On voulut la faire confesser : point de nouvelles.

« A cinq heures, on la lia, et, avec une torche à la main, elle parut dans le tombereau, habillée de blanc : c'est une sorte d'habit pour être brûlée ; elle était fort rouge, et l'on voyait qu'elle repoussait le confesseur et le crucifix avec violence.

« A Notre-Dame, elle ne voulut jamais prononcer l'amende honorable ; et, à la Grève, elle se défendit autant qu'elle put de sortir du tombereau.

« On l'en tira de force, on la mit sur le bûcher, assise et liée avec du fer ; on la couvrit de paille ; elle jura beaucoup ; elle repoussa la paille cinq ou six fois ; mais, enfin, le feu s'augmenta ; on la perdit de vue, et ses cendres sont en l'air maintenant. »

« Le poison de la Voisin ne fut pas emporté par le vent qui dispersait les cendres de cette malheureuse, ajoutait, en terminant ces lugubres histoires, l'auteur du livre que venait de parcourir avec un si vif intérêt le meurtrier du vieil ermite de Chambles.

« Les empoisonnements à Paris devinrent une véritable épidémie, et

LES EXPLOITS DE RAVACHOL

« Rapide comme l'éclair, cet homme vola à son secours. »

ce n'est point là une des misères les moins caractéristiques des dernières années du règne de Louis XIV.

« Pauvre grand règne, qui expie son divin orgueil par toutes les petitesses de l'humanité !

« Pauvre grand siècle, qui capitule avec sa conscience, qui se fait dévot pour jouer à la religion, grave pour jouer avec la sagesse, triste pour jouer au repentir, et qui finit par donner à l'homicide même le masque de l'hypocrisie : le masque de l'empoisonneur Sainte-Croix ! « (*Histoire de Paris. L'Ancien et le Nouveau.*)

Ravachol feuilleta encore quelques pages du volume, puis enfin il se décida à le refermer.

Puis s'étant levé, il se rapprocha lentement de la fenêtre.

Il resta là assez longtemps, cramponné des deux mains aux barreaux, et tâchant d'apercevoir quelque chose au dehors.

Mais la fenêtre était trop haute et, comme toujours, il n'aperçut que le ciel au-dessus de sa tête.

Mais s'il ne pouvait voir âme qui vive, des rumeurs lui arrivaient confuses, lointaines, assourdies...

Et l'oreille attentive, la face un peu plus pâle, le cœur un peu plus lourd, ces rumeurs il les écoutait.

C'était, là-bas, Saint-Étienne qui vivait, Saint-Étienne qui travaillait, la grande ville qui allait à ses plaisirs ou à ses affaires.

Et alors, malgré toute sa résignation, toute sa fermeté, le meurtrier du vieux Jacques Brunel ne pouvait s'empêcher de se sentir plus faible et plus lâche.

Car mille souvenirs lui revenaient qu'il ne pouvait chasser, mille souvenirs qui faisaient revivre le passé et qui lui parlaient du temps où, lui aussi, avait fait partie de la foule des vivants.

Il avait laissé tomber sa tête sur sa poitrine et il écoutait toujours, plus pâle encore, les yeux fermés.

Peut-être avait-il des remords ?

Peut-être se sentait-il plus abattu et plus découragé en songeant aux siens, à ceux qu'il allait laisser derrière lui.

Qui pourrait le dire ?

Soudain, pourtant, il se redressa un éclair dans le regard.

— Eh bien! murmura-t-il, est-ce que je vais pleurer?

Et un sourire ironique, un sourire gouailleur sur les lèvres il se remit à marcher de long en large dans sa cellule.

Mais deux minutes ne s'étaient pas écoulées que, tout à coup, il tressaillit.

Ses gardiens eux-mêmes n'avaient pu retenir un mouvement de surprise et regardaient du côté de la porte.

Dans le corridor, le bruit d'un pas s'était fait entendre, le bruit d'un pas lent et lourd.

Ce n'était pourtant pas l'heure où l'on apportait d'habitude sa nourriture au prisonnier.

D'un autre côté, l'assassin de l'ermite n'attendait aucune visite.

Alors qu'était-ce donc?...

Qu'allait-il se passer?

Qu'est-ce que cela voulait dire?

Et l'ancien faux-monnayeur s'interrogeait encore lorsque, la porte de la cellule s'étant brusquement ouverte, un geôlier parut.

Sans dire un mot, cet homme s'avança jusque vers la table et jeta une lettre, puis s'en alla.

L'étonnement de Ravachol n'avait fait que redoubler. Une lettre! De qui pouvait-elle bien venir? qui donc pouvait lui écrire?

Enfin il s'empara de la missive, qui, naturellement, avait déjà été ouverte par le directeur de la prison, et il jeta un coup d'œil sur la suscription.

Mais c'était là une écriture qu'il n'avait jamais vue, une écriture qu'il ne connaissait pas, il en était sûr.

Alors, rapidement, fébrilement, il déchira l'enveloppe, parcourut quelques lignes et eut un cri sourd...

Cette lettre était de *lui!*... de l'homme qui avait essayé de le sauver!... de cet étrange et mystérieux inconnu à qui il pensait toujours!

XXIX

LE MOT DE L'ÉNIGME

L'ancien faux-monnayeur, qui venait de se rasseoir à la table, resta longtemps les yeux fixés sur la lettre ouverte devant lui.

Et ses gardiens, dont la mission était d'épier tous ses gestes, de surveiller tous ses mouvements, n'en revenaient pas de l'extrême angoisse qu'ils lisaient sur sa physionomie.

Car, en effet, bien que Ravachol se fût déjà aperçu que cette longue lettre n'était pas signée, les quelques lignes qu'il avait déjà parcourues n'avaient pu lui laisser aucun doute sur l'identité de son correspondant.

Oui, c'était bien l'homme qu'il avait rencontré là-bas dans l'auberge, qui lui écrivait.

Oui, c'était bien l'homme qui avait cherché à le sauver qui se décidait à lui donner enfin de ses nouvelles.

Et si l'assassin de l'ermite de Chambles était très étonné, très surpris, il était aussi profondément troublé, profondément ému.

Enfin il allait donc savoir à quoi s'en tenir sur cette étrange aventure!

Enfin il allait donc connaître le mot de cette énigme qu'il avait jusqu'à présent inutilement cherché à deviner!

Enfin il allait donc savoir pourquoi cet inconnu s'était offert à le servir avec tant de dévouement et de générosité.

Et la tête dans ses mains, plein de fièvre, il se mit à lire ou plutôt à dévorer cette lettre.

Voici ce que le mystérieux personnage lui écrivait :

« Vous souvenez-vous, Ravachol, de ce qui s'est passé le jour où vous vous êtes enfin décidé à vous enfuir de Saint-Étienne pour aller vous cacher à Paris?

« Comme j'avais eu l'occasion de vous rendre quelques services, tout en me refusant de me faire connaître, ce jour-là vous êtes revenu à la charge avec plus d'insistance encore pour que je vous dise enfin mon nom et que je vous dise dans quel but j'avais pu agir.

« Mais je ne pus que vous répéter alors ce que je vous avais déjà dit maintes fois : c'est-à-dire que je ne croyais pas le moment venu de répondre à vos questions, mais que vous me connaîtriez sûrement plus tard.

« Et mes sincères paroles avaient même été une promesse de vous revoir.

« Mais, aujourd'hui, comment pourrais-je aller vous voir? Mais, aujourd'hui, comment pourrais-je tenir cette promesse?

« Cependant, je crois que j'ai le devoir de ne pas vous laisser mourir sans avoir parlé, car peut-être ce que je vais vous rappeler sera-t-il pour vous une suprême consolation?

« Oui, à cette heure où votre nom est un sujet d'épouvante, à cette heure où tout le monde n'a pour vous que des malédictions, peut-être serez-vous ému, peut-être serez-vous touché de savoir qu'il y a quelque part un homme qui vous doit de la reconnaissance... »

L'ancien faux-monnayeur venait d'avoir envie de rire.

De la reconnaissance? qu'est-ce que cela voulait dire?

Est-ce que son mystérieux ami était devenu fou?

— Tiens! tiens! voilà qui est bien singulier, bien étrange, ricana-t-il. Est-ce que, par hasard, j'aurais fait une bonne action dont je ne me souviendrais pas?... de la reconnaissance!... Voyons donc ce que cela signifie?

Et tout en conservant son sourire ironique sur les lèvres, Ravachol poursuivit la lecture de la lettre.

« L'homme dont je vous parle, continuait l'inconnu, ne vous dira pas son nom, car son nom, d'ailleurs, n'ajouterait rien à l'intérêt des faits que j'ai à vous raconter.

« Ce que je puis vous dire toutefois, c'est que si la première fois qu'il s'est trouvé en face de vous il vous est apparu sous des apparences plus modestes, il n'est cependant pas le premier venu.

« C'est presque quelqu'un, presque un personnage, mais si aujourd'hui sa vie est assez tranquille, son existence assez douce, il peut se vanter aussi d'avoir connu de rudes moments et de terribles heures.

« Mais s'il avait eu le malheur de naître pauvre, presque aussi pauvre que vous, il n'était point de ceux que la pauvreté abat, et comme il avait du courage, de l'ambition et de l'énergie, un beau jour il se jura à l[ui-]même de se faire un avenir et de sortir de son obscurité.

« Il avait alors vingt-cinq ans et il avait le profond chagrin de n'av[oir] point de famille, la profonde douleur d'être seul au monde.

« Aucun lien, aucune affection ne le rattachait donc à Saint-Étien[ne,] sa ville natale, et il pouvait s'expatrier et il pouvait s'exiler sans lais[ser] derrière lui aucun regret.

« Un beau jour il partit donc à la recherche de cette fortune q[u'il] rêvait, de cette fortune qu'il ne pouvait se faire dans le pays où il é[tait] né.

« Et pendant quinze longues années, il travailla, il lutta sans [une] heure de découragement, sans une heure de défaillance.

« Enfin ses efforts furent couronnés de succès et il eut la joie, [un] beau matin, de se dire que plus heureux que tant d'autres il avait e[u la] chance de réaliser son rêve...

« La fortune lui avait souri...

« Il était riche...

« Mais alors brusquement une grande nostalgie le prit, et ce p[ays] qui était le sien, ce pays qu'il avait pourtant quitté sans aucune é[mo-]tion, il éprouva un violent, un impérieux désir de le revoir.

« Il y revint et bientôt il eut la grande joie de ne plus s'y sentir a[ussi] seul, aussi abandonné qu'autrefois.

« Une jeune fille charmante, une jeune fille aussi bonne qu'elle é[tait] belle, et pour laquelle, dès la première rencontre, il avait ress[enti] l'amour le plus invincible et le plus profond, avait bien voulu conse[ntir] à unir sa destinée à la sienne.

« Quelques années s'écoulèrent rayonnantes, radieuses...

« Chaque jour était maintenant pour lui, pour cet homme un jou[r de] joie, un jour de bonheur.

« Jamais il ne s'était senti aussi heureux de vivre, jamais il n'a[vait] eu dans le cœur une telle ivresse.

« Et ce qui ajoutait encore à son bonheur, c'était de se dire [qu'il] vieillissait ainsi dans une félicité de toutes les minutes, dans une féli[cité] qui ne finirait pas.

« Mais, hélas! au moment où il s'y attendait le moins, quel épou[vantable]

table malheur allait tout à coup fondre sur lui !... Quel terrible coup de foudre allait soudain le frapper !...

« Un jour — Oh! ce jour-là, il ne l'a pas oublié, il ne l'oubliera jamais ! — il ne put s'empêcher d'avoir un cri de douleur et d'effroi en s'apercevant que celle qu'il aimait, qu'il adorait, avait un visage étrange, un visage qu'il ne lui reconnaissait plus.

« La veille encore pleine de force et radieuse de jeunesse, elle venait de lui apparaître tout à coup aussi pâle, aussi défaite qu'une morte.

« Une fièvre ardente la consumait et elle était si faible qu'il lui était impossible de faire un pas sans chanceler.

« Le soir, l'agonie commençait et le jour n'avait point encore paru qu'elle était morte!...

« En face d'un malheur aussi imprévu et aussi horrible, l'homme était d'abord demeuré écrasé, anéanti, fou de douleur.

« Pendant de longues heures, il resta la tête dans ses mains, ne pouvant que pleurer et que sangloter, ne pouvant qu'appeler, parfois avec des cris déchirants, celle qui ne l'entendait plus.

« En quelques instants, il avait vieilli de vingt ans, et il se sentait maintenant aussi faible, aussi abattu qu'un vieillard.

« Qu'allait-il faire à présent que tout son bonheur s'était écroulé, évanoui?

« Aurait-il encore la force et le courage de vivre?

« Et de plus en plus brisé, de plus en plus foudroyé, le malheureux songeait déjà au suicide qui lui donnerait l'oubli, quand soudain il tressaillit.

« La porte de la chambre mortuaire venait de s'ouvrir doucement, lentement, et deux petites mains tremblantes s'étaient emparées des siennes.

« Il se retourna et il eut un nouveau cri de douleur.

« A travers ses larmes, il venait de reconnaître son enfant, sa fille!

« Éperdu, il se jeta sur elle, et longtemps, très longtemps, ils pleurèrent dans les bras l'un de l'autre.

« Mais alors une grande honte, un grand remords le prit.

« Il songea à sa faiblesse, à sa lâcheté de tout à l'heure.

« Comment avait-il pu penser à mourir, lui aussi, quand, au contraire, son devoir lui ordonnait de vivre?

« Comment avait-il pu, dans l'égoïsme de sa douleur, oublier cette enfant qu'il devait aimer et protéger, cette enfant qui n'avait personne au monde que lui?

« Et comme son regard venait, une fois de plus, de se porter sur la morte, il lui sembla lire dans ses yeux éteints comme une supplication et un reproche.

« Alors, de plus en plus honteux, il serra avec plus de force encore son enfant contre son cœur et, tout en lui couvrant le front de baisers fous, il lui cria :

« — Pardonne-moi, ma pauvre petite... pardonne-moi!...

« Certes, je ne dois avoir besoin de vous dire combien cet homme, combien ce père aimait sa fille, mais, à partir du jour où son foyer fut brisé, peut-être l'aima-t-il davantage encore.

« Cette tendresse si profonde, devint bientôt une sorte d'idolâtrie.

« Il ne pouvait plus se passer d'elle une minute, il ne pouvait plus vivre une minute sans la sentir constamment auprès de lui.

« Dès qu'elle disparaissait, dès qu'elle s'éloignait, il sentait un si grand vide en lui, qu'il se serait mis à pleurer comme un enfant.

« Quelques années s'écoulèrent ainsi.

« L'enfant grandissait, devenait une jeune fille, chaque jour plus belle, aussi belle que l'avait été sa mère.

« Elle avait d'ailleurs avec celle-ci une ressemblance si frappante, si extraordinaire, que le père, qui avait toujours gardé aussi vivace qu'au premier jour le souvenir de la morte, ne pouvait se lasser de la regarder, de la contempler.

« L'illusion était même parfois telle qu'il ne pouvait s'empêcher de tressaillir comme si sa femme se fût tout à coup dressée devant lui.

« — Oui, c'est bien ta pauvre mère que je retrouve en toi, disait-il, oui, c'est bien elle que je puis encore croire avoir devant les yeux.

« Et alors, comme tous ses tristes souvenirs se réveillaient en lui, il était quelquefois obligé de détourner la tête pour cacher ses larmes.

« Quant à la jeune fille, c'était aussi un vrai culte, une véritable adoration qu'elle avait pour son père.

« Comme elle devinait bien qu'il souffrait toujours du terrible coup qui l'avait frappé, elle s'ingéniait à le distraire et à lui faire la vie plus douce.

« Et toujours vive, enjouée et rieuse, elle semblait prendre à tâche d'emplir la maison de la joie de ses dix-huit ans.

« Et le père, en retrouvant chez lui toute cette fraîcheur, tout cet éclat, tout cet épanouissement de jeunesse, malgré lui parfois se reprenait à vivre, malgré lui parfois oubliait son incurable, son éternelle douleur.

« Mais il devait bientôt s'en ressouvenir, mais le pauvre homme, hélas! n'était pas encore au bout de ses chagrins.

« Un soir, comme son enfant rentrait de la visite qu'elle avait l'habitude de faire chaque semaine à une petite parente de sa mère — la seule parente qu'ils eussent — son père lui trouva l'air très triste, très abattu.

« Il voulut d'abord croire qu'il se trompait et que cette tristesse et cet abattement de sa fille n'étaient qu'un effet de son imagination.

« Mais comme il l'étudiait mieux, comme il l'observait avec plus d'attention, force lui fut bien de se rendre enfin à l'évidence.

« Oui, sa fille devait souffrir, et souffrir profondément, cruellement.

« Oui, il était bien vrai qu'un changement étrange s'était fait en elle et qu'elle restait constamment sous le coup d'un mystérieux souci qui la rongeait.

« Mais qu'était-ce?

« Mais quel était donc le malheur qui pouvait jeter ainsi un voile de mélancolie sur le front de son enfant?

« Et le pauvre homme se questionnait, s'interrogeait sans pouvoir se répondre.

« Et peut-être aurait-il fini par croire qu'il se trompait et qu'il s'alarmait à tort, quand un jour son enfant elle-même trahit sa peine dans un cri de douleur, dans un cri de défaillance.

« Chaque après-midi, elle avait l'habitude de faire à son père une lecture d'environ une demi-heure, et ce jour-là voici ce qui arriva.

« La jeune fille lisait lentement et la voix un peu sourde ces vers d'un de ses poètes favoris :

> Petite sœur, petit frère n'est plus :
> Prions pour lui quand sonne l'*Angelus*.
>
> Hier matin l'homme du cimetière
> Entre chez nous, vêtu d'un habit noir ;
> Et puis il prend une petite bière
> Sous son grand bras, qui faisait peur à voir !
> C'est là dedans qu'est notre petit frère ;
> On l'a porté là-bas, sous le gazon :
> Il aura froid dans la dure saison,
> Ainsi couché dans un berceau de terre !
>
> Petite sœur, petit frère n'est plus :
> Prions pour lui quand sonne l'*Angelus*.
>
> Sous le gazon sa voix est étouffée ;
> S'il crie, ah ! dis, ma sœur, qui l'entendra ?
> Peut-être un ange ou quelque blanche fée
> En voltigeant près de lui descendra.
> Pour l'endormir, cette fée aux doigts roses
> Appellera le rossignol des bois,
> Pour qu'il lui dise avec sa douce voix
> Ce que le vent chante en berçant les roses.
>
> Petite sœur, petit frère n'est plus :
> Prions pour lui quand sonne l'*Angelus*.
>
> Dis-moi, ma sœur, j'ai peur qu'il ne s'effraie,
> Si son oreille entend, pendant la nuit,
> Le grand oiseau que l'on nomme l'orfraie,
> Et qui, dit-on, ne chante qu'à minuit.
> Le loup est-il autour du cimetière,
> Et pourrait-il, ma sœur, entrer dedans ?
> Ah ! s'il allait, avec ses grandes dents,
> Mordre le bras de notre petit frère !
>
> Petite sœur, petit frère n'est plus :
> Prions pour lui quand sonne l'*Angelus*.
>
> Maman nous dit que le ciel le protège,
> Que pour jamais il est exempt d'ennui ;
> Alors le ciel défendra que la neige
> Pendant l'hiver ne s'amasse sur lui ?
> Maman nous dit que nous irons dimanche
> Semer des fleurs sur sa petite croix ;
> Pour qu'il sourie en nous voyant tous trois,
> Nous lui mettrons sa belle robe blanche.
>
> Petite sœur, petit frère n'est plus :
> Prions pour lui quand sonne l'*Angelus*.

« Mais la jeune fille n'avait pu en dire davantage.

« Tout à coup le livre s'était échappé de ses mains et elle avait éclaté en sanglots.

« Le père, plus pâle qu'elle, l'avait déjà prise dans ses bras.

« Et alors il voulut savoir, et alors il fallut bien qu'elle parlât.

« Ce ne fut qu'en tremblant qu'elle avoua son secret, qu'elle osa dire qu'elle aimait.

« Mais que vous dirai-je encore? Mais que vous apprendrai-je de plus?

« Le père n'était pas assez égoïste pour s'opposer au bonheur de son enfant, mais l'homme à qui son cœur s'était donné, — il le sut bientôt, — était indigne d'elle...

« Un pareil mariage, une pareille union, c'était pour elle, à brève échéance, le désenchantement et la désillusion

« C'était une vie perdue et un avenir manqué.

« Le père voulut faire comprendre cela à son enfant, la défendre contre son entraînement et la sauver d'elle-même, mais dès les premiers mots qu'il prononça il se heurta à une volonté bien arrêtée et à un parti pris inflexible.

« Et comme il croyait de son devoir, lui aussi, de ne point se rendre, de ne point céder, la jeune fille tomba bientôt dans la mélancolie la plus noire...

« Un matin elle prétexta je ne sais plus quelle course à faire, et elle sortit..

« Affolée, l'esprit perdu, désespérée, elle se trouva bientôt là-bas sur les bords de la Seine...

« Pendant quelques instants, on la vit se promener lentement, machinalement, sur le bord du fleuve, puis, tout à coup, s'élancer et disparaître...

« Mais un homme que ses allures étranges avaient étonné était là qui la guettait, qui l'épiait...

« Rapide comme l'éclair, cet homme vola à son secours, et la ramena saine et sauve...

« Or, cet homme, ai-je besoin de vous le nommer, Ravachol?... Cet homme à qui je dois d'avoir encore mon enfant, d'avoir encore ma fille enfin guérie de cet amour indigne d'elle, c'était vous!

« Et voilà pourquoi vous m'avez encore inspiré de la pitié quand tout le monde vous maudissait !

« Et voilà pourquoi, tout en répudiant vos crimes, je n'ai pas eu la force de me montrer implacable pour vous !...

« Et maintenant vous savez tout... et maintenant je n'ai pas un mot de plus à ajouter.

« Adieu ! »

Et cette lettre lue, l'ancien faux-monayeur demeura tout pâle, tout pensif.

Oui, cette jeune fille sauvée, cette bonne action, la seule de sa vie, à présent, il s'en souvenait...

Et, chose étrange, il se sentit tout à coup le cœur plus léger, le courage plus raffermi.

Il se leva très vivement et dit à ses gardiens, toujours avec son même ricanement ironique :

— Eh bien ! voyons, je suis prêt. Ah ! que l'on me fait attendre ! Pourquoi ne dresse-t-on pas encore l'échafaud ?

FIN DES EXPLOITS DE RAVACHOL

Sceaux. — Imprimerie Charaire et Cie.